Die Chronik-Bibliothek des 20. Jahrhunderts

Ursula Klee / Martin Wahl

Chronik 1959
Tag für Tag in Wort und Bild

Chronik Verlag

Abbildungen auf dem Schutzumschlag
(oben links beginnend)
Revolutionsführer Fidel Castro
Dwight D. Eisenhower (l.) und Nikita S. Chruschtschow
Bundespräsident Heinrich Lübke
Hochzeit des Schah von Iran mit Farah Diba
Neue S-Klasse von Daimler-Benz
Hürdenweltrekordler Martin Lauer (r.)
Sammy Davis jr. in »Porgy and Bess«
Peter Kraus und Conny Froboess
Start einer »Redstone«-Rakete in den USA

© Chronik Verlag
im Bertelsmann Lexikon Verlag GmbH,
Gütersloh/München, 1989 1994 A

Redaktion: Bernd Uhlmannsiek (Text), Ursula Vieth (Bild)
Fachautoren: Dr. Ingrid Loschek (Mode), Jochen Rentsch (Musik)
Anhang: Ludwig Hertel, Bernhard Pollmann
Herstellung: Barbara Reppold-Hinz, Annette Retinski
Gesamtherstellung: Mohndruck Graphische Betriebe GmbH, Gütersloh

Leihgeber für Zeitungen und Zeitschriften: Institut für Zeitungsforschung, Dortmund

Das Werk einschließlich aller seiner Teile ist urheberrechtlich geschützt. Jede Verwertung außerhalb der engen Grenzen des Urheberrechtsgesetzes ist ohne Zustimmung des Verlags unzulässig und strafbar. Das gilt insbesondere für Vervielfältigungen, Übersetzungen, Mikroverfilmungen und die Speicherung und Verarbeitung in elektronischen Systemen.

ISBN 3-570-14059-8

Inhalt

Der vorliegende Band aus der »Chronik-Bibliothek des 20. Jahrhunderts« führt Sie zuverlässig durch das Jahr 1959 und gibt Ihnen – aus der Sicht des Zeitzeugen, aber vor dem Hintergrund des Wissens von heute – einen vollständigen Überblick über die weltweit wichtigsten Ereignisse in Politik und Wirtschaft, Kultur und Sport, Alltag und Gesellschaft. Sie können das Jahr in chronologischer Folge an sich vorüberziehen lassen, die »Chronik 1959« aber auch als Nachschlagewerk oder als Lesebuch benutzen. Das Chronik-System verbindet eine schier unübersehbare Fülle von Artikeln, Kalendereinträgen, Fotos, Graphiken und Übersichten nach einheitlichen Kriterien und macht damit die Daten dieses Bandes mit jedem anderen Band vergleichbar. Wer die »Chronik-Bibliothek« sammelt, erhält ein Dokumentationssystem, wie es in dieser Dichte und Genauigkeit nirgends sonst zu haben ist.

Hauptteil (ab Seite 8)

Jeder Monat beginnt mit einem Kalendarium, in dem die wichtigsten Ereignisse chronologisch geordnet und in knappen Texten dargestellt sind. Sonn- und Feiertage sind durch farbigen Druck hervorgehoben. Pfeile verweisen auf ergänzende Bild- und Textbeiträge auf den folgenden Seiten. Faksimiles von Zeitungen und Zeitschriften, die im jeweiligen Monat des Jahres 1959 erschienen sind, spiegeln Zeitgeist und herausragende Ereignisse.
Wichtige Ereignisse des Jahres 1959 werden – zusätzlich zu den Eintragungen im Kalendarium – in Wort und Bild beschrieben. Jeder der 375 Einzelartikel bietet eine in sich abgeschlossene Information. Die Pfeile des Verweissystems machen auf Artikel aufmerksam, die an anderer Stelle dieses Bandes ergänzende Informationen zu dem jeweiligen Thema vermitteln.
626 häufig farbige Abbildungen und graphische Darstellungen illustrieren die Ereignisse und Entwicklungen des Jahres 1959 und werden damit zu einem historischen Kaleidoskop besonderer Art.
Hinter dem Hauptteil (auf S. 208) geben originalgetreue Abbildungen einen Überblick über alle Postwertzeichen, die im Jahr 1959 in der Bundesrepublik Deutschland neu ausgegeben wurden.

Januar	8
Februar	24
März	42
April	58
Mai	76
Juni	94
Juli	110
August	126
September	142
Oktober	160
November	174
Dezember	190

Übersichtsartikel (ab Seite 21)

20 Übersichtsartikel, am blauen Untergrund zu erkennen, stellen Entwicklungen des Jahres 1959 zusammenfassend dar.
Alle Übersichtsartikel aus den verschiedenen Jahrgangsbänden ergeben – zusammengenommen – eine sehr spezielle Chronik zu den jeweiligen Themenbereichen (z. B. Film von 1900 bis 2000).

Arbeit und Soziales	118
Architektur	134
Auto	156
Bildungswesen	21
Essen und Trinken	158
Fernsehen	72
Film	106
Gesundheit	50
Kunst	170
Literatur	38
Mode	90
Musik	54
Theater	204
Unterhaltung	138
Urlaub und Freizeit	122
Verkehr	104
Werbung	34
Wirtschaft	84
Wissenschaft und Technik	187
Wohnen und Design	198

Anhang (ab Seite 209)

Der Anhang zeigt das Jahr 1959 in Statistiken und anderen Übersichten. Ausgehend von den offiziellen Daten für die Bundesrepublik Deutschland, Österreich und die Schweiz, regen die Zahlen und Fakten zu einem Vergleich mit vorausgegangenen und nachfolgenden Jahren an.
Für alle wichtigen Länder der Erde sind die Staats- und Regierungschefs im Jahr 1959 aufgeführt und werden wichtige Veränderungen aufgezeigt. Die Zusammenstellungen herausragender Neuerscheinungen auf dem Buchmarkt sowie der Premieren auf Bühne und Leinwand werden zu einem Führer durch das kulturelle Leben des Jahres.
Das Kapitel »Sportereignisse und -rekorde« spiegelt die Höhepunkte des Sportjahres 1959.
Internationale und deutsche Meisterschaften, die Entwicklung der Leichtathletik- und Schwimmrekorde sowie alle Ergebnisse der großen internationalen Wettbewerbe im Automobilsport, Eiskunstlauf, Fußball, Gewichtheben, Pferde-, Rad- und Wintersport sowie im Tennis sind wie die Boxweltmeister im Schwergewicht nachgewiesen.
Der Nekrolog enthält Kurzbiographien von Persönlichkeiten, die 1959 verstorben sind.

Bundesrepublik Deutschland, Österreich und die Schweiz in Zahlen	209
Regierungen Bundesrepublik Deutschland, DDR, Österreich und Schweiz	214
Oberhäupter und Regierungen ausgewählter Länder	215
Kriege und Krisenherde	218
Ausgewählte Neuerscheinungen auf dem Buchmarkt	219
Uraufführungen in Schauspiel, Oper, Operette und Ballett	221
Filme	222
Sportereignisse und -rekorde	223
Nekrolog	228

Register (ab Seite 232)

Das *Personenregister* nennt – in Verbindung mit der jeweiligen Seitenzahl – alle Personen, deren Namen in diesem Band verzeichnet sind.
Werden Personen abgebildet, so sind die Seitenzahlen kursiv gesetzt. Herrscher und Angehörige regierender Häuser mit selben Namen sind alphabetisch nach den Ländern ihrer Herkunft geordnet.
Wer ein bestimmtes Ereignis des Jahres 1959 nachschlagen möchte, das genaue Datum oder die Namen der beteiligten Personen aber nicht präsent hat, findet über das spezielle *Sachregister* Zugang zu den gesuchten Informationen.
Oberbegriffe und Ländernamen erleichtern das Suchen und machen zugleich deutlich, welche weiteren Artikel und Informationen zu diesem Themenfeld im vorliegenden Band zu finden sind. Querverweise helfen bei der Erschließung der immensen Informationsvielfalt.

Personenregister	232
Sachregister	236

Das Jahr 1959

Die Revolution auf Kuba, mit der die Rebellen um Fidel Castro dem diktatorischen Batista-Regime ein Ende setzen, ist im Rückblick das herausragende außenpolitische Ereignis des Jahres. Da jedoch die Machtübernahme nicht unter kommunistischem Vorzeichen erfolgt und die USA Castro und der Revolution zunächst mit Sympathie begegnen, werden die weltpolitischen Dimensionen dieses Machtwechsels noch nicht sichtbar. Die Kuba-Krise des Jahres 1962 sieht niemand vorher.

In den Beziehungen der Supermächte zueinander löst die Bereitschaft zu Gesprächen den seit 1947 verfolgten Konfrontationskurs ab. Persönliche Kontakte der Spitzenpolitiker sollen ein Ende des Kalten Krieges herbeiführen: US-Vizepräsident Richard Nixon besucht die UdSSR, und der sowjetische Partei- und Regierungschef Nikita S. Chruschtschow fährt als erster Kreml-Führer in die USA. Konkrete Ergebnisse werden bei diesen Gipfeltreffen allerdings noch nicht erzielt. Das gegenseitige Mißtrauen bleibt. Selbst wissenschaftlich-technische Errungenschaften erhalten 1959 eine politische Dimension: Als der erste Flugkörper – die sowjetische Raumsonde »Lunik 2« – auf dem Mond aufschlägt und dabei die Flagge der UdSSR auf dem Erdtrabanten absetzt, beginnt im Westen eine Diskussion über befürchtete sowjetische Hoheitsansprüche auf dem Mond.

Ergebnislos endet die Genfer Außenministerkonferenz der vier Siegermächte, an der auch Vertreter beider Teile Deutschlands teilnehmen. Positive Ansätze zum Abbau der Spannungen scheitern nicht zuletzt an der Haltung der Bundesregierung, die gegenüber der UdSSR und der DDR keine Kompromisse eingehen will. Die Bundesregierung hält konsequent an der Hallstein-Doktrin von 1955 fest und verweigert der DDR jede Form der Anerkennung. Auch Vorschläge der Westmächte zu einer Neutralisierung Deutschlands als Gegenleistung für die Wiedervereinigung lehnt Bonn ab. Eine Veränderung des Status quo liegt nicht im Interesse der Bundesregierung, die eine feste Einbindung in das westliche Bündnis einer Wiedervereinigung mit unsicherer Zukunft vorzieht. Zu gering ist das Vertrauen in die Friedensbereitschaft der Sowjetunion, die erst im November 1958 eine Lösung der Berlin-Frage durch das »Chruschtschow-Ultimatum« erzwingen wollte. Zwar verstreicht das Ultimatum im Mai ohne Konsequenzen, doch fühlen sich die meisten Bundesbürger nach wie vor bedroht.

Innenpolitisches Dauerthema des Jahres ist das »persönliche Regiment« von Bundeskanzler Konrad Adenauer. Der 83jährige Regierungschef entschließt sich überraschend zur Kandidatur für das Amt des Bundespräsidenten. Sehr bald wird ihm jedoch deutlich, daß seine Pläne, auch als Staatsoberhaupt die Richtlinien der Politik zu bestimmen, mit dem Grundgesetz nicht zu vereinbaren sind. Resigniert tritt er von seiner Kandidatur zurück. Neuer Bundespräsident als Nachfolger des liberalen Vorgängers Theodor Heuss wird Heinrich Lübke, ein Politiker, dem zwar allgemein hohe Achtung entgegengebracht wird, dessen politisches Profil jedoch nicht sonderlich ausgeprägt ist.

Aus der Tatsache, daß wirtschaftlicher Aufschwung und politische Stabilität der Bundesrepublik von den Wählern allein der CDU zugutegehalten werden, zieht die SPD nach drei verlorenen Wahlen Konsequenzen: Mit ihrem »Godesberger Programm«, in dem sie die marktwirtschaftliche Ordnung sowie die Landesverteidigung durch die Bundeswehr akzeptiert, will die SPD den Wandel von der Arbeiter- zur Volkspartei vollziehen.

Die materiellen Errungenschaften des bundesdeutschen Wirtschaftswunders kommen 1959 breiten Bevölkerungsschichten zugute. Deutlich wird dies auch an der ersten Ausgabe von Volksaktien. Die Zahl der Eigenheimbesitzer wächst. Autos, die Wohnungseinrichtung oder der Urlaub sind selbst für viele Bezieher kleinerer Einkommen finanzierbar. Entsprechend dem Leitsatz »Haste was, biste was«, kultivieren die Bundesbürger das Leistungsdenken. Die Appelle von Bundeswirtschaftsminister Ludwig Erhard zum »Maßhalten« nimmt kaum jemand ernst.

Das Festhalten an Bewährtem bestimmt überwiegend das kulturelle Geschehen in der Bundesrepublik Deutschland. Die Theater spielen Klassiker, und auch an den Opernbühnen herrscht das klassische Repertoire vor. Gegenüber der französischen »Nouvelle vague« bietet der bundesdeutsche Film nur biedere Hausmannskost. Achtungserfolge erzielen Produktionen, die sich mit der jüngsten deutschen Vergangenheit auseinandersetzen, so »Die Brücke« von Bernhard Wicki oder Wolfgang Staudtes »Rosen für den Staatsanwalt«. Ein spektakulärer Durchbruch gelingt dagegen Günter Grass, Heinrich Böll und Uwe Johnson, die für die deutsche Literatur einen Platz auf internationaler Ebene erobert haben.

Das Fernsehprogramm des Jahres 1959 präsentiert vornehmlich heitere Fragespiele wie das Kulenkampff-Quiz »Sieben auf einen Streich« und volkstümliche Komödien. Südsee- und Seemannsromantik, wie sie von Freddy Quinn besungen werden, sorgen für hohe Schallplattenumsätze und offenbaren damit den Wunsch der Bundesbürger nach einer heilen Welt. Die verdrängte Aufarbeitung der nationalsozialistischen Vergangenheit wird überdeckt durch eine Heiterkeit um jeden Preis. Die Psychoanalytiker Margarete und Alexander Mitscherlich belegen dieses Phänomen später mit dem Schlagwort von der »Unfähigkeit zu trauern«.

Mit sich, ihrer Wiederaufbauleistung und ihrem Wohlstand zufrieden, schließen die Bundesbürger die 50er Jahre ab. Sorge bereitet ihnen nur die Teilung Deutschlands und die vielbeschworene Bedrohung aus dem Osten. Mit dem Gefühl, im »freien Westen« und damit auf der richtigen Seite zu leben, glauben die meisten Menschen gerne den Beteuerungen der Politiker, daß die deutsche Einheit in Wohlstand und Freiheit nur eine Frage der Zeit sei.

Ursula Klee, Martin Wahl

◁ *Der kubanische Revolutionsführer Fidel Castro (M.) vor dem Kapitol in Havanna*

Januar 1959

Mo	Di	Mi	Do	Fr	Sa	So
			1	2	3	4
5	6	7	8	9	10	11
12	13	14	15	16	17	18
19	20	21	22	23	24	25
26	27	28	29	30	31	

1. Januar, Neujahr
In ihren Neujahrsansprachen appellieren die Staatsoberhäupter der Bundesrepublik und der Vereinigten Staaten an die Sowjetunion, den politischen Druck auf Berlin aufzugeben.

Wegen schwerer Unruhen in der Hauptstadt Havanna flieht der kubanische Diktator Fulgencio Batista y Zaldívar in die Dominikanische Republik (→2. 1./S. 12).

An den Grenzen der EWG-Staaten wird eine 10%ige Zollsenkung wirksam.

Die deutsche Fußballnationalmannschaft gewinnt in Kairo gegen eine Auswahl der Vereinigten Arabischen Republik 2:1.

2. Januar, Freitag
Auf Kuba rücken die Revolutionstruppen Fidel Castros in Havanna ein. Nach der Kapitulation der Regierungsverbände wird Manuel Urrutía Lleo zum provisorischen Staatspräsidenten ernannt. →S. 12

In der UdSSR wird die Weltraumrakete »Lunik 1« gestartet. Sie schlägt jedoch nicht wie geplant auf dem Mond auf, sondern tritt in eine Umlaufbahn um den Erdsatelliten ein. →S. 22

3. Januar, Sonnabend
Alaska wird zum 49. Staat der USA proklamiert. →S. 16

Der provisorische Staatspräsident Kubas, Manuel Urrutía Lleo, bildet eine vorläufige Regierung und ernennt Revolutionsführer Fidel Castro zum Oberbefehlshaber der Armee (→2. 1./S. 12).

4. Januar, Sonntag
Der Ministerpräsident der DDR, Otto Grotewohl (SED), trifft in Ägypten ein. Anläßlich dieses Besuches wird die Einrichtung eines DDR-Generalkonsulats in Kairo beschlossen (→27. 1./S. 16).

Nach heftigen Auseinandersetzungen geht in Berlin (West) der dreitägige »Studentenkongreß gegen Atomrüstung« zu Ende. Im Mittelpunkt der Kontroversen stand die Forderung nach Verhandlungen mit der DDR zur Ausarbeitung eines Friedensvertrages (→5. 1./S. 18).

Der erste stellvertretende sowjetische Ministerpräsident, Anastas I. Mikojan, beginnt einen privaten Besuch in den USA (→20. 1./S. 17).

5. Januar, Montag
Der Botschafter der Bundesrepublik, Hans Kroll, übergibt in Moskau die Antwortnote auf den sowjetischen Entwurf eines Friedensvertrags vom 27. November 1958. Dieser wird jedoch als unannehmbar abgelehnt. →S. 17

In Léopoldville (Kinshasa), der Hauptstadt von Belgisch-Kongo (Zaïre), kommt es zu blutigen Auseinandersetzungen zwischen der Unabhängigkeitsbewegung »Zambia« und belgischen Regierungstruppen (→13. 1./S. 15).

Die erste britische Autobahn wird in der Nähe von Preston in Lancashire dem Verkehr übergeben. Es handelt sich um eine 13 km lange Strecke, die den Anfang eines großangelegten Autobahnbauprogramms bildet. →S. 22

6. Januar, Dienstag
Die französische Regierung verabschiedet ein Gesetz, das die Schulpflicht bis zum 16. Lebensjahr verlängert.

In der Pfalz wird ein »Dreikönigswein« geerntet. So spät wurde in diesem Anbaugebiet noch kein Wein gelesen.

7. Januar, Mittwoch
Die Bundesrepublik wird Mitglied der Schiffahrtsorganisation der Vereinten Nationen (IMCO).

8. Januar, Donnerstag
Bundesfinanzminister Franz Etzel (CDU) hebt die 6%ige Haushaltssperre für die Studentenförderung (Honnefer Modell) auf, die verhängt worden war, nachdem der Bundesetat weitgehend erschöpft war.

Der französische General Charles de Gaulle wird zum Präsidenten der Republik und der »Französischen Gemeinschaft« proklamiert. Er ernennt den bisherigen Justizminister Michel Debré zum ersten Ministerpräsidenten der Fünften Republik. →S. 14

9. Januar, Freitag
Die Entscheidung des Hamburger Oberlandesgerichts, den Verfasser einer antisemitischen Broschüre nicht strafrechtlich zu verfolgen, löst einen Justizskandal aus (→22. 1./S. 18).

Ein Dammbruch in Rivadelago (Spanien) fordert 140 Todesopfer.

10. Januar, Sonnabend
Die Sowjetunion legt einen neuen Entwurf für einen Friedensvertrag mit der Bundesrepublik und der DDR vor (→12. 1./S. 17).

Die Bundesbank senkt den Diskontsatz auf 2,75%.

Michael Grzimek, der Sohn des Frankfurter Zoologen Bernhard Grzimek, kommt bei einem Flugzeugabsturz über Tanganjika (Tansania) ums Leben. →S. 22

11. Januar, Sonntag
Beim Anflug auf Rio de Janeiro stürzt eine Super-Constellation L 1049 der Lufthansa ab. Keiner der 29 Passagiere überlebt. Von der zehnköpfigen Besatzung finden sieben Mitglieder den Tod. →S. 22

Die 15jährige Frankfurterin Marika Kilius und der 16jährige Hans-Jürgen Bäumler aus Garmisch-Partenkirchen werden bei den Deutschen Meisterschaften im Eiskunstlaufen in Berlin (West) Sieger im Paarlaufen.

12. Januar, Montag
Bundeskanzler Konrad Adenauer (CDU) lehnt den am 10. Januar überreichten sowjetischen Entwurf eines Friedensvertrages mit Deutschland ab. →S. 17

Das Berliner Abgeordnetenhaus wählt Willy Brandt (SPD) zum zweiten Mal zum Regierenden Bürgermeister. SPD und CDU bilden im neuen Senat eine Koalitionsregierung, so daß es keine parlamentarische Opposition geben wird (→15. 1./S. 18).

Der vom Militärdienst suspendierte portugiesische Oppositionspolitiker General Humberto Delgado flieht in die brasilianische Botschaft in Lissabon, wo ihm politisches Asyl gewährt wird. Delgado fühlt sich politisch verfolgt. →S. 16

Schneefälle behindern den Eisenbahn- und Straßenverkehr in Norddeutschland. Viele Orte in Schleswig-Holstein sind von der Außenwelt abgeschnitten.

13. Januar, Dienstag
Die belgische Regierung sichert den farbigen Einwohnern Belgisch-Kongos (Zaïre) in einer Regierungserklärung das allgemeine Wahlrecht und im weiteren Verlauf die politische Unabhängigkeit zu. →S. 15

Der französische Staatspräsident Charles de Gaulle amnestiert algerische Unabhängigkeitskämpfer. Die in Frankreich inhaftierten Führer der Aufstandsbewegung werden in Festungshaft überführt. Unter ihnen befindet sich das Mitglied der algerischen Exilregierung, Mohammed Ahmed Ben Bella (→10. 4./S. 67).

14. Januar, Mittwoch
Das Bundeskabinett beauftragt Bundespostminister Richard Stücklen (CSU), die Lieferaufträge für den Ausbau des zweiten Fernsehprogramms in der Bundesrepublik an die Industrie zu vergeben.

Auf einer Pressekonferenz in Washington wendet sich US-Präsident Dwight D. Eisenhower gegen die sowjetischen Pläne, Deutschland zu neutralisieren und zu entwaffnen. Eine politische und militärische Integration ist seiner Meinung nach der beste Schutz gegen ein Wiederaufleben nationalistischer Expansionsgelüste der Deutschen.

Das DDR-Fernsehen zeigt einen Film über die Transplantation eines Hundekopfes durch den sowjetischen Physiologen Wladimir P. Demichow. Sechs Tage lang hatte der Hund mit zwei Köpfen gelebt, bevor man ihm das Transplantat wieder abnahm. →S. 22

15. Januar, Donnerstag
Der neue Berliner SPD/CDU-Senat wird vereidigt. Der Regierende Bürgermeister Willy Brandt (SPD) vertritt in seiner Regierungserklärung die Auffassung, die Krise um Berlin habe noch keineswegs ihren Höhepunkt erreicht. Er wiederholt sein Nein zu der sowjetischen Forderung, Berlin (West) den Status einer freien entmilitarisierten Stadt zu geben. →S. 18

Wegen der Nichterfüllung eines Abkommens über die Rückführung Volksdeutscher beschließt die Bundesregierung wirtschaftliche Sanktionen gegen Rumänien. 1956 hatte sich Rumänien verpflichtet, 8432 Volksdeutschen im Rahmen der Familienzusammenführung die Ausreise in die Bundesrepublik zu ermöglichen.

In Paris stellt Premierminister Michel Debré dem im Dezember 1958 gewählten Parlament sein Regierungsprogramm vor. Algerien soll danach politisch und verwaltungsmäßig weiterhin zu Frankreich gehören.

In der Sowjetunion beginnt eine Volkszählung. 500 000 Zähler befragen etwa 200 Millionen Menschen nach Geburtsdaten, Beruf, Muttersprache, Familienstand und Einkommensquelle.

In der Bundesrepublik werden 30-cm-Langspielplatten bis zu 8 DM billiger. Bisher lagen die Preise bei 19 bis 24 DM. Mit dieser Preissenkung soll der Konkurrenz der Schallplattenclubs begegnet werden. →S. 21

16. Januar, Freitag
Auf Antrag der SPD nimmt der Bundestag in das Gesetz über den zivilen Ersatzdienst eine Bestimmung auf, die eine Ableistung des Zivildienstes auch außerhalb der Bundesrepublik ermöglicht.

In Washington wird ein 2,25 kg schweres »Atomkraftwerk im Taschenformat« vorgestellt, das z. B. die Instrumente eines Erdsatelliten ein Jahr lang mit elektrischem Strom versorgen kann. →S. 23

Als Reaktion auf die anhaltende Frostperiode erhöhen die Mineralölkonzerne den Literpreis für Heizöl um drei Pfennig. Er beträgt danach in Bremen durchschnittlich 0,14 DM, in Berlin (West) 0,12 DM und in Stuttgart 0,16 DM.

Der Absturz eines argentinischen Verkehrsflugzeugs vor der La-Plata-Mündung kostet 51 Menschen das Leben.

17. Januar, Sonnabend
Der Dortmunder Stadtrat protestiert geschlossen gegen die geplante Verlegung einer britischen Militäreinheit nach Dortmund-Brackel, deren Raketen vom Typ »Corporal« auch mit Atomsprengköpfen bestückt werden können. →S. 18

Die vier westafrikanischen Länder Dahomey (Benin), Senegal, Obervolta (Burkina Faso) und Soudan (Mali) gründen in Dakar (Senegal) die »Föderation von Mali«, ein geschlossenes Zollgebiet, das seine Interessen gegenüber der Kolonialmacht Frankreich gemeinsam vertreten will (→13. 1./S. 15; 25. 3./S. 47).

Der französische Spielfilm »Mit den Waffen einer Frau« (in den Hauptrollen Brigitte Bardot und Jean Gabin) kommt in die bundesdeutschen Kinos. →S. 23

Januar 1959

Der Revolution auf Kuba widmet das Hamburger Nachrichtenmagazin »Der Spiegel« am 14. Januar seine Titelgeschichte

DER SPIEGEL

13. JAHRGANG · NR. 3
14. JANUAR 1959 · 1 DM
ERSCHEINT MITTWOCHS
VERLAGSORT HAMBURG

MIT ZWÖLF PISTOLEN AN DIE MACHT
Kubanischer Rebellenführer Castro (siehe „Mittelamerika")

Januar 1959

In London geht ein Kongreß westeuropäischer Organisationen zum Kampf gegen den Atomkrieg zu Ende. Der Präsident der britischen Bewegung, Bertrand Russel, fordert eine internationale Überwachungsbehörde zur Übernahme sämtlicher Atomwaffenbestände auf der Welt. →S. 18

18. Januar, Sonntag
Der 27jährige Anderl Molterer aus Kitzbühel wird zum vierten Mal Gesamtsieger beim Internationalen Hahnenkamm-Skirennen in seinem Heimatort. →S. 23

19. Januar, Montag
SED-Generalsekretär Walter Ulbricht überreicht dem sowjetischen Botschafter in Berlin (Ost), Michail S. Perwuchin, eine Note, in der prinzipielles Einverständnis mit dem sowjetischen Entwurf für einen Friedensvertrag mit Deutschland zum Ausdruck gebracht wird (→5. 1./S. 17).

In Argentinien findet ein Generalstreik von 62 peronistischen und 19 kommunistischen Gewerkschaften statt. Zielscheibe der Kritik ist ein von der Regierung beschlossenes Programm zur Sanierung der Wirtschaft, das u. a. die Privatisierung von Staatseigentum vorsieht.

Sechs führende bundesdeutsche Hersteller von Rundfunk- und Fernsehgeräten kündigen die Preisbindung auf. Dies führt zu einer Preissenkung von etwa 10%. →S. 20

20. Januar, Dienstag
Edmund Rehwinkel, seit 1949 Präsident der Landwirtschaftskammer Hannover, wird in Bonn zum Präsidenten des Deutschen Bauernverbandes gewählt. →S. 20

Die Gespräche zwischen dem stellvertretenden sowjetischen Ministerpräsidenten Anastas I. Mikojan und US-Präsident Dwight D. Eisenhower in Washington gehen ohne greifbares Ergebnis zu Ende. →S. 17

21. Januar, Mittwoch
Die saarländische Regierung unter Ministerpräsident Hans Egon Reinert (CDU) tritt zurück, um die Bildung einer Allparteienregierung zu ermöglichen.

Verkehrsminister Hans-Christoph Seebohm (DP) führt den Rückgang der Verkehrstoten von 13 457 im Jahre 1957 auf 11 017 im Jahre 1958 auf die am 1. September 1957 eingeführte Geschwindigkeitsbegrenzung in geschlossenen Ortschaften zurück.

Schwere Regengüsse und Wirbelstürme im mittleren Westen der USA fordern 37 Tote. In fünf Städten Ohios wird der Notstand ausgerufen.

22. Januar, Donnerstag
Das politische Bewußtsein und die Unabhängigkeit bundesdeutscher Richter stehen im Mittelpunkt einer Bundestagsdebatte, in der Gerichtsurteile gegen antisemitische Äußerungen kritisch bewertet werden. →S. 18

Die CDU spricht sich in ihrem Pressedienst »Deutschland Union-Dienst« für die möglichst rasche Entwicklung einer privaten Atomwirtschaft in der Bundesrepublik aus. Dies sei im Interesse einer internationalen Konkurrenzfähigkeit wünschenswert.

Im Sportpalast von Havanna beginnen die öffentlichen »Kriegsverbrecherprozesse« des Castro-Regimes gegen die Anhänger des früheren Diktators Fulgencio Batista y Zaldívar.

Die US-Regierung gewährt der europäischen Atomenergiekommission (EURATOM) Kredite bis zu 135 Millionen US-Dollar (rund 567 Millionen DM) zum Ankauf US-amerikanischer Kernreaktoren für Atomkraftwerke.

23. Januar, Freitag
Bundeswohnungsbauminister Paul Lücke (CDU) erläutert vor dem Bundestag seinen Plan der stufenweisen Überführung der Wohnungswirtschaft in die soziale Marktwirtschaft. Der Mietstopp soll demnach nicht vor Ende 1962 völlig aufgehoben werden. →S. 20

Bundeswirtschaftsminister Ludwig Erhard (CDU) gibt bekannt, daß in der Bundesrepublik ab 16. Februar – zunächst bis zum 31. Dezember 1959 – auf Importkohle ein Zoll von 20 DM je Tonne erhoben wird. Mit dieser Maßnahme soll der Absatzkrise im bundesdeutschen Kohlebergbau begegnet werden.

Das bisher größte Walfangschiff, die »Sowjetskaja Ukraina«, läuft in Nikolajew vom Stapel. Das Schiff hat eine Wasserverdrängung von 44 000 t und erreicht eine Geschwindigkeit von 16 Knoten (rund 30 km/h).

Den Achtstundentag für Abiturienten führt das hessische Kultusministerium ein. Bei der mündlichen Reifeprüfung dürfen Prüfzeit und Wartezeit nicht mehr länger als acht Stunden dauern.

24. Januar, Sonnabend
Auf einer Sitzung ihres Direktoriums in Hannover spricht sich die Deutsche Partei (DP) für die Wiedereinführung der Todesstrafe aus.

Die konstituierende Versammlung der Republik Senegal nimmt den Text der Verfassung an. Gleichzeitig verbietet die Regierung der ehemaligen französischen Kolonie die pro-gaullistische »Gesellschaft für die Fünfte Republik«.

Mit einem vierfachen französischen Triumph endet die Rallye Monte Carlo. Sieger werden Paul Coltelloni und Pierre Alexandre auf Citroën. Als erfolgreichste Deutsche belegen Siegfried Eikelmann und Hans Wencher auf DKW den siebten Platz. →S. 23

Beim Abfahrtslauf um das »Weiße Band von St. Moritz« siegt der 17jährige Willy Bogner aus München (→25. 1./S. 23).

25. Januar, Sonntag
In Bochum demonstrieren 70 000 Bergleute gegen Zechenstillegungen. →S. 20

Vor der Presse in Amsterdam kritisiert der Präsident des Jüdischen Weltkongresses, Nahum Goldmann, die schleppende Behandlung der Wiedergutmachung für jüdische Opfer des Nationalsozialismus sowie »antisemitische Auswüchse« in der Bundesrepublik.

Papst Johannes XXIII. kündigt die Einberufung eines allgemeinen Konzils an, an dem auch die Vertreter der Ostkirchen teilnehmen sollen.

Bei den Skirennen um das Weiße Band von St. Moritz gewinnt Sonja Sperl aus Eisenstein (Bayern) den Riesenslalom der Damen. →S. 23

26. Januar, Montag
Nach dem Ausscheiden der Sozialdemokraten aus der Regierungskoalition erklärt der italienische Ministerpräsident Amintore Fanfani (Democrazia Cristiana) nach sechsmonatiger Amtszeit den Rücktritt seines Kabinetts.

Alle von Jesuiten geleiteten Schulen in Kairo werden auf Anordnung des ägyptischen Erziehungsministeriums beschlagnahmt. Die Schulen sollen mit ägyptischem Personal besetzt werden.

In Belgien streiken rund 40 000 Grenzgänger, die in Frankreich beschäftigt sind, gegen finanzielle Nachteile durch die Abwertung des französischen Franc.

In Karatschi beginnt die 6. Tagung des Ministerrats des Bagdad-Pakts, die bis zum 30. Januar dauert. Hauptthema der Beratungen, an denen der Irak nicht teilnimmt, ist die Reorganisation des Verteidigungssystems.

Zu Beginn des Winterschlußverkaufs werden in Frankfurt am Main Krawatten zu 3 Pfennig und in Hamburg Kleider für 10 Pfennig angeboten. →S. 20

27. Januar, Dienstag
Heinrich Albertz, der Kandidat des Berliner Regierenden Bürgermeisters Willy Brandt für das Amt des Arbeitssenators, wird von der SPD-Fraktion zum zweiten Mal abgelehnt. Brandt droht daraufhin mit Rücktritt (→15. 1./S. 18).

In Moskau beginnt der XXI. KPdSU-Parteitag, der bis zum 5. Februar dauert. Zentrales Thema ist der zu verabschiedende Siebenjahresplan 1959–1966. →S. 17

DDR-Ministerpräsident Otto Grotewohl hält sich zu einem Besuch in China auf und trifft mit Staats- und Parteichef Mao Tse-tung zusammen. →S. 16

28. Januar, Mittwoch
Der alte und neue Ministerpräsident des Landes Hessen, Georg August Zinn (SPD), stellt in Wiesbaden sein Kabinett vor, das wie in der vergangenen Regierungsperiode von SPD und BHE (Bund der Heimatvertriebenen und Entrechteten) gebildet wird.

Strafantrag wegen Beleidigung der Bundeswehr stellt Bundesverteidigungsminister Franz Josef Strauß (CSU) bei der Staatsanwaltschaft Kassel gegen den Kirchenpräsidenten von Hessen-Nassau Martin Niemöller. →S. 19

Das Kuratorium Unteilbares Deutschland startet die Berlin-Aktion »Macht das Tor auf!« →S. 18

Auf dem XXI. Parteitag der KPdSU versichert der chinesische Ministerpräsident Chou En-Lai, daß die Freundschaft zwischen der Sowjetunion und China »ewig und unzerbrechlich« sei.

29. Januar, Donnerstag
Fürst Rainier III. von Monaco setzt die Verfassung des Landes außer Kraft. Anlaß ist die Weigerung der Volksvertretung, den Haushalt des Fürstentums zu beschließen. →S. 16

Eine Gruppe liberaler und konservativer spanischer Politiker gründet eine politische Partei mit dem Namen Union Española, die gegen die Regierung von Francisco Franco Bahamonde opponiert.

Die Landesvereinigung der Arbeitgeberverbände von Nordrhein-Westfalen in Düsseldorf fordert in ihrem Geschäftsbericht die Beibehaltung der achtklassigen Schule und äußert Skepsis gegenüber einer vollakademischen Ausbildung der Volksschullehrer und gegenüber einem wachsenden Anteil an weiblichen Lehramtsbewerbern.

30. Januar, Freitag
Das griechische Parlament beschließt ein Gesetz, nach dem die Strafverfolgung deutscher Kriegsverbrecher eingestellt wird. Die Bundesregierung hatte zuvor zugesagt, daß die deutsche Justiz die Verfolgung übernehmen werde. →S. 16

Bundeslandwirtschaftsminister Heinrich Lübke (CDU) eröffnet in Berlin die Grüne Woche. →S. 21

Der dänische Arktisfrachter »Hans Hedtoft« rammt südlich von Grönland einen Eisberg und sinkt. 55 Passagiere und 40 Besatzungsmitglieder kommen in der eisigen See ums Leben.

31. Januar, Sonnabend
In Frankreich wird André Le Troquer, von 1954 bis 1958 Präsident der französischen Nationalversammlung, in dem Sittenskandal um die »Rosa Ballets« wegen Verführung Minderjähriger angeklagt. →S. 22

Das Bundesatomministerium meldet, daß im Januar die radioaktive Konzentration im Regenwasser in der Bundesrepublik 60mal höher ist, als es die Norm der Europäischen Atomgemeinschaft erlaubt.

Das Wetter im Monat Januar

Station	Mittlere Lufttemperatur (°C)	Niederschlag (mm)	Sonnenscheindauer (Std.)
Aachen	−(1,8)	190*(72)	−(51)
Berlin	−(0,4)	108*(43)	−(47)
Bremen	−(0,6)	151*(57)	−(47)
München	−(2,1)	182*(55)	−(56)
Wien	0,7(−0,9)	24 (40)	76 (−)
Zürich	0,0(−1,0)	136 (68)	68 (46)

( ) Langjähriger Mittelwert für diesen Monat – Wert nicht ermittelt/* Mittelwert Nov.–Feb.

Januar 1959

Die Verbundenheit der Deutschen mit dem Schicksal von Berlin findet auch in Zeitschriften ihren Niederschlag: Die Illustrierte »Revue« druckt den Roman »Berlin bleibt doch Berlin« in Fortsetzungen ab

Januar 1959

Castros Revolutionstruppen in der Hauptstadt Kubas

2. Januar. Der kubanische Rebellenführer Fidel Castro, dem nach der Flucht des bisherigen Präsidenten und Diktators Fulgencio Batista y Zaldívar das ganze Land begeistert zufällt, ernennt den Richter Manuel Urrutía Lleo zum provisorischen Präsidenten.

Der ständig wachsende militärische Druck der Guerillatruppen Castros hatte Batista am Neujahrstag veranlaßt, seine Machtbefugnisse einer Militärjunta zu übergeben und mit seinem engsten militärischen und zivilen Stab in die Dominikanische Republik zu fliehen, wo im Frühjahr 1958 schon Argentiniens Ex-Diktator Juan Domingo Perón Aufnahme gefunden hatte. Vor seiner Abreise erklärte Batista, er habe sich zur Aufgabe seines Amtes entschlossen, »um dem Lande weiteres Blutvergießen zu ersparen«. Batistas überstürzte Flucht hatte zur Folge, daß Armee und Polizei schon wenige Stunden später zu den Rebellen überliefen.

In Havanna ist 24 Stunden nach der Flucht des Staatspräsidenten wieder Ruhe eingekehrt. Die Bevölkerung Santiagos, der Hauptstadt der Orienteprovinz, die in den frühen Morgenstunden in die Hand der Rebellen gefallen ist, bereitet Castro einen großartigen Empfang. Männer und Frauen lassen den Guerillaführer auf offener Straße hochleben und bringen ihm Ovationen dar.

Der erste Aufstandsversuch Castros gegen das Batista-Regime war 1953 gescheitert. Mit einer Handvoll Rebellen wollte er die Militärkaserne von Santiago de Cuba stürmen, wofür er mit einer 15jährigen Zuchthausstrafe büßen sollte. Kurz darauf jedoch wurde er von Batista begnadigt. Castro ging daraufhin nach Mexiko, landete aber im Dezember 1956 mit 81 Anhängern auf der Yacht »Granma« an der Ostküste Kubas. Nur zwölf von ihnen überlebten und tauchten in den Bergen der Sierra Maestra unter. Hier gelang Castro der Aufbau einer schlagkräftigen Partisanenarmee, die US-amerikanische Berichterstatter 1958 auf etwa 10 000 Mann schätzten.

Es sind vor allem die liberal-bürgerlichen und kleinbürgerlichen Schichten, die sich gegen Batistas korruptes und durch polizeistaatliche Methoden gekennzeichnetes Regime wenden. Die Ziele der Revolution bestehen daher zunächst in einer Wiedereinsetzung der Verfassung sowie in einer besseren Nutzung der vorhandenen wirtschaftlichen Ressourcen des Landes.

1958: Fidel (4. v. r.) und Raúl Castro (kniend), Che Guevara (2. v. l.)

Castros Regierungsprogramm:
▷ Verstaatlichung der kubanischen Versorgungsbetriebe
▷ Aufteilung der großen Zucker- und Tabakplantagen
▷ Konfiszierung aller »durch eine korrupte Regierung erworbenen Vermögen«
▷ Verteilung von 30% aller Industrieunternehmen an kubanische Arbeiter

Freudenkundgebung in Havanna nach dem Sieg Castros

Die Studenten in Havanna stellen sich hinter Castro

Der wichtigste Industriezweig Kubas ist die Zuckerindustrie, deren Produkte 75 bis 90% des Exports ausmachen. Diese Branche liegt jedoch am Ende der fünfziger Jahre zu 70% in US-amerikanischen Händen. Die Landbevölkerung stellt ein Heer von unterhalb der Armutsgrenze lebenden Saisonarbeitern, die sozial in keiner Weise abgesichert sind. 47% der Landbevölkerung und 11,6% der Städter sind Analphabeten. Während das Volk zunehmend verarmte, bereicherte sich die Batista-Clique immer mehr: Das Vermögen des Diktators wird auf etwa 400 Millionen US-Dollar geschätzt. Zuletzt versagten die Vereinigten Staaten dem Regime ihre weitere Unterstützung, da dieses eine wirtschaftliche Stabilität des Landes nicht mehr gewährleisten konnte (→ 16. 2./S. 30).

Die Eroberer der Ortschaft Bueycito hocken am Straßenrand und warten auf weitere Instruktionen. Nach dem gescheiterten Umsturzversuch von 1956 tauchte Castro mit den wenigen Überlebenden in den unwegsamen Bergen der Sierra Maestra unter. Vergeblich fahndeten die Luftaufklärer der Regierung nach den Aufständischen, die hier ab Herbst 1958 immer mehr Zulauf fanden.

Januar 1959

Vor allem die »Campesinos«, die Landproletarier, sind begeisterte Anhänger der neuen Machthaber auf Kuba

Castros neunjähriger Sohn bringt die Mitstreiter seines Vaters zum Lachen, hier Hauptmann Muñez Jiménez (r.); »Fidelito« ist Castros einziger Sohn. Der Revolutionsführer selbst stammt aus einer Familie spanischer Einwanderer, die als Plantagenarbeiter reich wurden

Traktoren, die nach der Bodenreform an die neuen Landbesitzer verteilt werden sollen; die Enteignung der Großgrundbesitzer und die Kollektivierung eines Großteils der Landwirtschaft durch Errichtung von »Volksfarmen« sind ein Kernstück des Regierungsprogramms der Revolutionäre unter Castro

Auf dem Weg in die Unabhängigkeit

Seit seiner Entdeckung durch Europäer war Kuba von wechselnden Kolonialmächten beherrscht. Die Revolution Castros ist ein Versuch, die Insel aus der Abhängigkeit von den USA zu befreien.

▷ 1492: Christoph Kolumbus entdeckt Kuba.
▷ 1511: Die Insel wird durch Diego de Velázquez erobert.
▷ ab 1522: Havanna wird Hauptstadt. Für die aufblühende Zuckerwirtschaft werden afrikanische Sklaven importiert.
▷ 1762: Die Briten erobern Kuba.
▷ 1763: Die Insel wird gegen Florida von den Briten an Spanien abgetreten.
▷ 1897: Spanien gesteht seiner Kolonie eine gewisse Autonomie zu, der Kampf um die Unabhängigkeit wird aber weiter geführt. Die USA unterstützen diese Bestrebungen im Interesse eigener Einflußnahme.
▷ 15. 2. 1898: Die USA vernichten vor Santiago de Cuba die spanische Flotte nach der Explosion eines US-Kriegsschiffes im Hafen von Havanna.
▷ 10. 12. 1898: Spanien muß Kuba an die USA abtreten. Diese lassen die Insel durch einen Militärgouverneur verwalten.
▷ 1901: Kuba wird nominell unabhängig. US-Kapital kontrolliert jedoch nahezu alle Wirtschaftszweige, z.T. mit Methoden, die antiamerikanische Ressentiments auslösen.
▷ 1933: Im Gefolge der Weltwirtschaftskrise kommt Fulgencio Batista y Zaldívar an die Macht. Die USA unterstützen seine Militärdiktatur mit einem Beistandspakt.
▷ 26. 7. 1953: Ein Aufstandsversuch unter Führung des Rechtsanwaltes Fidel Castro scheitert. Die Aufständischen gehen ins mexikanische Exil und bereiten dort einen neuen Umsturzversuch vor.

Januar 1959

Nach einer Zeremonie am Arc de Triomphe kehrt General de Gaulle zum Élysée-Palast zurück, wo er in sein neues Amt als Staatspräsident eingeführt wird

Der alte und der neue Präsident: Charles de Gaulle (M.) verabschiedet seinen Vorgänger René Coty, der seit 1953 Staatsoberhaupt Frankreichs war

De Gaulles Einzug in den Élysée-Palast

8. Januar. Paris erlebt den glanzvollen Höhepunkt des Übergangs zur Fünften Republik. Im Festsaal des Élysée-Palastes übernimmt der am 21. Dezember 1958 gewählte General Charles de Gaulle das mit neuen Vollmachten ausgestattete Amt des Präsidenten der Republik und der »Französischen Gemeinschaft«. Vorgänger René Coty übergibt die Amtsbefugnisse mit den Worten: »Der Erste der Franzosen ist nunmehr auch der Erste in Frankreich.« Der Ruf nach einem starken Präsidenten und damit nach einer neuen Verfassung war nach dem Putsch in der französischen Kolonie Algerien am 13. Mai 1958 laut geworden. Die Entkolonialisierung sowie die schwierige Wirtschaftslage sind die Feuerprobe für die Fünfte Republik. De Gaulle geht trotz großer Widerstände der Algerien-Franzosen grundsätzlich von der Anerkennung des Selbstbestimmungsrechts Algeriens aus, das verwaltungsmäßig jedoch Frankreich angegliedert bleiben soll. Am 13. Januar verfügt der neue Präsident eine Amnestie für algerische Unabhängigkeitskämpfer, die heftige Proteste bei den Anhängern eines französischen Algerien hervorruft (→ 10. 4./S. 67).

Ein weiteres Problem bilden die Wirtschaft und die ungelösten sozialen Spannungen. Die Politik de Gaulles sieht eine Haushaltssanierung vor allem durch Steuererhöhungen und Einsparungen im sozialen Bereich vor. Über eine deutliche Abwertung des Franc sowie durch handelspolitische Maßnahmen soll ein weiterer Anstieg der Preise verhindert werden.

Zum ersten Ministerpräsidenten der Fünften Republik ernennt de Gaulle den bisherigen Justizminister und langjährigen gaullistischen Senator Michel Debré. Maurice Couve de Murville wird Außen-, Valéry Giscard d'Estaing Finanzminister.

Die fünf französischen Republiken

I. Republik (1792–1804): Drei Jahre nach der Revolution wird Frankreich Republik. Napoleon Bonaparte führt 1804 die erbliche Monarchie wieder ein.

II. Republik (1848–1852): Die Februarrevolution führt zur Proklamation der Republik. Die Verfassung von 1852 bringt das erbliche Kaisertum für Napoleon III.

III. Republik (1871–1940): Nach Niederlagen bei Sedan wird die III. Republik ausgerufen, die nach dem deutschen Einmarsch 1940 endet.

IV. Republik (1946–1958): Der Präsident hat keine politische Entscheidungsgewalt. Die Algerienkrise läßt 1958 den Ruf nach einem starken Präsidenten laut werden.

V. Republik (seit 1958)

Vor dem Élysée-Palast versammeln sich begeisterte Anhänger de Gaulles, der während der deutschen Besatzung Chef der Exilregierung war und für viele Franzosen eine Symbolfigur des nationalen Befreiungskampfes ist

Neue Verfassung stärkt Präsidenten

Die Verfassung der Fünften Republik wurde im September 1958 von knapp 80% der Franzosen befürwortet. Sie stärkt die Position des Staatspräsidenten gegenüber Parlament und Regierung erheblich.

Kennzeichnend für die neue Verfassung ist eine Vereinigung repräsentativer (Parlament) und plebiszitärer Elemente (Volksabstimmung). Dabei hängt es weitgehend von der Persönlichkeit des Staatspräsidenten ab, ob die Verfassungswirklichkeit dem einen oder dem anderen Verfassungstyp näherkommt.

Der Staatspräsident wird vom Volk direkt gewählt. Er ernennt den Premierminister und die Minister. Gesetzesnovellen bedürfen seiner Unterschrift, die er verweigern kann, um das betreffende Gesetz zur erneuten Beratung ans Parlament zu überweisen. Bestimmte Gesetzesvorlagen kann der Präsident zur Volksabstimmung stellen. Ferner kann er in Krisensituationen die Nationalversammlung auflösen. Aufgrund des »Notstandsparagraphen« verfügt er über eine weitgehende Befehlsgewalt über die staatlichen Organe. Der Präsident ist Oberbefehlshaber der Streitkräfte und hat das Recht, Straftäter zu begnadigen.

Erfolge im Kampf um Autonomie

13. Januar. Mehrere afrikanische Staaten erzielen Erfolge in ihrem Streben nach Unabhängigkeit.
Die belgische Regierung sichert den Bewohnern von Belgisch-Kongo (Zaïre), der größten Kolonie in Afrika, die Abhaltung freier Wahlen und die Entscheidungsfreiheit über den Übergang in die Unabhängigkeit zu. Dieser Entschluß steht vor dem Hintergrund blutiger Unruhen am 5. und 6. Januar, bei denen 42 Kongolesen getötet und über 100 verletzt wurden. Auslöser der Zusammenstöße war die Weigerung der belgischen Behörden, eine Versammlung der Organisation der farbigen Bevölkerung (ABAKO) zu genehmigen. Auch der Einsatz von Truppen brachte keine dauerhafte Ordnung. Am gleichen Tag unternimmt die neue französische Regierung unter Ministerpräsident Michel Debré einen weiteren Versuch, den Konflikt mit der Kolonie Algerien zu regeln. Durch weitreichende Amnestie- und Gnadenakte für algerische Unabhängigkeitskämpfer will die Regierung eine günstige Atmosphäre für Waffenstillstandsverhandlungen schaffen (→ 8. 1./S. 14).
Am 17. Januar gründen auf einer konstituierenden Versammlung in Dakar (Senegal) vier westafrikanische Länder der insgesamt zehn selbständigen Republiken des ehemaligen Französisch-Westafrika einen neuen Bundesstaat, die Föderation von Mali. Die Vertreter von Dahomey (Benin), Senegal, Soudan (Mali) und Obervolta (Burkina Faso) nehmen einstimmig den Vorschlag einer Bundesverfassung an. Der Staatenbund, dem alle afrikanischen Staaten beitreten können, bildet ein gemeinsames Zollgebiet; die Einzelinteressen der Mitgliedsländer werden in einem Bundesparlament vertreten. Die Föderation von Mali soll durch eine Bundesregierung verwaltet werden und als geschlossene Einheit auch gegenüber Frankreich auftreten. Die Staaten vereinbaren, der im Aufbau befindlichen afrikanisch-französischen Gemeinschaft als geschlossenes Gebilde beizutreten, jedoch ihre politische und wirtschaftliche Unabhängigkeit von Frankreich zu wahren.

In der Algerienfrage kompromißbereit: Ministerpräsident Debré

Die westafrikanischen Staaten Dahomey, Senegal, Obervolta und Soudan sind seit dem letzten Jahrzehnt des 19. Jahrhunderts unter französischer Herrschaft, Algerien bereits seit 1870; Belgisch-Kongo wurde 1885 von Frankreich, Großbritannien und dem Deutschen Reich als Eigentum des belgischen Königs Leopold II. anerkannt und ging 1908 in Staatsbesitz über

Berlinfrage im Brennpunkt

Nach dem sowjetischen Berlin-Ultimatum vom 27. November 1958 (→5. 1./S. 17) steht der Wunsch nach Erhaltung des Friedens und nach Entspannung im Mittelpunkt der politischen Neujahrsbotschaften in Ost und West.

Bundespräsident Theodor Heuss setzt sich für mehr Phantasie und Zähigkeit bei den Verhandlungen mit der Sowjetunion um die Bewahrung der Freiheit von Berlin ein:

»... Wenn auch die Pariser Konferenz der Außenminister der Westmächte in der ganz einfach ablehnenden Bewertung des sowjetischen Vorschlags, das sogenannte ›Westberlin‹ zu einer jeglichen Schutzes entbehrenden ›Freien Stadt‹ zu erklären einig war, und die NATO-Beschlüsse diese Haltung bestätigt haben, so bleibt doch die allen gemeinsame Aufgabe, mit Phantasie und elastischer Zähigkeit im Gespräch mit den Russen die Wege zu suchen, die deutschen Fragen in ihrer deutschen und damit zugleich in ihrer europäischen Bedingtheit politisch zu regeln.
Die Russen erklären gern, sie seien ›Realisten‹. Dieser ihr ›Realismus‹ in dem Berliner Vorschlag kann aber kaum anders gedeutet werden als die Zuversicht auf eine ihnen genehme Zukunft von morgen. Die Vorstellung, ein Westberlin mit eigner Währung, umgrenzt von einer Welt, die es praktisch immerzu abschnüren kann, als einen Faktor der Entspannung vorzuführen, kann von keinem Mann im Kreml geglaubt werden – sie ist eine propagandistische Zweckillusion für die fremde Welt. Jeder spürt, und er spürt es bis Bordeaux, bis Neapel und bis Liverpool, daß Berlin ganz einfach nicht nur eine deutsche, sondern eine europäische Position ist, die Schöpfung dieser westlichen Welt, Gewissensfreiheit, bürgerliche Selbstverantwortung, Gewähr des religiösen Gemeinschaftslebens zu wahren ...«

In Berlin (Ost) bezeichnet Walter Ulbricht, Erster Sekretär des Zentralkomitees der SED, die »Umwandlung Westberlins in eine entmilitarisierte Freie Stadt und die Vorbereitung eines Friedensvertrages als vordringliche Aufgaben des Jahres«. DDR-Verteidigungsminister Willi Stoph fordert unter Hinweis auf angebliche Kriegsvorbereitungen des »klerikal-militaristischen Adenauer-Regimes« die ihm unterstellten Streitkräfte in einem Tagesbefehl auf, ihre Gefechtsbereitschaft zu steigern und »die Wachsamkeit an der westlichen Grenze des sozialistischen Weltlagers ständig zu erhöhen«.

US-Präsident Dwight D. Eisenhower appelliert an die Sowjetunion, ihren Friedenswillen bei der Lösung des Berlin-Problems zu beweisen:

Der Führer der westlichen Welt erklärt die Bereitschaft der USA, die Frage Berlins bei Verhandlungen zur Lösung des Deutschland-Problems wie auch des Problems der europäischen Sicherheit zu erörtern. Er geht auf ein Grußtelegramm des sowjetischen Staatspräsidenten Kliment J. Woroschilow ein, der darin seinen Willen zu friedlicher Koexistenz bekräftigt hatte. Wörtlich sagt Eisenhower: »Im Augenblick erscheint es uns äußerst wichtig, die in Ihrer Botschaft geäußerten Wünsche auf die Situation Berlins zu übertragen. Ich kann nicht darum herum, an die Erklärung Ihrer Regierung über die Absichten gegenüber der Berliner Bevölkerung zu erinnern. Meiner Ansicht nach sind sie nicht im Einklang mit den von Ihnen ausgedrückten Hoffnungen und Wünschen für eine friedliche Koexistenz. Positive Fortschritte bei diesem besonderen Problem, so glaube ich, würden guten Grund zu der Hoffnung geben, daß im Jahre 1959 ein gutes Stück auf dem Wege zu einem gerechten und dauerhaften Frieden zurückgelegt wird.«

Januar 1959

Oppositionschef bittet um Asyl

12. Januar. Der portugiesische Oppositionspolitiker General Humberto Delgado flüchtet in die brasilianische Botschaft in Lissabon, wo ihm politisches Asyl gewährt wird. Delgado war bei den Präsidentschaftswahlen vom 8. Juni 1958 als parteiloser Kandidat der Oppositionsgruppen gegen Admiral Américo Deus Rodrigues Tomás angetreten, den Kandidaten der diktatorischen Regierung unter António de Oliveira Salazar. Delgado hatte erklärt, er werde im Falle eines Wahlsieges den seit 1932 mit diktatorischen Vollmachten regierenden Ministerpräsidenten Salazar entlassen. Vor den Wahlen war es zu Demonstrationen der Anhänger Delgados gekommen, wobei es vor allem in Porto und Lissabon zahlreiche Verletzte und mehrere Tote gab. Das militärische Oberkommando hatte zur Wiederherstellung der Ordnung eine Reihe von Verhaftungen vornehmen lassen.

Am 7. Januar wurde der General aus dem aktiven Dienst in der Armee entlassen, da er seine politische Tätigkeit nach dem Wahlkampf fortgesetzt hatte. Ein Sprecher des Informationsministeriums bezeichnet den Asylantrag am 13. Januar als eine schlechte Komödie. Delgado könne weiterhin ohne Angst um seine Sicherheit in Portugal leben, wenn er die Gesetze respektiere.

Der portugiesische Oppositionelle Delgado, Kopf einer parteiunabhängigen Gruppe von Liberalen

Verfassungsstreit um Etat in Monaco

29. Januar. Fürst Rainier III. von Monaco setzt überraschend die Verfassung des Zwergstaates außer Kraft und löst den Nationalrat und den Gemeinderat des Fürstentums auf. Die Führung der Regierungsgeschäfte übernimmt er vorübergehend selbst.

Anlaß für diese Maßnahme ist die Forderung der 30 Mitglieder des Nationalrats, daß die Regierung künftig dem Parlament gegenüber verantwortlich sein soll. Sie hatten gedroht, den Staatshaushalt des Fürstentums nicht zu verabschieden, falls der seit 1949 regierende Fürst ihren Wünschen nach erweiterten Vollmachten nicht entspreche.

Fürst Rainier begründet seine Entscheidung damit, daß er sich nicht länger durch den Nationalrat erpressen lassen wolle, und kündigt eine Verfassungsreform an. Darin sind die Einführung des passiven und aktiven Wahlrechts für Frauen, die Festlegung der Zuständigkeit bei Staatsausgaben sowie darüber hinaus eine grundlegende Verwaltungsreform geplant.

Griechen beenden Nazi-Verfolgung

30. Januar. Das griechische Parlament beschließt mit 113 gegen 63 Stimmen ein Gesetz, nach dem die Strafverfolgung deutscher Kriegsverbrecher in Griechenland eingestellt wird. Während des Zweiten Weltkriegs war Griechenland von 1940 bis 1944 u.a. von deutschen Truppen besetzt.

Voraussetzung für dieses Gesetz, das mit der Stimmenmehrheit der konservativen Nationalen Radikalen Union (ERE) von Ministerpräsident Konsdandinos Karamanlis verabschiedet wird, war die verbindliche Zusage der Bonner Bundesregierung, daß die bundesdeutsche Justiz die Verfolgung weiterer Fälle übernehmen werde. Das Gesetz nimmt von dieser Regelung solche Personen aus, gegen die bereits vor Inkrafttreten des Gesetzes ermittelt wurde. Dies trifft auch für den Fall des Berliner Rechtsanwalts Max Merten zu, der seit April 1957 unter dem Verdacht schwerer Kriegsverbrechen in Athen inhaftiert ist; gegen ihn wird derzeit die Prozeßeröffnung vorbereitet.

Nur ein geringer Teil des weiten Landes ist verkehrsmäßig erschlossen

Alaska wird 49. Bundesstaat der USA

3. Januar. *US-Präsident Dwight D. Eisenhower proklamiert Alaska zum 49. Bundesstaat der Vereinigten Staaten von Amerika.*

Die Aufnahme Alaskas macht eine Änderung der US-Flagge erforderlich, die nun 7 × 7 Sterne auf blauem Grund und wie bisher 13 rote und weiße Streifen zeigt. Mit einer Fläche von 1 518 796 km² ist Alaska nun der größte Bundesstaat der USA vor Texas und Kalifornien.

Alaska war 1741 von russischen Seefahrern entdeckt und zur Kolonie erklärt worden. Die 1799 gegründete Russisch-Amerikanische Kompanie verlor bald das Interesse an dem Gebiet, und Rußland trat es 1867 für 7,2 Millionen US-Dollar an die Vereinigten Staaten ab. 1912 erhielt das Territorium eine beschränkte Selbstverwaltung.

Empfang der DDR-Delegation durch Ministerpräsident Nehru (r.), l. DDR-Außenminister Lothar Bolz

DDR bemüht sich um Anerkennung

27. Januar. DDR-Ministerpräsident Otto Grotewohl trifft zum Abschluß seines Besuches in China mit dem Vorsitzenden der Volksrepublik, Mao Tse-tung, zusammen.

Im Abschlußkommuniqué erklären Grotewohl und der stellvertretende chinesische Ministerpräsident Tschen Ji, China werde der DDR im Falle eines westlichen Angriffs beistehen. Jeder mögliche Angriff auf die DDR wird in der Erklärung als ein »Angriff auf das ganze sozialistische Lager« bezeichnet.

Auf ihrem Weg nach China hatte die DDR-Delegation Zwischenstationen in Kairo, Bagdad und Neu-Delhi gemacht. Grotewohl und der Präsident der Vereinigten Arabischen Republik, Gamal Abd el Nasser, hatten die Aufnahme konsularischer Beziehungen beschlossen, was die Bonner Regierung zu einem scharfen Protest veranlaßte. Außenpolitischer Grundsatz der Bundesregierung ist seit 1955 die sog. Hallsteindoktrin, nach welcher die Beziehungen zu solchen Ländern abgebrochen werden, die ihrerseits diplomatische Kontakte zur DDR unterhalten. Weder Nasser noch der indische Ministerpräsident Jawaharlal Nehru, der den DDR-Ministerpräsidenten ebenfalls empfing, denken jedoch an eine diplomatische Anerkennung der DDR. Dies lehnt auch der irakische Ministerpräsident Abd Al Karim Kasim ab.

Januar 1959

Sowjetunion fordert Friedensvertrag

5. Januar. Der Botschafter der Bundesrepublik in der UdSSR, Hans Kroll, macht in Moskau die ablehnende Haltung der Bundesregierung gegenüber dem »Chruschtschow-Ultimatum« vom 27. November 1958 deutlich, in dem die UdSSR einseitig das Viermächteabkommen über Berlin gekündigt hatte, um die Westmächte zu neuen Verhandlungen über den Status der geteilten Stadt zu zwingen.

Die Bundesregierung lehnt den Vorschlag ab, Berlin (West) in eine »freie entmilitarisierte Stadt« umzuwandeln, deren Bestand von den Siegermächten und den Vereinten Nationen (UN) garantiert werden soll. In der Antwortnote bekundet die Bundesregierung ihre Bereitschaft, über das Gesamtproblem Abrüstung – Sicherheit – Wiedervereinigung zu verhandeln, jedoch nicht unter dem Druck eines Ultimatums (→ 12. 1./S. 17).

Am 10. Januar lädt die Sowjetunion 28 Staaten, die am Zweiten Weltkrieg gegen Deutschland beteiligt waren, zu einer Konferenz zur Ausarbeitung und Unterzeichnung eines Friedensvertrags mit Deutschland ein. Auch die beiden deutschen Staaten sollen an der Konferenz teilnehmen. Der Entwurf eines Friedensvertrags ist der sowjetischen Note beigefügt. Zur Begründung ihres Vorschlags, über einen Friedensvertrag mit Deutschland zu verhandeln, führt die Sowjetregierung das Fehlen einer Friedensregelung an. Argwohn und Mißtrauen seien zwischen den ehemaligen Siegermächten des Zweiten Weltkriegs entstanden. Zudem beunruhige das Wiedererstehen des Militarismus in Westdeutschland das sowjetische Volk.

Die drei Westmächte lehnen Verhandlungen in Anbetracht des »Chruschtschow-Ultimatums« ab (→ 11. 5./S. 80).

Die sowjetischen Pläne zur politischen Neugestaltung Deutschlands

Der sowjetische Entwurf eines Friedensvertrags vom 10. Januar enhält folgende Kernpunkte:
▷ Neutralisierung Deutschlands
▷ Recht auf Wiedervereinigung
▷ Grenzen nach dem Stand vom 1. Januar 1959
▷ Verzicht auf die Ostgebiete
▷ Nationale Streitkräfte
▷ Verbot von Atom- und Raketenwaffen, Bombenflugzeugen und U-Booten
▷ Einschränkung der Rüstungsproduktion
▷ Verzicht der Siegermächte auf weitere Reparationen
▷ Bis zur Wiedervereinigung wird Westberlin freie entmilitarisierte Stadt
▷ Abzug aller ausländischen Truppen ein Jahr nach Inkrafttreten des Friedensvertrages
▷ Verzicht auf die Rückgabe der beschlagnahmten deutschen Auslandsvermögen
▷ Verbot rechtsradikaler Parteien und solcher Parteien, die eine Änderung der deutschen Grenzen fordern
▷ Verbot jeder Vereinigung zwischen Deutschland und der Bundesrepublik Österreich.

Mikojans US-Reise bleibt ohne Erfolg

20. Januar. Wegen einer Verhärtung der Fronten in den Ost-West-Beziehungen bricht der Erste stellvertretende sowjetische Ministerpräsident Anastas I. Mikojan seinen Besuch in den Vereinigten Staaten vorzeitig ab und reist ohne konkretes Gesprächsergebnis nach Moskau zurück.

In der Debatte über eine Beendigung des Kalten Krieges und über die Deutschlandfrage konnte keine Änderung der Standpunkte herbeigeführt werden. Mikojan bezeichnet seine Besprechungen mit US-Außenminister John Foster Dulles und seine zweistündige Unterredung mit US-Präsident Dwight D. Eisenhower zwar als nützlichen Meinungsaustausch, neue Vorschläge habe jedoch keiner der Gesprächsteilnehmer gemacht.

Warnend wandte sich der Stellvertreter von Ministerpräsident Nikita S. Chruschtschow während seines USA-Aufenthaltes gegen die Aufrüstung der Bundesrepublik; Bundesverteidigungsminister Franz Josef Strauß (CSU) wurde von Mikojan als »gefährlicher Mensch« bezeichnet.

Im Westen Ablehnung der Moskauer Pläne

12. Januar. Der sowjetische Entwurf für einen Friedensvertrag mit Deutschland (→ 5. 1./S. 17) wird in Bonn von der Bundesregierung und den Parteien fast übereinstimmend abgelehnt.

Bundeskanzler Konrad Adenauer (CDU) bezeichnet die Vorschläge als unannehmbar und will sich dafür einsetzen, daß sie von den Westmächten mit einem »harten und eindeutigen Nein« beantwortet werden. Ein Friedensvertrag könne nur mit einer aus freien Wahlen hervorgegangenen gesamtdeutschen Regierung ausgehandelt werden. Die Bundesrepublik müsse als Wichtigstes die Gemeinsamkeit mit dem Westen suchen. Adenauer wörtlich: »Wenn wir jetzt in Deutschland zu schwimmen beginnen, dann laufen wir Gefahr, daß uns unsere Freunde fortschwimmen.«

SPD und FDP betonen, daß sich die Antwort auf die Sowjetnote nicht auf ein bloßes Nein beschränken dürfe, sondern eindeutige Gegenvorschläge an die UdSSR enthalten müsse.

US-Außenminister John Foster Dulles lehnt den Entwurf ebenfalls ab. Er hält eine Neutralisierung Deutschlands für verhängnisvoll, da die politische, wirtschaftliche und militärische Westintegration der Bundesrepublik den Frieden am ehesten sichere.

Konrad Adenauer: Bedingungen für Friedensverhandlungen sind freie Wahlen für Gesamtdeutschland

US-Außenminister John Foster Dulles geht es um eine Eindämmung des Kommunismus in Europa

Sowjetunion will Westen überholen

27. Januar. In seiner siebenstündigen Rede zur Eröffnung des XXI. Parteitages erläutert der sowjetische Ministerpräsident und Parteisekretär Nikita S. Chruschtschow im Großen Kremlpalast in Moskau den neuen Siebenjahresplan, durch den die Sowjetunion in friedlichem Wettbewerb die kapitalistischen Industriestaaten des Westens wirtschaftlich einholen und sogar überflügeln soll.

Schon jetzt habe das sowjetische Volk »solche Höhen« erreicht, daß mit dem Übergang von der sozialistischen zur eigentlichen kommunistischen Gesellschaft begonnen werden könne.

Außenpolitisch wiederholt Chruschtschow seine Forderung nach Beendigung des Kalten Krieges und nach Einberufung einer Gipfelkonferenz, die einen Friedensvertrag mit Deutschland aushandeln soll.

Der Parteitag endet am 5. Februar mit einer Schlußresolution über den Siebenjahresplan (1959–1965). 1961 findet turnusgemäß der nächste Kongreß statt.

Januar 1959

Willy Brandt (vorne M.) mit dem Berliner Senat; obwohl die SPD die absolute Mehrheit erhalten hatte, sprach sich Brandt angesichts des Berlin-Ultimatums vom 27. November 1958 für eine »Notgemeinschaft« mit der Union aus

Neuer SPD/CDU-Senat in Berlin vereidigt

15. Januar. Nach der Vereidigung des neuen SPD/CDU-Senats in Berlin vertritt der Regierende Bürgermeister Willy Brandt (SPD) in seiner Regierungserklärung die Auffassung, die Berlinkrise habe noch nicht ihren Höhepunkt erreicht.

»Wir kennen unsere Widersacher zu gut, um nicht zu wissen, daß sie ihr einmal gesetztes Ziel nicht aufgeben werden... Wir kennen jedoch auch die Stärke unserer eigenen Position, andere sollten sie nicht unterschätzen«, sagt Brandt.

Noch einmal wiederholt Brandt sein Nein zu der sowjetischen Forderung, Berlin (West) den Status einer freien entmilitarisierten Stadt zu geben (→ 5. 1./S. 17). Mit diesem Nein verbindet er die Hoffnung, daß in der Frage der Wiederherstellung der deutschen Einheit doch noch Fortschritte erzielt werden können.

Mit nur einer Gegenstimme hatten die Abgeordneten Brandt am 12. Januar zum zweiten Mal zum Regierenden Bürgermeister gewählt. Aufgrund von Koalitionsvereinbarungen zwischen SPD und CDU nach den Wahlen zum Abgeordnetenhaus am 7. Dezember 1958 gibt es in der dritten Legislaturperiode keine parlamentarische Opposition.

Heftige Diskussionen gibt es um den Posten des Arbeits- und Sozialsenators: Nachdem die SPD den von Brandt vorgeschlagenen Kandidaten Heinrich Albertz (SPD) am 27. Januar nach innerparteilichen Querelen zum zweiten Mal abgelehnt hat, muß dieses Ressort kommissarisch besetzt werden.

Wachsende Kritik an Atomrüstung

17. Januar. In mehreren Staaten Europas formulieren besorgte Bürger ihre Bedenken gegen die zunehmende Atomrüstung.

So protestiert der Rat der Stadt Dortmund gegen die Verlegung einer britischen Raketeneinheit nach Dortmund-Brackel. Die Raketen vom Typ »Corporal«, gegen deren Stationierung sich der Protest richtet, können mit Atomsprengköpfen bestückt werden. Ihre Reichweite beträgt über 100 km (→ 4. 2./S. 33).

In London gründen 300 Delegierte aus neun europäischen Ländern das »Europäische Komitee gegen Atomrüstung«. In einem Telegramm an die seit 1955 tagende Genfer Abrüstungskonferenz wird die Einstellung aller Kernwaffenversuche sowie ein Abschluß der Verhandlungen gefordert.

Ebenfalls mit dem Problem der Atomrüstung hatte sich am 4. Januar in Berlin (West) ein Studentenkongreß befaßt. Prominente Teilnehmer, unter ihnen der Bundestagsabgeordnete Helmut Schmidt (SPD), verließen die Veranstaltung aus Protest gegen eine Resolution, in der eine umfassende Abrüstung in Ost und West sowie Verhandlungen zwischen beiden Teilen Deutschlands zur Ausarbeitung eines Friedensvertrages gefordert werden (→ 13. 6./S. 101).

Berlin-Aktion hat Erfolg

28. Januar. Das Kuratorium Unteilbares Deutschland kann bereits zu Beginn seiner in Hamburg gestarteten Aktion »Macht das Tor auf« einen großen Erfolg verbuchen. In den ersten Tagen werden in der Hansestadt 800 000 Abzeichen mit dem Brandenburger Tor verkauft.

Der Hamburger Senat hatte sich in einem Aufruf zu der Aktion bekannt: »Für die Wiedervereinigung, durch die Berlin seine alte Eigenschaft als unsere Hauptstadt zurückerhält, sind wir bereit, alle zumutbaren Opfer zu bringen.«

Auch Prominente gehen mit der Sammeldose auf die Straße, unter ihnen der Verleger und Mitinitiator Axel Springer, der Schauspieler Peter Frankenfeld und der ehemalige Boxweltmeister Max Schmeling.

Die Aktion soll auch auf andere Bundesländer ausgedehnt werden.

Schilder, die nahe Rendsburg die Autofahrer in zahlreichen Sprachen auf die Berlin-Aktion hinweisen

Justizkritik im Bundestag

22. Januar. Die politische Integrität und die Unabhängigkeit der bundesdeutschen Richter stehen im Mittelpunkt einer Justizdebatte des Bundestages im Anschluß an eine Große Anfrage der SPD.

Einer der Anlässe für die Debatte ist das Verhalten der Justiz im Fall des Hamburger Holzhändlers Friedrich Nieland. Dieser hatte in einer Broschüre die »Vergasung und Abschlachtung von sechs Millionen Juden durch Deutsche unter Hitlers Macht« als »ungeheuerliche Lüge« bezeichnet, da die Juden die Massenvernichtung in Wahrheit selbst organisiert hätten. Die Hamburger Große Strafkammer I unter Vorsitz von Landgerichtsdirektor Enno Budde hatte die Eröffnung des Hauptverfahrens abgelehnt und Nieland außer Verfolgung gesetzt. Diese Gerichtsentscheidung hatte zahlreiche Proteste hervorgerufen. In der Debatte wirft der SPD-Abgeordnete Gerhard Jahn Bundesjustizminister Fritz Schäffer (CSU) vor, durch »Brandreden gegen die Wiedergutmachung« eine wachsende antisemitische Stimmung ausgelöst zu haben. Schäffer betont hingegen, daß die Bundesregierung mit dem Gesetz gegen Volksverhetzung ein wirksames Mittel zur Bekämpfung antisemitischer Äußerungen schaffen werde. Abgeordnete der CDU kritisieren das Hamburger Urteil, weil die Richter ihre staatspolitische Aufgabe nicht erkannt und mangelnde historische Sensibilität bewiesen hätten. Bundeskanzler Konrad Adenauer (CDU) verurteilt die antisemitischen Vorfälle der jüngsten Zeit und bezeichnet sie als schweres Unrecht an deutschen Bürgern jüdischer Herkunft.

Januar 1959

Was bringt uns 1959?

Unser wirtschaftlicher Aufstieg hat uns tief in die Bindungen und Spannungen der ganzen Welt hineingestellt. Wir spüren das mit jedem Schritt über die Grenzen unseres Landes hinaus. Mich hat gerade die Arbeit dieses Jahres, das jetzt zu Ende geht, in viele Länder und große Fernen geführt. Fremde Probleme, andere Maßstäbe, schroff wechselnde Situationen – schnell schwindet da das jedem Menschen natürlich innewohnende Empfinden, in seinem eigenen Land liege die Mitte allen Geschehens.

Die Welt ist voll erregender Veränderungen – Ost und West spielen nicht zuletzt mit wirtschaftlichen Mitteln um die Zukunft; auch die wirtschaftliche Welt ist in Bewegung geraten. In Asien und Afrika drängen mehr als 1 Milliarde Menschen auf die Industrialisierung ihrer Länder hin – unsere Partner auch von morgen, wenn wir es verstehen, ihnen wirksam zu helfen.

Vielleicht wähnen wir uns in einer zu großen Sicherheit, wenn wir darauf vertrauen, wir hätten uns inmitten tiefgehender wirtschaftlicher und politischer Ereignisse ringsum schon ein unerschütterbares festes Fundament gebaut. Wohl stehen wir auf solidem Grund. Doch die Zeit, in der wir leben, ist nicht beschaulich. – 1959? Was wir erreichten, werden wir im kommenden Jahr jeden Tag neu erwerben müssen, um es zu bewahren und weiter auszubauen.

Was waren unsere Ziele 1958?

- Stabiler Geldwert
- Keine Preissteigerungen
- Wachsende Produktion
- Wohlstand für alle
- Wirtschaftliche Einigung Europas

Wir haben sie weitgehend erreicht:

- Die Deutsche Bundesbank verfügt über Gold und Devisen im Werte von 25,2 Milliarden D-Mark. Die D-Mark ist über jeden Zweifel stabil.

- Eine ganze Reihe von Preisen sind abgesunken; einige andere sind unwesentlich gestiegen. Im großen Durchschnitt liegen alle Preise um 1 % über dem Stand vom Dezember vergangenen Jahres.

- Die industrielle Produktion stieg um 3 % trotz kürzerer Arbeitszeit vieler Arbeiter und Angestellten. Unser Ausfuhrüberschuß betrug 6 Milliarden D-Mark.

- Im Jahre 1958 stiegen die Brutto-Löhne und -Gehälter um 7,2 %. 1 Million Fernsehgeräte wurden gekauft. Über 600 000 Personenkraftwagen wurden neu zugelassen; davon gehören 43 % Arbeitnehmern. Etwa 70 % der neuerrichteten Eigenheime gehören Arbeitern, Angestellten und Beamten. 6,8 Milliarden D-Mark wurden gespart, z. T. als Aktien-Eigentum kleinerer Sparer an industriellen Unternehmen.

- Wohl ist der Erfolg des Inkrafttretens des Gemeinsamen Marktes zum 1. Januar 1959 von der Sorge überschattet, daß neue Spannungen die Einheit Europas erschüttern könnten. Es wird viel guter Wille und ruhige Einsicht dazu gehören, nationale Einzelinteressen der Gemeinsamkeit des politischen und wirtschaftlichen Schicksals von Europa unterzuordnen.

Wirtschaftliche Krisen, die andernorts in der Welt um sich griffen, haben uns vergleichsweise kaum berührt. – So stehen wir am Anfang des neuen Jahres.

Was kommt 1959? Wir stehen auf festen Füßen. Trotz mancher Schatten hier oder dort haben wir viel geschafft. Niemand wird darum von mir für 1959 anderes als Vertrauen und Zuversicht erwarten. Wo so viele böse Worte den politischen Horizont verdüstern, soll sich die menschliche Arbeit als Aufgabe und Ziel die Befriedung der Welt setzen. Wollen wir es also anpacken, dieses Jahr 1959 – mutig, gläubig und treu.

Ein gutes neues Jahr!

LUDWIG ERHARD
BUNDESMINISTER FÜR WIRTSCHAFT

Anzeigenkampagne, mit der das Bundeswirtschaftsministerium zu Jahresbeginn in zahlreichen Zeitungen für seine Politik wirbt

Bundeswirtschaftsminister: Ziele im wesentlichen erreicht

In einer Werbekampagne zieht Bundeswirtschaftsminister Ludwig Erhard (CDU) eine Bilanz des Jahres 1958: Befriedigt stellt er eine weitere Stabilisierung der wirtschaftlichen Situation der Bundesrepublik fest. Die Ziele für das Jahr 1958 habe man im wesentlichen erreicht. Es komme nun aber darauf an, das Erreichte zu sichern.

Mit Problemen hat zu Anfang des Jahres der Bergbau zu kämpfen: Wegen billiger Kohle-Importe aus Frankreich und Belgien müssen im Ruhrgebiet Feierschichten eingelegt werden. Es wird deswegen über die Erhebung eines Importzolls auf Steinkohle diskutiert, um die Absatzchancen der heimischen Kohle zu verbessern.

Strafantrag gegen Martin Niemöller

28. Januar. Bundesverteidigungsminister Franz Josef Strauß (CSU) stellt bei der Staatsanwaltschaft Kassel Strafantrag wegen Beleidigung der Bundeswehr gegen den Präsidenten der Evangelischen Kirche von Hessen und Nassau, Martin Niemöller.

Niemöller hatte am 24. Januar auf einer Tagung der Vereinigung für Völkerfrieden in Kassel nach einer Tonbandaufnahme der Filmgesellschaft DEFA über die Bundeswehr gesagt: »Jedes Mittel, womit man seine Gegner kleinkriegen kann,

Bundesverteidigungsminister Franz Josef Strauß (CSU) leitet seit 1956 den Aufbau der Bundeswehr

kann angewandt werden. Und dazu ist heute die Ausbildung von Soldaten, die Ausbildung der Kommandos im Zweiten Weltkrieg, die Hohe Schule für Berufsverbrecher. Mütter und Väter sollten wissen, was sie tun, wenn sie ihren Sohn Soldat werden lassen. Sie lassen ihn zum Verbrecher ausbilden.«

Die Hessen-Nassauische Kirchensynode distanziert sich von den Äußerungen Niemöllers und unterstreicht die seelsorgerliche Pflicht der Kirche auch für die Soldaten. Niemöller betont in einer Klarstellung, daß er keinesfalls alle Bundeswehrsoldaten zu Verbrechern habe stempeln wollen.

Trotz dieser Richtigstellung rufen die Äußerungen des Kirchenpräsidenten bei der Bundesregierung scharfen Protest hervor. Auch der Verteidigungsausschuß des Bundestages verurteilt die Rede Niemöllers als Verunglimpfung der Bundeswehr und versichert die Soldaten seiner Achtung und Fürsorge.

Januar 1959

Demonstration gegen Bonner Kohlepolitik

25. Januar. In Bochum protestieren rund 70 000 Bergleute mit Trauerfloren an den Gewerkschaftsfahnen und mit Transparenten gegen die Fortsetzung der Feierschichten im Ruhrbergbau.

Die Bergleute demonstrieren insbesondere gegen die Energiepolitik von Bundeswirtschaftsminister Ludwig Erhard (CDU), der im Ruhrgebiet »ein wirtschaftspolitisches Stalingrad« heraufbeschworen habe. Der Vorsitzende der Industriegewerkschaft Bergbau, Heinrich Gutermuth, fordert die Einführung der Fünf-Tage-Woche bei vollem Lohnausgleich und die Festsetzung eines Einfuhrzolls auf Kohle von 20 DM pro Tonne (→ 24. 2./S. 33).

Unterschriftenlisten sollen dem Bergarbeiterprotest Nachdruck verleihen

Rehwinkel neuer Bauernpräsident

20. Januar. Die Mitgliederversammlung des Deutschen Bauernverbandes wählt in Bonn das bisherige Präsidiumsmitglied Edmund Rehwinkel einstimmig zum neuen Präsidenten. Während in den vergangenen fünf Jahren ein dreiköpfiges Präsidium an der Spitze der Organisation stand, führt Rehwinkel nun die Geschäfte allein.

Anläßlich seiner Wahl fordert der neue Präsident von der Bundesregierung eine Offenlegung aller bisherigen Subventionen sowie aller Steuer- und Ausfuhrvergünstigungen für die Landwirtschaft. Sein Verband ziehe eine kostendeckende Preispolitik allen Subventionen durch die Bundesregierung vor. Einen solchen Ausgleich zwischen Betriebskosten und Ertrag will Rehwinkel hauptsächlich durch die Senkung der Produktionskosten und durch höhere Preise für landwirtschaftliche Produkte erreichen.

Rundfunkgeräte werden billiger

19. Januar. Sechs Firmen der deutschen Rundfunkgeräteindustrie – AEG, Philips, Graetz, Grundig, Schaub-Lorenz und Telefunken – kündigen die Preisbindung der zweiten Hand für Rundfunk- und Fernsehgeräte auf. Die Entscheidung wird damit begründet, daß die erst 1958 eingeführte Preisbindung ihr Ziel, günstige Verbraucherpreise zu schaffen, nicht erreicht habe. Da die erwartete Preissenkung für Fernsehgeräte um 100 bis 150 DM und für Radios um rund 50 DM (Abb.: Transistorradio von Grundig) allen Bevölkerungsschichten zugute komme, sei mit einer Belebung des Marktes zu rechnen. Trotzdem liegt der Preis eines Fernsehgeräts von 700 bis 2000 DM noch weit über dem durchschnittlichen Monatseinkommen eines Arbeiters von 446 DM. Nach einer Mitteilung des Bundespostministeriums sind in der Bundesrepublik und Berlin (West) rund 2 800 000 Fernsehgeräte und 15 600 000 Rundfunkgeräte angemeldet.

Bis zu 40% höhere Mieten ab Herbst

23. Januar. Vor Pressevertretern in Bonn erläutert Bundeswohnungsbauminister Paul Lücke (CDU) den Kabinettsbeschluß vom 21. Januar, wonach die Wohnungsbewirtschaftung bis 1962 aufgehoben und alle Mietwohnungen dem freien Markt zugänglich gemacht werden sollen. Die staatliche Zuweisung von Wohnungen sowie die Mietpreis-

Paul Lücke, geboren am 13. November 1914, studierte nach der Schlosserlehre Maschinenbau, nahm am Zweiten Weltkrieg teil und wurde nach 1945 Kommunalbeamter. 1949 zog er für die CDU in den Bundestag ein und wurde 1957 Bundeswohnungsbauminister.

kontrolle soll jedoch erst in dem Maße aufgegeben werden, wie die Wohnungsnot beseitigt wird. Zur Zeit fehlen laut Lücke rund 2,5 Millionen Wohnungen, die aber innerhalb der dreijährigen Frist errichtet werden sollen. Für diejenigen Altbauwohnungen, die bis zum Herbst dieses Jahres freigegeben werden, rechnen Fachleute mit Mieterhöhungen bis zu 40%.

Niedrigstpreise im Schlußverkauf

26. Januar. *In der Bundesrepublik beginnt der Winterschlußverkauf mit sensationellen Preisangeboten. In München werden Herren-Anzüge für 15 DM und Pelzmäntel unter 100 DM verkauft. Das niedrigste Angebot in Hamburg macht ein Geschäft im Stadtteil Winterhude, das ein Kleid für 10 Pfennig anbietet. In Frankfurt am Main finden Krawatten zu 1 DM (Abb.) reißenden Absatz, und in Stuttgart sind Blusen und Kleider zu Preisen zwischen 20 Pfennig und 1 DM schnell ausverkauft.*

Trotz dieser günstigen Angebote ist der Ansturm auf die Kaufhäuser und Geschäfte außergewöhnlich gering. In Hamburg braucht die Polizei-Hundertschaft, die wie üblich in die Innenstadt geschickt worden war, nicht eingesetzt zu werden. Es zeigt sich, daß der Schlußverkauf immer mehr seinen turbulenten Charakter verliert. Da die Verbraucher stärker auf Qualität achten, ist auch das Angebot an eigens für den Schlußverkauf hergestellten Waren geringer als in den Vorjahren.

Januar 1959

Bildungswesen 1959:
Erster Rahmenplan für eine Schulreform vorgestellt

Die Situation im Bildungswesen ist auch 1959 durch überfüllte Klassen, großen Lehrermangel und wachsende Studentenzahlen gekennzeichnet.

Besonders schwierig ist die Lage an den Schulen. Für die Bundesrepublik wird ein Fehlbedarf von 22 000 Klassenräumen errechnet, so daß Klassenstärken von rund 40 Schülern die Regel sind. Die Misere wird dadurch verschärft, daß rund 10 000 Lehrerstellen unbesetzt sind. Mit diesem Problem befaßt sich am 9. März in Hamburg ein Kongreß von Bildungsexperten, der zu dem Ergebnis kommt, daß der Lehrermangel nur überwunden werden könne, wenn der Lehrerstand im sozialen Gefüge aufgewertet werde. Eine spürbare Anhebung der Gehälter sei erforderlich, um diesen Beruf attraktiver zu machen. Die Landesvereinigung der Arbeitgeber von Nordrhein-Westfalen schlägt dagegen vor, die vollakademische Ausbildung der Volksschullehrer abzuschaffen, um den Kreis der Lehramtsbewerber zu erweitern. Andererseits wird von den Arbeitgebern der Frauenanteil im Lehrerberuf kritisiert, der bereits bei 40% liegt. Der Anteil der Frauen an den Hamburger Lehramtsstudenten liegt bei 75%.

Die Leidtragenden der personellen Unterversorgung der Schulen sind in erster Linie die Schüler selbst. Arbeitgeber klagen über mangelnde Deutschkenntnisse, und nach einer Erhebung der »Allgemeinen deutschen Lehrer-Korrespondenz« müssen 35,4% der Jungen und 23,3% der Mädchen an den Gymnasien mindestens einmal im Verlauf ihrer Schulzeit ein Schuljahr wiederholen.

Zur Behebung dieser Mißstände legt der Deutsche Ausschuß für Erziehungs- und Bildungswesen einen Rahmenplan für eine Schulreform vor und fordert,

▷ die achtjährige Volksschule, künftig ab Klasse 5 »Hauptschule« genannt, bis zu einem 9., später auch noch 10. Schuljahr auszubauen,

▷ die nach dem 10. Schuljahr abschließende Mittelschule (»Realschule«) bis zu einem 11. Schuljahr weiterzuführen,

▷ für alle Schüler der Klassen 5 und 6 eine »Förderstufe« einzuführen,

▷ die Höhere Schule, das »Gymnasium«, allgemein erst mit dem 7. statt wie bisher mit dem 5. Schuljahr beginnen zu lassen,

▷ eine »Studienschule« einzuführen, in der besonders begabte Kinder bis zum Abitur geführt werden, ohne daß sie die »Förderstufe« besuchen.

Die geplante Schulreform soll vor allem sicherstellen, daß die Schüler intensiver auf ihre Berufsausbildung vorbereitet werden. Die Hochschulen klagen über ungenügend ausgebildeten Nachwuchs, und Studenten kritisieren die mangelnde Vorbereitung an den Gymnasien auf das wissenschaftliche Arbeiten an der Universität. Beschwerden über den unzureichenden Wissensstand, den Lehrlinge in ihrer Schulzeit erworben haben, kommen auch von den Arbeitgebern, zumal offenbar viele Auszubildende auch in ihrer Lehrzeit den nötigen Eifer vermissen lassen. Nach einer Mitteilung der Industrie- und Handelskammer Stuttgart schließen immer mehr Auszubildende ihre Lehre mit der Note »knapp ausreichend« ab. Angesichts von 143 637 offenen Lehrstellen im Bundesgebiet ist den meisten Lehrlingen bewußt, daß ihnen auch mit mäßigen Noten ein Arbeitsplatz sicher ist.

Immer voller werden die Hörsäle der Universitäten; Zulassungsbeschränkungen sollen Abhilfe schaffen

Besonders Grundschulklassen sind von dem Mangel an Lehrern und Unterrichtsräumen betroffen

Die Zahl der Studenten steigt im Vergleich zum Vorjahr um 10% auf 190 719. Besonders groß ist der Andrang zum Jurastudium, so daß sowohl von den Studentenverbänden als auch von der Rektorenkonferenz und dem Deutschen Anwaltverein eine Zulassungsbeschränkung (Numerus clausus) als unausweichlich betrachtet wird.

Optimismus in der Landwirtschaft

30. Januar. Mit einer optimistischen Beurteilung der Lage in der Landwirtschaft eröffnet Bundesernährungsminister Heinrich Lübke (CDU) in Berlin (West) die zehnte Grüne Woche der Nachkriegszeit.

In seinem Lagebericht stellt Lübke fest, daß es gelungen sei, die Verbraucher reichhaltiger zu beliefern, wobei die Kosten für die Ernährung im letzten Jahr nur um 1,3% gestiegen seien. Gleichzeitig habe die Landwirtschaft ihre Rentabilität um 10% steigern können. Nachdrücklich wendet sich der Bundesernährungsminister gegen einen Abbau von staatlichen Beihilfen für die Landwirtschaft (→ 20. 1./S. 20).

Bundesernährungsminister Heinrich Lübke (vorne r.) während seines Rundgangs durch die Ausstellung der Grünen Woche; vorne 2. v. r. Willy Brandt

Preissenkungen bei Schallplatten

15. Januar. Zum zweiten Mal seit 1957 werden 30-cm-Langspielplatten in der Bundesrepublik billiger. Die Deutsche Grammophon-Gesellschaft bringt neue Langspielplatten für 16 DM heraus, die damit um 3 bzw. 8 DM billiger sind als vergleichbare Angebote zuvor.

Die ersten Platten enthalten Mozartaufnahmen, das »Kaiserquintett« von Haydn, Beethoven-Romanzen und Wagner-Ouvertüren.

Mit dieser Preissenkung wollen die Hersteller der Konkurrenz der Schallplattenclubs begegnen, deren LPs jetzt nur noch um rund 1 DM billiger sind. Die Preissenkungen gelten nicht für Stereo-Schallplatten.

Januar 1959

Die neueröffnete Autobahn von London nach Birmingham

Erste Autobahn in England

5. Januar. *In der Nähe von Preston (Lancashire) wird die erste britische Autobahn dem Verkehr übergeben. Das 13 km lange Teilstück bildet den Anfang eines großangelegten Autobahnprogramms. Die sechs Fahrspuren des »Motorway« werden nur durch einen Mittelstreifen voneinander getrennt. Eine Geschwindigkeitsbegrenzung besteht nicht.*

Der ausgebrannte Bug der Unglücksmaschine

36 Tote bei Flugzeugabsturz

11. Januar. *Ein viermotoriges Passagierflugzeug der Deutschen Lufthansa stürzt beim Landeanflug auf Rio de Janeiro ab. Alle 36 Insassen kommen ums Leben.*
Die Maschine setzte schon vor dem Rollfeld in der Bucht von Guanabara auf das Wasser auf. Der Pilot riß die »Super-Constellation« hoch, die jedoch sofort in Flammen aufging.

»Lunik 1« ist mit zahlreichen Antennen bestückt

»Lunik« passiert den Mond

2. Januar. *Als erster gelingt es einer Rakete der Sowjetunion, das Schwerefeld der Erde zu verlassen: Die 361,3 kg schwere Sonde »Lunik 1« erreicht die Nähe des Mondes. Anstatt aber dort – wie vorgesehen – aufzutreffen, fliegt »Lunik 1« in einer Entfernung von 5600 km am Mond vorbei, funkt Meßdaten und tritt in eine elliptische Bahn um die Sonne ein.*

Sittenskandal um »Rosa Ballett«

31. Januar. André Le Troquer, Präsident der französischen Nationalversammlung von 1954 bis 1958, steht in der Affäre um die »Rosa Balletts« unter Anklage.
Der 74jährige Le Troquer wird der Verführung Minderjähriger beschuldigt. Zusammen mit René Sorlut, einem Beamten der französischen Abwehr, soll er »Überraschungs-Parties« (»Rosa Balletts«) mit 12- bis 16jährigen Mädchen für einflußreiche ältere Herren in Paris organisiert haben.
Die Mädchen wurden von Sorlut in den Kreis um Le Troquer eingeführt mit dem Versprechen, sie könnten auf diesem Wege Beziehungen knüpfen, die ihrer Ballettkarriere dienlich seien. Als dies nicht geschah, erstatteten mehrere Familien Anzeige gegen den Politiker.
Das Bekanntwerden der »Überraschungsparties«, die in einer dem Staat gehörenden Villa stattfanden, löst in der französischen Presse eine heftige Diskussion über die Moral und den Amtsmißbrauch von Politikern aus.

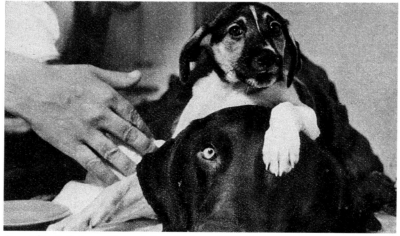

Sorgt für Aufsehen: Versuchshund mit zwei Köpfen

Hundekopf transplantiert

14. Januar. Im DDR-Fernsehen wird ein aufsehenerregender Film gezeigt: Vor der Fernsehkamera überträgt der sowjetische Physiologe Wladimir P. Demichow Kopf und Vorderteil eines Hundes auf den Körper eines Artgenossen.
Die fünfstündige Operation war bereits im Dezember 1958 in der Arbeitsstelle für experimentelle Kreislaufchirurgie in Berlin (Ost) vorgenommen worden. Dem Fernsehbericht zufolge lebte der Hund sechs Tage lang mit beiden Köpfen. Dann wurde das Transplantat abgenommen. Das Tier blieb auch nach diesem Eingriff am Leben.
Erste bahnbrechende Experimente auf dem Gebiet der Physiologie waren dem russisch-sowjetischen Forscher Iwan P. Pawlow bereits um die Jahrhundertwende gelungen.

Grzimek-Sohn in Afrika abgestürzt

10. Januar. Michael Grzimek, der 24jährige Sohn des Frankfurter Zoodirektors Bernhard Grzimek, verunglückt bei Tierbeobachtungen in der Serengetisteppe mit seinem Sportflugzeug tödlich.

Michael Grzimek wurde am 12. April 1934 in Berlin geboren. Sein Biologiestudium beendete er mit einer Dissertation über die »jahreszeitlichen Wanderungen der letzten großen Steppentierherden Afrikas«; begraben ist er am Rande des Ngorongoro-Kraters in Tansania.

Der Unfall ereignet sich bei Dokumentaraufnahmen zu dem Film »Serengeti darf nicht sterben«, der 1959 den Oscar für den besten Dokumentarfilm erhält.
Grzimek war durch den auf der Berlinale 1957 mit einem »Goldenen Bären« ausgezeichneten Film »Kein Platz für wilde Tiere« bekanntgeworden, den er zusammen mit seinem Vater gedreht hatte.

Januar 1959

Atomkraftwerk im Taschenformat

16. Januar. In den Vereinigten Staaten ist es gelungen, ein kleines Atomkraftwerk zu entwickeln, das die Instrumente eines Erdsatelliten ein Jahr lang mit elektrischem Strom versorgen kann. Dies gibt das Weiße Haus in Washington bekannt.

Das 2,25 kg schwere Atomkraftwerk erzeugt unter Benutzung des Isotops Polonium Hitze und wandelt diese in Elektrizität um. Fachleute sprechen von einer hervorragenden Ingenieurleistung. Eine Weiterentwicklung des Prototyps könne dort eingesetzt werden, wo das Gewicht der herkömmlichen Batterien zu hoch sei. Dies gilt besonders für die militärische und zivile Forschung mit Erdsatelliten, in denen eingesparte Batterielast zusätzliche Nutzlast bedeutet. Weiterhin wird die neue Kraftquelle zum Betrieb von elektrischen Meßgeräten in einem Satelliten Beobachtungen über längere Zeiträume erlauben, was bisher an der geringen Haltbarkeitsdauer der Energieträger scheiterte. Vor diesem Einsatz sollen weitere Belastungstests stattfinden.

Molterer gewinnt am Hahnenkamm

18. Januar. Der Österreicher Anderl Molterer wird zum vierten Mal Gesamtsieger der Kombinationswertung bei den internationalen Skirennen am Hahnenkamm in Kitzbühel. Eine solche Erfolgsserie ist hier bisher noch keinem Wettkampfteilnehmer gelungen.

Der Kitzbüheler gewinnt mit Note 1,37 vor dem Franzosen Jean Vuarnet (4,51) sowie den Deutschen Hans-Peter Lanig (4,82) und Fritz Wagnerberger (4,88). Wie in den Jahren zuvor dominiert Molterer in beiden Slalom-Durchgängen.

Im Abfahrtsrennen am 17. Januar belegte der US-Amerikaner Bud Werner in einer Streckenrekordzeit von 2:33,4 min den ersten Platz. Ein Jahr zuvor hatte er den Streckenrekord Toni Sailers von 1957 auf 2:43,9 min verbessert.

Kombinationsbeste der Damen wird die Norwegerin Astrid Sandvik mit 0,93 Punkten vor der Schweizerin Annemarie Waser (1,81) und den beiden bundesdeutschen Athletinnen Hannelore Basler (2,94) und Anne Meggl (3,70).

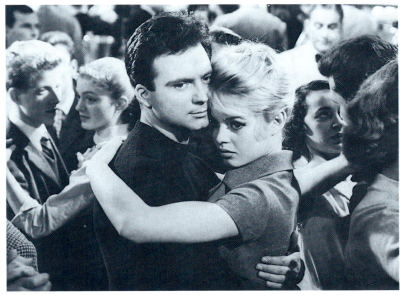

Brigitte Bardot und Franco Interlenghi in der Simenon-Verfilmung »Mit den Waffen einer Frau«; die Kritik bezeichnet den Film als »Schnulze noire«

Die deutschen Rallye-Teilnehmer Siegfried Eikelmann (l.) und Hans Wencher (2. v. r.) mit ihrem DKW 1000 kurz nach der Ankunft in Monte Carlo

Die 18jährige Barbi Henneberger wird Dritte in der Kombination

In den Fußstapfen seines Vaters: Willi Bogner gewinnt die Abfahrt

Bardot und Gabin filmen gemeinsam

17. Januar. Jean Gabin und Brigitte Bardot sind die Hauptdarsteller des französischen Spielfilms »Mit den Waffen einer Frau«, der in den bundesdeutschen Kinos anläuft.

In der Verfilmung des Romans von Georges Simenon spielt Jean Gabin einen Strafverteidiger, der den Fall einer leichtlebigen Blondine übernimmt, die beim Überfall auf einen Juwelierladen verhaftet worden ist. Der Anwalt verliebt sich in sie. Der Versuch, ihrem sozialen Milieu zu entkommen, bleibt jedoch ohne Erfolg; sie wird von ihrem ehemaligen Geliebten ermordet.

Wegen einiger freizügiger Szenen wird der Film in vielen Ländern in einer zensierten Fassung gezeigt.

Franzosen siegen in Monte Carlo

24. Januar. Die 28. Rallye Monte Carlo endet mit einem vierfachen französischen Erfolg.

Erste werden die Rallye-Veteranen Paul Coltelloni und Pierre Alexandre auf Citroën. Den zweiten Platz belegen die Simca-Fahrer André Thomas und Joan Dellière vor Pierre Surles und Jacques Piniers auf Daimler-Benz.

Die deutsche Mannschaft Siegfried Eikelmann und Hans Wencher auf DKW 1000 plaziert sich auf dem siebten Rang hinter einem britischen Team auf Sunbeam und einem schwedischen Volvo-Gespann.

Bundesdeutsche Ski-Elite siegreich

25. Januar. Bei den internationalen Ski-Rennen um das »Weiße Band von Sankt Moritz« erfüllt die deutsche alpine Ski-Elite die in sie gesetzten Hoffnungen.

Bei den Damen gewinnt Sonja Sperl aus Eisenstein den Riesenslalom, nachdem sie in der Abfahrt hinter der Ulmerin Hannelore Basler den zweiten Platz belegt hatte. In der Kombination wird sie als beste Bundesdeutsche Dritte vor Barbi Henneberger aus München.

Den Abfahrtslauf der Herren am Vortag gewann ebenfalls ein Münchner: Willi Bogner siegte auf der 3800 m langen Strecke am Piz-Nair-Gipfel in 2:09,7 min.

Februar 1959

Mo	Di	Mi	Do	Fr	Sa	So
						1
2	3	4	5	6	7	8
9	10	11	12	13	14	15
16	17	18	19	20	21	22
23	24	25	26	27	28	

1. Februar, Sonntag

Die Schweizer Männer lehnen in einer Volksabstimmung mit großer Mehrheit die Einführung des Frauenwahlrechts ab. Die Entscheidung fällt mit 655 000 gegen 323 000 Stimmen. →S. 29

Für die meisten Wirtschaftszweige wird die Wochenarbeitszeit in Österreich tariflich auf 45 Stunden festgesetzt. Diese Verkürzung ist mit vollem Lohnausgleich verbunden. Die Arbeitszeit betrug bisher im allgemeinen 48 Stunden.

Der Vatikan fordert die orthodoxen und die evangelischen Christen in aller Welt auf, in die katholische Kirche zurückzukehren und damit die Einheit der Christen wiederherzustellen. Die Gesamtzahl der Christen wird in diesem Zusammenhang auf 918 Millionen geschätzt.

Unter Vorkehrung umfangreicher Sicherheitsmaßnahmen der Polizei wird vier farbigen Schülern der Besuch der bisher nur Weißen vorbehaltenen Starford-Oberschule in Arlington (US-Bundesstaat Virginia) ermöglicht.

Den Europameistertitel im Eiskunstlaufen erringt in Davos das bundesdeutsche Paar Marika Kilius und Hans-Jürgen Bäumler. →S. 41

2. Februar, Montag

In Neu-Delhi wird Indira Gandhi, die 41jährige Tochter des indischen Premierministers Jawaharlal Nehru, neue Präsidentin der Kongreßpartei. →S. 30

Das britische Unterhaus billigt den Antrag der Regierung, die Verfassung von Malta aufzuheben und die Insel direkt dem britischen Gouverneur zu unterstellen. London reagiert damit auf Unabhängigkeitsforderungen der maltesischen Arbeiterpartei. →S. 29

Das Parteiorgan der chinesischen Kommunisten, die »Volkszeitung«, fordert alle Chinesen auf, mehr und länger zu arbeiten, damit die gesetzten Produktionsziele des Jahres 1959 erfüllt werden können. →S. 30

Eine Preissenkung für Margarine und Zucker tritt in der DDR in Kraft. Der Preis für die Margarinemarken »Sahna« und »Vita Diät« wird von fünf auf vier Mark je Kilo gesenkt, der Zuckerpreis fällt um 30 Pfennig auf 1,50 Mark je Kilo.

Bei einem bewaffneten Überfall auf einen Geldtransport erbeuten drei Bankräuber in Genf 1,4 Millionen Schweizer Franken (1,36 Millionen DM).

3. Februar, Dienstag

Aus Protest gegen die Verweigerung des aktiven und passiven Wahlrechts für Frauen in der Schweiz treten 50 Lehrerinnen des Baseler Mädchengymnasiums in einen eintägigen Streik. 1650 Schulkinder erhalten dadurch einen unerwarteten Ferientag (→1. 2./S. 29).

»Vertigo. Aus dem Reich der Toten«, ein Kriminalfilm von Alfred Hitchcock, kommt zur deutschen Erstaufführung. →S. 40

Im Rahmen einer Feierstunde in Berlin (West) zum 150. Geburtstag des deutschen Komponisten Felix Mendelssohn-Bartholdy (1809-1847) erlebt dessen 10. Symphonie ihre Uraufführung.

Bei einem Flugzeugabsturz in der Nähe von Mason City (US-Bundesstaat Iowa) kommt der US-amerikanische Rock-Sänger Buddy Holly ums Leben. →S. 36

Im britischen Fußballtoto gewinnt der 53jährige Arbeiter James Gault aus Belfast 300 684 Pfund (3 520 000 DM). Das ist die höchste Summe, die je von einer Totogesellschaft ausgezahlt wurde.

4. Februar, Mittwoch

In Dortmund beteiligen sich 80 000 Arbeitnehmer an einem Streik gegen die hier geplante Stationierung einer britischen Raketeneinheit. →S. 33

US-Außenminister John Foster Dulles trifft zu einem Besuch in London ein. Dies ist die erste Station einer Rundreise, in deren Verlauf Dulles auch Paris und Bonn besucht. Zweck der Reise ist die Erörterung der deutschen Frage und des Berlin-Problems. →S. 28

In Paris legen die französische Regierung und zwölf afrikanische Ministerpräsidenten die Beziehungen zwischen Frankreich und seinen ehemaligen Kolonien fest. Die in der Verfassung der V. Republik vorgesehene Französische Gemeinschaft erhält einen Exekutivrat, einen Senat und ein Schiedsgericht. →S. 29

Großbritannien schließt in London mit der EURATOM (Europäische Atomgemeinschaft) ein Kooperationsabkommen zur friedlichen Nutzung der Atomenergie. →S. 29

Eine viermotorige Turbopropmaschine des Typs Lockheed »Electra« stürzt mit 73 Menschen an Bord beim Anflug auf den La-Guardia-Flughafen von New York in den East River. Nur elf Insassen können lebend geborgen werden.

5. Februar, Donnerstag

Bundesverteidigungsminister Franz Josef Strauß (CSU) teilt mit, daß die Bundesrepublik bei der US-amerikanischen Firma Lockheed 96 Abfangjäger vom Typ »Starfighter« bestellt hat. →S. 32

Am Zonengrenzbahnhof Büchen trifft der 500. Aussiedlertransport aus den ehemaligen deutschen Ostgebieten (Pommern, Ostpreußen und Schlesien) ein. Seit Ende 1955 sind rund 221 000 Deutsche aus diesen Gebieten in die Bundesrepublik gekommen. →S. 31

Die Deutsche Bundesbank in Frankfurt am Main berichtet, daß sie über einen Bestand von 26 Milliarden DM an Gold und Devisen verfügt. Mit dieser Währungsreserve steht die Bundesrepublik an zweiter Stelle hinter den USA. →S. 33

Die französische Regierung beschließt, in jedem Bürgermeisteramt ein Steuerregister zu führen, das zur Einsicht offensteht.

6. Februar, Freitag

Zu lebenslänglich Zuchthaus verurteilt das Landgericht Bonn die beiden ehemaligen KZ-Aufseher Gustav Sorge und Wilhelm Schubert. Vorgeworfen wird den beiden Mord bzw. versuchter Mord in mehr als 130 Fällen. →S. 31

Der demokratische US-Senator Hubert H. Humphrey vertritt im britischen Rundfunk die Ansicht, daß ein Ausscheiden der Bundesrepublik aus der NATO (Nordatlantisches Verteidigungsbündnis) nicht notwendigerweise den Westen zu schwächen brauche, wenn die Sowjetunion dafür ihre Streitkräfte aus Mittel- und Osteuropa zurückzöge. →S. 30

7. Februar, Sonnabend

US-Außenminister John Foster Dulles besucht im Rahmen seiner Europareise Bonn. In Übereinstimmung mit Bundeskanzler Konrad Adenauer (CDU) lehnt er jegliche einseitigen Zugeständnisse an die Sowjetunion ab. Dulles bekräftigt, die Alliierten riskierten lieber einen Krieg, als daß sie Berlin opferten (→4. 2./S. 28).

In Bagdad treten sechs Minister der irakischen Regierung unter Abd Al Karim Kasim zurück. Sie protestieren damit gegen eine zunehmende Linksorientierung Kasims, der seine Entscheidungen nur noch ohne das Kabinett treffe.

In die Studienförderung nach dem sog. Honnefer Modell bezieht die Kultusministerkonferenz der Länder ab 1960 auch die nichtwissenschaftlichen Hochschulen ein. Dazu gehören Kunst-, Musik- und pädagogische Hochschulen.

»Rendezvous in Paris« heißt das Motto des Berliner Opernballs. Vier Bühnenbildner haben der Städtischen Oper im Westteil der Stadt Pariser Atmosphäre verliehen, inspiriert vom Moulin Rouge bis hin zum Existentialistenkeller.

8. Februar, Sonntag

Der linke Flügel der Sozialdemokratischen Partei Italiens (PSDI) unter Führung von Matteo Matteotti und Mario Zagari beschließt in Rom, sich unter dem Namen »Einheitliche Bewegung Sozialistischer Initiative« von der Mutterpartei abzuspalten.

Das schweizerische Frauenkomitee gegen das Frauenstimmrecht bedankt sich bei den Schweizer Männern für die Ablehnung des Wahlrechts für Frauen. Diese Ablehnung war das Ergebnis einer Volksabstimmung vom 1. Februar (→1. 2./S. 29).

9. Februar, Montag

In Paris findet eine Protestdemonstration von rund 2000 rechtsradikalen Algerien-Franzosen für die Erhaltung der französischen Oberhoheit über Algerien statt. Die Demonstranten wenden sich gegen das Waffenstillstandsangebot der französischen Regierung an die algerischen Aufständischen (→20. 11./S. 182).

10. Februar, Dienstag

Das SED-Zentralorgan »Neues Deutschland« veröffentlicht zum ersten Mal Erfahrungsberichte über die körperliche Arbeit, zu der auf Anweisung des SED-Zentralkomitees die hauptamtlichen Parteifunktionäre seit 1956 verpflichtet sind.

Die neue kubanische Regierung in Havanna verkündet ein Grundgesetz, das die Verfassung aus dem Jahre 1940 ersetzt und das Mindestalter für das Amt des Präsidenten von bisher 35 auf 30 Jahre herabsetzt (→16. 2./S. 30).

11. Februar, Mittwoch

Der Regierende Bürgermeister von Berlin (West), Willy Brandt (SPD), der sich zu einem Besuch in den Vereinigten Staaten aufhält, wird von US-Präsident Dwight D. Eisenhower zu einer Unterredung empfangen. Eisenhower bekräftigt erneut die Bereitschaft seines Landes, Berlin gegen jede Bedrohung zu verteidigen (→4. 2./S. 28).

12. Februar, Donnerstag

Die Führung der Sozialdemokratischen Partei Deutschlands wählt Carlo Schmid einstimmig zu ihrem Kandidaten für die Wahl des Bundespräsidenten am →1. Juli (S. 114).

Im bundesdeutschen Fernsehen läuft die sechsteilige Serie »Soweit die Füße tragen« an. →S. 37

13. Februar, Freitag

Bundespräsident Theodor Heuss (FDP) führt den neuen Präsidenten des Bundesverfassungsgerichts, Gebhard Müller, in sein Amt ein.

In der Berliner Kongreßhalle wird zum dritten Mal der »Preis der deutschen Filmkritik« vergeben. Ausgezeichnet werden der Regisseur Ingmar Bergman (Schweden) sowie die Schauspieler Tatjana Samoilowa (UdSSR), Danny Kaye (USA), Johanna von Koczian, O. W. Fischer, Gert Fröbe, Hanne Wieder und Joseph Offenbach (alle Bundesrepublik).

14. Februar, Sonnabend

Der Deutsche Ausschuß für das Erziehungs- und Bildungswesen legt in Bonn den »Rahmenplan zur Umgestaltung und Vereinheitlichung des allgemeinbildenden öffentlichen Schulwesens« vor. Danach soll die Volksschuloberstufe zur Hauptschule entwickelt werden und damit als weiterführende Schule neben Real- und Oberschule bestehen.

Bei den bundesdeutschen nordischen Skimeisterschaften in Warmensteinach siegt der 21jährige Georg Thoma aus Hinterzarten mit 460,5 Punkten vor Edi Lengg aus Reit im Winkl und Sepp Schiffner aus Frankfurt am Main. →S. 41

Bundeswirtschaftsminister Ludwig Erhard, der »Vater des Wirtschaftswunders«, gilt auch für Probleme der Zukunft als kompetenter Gesprächspartner; Titelblatt der Illustrierten »Quick«

Februar 1959

15. Februar, Sonntag
Der italienische Staatspräsident Giovanni Gronchi ernennt Antonio Segni (Christliche-Demokratische Partei) zum neuen Ministerpräsidenten. Damit ist die Regierungskrise beigelegt, die durch den Rücktritt des Kabinetts unter dem Christdemokraten Amintore Fanfani am 26. Januar ausgelöst worden war. →S. 30

Im Regierungsbezirk Düsseldorf wird erstmals in der Bundesrepublik ein Radargerät zur Geschwindigkeitsmessung eingesetzt. Die Apparatur kostet rund 20 000 DM. →S. 36

16. Februar, Montag
In einer Antwort auf die Sowjetnote vom 10. Februar schlagen die Westmächte die Einberufung einer Außenministerkonferenz der Siegermächte über das Deutschland-Problem unter Hinzuziehung von Beratern aus der Bundesrepublik und der DDR vor (→5. 1./S. 17).

Der 31jährige kubanische Revolutionsführer Fidel Castro übernimmt das Amt des Ministerpräsidenten. →S. 30

Wegen des österreichisch-italienischen Konflikts um Südtirol verweigern die italienischen Behörden österreichischen Regierungsbeamten die Einreise.

17. Februar, Dienstag
In Cape Canaveral (US-Bundesstaat Florida) wird der Forschungssatellit »Vanguard II« gestartet. Der winzige Satellit, dessen Nutzlast nur äußerst gering ist, sendet 18 Tage lang Wetterdaten aus dem All, gerät dann jedoch ins Taumeln. Die Mission muß erfolglos beendet werden.

18. Februar Mittwoch
Vor Landarbeitern in der Industriestadt Tula (UdSSR) betont der sowjetische Partei- und Regierungschef Nikita S. Chruschtschow, die DDR werde alle Rechte eines souveränen Staates erhalten, falls es nicht zu einer Friedensregelung für Deutschland komme (→5. 1./S. 17).

Bundesverkehrsminister Hans-Christoph Seebohm erklärt auf eine Anfrage im Bundestag, daß er eine vorgeschriebene Mindestgeschwindigkeit auf den Autobahnen nicht für erforderlich halte. Im Interesse einer Entlastung der Landstraßen müsse die Benutzung der Autobahnen auch den langsamen LKW weiterhin erlaubt sein.

16. Februar, Donnerstag
Zu seinem ersten Wehrbeauftragten wählt der Bundestag den 60jährigen Staatssekretär im niedersächsischen Vertriebenenministerium und Generalleutnant a. D. Helmuth von Grolman. →S. 32

Die Zypernkonferenz in London unter Beteiligung Großbritanniens, Griechenlands und der Türkei endet mit der Unterzeichnung eines Abkommens, in dem grundsätzlich festgelegt wird, daß die britische Kronkolonie innerhalb des kommenden Jahres eine unabhängige Republik werden soll. Großbritannien soll auf der Insel Stützpunkte unter eigener Souveränität behalten; die Rechte der türkischen Minderheit werden garantiert (→1. 3./S. 47).

In Assuan (Ägypten) beginnen zweiwöchige Trauerfeiern für den am 11. Juli 1957 verstorbenen Aga Khan III., das Oberhaupt der Ismaeliten. →S. 36

Über weiten Teilen Englands liegt der dichteste Nebel dieses Winters. In der Neunmillionenstadt London verkehrt in der Nacht nur ein einziger Bus, und selbst dieser verfährt sich im Nebel.

20. Februar, Freitag
Das Amtsgericht Hamburg ordnet die Beschlagnahme von Heft 8 der Illustrierten »stern« an, in dem über angebliche verfassungswidrige Praktiken des Verfassungsschutzes berichtet wird. →S. 32

Das Bundesverwaltungsgericht in Berlin entscheidet, daß die Streitkräfte des Landes einschließlich der NATO-Brigade in der Bundesrepublik mit Atomwaffen der USA ausgerüstet werden.

Die kanadische Regierung in Ottawa gibt bekannt, daß die Streitkräfte des Landes einschließlich der NATO-Brigade in der Bundesrepublik mit Atomwaffen der USA ausgerüstet werden.

Zahlreiche britische Fernsehzuschauer geraten in Panik, da sie ein Fernsehspiel über einen Satelliten, der London mit Vernichtung bedroht, für eine offizielle Mitteilung halten. →S. 35

21. Februar, Sonnabend
Der britische Permierminister Harold Macmillan ruft bei seinem Moskau-Besuch zu einer Beendigung des Kalten Krieges auf. Den Gesprächen des britischen Staatsmannes mit den Sowjetführern wird größte Bedeutung für die Vorbereitung einer Konferenz über Deutschland beigemessen (→4. 2./S. 28).

In Nürnberg beginnt die 10. Internationale Spielwarenmesse. Sie dauert bis zum 27. Februar. →S. 35

22. Februar, Sonntag
Zu heftigen Angriffen auf die polnischen Intellektuellen und vor allem auf die politisch angeblich gleichgültige akademische Jugend kommt es auf einer Konferenz der polnischen Arbeiterpartei in Krakau. Es wird bemängelt, daß nur wenige Jugendliche und besonders wenige Studenten bereit sein, der Partei beizutreten, weshalb sich das Durchschnittsalter der Parteimitglieder ständig erhöhe.

Louis Armstrong, der »König des Jazz«, gastiert in der Wiener Stadthalle.

Eine US-amerikanische Flugabwehrrakete vom Typ »Nike-Herkules« gerät bei einem Testflug außer Kontrolle und schlägt wenige Meter neben einem Farmhaus in Texas ein. Die Bewohner kommen mit dem Schrecken davon.

23. Februar, Montag
Damaskus feiert den ersten Jahrestag des Zusammenschlusses von Syrien und Ägypten zur Vereinigten Arabischen Republik. Die beiden Staaten betrachten ihre Vereinigung als einen Schritt auf dem Weg zur arabischen Einheit.

Besonders aufmerksam will der hessische Kultusminister Ernst Schütte prüfen, ob der Geschichtsunterricht die jüngste deutsche Vergangenheit ausreichend berücksichtigt. In einer Pressekonferenz in Wiesbaden verlangt der SPD-Politiker von jedem Lehrer, daß er sich im Unterricht mit den Fragen des Nationalsozialismus auseinandersetze.

24. Februar, Dienstag
Führende Politiker von CDU und CSU unter Vorsitz von Bundeskanzler Konrad Adenauer (CDU) schlagen in Bonn Bundeswirtschaftsminister Ludwig Erhard (CDU) für das Amt des Bundespräsidenten vor. Erhard erklärt sich zu einer Kandidatur bereit (→1. 4./S. 114).

In Moskau lehnt der sowjetische Partei- und Regierungschef Nikita S. Chruschtschow die von den Westmächten am 16. Februar vorgeschlagene Außenministerkonferenz über Deutschland und Berlin ab. Er fordert erneut ein Treffen der Regierungschefs über die Beendigung des Kalten Krieges und die Lösung des Deutschlandproblems (→5. 1./S. 17).

Der Bergarbeiterstreik in Belgien, der am 13. Februar begonnen hatte, wird durch einen Kompromiß über die Schließung von Minen im Borinage-Gebiet bei Mons beendet. Regierung und Arbeitgeber garantieren den rund 4000 arbeitslosen Bergarbeitern die Schaffung neuer Arbeitsplätze. →S. 33

Wegen staatsfeindlicher Betätigung werden in der ČSR 175 Menschen verhaftet. Radio Prag teilt mit, es handele sich bei den Verhafteten um ehemalige Industrielle, bei denen Warenlager, Waffen, Geheimdokumente und Rundfunksender gefunden worden seien.

In das Verkehrszentralregister beim Kraftfahrtbundesamt in Flensburg sind bieher über 12 000 Verkehrsteilnehmer eingetragen worden, die seit Januar 1958 mindestens dreimal wegen Verstoßes gegen die Verkehrsvorschriften verurteilt wurden. Insgesamt 1,2 Millionen Verkehrssünder sind in dieser Zeit erfaßt worden.

25. Februar, Mittwoch
Das Frankfurter Landgericht untersagt einem Mainzer Möbelhändler »vergleichende Werbung«. Der Möbelhändler hatte damit geworben, seine Preise lägen »20% unter den von vielen Möbelhändlern herausgegebenen Verkaufslistenpreisen«.

26. Februar, Donnerstag
Der Bundestag beschließt eine Erhöhung des Kindergeldes von 30 auf 40 DM vom 1. März an. →S. 33

Der saarländische Landtag wählt mit 30 gegen zehn Stimmen bei einer Enthaltung und einer ungültigen Stimme Hans Egon Reinert (CDU) erneut zum Ministerpräsidenten. Die Regierung Reinert war am 21. Januar zurückgetreten wegen parteiinterner Auseinandersetzungen um die Person des ehemaligen Ministerpräsidenten Hubert Ney (CDU). →S. 32

Die Regierung von Südrhodesien (Simbabwe) verhängt den Ausnahmezustand und verbietet die Befreiungsbewegung Afrikanischer Nationalkongreß.

Der Konstanzer Schriftsteller Walter Menzl verübt in der Alten Pinakothek in München einen Säure-Anschlag auf das Gemälde »Höllenfahrt der Verdammten« von Peter Paul Rubens. →S. 40

Bei den Eiskunstlauf-Weltmeisterschaften in Colorado Springs (US-Bundesstaat Colorado) werden die Bundesdeutschen Marika Kilius und Hans-Jürgen Bäumler Zweite im Paarlaufen (→1. 2./S. 41).

27. Februar, Freitag
Die Bundesanstalt für Arbeitsvermittlung und Arbeitslosenversicherung in Nürnberg meldet, daß in der Bundesrepublik noch 143 637 Lehrstellen offen sind.

Eine fortschreitende Automation in der Küche ist die Tendenz der Internationalen Hausrat- und Eisenwarenmesse, die in Köln ihre Tore öffnet. Sie dauert bis zum 3. März.

Der Prozeß gegen den Schriftsteller Erich Kuby und den Rundfunk-Redakteur Rüdiger Proske endet in Hamburg mit Freisprüchen. Gegenstand des Prozesses war ein Hörspiel über die Festung Brest im Zweiten Weltkrieg, durch das sich der General a. D. Bernhard Ramcke beleidigt fühlte. →S. 32

28. Februar, Sonnabend
Der Bundesgerichtshof in Karlsruhe ordnet an, daß die antisemitische Schrift des Holzkaufmanns Friedrich Nieland eingezogen wird. Dieser Fall hatte im Januar zu einem Justizskandal geführt, nachdem das Hamburger Landgericht sowie das Oberlandesgericht eine Anklageerhebung gegen Nieland abgelehnt hatten (→22. 1./S. 18).

Der durchschnittliche Bruttostundenverdienst eines Industriearbeiters in der Bundesrepublik hat sich von November 1958 bis Februar 1959 um rund 1% auf 2,57 DM erhöht. Das durchschnittliche Bruttomonatsgehalt des männlichen Angestellten beträgt im Februar 655 DM, das einer weiblichen Angestellten dagegen nur 382 DM.

Bei den Deutschen Alpinen Skimeisterschaften in Oberstaufen gewinnt Beni Obermüller aus Rottach-Egern sowohl den Riesenslalom als auch den Spezialslalom. →S. 41

Das Wetter im Monat Februar

Station	Mittlere Lufttemperatur (°C)	Niederschlag (mm)	Sonnenscheindauer (Std.)
Aachen	− (2,1)	190* (59)	− (74)
Berlin	− (0,4)	108 (40)	− (78)
Bremen	− (0,9)	151* (48)	− (68)
München	− (−0,9)	182* (50)	− (72)
Wien	0,2 (0,6)	19 (41)	103 (−)
Zürich	1,6 (0,2)	5 (61)	148 (79)

( ) Langjähriger Mittelwert für diesen Monat
− Wert nicht ermittelt /* Mittelwert Nov.–Febr.

Die Illustrierte »Kristall« widmet ihre Titelgeschichte Frauen, die auf Titelbildern nicht zu sehen sind

Februar 1959

Politische und persönliche Freunde: Konrad Adenauer (r.) und John Foster Dulles im Palais Schaumburg, dem Amtssitz des Bundeskanzlers

Willy Brandt (r.) wirbt in Washington bei US-Präsident Dwight D. Eisenhower um eine Bekräftigung der alliierten Sicherheitsgarantien für Berlin

Reisediplomatie zur Friedenssicherung

4. Februar. Der Besuch des US-amerikanischen Außenministers John Foster Dulles in London leitet eine Reihe von Auslandsreisen westlicher Politiker ein, die sich in ihren politischen Gesprächen um eine Entspannung der zugespitzten internationalen Lage bemühen. Dabei stehen die Deutschlandfrage und das Berlinproblem im Vordergrund. Ziel der Mission von Dulles ist es, eine gemeinsame Linie der westlichen Verbündeten herzustellen. Washington erwartet von der Bundesregierung bei der Beantwortung der sowjetischen Note vom 10. Januar (→ 5.1./S. 17) mehr Flexibilität in der Deutschlandfrage. Auch der britische Premierminister Harold Macmillan spricht sich für mehr Kompromißbereitschaft aus. Die Regierungen in Bonn und Paris befürworten hingegen weiterhin eine unnachgiebige Haltung gegenüber der Sowjetunion.

Während Dulles in London Übereinstimmung mit der britischen Außenpolitik feststellt, treten am 5. Februar in Paris, der zweiten Station seiner Reise, Differenzen mit der französischen Regierung zutage. Staatspräsident Charles de Gaulle bekräftigt die Gemeinsamkeit in bezug auf die Sicherheitsgarantie der Westmächte für Berlin, hält jedoch Verhandlungen mit der Sowjetunion zum derzeitigen Zeitpunkt für verfrüht und wenig ratsam.

Bei seinen Gesprächen in Bonn mit Bundeskanzler Konrad Adenauer (CDU) am 7. Februar nimmt Dulles wieder eine härtere Position gegenüber der UdSSR ein und betont, daß die Westmächte notfalls eher einen Krieg riskierten, als sich aus Berlin herausdrängen zu lassen.

Auch der Regierende Bürgermeister von Berlin (West), Willy Brandt (SPD), erhält am 11. Februar bei einem Besuch in Washington von US-Präsident Dwight D. Eisenhower die Zusage, daß die USA Berlin gegen jede Bedrohung seiner Freiheit verteidigen würden. Der freie Zugang durch die DDR zu den Westsektoren der Stadt werde von den Vereinigten Staaten garantiert.

Am 21. Februar reist der britische Premierminister Harold Macmillan nach Moskau. Bei seiner Ankunft fordert er eine beiderseitige Beendigung des Kalten Krieges. Die anfänglich gute Verhandlungsatmosphäre kühlt sich ab, als der sowjetische Staats- und Parteichef Nikita S. Chruschtschow seine Ablehnung des westlichen Vorschlags für eine Außenministerkonferenz über Deutschland bekundet. Macmillan hält sich währenddessen in der Atomstadt Dubna auf. Macmillans Besuch endet am 3. März ohne Einigung in der Deutschlandfrage, doch wird von sowjetischer und britischer Seite der Wille bekräftigt, politische Konflikte in Mitteleuropa auf dem Verhandlungswege zu lösen.

Frostige Atmosphäre beim Besuch einer Kolchose in Kiew; Premierminister Harold Macmillan (r.) wertet seinen Besuch in der UdSSR als Mißerfolg

Deutschlandpolitik der USA und UdSSR

Nach 1945 bemühten sich USA und UdSSR zunächst um Zusammenarbeit bei der Neugestaltung Deutschlands. Ab 1947 versuchten sie jedoch, ihre Besatzungszonen für den jeweiligen Machtblock zu gewinnen. Die USA traten mit der Währungsreform in den Westzonen und mit dem Marshallplan für eine wirtschaftliche Eigenständigkeit Deutschlands ein, während die UdSSR den Wiederaufbau verzögerte. Die sowjetische Berlin-Blockade 1948/49 sowie die Gründung der Bundesrepublik und der DDR 1949 förderten die Festschreibung der Spaltung. Die »Politik der Stärke« nach dem Koreakrieg (1950–1953) führte zu einer Verschärfung des Kalten Krieges. Die Wiedervereinigung wurde zunehmend unwahrscheinlich, da auch die »Stalin-Noten« von 1952, die eine Neutralisierung und Wiedervereinigung vorschlugen, im Westen abgelehnt wurden. Die Integration der deutschen Staaten in die Militärbündnisse Warschauer Pakt und NATO 1955 führte zur Stagnation in den Bemühungen um die Lösung der deutschen Frage. Das »Chruschtschow-Ultimatum« von 1958 (→ 5.1./S. 17) löste erneut eine schwere Krise in den Ost-West-Beziehungen aus.

Februar 1959

Französische Gemeinschaft gegründet

4. Februar. Mit der ersten Sitzung ihres Exekutivrates in Paris konstituieren sich Frankreich und seine überseeischen Gebiete zur Französischen Gemeinschaft, die mit der neuen Verfassung der Fünften Republik ins Leben gerufen wurde (→ 8. 1./S. 14).

Die Französische Gemeinschaft ist die Nachfolgeorganisation der Französischen Union; sie umfaßt Frankreich und die meisten seiner ehemaligen Kolonien in Afrika: Senegal, Soudan (Mali), Dahomey (Benin), Elfenbeinküste, Gabun, Kongo-Brazzaville (Kongo), Madagaskar, Mauretanien, Niger, Obervolta, Tschad sowie die Zentralafrikanische Republik.

Der Exekutivrat legt fest, daß Frankreich bei innerer Autonomie der Mitgliedsstaaten weiterhin die Kontrolle über Außen-, Verteidigungs-, Währungs- und Wirtschaftspolitik behält. Darüber hinaus bestimmt das Gremium Französisch zur Amtssprache der Gemeinschaft, die Marseillaise zur Nationalhymne und die Trikolore zur Flagge.

Als »Parlament« der Gemeinschaft soll jährlich zwei Monate lang in Paris ein Senat tagen, dem insgesamt 284 Delegierte angehören. 186 von ihnen vertreten die Bevölkerung der französischen Republik (Mutterland, Algerien, überseeische Départements und überseeische Gebiete),

Léon Mba, geboren 1902, war Beamter der französischen Kolonialbehörden und gründete 1946 den »Demokratischen Block«. Seit 1957 ist er Ministerpräsident von Gabun und betreibt eine frankreichfreundliche Politik.

Hamani Diori, geboren 1916, vertrat seit 1946 Niger in der französischen Nationalversammlung. Im Dezember 1958 wurde er Ministerpräsident von Niger.

Fulbert Youlou, geboren 1917, setzte sich als Priester für mehr innere Autonomie für Französisch-Kongo ein. Seit Dezember 1958 ist er Ministerpräsident der Republik Kongo (Brazzaville).

Mamadou Dia, geboren 1910, organisierte 1948 den »Demokratischen Block Senegals« und vertritt sein Land seit 1956 in der französischen Nationalversammlung. 1957 wurde er der erste Ministerpräsident einer autonomen senegalesischen Regierung.

98 Senatoren repräsentieren die afrikanischen Mitgliedsstaaten. Dem Verteilerschlüssel wurde das Prinzip zugrunde gelegt, daß jeweils 300 000 Menschen durch einen Senator vertreten werden.

Die einzige Kolonie, die sich in der Volksabstimmung vom September 1958 über die Verfassung der Fünften Republik von Paris lossagte, ist der westafrikanische Staat Guinea, dessen Ministerpräsident seit der Unabhängigkeit am 2. Oktober 1958 der Sozialist und Rebell Sékou Touré ist. Dieser hatte dem damaligen französischen Ministerpräsidenten Charles de Gaulle bei einem Staatsbesuch 1958 erklärt: »Guinea zieht der Sklaverei im Reichtum eine Armut in Freiheit vor!«

Frankreich hatte die Staaten der Französischen Gemeinschaft in West- und Äquatorialafrika in den Jahren 1854 bis 1912 als Kolonien in Besitz genommen. Den erstarkenden Unabhängigkeitsbestrebungen in diesen Staaten versucht Frankreich nun durch die Gewährung beschränkter Selbstverwaltungsrechte entgegenzuwirken.

Schritt in Richtung Unabhängigkeit

Die Französische Gemeinschaft ist das vorläufige Ergebnis der Bestrebungen um Unabhängigkeit in den französischen Kolonien in Afrika.

In seinem Aufruf vom 4. September 1958 an die Überseegebiete, die Verfassung der Fünften Republik (→ 8. 1./S. 14) und damit die der Französischen Gemeinschaft anzunehmen, betonte Charles de Gaulle, damals noch französischer Ministerpräsident: »Die vorgeschlagenen Texte schließen keine Lösung aus, selbst die der Trennung vom Mutterland nicht... Ein entschlossenes Territorium kann die Unabhängigkeit bereits erhalten, indem es bei der Volksabstimmung am 28. September mit Nein stimmt.«

Von den meisten afrikanischen Staatschefs wird die Verfassung der Französischen Gemeinschaft in der Tat als ein erster Schritt auf dem Weg zur politischen Selbständigkeit verstanden: »Wir haben uns entschlossen, für die spätere Unabhängigkeit frei zu optieren, das heißt: für die Gemeinschaft« – so Fulbert Youlou, Ministerpräsident von Kongo (Brazzaville) nach der Unterzeichnung.

Schweizer gegen Frauenwahlrecht

1. Februar. In einer Volksabstimmung lehnen 67% der Schweizer Männer die Einführung des Frauenwahlrechts ab.

Von den Frauen wird das Votum unterschiedlich aufgenommen. Wegen des Abstimmungsergebnisses treten am 3. Februar 50 Lehrerinnen eines Baseler Gymnasiums in den Streik. Das »Frauenkomitee gegen das Frauenstimmrecht« bedankt sich hingegen am 8. Februar bei den Schweizer Männern und erklärt: »Das Abstimmungsresultat vom 1. Februar erfüllt uns mit Stolz und Freude: mit Stolz auf die unverbildete politische Klugheit unserer Männer und den natürlichen Instinkt unserer Frauen, die es ablehnen, unsere durch Jahrhunderte bewährte Demokratie unnötigen Experimenten auszusetzen.«

Briten greifen in Malta ein

2. Februar. Das britische Unterhaus beschließt die Aufhebung der Verfassung von Malta und unterstellt die Insel der direkten Regierung durch den britischen Gouverneur. Mit dieser Maßnahme wird der bereits bestehende politische Zustand legalisiert, da der britische Gouverneur seit dem Rücktritt der Regierung am 21. April 1958 aufgrund von Notstandsparagraphen regiert. Die beiden großen Parteien Maltas lehnen jegliche Zusammenarbeit mit dem Gouverneur ab und fordern die Unabhängigkeit der Insel. Die Mittelmeerinsel ist seit 3800 v. Chr. besiedelt und war im Besitz von Phönikern, Karthagern und Römern. Nach byzantinischer, arabischer und normannischer Herrschaft gab Kaiser Karl V. 1530 dem Johanniterorden Malta als Lehen. Napoleon Bonaparte besetzte Malta 1798, wurde jedoch von den Maltesern mit Hilfe der Briten vertrieben. 1814 erhielt Malta den Status einer britischen Kronkolonie und wurde Flottenstützpunkt. Die begrenzte Selbstverwaltung (seit 1921) wurde 1947 in eine vollständige innere Autonomie umgewandelt. Forderungen maltesischer Politiker nach völliger Unabhängigkeit scheiterten am Widerstand der Briten.

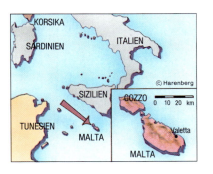

Atomvertrag mit Großbritannien

4. Februar. Vertreter Großbritanniens und der Europäischen Atomgemeinschaft (EURATOM) unterzeichnen in London ein Abkommen über die Zusammenarbeit bei der Nutzung der Atomenergie. Großbritannien, das nicht Mitglied der Europäischen Wirtschaftsgemeinschaft (EWG) ist, schließt sich dem 1957 von den EWG-Staaten geschlossenen EURATOM-Vertrag an.

Das auf zehn Jahre befristete Abkommen sieht den Austausch von technischen Informationen vor und trifft Vorkehrungen für die Belieferung der Gemeinschaft mit Kernbrennstoffen durch die britische Atombehörde. Das Abkommen beinhaltet jedoch weder eine gemeinsame Forschung der beiden Vertragspartner noch ein gemeinsames Kraftwerks-Bauprogramm.

Februar 1959

Humphrey fordert »Disengagement«

6. Februar. In einem Interview mit der britischen Rundfunkgesellschaft BBC in London vertritt der demokratische US-Senator Hubert H. Humphrey die Ansicht, daß ein Ausscheiden der Bundesrepublik aus dem Nordatlantischen Verteidigungsbündnis NATO unter gewissen Voraussetzungen möglich wäre. Mit dieser These stellt er sich in einen Gegensatz zur Regierungspolitik der westlichen Verbündeten.

Befürworter der Entspannung
Hubert Horatio Humphrey, der als Anwärter auf das Amt des US-Präsidenten gilt, wurde 1911 in Wallace (US-Bundesstaat Süd-Dakota) geboren. Nach dem Studium der Pharmazie und der Politik lehrte er Politologie an der Universität von Louisiana. Er schloß sich den Demokraten an und wurde 1945 Bürgermeister von Minneapolis. 1948 ging er als Senator für Minnesota nach Washington und war 1956-58 Mitglied der US-Delegation bei den Vereinten Nationen (UNO). Humphrey vertritt eine liberale Haltung gegenüber der UdSSR.

Humphrey plädiert für ein »Disengagement«, ein Auseinanderrücken der westlichen und östlichen Streitkräfte, das durch eine atomwaffenfreie Zone oder durch Rüstungsbeschränkungen auf zentraleuropäischem Gebiet erreicht werden könne. Auf die Frage, ob der Austritt der Bundesrepublik aus der NATO und ihr Verzicht auf Atomwaffen das westliche Verteidigungsbündnis schwächen würde, antwortet Humphrey, daß bei einem gleichzeitigen Abzug sowjetischer Truppen aus Mitteleuropa die NATO auch ohne die bundesdeutschen Streitkräfte schlagkräftig genug sei, räumt jedoch ein: »Natürlich ist eine NATO mit Deutschland besser. Das möchte ich ganz klar machen. Wir ziehen es vor, Deutschland als einen Partner der NATO zu haben.«

Bezüglich der Vorbedingungen für eine Wiedervereinigung Deutschlands widerspricht Humphrey der Bundesregierung, die freie gesamtdeutsche Wahlen als unverzichtbare Voraussetzung ansieht. Er glaubt, daß man, ohne das Ziel freier Wahlen aufzugeben, »vielleicht besser mit anderen Dingen anfangen müßte«. Einige der westlichen Verhandlungspositionen seien zu »unbiegsam« und nicht auf die tatsächlichen Machtverhältnisse abgestimmt (→ 4. 2./S. 28).

Die Vorschläge Humphreys für ein »Disengagement« knüpfen an Konzeptionen an, die bereits in den Plänen des britischen Premierministers Anthony Eden 1955 und des polnischen Außenministers Adam Rapacki 1957 deutlich wurden.

Der Christdemokrat Antonio Segni gilt als ein Mann des Ausgleichs

Neue Regierung in Italien gebildet

15. Februar. In Rom bildet Ministerpräsident Antonio Segni eine neue, christlich-demokratische Regierung, die von den Liberalen und den Monarchisten unterstützt wird.
Die Regierung unter Amintore Fanfani war am 26. Januar wegen Unstimmigkeiten bei den Christdemokraten zurückgetreten.

Indira Gandhi neue Parteivorsitzende

2. Februar. In Neu-Delhi wird Indira Gandhi, die 41jährige Tochter des indischen Ministerpräsidenten Jawa-

Indira Gandhi, geboren am 19. November 1917, studierte Geschichte in Oxford und Allahbad (Indien). Als Mitglied von Studentenverbänden wurde sie mehrfach von britischen Kolonialbehörden inhaftiert. Seit 1937 gehört sie der Kongreßpartei an.

harlal Nehru, zur Vorsitzenden der Kongreßpartei gewählt.
Die Wahl Indira Gandhis, die mit dem indischen Freiheitskämpfer Mahatma Gandhi nicht verwandt ist, stößt innerhalb der Kongreßpartei auf Widerstand. Kritiker bemängeln ihre mangelnde Erfahrung und werfen Nehru Vetternwirtschaft vor. Bereits ihr Großvater Motilar Nehru sowie ihr Vater waren Vorsitzende der stärksten politischen Partei Indiens gewesen.

China steigert Produktion

2. Februar. Die chinesische Bevölkerung wird in der »Volkszeitung«, dem Presseorgan der Kommunistischen Partei, aufgefordert, mehr und länger zu arbeiten, damit die Produktionsziele des Jahres 1959 erfüllt werden können.
Hintergrund ist das im August 1958 proklamierte Konzept des »Großen Sprungs nach vorn«, wodurch China auf einen »eigenen Weg« der Modernisierung geführt werden soll. Vorgesehen ist ein industrielles Wachstum von jährlich 45% zwischen 1958 und 1968. Die Landwirtschaft soll in diesem Zeitraum pro Jahr 20% mehr produzieren.
Parallel dazu erfolgt die Gründung von ländlichen Volkskommunen, die für größere Infrastrukturmaßnahmen wie Bewässerungsanlagen und Verkehrswege sowie für den Anbau von Kleinindustriebetrieben verantwortlich sind.
Trotz erheblicher Schwierigkeiten mit der neuen Produktionsstruktur veröffentlichte die Nachrichtenagentur »Neues China« im Januar Meldungen über große wirtschaftliche Fortschritte im Jahre 1958. Demzufolge hatten die industrielle und die landwirtschaftliche Produktion Chinas 1958 um 70% gegenüber 1957 zugenommen. Die Produktion der Industrieerzeugnisse Stahl, Roheisen, Kohle und Maschinenausrüstung vergrößerte sich angeblich auf das Doppelte.

Roheisengewinnung in einer Kommune; l. Gebläse für Schmelzofen

Fidel Castro wird Ministerpräsident

16. Februar. Der kubanische Staatspräsident Manuel Urrutía Lleo ernennt Revolutionsführer Fidel Castro zum Ministerpräsidenten.
Der bisherige Minsterpräsident José Miró Cardona war am 13. Februar nach Differenzen mit Castro zurückgetreten. Castro, der nach dem Einzug seiner Guerillatruppen die Regierung nur kontrollieren wollte, soll sich zur Übernahme der Regierung entschlossen haben, weil das bisherige Kabinett das geplante Reformprogramm nach Ansicht der Rebellen nicht schnell genug durchführte. Seit der Machtübernahme der Rebellen im Januar war Fidel Castro Oberbefehlshaber der kubanischen Streitkräfte. Nachfolger auf diesem Posten wird Castros 27jähriger Bruder Raúl.
Am 10. Februar hatte die kubanische Regierung eine neue Verfassung verkündet, in der das Mindestalter für das Amt des Präsidenten von 35 auf 30 Jahre herabgesetzt wurde. Fidel Castro ist 32 Jahre alt (→ 2. 1./S. 12; 17. 7./S. 30).

Februar 1959

Bundesgrenzschutzbeamte treiben die Sinti und Roma, die mit dem Transport gekommen sind, in die Wagen zurück

500. Aussiedlertransport in Friedland

5. Februar. Auf dem Grenzbahnhof Büchen zwischen Mölln und Lauenburg treffen mit dem 500. Aussiedlertransport 566 Deutsche aus Oberschlesien, Danzig, Pommern, Westpreußen und Posen ein.

Seit Dezember 1955 sind durch die Zusammenarbeit des Deutschen und des Polnischen Roten Kreuzes 221 367 Menschen aus den alten deutschen Ostprovinzen mit Sonderzügen in die Bundesrepublik gekommen. Sie werden zunächst im Grenzdurchgangslager Friedland bei Göttingen aufgenommen, von wo sie in bereitstehende Unterkünfte weitergeleitet werden. In den ersten vier Tagen des Februar sind in Friedland auch rund 100 Rückkehrer aus der Sowjetunion eingetroffen. Im Januar wurden 7424 Aussiedler und Spätheimkehrer registriert.

Die großzügige Anwendung der Vereinbarungen über die Familienzusammenführung durch die polnische Regierung stellt die bundesdeutschen Behörden auch vor Probleme. An die Aussiedlertransporte werden ohne Ankündigung wiederholt Eisenbahnwagen mit mehreren hundert Sinti und Roma angehängt, die Staatenlose sind und keine Aufenthaltsgenehmigung für die Bundesrepublik besitzen.

◁ *Theodor Oberländer, seit 1953 Bundesminister der Vertriebenen, studierte Agrarwissenschaften und Volkswirtschaft. 1933 trat er in die NSDAP ein und stieg bis zum Hauptsturmführer des »Bundes Deutscher Osten« auf. Gleichzeitig machte er Karriere als Professor. Der frühere BHE- und jetzige CDU-Politiker ist in der Öffentlichkeit umstritten, weil er 1941 in der Wehrmachtseinheit »Nachtigall« an der Erschießung von Polen und Juden in Lemberg beteiligt gewesen sein soll.*

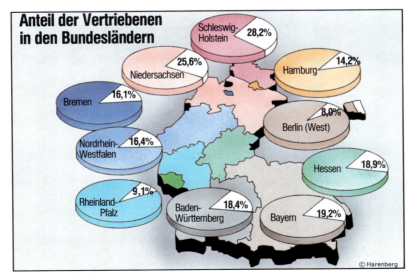

Lebenslange Haft für KZ-Aufseher

6. Februar. Das Landgericht Bonn verurteilt die ehemaligen Aufseher im Konzentrationslager Sachsenhausen Gustav Sorge und Wilhelm Schubert wegen Mordes und versuchten Mordes an 141 Gefangenen zu lebenslänglicher Haft.

Der ehemalige SS-Hauptscharführer Gustav Sorge wird wegen Mordes in 67 Fällen und wegen 20 Fällen des versuchten Mordes, der Anstiftung und Beihilfe zu Mord und Totschlag zu lebenslangem Zucht-

Gustav Sorge, im KZ Sachsenhausen »der Eiserne« genannt, leugnet nicht, zahlreiche Menschen aus eigenem Antrieb gefoltert, erhängt und erschossen zu haben.

Wilhelm Schubert, genannt »Pistolen-Schubert«, erhielt das Kriegsverdienstkreuz mit Schwertern für die Erschießung russischer Kriegsgefangener; 122 überlebende Zeugen aus dem Konzentrationslager erkennen ihn eindeutig wieder.

haus und zusätzlich 15 Jahren Zuchthaus verurteilt. Der ehemalige SS-Unterführer Wilhelm Schubert wird des Mordes in 46 Fällen und des versuchten Mordes oder der Beihilfe zum Mord in acht Fällen schuldig gesprochen.

In dem knapp vier Monate dauernden Prozeß schilderten etwa 130 Zeugen aus dem In- und Ausland die grausamen Mißhandlungen und Morde, die von den beiden Blockführern verübt worden waren. Vor allem zahlreiche jüdische Häftlinge und Bibelforscher befanden sich unter den Opfern der KZ-Wächter. Während Sorge den größten Teil der ihm zu Last gelegten Verbrechen gestand, leugnete Schubert hartnäckig und legte erst am 3. Januar ein Geständnis ab.

Beide Angeklagten waren 1947 von einem sowjetischen Militärgericht zu lebenslanger Haft mit Zwangsarbeit in Sibirien verurteilt, 1956 jedoch den bundesdeutschen Justizbehörden übergeben worden.

Februar 1959

Bundeswehr bestellt 300 »Starfighter«

5. Februar. Vor dem Verteidigungsausschuß des Bundestages in Bonn teilt Bundesverteidigungsminister Franz Josef Strauß (CSU) mit, daß die Bundesluftwaffe mit rund 300 Abfangjägern vom Typ »F-104-Starfighter« der US-amerikanischen Firma Lockheed ausgerüstet werde. Nach den bisherigen Plänen sollen 96 »Starfighter« direkt in den Vereinigten Staaten gekauft und die restlichen rund 200 Maschinen in der Bundesrepublik im Lizenzverfahren gebaut werden. Der vereinbarte Kaufpreis beträgt pro Flugzeug 5,8 Millionen DM.

Um den Auftrag der Bundesrepublik hatten sich mehrere Hersteller beworben, von denen die französische Firma Dassault mit ihrer »Mirage III A«, die US-amerikanische Firma Grumman mit ihrem »Super-Tiger« und der US-amerikanische Flugzeughersteller Lockheed mit seinem »F-104-Starfighter« in die engere Wahl kamen. Die Opposition wirft Verteidigungsminister Strauß eine ungerechtfertigte Bevorzugung der Firma Lockheed vor, da der ursprünglich genannte Stückpreis von 4,5 Millionen DM um 1,3 Millionen DM erhöht worden sei und Dassault die »Mirage III A« für 2,6 Millionen DM angeboten habe. Bedenken richten sich auch gegen die Absicht von Strauß, den überwiegenden Teil der »Starfighter« in der Bundesrepublik in Lizenz bei den Firmen Messerschmitt, Dornier und Heinkel nachbauen zu lassen. Außerdem lasse der Minister Fragen nach den Investitionskosten des Lizenzbaus unbeantwortet.

Der mit einem Strahltriebwerk ausgerüstete einsitzige Jagdbomber und Abfangjäger »F-104-Starfighter« wird von Lockheed seit 1955 in Serienfertigung hergestellt. Er ist mit einer 20-mm-Maschinenkanone ausgerüstet und erreicht doppelte Schallgeschwindigkeit.

Mit dem »Starfighter« will die Bundesluftwaffe Anschluß an die moderne Waffentechnologie gewinnen; das Flugzeug, das auch Atombomben tragen kann, soll sowohl als Höhenüberschalljäger und Jagdbomber eingesetzt werden als auch für Aufklärungs- und Tiefflüge geeignet sein

Soll unabhängiger Anwalt der Soldaten sein: Helmuth von Grolman

General a. D. erster Wehrbeauftragter

19. Februar. Mit großer Mehrheit wählt der Bundestag in Bonn den niedersächsischen Staatssekretär und Generalleutnant a. D. Helmuth von Grolman zu seinem ersten Wehrbeauftragten.

Der Wehrbeauftragte soll sich für die Belange der Soldaten einsetzen, die sich an ihn direkt ohne Einhaltung des Dienstweges wenden können, wenn sie sich in ihren Grundrechten beeinträchtigt fühlen.

Kuby und Proske freigesprochen

27. Februar. Das Hamburger Schöffengericht spricht den Schriftsteller Erich Kuby und den Sendeleiter des früheren Nordwestdeutschen Rundfunks (NWDR), Rüdiger Proske, von der Anklage frei, den ehemaligen Fallschirmjäger-General Bernhard Ramcke in einem Hörspiel beleidigt zu haben.

Ramcke hatte wegen des 1954 gesendeten Hörspiels »Nur noch rauchende Trümmer – das Ende der Festung Brest« Kuby und Proske wegen übler Nachrede und Beleidigung verklagt. In dem Hörspiel sei der Eindruck entstanden, daß Ramcke indirekt für den Tod zahlreicher Soldaten verantwortlich sei. Das Gericht begründet den Freispruch mit dem Recht auf Meinungsfreiheit sowie dem Hinweis, daß sich Ramcke als Redner auf SS-Treffen Kritik gefallen lassen müsse.

»stern« beschlagnahmt

20. Februar. Auf Antrag der Staatsanwaltschaft verfügt das Amtsgericht Hamburg in einem Strafrechtsverfahren die Beschlagnahme von Heft 8 (21. 2.) der Hamburger Illustrierten »stern« wegen des darin abgedruckten Artikels »Wer schützt uns vorm Verfassungsschutz?«.

Die Beschlagnahme erstreckt sich lediglich auf bestimmte Seiten des Heftes. Sie müssen entweder herausgetrennt, oder der Text muß an sieben Stellen durch Schwärzen unkenntlich gemacht werden. Nach der Schwärzung dieser Textstellen darf der Artikel, der angebliche Gesetzesübertretungen des Verfassungsschutzes kritisiert, in den Verkehr gebracht werden.

Auf Antrag von Bundesinnenminister Gerhard Schröder (CDU) hatte das Hamburger Landgericht bereits am 14. Februar in einem Zivilverfahren eine Einstweilige Verfügung gegen den »stern« erlassen. Der Vertrieb der beanstandeten Nummer war zu diesem Zeitpunkt jedoch schon zu 90% abgeschlossen.

Gerhard Schröder (CDU), seit 1953 Bundesminister des Innern

Regierungskrise an der Saar beigelegt

26. Februar. Der Landtag des Saarlandes wählt Hans Egon Reinert (CDU) zum Ministerpräsidenten.

Hans Egon Reinert, geboren am 24. September 1908, arbeitete als Verwaltungsjurist und Rechtsanwalt, bevor er in die aktive Politik eintrat. 1955 wurde er Landtagsabgeordneter, 1956 Justiz- und Kultusminister und 1957 Ministerpräsident des Saarlandes.

Der 50jährige Saarbrücker Rechtsanwalt Reinert war am 21. Januar mit seinem Kabinett zurückgetreten, um der Christlich-Sozialen Union/Christliche Volkspartei den Eintritt in die Regierung zu ermöglichen. Dritter Koalitionspartner ist wie bereits seit 1956 die SPD.

Februar 1959

Dortmund protestiert gegen Raketen

4. Februar. Aus Protest gegen die geplante Stationierung einer britischen Raketeneinheit im Stadtteil Brackel legen rund 80 000 Dortmunder Arbeitnehmer am Nachmittag ihre Arbeit nieder.

In der Zeit von 11.50 Uhr bis 12.00 Uhr stehen sämtliche Verkehrsmittel der Dortmunder Stadtwerke still. Auch der Straßenverkehr ist für einige Minuten blockiert, als an einer Hauptverkehrsstraße alle Ampeln auf Rot geschaltet werden.

Der DGB-Ortsausschuß hatte zu dem Streik aufgerufen, nachdem Verhandlungen zwischen der Stadt Dortmund und Bundesverteidigungsminister Franz Josef Strauß (CSU) ergebnislos verlaufen waren. Der SPD-Wehrexperte Fritz Erler schlägt vor, die für Dortmund vorgesehene britische Raketeneinheit durch Tausch mit einer Einheit ohne Raketenwaffen an einen anderen Ort zu verlegen.

Ein Sprecher des Verteidigungsministeriums bezeichnet »gewisse Reaktionen« wegen der Stationierung der Raketeneinheit in Dortmund als »äußerst befremdlich«. Es erinnere an politische Schizophrenie, wenn Leute einerseits darauf hinwiesen, daß man nur mit äußerster Härte Berlin retten könne, und dann Streiks gegen die eigene Verteidigung guthießen.

△ *Demonstranten befestigen Spruchbänder gegen die Raketenstationierung an ihren Autos und fahren anschließend in einem vierstündigen Autokorso von der Westfalenhalle zur britischen Kaserne in Dortmund-Brackel. Die Protestaktion, die von einem großen Teil der Dortmunder Bevölkerung unterstützt wird, soll durch weitere Veranstaltungen, z. B. Sitzblockaden vor der Kaserne, fortgesetzt werden.*

◁ *Ein Sprecher der Bewegung »Kampf dem Atomtod« erinnert an das Schicksal von Hiroschima, das 1945 durch eine US-amerikanische Atombombe zerstört wurde*

Bergarbeiterstreik in Belgien beendet

24. Februar. *Der Bergarbeiterstreik in den wallonischen Kohlerevieren Belgiens, der am 13. Februar begonnen hatte, wird nach einem Kompromiß zwischen Gewerkschaften und Arbeitgebern beendet. Ursache des Streiks war der Beschluß des Nationalen Kohlerats, sieben unrentable Minen zu schließen. An dem Streik beteiligten sich zeitweise über 100 000 Bergarbeiter. Der Kompromiß sieht vor, daß zunächst nur in drei der für die Schließung vorgesehenen Minen die Kohleförderung eingestellt wird. Die anderen Minen werden später geschlossen. Die Arbeitgeber garantieren, für jeden entlassenen Bergmann einen anderen Arbeitsplatz bereitzustellen.*

Streikende belgische Bergarbeiter fordern die ▷ Aufrechterhaltung des Förderbetriebes

Devisenbestand weiter gestiegen

5. Februar. Ein Sprecher der Deutschen Bundesbank in Frankfurt am Main gibt bekannt, daß die Bundesbank über einen Bestand von 26 Milliarden DM an Gold und Devisen verfügt. Mit dieser Währungsreserve steht die Bundesrepublik im internationalen Vergleich an zweiter Stelle hinter den USA.

Der hohe Bestand an Devisen ist im wesentlichen auf den gestiegenen Exportüberschuß der bundesdeutschen Wirtschaft zurückzuführen. Fast alle Devisen, mit denen ausländische Empfänger bundesdeutsche Lieferungen und Dienstleistungen bezahlen, liegen bei der Notenbank in Frankfurt. Nur wenige Privatleute tauschen ihre ausländischen Währungsguthaben nicht in DM um. Wirtschaftsexperten sprechen angesichts des hohen Exportüberschusses von der Notwendigkeit, eine ausgeglichene Handelsbilanz herzustellen, um die Exportabhängigkeit der bundesdeutschen Wirtschaft zu verringern. 1958 wurden Waren im Wert von fast 37 Milliarden DM ausgeführt, aber nur Güter im Wert von 31,3 Milliarden DM eingeführt.

Die Bundesbank teilt weiterhin das Ergebnis einer Sondererhebung über Spar- und Termineinlagen mit. Am 31. Oktober 1958 betrugen die Spareinlagen in der Bundesrepublik und Berlin (West) rund 32,5 Milliarden DM. Ende 1954 hatten die Bundesbürger 16,02 Milliarden DM auf Sparkonten angelegt.

Kindergeld steigt von 30 auf 40 DM

26. Februar. Der Bundestag beschließt mit der Stimmenmehrheit von CDU und CSU die Erhöhung des Kindergeldes von 30 auf 40 DM. Die Neuregelung tritt am → 1. März in Kraft (S. 118). Kindergeld wird ab dem dritten Kind gezahlt.

In der vorausgegangenen Debatte hatten SPD, FDP und Deutsche Partei (DP) eine Reform des Kindergeldgesetzes gefordert. Die Mittel sollten nicht mehr ausschließlich die Familienausgleichskassen aufbringen, die durch die Betriebe finanziert werden, sondern auch aus dem Bundeshaushalt gezahlt werden. Ab 1960 solle die Finanzierung des Kindergeldes allein dem Staat übertragen werden.

Februar 1959

Käse aus Holland als Delikatesse

Beliebtheit wächst: »Coca-Cola«

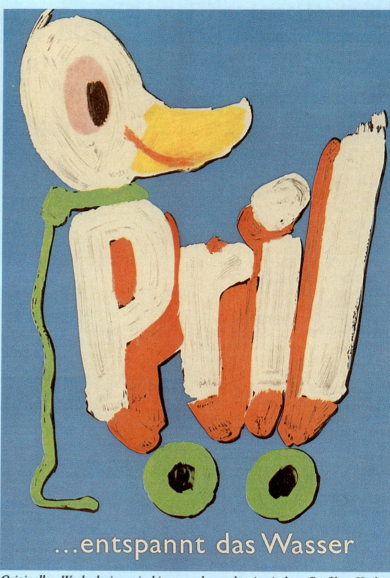

Bohnenkaffee ist nicht zuletzt wegen des Preises von rund 8 DM je 500 g ein exklusives Getränk; die meisten Bundesbürger trinken daher Malzkaffee

Originelles Werbedesign wie hier von dem schweizerischen Grafiker Herbert Leupin ist selten; biedere Hausfrauenmotive herrschen zumeist vor

Bewährtes in der Getränkewerbung

Bei der Werbung für alkoholische Getränke setzen traditionsbewußte Unternehmen auf bewährtes Design. Sie vertrauen darauf, daß der Kunde, der auf Qualität großen Wert legt, eher konservativ ist und seiner gewohnten Marke treu bleibt. Firmenembleme und grafische Gestaltung der Werbeanzeigen haben sich in den letzten Jahren nur wenig verändert und vermitteln den Eindruck einer gleichbleibenden Qualität der Produkte. Die Hersteller des Weinbrands »Asbach Uralt«, des Sekts »MM« und des Wachholderbranntweins »Schinkenhäger« setzen daher auf Firmentradition, Solidität sowie auf Exklusivität.

Wirbt seit Jahren mit dem gleichen Markenzeichen: Der Sekt »MM«

»Schinkenhäger« setzt in der Werbung auf das wohlbekannte Etikett

Werbung mit spätmittelalterlichen Motiven: Weinbrand »Asbach Uralt«

Februar 1959

Werbung 1959:

Appell an den Willen zum sozialen Aufstieg

Die Werbung in der Bundesrepublik steht im Zeichen des anhaltenden wirtschaftlichen Aufschwungs und betont konservative Wertvorstellungen. Anzeigen in Zeitschriften und auf Plakaten stellen die berufliche Leistung als Voraussetzung für steigenden Wohlstand, wachsende Kaufkraft und höheres Sozialprestige in den Vordergrund. Der klassische Werbe-Mann ist entweder jung und erfolgreich oder gereift und in hoher Position, was an äußeren Attributen wie der perfekten Frisur des Mannes, »der vorwärtskommen will« (»Brisk«), zu erkennen sein soll. »Souveräne Überlegenheit und unermüdliche geistige Spannkraft kennzeichnen den Mann des Erfolges«, so wirbt »4711« für Kölnisch Wasser. Eine typische Männerrolle nimmt in der Werbung der »versierte Herrenfahrer« (im Opel Käpitän) ein, der sich stets auf Geschäftsreise befindet. Die Bedeutung wirtschaftlichen Erfolges wird durch den Slogan »Hast Du was, bist Du was« (»Pfandbriefe und Kommunalobligationen«) unterstrichen.

Mit dem suggerierten gesellschaftlichen Aufstieg sollen auch die Ansprüche steigen. Der Aperitif »Cinzano« wird in »kultivierter Gesellschaft« genommen, der Genuß des Kirschlikörs »Eckes« zeugt von »internationalem Niveau«, und die Milchwirtschaft empfiehlt »zur Abendgesellschaft: Käsehappen«. Bezeichnend ist die geschlechtsspezifische Produktwerbung, die Männer als dynamische Geschäftsleute und Frauen als vollkommene Gattinnen und Mütter anspricht. »Für Dich wasch' ich perfekt« (»wipp«) verspricht die perfekte Hausfrau ihrem Gemahl und kauft »Rama«-Margarine, denn es ist »ein glückliches Gefühl für eine Mutter: Die Kinder sind obenauf!« »Knorr«-Suppenwürfel versprechen sogar »neue Liebe durch besseres Kochen«.

Ihre Seriosität versucht die Werbewirtschaft, die jährlich 1,8 Milliarden DM umsetzt, durch den Einsatz von Prominenten zu untermauern. Hans-Joachim Kulenkampff wirbt für »Rei«, Ilse Werner für »Luxor-Seife«.

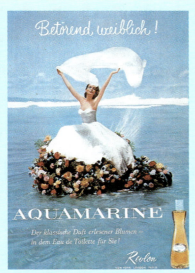

Ausländische Kosmetika stehen für höhere Ansprüche: »Revlon«

Familienidylle als Werbeträger für Fertigsuppen von »Knorr«

Will den Longdrink in Deutschland populärer machen: »Chantré«

Kriegsspielzeug übt auf Kinder eine starke Faszination aus; Modellbausätze von Kriegsflugzeugen und Panzern erfreuen sich großer Beliebtheit

Weltraumfahrt für Kinder

21. Februar. Die 10. Internationale Spielwarenmesse öffnet in Nürnberg für eine Woche ihre Tore. Über 800 Aussteller zeigen auf einer Fläche von 24 000 m² ihr umfangreiches Sortiment.

Auch in diesem Jahr ist der Trend zur Technisierung bei Spielzeug unverkennbar. Die Fortschritte in der Raumfahrt finden ihre Entsprechung in Modellen, die äußerlich dem Original gleichen. So befördert die »Postrakete« der Zukunft gefaltete Briefe in Kapseln von einem Erdteil (der Kinderwelt) zu einem anderen. Fast altmodisch ist im Vergleich dazu der Fallschirmspringer, der in einer Rakete mitfliegt, im richtigen Moment abspringt und mit beiden Beinen sicher wieder auf dem Boden landet.

Fast alle neuen technischen Artikel sind mit Fernsteuerung ausgestattet. Ein 35 cm hoher Roboter schiebt Fahrzeuge vor sich her, lädt Bausteine auf und kann mit beiden Händen richtig zupacken. Dem Mercedes 220 S ist der »Hydro-Car« nachgebildet, der eine hydraulische Ölkupplung besitzt, deren Funktionsweise durch eine durchsichtige Plastikwand beobachtet werden kann. Das Zwitschern mechanischer Vögel sowie die weinenden und »Mama« rufenden Puppen erscheinen dagegen schon fast antiquiert.

Fernsehspiel löst Panik aus

20. Februar. Bei der Ausstrahlung des britischen Fernsehspiels »Bevor die Sonne untergeht« geraten zahlreiche Londoner Zuschauer in Panik, weil sie die Eröffnungsszene des Films, in der gemeldet wird, daß nach »offizieller Mitteilung« ein Satellit über London aufgetaucht sei und die Stadt mit Vernichtung bedrohe, für bare Münze nehmen.

Im Stadtteil Wembley stürzen Hunderte von Menschen auf die Straßen und suchen den Nachthimmel vergeblich nach dem unheilbringenden Satelliten ab. Die Fernsehgesellschaft erhält innerhalb einer Stunde rund 200 Anrufe, in denen sich verängstigte Zuschauer nach weiteren Einzelheiten des Satellitenangriffs erkundigen. Auch die großen Zeitungen und Scotland Yard werden hundertfach um Auskunft gebeten. Viele Anrufer äußern ihre Verärgerung, da gerade ältere Angehörige und werdende Mütter vor Schreck ohnmächtig geworden seien oder Herzattacken erlitten hätten. In dem Fernsehspiel, das wie eine Reportage aufgebaut ist, geht es um die Evakuierung Londons wegen einer Bedrohung aus dem All.

Die Reaktion der Zuschauer erinnert an die Panik, die 1938 in den Vereinigten Staaten ausgebrochen war, als das Hörspiel »Krieg der Welten« von Orson Welles die Invasion der USA durch Marsmenschen geschildert hatte.

Februar 1959

Radarkontrollen sollen Raser bremsen

15. Februar. Das erste Radargerät zur Geschwindigkeitsmessung in der Bundesrepublik wird im Regierungsbezirk Düsseldorf von der Polizei in Betrieb genommen.

Die Apparatur aus Kamera, Antenne und Meßgerät ermittelt nach Angaben der Polizei absolut zuverlässige Werte. Bis Ende März sollen in Nordrhein-Westfalen 18 solcher Geräte, die jeweils 20 000 DM kosten, eingesetzt werden.

Die Messungen werden von serienmäßigen Kombiwagen aus während der Hauptverkehrszeiten vorgenommen. Das Radargerät strahlt einen gebündelten Funkstrahl aus, der jedes vorbeikommende Fahrzeug erfaßt. Von der Karosserie werden die Radarwellen zurückgeworfen, wobei sich die Frequenz verändert. Aus dieser Frequenzverschiebung kann das Meßgerät die Geschwindigkeit des Fahrzeugs ermitteln. Der Polizist, der das Gerät bedient, verständigt über Funk den in etwa 300 m Entfernung postierten Kollegen, der den Verkehrssünder anhält und verwarnt.

Die Radarkontrolle löst ein Meßverfahren ab, das sich als wenig zuverlässig erwiesen hatte: Die hydropneumatische Messung, bei der zwei mit Luft gefüllte Schläuche über die Straße gelegt wurden. Beim Überfahren der Schläuche wurden Meßinstrumente aktiviert. Dieses Verfahren war ebenso auffällig wie die Verfolgung von Fahrzeugen mit Streifenwagen.

Funktionsweise des Nahfeldradar

△ *Bei den ersten Versuchen von Geschwindigkeitsmessungen mit Radar wurden die vorbeifahrenden Autos im spitzen Winkel angepeilt und die Meßwerte von einer externen Antenne zu dem Erfassungsgerät im Polizeifahrzeug übertragen. Nachteil dieser Methode war die weithin sichtbare Postierung des Meßgeräts. Das neue Verfahren ermöglicht dagegen versteckte Messungen.*

◁ *Das System der Radarmessung basiert auf dem »Dopplereffekt«, mit dessen Hilfe aus der Frequenz des zurückgesandten Funkstrahls die Geschwindigkeit des betreffenden Fahrzeugs ermittelt werden kann. Fehlerquellen schließt die Polizei aus.*

Drei Rock-Idole in USA abgestürzt

3. Februar. Drei der bekanntesten US-amerikanischen Rock'n'Roll-Sänger, der 22jährige Buddy Holly, der 17 Jahre alte Ritchie Valens und der 24jährige Paul Richardson, kommen bei dem Absturz ihres Charterflugzeugs bei Mason City im US-Bundesstaat Iowa ums Leben.

Der Sänger und Gitarrist Buddy Holly, geboren am 7. September 1936, galt neben Elvis Presley und Chuck Berry als einer der erfolgreichsten Rock'n'Roll-Interpreten; charakteristisch für seinen Gesang waren seine originellen Schluckauf-Intonationen

Die Sänger waren auf dem Weg nach Fargo (Norddakota), wo sie gemeinsam auftreten sollten. Als Ursache des Absturzes, bei dem auch der Pilot den Tod findet, wird angenommen, daß die viersitzige Maschine wegen schlechter Sicht beim Start verunglückte.

Buddy Holly, der neben Elvis Presley und Chuck Berry zu den einflußreichsten Rocksängern zählte, war mit Hits wie »That'll be the day« oder »Peggy Sue« bekannt geworden. Richardson erzielte große Erfolge mit »Chantily Lace« und »Big Bopper Wedding«. Ritchie Valens hatte bereits als 16jähriger mit »Donna« die Spitze der US-amerikanischen Hitlisten erobert.

Aga Khan in Assuan feierlich beigesetzt

19. Februar. *Vor 5000 Menschen beginnen in Assuan am Nil die Trauerfeiern für dem am 11. Juli 1957 verstorbenen Sultan Mohammed Shah, als Aga Khan III. seit 1885 Oberhaupt der Ismaeliten.*

Der Aga Khan findet seine letzte Ruhestätte in einem Mausoleum aus rotem Granit. Die Trauergemeinde bleibt bis zum Sonnenuntergang versammelt, während Stammesfürsten Korantexte verlesen. Die äyptische Regierung rechnet mit einem starken Pilgerstrom aus der Gruppe der insgesamt 12 Millionen Gläubigen.

Trauernde Ismaeliten auf dem Weg zum Mausoleum des Aga Khan in Assuan (Ägypten) ▷

Viele Brasilianerinnen opfern ihre Zeit und oftmals ihren gesamten Besitz für die Herstellung ihrer farbenfrohen und variationsreichen Tanzkostüme; jede Samba-Schule will die anderen übertreffen

Karneval in Rio de Janeiro: Die Trommeln übernehmen für vier Tage die Macht in der Stadt

Rhythmus, Lieder, Tanz, Samba, ein Rausch von Tönen und Farben, ein Ausbruch ursprünglicher Vitalität: Karneval in Rio de Janeiro, das ist wie eine Explosion, die im Februar bei Temperaturen von 40 °C losbricht.
Anfang des 20. Jahrhunderts entstand die Samba und übernahm mit ihrem animierenden Rhythmus sogleich die Führung im Karneval. Will man sie gut tanzen, so verlangt sie große Beweglichkeit. Sei es die »Samba Batucada«, die mitgeklopft und mitgesungen wird, sei es die »Samba enredo« mit festen Texten, die in den »Escolas de Samba«, den Samba-Schulen geprobt wird – überall zog sie die Menschen in ihren Bann.
Unter der Regierung Getúlio Vargas wurde die Samba 1934 zum offiziellen Tanz des brasilianischen Karneval erklärt. Die Samba-Schulen wurden zu festen Bestandteilen des gesellschaftlichen Lebens; sie verfügen über ausgedehnte Hallen, wo die schöpferische Arbeit für Kostüme und Aufmärsche bereits monatelang vorher beginnt.

Fernsehserie über Flucht aus Sibirien

12. Februar. Die erste Folge des sechsteiligen Fernsehfilms »So weit die Füße tragen« nach dem Roman von Josef Maria Bauer wird vom Nordwestdeutschen Rundfunk (NWDR) Köln ausgestrahlt.
Die auf Tatsachenberichten beruhende Serie, bei der Fritz Umgelter Regie führte, schildert das Schicksal eines deutschen Kriegsgefangenen in der Sowjetunion. Der Soldat Clemens Forell wird 1945 in Moskau zu 25 Jahren Zwangsarbeit verurteilt und in die Bleigruben Sibiriens geschickt. Nach mehrjähriger Gefangenschaft flüchtet er und erreicht in drei Jahren nach oft zielloser Wanderung mit Nomaden und Pelztierjägern unter abenteuerlichen Bedingungen seine Heimat.
Der Film ist der bisher größte Zuschauererfolg des Deutschen Fernsehens. Gründe dafür sind das Thema »verwegene Flucht aus der Gefangenschaft«, der szenische Aufwand mit Rentierherden und Wolfsrudeln sowie die Leistungen der Schauspieler Heinz Weiss, Edgar Mandel und Wolfgang Büttner.

Heinz Weiss (r.) spielt den Kriegsgefangenen Clemens Forell, der sich im Verlauf seiner Flucht mit entflohenen russischen Sträflingen verbündet

»Story aus dem wilden Osten...«

»Telemann«, der Fernsehkritiker des Hamburger Nachrichtenmagazins »Der Spiegel«, mokiert sich über die große Begeisterung der Fernsehzuschauer für das insgesamt mehr als sechs Stunden lange Kriegsepos »So weit die Füße tragen« und den technischen Aufwand bei den Dreharbeiten:

»So fuhr dann ein kriegsstarkes Aufgebot an Mittelgroß- und Kleindarstellern und Ausländerlager-Mongolen und Mongoloiden zweimal nach Lappland,... weil beim erstenmal weder sibirischer Schnee noch Rentiere gesichtet wurden. Und einmal in die Alpen, weil es dort 24 Schlittenhunde gibt.
Der Erfolg dieser Großunternehmung war beträchtlich. Überall im Bunde, sogar in der DDR, wurde die Stehaufmännchen-Story aus dem wilden Osten aufmerksam verfolgt... Ja, manchem war das Nervenprickeln, das ihnen der NWRV-Köln in 60- bis 85-Minuten-Portionen verabfolgte, zu kurz, und sie verlangten nach zweistündigen Strips.«

Literatur 1959:
Autoren experimentieren mit neuen Schreibweisen

Thematisch tritt die Literatur des Jahres 1959 hervor durch kritischen Gegenwartsbezug, stilistisch durch das Experimentieren mit neuen Formen des Schreibens.

Bundesrepublik Deutschland: Das Ende der fünfziger Jahre bedeutet für die bundesdeutsche Prosa den Abschluß einer literarischen Entwicklung. Waren die ersten Jahre der Nachkriegszeit gekennzeichnet durch den Versuch der Schriftsteller, sich durch äußerste Verknappung der Form vom verschwenderischen und formelhaften Sprachgebrauch im Dritten Reich abzusetzen, so kann inzwischen von einer eigenständigen Literatur der Bundesrepublik gesprochen werden.

Repräsentanten dieser Literatur sind vor allem Heinrich Böll, Günter Grass, Siegfried Lenz, Martin Walser und Uwe Johnson, also Schriftsteller, die sich nicht auf ihr literarisches Schaffen im engeren Sinne beschränken, sondern daneben auch kritisch zu politischen Fragen Stellung beziehen.

Auf der Suche nach Themen und Stoffen wenden sich die Autoren nun ebenfalls immer stärker auch der Gegenwart zu, wobei die Erfahrung des Nationalsozialismus als Bezugspunkt aber keineswegs ausgeblendet wird.

Beispielhaft für eine solche Verquickung von Vergangenheitsbewältigung und Gegenwartskritik ist Heinrich Bölls vierter Roman »Billard um halbzehn«, eine satirische Generationengeschichte, die einen Zeitraum von 50 Jahren umfaßt. Die Entwicklung dreier Generationen der Architektenfamilie Fähmel wird durch ein kompliziertes System von sich kreuzenden Rückblenden vergegenwärtigt. Diese komplexe Konstruktion ruft vielfach Kritik hervor, da sie für den Leser irritierend und erzählerisch bei weitem nicht so lebendig sei wie Bölls frühere Werke.

Der erste Roman des Nachwuchsautors Günter Grass, »Die Blechtrommel«, macht bereits vor Erscheinen von sich reden. Grass erhielt 1958 den Literaturpreis der Gruppe 47, nachdem er seinen Schriftstellerkollegen einige Episoden aus seinem Werk vorgelesen hatte. Schon lange vor der Frankfurter Buchmesse kaufen ausländische Verlage die Übersetzungsrechte. Die grotesk-realistische Schilderung deutschen Kleinbürgertums zwischen 1930 und 1950 ruft vehemente Reaktionen in der

Uwe Johnson wechselt 1959 von der DDR in die Bundesrepublik

Günter Grass: Nach dem Studium der Bildhauerei Erfolg als Autor

Heinrich Böll polemisiert gegen die Sattheit der Nachkriegszeit

Öffentlichkeit hervor. Dem Autor wird »rücksichtslose Begabung« (»Deutsche Zeitung«) attestiert, man nennt ihn in einem Atemzug mit Grimmelshausen, Rabelais und Balzac (Walter Höllerer). Der Literaturpreis der Stadt Bremen wird ihm jedoch verweigert wegen allzu großer Freizügigkeit in der Darstellung des Sexuellen.

Großen Erfolg bei Kritik und Publikum hat auch das Erstlingswerk des aus der DDR stammenden 25jährigen Autors Uwe Johnson. Thema des Romans »Mutmaßungen über Jakob« sind die Spaltung Deutschlands und die Schwierigkeit, zwischen den so entstandenen, gänzlich verschiedenen Welten zu vermitteln. Kennzeichnend für Johnsons Schreibweise sind brüchige Satzkonstruktionen, Verstöße gegen Interpunktionsregeln sowie die Montage von Gedanken und Dialogfragmenten. Der Autor löst auf diese Weise für sich ein Problem, mit dem sich viele moderne Schriftsteller beschäftigen. Es geht darum, die traditionelle, in der Gegenwart aber fragwürdig gewordene Allwissenheit des Erzählers durch eine Schreibweise zu ersetzen, die dem modernen Bewußtsein angemessen ist. Dem Leser wird dabei eine sehr aktive Rolle zugedacht: »Wie Brechts Dramaturgie den Zuschauer, so erlöst Johnsons Erzählweise den Leser aus seiner genießerischen Passivität« (Hans Magnus Enzensberger). 1960 erhält Johnson für seinen Roman den Fontane-Preis der Stadt Berlin.

DDR: Bestimmend für die kulturpolitischen Aktivitäten der DDR ist das programmatische Ziel der SED, »die Entfremdung zwischen Künstler und Volk zu überwinden«. 150 Berufsschriftsteller und 300 sog. Volkskorrespondenten, von denen es bei den Zeitungen schon rund 9500 gibt, nehmen im April 1959 an der Bitterfelder Konferenz teil. Diese fordert einerseits die Schriftsteller auf, Arbeitsbedingungen in den Betrieben zu studieren, andererseits ermutigt sie die »Kumpel«, selbst zur Feder zu greifen.

Frankreich: Hier erscheinen zwei bedeutende Werke des »Nouveau Roman« (»Neuer Roman«): »Das Planetarium« von Nathalie Sarraute und von Alain Robbe-Grillet »Die Niederlage von Reichenfels«. Beide Autoren stehen in radikalem Gegensatz zur bisherigen Romantradition und bemühen sich durch eine umständlich genaue, sachliche Beschreibung der gegenständlichen Welt um die Ausschaltung der Erzählersubjektivität.

In seinem Roman »Zazie in der Metro« zeichnet Raymond Queneau ein kaleidoskopartig-surrealistisches Bild von Paris. Stilistisch wechselt er dabei blitzschnell zwischen gesprochenem und literarischem Französisch.

Großbritannien: Um die Problematik individueller Freiheit innerhalb einer Gesellschaft, deren Zusammenhalt auf höchst fragwürdigen Werten beruht, geht es in der Erzählung »Die Einsamkeit des Langstreckenläufers« von Alan Sillitoe.

Italien: Der italienische Autor und Regisseur Pier Paolo Pasolini huldigt in seinem Roman »Vita Violenta« einer triumphierenden Vitalität abseits verbindlicher Gesellschaftsordnungen. Schauplatz des Geschehens sind die Slums der römischen Peripherie, deren Bewohner seine Hauptdarsteller.

Große Überraschung ruft die Verleihung des Literatur-Nobelpreises an den nur wenig bekannten italienischen Lyriker Salvatore Quasimodo hervor. Kritiker vermuten, die Schwedische Akademie wolle durch die Ehrung des Kommunisten Quasimodo die Diskussion über die vorjährige Verleihung an den westlich-antikommunistischen Boris Pasternak vergessen machen. Enttäuscht werden so die Hoffnungen derer, die den Italiener Alberto Moravia, derzeit Präsident des internationalen PEN-Clubs, als Preisträger vorgeschlagen hatten.

(Siehe auch Übersicht »Buchneuerscheinungen« im Anhang.)

Februar 1959

Erhält 1959 den Nobelpreis für Literatur: Salvatore Quasimodo

Alberto Moravia, italienischer Moralist und Nobelpreis-Dauerkandidat

Weihnachtsbücher der REVUE
gern gelesen – viel geschenkt

Buchtips der Illustrierten »Revue«: Der Zweite Weltkrieg und berühmte Männer herrschen bei den Themen vor

Hohe Auflagenzahlen für Kriegsschilderungen und Biographien

Heinz G. Konsalik verarbeitet Erlebnisse aus dem »Rußlandfeldzug«

Im Bereich der Unterhaltungsliteratur liegen Schilderungen von Kriegserlebnissen in der Gunst der Leser vorn. Führend in diesem Genre ist Auflagenmillionär Heinz G. Konsalik, dem mit den Kriegsromanen »Der Arzt von Stalingrad« und »Strafbataillon 999« der große Durchbruch gelang. Konsalik schöpft die Stoffe vor allem aus seinen Erfahrungen als Kriegsberichterstatter in der Sowjetunion 1942/43. 1959 veröffentlicht er den Roman »Das geschenkte Gesicht«. Erfolgreich ist auch Wolfgang von Parths »Vorwärts Kameraden – wir müssen zurück«, ein Bericht über den Rückzug der deutschen Kaukasusarmee im Zweiten Weltkrieg, der als Fortsetzungsroman für höhere Auflagenziffern der Illustrierten »Revue« sorgt.

Sehr beliebt sind Biographien und Selbstzeugnisse »großer Männer«, die mit dem Anspruch, Geschichte erlebbar und durchschaubar zu machen, an den Leser herantreten. Autoren wie Milovan Djilas, ehemaliger Vizepräsident des Politbüros der KP Jugoslawiens, werden im Zuge des Kalten Krieges von Verlegern und Politikern gern vereinnahmt mit ihrer Kritik an bestehenden kommunistischen Systemen.

Weihnachts-Bestseller 1959:
- Heinrich Böll: Billard um halb zehn
- Rudolf Hagelstange: Spielball der Götter
- Giuseppe Tomasi di Lampedusa: Der Leopard
- Carl Zuckmayer: Die Fastnachtsbeichte
- Boris L. Pasternak: Doktor Schiwago
- Leon Uris: Exodus

Außerdem Bücher von Wilhelm Busch, Eugen Roth, Joachim Ringelnatz, Wolfgang v. Niebelschütz u. a.

Februar 1959

Der Attentäter Walter Paul Menzl (u.) und das Objekt seines Anschlags: Das Rubens-Bild »Höllenfahrt der Verdammten« (Alte Pinakothek)

Anschlag auf Rubens-Gemälde in München

26. Februar. *In der Alten Pinakothek in München wird ein Säureattentat auf das Gemälde »Höllenfahrt der Verdammten« von Peter Paul Rubens verübt. Sachverständige messen dem beschädigten Bild einen Wert von mindestens 1 Million DM bei.*
Die Tat wird von dem 53jährigen Schriftsteller Walter Paul Menzl aus Konstanz verübt. Er gießt eine azetonhaltige Beize über das Bild, so daß die Farbe auf einem halben Meter Breite aufweicht und zerstört wird. Menzl, der sich der Polizei stellt, hatte in Briefen an mehrere Münchner Zeitungen den Anschlag angekündigt. Als Tatmotiv gibt Menzl an, daß er durch die publikumswirksame Zerstörung eines kostbaren Bildes die Öffentlichkeit auf sich und sein »philosophisches«, im Buchhandel jedoch seit Jahren unverkäufliches Werk »Leben und Tat« aufmerksam machen wolle.

Neuer Thriller von Alfred Hitchcock

3. Februar. Der US-amerikanische Spielfilm »Vertigo. Aus dem Reich der Toten« wird erstmals in den bundesdeutschen Kinos aufgeführt. Unter der Regie von Alfred Hitchcock spielt James Stewart den ehe-

Alfred Hitchcock, geboren am 13. August 1899, gilt als der Meister des Psychothrillers; zu seinen erfolgreichsten Filmen gehören »Der Mann, der zuviel wußte«, »39 Stufen«, »Bei Anruf Mord«, »Aus dem Reich der Toten« und »Der unsichtbare Dritte«.

Kim Novak, geboren am 23. März 1933, wurde als Siegerin eines Schönheitswettbewerbs für den Film entdeckt und zum Star aufgebaut; bekannt wurde sie 1955 durch den Film »Der Mann mit dem goldenen Arm«.

James Stewart, geboren am 20. Mai 1908, machte sich in Filmkomödien und Western einen Namen; besonderes Profil gewann er in den Hitchcock-Filmen »Das Fenster zum Hof« und »Der Mann, der zuviel wußte«.

maligen Polizisten Scottie, der wegen Höhenangst den Dienst quittiert hatte. Er soll Madeleine beschützen, die vorgebliche Frau eines Freundes (Kim Novak), weil sie selbstmordgefährdet scheint. Als Madeleine sich von einem Turm, auf den er ihr nicht folgen kann, herabstürzt, gibt sich Scottie die Schuld. Er trifft später eine Frau, die Madeleine verblüffend ähnlich sieht, und zwingt sie, deren Äußeres anzunehmen. Als er erkennt, daß sie die Totgeglaubte ist und daß sein Freund seine wirkliche Frau vom Turm gestoßen hat, springt Madeleine von der gleichen Stelle in den Tod.
Der Psychothriller, der zu den besten Filmen Hitchcocks gerechnet wird, ist besonders wegen der Kameraführung berühmt, die das Schwindelgefühl Scotties im Treppenhaus des Turms plastisch darstellt.

Februar 1959

Kilius/Bäumler werden Europameister

1. Februar. 5000 begeisterte Zuschauer feiern im Stadion von Davos in der Schweiz das junge bundesdeutsche Paar Marika Kilius und Hans-Jürgen Bäumler als neue Europameister im Paarlaufen auf dem Eis.

Mit einer fehlerlos gelaufenen Kür, die bestechend harmonisch und exakt vorgetragen wird und höchste Musikalität mit schwierigsten Sprüngen geschickt vereint, verweisen die Deutschen Meister das sowjetische Ehepaar Nina und Stanislaw Schuk auf Platz zwei. Die Frankfurter Margret Göbl/Franz Ningel werden Vierte, das dritte bundesdeutsche Paar Rita Blumenberg/Werner Mensching Fünfte. Kilius/Bäumler beginnen ihre Kür – nach Melodien von Rossini und Verdi – mit außerordentlich hohem Tempo, demonstrieren die ganze Skala schwierigster Sprünge mit fast spielerisch anmutender Eleganz, steigern sich im zweiten, langsameren Teil noch und fordern im Schlußteil mit vollendeten Rittbergern und Axel-Paulsen-Sprüngen den spontanen Beifall der Zuschauer heraus. Die Jury vergibt dafür Noten zwischen 5,3 und 5,8.

Bei den Eiskunstlauf-Weltmeisterschaften in Colorado-Springs im US-Bundesstaat Colorado werden Marika Kilius und Hans-Jürgen Bäumler, die erst 16 bzw. 17 Jahre alt sind, am 26. Februar Vizeweltmeister hinter den Kanadiern Barbara Wagner und Robert Paul.

Hans-Jürgen Bäumler und Marika Kilius beim Training in Davos; unter der Anleitung von Erich Zeller üben sie täglich vier Stunden auf der Bahn

◁ *Strahlende Europameister: Marika Kilius und Hans-Jürgen Bäumler (M.); Zweite werden Stanislaw und Lina Schuk (UdSSR, l.), Dritte Joyce P. Oates/Anthony Holles (Großbritannien, r.)*

▽ *Marika Kilius und Hans-Jürgen Bäumler bei ihrer Kür in Davos*

Im Skilaufen acht neue Titelträger

28. Februar. Die Deutschen Alpinen Skimeisterschaften in Oberstaufen bringen in allen acht Entscheidungen neue Titelträger.

Der 28jährige Beni Obermüller aus Rottach-Egern siegt sowohl im Riesenslalom der Herren wie auch im

Beni Obermüller, geboren am 11. April 1930, wurde 1954 Weltmeisterschaftszweiter im Slalom. Mit seinem zweifachen Sieg in Oberstaufen wird er zum fünften und sechsten Mal deutscher Meister.

Spezialslalom. Im Abfahrtslauf der Herren siegt Hans-Peter Lanig aus Hindelang, der auch in der alpinen Kombination Erster wird. Einen doppelten Erfolg erzielt auch Sonja Sperl aus Bayrisch-Eisenstein. Sie gewinnt im Slalom und in der alpinen Kombination. Überraschende Siegerin im Abfahrtslauf wird Anne Meggl aus Garmisch.

Georg Thoma erneut Deutscher Meister

14. Februar. Bei den deutschen Nordischen Skimeisterschaften in Warmensteinach im Fichtelgebirge gewinnt der 21jährige Georg Thoma aus Hinterzarten zum zweiten Mal

Georg Thoma, geboren am 20. August 1937, der sich als »Postbote aus dem Schwarzwald« großer Beliebtheit beim Publikum erfreut, hatte als Langläufer und Springer mehrere Jugendmeisterschaften gewonnen; 1958 wurde er erstmals Deutscher Meister in der Nordischen Kombination.

den »Goldenen Ski«, den Titel in der Nordischen Kombination.

Der Schwarzwälder ist in beiden Disziplinen – Springen und 15-km-Langlauf – der Beste. Den Spezial-Langlauf über 15 km gewinnt Toni Haug (Unterjoch), und im Spezialsprunglauf wird Ewald Röscher (Baden-Baden) Deutscher Meister. Die Länderstaffel über 4 × 10 km gewinnt Schwarzwald I vor Bayern I und Bayern II.

März 1959

Mo	Di	Mi	Do	Fr	Sa	So
						1
2	3	4	5	6	7	8
9	10	11	12	13	14	15
16	17	18	19	20	21	22
23	24	25	26	27	28	29
30	31					

1. März, Sonntag

Nach dreijähriger Verbannung kehrt der Führer der nach Unabhängigkeit strebenden Zyperngriechen, Erzbischof Makarios III., nach Zypern zurück. →S. 47

Der designierte Staatspräsident Uruguays, Martín R. Echegoyen, stellt ein neues Kabinett vor. Aus den Wahlen am 30. November 1958 war die konservative Partei der Blancos, die Partei des Präsidenten, als Sieger hervorgegangen.

In Frankfurt am Main wird die Internationale Frühjahrsmesse eröffnet. Insgesamt ist ein deutlicher Trend zu höherwertigen Konsumgütern zu verzeichnen. →S. 52

In der DDR wird belletristische Literatur aus Deutschland, die vor 1945 erschienen und seitdem nicht in der DDR nachgedruckt worden ist, von der Ausleihe in Bibliotheken ausgeschlossen. →S. 56

Rolf Liebermanns »Capriccio«, ein Auftragswerk für Singstimme, Violine und Orchester, wird unter der Leitung von Igor Markewitsch in Paris uraufgeführt. Solisten sind Irmgard Seefried und Wolfgang Schneiderhan.

Auf dem 6. Westdeutschen Sportpressefest in Dortmund läuft der US-Amerikaner Herbert Carper einen Hallenweltrekord über 60 Yards (54,86 m) in 6,0 sec (bisheriger Rekord: 6,1 sec).

2. März, Montag

Die gewerkschaftseigene Baugesellschaft »Neue Heimat« erwirkt beim Hamburger Landgericht eine einstweilige Verfügung gegen das Nachrichtenmagazin »Der Spiegel«. Die »Neue Heimat« beanstandet einen Artikel, der die Kreditwürdigkeit des Baukonzerns in Frage gestellt habe. →S. 52

Die sowjetische Regierung bekräftigt in einer Note an die drei Westmächte sowie die Bundesrepublik und die DDR ihre Forderung nach einer Gipfelkonferenz über Deutschland und wiederholt die in den Noten vom 27. November 1958 und 10. Januar 1959 geäußerten Vorschläge zur Berlin-Frage (→5. 1./S. 17).

Die vom Norddeutschen Rundfunk ausgestrahlte Nachrichtensendung »Tagesschau« erhält ein neues Konzept und wird erstmals von Karl-Heinz Köpcke gesprochen. →S. 53

3. März, Dienstag

Bei einem Besuch der Leipziger Messe erklärt der sowjetische Partei- und Regierungschef Nikita S. Chruschtschow seine Bereitschaft, das Berlin-Ultimatum über den 27. Mai hinaus zu verlängern und die Kontrolle über den alliierten Berlin-Verkehr bis zum Abschluß eines Friedensvertrages nicht an die Behörden der DDR zu übergeben (→5. 1./S. 17).

Eine »Warnung vor dem Mißbrauch der Konfirmation durch übermäßigen Alkoholgenuß und Aufwand« richtet in Kiel der evangelische Bischof für Schleswig-Holstein, Wilhelm Halfmann, an die Eltern der Konfirmanden. →S. 53

Zwei Briten und ein Indonesier sprengen die Bank des Spielkasinos »Palais de la Méditerranée« im französischen Mittelmeer-Badeort Nizza. Innerhalb weniger Stunden gewinnen sie 80 Millionen Francs (680 000 DM). Das Kasino muß vorläufig schließen, weil die Barmittel erschöpft sind.

4. März, Mittwoch

Bundeskanzler Konrad Adenauer (CDU) und der französische Staatspräsident Charles de Gaulle beschließen im Landhaus de Gaulles in Marly-Le-Roi, die deutsch-französische Zusammenarbeit weiter zu festigen. Die Sicherung des Friedens werde am besten durch die Einigkeit aller Westmächte gewährleistet. →S. 49

5. März, Donnerstag

Als sozialpolitisches Hauptziel der Regierung bezeichnet Bundesarbeitsminister Theodor Blank (CDU) in Köln die Steigerung der Einkommen, nicht deren Umverteilung.

Die österreichische Regierungskoalition von Volkspartei und Sozialisten zerbricht wegen Streitigkeiten in Fragen des Wohnungsbaus, der Umsatzsteuer und der Preispolitik.

In Hollywood wird »Das Mädchen Rosemarie« von der Filmkritik als »einer der besten ausländischen Filme« ausgezeichnet. Der Regisseur Rolf Thiele hat in diesem Film die Geschichte der Frankfurter »Lebedame« Rosemarie Nitribitt verarbeitet, die 1957 ermordet wurde.

Auf Anordnung von Papst Johannes XXIII. beginnen Handwerker in Rom damit, die hüllenlosen Skulpturen im Petersdom mit Lendentüchern aus Gips zu verkleiden.

6. März, Freitag

Der jugoslawische Staatschef Marschall Josip Broz Tito beschuldigt in Skopje (Jugoslawien) die Regierungen Albaniens und Bulgariens, Eroberungsabsichten gegenüber jugoslawischen Grenzgebieten zu verfolgen und damit nach Befehlen der Sowjetunion zu handeln. →S. 47

7. März, Sonnabend

Knapp acht Monate nach dem Sturz der Monarchie im Irak kommt es im Norden des Landes zu einer Militärrevolte gegen das Regime von General Abd Al Karim Kasim. Der Aufstand kann am 10. März niedergeschlagen werden.

Im Rahmen einer Diskussion mit dem Motor-Presse-Club in Bonn äußert sich Bundesverkehrsminister Hans-Christoph Seebohm (Deutsche Partei) ablehnend gegenüber einer Geschwindigkeitsbegrenzung für Kraftfahrzeuge außerhalb geschlossener Ortschaften.

8. März, Sonntag

Bei den französischen Kommunalwahlen verbuchen die Kommunisten Stimmengewinne von durchschnittlich 8%. Gaullisten und Sozialisten müssen Verluste hinnehmen.

Beim 11. »Wettbewerb für Sport im Film« (1.–8. 3.) in Cortina d'Ampezzo (Italien) werden die bundesdeutschen Filme »Menschen, Meter und Sekunden« sowie »Zwischen gestern und morgen« mit Goldmedaillen ausgezeichnet.

Die UdSSR feiert den »Tag der Frau«, eine Art Muttertag, an dem die Frauen von ihren Familien mit kleinen Aufmerksamkeiten bedacht werden.

9. März, Montag

In der Botschaft der UdSSR in Berlin (Ost) trifft der SPD-Vorsitzende Erich Ollenhauer mit dem sowjetischen Partei- und Regierungschef Nikita S. Chruschtschow zusammen. Übereinstimmung besteht in dem Bestreben, alle deutschlandpolitischen Probleme auf dem Verhandlungsweg zu lösen. →S. 48

Der Führer der zypriotischen Untergrundbewegung, General Jeorjios Griwas, fordert nach dem Zypern-Abkommen vom 19. Februar die Bevölkerung der Insel über Flugblätter zu einer Waffenniederlegung auf (→1. 3./S. 47).

Das österreichische Bundeskabinett in Wien empfiehlt Künstlern und Wissenschaftlern des Landes, zur Vermeidung weiterer Zwischenfälle auf die Teilnahme an Veranstaltungen in Italien zu verzichten. Den Hintergrund bildet der Streit beider Staaten um Südtirol.

10. März, Dienstag

In Tibet kommt es zu blutigen Auseinandersetzungen zwischen chinesischen Besatzungstruppen und tibetischen Unabhängigkeitskämpfern (→17. 3./S. 46).

Auf dem Parteikongreß der Vereinigten Polnischen Arbeiterpartei in Warschau fordert Parteichef Władysław Gomułka von der Bundesregierung die Anerkennung der Oder-Neiße-Linie als Westgrenze Polens.

Großbritannien und die USA erklären sich auf der Genfer Konferenz über die Nichtfortsetzung der Kernwaffenversuche mit der unbefristeten Einstellung aller Atom- und Wasserstoffbombenversuche einverstanden.

Der österreichische Ministerrat billigt in Wien ein »Antikorruptionsgesetz«, wonach die Entgegennahme eines Geschenkes im Werte von 150 Schilling (25 DM) für eine Amtshandlung bereits den Tatbestand der Korruption erfüllen kann.

11. März, Mittwoch

Die SPD-Abgeordneten Carlo Schmid und Fritz Erler treffen zu politischen Gesprächen in Moskau ein (→9. 3./S. 48).

Die UNESCO (Organisation der Vereinten Nationen für Erziehung, Wissenschaft und Kultur) gibt auf einer Tagung in Hamburg bekannt, daß in der Bundesrepublik 6000 bis 10 000 Lehrer fehlen.

Dem 37 Jahre alten Alfred Donati gelingt die Flucht aus dem Pariser Gefängnis Fresnes mit dem Auto des Gefängnisdirektors.

Richard von Frankenberg, Paul Ernst Strähle und Herbert Linge stellen mit einem Porsche Spyder RS auf der Steilwandpiste im Autodrom von Monza sechs neue internationale Rekorde für Sportwagen bis 2000 ccm auf. So fahren sie über eine Stunde eine Durchschnittsgeschwindigkeit von 225,3 km/h (bisher 216,6 km/h).

12. März, Donnerstag

Der britische Premierminister Harold Macmillan trifft zu einem zweitägigen Besuch in Bonn ein. Er berichtet Bundeskanzler Konrad Adenauer (CDU) über seine Moskaureise im Februar (→21. 2./S. 28) und erzielt mit der Bundesregierung Einverständnis über die Ablehnung eines neutralisierten und entmilitarisierten Raumes in Europa.

Der US-Kongreß in Washington stimmt der Aufnahme der Inselgruppe Hawaii als 50. Staat der USA zu (→3. 1./S. 16).

Die Tarifpartner des Baugewerbes vereinbaren in Frankfurt am Main eine 4%ige Lohnerhöhung sowie eine Verkürzung der Wochenarbeitszeit von 45 auf 44 Stunden.

13. März, Freitag

Das Bundesverteidigungsministerium unterzeichnet in Bonn die Verträge zum Ankauf von 50 Jagdbombern des Typs Fiat G-91 und erhält die Lizenz zum Nachbau solcher Flugzeuge in der Bundesrepublik (→5. 2./S. 32).

Ein Sprecher der NATO (Nordatlantisches Verteidigungsbündnis) teilt in Paris mit, daß die französische Mittelmeerflotte im Falle eines Krieges nicht unter NATO-Kommando, sondern unter französischem Oberbefehl operieren soll.

14. März, Sonnabend

Die SPD schließt drei Mitglieder wegen Zugehörigkeit zur rechtsorientierten Organisation »Rettet die Freiheit« aus. Einem weiteren Mitglied wird die Parteizugehörigkeit entzogen wegen Teilnahme an der Gesamtdeutschen Arbeiterkonferenz in Leipzig.

15. März, Sonntag

Die Aktienkurse an der New Yorker Wertpapierbörse erreichen Rekordhöhen. Die Umsätze seit Jahresbeginn kommen nahe an die des entsprechenden Zeitraums von 1929 heran, dem lebhaftesten Jahr der New Yorker Börse.

Der Bundesminister für Atomenergie und Wasserwirtschaft, Siegfried Balke (CSU), weiht in Berlin-Wannsee das Institut für Kernforschung ein.

März 1959

Die Rivalitäten zwischen Bundeskanzler Konrad Adenauer und Bundeswirtschaftsminister Ludwig Erhard, deren Eskalation Bundestagspräsident Eugen Gerstenmaier zu verhindern sucht, bilden den Hintergrund für die Karikatur in der satirischen Zeitschrift »Simplicissimus«

Simplicissimus

Jahrgang 1959 Nummer 11 Herausgegeben von Olaf Iversen München, den 14. März 1959

Da rief ihm der Engel:

Zeichnung: Josef Sauer

„Konrad! Konrad! Lege deine Hand nicht an den Knaben Ludwig und tu ihm nichts; denn nun weiß ich, daß du dich fürchtest."

März 1959

Die Bambi-Filmpreise erhalten in der Karlsruher Schwarzwaldhalle Gina Lollobrigida (Italien) und Tony Curtis (USA) als beliebteste ausländische Stars. Ruth Leuwerik und O. W. Fischer werden als populärste bundesdeutsche Schauspieler geehrt, Sabine Sinjen und Hansjörg Felmy als beliebteste Nachwuchskünstler. → S. 56

Titelverteidiger Kanada wird wieder Eishockey-Weltmeister. Im letzten Spiel der Titelkämpfe in Prag muß das kanadische Team jedoch eine sensationelle 3:5-Niederlage gegen die Mannschaft der Tschechoslowakei hinnehmen. → S. 57

Der italienische Springreiter Piero d'Inzeo gewinnt den Großen Preis der Bundesrepublik Deutschland in der Dortmunder Westfalenhalle. → S. 57

16. März, Montag

In einer scharfen Protestnote beschuldigt die iranische Regierung in Teheran die Sowjetunion, den Luftraum des Iran in den letzten drei Monaten 81mal verletzt zu haben. Die sowjetisch-iranischen Beziehungen haben aufgrund einer stärkeren Anlehnung Teherans an die USA einen Tiefstand erreicht.

17. März, Dienstag

In Bonn tauschen Bundesaußenminister Heinrich von Brentano (CDU) und der britische Botschafter Sir Christopher Steel die Urkunden über ein deutsch-britisches Kulturabkommen aus.

In Tibet, das seit 1950 von Truppen der Volksrepublik China kontrolliert wird, halten die am 10. März ausgebrochenen blutigen Unruhen an. Der Dalai Lama, das geistliche Oberhaupt Tibets, flieht nach Indien. → S. 46

Sowjetischen Wissenschaftlern unter Leitung von Georgi N. Fljorow ist es bereits 1958 gelungen, die Existenz eines chemischen Elementes mit der Ordnungszahl 102 (Nobelium) nachzuweisen. Dies wird auf dem Achten Chemischen Kongreß der Sowjetunion in Moskau bekanntgegeben. Ein US-Forscherteam unter Albert Ghiorso nimmt dagegen für sich die Entdeckung in Anspruch.

18. März, Mittwoch

Als »höchstes Staatsgeheimnis« behandelt die US-Regierung einen Vorschlag an Moskau in der Deutschlandfrage. Dennoch sickert durch, daß die Vereinigten Staaten eine Konföderation der Bundesrepublik und der DDR für möglich halten. → S. 49

Das Bundeskabinett beschließt eine Änderung der Arbeitszeit für Bundesbeamte. Diese brauchen nur noch an jedem zweiten Sonnabend zu arbeiten. Zum Ausgleich wird die tägliche Arbeitszeit der meisten Beamten um eine Dreiviertelstunde auf 17.30 Uhr verlängert.

Bundespostminister Richard Stücklen (CSU) gibt in einer Fragestunde des Bundestages bekannt, daß bis 1960 sämtliche Telefon-Handvermittlungen in der Bundesrepublik beseitigt und durch automatische Einrichtungen ersetzt werden.

19. März, Donnerstag

Die SPD legt in Bonn einen Deutschlandplan vor, der eine Wiedervereinigung Deutschlands in drei Phasen vorsieht. Ausgangspunkt ist eine weitgehend entmilitarisierte Zone in Mitteleuropa. → S. 48

Der sowjetische Partei- und Regierungschef Nikita S. Chruschtschow nimmt vor der Presse in Moskau das Berlin-Ultimatum vom 27. November 1958 zurück und erkennt das Recht der Westmächte an, Truppen in Berlin (West) zu stationieren (→ 5. 1./S. 17).

20. März, Freitag

Die erste Streikwelle seit dem Amtsantritt von Staatspräsident Charles de Gaulle am → 8. Januar (S. 14) lähmt das Pariser Leben in weiten Teilen. Gefordert wird eine Rücknahme sozialpolitischer Maßnahmen, die im Sparprogramm der neuen Regierung enthalten sind.

Für etwa 500 Forschungsaufgaben auf fast allen Wissenschaftsgebieten stellt die gemeinnützige Deutsche Forschungsgemeinschaft einen einmaligen Betrag von 8 Millionen DM zur Verfügung.

21. März, Sonnabend

Eine Bedrohung der Demokratie in zahlreichen Ländern der Welt durch »Feinde von rechts« und nicht nur durch den Kommunismus stellt ein Kongreß der Widerstandskämpfer-Union für ein Vereinigtes Europa in München fest. → S. 49

Das britische Gesundheitsministerium in London gibt bekannt, daß die Grippewelle im Vereinigten Königreich bisher 5782 Todesopfer gefordert hat.

22. März, Sonntag

Der französische Ministerpräsident Michel Debré besucht die französischen Truppen in Algerien und wendet sich an die algerische Unabhängigkeitsbewegung mit den Worten: »Frankreich ist in Algerien und bleibt auch dort« (→ 3. 11./S. 182).

In Hamburg geht eine sechswöchige Ausstellung mit Werken von Marc Chagall zu Ende. 100 000 Besucher sahen 300 Objekte aus allen Schaffensperioden des russischen Malers und Grafikers.

Der bereits 1948 entstandene italienische Spielfilm »Die Erde bebt« von Luchino Visconti erlebt im Fernsehen seine deutsche Erstaufführung. Der Film gilt als ein Hauptwerk des Neorealismus, einer Richtung des italienischen Films, in der es vor allem um die möglichst realistische Darstellung sozialer Probleme geht. → S. 56

In Lugano wird die Verlobung der österreichisch-deutschen Schauspielerin Romy Schneider mit ihrem französischen Kollegen Alain Delon bekanntgegeben. → S. 53

Der 21jährige Springreiter Hermann Schridde gewinnt den »Großen Preis von Frankfurt« vor Fritz Thiedemann und Alfons Lütke-Westhues. → S. 57

23. März, Montag

Zur zehnten Wiederkehr des 12. Mai 1949, an dem die sowjetische Blockade von Berlin (West) zu Ende ging, ruft der Regierende Bürgermeister der Stadt, Willy Brandt (SPD), die Bevölkerung zu einer Sammlung »Luftbrückendank« auf.

Bei den Automobilfabriken van Doorne in Eindhoven läuft der erste niederländische Kleinwagen, ein »DAF Variomatic« vom Band. → S. 52

24. März, Dienstag

Der ehemalige Justiz- und Unterrichtsminister Aldo Moro wird in Rom zum Generalsekretär der Christlichen Demokraten Italiens gewählt.

Der irakische Ministerpräsident Abd Al Karim Kasim gibt in Bagdad den Austritt seines Landes aus dem Bagdad-Pakt bekannt. Laut Kasim verfolgt der Irak eine Politik der Neutralität und der Nichtbeteiligung an Verträgen oder Militärbündnissen. → S. 47

In der Bundesrepublik werden die ersten Volksaktien (Preussag-Aktien) ausgegeben. Damit beginnt die Privatisierung industriellen Bundesvermögens. → S. 52

Sehr gut sichtbar ist in der Nacht zum 24. März die einzige partielle Mondfinsternis dieses Jahres.

25. März, Mittwoch

Der französische Staatspräsident Charles de Gaulle spricht sich in Paris gegen die Preisgabe Berlins, aber für die Anerkennung der Oder-Neiße-Grenze aus (→ 5. 1./S. 17).

Politische Führer der Republiken Senegal, Soudan (Mali), Niger, Obervolta (Burkina Faso) und Dahomey (Benin) gründen in Dakar (Senegal) die Afrikanische Föderalistische Partei. Angestrebt wird eine größere Unabhängigkeit der afrikanischen Staaten innerhalb der Französischen Gemeinschaft. → S. 47

Den Berliner Kunstpreis für Literatur (Theodor-Fontane-Preis) erhält der Roman-Autor und Essayist Gregor von Rezzori; mit dem Preis für darstellende Kunst wird die Schauspielerin Elsa Wagner ausgezeichnet. → S. 56

26. März, Donnerstag

Die Westmächte und die Bundesrepublik schlagen in Noten an die UdSSR die Einberufung einer Deutschland-Konferenz der Außenminister für den → 11. Mai (S. 80) in Genf vor.

Die Forschungsabteilung im US-Außenministerium in Washington teilt mit, daß die Atomversuche 1958 über dem Südatlantik eine über 160 km starke Schicht tödlicher Radioaktivität in etwa 6000 km Höhe verursacht haben.

Ein »Kongreß Schwarzer Schriftsteller und Künstler« findet bis zum 1. April in Rom statt. Die rund 200 Teilnehmer aus 33 Ländern Afrikas und Amerikas fordern die vollständige Entkolonisation ihrer Kontinente. → S. 57

27. März, Karfreitag

Anhänger der »Kampagne für nukleare Abrüstung« beginnen in Aldermaston (Großbritannien) einen viertägigen Protestmarsch nach London. In Aldermaston werden die britischen Kernwaffen entwickelt.

In den bundesdeutschen Kinos läuft der sowjetische Spielfilm »Der stille Don« an, dessen Drehbuch nach dem Roman von Michail A. Scholochow entstanden ist.

28. März, Sonnabend

Auf Anordnung des Ministerpräsidenten der Volksrepublik China, Chou En-lai, übernimmt in Tibet der Pantschen Lama die Regierungsgewalt. Neben dem Dalai Lama ist er der ranghöchste Herrscher des Priesterstaates (→ 17. 3./S. 46).

103 der 120 Schachtanlagen im Ruhrbergbau setzen Feierschichten für 279 800 Bergleute an. Der Lohnausfall beträgt 5,9 Millionen DM, der Förderausfall 398 000 Tonnen.

29. März, Ostersonntag

Vor Kulturfunktionären in Berlin (Ost) wendet sich Otto Grotewohl, Ministerpräsident der DDR, gegen angebliche Versuche der Kirche, eine »fortschrittliche Entwicklung der Jugend« zu verhindern. → S. 49

Papst Johannes XXIII. ermahnt während des Pontifikalamts im Petersdom die Politiker, im Interesse des Weltfriedens ihre Zwietracht aufzugeben. → S. 53

30. März, Ostermontag

Der ehemalige stellvertretende Oberbefehlshaber der NATO (Nordatlantisches Verteidigungsbündnis), Bernard Law Montgomery, plädiert in der Londoner »Sunday Times« für einen Abzug aller ausländischen Truppen aus Deutschland und für eine Sicherung der NATO-Front durch die Bundesrepublik.

31. März, Dienstag

Vor »Aufweicherscheinungen« gegenüber dem Kommunismus, wie sie sich in letzter Zeit in verstärktem Maße bei den Sozialdemokraten gezeigt hätten, warnt Bundeskanzler Konrad Adenauer (CDU) auf einer Wahlkundgebung seiner Partei in Uelzen.

Am letzten Tag des Haushaltsjahres 1958/59 weist die Bundeskasse im Gegensatz zu früheren Jahren keinen nennenswerten Überschuß aus. Dies ist auf die außerordentliche Steigerung der Verteidigungsausgaben während dieser Haushaltsperiode zurückzuführen.

Das Wetter im Monat März

Station	Mittlere Lufttemperatur (°C)	Niederschlag (mm)	Sonnenscheindauer (Std.)
Aachen	— (5,5)	100* (49)	140 (125)
Berlin	— (3,9)	73* (31)	158 (151)
Bremen	— (4,0)	60* (42)	113 (117)
München	— (3,3)	102* (46)	138 (142)
Wien	7,6 (4,9)	35 (42)	128 (—)
Zürich	7,3 (4,2)	76 (69)	117 (119)

( ) Langjähriger Mittelwert für diesen Monat – Wert nicht ermittelt/* Mittelwert März–April

März 1959

Die US-amerikanische Modezeitschrift »Harper's Bazaar« stellt in ihrer Märzausgabe neue Kreationen aus Paris und den Vereinigten Staaten vor

März 1959

Dalai Lama flieht aus Tibet

17. März. Nach blutigen Aufständen gegen die Besatzungstruppen der Volksrepublik China in Tibet flieht der 14. Dalai Lama, das politische und religiöse Oberhaupt des tibetischen Priesterstaats unter chinesischer Oberhoheit, nach Indien.

Die Unruhen hatten bei Feierlichkeiten zum tibetischen Neujahrsfest begonnen, das am 10. März begangen wird, und auch außerhalb der Hauptstadt Lhasa um sich gegriffen. Chinesische Garnisonen wurden angegriffen, wobei nach inoffiziellen Schätzungen 2000 chinesische Soldaten den Tod gefunden haben. Als die Straßenkämpfe zwischen bewaffneten tibetischen Mönchen und Chinesen eskalieren und der Sitz des Dalai Lama, der Potala-Palast, mit Granatwerfern beschossen wird, flieht der 23jährige Priesterfürst. Auf unbekannten Wegen erreicht er am 3. April Indien und erhält dort politisches Asyl.

Während der kriegerische Volksstamm der Khamba gegen die chinesischen Besatzungstruppen militärischen Widerstand leistet, proklamiert am 19. März der Kascha, das tibetische Kabinett, die Unabhängigkeit Tibets und erklärt die 1951 getroffenen Vereinbarungen mit der Volksrepublik China für ungültig. In diesem Abkommen ist die Oberhoheit Chinas über Tibet festgelegt. Daraufhin löst der Ministerpräsident der Volksrepublik China, Chou En-lai, die tibetische Regierung ab und überträgt die Regierungsgeschäfte an den Pantschen Lama.

Sowohl der Dalai Lama als auch der Pantschen Lama gelten als Inkarnationen buddhistischer Götter, wobei der Pantschen Lama sogar einen höheren geistlichen Rang einnimmt. Der Dalai Lama verfügt jedoch seit dem 17. Jahrhundert über eine politische Vormachtstellung und pflegt enge Beziehungen zu Indien, während sich der Pantschen Lama an China anlehnt. Unter den rund 1,5 Millionen Tibetern besitzt der Dalai Lama die größere Anhängerschaft, da er offen gegen die von den Chinesen angestrebte Land- und Sozialreform eintritt, bei der die Besitzungen der großen Klöster verstaatlicht werden sollen. Außerdem lehnt er den Kommunismus strikt ab.

In einem Jeep überquert der Dalai Lama die Grenze zwischen China und Indien; auf seiner 18 Tage dauernden Flucht hatte er unerkannt zu Fuß, zu Pferd und mit Hilfe von Booten seinen chinesischen Verfolgern entkommen können

Lamaisten in Indien begrüßen den geflohenen Dalai Lama mit weißen Tüchern als Zeichen der Verehrung

In einem Sonderzug wird der Dalai Lama (r.) von der Grenzstadt Siliguri nach Neu-Delhi gebracht

Der Dalai Lama segnet buddhistische Gläubige in Tezpur nahe der Grenze zwischen Indien und Tibet

Jahrhundertealter Konflikt mit China

Im 7. Jahrhundert wurden die tibetischen Stämme zum ersten Mal zu einem Reich vereinigt. Der Lamaismus, die tibetische Form des Buddhismus, bildete sich im 9. Jahrhundert aus, zerfiel jedoch ab dem 11. Jahrhundert in verschiedene Richtungen. Die Anhänger des Dalai Lama (= Weltmeerpriester) wichen zunehmend von der Linie des Pantschen Lama (= Roter Priester) ab.

Nach mongolischer Herrschaft im 13. Jahrhundert wurde Tibet erstmals 1720 von chinesischen Soldaten der Mandschu-Dynastie besetzt. Der chinesische Statthalter wurde 1894 aus Tibet vertrieben, und mit ihm ging der Pantschen Lama nach China ins Exil. 1910 gelang es China erneut, Tibet zu besetzen. Nach dem Ausbruch der chinesischen Revolution 1911 wurden die chinesischen Truppen abgezogen, und 1914 erklärten Großbritannien, Rußland und Indien Tibet zum autonomen Staat. Nach dem erneuten chinesischen Einmarsch 1950 floh der Dalai Lama an die indische Grenze, erkannte dann aber die Oberhoheit Chinas und die Rückkehr des Pantschen Lama an, der ebenfalls Regierungsämter übernahm.

Der Dalai Lama (l.) kurz nach seinem Übertritt über die chinesisch-indische Grenze in der Provinz Assam; mehr als fünfzig Journalisten und indische Regierungsvertreter nehmen hier das tibetische Oberhaupt in Empfang

März 1959

Zypern feiert die Rückkehr von Makarios

1. März. Unter dem Jubel Tausender seiner Landsleute und dem Geläut der Kirchenglocken kehrt Erzbischof Makarios III., der Führer der griechischen Bevölkerungsmehrheit auf Zypern, aus dem Exil auf seine Heimatinsel zurück. Makarios steht seit 1950 an der Spitze der Enosis-Bewegung, die für einen Anschluß der britischen Kolonie an Griechenland eintritt.

Eine Stunde bevor der griechisch-orthodoxe Kirchenfürst auf dem Flughafen der zypriotischen Hauptstadt Nikosia landete, war von dort der britische Kolonialminister Alan Lennox-Boyd, der Makarios 1956 auf die Seychellen verbannt hatte, nach London abgeflogen. Zypern-Gouverneur Sir Hugh Foot, kirchliche Würdenträger und griechisch-zypriotische Bürgermeister heißen den Erzbischof willkommen. Trotz regnerischen Wetters bereiten ihm mehr als 100 000 seiner Landsleute einen triumphalen Empfang.

Die Rückkehr von Makarios war möglich geworden durch die Unterzeichnung des Dreimächtevertrages zwischen Großbritannien, Griechenland und der Türkei am 19. Februar in London, welcher der britischen Kolonie die Unabhängigkeit zusichert. Das Abkommen verbietet gleichzeitig den Anschluß an Griechenland oder die Türkei. Wahlen sind für 1960 vorgesehen.

Makarios arbeitete ab 1955 mit der nationalistischen Widerstandsorganisation EOKA (Ethniki Organosis Kiprion Agoniston) unter General Jeorjios Griwas zusammen, die mit Guerillaaktionen gegen die britische Herrschaft kämpfte, bemühte sich aber schon bald um einen Ausgleich der Gegensätze zwischen griechischen und türkischen Zyprern. Nach seiner Rückkehr mahnt Makarios seine Landsleute zur Besonnenheit und fordert sie auf, mit den Türken als Freunde zusammenzuarbeiten. Auch General Griwas fordert am 9. März die Bevölkerung der Insel über Flugblätter zu einer Niederlegung der Waffen auf.

Das griechische Parlament und die türkische Nationalversammlung billigen das in London getroffene Abkommen über die Unabhängigkeit Zyperns am 1. bzw. am 4. März.

Erzbischof Makarios III., Führer der Griechen auf Zypern, kehrt aus dem Exil auf die Insel zurück

Nach Abschluß des Zypern-Abkommens in der türkischen Botschaft in Nikosia: Mufti Tana, Führer der Maroniten, Gouverneur Hugh Foot, Fadil Kutschuk, Führer der türkischen Zyprioten, und Erzbischof Makarios III. (vorn, v. l.)

2000 Jahre unter Fremdherrschaft

Altertum und Mittelalter: Die Entdeckung von Kupfer im 3. Jahrtausend v. Chr. verhalf Zypern zu großer Bedeutung. Seit etwa 1200 v. Chr. vermittelten griechische Siedler die hellenistische Kultur. Von 58 v. Chr. bis 395 n. Chr. herrschten die Römer, nach der Teilung des Römischen Reiches 395 bis 1191 gehörte Zypern zum Byzantinischen Reich. Der Kreuzfahrer Guido von Lusignan gründete hier 1192 eine Monarchie, die bis 1498 bestand, als Zypern venezianisches Besitztum wurde.

Osmanische Herrschaft: 1570 bis 1571 eroberten die Osmanen die Insel; sie brachten die islamische Kultur mit.

Britische Herrschaft: Großbritannien pachtete Zypern 1878 vom türkischen Sultan, annektierte die Insel 1914 und erklärte sie 1925 zur britischen Kronkolonie. Seit 1955 kämpfte die griechisch-nationalistische Widerstandsorganisation unter General Jeorjios Griwas gegen die britische Kolonialmacht. Gleichzeitig kam es zu heftigen Auseinandersetzungen mit den türkischen Zyprern. Die politische Führung lag bei Erzbischof Makarios III., der 1956 von den britischen Behörden auf die Seychellen verbannt wurde. Das Zypernabkommen vom 19. Februar 1959 sichert Zypern die Unabhängigkeit.

Vorwürfe Titos an Ostblockstaaten

6. März. Auf einer Kundgebung in Skopje, der Hauptstadt der Teilrepublik Makedonien, erhebt der jugoslawische Staatspräsident Josip Broz Tito schwere Vorwürfe gegen Albanien und Bulgarien.

Tito beschuldigt die Regierungen der beiden Länder, Eroberungsabsichten gegenüber jugoslawischen Grenzgebieten zu verfolgen und damit »nach Direktiven und Befehlen« der Sowjetunion zu handeln. Der jugoslawische Staatschef bewertet diese Maßnahmen als erneute Einmischung des Sowjetblocks in die von seinem Land verfolgte Politik der Blockfreiheit.

Irak kündigt Bagdadpakt

Der irakische Ministerpräsident Abd Al Karim Kasim im Verteidigungsministerium, wo er lebt und arbeitet

24. März. In Bagdad gibt der irakische Ministerpräsident Abd Al Karim Kasim den Austritt seines Landes aus dem Bagdad-Pakt bekannt. Dieses Militärbündnis war 1955 zur Friedenssicherung im Mittleren Osten geschlossen worden. Gründerstaaten waren die Türkei und der Irak. Nach dem Austritt des Irak gehören dem Bagdadpakt noch die Türkei, der Iran, Großbritannien und Pakistan an.

Schon seit dem Staatsstreich zum Sturz der Monarchie am 14. Juli 1958 war der Irak nur mehr nominelles Mitglied der Organisation, da Kasim offiziell eine Politik der Neutralität verfolgt (→14. 5./S. 86).

Neue afrikanische Partei gegründet

25. März. Afrikanische Politiker aus den zur Französischen Gemeinschaft (→3. 2./S. 29) gehörenden Republiken Senegal, Soudan (Mali), Niger, Obervolta (Burkina Faso) und Dahomey (Benin) gründen in Dakar (Senegal) die Afrikanische Föderalistische Partei.

Die neue Partei verfolgt nach Angaben ihres Präsidenten Leopold Senghor (Senegal) dasselbe Ziel wie die am 17. Januar in Dakar gegründete Föderation von Mali, also eine wirkungsvollere Interessenvertretung der ehemaligen Kolonien und mehr Autonomie innerhalb der Französischen Gemeinschaft.

März 1959

Lachend begrüßt Chruschtschow (2. v. l.) SPD-Chef Ollenhauer; im Gegensatz zu den Regierungsparteien sucht die SPD den Dialog mit der UdSSR

Bundestagsvizepräsident Carlo Schmid (l.) und Fritz Erler, außen- und militärpolitischer Sprecher der Sozialdemokraten, auf dem Weg nach Moskau

SPD-Spitze reist zu Gesprächen mit Chruschtschow

9. März. Mit einem überraschenden Gespräch zwischen dem SPD-Vorsitzenden Erich Ollenhauer und dem sowjetischen Partei- und Regierungschef Nikita S. Chruschtschow in Berlin (Ost) versuchen die Sozialdemokraten, einen Dialog mit der Sowjetunion einzuleiten.

Das Treffen in der sowjetischen Botschaft ist auf Einladung Chruschtschows zustandegekommen. Bei der zweistündigen Unterredung geht es um den Abschluß eines Friedensvertrags mit Deutschland, den Status von Berlin (West), den Abzug der Alliierten aus der Stadt sowie um die Sicherung des Friedens (→ 5. 1./ S. 17). Ollenhauer und Chruschtschow betonen, daß sämtliche Probleme durch Verhandlungen gelöst werden müßten.

Der Regierende Bürgermeister von Berlin (West), Willy Brandt (SPD), wird von Chruschtschow ebenfalls zu Gesprächen nach Berlin (Ost) eingeladen. Brandt lehnt die Einladung mit der Begründung ab, er könne nicht Unterredungen mit der Macht führen, die den Status von Berlin einseitig abändern wolle.

Dagegen nehmen die SPD-Abgeordneten Carlo Schmid und Fritz Erler, die sich vom 9. bis 17. März in der Sowjetunion aufhalten, am 16. März die Gelegenheit zu einem Gespräch mit Chruschtschow wahr. Nach ihrer Rückkehr in die Bundeshauptstadt ziehen sie eine negative Bilanz ihres Besuchs, da von sowjetischer Seite keinerlei Entgegenkommen gezeigt worden sei. Chruschtschow strebe einen Friedensvertrag an, um den jetzigen De-facto-Zustand der Spaltung in zwei deutsche Staaten und der Oder-Neiße-Linie als Westgrenze in einen De-jure-Zustand umzuwandeln. Falls der Friedensvertrag nicht mit beiden Staaten zustande komme, werde die Sowjetunion einen Separatfrieden mit der DDR abschließen. Die Wiedervereinigung Deutschlands sei auch bei einem Austritt der Bundesrepublik aus dem nordatlantischen Verteidigungsbündnis (NATO) nicht denkbar. Wörtlich habe Chruschtschow gesagt: »Die Wiedervereinigung will doch niemand, auch der Westen nicht, die Sowjetunion kann es mit der NATO aufnehmen, ob die Deutschen drin sind oder nicht. Unseretwegen können sie in der NATO bleiben, wenn sie den Friedensvertrag abschließen.« Zum Thema freie gesamtdeutsche Wahlen habe er offensichtlich in Erwartung einer Niederlage der Kommunisten festgestellt: »Die Mehrheit würde siegen und nicht die Wahrheit.«

Drei-Stufen-Plan zur Wiedervereinigung

19. März. Der SPD-Vorsitzende Erich Ollenhauer stellt vor der Presse in Bonn den Deutschland-Plan seiner Partei vor.

Der erste Teil des Entwurfs konzentriert sich auf die militärische Entspannung. Die SPD schlägt vor, eine weitgehend entmilitarisierte Zone festzulegen, die vorerst beide Teile Deutschlands, Polen, die Tschechoslowakei und Ungarn umfassen soll. Aus dieser Zone ziehen die Verteidigungsbündnisse NATO und Warschauer Pakt ihre Truppen ab, und alle interessierten Staaten der Welt garantieren die Unverletzlichkeit der Länder in dieser Zone. Anschließend treten diese Länder aus ihren jeweiligen Verteidigungsbündnissen aus. Der zweite Teil des Deutschland-Plans zeichnet den Weg einer möglichen Wiedervereinigung in drei Stufen vor:

1. Stufe:
Beide deutschen Regierungen entsenden Beauftragte zur Bildung einer Gesamtdeutschen Konferenz, die sich mit innerdeutschen Angelegenheiten befaßt. Der Interzonenhandel wird ausgeweitet, wobei die Embargobestimmungen gegen die DDR wegfallen.

2. Stufe:
Ein Gesamtdeutscher Parlamentarischer Rat wird errichtet, dessen Mitglieder je zur Hälfte in beiden Teilen Deutschlands gewählt werden. Er erhält die gesetzgebende Zuständigkeit für das Verkehrswesen. Für die Währungen DM und Mark der DDR werden bis zur Umstellung auf eine einheitliche Währung offizielle Wechselkurse eingeführt.

3. Stufe:
Der Gesamtdeutsche Parlamentarische Rat erläßt ein Gesetz über die Wahl einer Verfassunggebenden Nationalversammlung. Nach dem Inkrafttreten einer gesamtdeutschen Verfassung werden allgemeine, freie und geheime Wahlen zum gesamtdeutschen Parlament abgehalten, aus dem die Regierung hervorgeht. Sitz aller Institutionen ist Berlin.

März 1959

Engere Bindung Bonn – Paris vereinbart

4. März. Bundeskanzler Konrad Adenauer (CDU) trifft zu einem zweitägigen Besuch in Paris ein, um mit dem französischen Staatspräsidenten Charles de Gaulle die Position der Verbündeten in der Deutschland-Frage zu erörtern.

Das Treffen der beiden Staatsmänner findet im Landschloß Marly-Le-Roi westlich von Paris statt. Adenauer und de Gaulle äußern nach ihren Gesprächen übereinstimmend die Ansicht, daß die neue sowjetische Note vom 2. März, in der das Berlin-Ultimatum vom 27. November 1958 verlängert wurde (→ 5. 1./ S. 17), und der Besuch des britischen Premierministers Harold Macmillan in Moskau (→ 4. 2./S. 28) keine Besserung der internationalen Lage herbeigeführt hätten. Gegen den Vorschlag eines mitteleuropäischen Disengagement (→ 6. 2./S. 30) äußern beide größte Bedenken. Die volle Mitgliedschaft der Bundesrepublik im nordatlantischen Verteidigungsbündnis (NATO) und die Stationierung von US-Divisionen in der Bundesrepublik sei für die Erhaltung von Frieden und Sicherheit in Europa lebenswichtig.

Die Unterredung in Marly-Le-Roi ist das dritte Treffen von Adenauer und de Gaulle seit September 1958. Beide Politiker bekunden ihre Entschlossenheit, die Verbindung Paris-Bonn zu intensivieren und regelmäßige Begegnungen zu einer ständigen Einrichtung auszugestalten.

Die deutsch-französischen Beziehungen seit dem Zweiten Weltkrieg

Die Deutschlandpolitik Frankreichs war zunächst dadurch geprägt, daß allen Plänen zur Errichtung deutscher Zentralinstanzen Widerstand entgegengesetzt und eine Internationalisierung des Ruhrgebiets sowie ein Sonderstatus für das Saargebiet gefordert wurden. Frankreich widersetzte sich jedoch nicht der Währungsreform in den Westzonen (1948) und billigte die Bildung eines westdeutschen Staates (1949).

Die Aussöhnung des französischen und des deutschen Volkes wurde vor allem durch den französischen Außenminister Robert Schuman und Bundeskanzler Konrad Adenauer (CDU) betrieben. 1951 entstand die Europäische Gemeinschaft für Kohle und Stahl (Montanunion), mit der alle Handelsbeschränkungen für diese Produkte wegfielen. Einem Verteidigungsbeitrag der Bundesrepublik stand Frankreich anfangs skeptisch gegenüber, akzeptierte jedoch 1955 ihren Eintritt in die NATO und in die Europäische Wirtschaftsgemeinschaft (EWG). Das Saarabkommen von 1956 führte zur Eingliederung des Saarlandes in die Bundesrepublik. Frankreichs Außenpolitik richtet sich auf die Schaffung eines starken, von den USA weitgehend unabhängigen Europa, während Adenauer eine enge politische und militärische Anlehnung an die Vereinigten Staaten befürwortet.

Bundeskanzler Adenauer (l.) bei Gesprächen mit dem französischen Premierminister Michel Debré im Pariser Hôtel Matignon; eine vollständige und dauerhafte Aussöhnung mit Frankreich ist eines der wesentlichen Ziele von Adenauers Außenpolitik

US-Geheimplan zur Deutschlandfrage

18. März. In Washington wird ein als Staatsgeheimnis behandelter Plan der US-Regierung zur Lösung des Deutschland-Problems bekannt.

Der Entwurf sieht ein dezentrales, föderatives Staatsgebilde vor, das aus den Bundesländern sowie den ehemaligen Ländern Mecklenburg, Brandenburg, Thüringen, Sachsen-Anhalt und Sachsen gebildet werden soll. Die 14 Bezirke der DDR, die 1952 durch eine Gebietsreform entstanden waren, sollen wieder aufgelöst werden. Aus Vertretern aller Länder könnte ein gesamtdeutsches Organ gebildet werden, das einen Friedensvertrag unterzeichnen kann. Anschließend sollten stufenweise die Truppen abgezogen werden; beide deutschen Staaten müßten aus ihrem jeweiligen Militärbündnis austreten. Die Bundesregierung in Bonn gibt zu diesen bündnispolitisch brisanten Plänen keine Stellungnahme ab, da sie auch von der US-Regierung in Washington offiziell nicht bestätigt werden.

Geheimplan der USA für ein wiedervereinigtes Deutschland

Grotewohl greift Kirchenführer an

29. März. DDR-Ministerpräsident Otto Grotewohl (SED) wendet sich vor Kulturfunktionären in Berlin (Ost) gegen Vertreter der Kirche, die er beschuldigt, in wichtigen Erziehungsfragen Ansprüche zu stellen, »die vor allem bei großen Teilen der fortschrittlichen christlichen Bevölkerung zu inneren Konflikten führen müssen«.

Otto Grotewohl, geboren am 11. März 1894, ist seit 1949 Ministerpräsident der DDR; in der Weimarer Republik war er Minister und SPD-Reichstagsabgeordneter; 1946 führte er die SPD in der sowjetischen Besatzungszone in den Zusammenschluß mit der KPD zur SED.

Nach Meinung Grotewohls müsse es jedem Bürger selbst überlassen bleiben, »in welcher Weise er seine Eheschließung oder die Namensgebung eines Kindes begehen will, ob ein Kind an der Jugendweihe, an der Konfirmation oder an beiden teilnimmt. Jede Einschränkung dieser Rechte und jeder Versuch einer Monopolisierung durch die Kirchenführer« bedeute »Gesinnungszwang«. Anlaß für die Auseinandersetzung waren Angriffe der katholischen Kirche auf die ideologisch begründete staatliche Propagierung des Atheismus in der DDR.

Kongreß warnt vor Feinden von rechts

21. März. In München stellt ein Kongreß früherer Widerstandskämpfer gegen den Nationalsozialismus und für ein vereinigtes Europa fest, die Demokratie in vielen Ländern der Welt sei insbesondere durch »Feinde von rechts« und nicht durch den Kommunismus bedroht.

Einen offenen Neonazismus in der Bundesrepublik beobachtet der bundesdeutsche Publizist Rudolf Pechel: »Die neuerlichen Schändungen von Friedhöfen wären nicht möglich gewesen, wenn nicht ehemalige Nazis nahezu ungehindert in Westdeutschland schalten und walten könnten. In Bonn, in der Rechtspflege… und an anderen maßgebenden Stellen sitzen unbelehrbare Nationalsozialisten.«

März 1959

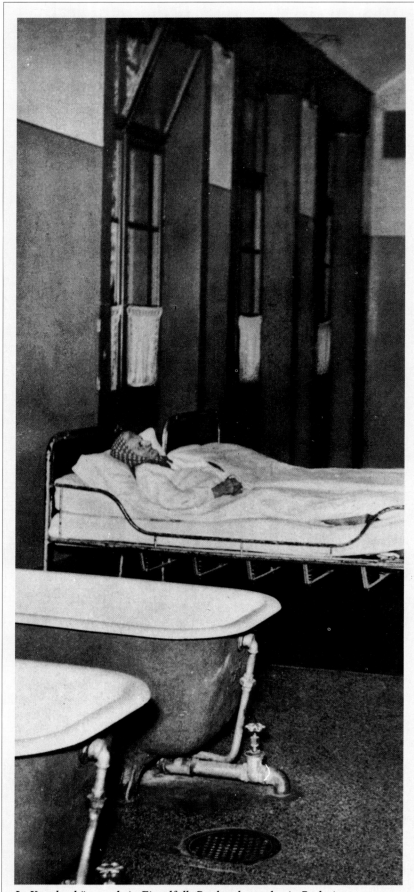

In Krankenhäusern kein Einzelfall: Sterbende werden in Badezimmern untergebracht, weil nicht genügend Räume und Betten zur Verfügung stehen

Gesundheit 1959:
Zuwenig Geld für Kliniken

Die Gesundheit der Bundesbürger stellt 1959 für Ernährungswissenschaftler und Mediziner keinen Anlaß zur Besorgnis dar. Die »Freßwelle« aus den frühen fünfziger Jahren, die mit fett- und kohlehydratreicher Kost zahlreiche gesundheitliche Beeinträchtigungen zur Folge hatte, ist mittlerweile durch eine bewußtere und kalorienärmere Ernährung abgelöst. Der jährliche Arzneimittelverbrauch von durchschnittlich 30 DM je Kopf der Bevölkerung weist keine Steigerung gegenüber dem Vorjahr auf.

Mit dem wachsenden Wohlstand sind jedoch die Ansprüche an das Gesundheitswesen gestiegen. Viele Patienten geben sich nicht mehr mit der gewohnten Behandlung bei ihrem Hausarzt zufrieden, sondern wollen von den technischen Neuerungen der medizinischen Forschung profitieren. Dies führt vor allem bei den Kreiskrankenhäusern und Großkliniken zu einer Überbelegung. In den 3594 Krankenhäusern im Bundesgebiet und Berlin (West) stehen rund 588 000 Betten zur Verfügung. Nach Angaben der Bundesärztekammer besteht ein Fehlbedarf an 30 000 Betten, deren Bereitstellung auf erhebliche Probleme stößt.

Verantwortlich für die Überbelegung vieler Krankenhäuser ist in erster Linie deren angespannte Finanzlage. Vertreter der Ärzteschaft bemängeln, das »Wirtschaftswunder« sei am Gesundheitswesen vorbeigegangen, da die Krankenhäuser nach wie vor nach der Bundespflegesatzverordnung aus dem Jahr 1954 wirtschaften müßten. Danach liegen die Pflegesätze pro Tag zwischen 18 DM in der dritten Klasse und 30 DM in der ersten Klasse. Da die Personal- und Betreuungskosten inzwischen gestiegen sind, ist eine kostendeckende Finanzplanung, wie sie der Gesetzgeber vorschreibt, nicht mehr möglich. Ohne Zuschüsse, insbesondere von den Kommunen und Landkreisen, kann der Krankenhausbetrieb nicht mehr aufrechterhalten werden. Allein die Stadt München gewährt jährlich aus Steuermitteln eine Unterstützung von 11 Millionen DM. Freie gemeinnützige Krankenhäuser versuchen, sich zusätzlich dadurch vor der drohenden Verschuldung zu bewahren, daß sie ihren Ärzten und Schwestern niedrigere Vergütungen zahlen und auf neue medizinische Einrichtungen sowie auf bauliche Veränderungen verzichten.

Die Leidtragenden der mangelhaften finanziellen Ausstattung sind in erster Linie die Patienten. Die Krankenzimmer sind überbelegt, und zahlreiche Betten werden auf den Fluren oder in Büroräumen untergebracht. Auf Kritik an derartigen Zuständen reagieren einige Krankenhausträger mit Unwillen. Für Aufsehen sorgt der Fall des Nobelpreisträgers Werner Forßmann, der als Chefarzt die Chirurgische Abteilung des Evangelischen Krankenhauses in Düsseldorf übernimmt. Forßmann kritisiert öffentlich mangelnde Hygiene in der chirurgischen Station, das Fehlen eines Dauerwachdienstes auf einer Station für besonders schwere Fälle sowie die bisherige Praxis, Sterbende in Badezimmern unterzubringen. Die Krankenhausverwaltung sieht in der Kritik eine »Zerstörung des Vertrauens« und spricht Forßmann die Kündigung aus.

Trotz der außergewöhnlich hohen Arbeitsbelastung der Ärzte und eines errechneten Fehlbedarfs von beispielsweise 1000 Narkoseärzten beklagen die Ärztekammern die äußerst geringen Aufstiegschancen auf vielen Fachgebieten der Medizin. Von den rund 2000 chirurgischen Assistenzärzten habe nur jeder achte die Chance, eine Stelle als Chirurg zu finden. Die Niederlassung in einer eigenen Praxis erreiche der Arzt derzeit erst mit 42 bis 44 Jahren. Bereits 40,5% der rund 70 200 Ärzte im Bundesgebiet arbeiteten an Krankenhäusern.

Trotz großer Fortschritte im Bereich der medizinischen Forschung, insbesondere in der Nuklearmedizin, treten nach wie vor Krankheiten auf, die in Europa als ausgerottet galten. In Heidelberg werden mehrere Fälle von Pocken registriert, deren Erreger von einem Heidelberger Arzt aus Indien eingeschleppt wurde. Trotz sofortiger Quarantänemaßnahmen werden zwölf Personen infiziert, von denen eine Krankenhauspatientin und eine Ärztin sterben.

März 1959

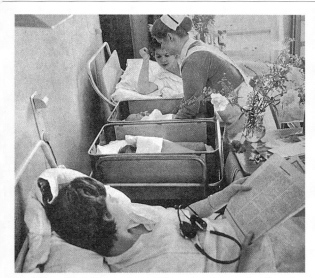
In Schweden können junge Mütter bereits wenige Stunden nach der Entbindung ihr Kind bei sich haben

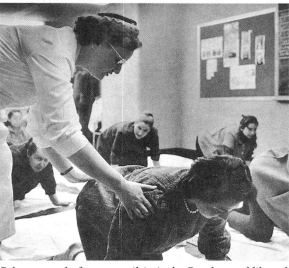
Schwangerschaftsgymnastik ist in der Bundesrepublik noch weitgehend unbekannt, in den USA dagegen etabliert

Gymnastik und Diät für werdende Mütter

Die Müttersterblichkeit liegt im Bundesdurchschnitt höher als in vielen anderen westlichen Ländern. Auf 23 000 Entbindungen kommen rund 40 Todesfälle.
Von Kritikern des Gesundheitswesens werden Frankreich, die Vereinigten Staaten und Schweden als nachahmenswerte Vorbilder in der Geburtsvorbereitung angeführt. Neben regelmäßigen medizinischen Untersuchungen haben hier Gymnastik und besondere Ernährungspläne bereits einen festen Platz im Leben der schwangeren Frau gefunden. Bemerkenswert ist auch die soziale Versorgung unverheirateter Mütter in Schweden.

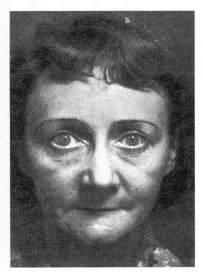
Eingefallene Wangen und Tränensäcke wirken oftmals unschön

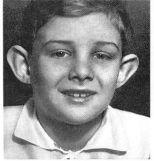

Operationen der Nase gehören zu den am häufigsten vorgenommenen Eingriffen in der plastischen Chirurgie

Abstehende Ohren, besonders für Kinder eine große psychische Belastung, können meist problemlos korrigiert werden

Durch ein »Facelifting« können die Gesichtspartien gestrafft werden

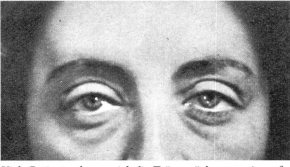

Viele Patienten lassen sich die Tränensäcke operativ entfernen, um ein jüngeres Aussehen zurückzugewinnen; nach Aussagen vieler Schönheitschirurgen sind diese Eingriffe ungefährlich – es gibt aber auch kritische Stimmen

Schönheitsoperationen in der Bundesrepublik nun kein Luxus mehr

Die leidvolle Erkenntnis, daß gutes Aussehen für Erfolg im Beruf und Glück in der Liebe oft wichtiger ist als andere Qualitäten, beschert den Schönheitschirurgen in der Bundesrepublik immer mehr Patienten. Die plastische Chirurgie rückt jenen »Ungerechtigkeiten der Natur« mit dem Skalpell zuleibe, die vielen Menschen das Leben zur Hölle machen, bevor sie endlich den Weg zum Chirurgen finden. Ob es sich um zu große Nasen oder um abstehende Ohren handelt, um häßliche Warzen, zu große oder zu kleine Brüste, einen unschönen Fettbauch oder altersbedingte Falten und Tränensäcke – Schönheitsoperationen werden immer selbstverständlicher, was sich auch in der Zahlungspraxis der Krankenkassen niederschlägt: »Die Kassen werden in allen Fällen, in denen die Entstellungen zu organischen oder seelischen Leiden geführt haben, die Operation zahlen« (Bericht der Kassenärztlichen Vereinigung Hamburg).
Aufgrund der Fortschritte der plastischen Chirurgie kann nun auch Kindern, die mit einer Hasenscharte, also mit einer Lippen- oder Gaumenspalte geboren werden, immer effektiver geholfen werden.

März 1959

Erste Volksaktien werden ausgegeben

24. März. Unter großem Andrang bei den Banken und Sparkassen in der Bundesrepublik beginnt die Zeichnung der ersten »Volksaktien« – Wertpapiere, die nur an Kleinsparer ausgegeben werden. Die Preussag-Aktien, deren Nominalwert 100 DM beträgt und die zum Kurs von 145% ausgegeben werden, sind bereits nach zwei Tagen ausverkauft. Die Nachfrage kann bei weitem nicht gedeckt werden, da bereits am zweiten Tag Kaufanträge über 60 Millionen DM vorliegen. Die Bundesregierung beschließt auf Initiative von Bundesschatzminister Hermann Lindrath (CDU), einen weiteren Anteil von 53 Millionen DM an der Preussag zu verkaufen, um nochmals 210 000 neue Aktionäre zufriedenzustellen.

Nach dem Beschluß der Bundesregierung, die Preußische Bergwerks- und Hütten-AG teilweise zu privatisieren, hatte der Aufsichtsrat die Erhöhung des Stammkapitals von 75 Millionen auf 105 Millionen DM am 2. Februar genehmigt. Die neuen Aktien werden nur Bundesbürgern angeboten, die weniger als 16 000 DM im Jahr verdienen. Jeder Interessent kann höchstes fünf Aktien erwerben, da bei der Ausgabe der Volksaktien eine möglichst breite Einkommensstreuung angestrebt wird. Die Banken berichten, daß etwa zwei Drittel der Zeichner Personen sind, die bisher keine Wertpapiere, insbesondere keine Aktien gekauft haben. Zu ihnen gehören Beamte, Angestellte, Arbeiter, aber auch Geschäftsleute.

Die Preussag AG mit Sitz in Berlin (West) und Hannover wurde 1923 gegründet, um die Bergbaubetriebe und Hütten aus vormals preußischem Besitz zusammenzufassen und zu betreiben. Die Tätigkeit des Konzerns erstreckt sich u. a. auf Metallerzbergbau, Steinkohlebergbau einschließlich Stromerzeugung und Kalibergbau. Der Umsatz lag 1958 bei rund 508 Millionen DM. Das gesamte Aktienkapital befindet sich im Besitz der bundeseigenen Holding-Gesellschaft Veba.

Preussag-Chef Friedrich Krämer, früherer Beamter im Finanzministerium

Erste »Volksaktie«; die Anteile sollen vorwiegend an Kleinsparer gehen

Wohlstand für alle durch Volksaktien

Mit der Ausgabe von Volksaktien verfolgt die Bundesregierung die Absicht, alle im Besitz des Bundes befindlichen Industrieunternehmen zumindest teilweise zu privatisieren. Dem liegen folgende Überlegungen zugrunde:

Nach Ansicht von Bundesschatzminister Hermann Lindrath (CDU) kann es in einer sozialen Marktwirtschaft nicht Aufgabe des Staates sein, »sich erwerbswirtschaftlich zu betätigen und mit der privaten Wirtschaft in Wettbewerb zu treten«. Zum Bundesbesitz gehören rund 230 Unternehmen, die zum größten Teil in den Holding-Gesellschaften Veba und Viag sowie der Aktiengesellschaft für Berg- und Hüttenbetriebe zusammengefaßt sind.

Die als »Volkskapitalismus« bezeichnete Privatisierung von Bundesbesitz verfolgt weiterhin das sozialpolitische Ziel, langfristig eine breite Streuung des Eigentums an Produktionsmitteln zu erreichen.

Auch das Volkswagenwerk als größtes staatliches Unternehmen soll privatisiert werden, doch sind die Eigentumsrechte zwischen dem Bund und Niedersachsen noch umstritten.

Reges Interesse an Frankfurter Messe

1. März. Hohe Besucherzahlen kann die Internationale Frankfurter Frühjahrsmesse an ihrem Eröffnungstag melden. Die Verkaufsschau wird von 3134 Ausstellern aus 32 Ländern beschickt.

Die Preisentwicklung tendiert vielfach nach unten. Dies wissen vor allem Möbelhersteller, Produzenten von Strickwaren, aber auch Vertreter des Kunstgewerbes zu berichten. Die größten Erfolge erzielen diejenigen Ausstellerfirmen, die mit Neuheiten in die hessische Metropole kommen konnten. Besonders beim Kunsthandwerk ist die Nachfrage nach höherwertigen und exklusiven Konsumgütern groß. Anziehungspunkt für Händler und Privatkunden in der Textilschau sind vor allem die Teppichhersteller.

DAF 600 verblüfft Experten

23. März. Der erste niederländische Kleinwagen, ein DAF 600, läuft bei der Firma Van Doorne in Eindhoven vom Montageband.

Die technische Besonderheit beim DAF liegt in der »Variomatic«, einem stufenlosen Getriebe, das mit Keilriemenscheiben automatisch das jeweils günstigste Übersetzungsverhältnis herstellt. Zum Rückwärtsfahren braucht nur ein Hebel umgelegt zu werden.

Der erste PKW der LKW-Firma hat eine Motorleistung von 26 PS und einen Hubraum von 600 m³; unter günstigen Bedingungen erreicht der DAF eine Spitzengeschwindigkeit von rund 100 km/h – und dies sogar auch im Rückwärtsgang

Neue Heimat klagt gegen »Spiegel«

2. März. In Hamburg erwirkt die gewerkschaftseigene Baugesellschaft »Neue Heimat« (»NH«) eine einstweilige Verfügung gegen das Magazin »Der Spiegel«. Die »NH« sieht

Die beanstandete »Spiegel«-Ausgabe mit einem Foto des »Neue Heimat«-Managers Heinrich Plett auf dem Titel; das Magazin wirft »Deutschlands Baulöwen Nr. 1« »monopolkapitalistische Machenschaften« vor

ihre Kreditwürdigkeit durch einen Artikel gefährdet. Die Verfügung trifft aber erst nach Auslieferung der Auflage beim Verlag ein.

März 1959

»Tagesschau« mit Köpcke

2. März. Die bundesdeutschen Fernsehzuschauer erleben Karl-Heinz Köpcke zum ersten Mal als Nachrichtensprecher der »Tagesschau«. Die Informationssendung wird ab sofort nach einem neuen Konzept produziert und täglich ausgestrahlt. In der nunmehr neugestalteten »Tagesschau« werden die Filmberichte ergänzt durch einen gesprochenen Nachrichten-Block, der von der Hörfunkabteilung des Norddeutschen Rundfunks geliefert wird. Mittlerweile bemühen sich über 60 Redakteure und Techniker um die Produktion der Sendung.
Die Premiere der »Tagesschau« fand statt am 26. Dezember 1952, einen Tag nach Aufnahme des regelmäßigen Programmbetriebs durch den Nordwestdeutschen Rundfunk (NWDR). In den frühen fünfziger Jahren handelte es sich noch weitgehend um eine Adaption der Kino-Wochenschauen. Die erste Versuchssendung war zusammengeschnitten aus Filmmaterialien der »Neuen Deutschen Wochenschau«. Dieses Konzept wurde in weiteren 100 Testsendungen mit einigen Aktualisierungen erprobt, bevor ab Weihnachten 1952 die »Tagesschau« zunächst dreimal wöchentlich gesendet wurde. Die Filmproduktion lag zunächst bei der Hamburger ARD-Zentrale, ein Jahr später beteiligten sich auch die übrigen Sendeanstalten.

Informiert die Bundesbürger nun allabendlich: Karl-Heinz Köpcke

Traumpaar 59: Romy Schneider – Alain Delon

Von Fotografen auf Schritt und Tritt verfolgt: Das Traumpaar Schneider/Delon in einem Nachtlokal

22. März. *Für die Romanze des Jahres sorgen der österreichisch-deutsche Nachwuchsstar Romy Schneider und der französische Filmschauspieler Alain Delon mit ihrer Verlobung, die in Lugano bekanntgegeben wird.*
Die 20jährige Romy Schneider hatte den französischen Publikumsliebling und Draufgänger Delon 1958 bei den Dreharbeiten zu »Christine« kennengelernt. 1959 siedelt sie nach Paris über, um endgültig das »Sissi«-Etikett der Regenbogenpresse loszuwerden und hier einen neuen künstlerischen Anfang zu versuchen. In der Beliebtheitsskala bundesdeutscher Filmtheater fällt sie daraufhin vom ersten auf den 20. Platz zurück.
Der 23jährige Alain Delon wurde bekannt durch die Filme »Killer lassen bitten«, »Sei schön und halt den Mund« sowie »Mal diese, mal jene«.

Erster Ostersegen des neuen Papstes

29. März. In seiner ersten Osterpredigt als Papst ermahnt Johannes XXIII. im Petersdom in Rom Politi-

Papst Johannes XXIII., seit dem 28. Oktober 1958 im Amt, ist angetreten mit dem Vorsatz, den Zentralismus in der katholischen Kirche aufzulockern und den Dialog mit den anderen christlichen Kirchen zu suchen

ker und Staatsmänner, im Interesse des Weltfriedens ihre Zwietracht aufzugeben.
Der Papst erinnert die Staatsoberhäupter daran, daß sie »nicht als Schiedsrichter, sondern als Schützer der Nationen« verpflichtet seien, die Grundrechte aller Menschen zu garantieren.
Zehntausende von Römern und Pilgern hatten im strömenden Regen stundenlang auf den Segen »Urbi et orbi« (»der Stadt Rom und dem Erdkreis«) gewartet.

Bischof mahnt zu Konsumverzicht

3. März. Der evangelische Bischof für Schleswig-Holstein, Wilhelm Halfmann, mahnt in Kiel die Eltern

Der schleswig-holsteinische Bischof Halfmann; besorgt beobachtet die evangelische Kirche die sinkende Beteiligung der Jugend am geistlichen Leben der Gemeinden; vor allem der Materialismus der Wohlstandsgesellschaft wird dafür verantwortlich gemacht

der Konfirmanden, die Einsegnung nicht in einem Konsumrausch untergehen zu lassen.
Halfmann warnt eindringlich »vor dem Mißbrauch der Konfirmation durch übermäßigen Alkoholgenuß und großen finanziellen Aufwand. Veräußerlichte Feiern entstellen die Konfirmation in grober Weise«, meint Halfmann. Nach seinen Worten ist eine mit üppigem Festessen und viel Alkoholgenuß begangene Feier ein »Hohn auf die Konfirmation« und ihren Grundgedanken.

März 1959

Musik 1959:
Raumhören daheim mit Stereo-Platten

Für den Siegeszug der Stereo-Schallplatte und die Weiterentwicklung elektronischer Musik ist das Jahr 1959 eine wichtige Durchgangsstation.

Klangexperimente auf elektronischer Basis finden zwar bei einem kleinen Kreis von Anhängern positive Resonanz, stoßen jedoch bei den meisten Musikfreunden auf strikte Ablehnung. In der Bundesrepublik sind es vor allem die Rundfunkanstalten unter Führung des WDR, die solche Musik in begrenztem Umfang fördern. Als herausragende Werke entstehen »Kontakte« von Karlheinz Stockhausen und »Transición« von Mauricio Kagel; beide Komponisten arbeiten hier ausschließlich mit elektronischen Klängen.

Das Vorherrschen von Klängen, oftmals verfremdet oder verzerrt, anstatt aneinandergereihter Töne, die eine Melodie, eine musikalische Phrase oder ein Thema als Werkgrundlage bilden, wird als »unnötige Spielerei« und Effekthascherei der betreffenden Komponisten angesehen und als Scheitern jedweder schöpferischen Phantasie abgetan. Die Bereitschaft, sich mit diesen später als bahnbrechend empfundenen Klangstrukturen auseinanderzusetzen, ist äußerst gering.

Als revolutionär in der Konservierung und Verbreitung von Musik erweist sich die Produktion von Schallplatten mit Stereoklang. Die bisherigen monauralen Einspielungstechniken verlieren in der Folgezeit schnell an Bedeutung. Als erste Serienproduktion einer Stereo-Schallplatte mit klassischer Musik veröffentlicht die Deutsche Grammophon Gesellschaft Richard Strauss' Tondichtung »Ein Heldenleben«, gespielt von den Berliner Philharmonikern unter der Leitung von Herbert von Karajan.

Da ein »Raumhörerlebnis« nun auch im Wohnzimmer möglich ist, läßt das Engagement für das »live«-Hören im Konzertsaal oder im Musiktheater spürbar nach, zumal die technisch wesentlich verbesserte »Musikkonserve« internationale Spitzenkünstler, Orchester und Dirigenten mit exemplarischen Werkwiedergaben anbietet.

Die Händel-Oper »Julius Caesar« (Uraufführung 1724) in einer Inszenierung des Wuppertaler Opernhauses

Leonard Bernstein mit dem New York Philharmonic Orchestra im Moskauer Tschaikowski-Konservatorium

Violinist Yehudi Menuhin, Festivalstar im schweizerischen Gstaad

Der polnisch-US-amerikanische Pianist Arthur Rubinstein nach einem Konzert in Boston; auch hier findet er wieder ein begeistertes Publikum vor

Karlheinz Stockhausen, deutscher Hauptvertreter der Neuen Musik

Von zahlreichen Illustrierten als »der letzte Star der Opernbühne« gefeiert: Maria Callas in großer Pose

Nach allen Konzerten das gleiche Bild: Huldvoll nimmt die Sängerin die Ovationen ihrer Verehrer entgegen

Maria Callas in Stuttgart; die ersten Auftritte der »Primadonna assoluta« in der Bundesrepublik werden ein großer Erfolg; der Kult um ihre Person erinnert Kritiker an die ekstatische Primadonnenverehrung des 19. Jahrhunderts

Maria Callas feiert Triumphe auf den Opernbühnen der Welt

Die ersten Auftritte der US-amerikanischen Sopranistin Maria Callas-Meneghini in der Bundesrepublik werden in Hamburg, Stuttgart und München stürmisch gefeiert. Obwohl die exzentrische Diva in gewohnter Manier immer wieder Konzerttermine platzen läßt, werden die Eintrittskarten in allen Städten zu horrenden Preisen auf dem Schwarzmarkt gehandelt.

Maria Callas ist griechischer Herkunft. Sie wurde am 2. Dezember 1923 unter dem Namen Kalojeropulos in New York geboren und studierte in Athen, wo sie bis 1945 lebte. Nach zweijährigem Aufenthalt in New York sang sie in Verona die Partie der Straßensängerin La Gioconda in Almicare Ponchiellis gleichnamiger Oper und erntete damit weltweit einen derartigen Erfolg, daß sie noch im gleichen Jahr in der Mailänder Scala auftreten konnte. Ihr dortiges glanzvolles Debüt als Elvira in Vincenzo Bellinis »Puritanern« sicherte ihr die stürmische Begeisterung von Presse und Publikum, die ihr auch in den folgenden Jahren sicher war.

Sowohl in Mailand als auch an der New Yorker Metropolitan Opera sowie bei internationalen Opern-Galas sang sie nahezu alle hochdramatischen Sopranpartien. Sie bewies damit eine phänomenale Stimmbeherrschung und eine große darstellerische Begabung. Als zentrale Rolle in ihrer Karriere zeichnet sich bereits 1959 Bellinis »Norma« ab, die Maria Callas in ihrer Laufbahn etwa 90mal singt.

Bis zum → 14. November (S. 189) ist die Sängerin mit dem italienischen Ziegeleibesitzer Battista Meneghini verheiratet, der sich mit seinem Vermögen ganz der Karriere seiner Frau widmet.

Stets ist die Diva von einem »Hofstaat« umgeben, der sie vor einigen allzu zudringlichen Anhängern schützt

März 1959

Alltag Siziliens als Spielfilm-Thema

22. März. »Die Erde bebt«, ein Spielfilm des italienischen Regisseurs Luchino Visconti aus dem Jahre 1948, wird im Fernsehen als deutsche Erstaufführung gezeigt.

Luchino Visconti, am 2. November 1906 in Mailand geboren, verbindet in seinen Filmen sozialkritisches Engagement mit ästhetischer Darstellung, so in »Ossessione ... von Liebe besessen« (1942) und in »Weiße Nächte« (1957).

Visconti versteht seinen Film als Anprangerung der erniedrigenden Lebensbedingungen der sizilianischen Landbevölkerung. Der Film nutzt die dokumentarischen Techniken des Neorealismus: Er entstand an Originalschauplätzen, die Rollen wurden mit Laien besetzt. Die Dialoge im sizilianischen Dialekt sind auch für Italiener kaum verständlich. Visconti sprach daher selbst einen Kommentar.

Bambi-Sieger ermittelt

15. März. In Anwesenheit zahlreicher prominenter Schauspieler und Schauspielerinnen wird in der Karlsruher Schwarzwaldhalle der Bambi-Filmpreis überreicht.

Beliebteste Film- und Fernsehstars
▷ Deutsche Darsteller:
  1. O. W. Fischer
  2. Hansjörg Felmy
  3. Horst Buchholz
▷ Deutsche Darstellerinnen:
  1. Ruth Leuwerik
  2. Liselotte Pulver
  3. Maria Schell
▷ Ausländische Darsteller:
  1. Tony Curtis (USA)
  2. Rock Hudson (USA)
  3. Jean Marais (Frankreich)
▷ Ausländische Darstellerinnen:
  1. Gina Lollobrigida (Italien)
  2. Audrey Hepburn (USA)
  3. Brigitte Bardot (Frankreich)

Die glücklichen Bambipreisträger: O. W. Fischer und Ruth Leuwerik

Die Filmstars, die sich Anfang 1959 der größten Beliebtheit in der Bundesrepublik erfreuen, sind: Ruth Leuwerik, O. W. Fischer, Gina Lollobrigida und Tony Curtis. Ermittelt wird diese »Hitliste« alljährlich durch eine Umfrage der Zeitschrift »Film-Revue«. Hohe Punktverluste müssen Romy Schneider und Curd Jürgens hinnehmen. Neu in der Spitzengruppe sind Johanna von Koczian, Ingrid Andree, Sabine Sinjen, Nadja Tiller, Peter Kraus, Heinz Rühmann und Peter van Eyck.

»Säuberungen« in DDR-Büchereien

1. März. Nach einer Verordnung des Zentralinstituts für das Bibliothekswesen in der DDR darf belletristisches Schrifttum, das vor 1945 in Deutschland erschienen ist und seitdem in der Deutschen Demokratischen Republik nicht neu aufgelegt wurde, in den dortigen Bibliotheken nicht mehr geführt werden.

Das Verbot bezieht sich zunächst nur auf deutschsprachige Belletristik, eine Ausweitung auf fremdsprachige Literatur wird jedoch laut offizieller Verlautbarung nicht ausgeschlossen. Ausdrücklich ist die Rede davon, auch politisch unverdächtige Autoren wie Theodor Storm oder Theodor Fontane seien »auszuscheiden«, sofern ihre Bücher keine Neuauflagen nach 1945 erfahren hätten. Das Zentralinstitut erklärt, die meisten der von dem Verbot betroffenen Werke, die als »bürgerlich-rückschrittlich« oder »idealistisch« bezeichnet werden, seien bei früheren Säuberungen bereits aus den Regalen entfernt worden. Die Maßnahme entspreche den Lesegewohnheiten der DDR-Bürger.

Fontane-Preis für Gregor von Rezzori

25. März. Aus finanziellen Gründen wird der (West-)Berliner Kunstpreis erstmals nur für zwei statt wie bisher für sechs Sparten vergeben. Durch Intervention der Berliner Akademie der Künste können wenigstens der Fontane-Preis für Literatur samt Nachwuchspreis sowie die beiden Preise für den Bereich der darstellenden Kunst gesichert werden.
Den Literatur-Preis erhält nach lebhaften Diskussionen der Jury der staatenlose Romanautor und Essayist Gregor von Rezzori, der Nachwuchspreis in derselben Sparte wird Heinz von Cramer für seinen Roman »Die Kunstfigur« zuerkannt. Rezzori wird von dem Berliner Kulturkritiker Friedrich Luft im Namen der Jury als »großstädtischste Erscheinung der gegenwärtigen deutschen Literatur« bezeichnet. Mit seinem Roman »Oedipus siegt bei Stalingrad« habe er »ein faszinierendes und treffendes Teilbild von Berlin« geliefert.
Mit dem Preis für darstellende Kunst wird die Berliner Schauspielerin Elsa Wagner ausgezeichnet.

Curd Jürgens, Christian Wolff und Bobby Todd (v.l.) als Scharfschützen in einer Szene von Helmut Käutners Film »Der Schinderhannes« (1958)

Filmstars fordern immer höhere Gagen von ihren Produzenten

Immer gigantischer werden die Gagen, die Filmstars von ihren Produzenten fordern. Auf einsamer Höhe unter den bundesdeutschen Schauspielern steht Curd Jürgens mit 925 000 DM für den US-amerikanischen Spielfilm »Die Fähre nach Hongkong«. Als »Schinderhannes« erhielt er 1958 »nur« 100 000 DM. Wegen seiner Freundschaft zu Regisseur Helmut Käutner unterließ er das branchenübliche Handeln um eine möglichst hohe Gage.
Für ihre Rolle in Rolf Thieles Film »Das Mädchen Rosemarie« erhielt Nadja Tiller 1958 »nur« 60 000 DM. Nach dem Erfolg des Filmes – er wird am 5. März in Hollywood als »einer der besten ausländischen Filme« ausgezeichnet – steigt nun auch ihr Kurswert beträchtlich.
Zum Vergleich die Löhne des technischen Personals: Bühnenarbeiter und Beleuchter verdienen pro Stunde 2,24 DM, Schärfeneinsteller und Kameraschwenker erhalten 1500 bis 2000 DM im Monat. Das Gehalt eines Kameramanns beträgt zwischen 5000 und 8000 DM.

März 1959

Treffen am Rande der Tagung; die kulturelle Identität steht im Zentrum der Diskussionen

Kulturkongreß nimmt politische Wendung

26. März. *In Rom beginnt der zweite Weltkongreß schwarzer Schriftsteller und Künstler. Ein Bekenntnis zur Unabhängigkeit der schwarzen Völker Afrikas bildet den Abschluß der Tagung am 1. April.*

»Das 20. Jahrhundert muß das allgemeine Jahrhundert der Entkolonisation werden« fordern die 200 Vertreter der intellektuellen Elite aus 33 Ländern Afrikas und Amerikas. Als Fernziel bezeichnen die Teilnehmer die politische Einheit ganz Afrikas, die sie nach der Befreiung von der Kolonialherrschaft auf dem Weg über die kulturelle Einheit zu erreichen hoffen. In einer einstimmig angenommenen Resolution wird allen schwarzen Schriftstellern und Künstlern zum Abschluß des Treffens empfohlen, »die kulturelle Tätigkeit für die große Befreiungsbewegung ihrer Völker als ihre Hauptaufgabe und als eine heilige Mission anzusehen«.

Die Organisatoren der Tagung, hauptsächlich schwarze Anhänger der französischen Afrika-Politik, hatten in hitzigen Debatten vergeblich versucht, eine solche politische Wendung des Kongresses zu vermeiden.

Zweifacher Erfolg für Piero d'Inzeo

15. März. In der Dortmunder Westfalenhalle gewinnt der italienische Springreiter Piero d'Inzeo den »Großen Preis der Bundesrepublik Deutschland«.

D'Inzeo bleibt mit seinem Pferd The Rock im Stechen fehlerlos und ist schneller als die bis dahin führende britische Reiterin Dawn Wofford auf Hollandia und der Niederländer Wauters van den Oudenwijer auf Hubertus. Auf His Excellency gewinnt der Italiener auch das Kombinationsspringen. Den einzigen bundesdeutschen Erfolg bei dem viertägigen Turnier erringt Hans Günter Winkler, der auf Halla das Mächtigkeitsspringen gewinnt.

Reiternachwuchs kann Siege feiern

22. März. Beim 25. Festhallen-Turnier in Frankfurt am Main ist überraschend der 21jährige Warendorfer Hermann Schridde der erfolgreichste Springreiter.

Schridde siegt im Sa-Springen um den »Großen Preis der Stadt Frankfurt« auf Fugosa vor Fritz Thiedemann auf Finale und Alfons Lütke-Westhues auf Flagrant. Im Mächtigkeitsspringen belegt er den zweiten Platz. Das abschließende S-Springen gewinnt Peter Stackfleth auf Frechdachs im Stechen mit 15 Punkten. Die große Dressurprüfung wird zu einem überrragenden Erfolg für die Frankfurterin Lieselott Linsenhoff und ihr Pferd Monarchist.

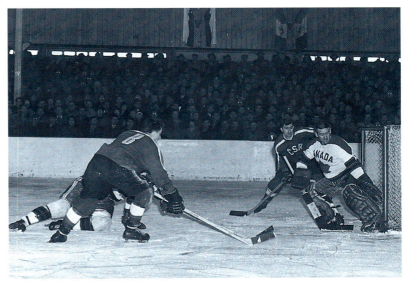

Letztes Spiel um die Eishockey-Weltmeisterschaft in Prag: Der tschechoslowakische Spieler Starsi im Angriff auf das kanadische Tor; r. Tormann Bell

17. WM-Titel für Kanada

15. März. Bei den Eishockey-Weltmeisterschaften in Prag verteidigt die kanadische Mannschaft ihren Titel. Sie verliert jedoch im letzten Spiel gegen die Tschechoslowakei 3:5 (0:2, 1:1, 2:2).

Europameister UdSSR erreicht zwar mit 8:2 das gleiche Punktverhältnis wie der nunmehr 17malige Weltmeister, weist jedoch ein um vier Treffer schlechteres Torverhältnis vor. Auf den dritten Platz kommt die Mannschaft der ČSR vor dem US-amerikanischen Team. Enttäuschend ist das Abschneiden Schwedens, das sich mit einem knappen Sieg über Finnland auf den fünften Platz rettet. Für die Finnen ist das Erreichen der Endrunde ihr bisher größter Erfolg bei einer Weltmeisterschaft.

Mit einem 6:0 über die DDR kommt die Mannschaft der Bundesrepublik auf den ersten Platz in der Trostrunde und damit auf den siebten Platz in der Gesamtwertung.

John F. Ahearne, geboren 1901, ist seit 1953 Präsident des Internationalen Eishockey-Verbandes, der 1909 gegründeten Dachorganisation mit Sitz in Wien

April 1959

Mo	Di	Mi	Do	Fr	Sa	So
		1	2	3	4	5
6	7	8	9	10	11	12
13	14	15	16	17	18	19
20	21	22	23	24	25	26
27	28	29	30			

1. April, Mittwoch

Die Tarifpartner des Ruhrbergbaus einigen sich in Essen über die Einführung der Fünf-Tage-Woche mit täglichen Acht-Stunden-Schichten (→ 1. 5./S. 83).

Die Deutsche Lufthansa eröffnet eine neue Fluglinie nach Athen und Istanbul. Sie dehnt ihr Flugstreckennetz damit auf 100 000 km aus.

Der Norddeutsche Rundfunk beginnt mit dem Werbefernsehen. Die Spots laufen unter dem Titel »Seepferdchen zeigt« zwischen 19.30 Uhr und 20.00 Uhr.

Kraftfahrer müssen die grüne Versicherungskarte nun ebenfalls nach Frankreich mitnehmen, da auch dort die obligatorische Haftpflichtversicherung eingeführt worden ist.

2. April, Donnerstag

Zum zehnjährigen Bestehen des Nordatlantischen Verteidigungsbündnisses tritt der NATO-Rat zu einer feierlichen Jubiläumssitzung in Washington zusammen. → S. 67

Der ehemalige ungarische Staatspräsident Zoltán Tildy wird aufgrund einer Teilamnestie aus dem Zuchthaus entlassen. Tildy wird vorgeworfen, als Mitglied des Kabinetts von Ministerpräsident Imre Nagy 1956 »den Sturz der Volksdemokratie« angestrebt zu haben.

Papst Johannes XXIII. unterzeichnet im Vatikan ein Dekret, das den Katholiken untersagt, bei Wahlen für kommunistische Kandidaten zu stimmen. → S. 68

Wegen Jugendgefährdung verfügt die Münchener Staatsanwaltschaft die Beschlagnahme der satirischen Zeitschrift »Simplicissimus«. Das Titelbild der Aprilausgabe zeigt ein Pin-up-girl mit umgehängter sowjetischer Maschinenpistole. Außerdem wird ein Artikel mit dem Titel »Nie war die Nacht so schwül« beanstandet, eine Geschichte über »Frauen, anders als die anderen«. → S. 71

3. April, Freitag

Die Volkskammer in Berlin (Ost) verabschiedet ein Gesetz, in dem die Post verpflichtet wird, mit den Organen der Zoll- und Warenkontrolle zusammenzuarbeiten. Postsendungen, die im Grenzverkehr der Zoll- und Warenkontrolle unterliegen, müssen den Dienststellen unentgeltlich vorgelegt werden.

Dem Dalai Lama, Oberhaupt des chinesisch besetzten Tibet, ist es trotz der Verfolgung durch chinesische Truppen gelungen, Indien zu erreichen. Dort wird ihm Asyl gewährt (→ 17. 3./S. 46).

In Salzburg wird das Tauernkraftwerk Schwarzach in Betrieb genommen.

4. April, Sonnabend

Der Ministerrat des Nordatlantischen Verteidigungsbündnisses bekräftigt zum Abschluß seiner Tagung in Washington die Entschlossenheit der NATO, die Freiheit von Berlin (West) zu verteidigen und die Rechte und Pflichten der Westmächte in der geteilten Stadt wahrzunehmen.

Der 1. Sekretär der SED, Walter Ulbricht, fordert den Parteivorstand der SPD in einem Brief zu gemeinsamen deutschlandpolitischen Beratungen mit der SED auf. Die SPD weist diesen Vorschlag zurück (→ 9. 3./S. 48).

Auf einer Tagung der Bundesarbeitsgemeinschaft selbständig Schaffender in der SPD in Hamburg ruft der stellvertretende Parteivorsitzende Herbert Wehner die Sozialdemokraten zu einer verstärkten Werbung um die Mittelschichten auf.

5. April, Sonntag

200 Delegierte der schottischen Labour Party fordern in Aberdeen eine bessere Überwachung radioaktiver Abfälle. Drei schottische Jungen waren am 31. März beim Spielen auf einer Müllhalde mit radioaktivem Material in Berührung gekommen. → S. 68

Das Parlament des US-Bundesstaates Arkansas verabschiedet ein Gesetz, nach dem das Blut von Farbigen für Transfusionen mit einem besonderen Etikett versehen werden muß. Damit solle eine Sicherung gegen die Übertragung von Krankheitskeimen geschaffen werden. → S. 68

In der Lotterie des Deutschen Fernsehens »Glückskarosse« werden zum ersten Mal 50 Autos verlost.

Bei den Tischtennis-Weltmeisterschaften in Dortmund schneidet die japanische Mannschaft mit sechs gewonnenen Titeln als erfogreichste ab. → S. 75

6. April, Montag

In den Eisenbahnbetrieben der DDR beginnt eine »Bewegung zur Erhöhung der Reisekultur«. Bis zum 7. Oktober wird vor allem die Sauberkeit auf Bahnstrecken und Bahnhöfen streng kontrolliert.

7. April, Dienstag

In Bonn gibt Bundeskanzler Konrad Adenauer (CDU) seine Kandidatur für das Amt des Bundespräsidenten bekannt. → S. 62

Forscher des US-Kernforschungszentrums Los Alamos in New Mexico geben bekannt, es sei ihnen eine direkte Umwandlung von Atomkraft in Elektrizität gelungen. Boiler, Turbinen und Generatoren würden damit überflüssig.

Mit neun Oscars ungewöhnlich erfolgreich ist in Hollywood der US-Musicalfilm »Gigi«. Den Preis des besten ausländischen Films erhält die Komödie »Mein Onkel« des französischen Regisseurs Jacques Tati. Für die besten schauspielerischen Leistungen des Jahres 1958 werden Susan Hayward und David Niven ausgezeichnet.

Der bundesdeutsche Spielfilm »Hunde, wollt ihr ewig leben!« nach dem gleichnamigen Roman von Fritz Wöss hat in den Kinos Premiere. Regisseur Frank Wisbar bemüht sich in dem Film um eine Aufarbeitung der »Katastrophe von Stalingrad« 1942/43.

8. April, Mittwoch

Insgesamt rund 10 000 bis 15 000 Rückkehrer aus der Sowjetunion werden noch in der Bundesrepublik erwartet. Dies teilt die Leitung des Grenzdurchgangslagers Friedland mit.

Der Ministerrat des Südostasienpakts (SEATO) tritt in der neuseeländischen Hauptstadt Wellington zu Beratungen über Sicherheitsfragen zusammen. Die SEATO ist ein Verteidigungsbündnis zwischen Australien, Frankreich, Großbritannien, Neuseeland, Pakistan, den Philippinen, Thailand und den Vereinten Staaten. → S. 66

Die britische Zensurstelle in London teilt mit, daß der mit einem Oscar ausgezeichnete US-amerikanische Spielfilm »I want to live« (»Laßt mich leben«) nicht zur Aufführung in Großbritannien freigegeben wird. Die Zensoren beanstanden die Darstellung einer Hinrichtung in der Gaskammer.

Vor der Jugendstrafkammer Hagen wird einer der größten Nachkriegsprozesse gegen Jugendliche eröffnet. Wegen Totschlags, Landfriedensbruchs und Körperverletzung haben sich 37 junge Männer aus Schwerte und Iserlohn zu verantworten. → S. 65

9. April, Donnerstag

Die Bundesrepublik zahlt 125 Millionen DM Wiedergutmachung an die Niederlande für während der deutschen Besatzung im Zweiten Weltkrieg erlittenes Unrecht. Dies teilt die deutsche Verhandlungsführung in Bonn mit.

Gegen die vorgesehene Rassentrennung an den südafrikanischen Hochschulen protestieren Studenten der Göttinger Universität in einem Schreiben an den Kultusminister der Südafrikanischen Union.

Im US-amerikanischen Bundesstaat Oklahoma wird die Prohibition – das Verbot der Herstellung und des Verkaufs alkoholischer Getränke – nach 51 Jahren durch eine Volksabstimmung aufgehoben. Der einzige Bundesstaat, in dem die Prohibitionsgesetze weiterhin gelten, ist Mississippi.

Messeschlager auf der 41. Mustermesse, die in Lyon (Frankreich) eröffnet wird, ist der »Wirley-Wirler«, ein Plastikteller, der mit einem Stab in der Luft balanciert wird.

10. April, Freitag

Auf dem 2. Wirtschaftstag der CDU und der CSU in Hannover geben die Unionsparteien die Parole »Mehr Marktwirtschaft« aus. → S. 64

Als Maßnahme gegen Terrorakte algerischer Unabhängigkeitskämpfer in Paris verhaftet die Polizei in ganz Frankreich 465 verdächtige Algerier. → S. 67

Der japanische Kronprinz Tsugu No Mija Akihito heiratet in Tokio die bürgerliche Mitschiko Schoda. → S. 71

In Washington werden sieben Freiwillige vorgestellt, von denen einer in zwei Jahren den ersten Weltraumflug mit einem bemannten Erdsatelliten antreten soll. → S. 70

11. April, Sonnabend

Nach einer Pause von 15 Jahren erscheint erstmals wieder die österreichische »Kronen-Zeitung«.

12. April, Sonntag

Im ehemaligen Konzentrationslager Bergen-Belsen findet eine Gedenkstunde anläßlich der Befreiung vor 14 Jahren statt.

Prinz Albert von Lüttich, ein Bruder des belgischen Königs Baudouin I., verlobt sich mit der italienischen Prinzessin Donna Paola Ruffo de Calabria.

In der Dortmunder Westfalenhalle verteidigt der bundesdeutsche Boxer Erich Schöppner seinen Europameistertitel im Halbschwergewicht gegen den Italiener Rocco Mazzola. → S. 75

13. April, Montag

Spanien hebt den Visumzwang für Staatsangehörige aller europäischen Länder mit Ausnahme der kommunistischen Staaten auf.

Die Aktienkurse an den deutschen Börsen erreichen den höchsten Stand seit Kriegsende. Der Konjunkturoptimismus wird zurückgeführt auf das Bekanntwerden der Kandidatur von Bundeskanzler Konrad Adenauer (CDU) für das Bundespräsidentenamt (→ 7. 4./S. 62).

14. April, Dienstag

Der Versuch, mit einer Vanguard-Rakete erstmals zwei künstliche Erdsatelliten in den Weltraum zu befördern, scheitert. Kurz nach dem Start vom Versuchsgelände Cape Canaveral im US-Bundesstaat Florida stürzt die Rakete in den Atlantik.

In Wiesbaden wird das Hessen-Kolleg eröffnet. Auf dem zweiten Bildungsweg können die Schüler hier die Hochschulreife erlangen.

15. April, Mittwoch

Ein 13. Monatsgehalt für alle Angestellten und die Einführung der Fünf-Tage-Woche bei 40stündiger Arbeitszeit fordert der DGB-Angestelltentag, der in Wiesbaden zu Ende geht.

US-Außenminister John Foster Dulles tritt aus Gesundheitsgründen von seinem Amt zurück (→ 18. 4./S. 66).

Rund 3500 italienische Saisonarbeiter sind von Ende Februar bis Mitte April in die Bundesrepublik vermittelt worden. Das sind etwa 1000 Arbeiter mehr als im gleichen Zeitraum des Vorjahres.

April 1959

16. April, Donnerstag

Das im Jahre 1938 zwischen dem Deutschen Reich, Großbritannien, Frankreich und Italien geschlossene Münchner Abkommen über die Angliederung des Sudetenlandes an das deutsche Staatsgebiet ist nach Auffassung der Bundesregierung nicht mehr gültig. Damit wird einer Äußerung des Präsidenten des Vertriebenenbundes, Hans Krüger (CDU), widersprochen.

Bundesverkehrsminister Hans-Christian Seebohm (Deutsche Partei) übergibt den Seitenkanal der ersten Elbstaustufe in Geesthacht dem Verkehr. →S. 70

In der Metropolitan-Oper in New York beginnt das Moskauer Bolschoi-Ballett eine Tournee durch die USA und Kanada.

17. April, Freitag

Zuchthausstrafen bis zu zehn Jahren verhängt das Dresdner Bezirksgericht gegen fünf Studenten, die gegen die politischen Verhältnisse in der DDR protestiert hatten. →S. 65

Der seit dem 16. Februar amtierende kubanische Ministerpräsident und ehemalige Rebellenführer Fidel Castro weilt auf Einladung der US-amerikanischen Gesellschaft der Zeitungsverleger in Washington. →S. 66

Der Zollfahndung in Mönchengladbach gelingt der seit Jahren größte Schlag gegen den internationalen Zigarettenschmuggel. Insgesamt 1,15 Millionen unverzollter US-amerikanischer Zigaretten werden aus einem italienischen Kühlwagen beschlagnahmt, der sich auf der Fahrt aus den Niederlanden über die Bundesrepublik nach Italien befand.

18. April, Sonnabend

US-Präsident Dwight D. Eisenhower bestimmt in seiner Ferienresidenz Augusta (Georgia) Christian A. Herter zum Nachfolger des schwerkranken Außenministers John Foster Dulles. →S. 66

In der Grugahalle finden die »Essener Jazztage« statt, das erste internationale Jazz-Festival an Rhein und Ruhr. →S. 74

19. April, Sonntag

Bei Landtagswahlen können die SPD in Niedersachsen und die CDU in Rheinland-Pfalz ihre jeweils führende Position weiter ausbauen. →S. 64

Der kubanische Ministerpräsident Fidel Castro erklärt nach einer Unterredung mit US-Vizepräsident Richard Nixon in Washington, er sei überzeugt, daß die USA ein großes Maß an gutem Willen gegenüber Kuba besäßen (→17. 4./S. 66).

Leere Wahllokale kennzeichnen den Beginn der Gemeindewahlen in der französischen Kolonie Algerien. Sowohl algerische Nationalisten als auch rechtsextremistische Organisationen der dort lebenden Franzosen haben zum Boykott der Wahlen aufgerufen.

Zufrieden mit dem Ergebnis sind die Aussteller der 11. Rauchwarenmesse, die in Frankfurt am Main zu Ende geht. Die Einkäufer interessierten sich besonders für Persianer, Bluebacks und Seehundfelle.

20. April, Montag

Ein politischer Zwischenfall stört die Festsitzung der Zehnjahresfeier des Europarats in Straßburg. Als der österreichische Außenminister Leopold Figl die Südtirol-Frage anschneidet, protestieren die Italiener und drohen, den Saal zu verlassen. →S. 67

Die US-amerikanische Marine schießt ein Fernlenkgeschoß des Typs »Polaris« vom Versuchsgelände Cape Canaveral (Florida) ab. Fünf frühere Versuche, diese Rakete abzuschießen, waren mißlungen.

21. April, Dienstag

Der Regierende Bürgermeister von Berlin (West), Willy Brandt (SPD), kommt in London mit dem britischen Premierminister Harold Macmillan zusammen. Gegenstand des Gespräches sind deutschlandpolitische Fragen (→4. 2./S. 28).

In einer Note an die Bundesregierung protestiert die Sowjetunion in scharfer Form gegen eine Ausrüstung der Bundeswehr mit Atomwaffen. →S. 66

Trotz einiger Proteste wird der 17. Juni, der Jahrestag des Volksaufstandes in der DDR 1953, in Nordrhein-Westfalen nun als »stiller« Feiertag begangen. Ein entsprechendes Änderungsgesetz zur Feiertagsordnung nimmt der Düsseldorfer Landtag einstimmig an. →S. 64

Vor dem Volkskongreß in Peking gibt der stellvertretende Ministerpräsident der Volksrepublik China, Li Fu Chun, bekannt, daß für 1959 eine Steigerung der industriellen und landwirtschaftlichen Produktion um 40% angestrebt sei (→27. 4./S. 69).

Auf den Kartoffelmärkten des Bundesgebietes sind die Preise seit Beginn der Saison ständig zurückgegangen. Die Verbraucher zahlen für das Pfund Frühkartoffeln zwischen 35 und 50 Pfennig, das sind 10 bis 15 Pfennig weniger als vor Jahresfrist.

22. April, Mittwoch

Der bundesdeutsche Botschafter in Paris, Herbert Blankenhorn, wird vom Bonner Landgericht wegen vorsätzlicher falscher Anschuldigung in Tateinheit mit übler Nachrede zu vier Monaten Gefängnis mit zweijähriger Bewährungsfrist verurteilt. →S. 64

Aus dem französischen Kraftwerk Marcoule wird zum ersten Mal mit Atomenergie erzeugter Strom in das Überlandnetz Frankreichs geleitet.

23. April, Donnerstag

Themen der Ständigen Konferenz der Kultusminister in München sind die Gegenwartskunde im Geschichts- und Deutschunterricht der Bundesrepublik sowie die Raumnot in den Schulen. Rund 11 000 Klassenräume fehlen für den Unterricht.

24. April, Freitag

Der Haushaltsausschuß des Bundestages genehmigt einen höheren Zinszuschuß für die Aktion »Besser und schöner wohnen« des Wohnungsbauministeriums.

In Frankfurt am Main weiht Bundespräsident Theodor Heuss (FDP) das neue Haus der »Deutschen Bibliothek« ein. Die Einrichtung soll nach dem Willen ihrer Gründer bis zur deutschen Wiedervereinigung die Aufgabe einer Nationalbibliothek erfüllen. →S. 74

Die Große Berliner Kunstausstellung 1959 wird in den Ausstellungshallen am Funkturm eröffnet. Gemälde, Aquarelle und Plastiken geben einen Querschnitt des Berliner Kunstschaffens.

25. April, Sonnabend

Die schwedischen Schüler sprechen sich in einer Volksabstimmung gegen eine Einführung der Fünf-Tage-Woche in der Schule aus.

Der St. Lorenz-Seeweg zwischen den Großen Seen Nordamerikas und dem Atlantischen Ozean wird für den Verkehr freigegeben. Die offizielle Einweihung findet am →26. Juni (S. 105) statt.

26. April, Sonntag

Bundeswirtschaftsminister Ludwig Erhard (CDU) eröffnet die Deutsche Industriemesse in Hannover. Im Vergleich zu 1958 hat sich die Auslandsbeteiligung um 37% erhöht, was die zunehmende internationale Verflechtung der bundesdeutschen Industrie zum Ausdruck bringt.

Der US-Erdsatellit Discoverer II, der am 13. April gestartet worden war, tritt in die Erdatmosphäre ein und verglüht.

An der Essener Städtischen Bühne wird das lyrische Drama »Goldhaupt«, ein Jugendwerk des französischen Dichters Paul Claudel, uraufgeführt.

27. April, Montag

Zur Vorbereitung der Genfer Deutschlandkonferenz im Mai treffen sich in Warschau die Außenminister der Ostblockstaaten. Im wesentlichen unterstützen sie den Vorschlag der Sowjetunion zur Wiedervereinigung und Neutralisierung Deutschlands (→11. 5./S. 80).

Liu Shao-ch'i, der stellvertretende Vorsitzende des Zentralkomitees der Kommunistischen Partei Chinas, wird von dem in Peking tagenden Volkskongreß zum neuen »Vorsitzenden der Volksrepublik China« bestimmt. Der bisherige Staatspräsident hat nicht mehr für das Amt kandidiert: Mao Tse-tung kündigt an, daß er sich verstärkt der Parteiarbeit widmen werde. →S. 69

28. April, Dienstag

Bundespräsident Theodor Heuss ruft zur Sammlung für das Deutsche Müttergenesungswerk vom 4. bis 10. Mai auf.

Der Musikfilm »Freddy, die Gitarre und das Meer« mit Freddy Quinn, dem »singenden Seemann«, wird in den bundesdeutschen Kinos uraufgeführt. →S. 75

29. April, Mittwoch

In einem offenen Brief an DDR-Ministerpräsident Otto Grotewohl protestiert der Ratsvorsitzende der Evangelischen Kirche in Deutschland, Bischof Otto Dibelius, gegen die staatliche Propagierung des Atheismus in der DDR. →S. 65

Die Vereinigten Staaten liefern dem Ersten Norwegischen Luftabwehrbataillon »Nike«-Raketen. In Fort Bliss (US-Bundesstaat Texas) nimmt eine Abordnung der norwegischen Luftstreitkräfte die Ausrüstung entgegen.

30. April, Donnerstag

Nach dem Tod von Hans-Egon Reinert (CDU) wird Franz-Josef Röder (CDU) zum neuen Ministerpräsidenten des Saarlandes gewählt. Er führt die alte CDU/CVP/SPD-Koalition fort.

In Bonn spricht sich Bundestagspräsident Eugen Gerstenmaier (CDU) dafür aus, den Austritt der Bundesrepublik aus der NATO in Kauf zu nehmen, wenn dadurch die Wiedervereinigung Deutschlands erreicht werden könne. →S. 64

Mehr als ein Vierteljahrhundert nach seiner Entstehung 1929/30 und der Ursendung am 11. April 1932 über Radio Berlin wird im Deutschen Schauspielhaus in Hamburg Bertolt Brechts Drama »Die heilige Johanna der Schlachthöfe« erstmals szenisch aufgeführt. Die Inszenierung stammt von Gustaf Gründgens.

Der französische Informationsminister Roger Frey eröffnet die 12. Internationalen Filmfestspiele in Cannes (Südfrankreich). Der Wettbewerb um die »Goldene Palme«, bei dem 30 Nationen mit über 50 Filmen vertreten sind, steht in diesem Jahr im Zeichen neuer Themen und Techniken.

In der blumengeschmückten Westfalenhalle in Dortmund eröffnet Bundespräsident Theodor Heuss die Bundesgartenschau 1959. Dortmund beherbergt bis zum 17. Oktober die mit einer Gesamtfläche von 60 ha bisher größte Bundesgartenschau. Es ist die siebte nach Kriegsende und die zwölfte Ausstellung dieser Art überhaupt. →S. 70

Radio Luxemburg vergibt in der Essener Grugahalle beim ersten Deutschen Schlagerfestival den Goldenen Löwen an Peter Kraus. Zweiter Preisträger ist die 15jährige Conny Froboess. →S. 75

Der Absatz von Zigaretten in der Bundesrepublik erreicht im April einen Nachkriegshöchststand. In diesem Monat werden rund sechs Milliarden Zigaretten versteuert, das sind 1,1 Millionen Stück oder 21% mehr als im gleichen Monat des Vorjahres.

Das Wetter im Monat April

Station	Mittlere Lufttemperatur (°C)	Niederschlag (mm)	Sonnenscheindauer (Std.)
Aachen	— (8,8)	100* (63)	172 (178)
Berlin	— (8,3)	73* (41)	203 (193)
Bremen	— (8,2)	60* (50)	177 (185)
München	— (8,0)	102* (59)	207 (173)
Wien	11,1 (9,6)	86 (54)	194 (—)
Zürich	9,8 (8,0)	71 (88)	207 (173)

( ) Langjähriger Mittelwert für diesen Monat – Wert nicht ermittelt/* Mittelwert März–April

April 1959

Nachwuchsstar Marion Michael auf der Titelseite der »Frankfurter Illustrierten« vom 4. April

April 1959

Konrad Adenauer will neuer Bundespräsident werden

7. April. Große Überraschung in der Öffentlichkeit löst der Entschluß von Bundeskanzler Konrad Adenauer (CDU) aus, für das Amt des Bundespräsidenten zu kandidieren. Die Amtszeit des derzeitigen Bundespräsidenten Theodor Heuss läuft am 14. September 1959 ab.
Der 83jährige Regierungschef und CDU-Vorsitzende entspricht mit seiner Kandidatur dem einstimmigen Wunsch des Wahlmännergremiums der CDU/CSU. In der Bundesversammlung, die am 1. Juli den Nachfolger von Heuss wählen soll, verfügen die Unionsparteien über eine breite Mehrheit, so daß die Wahl Adenauers als sicher gilt.
Unklarheit herrscht unter Bonner Journalisten über Adenauers konkrete Beweggründe für seinen Schritt. In einer Rundfunkansprache sagt der Bundeskanzler wörtlich: »Sie werden sicher erstaunt gewesen sein, liebe Landsleute, daß ich mich zur Wahl als Nachfolger unseres verehrten Herrn Bundespräsidenten Heuss zur Verfügung gestellt habe. Ausführlich möchte ich zur Zeit nicht über meine Gründe sprechen. Ich möchte nur folgendes sagen: Mein Entschluß ist zwar schnell gefaßt worden, aber, ich muß es noch nachträglich sagen, wohlüberlegt und richtig... Mein Entschluß ist dazu bestimmt, auf Jahre hinaus die Kontinuität unserer Politik zu sichern.« Anlaß zu Spekulationen gibt Adenauers Einschätzung seines zukünftigen Amtes: »Die Stellung, die Aufgabe und die Arbeit des Bundespräsidenten wird in der deutschen

Adenauer verläßt das Haus seiner Tochter in Neuss, wohin er nach seiner Annahme der Kandidatur gefahren war

Der Kanzler (M.) nach der Entscheidung des Wahlmännergremiums der CDU/CSU, umringt von Journalisten

Öffentlichkeit und damit auch in der internationalen Öffentlichkeit zu gering eingeschätzt. Sie ist größer als man schlechthin glaubt.« Kenner der Bonner Politik sehen darin einen Hinweis, daß Adenauer sich als zukünftiger Bundespräsident keineswegs auf repräsentative Aufgaben beschränken wolle, sondern weiterhin die Politik zu gestalten gedenke.
Die Entscheidung des Bundeskanzlers, nach zehnjähriger Amtszeit zurückzutreten, um Bundespräsident zu werden, wird von allen Parteien im Bundestag begrüßt. Der CDU/CSU-Fraktionsvorsitzende Heinrich Krone erklärt: »Die CDU hat ein Opfer gebracht, das aber für Volk und Staat ein Gewinn sein wird.« Die SPD gratuliert der Union zu ihrer Entscheidung.
Im Ausland ruft der angekündigte Rückzug Adenauers aus der aktiven Politik Zustimmung, Sorge, aber auch Genugtuung hervor. Regierungskreise in Washington und London sprechen von der Chance einer größeren Flexibilität der bundesdeutschen Außenpolitik bei der Beurteilung des Deutschlandproblems. In Frankreich wird die Besorgnis geäußert, daß Adenauers Annäherungspolitik an Frankreich nicht fortgesetzt werden könnte. Die Moskauer Parteizeitung »Prawda« bezeichnet Adenauers bevorstehenden Amtsverzicht als eine eindeutige Niederlage seiner unnachgiebigen »Politik der Stärke«: »Auch der hartnäckigste Gegner hält der sowjetischen Friedenspolitik nicht stand« (→ 4. 6./S. 98).

Erich Mende (Bundesvorstandsmitglied der FDP): »Die FDP ist der Auffassung, daß durch die Wahl Adenauers... viele Probleme mit einem Schlag gelöst werden«.

Heinrich Krone (Fraktionsvorsitzender der CDU/CSU): »Als Bundespräsident wird Adenauer die personellen Entscheidungen mitbestimmen können, um die Weiterführung der bisherigen Politik zu sichern.«

Franz Josef Strauß (Verteidigungsminister, CSU): »Ich rechne damit, daß Erhard die Nachfolge Adenauers antreten wird... Ich bin noch nicht dran. Wir sind erst beim Buchstaben E.«

Erich Ollenhauer (Vorsitzender der SPD): »Ich meine, daß die unvorhergesehene Annahme der Kandidatur durch Adenauer das Eingeständnis des Scheiterns seiner Politik ist.«

Carlo Schmid (Bundestagsvizepräsident, SPD): »Es ist für mich eine Ehre, daß die CDU glaubt, nur durch die Nominierung ihres bekanntesten Mannes bei der Präsidentenwahl gegen mich bestehen zu können.«

Wilhelm Kaisen (Bürgermeister von Bremen, SPD): »Mitten im Fluß wechselt man sonst nicht die Pferde. Es ist eine Entscheidung in Fluß gekommen, die lange künstlich gehemmt wurde.«

Fritz Erler (außen- und militärpolitischer Sprecher der SPD): »Das kann das Ende einer Epoche deutscher Politik sein und kann Bewegung in der politischen Szenerie bei uns im Lande einleiten.«

Herbert Wehner (stellvertretender Vorsitzender der SPD): »Leider hat er... als Bundeskanzler manches getan, was der Bedeutung des Amtes des Bundespräsidenten nicht gerade gerecht geworden ist.«

April 1959

Uneinigkeit in der Presse über künftigen Einfluß Adenauers

Die Zeitungskommentatoren bewerten die Kandidatur von Bundeskanzler Konrad Adenauer (CDU) für das Amt des Bundespräsidenten unterschiedlich. Während konservative Blätter die Kontinuität seiner Politik für gewährleistet halten, vertreten Leitartikler linksgerichteter Presseorgane die Ansicht, daß Adenauer das Scheitern seiner Deutschland- und Außenpolitik erkannt habe und deshalb als Bundeskanzler zurücktrete.

DIE WELT

»Es ist einem Mann, der das biblische Alter längst übersprungen hat, nicht zuzumuten, daß er sich weiter wie bisher den Mühen und Strapazen unterzieht, die die kommenden Verhandlungen [über die Deutschlandfrage] mit sich bringen werden. Konrad Adenauer schien noch bis zuletzt entschlossen, sich auch diese Aufgabe zumuten zu wollen. Man darf deshalb den führenden Personen seiner Partei, die ihn bewogen haben, auf diese Absicht zu verzichten, besonderen Dank sagen. Sie haben in erster Linie dem Bundeskanzler gedankt, indem sie den heute ungewöhnlichen Mut aufbrachten, ihm ein Ausscheiden aus der aktiven Führung der politischen Geschäfte nahezulegen.«

Ruhr-Nachrichten

»Das große Bonner Drama um den neuen Bundespräsidenten hat sich in eines einzelnen Mannes Brust vollzogen. Adenauer ist ein Machtmensch. Er will nicht nur das Zepter tragen, er will auch das Zepter schwingen. Seit längerem war er gefragt, ob er das mächtigste Amt, das die Republik zu vergeben hat, abtreten wolle. Er war gleichzeitig gefragt, ob er das ehrenvollste Amt, das höchste und respektierteste unseres Staates annehmen wolle. Das Herrscherliche in ihm, seine Führungsenergien, seine politische Leidenschaft haben ihn lange Wochen sträuben lassen, das Naheliegende gut zu finden. Sein Widerstand wird als heftig geschildert. Nun ist er doch über seinen Schatten gesprungen.«

Frankfurter Allgemeine

»Wer ihn kennt, würde auch nicht von ihm erwarten, daß die Kandidatur bei Herrn Adenauer Sehnsucht nach Ausruhen bedeutet. Der Bundeskanzler kann sich in den Bundespräsidenten verwandeln. Adenauer bleibt Adenauer ... Er scheint durchaus die Absicht zu haben, fünf Jahre Bundespräsidentschaft als Protektor und Mentor durchzustehen, und sein Nachfolger als Bundeskanzler wird es mit ihm in der Villa Hammerschmidt nicht immer leicht haben ...
Viele Fragen tauchen auf, auf die man noch keine Antwort weiß. Aber eines läßt sich sagen: Es ist zu früh für den Abgesang auf die Adenauer-Ära. Der Kanzler weicht nicht der Kritik. Er flieht auch nicht die Gefahr, unter den Verbündeten isoliert zu werden. Er ist entschlossen, seine Außenpolitik mit Konsequenz und notfalls mit Härte fortzusetzen. Auf die Außenpolitik wird er sich als Bundespräsident konzentrieren. Er kann kein Präsidialregime aufrichten. Er wird der Polemik ... entsagen müssen. Aber er wird seine Autorität geltend zu machen trachten.«

DER SPIEGEL

»Zehn Jahre genau hat Konrad Adenauer gebraucht, aus einem provisorischen Staatsfragment, das 1949 auf einem Teil des deutschen Gebietes installiert wurde (um ihm bis zur Wiedervereinigung ›für eine Übergangszeit eine neue Ordnung zu geben‹), einen Voll-Staat mit beschränkter Haftung und beschränktem Horizont zu machen, dessen Ostgrenze an Elbe und Werra so fest in die politische Geographie eingerammt ist, als sollte sie für alle Ewigkeit gelten.
Nun ist Konrad Adenauer mit seiner Politik am Ende. Er tritt aus dem Bundeskanzleramt ab und hinterläßt seinem Nachfolger ein festgefahrenes Staatsschiff, das nur wieder flottgemacht werden kann, wenn ein großer Teil jener politischen Ladung über Bord geworfen wird, die der Kanzler bisher eifersüchtig hütete ...
Die Methoden, nach denen die Eingeborenen in der umstrittenen weltpolitischen Provinz am Rhein ... Politik betreiben – ob es sich nun um den Deutschland-Plan der SPD oder um die Suche nach einem neuen Häuptling handelt –, müssen jeder Großmacht die Erkenntnis aufdrängen, daß es der Welt und den Deutschen zum Besten gereichte, wenn die teutonischen Staatsmänner von allen Verhandlungen über Einflußsphären, Frieden und Sicherheit weitgehend ausgeschaltet würden.
Die Hürde des letzten großen kalten Kriegers Adenauer, der sich durch seine Entspannungs-Obstruktionen am Ratstisch der Westmächte selbst mehr und mehr isolierte, ist nun ausgeräumt, aber in einem Stil, der es jedem Nachfolger auch bei einer vom Westen heute gewünschten größeren Flexibilität schwer machen muß, für Deutschland je wieder Gehör zu finden.«

DIE ZEIT

»Konrad Adenauer wird nun dieses Amt einem Nachfolger überlassen, den er bestimmt (den er nur als Bundespräsident bestimmen kann), und wird damit einen entscheidenden Einfluß auf die Kontinuität der Politik ausüben. Er selber wird die Arena des Kampfes verlassen und über den um die Macht streitenden Parteien stehen. In der größten Ruhe und Distanziertheit des höchsten Amtes im Staate wird er als Schirmherr und Wächter der Bundesrepublik noch lange wirken können. Vielleicht wird sich zeigen, daß er von dort aus mehr Einfluß auf den Lauf der Dinge ausüben wird, als man sich bisher träumen lassen konnte. Denn in diesem Amt stecken viele, bisher noch nicht erschlossene Reserven.
Es wird interessant sein zu sehen, wieviel Gewicht das Amt des Bundespräsidenten auch in einer sozusagen antipräsidial angelegten Verfassung dann bekommt, wenn es jemand übernimmt, der all das nicht nur an Eigenschaften, sondern vor allem auch an Renommee und Assoziationen mitbringt, was in diesem Hause nicht entstehen kann.«

Le Monde

»Es wäre zu einfach, nähme man an, als sei dem Kanzler nichts anderes übriggeblieben als nachzugeben. Vielleicht hat ihn der Tadel seiner Freunde plötzlich seine Isolierung und sein hohes Alter bewußt werden lassen. Es ist aber wahrscheinlicher, daß er mit der Gewandtheit des Realisten ungeahnte Vorteile in der rühmlichen Abdankung entdeckte, die man ihm anbot.«

The Daily Telegraph

»Dies ist kein Grund zur Freude für den Westen, denn wir wissen zu wenig von den Eigenschaften der Männer, die sein Amt übernehmen könnten. Die Sowjets werden annehmen, daß die Bonner Haltung gegenüber einer möglichen deutschen Regelung beweglicher werden wird, wenn Dr. Adenauer nicht länger federführend ist. Es ist deshalb wahrscheinlich, daß die Sowjets ihrerseits unbeweglicher sein werden.«

ПРАВДА

Prawda: »Jetzt, da der hartnäckigste Verfechter des Kalten Krieges aus der politischen Führung praktisch ausgeschlossen ist, beginnt in der Bundesrepublik ein Kampf der gesunden nationalen Kräfte für eine Erneuerung des Kurses. In einflußreichen Kreisen der CDU hat man bereits gesagt, daß so ergebene Gehilfen Adenauers wie der Kriegsminister Strauß, Schröder und andere ihre Haltung ändern oder zurücktreten sollten. Einflußreiche Kreise sind zu der Überzeugung gelangt, daß der Kurs Adenauers ... das Land in eine außenpolitische Isolierung führte. Nüchtern denkende Vertreter der westdeutschen Öffentlichkeit konnten nicht umhin zu erkennen, daß seine Politik eine Katastrophenpolitik war.«

April 1959

Gerstenmaier: Ja zu NATO-Austritt

30. April. Vor ausländischen Pressevertretern in Bonn bekundet Bundestagspräsident Eugen Gerstenmaier (CDU) seine Bereitschaft, einen Austritt der Bundesrepublik aus

Eugen Gerstenmaier (CDU), geboren am 25. August 1906, ist seit 1954 Bundestagspräsident; als Mitglied der Bekennenden Kirche und des Widerstandes wurde er nach dem gescheiterten Attentat auf Hitler vom 20. Juli 1944 zu sieben Jahren Zuchthaus verurteilt.

der NATO in Kauf zu nehmen, wenn damit die Wiedervereinigung Deutschlands erreicht werden könne. Ein militärisches Auseinanderrücken der Machtblöcke ohne eine damit verbundene Wiedervereinigung lehnt er ausdrücklich ab (→ 19. 3./S. 48).
Gerstenmaier glaubt nicht, daß die geplante Atomrüstung der Bundeswehr »für sich genommen« unbedingt der Sicherheit der Bundesrepublik diene. Er verteidigt diese jedoch aufgrund der gegebenen Integration der bundesdeutschen Streitkräfte ins westliche Bündnis.

Professor Ludwig Erhard, »Vater des deutschen Wirtschaftswunders«

Vom Bergarbeiter zum Rechtsanwalt und Finanzminister: Franz Etzel

»Mehr Marktwirtschaft!«

10. April. Auf ihrem 2. Wirtschaftstag in Hannover stellen CDU und CSU ihren wirtschaftspolitischen Plan nachdrücklich unter das Motto »Mehr Marktwirtschaft«.
Nach den Worten von Bundesfinanzminister Franz Etzel (CDU) wird diese Forderung immer aktueller, da nur eine »elastische Wirtschaft« bei dem raschen Wechsel der wirtschaftlichen Verhältnisse allen konjunktur- und arbeitsmarktpolitischen Anforderungen gerecht werde. Bundeswirtschaftsminister Ludwig Erhard (CDU) verwahrt sich gegen Angriffe von seiten der Wirtschaft und betont, seine ganze Wirtschaftspolitik sei auf den freien Unternehmer zugeschnitten. Von diesem müsse allerdings im Gegenzug eine sittliche Haltung gegenüber der Allgemeinheit gefordert werden.

Vier Monate Gefängnis für Blankenhorn

22. April. Die Erste Große Strafkammer des Bonner Landgerichts spricht den Präsidenten der Europäischen Wirtschaftsgemeinschaft, Walter Hallstein, im sog. Strack-Prozeß aus Mangel an Beweisen frei. Der bundesdeutsche Botschafter in Paris, Herbert Blankenhorn, wird dagegen wegen vorsätzlicher falscher Anschuldigung in Tateinheit mit übler Nachrede zu vier Monaten Gefängnis mit zweijähriger Bewährungsfrist verurteilt.
In dem Gerichtsverfahren ging es um den Vorwurf, Hallstein und Blankenhorn hätten Denunziationen gegen Hans Strack, Ministerialrat im Bundeswirtschaftsministerium, an Wirtschaftsminister Ludwig Erhard (CDU) weitergeleitet, ohne diese zu überprüfen.
In der Urteilsbegründung bestätigt Landgerichtsdirektor Helmut Quirini, die von dem Ägypter Galal erhobene und von Blankenhorn und Hallstein weitergeleitete Behauptung, Strack habe sich bestechen lassen, hätte sich als unwahr herausgestellt. Strack hatte zunächst sein Amt verloren, war aber 1954 rehabilitiert worden.

Blankenhorn erreicht am 13. April 1960 in der Wiederaufnahme des Verfahrens einen Freispruch durch den 2. Strafsenat des Bundesgerichtshofes in Karlsruhe.

Auf der Anklagebank: Europas höchster Beamter, Walter Hallstein

Erstattete Strafanzeige wegen falscher Anschuldigungen: Hans Strack

Landtagswahlen in Hannover und Mainz

19. April. Die SPD in Niedersachsen und die CDU in Rheinland-Pfalz können bei den Landtagswahlen ihre Position als jeweils stärkste Partei weiter ausbauen.

Der am 6. Mai 1893 geborene Hinrich Wilhelm Kopf, neuer Ministerpräsident von Niedersachsen, hatte dieses Amt bereits 1946–1955 inne; SPD-Mitglied ist der studierte Jurist seit 1919.

Setzt die Koalition mit der FDP fort: Peter Altmeier, Ministerpräsident des Landes Rheinland-Pfalz seit 1947; der am 12. August 1899 geborene Altmeier ist Mitbegründer und Landesvorsitzender der CDU.

Unter Führung von Ministerpräsident Peter Altmeier (CDU) setzen die Christdemokraten in Rheinland-Pfalz ihre Koalition mit der FDP fort. CDU und FDP halten zusammen 58,1% der Stimmen.
Als neuer Ministerpräsident bildet Hinrich Wilhelm Kopf (SPD) am 12. Mai in Niedersachsen eine Koalition aus SPD, FDP und BHE (Bund der Heimatvertriebenen und Entrechteten). Damit wird die Koalition aus CDU/DP und SPD unter Heinrich Hellwege (DP) abgelöst.

17. Juni zum stillen Feiertag erklärt

21. April. Nach einem Gesetz zur Änderung der Feiertagsordnung wird der 17. Juni, der Jahrestag des Volksaufstandes in der DDR 1953, in Nordrhein-Westfalen nun als »stiller« Feiertag begangen. Der Verband der Gastwirte hatte gegen diese Regelung protestiert.
Innenminister Josef-Hermann Dufhues (CDU) stellt dazu fest: »Wir schämen uns für unsere Landsleute, die nicht auf den Profit eines Tages verzichten wollen, während in der Zone Deutsche bereit gewesen sind, ihr Leben für die Wiedervereinigung zu opfern.«

Oppositionelle in Dresden verurteilt

17. April. Hohe Zuchthausstrafen – insgesamt 37 Jahre und sechs Monate – verhängt das Dresdner Bezirksgericht gegen fünf Studenten der Technischen Hochschule Dresden wegen »konterrevolutionärer Tätigkeit«. Der vom Staatsanwalt als »Kopf der Gruppe« bezeichnete Student Manfred Bauer erhält zehn Jahre Zuchthaus.

In der Urteilsbegründung bezeichnet das Gericht die fünf Studenten im Alter von 20 und 21 Jahren als »Rädelsführer einer 14köpfigen konterrevolutionären Gruppe«, die höchst »gesellschaftsgefährlich« sei. Diese soll versucht haben, die verfassungsmäßige Ordnung der Deutschen Demokratischen Republik »gewaltsam zu stürzen«. Die Studenten hatten ein Sechzehn-Punkte-Programm formuliert und darin eine grundlegende Veränderung der politischen Verhältnisse in der DDR gefordert.

Die von den DDR-Rundfunksendern verbreiteten Ausschnitte aus der dreitägigen Hauptverhandlung gehen vor allem auf die vergeblichen Versuche der Studenten ein, mit westlichen Stellen Verbindung aufzunehmen, um angeblich von diesen Waffen zu erhalten.

Dibelius: Christen in der DDR besorgt

29. April. Der Ratsvorsitzende der Evangelischen Kirche in Deutschland und Bischof von Berlin und Brandenburg, Otto Dibelius, protestiert in einem offenen Brief an DDR-Ministerpräsident Otto Grotewohl entschieden gegen eine staatliche Propagierung des Atheismus in der DDR.

Mit dem Schreiben reagiert Dibelius auf eine Rede Grotewohls (→ 29. 3./S. 49), die nach den Worten des Bischofs bei den Christen in der DDR tiefe Beunruhigung ausgelöst habe. Der DDR-Regierung wirft er vor, »den christlichen Glauben in den Winkel zu drücken«. Ein atheistischer Staat aber könne für einen Christen »niemals zu einer inneren Heimat werden«. Das Recht der Eltern auf eine christliche Erziehung ihrer Kinder bekräftigt Dibelius mit dem Hinweis auf die Garantie der »vollen Glaubens- und Gewissensfreiheit« in der Verfassung der DDR.

Vor dem Eingang des »Wartburg«-Gerichtssaals in Hagen warten zahlreiche Eltern der jugendlichen Angeklagten auf den Beginn der Verhandlung; auch viele Iserlohner und Schwerter sind an dem Prozeßverlauf interessiert

Hagener Jugendprozeß gegen »Rowdytum«

8. April. Vor der Jugendstrafkammer Hagen wird einer der größten Prozesse gegen Jugendliche nach dem Zweiten Weltkrieg eröffnet. 37 junge Männer aus Schwerte und Iserlohn haben sich wegen Totschlags, versuchten Totschlags, Landfriedensbruchs, Körperverletzung und Raufhandels zu verantworten.

Am 18. Oktober 1958 war es auf der Kirmes in Wandhofen bei Schwerte zu Auseinandersetzungen zwischen einer Gruppe von Jugendlichen aus Iserlohn und mehreren jungen Männern aus Schwerte gekommen, denen die Kontaktaufnahme der Iserlohner mit Mädchen aus Schwerte mißfallen hatte. Es kam daraufhin zu einer Prügelei, bei der die kleine Schar aus Iserlohn den kürzeren zog. Diese inszenierte eine Woche später einen »Rachefeldzug« zur Schwerter Kirmes, bei dem der 17jährige Klaus Tonat aus Iserlohn getötet und dessen Bruder lebensgefährlich verletzt wurde.

Die Staatsanwaltschaft stellte daraufhin Anklage wegen Totschlags gegen den 18jährigen Erich Bartelmeß, den Besitzer des Messers, mit welchem Tonat getötet wurde.

Im Laufe der vierwöchigen Verhandlung kann jedoch nicht geklärt werden, wer die tödlichen Stiche ausgeführt hat. Bartelmeß wird deswegen von der Anklage des Totschlags freigesprochen und wegen schweren Landfriedensbruchs, Raufhandels und gefährlicher Körperverletzung zu drei Jahren Jugendgefängnis verurteilt, der höchsten Strafe in diesem Gerichtsverfahren. Die Urteile werden am 12. Mai verkündet.

Die Justizverwaltung hat für die Verhandlung einen großen Saal gemietet, da außer den Angeklagten, ihren 18 Verteidigern und Erziehungsberechtigten rund 60 Zeugen Platz finden müssen. Wie der Prozeßberichterstatter der »Welt« beobachtet, haben die 16- bis 20jährigen Angeklagten sich für den Prozeß »feingemacht« und sehen »nicht wie Totschläger aus, sondern wie junge Burschen, die gern eine große Lippe riskieren. Nur nicht grad' vor Gericht... Vielmehr geben sie brav Auskunft, stehen auf, wenn sie angeredet werden, und sitzen sonst da, wie es sich gehört.«

In der Öffentlichkeit finden bereits seit einiger Zeit erregte Diskussionen über die Auswüchse des Rowdytums statt. Erklärungsversuche, die bei der sozialen Situation dieser gewalttätigen Jugendlichen ansetzen, werden von vielen Politikern als sozialromantische Spinnerei abgetan. Das Bayerische Innenministerium hatte sich bereits 1956 dafür ausgesprochen, »gegen die Halbstarken mit Brutalität vorzugehen, da die bisher stattgehabte Humanitätsduselei absolut wirkungslos« und damit ineffektiv gewesen sei.

Einige Jugendliche werden aus der Haft in den Gerichtssaal vorgeführt

April 1959

Castro besucht die Vereinigten Staaten

17. April. Der kubanische Ministerpräsident Fidel Castro, nach der Machtübernahme der Rebellen (→ 2. 1./S. 12) seit dem 16. Februar im Amt, trifft auf Einladung des Verbandes der US-amerikanischen Zeitungsverleger zu einem inoffiziellen Besuch in Washington ein.

Erster Höhepunkt von Castros zweiwöchiger Visite ist ein Empfang im Nationalen Presseclub. Der 31jährige Ministerpräsident bekennt sich zu freundschaftlichen Beziehungen seines Landes zu den Vereinigten Staaten und versichert, daß Kuba bei einem Konflikt der USA mit der Sowjetunion strikte Neutralität wahren werde. Gerüchte, wonach das US-amerikanische Eigentum beschlagnahmt und die US-Marinebasis in Guantanamo geschlossen werden sollen, weist Fidel Castro energisch zurück.

In bezug auf die kubanische Innenpolitik versichert Castro, daß weder Kommunisten an der Regierung beteiligt seien, noch die Gefahr der Errichtung einer Diktatur bestehe. Freie Wahlen sollten jedoch erst in vier Jahren abgehalten werden, da zunächst die Verwaltung und die Wirtschaft reorganisiert werden müßten. Am 22. April trifft Castro mit US-Vizepräsident Richard M. Nixon und Außenminister Christian A. Herter zusammen. Er rät den USA von Waffenlieferungen an lateinamerikanische Länder ab, da sie von den dortigen Diktaturen zur Unterdrückung der Bevölkerung verwendet würden.

Revolutionsführer auf Goodwill-Tour: Fidel Castro (l.) in Washington

Castro (l.) bei Vizepräsident Nixon

Herter löst Dulles als Außenminister ab

18. April. US-Präsident Dwight D. Eisenhower ernennt den bisherigen Unterstaatssekretär im Außenministerium, Christian A. Herter, zum Nachfolger von Außenminister John Foster Dulles.

Der 71jährige Dulles war am 15. April von seinem Amt zurückgetreten, nachdem auch nach langen Krankenhausaufenthalten keine Aussicht auf Heilung seiner schweren Krebsleiden bestand. Die Ernennung Herters, der während der Krankheit von Dulles das Außenministerium geleitet hatte, verzögerte sich, da Eisenhower den angeforderten Bericht der Ärzte über Herters Gesundheitszustand abwarten wollte. Der 64jährige Diplomat muß wegen einer Hüft-Arthritis an Krücken gehen.

Die Berufung Herters wird im Senat sowohl von seiner Partei, den Republikanern, als auch von den Demokraten unterstützt, da von ihm als engem Vertrauten von Dulles die Fortführung der bisherigen Außenpolitik erwartet wird. Auch die Verbündeten der USA bewerten die Ernennung des neuen Außenministers positiv. Er gilt als Experte für Ost-West-Beziehungen und hat an den Richtlinien für die US-amerikanische Verhandlungsdelegation bei der Vier-Mächte-Konferenz in Genf am → 11. Mai (S. 80) mitgearbeitet.

Die Zeremonie im Weißen Haus: US-Präsident Eisenhower (r.) übergibt dem neuen Außenminister seine Ernennungsurkunde; l. Ehefrau Mary Herter. Christian Archibald Herter wurde am 28. März 1895 in Paris geboren. Er war 1916/17 Attaché in der US-Botschaft in Berlin und später Referent von US-Präsident Herbert Hoover; 1943 bis 1953 vertrat Herter Massachusetts im Kongreß und wurde 1953 Gouverneur dieses Staates; seit 1956 war der republikanische Politiker stellvertretender Außenminister unter John Foster Dulles; außenpolitisch propagiert er mehr Beweglichkeit gegenüber der UdSSR. Befürworter der Entspannung erhoffen von Herter neue Initiativen in der Abrüstungsfrage.

SEATO für Kampf gegen den Hunger

8. April. In der neuseeländischen Hauptstadt Wellington tritt der Ministerrat des Südostasienpaktes SEATO zu einer dreitägigen Sitzung zusammen.

Vor Beginn der Konferenz hatte die Sowjetunion, die der SEATO nicht angehört, die Schaffung einer »Zone des Friedens, in erster Linie einer kernwaffenfreien Zone« im südostasiatischen Raum gefordert. Die Mitglieder des Paktes werden beschuldigt, Stützpunkte für den Einsatz von Kern- und Raketenwaffen schaffen zu wollen. Die Konferenz weist die sowjetischen Ausführungen zurück und betont die Bedeutung der SEATO für die Erhaltung des Friedens im Paktgebiet. Die SEATO müsse noch stärker Hunger und wirtschaftliche Not bekämpfen, damit die freien Völker die Stärke erhielten, um bei der Verteidigung der Demokratie gegen den Kommunismus fest zu bleiben.

Die SEATO ist ein 1954 geschlossenes Verteidigungsbündnis, dem Australien, Frankreich, Großbritannien, Neuseeland, Pakistan, die Philippinen, Thailand und die USA angehören. Sie soll einer kommunistischen Expansion in Südostasien entgegenwirken.

Sowjetnote gegen Atombewaffnung

21. April. Die sowjetische Regierung protestiert in einer Note an die Bundesregierung gegen die geplante Ausrüstung der Bundeswehr mit Atomwaffen.

In der Note, die vom sowjetischen Außenminister Andrei A. Gromyko dem bundesdeutschen Botschafter Hans Kroll in Moskau überreicht wird, stellt die Sowjetregierung fest, daß die Einbeziehung der Bundesrepublik in das atomare Wettrüsten und die zunehmende Konzentration ausländischer Kernwaffen auf ihrem Gebiet die Kriegsgefahr stark erhöhe. Die UdSSR weist in ihrem Protest darauf hin, »daß die Bundesregierung, indem sie Vorbereitungen zu einem Atomkrieg auf ihrem Territorium zuläßt und die Ausrüstung der Bundeswehr mit Kern- und Raketenwaffen anstrebt, die ... Bedingungen verletzt, die eine Bewaffnung und Militarisierung Deutschlands verbieten«.

April 1959

NATO-Jubiläum in Washington gefeiert

2. April. Zur Feier seines zehnjährigen Bestehens tritt der Rat des nordatlantischen Verteidigungsbündnisses NATO zu einer dreitägigen Konferenz in Washington zusammen. In dem Schlußkommuniqué bekräftigen die Außenminister der 15 Mitgliedsstaaten ihre Einheit gegenüber der UdSSR und bekennen sich zur Erhaltung der Freiheit von Berlin (West).
Trotz gemeinsamer Ziele werden unterschiedliche Positionen zur Deutschlandfrage deutlich (→ 5. 1./S. 17; 11. 5./S. 80). Großbritannien hält Alternativen für den künftigen Status von Berlin für möglich. Frankreich vertritt eine härtere Linie und lehnt jede Anerkennung der DDR ab. Die Wiedervereinigung Deutschlands sei auf absehbare Zeit nicht möglich. Bundesaußenminister Heinrich von Brentano (CDU) spricht sich ebenfalls gegen jegliches Nachgeben gegenüber der UdSSR aus. Vermehrte Kontakte zur DDR seien ausgeschlossen. Von seiten der USA wird die starre Haltung der deutschen Delegation in dieser Frage bedauert.

In einer Anzeigenkampagne stellt die NATO ihre Rolle als Garant der Freiheit heraus

Europarat blockt Südtirolfrage ab

20. April. Bei der Festsitzung zur Zehnjahresfeier des Europarats in Straßburg kommt es zu einem politischen Zwischenfall, als der österreichische Außenminister Leopold Figl

Der am 2. Oktober 1902 geborene Leopold Figl, von 1945 bis 1953 österreichischer Bundeskanzler, seitdem Außenminister, war entschiedener Gegner des Anschlusses Österreichs an das Deutsche Reich 1938; 1944/45 war Figl in verschiedenen deutschen Konzentrationslagern inhaftiert.

die Südtirolfrage anschneidet und die italienischen Delegierten daraufhin damit drohen, den Saal zu verlassen. Figl bricht seine Ausführungen nach einer entsprechenden Aufforderung des Präsidenten der Versammlung mit einer bedauernden Bemerkung ab.
Durch die Teilung Tirols nach dem Ersten Weltkrieg und die Angliederung des südlichen Landesteils mit seiner deutschsprachigen Bevölkerung an Italien entstand ein Nationalitätenproblem, das zu dauerhaften Spannungen zwischen Österreich und Italien führte.

Großrazzia gegen algerische Terroristen in Frankreich

10. April. Als Schlag gegen Terrorakte algerischer Unabhängigkeitskämpfer in Paris verhaftet die französische Polizei 465 verdächtige Algerier. Noch in der Nacht zum 10. April waren bei zwei Überfällen auf Bars in Paris drei Personen getötet und acht verletzt worden. Nach Angaben der Polizei handelt es sich hierbei um Kämpfe rivalisierender Befreiungsgruppen.
Der Flügel der Befreiungsbewegung, der auch Gewaltakte im Kampf um die Befreiung Algeriens von der Kolonialherrschaft Frankreichs befürwortet, geht auf die »Bewegung für einen Sieg der demokratischen Freiheiten« unter der Führung von Messali Hadj zurück. Von dieser Bewegung spaltete sich nach dem Zweiten Weltkrieg eine nationalistische Gruppe ab, die von Mohammed Ahmed Ben Bella geführte »Organisation spéciale« (OS). Nach jahrelanger Mobilisierungsarbeit begann die OS am 1. November 1954 den bewaffneten Aufstand, dem sich bald die meisten anderen Gruppierungen anschlossen. Aus ihrer Verschmelzung entstand die FLN, die »Front der Nationalen Befreiung«, die seit dem 19. September 1958 auch die Exilregierung der algerischen Republik in Tunis bildete.
Die französische Regierung unter dem damaligen Ministerpräsidenten Pierre Mendès-France zeigte sich unnachgiebig gegenüber den als »Rebellen, Banditen und Terroristen« bezeichneten algerischen Revolutionären. Staatspräsident Charles de Gaulle, der seit dem → 8. Januar (S. 14) im Amt ist, geht jedoch grundsätzlich vom Selbstbestimmungsrecht Algeriens aus. So verfügte er bereits am 13. Januar eine Amnestie für algerische Unabhängigkeitskämpfer, unter denen sich auch Ben Bella, nunmehr Mitglied der Exilregierung, befand.

Demonstration in Paris gegen das Selbstbestimmungsrecht Algeriens; die Politik de Gaulles bleibt umstritten

Unter den etwa 5000 Demonstranten befinden sich hauptsächlich französische Veteranen des Algerienkrieges

Papst-Dekret zu Wahlen

2. April. Papst Johannes XXIII. unterzeichnet ein Dekret des Heiligen Offiziums, das Katholiken untersagt, bei Wahlen für Kandidaten zu stimmen, die den Kommunismus in irgendeiner Form unterstützen. Dies gilt selbst für Bewerber, die sich offiziell zum Christentum bekennen.

Verfügung gegen Kommunisten
»Es ist nicht erlaubt, daß Katholiken für Parteien oder für Kandidaten stimmen, die eine Neigung zum Zusammengehen mit dem Kommunismus zeigen oder die Kommunisten unterstützen, und zwar auch dann, wenn ihre offiziellen Grundsätze nicht im Gegensatz zu katholischen Lehren oder zu den charakteristischen Merkmalen des Christentums stehen.«

Das Dekret ist die bisher schärfste Maßnahme der katholischen Kirche gegen Personen oder Parteien, die kommunistische Ideen vertreten. Es stellt, wie Vertreter des Vatikans erklären, eine Weiterentwicklung der Maßregeln dar, die am 1. Juli 1949 vom Heiligen Offizium gegen den Kommunismus beschlossen wurden. Damals wurde die Exkommunizierung militanter Mitglieder der Kommunistischen Partei verkündet. Nach übereinstimmender Ansicht aller italienischen Zeitungen richtet sich die Verfügung vor allem gegen die christlich-soziale Bewegung des sizilianischen Regionalpräsidenten Silvio Milazzo. Sie stellt damit eine Einmischung in den bevorstehenden Wahlkampf zum sizilianischen Regionalparlament dar. Außerdem wird der Papsterlaß als Kritik an Politikern der Democrazia Cristiana gewertet, die auf kommunaler Ebene mit Kommunisten zusammenarbeiten. Politische Kreise sehen in dem Dekret ein neues Anzeichen dafür, daß der Papst den Repräsentanten der konservativen Richtung im Vatikan weitgehend freie Hand läßt. Kritiker befürchten nun, daß die verstärkte Stellungnahme der Kurie gegen jede Begünstigung des Kommunismus die mühsam gewahrte Übereinkunft zwischen Kirche und Staat in Polen gefährden könnte.

Papst Johannes XXIII., am 25. November 1881 als Angelo Giuseppe Roncalli bei Bergamo in Italien geboren, wurde 1925 Titular-Erzbischof. Er war im päpstlichen diplomatischen Dienst als Visitator zunächst in Bulgarien tätig und wurde 1934 Apostolischer Delegat für Griechenland und die Türkei in Istanbul. Papst Pius XII. ernannte ihn 1944 zum Nuntius in Paris und verlieh ihm 1953 den Titel des Kardinals und Patriarchen von Venedig. Am 28. Oktober 1958 wurde Roncalli als Nachfolger von Pius XII. zum Papst gewählt.

USA: »Schwarzes« Blut wird markiert

5. April. Im US-Bundesstaat Arkansas wird ein Gesetz verabschiedet, nach dem das Blut farbiger Spender für Transfusionen mit einem besonderen Etikett gekennzeichnet werden muß. Dadurch soll eine zusätzliche »Sicherung gegen die Übertragung von Krankheitskeimen« geschaffen werden.
Die Regierung des Südstaates geriet bereits mehrmals in die Schlagzeilen durch ihren Kampf für die Rassentrennung an den Schulen.
Die Rassenfrage ist in den USA nach wie vor ein aktuelles Problem. Die vom Obersten Gerichtshof 1896 geprägte Formel »separate but equal« (»getrennt, aber gleich«) gilt praktisch immer noch. Es besteht eine Rassentrennung zwischen Schwarzen und Weißen in fast allen Lebensbereichen. Seit dem Ersten Weltkrieg zogen wegen der besonders bedrückenden Lebensbedingungen in den Südstaaten immer mehr schwarze Amerikaner in die Industriestädte des Nordens, wo sie in Ghettos leben, die latente Unruheherde darstellen.

Weiterhin Diskussion über Folgen radioaktiver Strahlung

5. April. Die radioaktive Verseuchung von drei britischen Jungen, die am 31. März in Aberdeen beim Spielen auf einer Abfallhalde mit verstrahltem Industriemüll in Berührung gekommen sind, löst weltweit Diskussionen über den Umgang mit der Atomenergie aus.
Sowohl die in der Opposition stehende Labour Party als auch die Sozialdemokraten in der Bundesrepublik fordern Gesetze zum Schutz gegen die Strahlung radioaktiver Stoffe. Die zuständigen Ministerien weisen jedoch darauf hin, daß die Auswirkungen der Strahlung verschiedener radioaktiver Substanzen noch nicht ausreichend erforscht seien.
Den gesundheitlichen Folgen radioaktiver Strahlen gelten zahlreiche Untersuchungen von Atomwissenschaftlern und Medizinern. Japanische Forscher finden im menschlichen Knochensystem Spuren von Cäsium 137, das u.a. bei Kernexplosionen entsteht. Um die Wirkung von Strontium 90 auf den menschlichen Körper zu untersuchen, nehmen mehrere britische Wissenschaftler unbekannte Mengen dieses Abfallprodukts der Wasserstoffbombe in der Nahrung zu sich oder lassen es sich in die Blutbahn injizieren.
Zum Schutz der Bevölkerung gegen atomare Strahlungen im Kriegsfall plant das Bundesinnenministerium eine gesetzliche Verpflichtung zu Vorkehrungen gegen radioaktiven Niederschlag. Alle privaten Gebäude sollen innerhalb von zehn Jahren über geeignete Luftschutzräume verfügen.

Die in München herausgegebene Zeitschrift »Das Gewissen« erscheint monatlich. Mit dem Anspruch, die Bevölkerung über die Gefahren der Atomtechnologie aufzuklären, berichtet das Blatt über die zivile und militärische Nutzung der Kernkraft auf der ganzen Welt. Dabei wird davon ausgegangen, daß West und Ost sich in der Verheimlichung der Gefahren einig sind.

Windscale ist eine der ersten atomaren Wiederaufbereitungsanlagen; sie wurde 1958 an der Nordwestküste von Großbritannien erbaut

April 1959

Mao als Staatschef in China abgelöst

27. April. Der Nationale Volkskongreß, das chinesische Parlament, wählt in Peking eine neue Staatsführung. Nachfolger Mao Tse-tungs als »Vorsitzender der Volksrepublik China« wird der führende Ideologe und Organisator der Kommunistischen Partei, Liu Shao-ch'i.

Das neue Staatsoberhaupt Chinas
Liu Shao-ch'i, neues Staatsoberhaupt von über 600 Millionen Chinesen, wurde 1899 als Bauernsohn in der Provinz Hunan geboren. Seit 1927 ist er Mitglied des Zentralkomitees, seit 1932 des Politbüros der KP; 1949 wurde er zum stellvertretenden Parteivorsitzenden gewählt; von 1955 bis zu seiner jetzigen Wahl war er stellvertretender Vorsitzender des Nationalen Volkskongresses. Liu erarbeitete die Verfassung der Partei und organisierte ihren Apparat. Sein Werk »Über die Partei« gehört zum Lehrstoff jedes chinesischen Jungkommunisten.

Mao Tse-tung, der mit seinem wirtschaftspolitischen Konzept des »Großen Sprungs nach vorn« (→ 2. 2./S. 30) in wachsenden Widerspruch zur Mehrheit der Parteiführung geriet, hatte im Dezember 1958 beschlossen, nicht wieder für das Amt des Staatsoberhauptes zu kandidieren. In der Wahl Liu Shao-ch'is deutet sich ein allmählicher Wandel der Volksrepublik China an. Der Bauernführer Mao wird durch den Arbeiterführer Liu abgelöst, eine personelle Konsequenz, die in Zusammenhang mit der angestrebten Entwicklung vom Agrar- zum Industriestaat steht.
Am 21. April hatte der Volkskongreß eine Steigerung der industriellen und landwirtschaftlichen Produktion um 40% gegenüber 1958 beschlossen. Die chinesische Regierung will die Entwicklung von Schwer- und Leichtindustrie gleichzeitig vorantreiben. Die Landwirtschaft soll mehr Grundnahrungsmittel erzeugen und die Planziele vorzeitig erfüllen. Die Bevölkerung wird daher zu einem höheren Arbeitseinsatz aufgefordert.

◁ *Massenveranstaltung zum Auftakt des Parteikongresses der chinesischen Kommunisten in Peking*

April 1959

Gartenschau – ein Meer von Blüten

30. April. Bundespräsident Theodor Heuss eröffnet die Bundesgartenschau in Dortmund. Bis Mitte Oktober erfreuen sich Millionen von Besuchern an der mit den Jahreszeiten wechselnden Blütenpracht im neuen Westfalenpark. Es handelt sich um die siebte Bundesgartenschau nach dem Krieg und um die zwölfte überhaupt.
Die Gestaltung des Westfalenparks oblag dem städtischen Gartenbaudirektor Konrad Glocker. Auf einer Fläche von 600 000 m² erwartet das Publikum ein Blütenmeer aus Ländern aller Kontinente – japanische Azaleen ebenso wie Blumen von den Ufern des Kongo.
Eine besondere Attraktion für die Besucher ist der 220 m hohe Fernsehturm »Florian«, aus dessen drehbarem Restaurant in 138 m Höhe die Gäste einen herrlichen Blick über das Gartenschaugelände und die Stadt Dortmund haben.
Die Dortmunder Bundesgartenschau gehört zur Planung eines großzügigen Grüngürtels im Rahmen des Wiederaufbauprogramms.

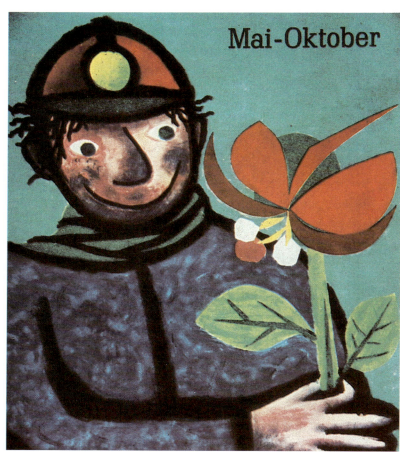

Millionen von Besuchern zieht es zu der Blütenschau aus allen Kontinenten

Neue Staustufe der Elbe bei Hamburg

16. April. Bundesverkehrsminister Hans-Christoph Seebohm (Deutsche Partei) übergibt die Schleuse und den Seitenkanal der ersten Staustufe der Elbe in Geesthacht bei Hamburg dem Verkehr.
Mit dem Bau der Staustufe und der Schleuse soll erreicht werden, daß Schiffe mit größerem Tiefgang die Elbe und den Elb-Trave-Kanal befahren können. Das tiefere Fahrwasser in der Unterelbe ist für die immer größer werdenden Schiffe ausreichend. In erster Linie soll von Hamburg aus die Schiffahrt elbaufwärts ausgebaut werden.
Bei einer Tiefe der Fahrrinne von vier Metern können 1000-t-Schiffe von Hamburg nach Lauenburg und weiter nach Lübeck über den Elb-Trave-Kanal fahren. Wegen der schwankenden Wasserstände der Elbe war dies nicht immer möglich. Der Bau der Schleuse und des 5 km langen Seitenkanals hatte 69 Millionen DM gekostet. Die entstandenen Mehrkosten von 27,5 Millionen DM führten zum Streit zwischen Hamburg und dem Bund.

Optimismus und gespannte Erwartung auf den Gesichtern der sieben Auserwählten; v.l. Donald Slayton, Alan Shepard, Walter Schirra, Virgil Grissom, John Glenn, Leroy Cooper und Malcolm Carpenter

Sieben Kandidaten für ersten bemannten Weltraumflug stellen sich der Öffentlichkeit vor

10. April. In Washington stellt die US-Weltraumbehörde NASA sieben Kandidaten für den ersten bemannten Weltraumflug vor, der für 1961 geplant ist. Im Rahmen des Projekts »Merkur« sollen die Astronauten mit einem Satelliten die Erde in 160 bis 250 km Höhe umkreisen.
Die sieben Weltraumflugkandidaten wurden im Verlauf harter Prüfungen unter 112 Bewerbern ausgewählt. Diese durften nicht älter als 40 Jahre und nicht größer als 1,80 m sein. Voraussetzungen waren außerdem der Bachelor-Grad der technischen Wissenschaften, eine Qualifikation als militärischer Versuchsflieger sowie eine Erfahrung von mindestens 1500 Flugstunden.
In strengsten medizinischen Untersuchungen wurden die Kandidaten auf ihre körperliche Tauglichkeit untersucht, da die von ihnen angestrebte Mission in dieser Hinsicht äußerste Anforderungen an sie stellen wird. Der US-Marinearzt Norman Barr beschreibt die körperlichen Auswirkungen eines Raumflugs so: »Durch die immense Beschleunigungskraft wird die Luft aus der Lunge des Astronauten gepreßt…, er muß einen ungeheuren Druck ertragen, bis er – in der Umlaufbahn – plötzlich in einen tiefen Abgrund stürzt, in eine Welt der Schwerelosigkeit… Bei seinem Rückflug wird das Raumschiff in die Atmosphäre einbrechen wie ein Felsbrocken ins Wasser…«
Die sieben Kandidaten sind allesamt Familienväter und beantworten die Frage, ob sie wohl lebend zur Erde zurückkehren werden, mit einem einmütigen und zuversichtlichen »Ja«. Astronaut John Glenn stellt fest, daß er dem Himmel niemals näher kommen werde als durch diesen Flug (→ 28. 5./S. 88).

April 1959

Familienporträt anläßlich der Hochzeit am japanischen Kaiserhof: Das Brautpaar zu Besuch bei Kaiser Hirohito (l.) und Kaiserin Nagako (r.)

Der Hochzeitszug wird unterbrochen, als ein junger Arbeitsloser, der zuvor einen Stein geworfen hatte, auf die Kutsche springt (l.); die Polizei kann den Täter jedoch sofort überwältigen (r.), das Brautpaar bleibt unverletzt

Offizielles Hochzeitsfoto: Das Brautpaar in traditionellen Gewändern

Kronprinz Akihito heiratet Bürgerliche

10. April. Nach altem Schinto-Ritus wird in Tokio die Trauung des japanischen Kronprinzen Tsugu No Mija Akihito und der Industriellentochter Mitschiko Schoda feierlich vollzogen.

Bei dem Zeremoniell im Kaschikokodoro-Tempel führt der oberste Priester die Prozession an. Ihm folgt Kronprinz Akihito in einem tieforangefarbenen Prachtgewand und einem schwarzen Lack-Kopfschmuck. In der Hand trägt er ein Zepter. Dahinter schreitet ein Kammerherr mit einem 700 Jahre alten Schwert, das die Stellung des Kronprinzen symbolisiert. Nach einem weiteren Shinto-Priester folgt dann die Braut. Sie trägt den aus zwölf Gewändern bestehenden Hochzeitskimono, den schon Kaiserin Nagako bei ihrer Hochzeit mit Kaiser Hirohito 1924 getragen hatte. Am Ende der religiösen Trauungszeremonie begibt sich das Brautpaar mit einem Priester in die äußere Halle des Tempels und empfängt eine mit Reiswein gefüllte Schale. Mit drei Schlucken ist nach einem 2618 Jahre alten Brauch die Ehe besiegelt.

Kaiser Hirohito und Kaiserin Nagako verfolgen den Ablauf der Trauung im Fernsehen. Kronprinz Akihito und seine Braut werden anschließend im Kaiserpalast offiziell empfangen und zeigen sich der begeisterten Menschenmenge.

Beanstandetes Titelbild der beschlagnahmten »Simplicissimus«-Ausgabe

»Simplicissimus« beschlagnahmt

2. April. Die Münchener Staatsanwaltschaft verfügt die Beschlagnahme der politisch-satirischen Wochenschrift »Simplicissimus«, weil das Titelbild und ein Artikel ihrer Meinung nach schwer jugendgefährdend sind.

Das Titelbild zeigt ein Pin-up-girl in schwarzem Korselett mit einer umgehängten sowjetischen Maschinenpistole. Das Mädchen wird vorgestellt als »Maria Macsnell«. Der beanstandete Artikel trägt den Titel »Nie war die Nacht so schwül« und ist eine Geschichte über »Frauen, anders als die anderen«.

Die Aprilnummer des »Simpl« stellt sich als »Blubu« (Blut- und Busenillustrierte) vor und will nach einem Vorwort des Herausgebers Olaf Iversen »*die* Illustrierte sein, nämlich so sein, wie die derzeitigen Illustrierten gerne sein möchten«, es aber nicht zu sein wagen.

Der größte Teil der Ausgabe ist zum Zeitpunkt der Beschlagnahme bereits ausgeliefert.

Die 1896 in München von Albert Langen gegründete Zeitschrift war ursprünglich mit dem Anspruch angetreten, »das einzige illustrierte Kunst- und Kampfblatt Deutschlands ohne politische Tendenz« zu sein. Während des Dritten Reiches konnte das Blatt nur überleben, weil die Ebene harmloser, unpolitischer Witzchen nicht verlassen wurde. Mit dem einstigen »Simplicissimus« hatte diese Zeitschrift nur noch den Namen gemein.

April 1959

Fernsehen 1959:
Siegeszug in die gute Stube unaufhaltsam

Am 31. Dezember 1959 gibt es in der Bundesrepublik 3 201 808 Fernsehgeräte, womit etwa ein Viertel der bundesdeutschen Haushalte über einen TV-Anschluß verfügt. Die Anzahl der Fernsehgeräte erhöht sich allein im Monat August gegenüber dem Vormonat um 67 433 auf 2 861 000. Treffend nennt Bundeswirtschaftsminister Ludwig Erhard (CDU) Fernsehen, Rundfunk und Schallplatte die »Lieblingskinder des deutschen Verbrauchers«.

Waren Mitte der fünfziger Jahre noch Gaststätten und die sog. Aktualitätenkinos, die Fernsehen in Großprojektion vorführten, die wichtigsten Orte des Fernsehkonsums, so ist nun der Siegeszug der Truhen und Tischgeräte in die gute Stube nicht mehr aufzuhalten. Die Aktualitätenkinos (»Akis«) werden am 18. März gerichtlich verboten. Unter dem Titel »Das große Gähnen vor dem Bildschirm« zieht die Illustrierte »Revue« eine Bilanz des bundesdeutschen Fernsehens nach sechsjährigem Sendebetrieb. Die Einrichtung eines konkurrierenden zweiten Programms sei dringend erforderlich, denn allzu viel »Klamauk, Kitsch und Krampf« beherrschten das Programm. Dieser Einsicht scheinen sich auch die Fernsehdirektoren nicht mehr zu verschließen: »Der Bunte Abend ist tot, Quizsendungen gehen nicht mehr, Zirkus und Varieté will kein Mensch mehr sehen«, konstatiert der Produzent Walter Pindter.

Auf der Suche nach neuen Formen der Kurzweil entsteht die Idee des »Fernsehromans«. Als Prototyp dieses Programmfüllers läuft am →12. Februar (S. 37) die erste Folge des sechsteiligen Heimkehrer-Epos »Soweit die Füße tragen« über die Bildschirme. Die Kritik urteilt: »Schlecht geschrieben, miserabel inszeniert, dilettantisch gespielt.« (»Der Spiegel«) Das Publikum hingegen ist begeistert.

Neu im Programm sind der bayerische »Komödienstadl«, Lou van Burg mit »Jede Sekunde ein Schilling«, »Die Glückskarrosse« und die US-Serie »Lassie«. Die »Tagesschau« erhält ein neues Konzept und Karl-Heinz Köpcke wird ihr populärster Sprecher (→2. 3./S. 53).

»Unsere Nachbarn heute abend: Familie Schölermann«, die erste Familienserie des Deutschen Fernsehens, wird seit 1954 alle zwei Wochen ausgestrahlt. Vater Schölermann (Willy Krüger) hat sich mittlerweile zum Bezirksvertreter mit eigener Sekretärin (Lieselotte Willführ) emporgearbeitet.

Dorothea Moritz in der Folge »Das Alibi« aus der Krimiserie »Stahlnetz«; Regisseur Jürgen Roland und Autor Wolfgang Menge wollen nicht nur spannende Unterhaltung bieten, sondern in Zusammenarbeit mit der Kriminalpolizei auch Verbrechensbekämpfung erläutern.

Ungewöhnliche Erlebnisse ganz gewöhnlicher Leute schildert Alfred Gehris Komödie »Im 6. Stock« mit Charlotte Kramm, Inge Meysel und Gert Niemitz (v. l.) in den Hauptrollen.

Vor dem »Wort zum Sonntag« stehen am Sonnabend regelmäßig ein Quiz, eine Show oder ein Lustspiel auf dem Programm. Hier brilliert Theo Lingen in der Komödie »Die gute Sieben«.

Nostalgische Erinnerungen sind auch 1959 ein Garant für Publikumserfolge; die Revue »Evergreens« stellt heitere Szenen aus dem kaiserlichen Österreich nach.

Erstmals sendet das Fernsehen den »Komödienstadl«: Bayerische Einakter, hier mit Michl Lang (l.), Konstantin Delcroix und Liesl Karlstadt sorgen für Heiterkeit; zwischen den Akten werden die Zuschauer aufs zünftigste mit volkstümlichen Klängen bayerischer Blaskapellen unterhalten.

In Anlehnung an Titel und Thema von Heinrich von Kleists bekanntem Lustspiel präsentiert der »Komödienstadl« die bayerische Version von »Der z'brochana Kruag«; Hans Baur (l.) spielt den Richter in dem Stück, das sich um einen zerbrochenen Maßkrug dreht.

April 1959

Die Übertragungen des NDR aus dem Ohnsorg-Theater in Hamburg sind immer ein Erfolg; Otto Lüthje (l.) und Hartwig Sievers in der Komödie »Mensch sein muß der Mensch«.

»Serengeti darf nicht sterben« ist die letzte Folge aus Bernhard Grzimeks Reihe »Ein Platz für Tiere«, an der Michael Grzimek (l.) mitgearbeitet hat. Er stirbt am 10. Januar bei einem Flugzeugabsturz.

Musik und Humor beim Äppelwoi präsentiert Otto Höpfner im »Blauen Bock«; die beliebte Sendereihe kommt vom Hessischen Rundfunk; »unbeschwerte Freude und Entspannung« sind Trumpf.

21.00 Keine Sendung, keine Aufregung!
Wir bitten zu Probeaufnahmen ins Studio 8
Szenenbild: Horst Klös
Buch und Regie: Hajo Müller
Produktion: Jente von Lossow

20.30 Vom Österreichischen Fernsehen, aus dem Stadttheater Wien:
Jede Sekunde ein Schilling
Eine heitere Show von und mit Lou van Burg und dem Orchester Johannes Fehring. Regie: Theodor Grädler

20.40 Heute abend Peter Frankenfeld
Eine Übertragung aus dem Höhenpark Killesberg in Stuttgart
Es spielen Erwin Lehn und sein Südfunk-Tanzorchester
Zusammenstellung und Leitung: Georg Friedel und Horst Jaedicke

20.20 Hätten Sie's gewußt?
Ein Fragespiel mit Heinz Maegerlein als Quizmeister
21.05 Mit anderen Augen
Ein Vergleich der Wochenschauen verschiedener Länder

Ein Fernsehstudio als Tummelplatz für Talente: Die Unterhaltungsserie »Keine Sendung, keine Aufregung!« bringt Laien vor die Kamera.

Das Quiz »Jede Sekunde ein Schilling« mit dem niederländischen Showmaster Lou van Burg wird vom Österreichischen Fernsehen übertragen; es kommt auch in der Bundesrepublik gut an.

Der Name ist Programm: Peter Frankenfeld gehört als Schauspieler, Komiker und Parodist zu den beliebtesten Entertainern in Quiz- und Unterhaltungssendungen des deutschen Fernsehens.

Der Sportreporter Heinz Maegerlein moderiert das Fragespiel »Hätten Sie's gewußt?«, bei dem es auf Allgemeinwissen, Schnelligkeit und Kombinationsgabe der Kandidaten ankommt.

Die Serie »Toi, toi, toi« mit dem Untertitel »Der erste Schritt ins Rampenlicht mit Peter Frankenfeld« (r.) gibt Nachwuchskünstlern eine Chance.

»Sieben auf einen Streich«, das heitere Tele-Toto des Hessischen Rundfunks mit Hans-Joachim Kulenkampff und Assistentin Uschi Siebert (Abb.), wird 1959 zum letzten Mal gesendet.

Willy Maertens als Theaterdirektor Striese und Lucie Englisch als Rosa in dem Schwank »Der Raub der Sabinerinnen«, der vom WDR in Köln für das Fernsehen inszeniert wird.

Auch anspruchsvolle Unterhaltung hat ihren Platz auf dem Bildschirm: Das Berliner Kabarett »Die Stachelschweine« tritt in der Sendung »Vom Alex zur Gedächtniskirche« auf.

April 1959

Wegweisend für das Tenorsaxophonspiel der dreißiger Jahre war Coleman Hawkins (M.); eines seiner berühmten Soli: »I don't stand a ghost of a chance«; in Essen spielt er mit Bud Cattlett (Baß) und Joe Harris (Schlagzeug)

Essener Jazztage mit großem Programm

18. April. Die »Essener Jazztage 1959« locken fast 14 000 zumeist junge Leute von Rhein und Ruhr in die neue Gruga-Halle.

Die Deutsche Jazzföderation e.V. hatte erstklassige Musiker nach Essen eingeladen. So erfreut Ella Fitzgerald das Publikum mit einem Repertoire, das sowohl den Swing der dreißiger Jahre und Bluesballaden als auch den rhythmisch-prägnanten Scat-Gesang des Bebop umfaßt.

Begeisterten Beifall ernten die Bebopper Bud Powell (Piano) und Kenny Clarke (Schlagzeug). Beide hatten in den vierziger Jahren bereits gemeinsam mit Dizzy Gillespie, Charlie Parker und Thelonious Monk im »Minton's« gespielt, einem Musikertreffpunkt im New Yorker Stadtteil Harlem, dem Geburtsort des neuen Jazzstils. Auch der Bassist Oscar Pettiford, der in Gillespies erster Combo gespielt hatte, ist in Essen vertreten.

Der Bebop bzw. seine »glattere« Variante, der Hard-Bop, findet in der Bundesrepublik nach wie vor begeisterte Anhänger. Der »Bop«, gekennzeichnet durch seine hektisch-nervöse Rhythmik bei durchlaufenden Achtelnoten, gedeiht noch weiter, als Ornette Coleman und Cecil Taylor bereits ihre revolutionären, atonalen Ideen umsetzen, die zwei Plattenaufnahmen im Herbst 1959 dokumentieren, nämlich Colemans »The Shape of Jazz to Come« und sein »Change of the Century«, beides wegweisende Beiträge zur Entwicklung des Free Jazz.

Ella Fitzgerald – First Lady of Jazz
Ella Fitzgerald (*25. 4. 1918 in Newport News/Virginia), eine der ganz großen Stimmen des Jazz, begann ihre Laufbahn als Swing-Sängerin im Orchester von Chick Webb (»A Tisket, A Tasket«), interpretierte in den vierziger Jahren Bebop-Songs wie »How High The Moon« oder »Lady Be Good«, die getragen sind von großer Musikalität, und fand in den frühen fünfziger Jahren zu einer reifen Balladenkunst.

Bud Powell – Meister des Jazzpianos
Bud Powell, genannt Earl Powell (*27. 9. 1924 in New York), war Anfang der vierziger Jahre maßgeblich an der Ausprägung des Bebop beteiligt, als dessen bedeutendster Pianist er neben Thelonious Monk gilt. Seine schöpferische Periode reicht von der Mitte der vierziger bis zum Anfang der fünfziger Jahre. In Anspielung auf den Bebop-Saxophonisten Charlie Parker wird er zuweilen auch der »Bird des Jazzpianos« genannt.

Beitrag Europas: A. Mangelsdorff
Albert Mangelsdorff (*5. 9. 1928 in Frankfurt am Main) fand zum Jazz in einer Zeit, da dieser in Deutschland als »verjudete Niggermusik« diskriminiert wurde. Er gilt als einer der besten Posaunisten. In den fünfziger Jahren spielt er zunächst Cool Jazz, wendet sich aber nach der Teilnahme am Newport Jazz Festival 1958 einem swingenden Hard-Bop zu. Seine technischen Neuerungen prägen den Free Jazz entscheidend.

Neue Bibliothek in Frankfurt am Main

24. April. Bundespräsident Theodor Heuss eröffnet in Frankfurt am Main das neue Haus der Deutschen Bibliothek. Nach dem Willen seiner Gründer soll es bis zur Wiedervereinigung die Aufgabe einer Nationalbibliothek übernehmen.

Heuss nennt die Einweihung der Bibliothek einen Anlaß zu Stolz und Freude, aber auch zur Trauer darüber, daß dieser Bau überhaupt habe errichtet werden müssen. Die »Deutsche Bücherei« in Leipzig, die den Auftrag gehabt habe, dem Buch als Kulturträger zu dienen, sei »nun in die Zwänge der politischen Zweckhaftigkeit geraten«.

Der von den Architekten Alois Giefer und Hermann Mäckler entworfene neunstöckige Neubau der »Deutschen Bibliothek« umfaßt zunächst 500 000 Bücher, rund 15 000 Zeitschriften sowie mehrere tausend Dissertationen. Auf die Sammlung von Zeitungen wird verzichtet, doch soll ein Mikrofilmarchiv der seit 1945 in Deutschland erschienenen Zeitungen aufgebaut werden. Da der Bestand voraussichtlich um jährlich 30 000 Bücher wächst, ist der »Bücherturm« so konstruiert, daß er um neun weitere Stockwerke erhöht werden kann, um künftigen Raumbedarf zu decken.

Die 10 bedeutendsten Bibliotheken

Moskau, Lenin-Bibliothek	20,6*
Washington, Kongreß-Bibliothek	12,2
Leningrad, Staats-Bibliothek	12,0
Cambridge (USA), Harvard-Bibliothek	7,0
London, British Museum	6,2
Paris, National-Bibliothek	6,0
Florenz, National-Bibliothek	4,0
Peking, National-Bibliothek	4,0
Leipzig, Deutsche Bücherei	3,1
Oxford, Bodleian-Bibliothek	2,2

* Millionen Bände

Die »Deutsche Bibliothek« in Frankfurt am Main verdankt ihre Entstehung einer 1946 in Stuttgart gefaßten Entschließung der Buchhandelsvertreter der damaligen US-amerikanischen Zone, neben der »Deutschen Bücherei« in Leipzig eine zweite Archivbibliothek einzurichten. Die neue Bibliothek war als Provisorium gedacht, das nach der Wiedervereinigung Deutschlands aufgelöst werden sollte. Als sich die Fortdauer der Spaltung abzeichnete, wandelten das Land Hessen und die Stadt Frankfurt die »Deutsche Bibliothek« in eine Stiftung des öffentlichen Rechts um.

April 1959

Goldener Löwe für Jugendidol Peter Kraus

30. April. Beim ersten Deutschen Schlager-Festival vergibt Radio Luxemburg in der Essener Gruga-Halle den »Goldenen Löwen«.
Star des Abends ist der 20jährige Peter Kraus, der die höchste Auszeichnung der Schlagerbranche für sein Lied »Sugar Baby« erhält. Der Erfolg von Kraus, der bereits mehr als drei Millionen Schallplatten verkauft hat, läßt sich auf seine Imitation des US-amerikanischen Rock-Idols Elvis Presley zurückführen. Mit Schluckauf-Intonationen und ekstatischem Hüftkreisen begeistert der »deutsche Elvis« seine jugendlichen Fans fast ebenso wie sein großes Vorbild.
Den »Silbernen Löwen« bekommt die 15jährige Berlinerin Conny (Froboess) für ihren Song »I love you, baby«. Conny hatte bereits im Alter von sieben Jahren – damals noch als Cornelia – ihren ersten Schlagererfolg mit »Pack die Badehose ein«. Mit dem »Bronzenen Löwen« müs-

Wegen ihrer Natürlichkeit und jugendlichen Ausstrahlung sind Peter Kraus und Conny strahlende Vorbilder für viele bundesdeutsche Teenager

sen sich die Nielsen-Brothers für ihre Western-Moritat »Tom Dooley« begnügen.
Der Musikgeschmack der 7500 Zuschauer bevorzugt eindeutig Rock-'n'-Roll-Nummern, wie sie an diesem Abend von Ted Herold, Tommy Kent, Rex Gildo und den James-Brothers präsentiert werden. Die romantischen Lieder von Margot Eskens und Fred Bertelmann gehen dagegen am Trend eher vorbei.

Japaner gewinnen Tischtennis-WM

5. April. Bei den 25. Tischtennis-Weltmeisterschaften in der Dortmunder Westfalenhalle gewinnt das japanische Team sechs der sieben zu vergebenden Titel.
Im Herren-Einzel wird zum ersten Mal ein Chinese Weltmeister. Der 22jährige Jung Kuo-tuan bezwingt im Finale den 36 Jahre alten und 100 kg schweren ungarischen Ex-Weltmeister Ferenc Sido mit 3:1 Sätzen. Sido hatte zuvor Titelverteidiger Ichiro Ogimura (Japan) 3:2 besiegt. Japan holt sich die Titel in beiden Mannschaftswettbewerben und gewinnt auch die Titel im Damen-Einzel, Damen-Doppel, Mixed sowie im Herren-Doppel.
Für die Veranstalter ist die finanzielle Bilanz des Turniers enttäuschend. Statt der erhofften 80 000 Zuschauer finden nur 40 000 den Weg in die Westfalenhalle. Die Organisatoren sprechen von einem Defizit in Höhe von 140 000 DM.

Neuer Musikfilm mit Freddy Quinn

28. April. Der Spielfilm »Freddy, die Gitarre und das Meer« wird in bundesdeutschen Kinos uraufgeführt. Unter der Regie von Wolfgang Schleif spielt der Schlagersänger Freddy Quinn einen sangesfrohen Matrosen, der von der Polizei gesucht wird und in Hamburg herum-

Freddy (eigentl. Manfred) Quinn wurde am 27. September 1931 in Wien geboren; nach einigen Jahren der Weltenbummelei wählte er Hamburg zum Mittelpunkt seines Lebens und seiner Lieder; »Heimatlos« (1958) ist sein bisher größter Erfolg.

irrt, bis seine Unschuld erwiesen ist. Der Musikfilm, der einen Handlungsrahmen für zahlreiche Lieder von Liebe, Heimweh und der Einsamkeit des Seemanns (»Die Gitarre und das Meer«) gibt, ist marktgerecht auf den derzeitigen Musikgeschmack des bundesdeutschen Publikums abgestimmt. Das Harmoniebedürfnis wird durch Südseeidylle und Seefahrerromantik in unzähligen Schlagern emotional angesprochen.

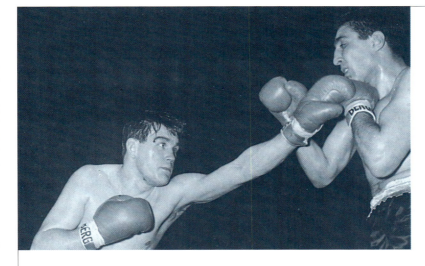

Schöppner wieder Box-Europameister

12. April. *Der Box-Europameister im Halbschwergewicht, Erich Schöppner (Abb. oben, l.), verteidigt in der Dortmunder Westfalenhalle durch einen wenig glanzvollen Punktsieg seinen Titel gegen den Italiener Rocco Mazzola.*
Die 12 000 Zuschauer sehen einen 15-Runden-Kampf, in dem der amtierende Europameister zwar letztlich siegreich ist, jedoch erhebliche Mühe mit seinem Gegner hat. Der Süditaliener kann die siebte, achte sowie die letzte Runde für sich verbuchen, ohne dadurch den Punktvorsprung des Europameisters zu gefährden. Erich Schöppner, der nicht in Bestform ist und durch zwei blutende Rißwunden über den Augen behindert wird, gibt das Bemühen, den pausenlos angreifenden Mazzola entscheidend zu schlagen, im letzten Drittel des Kampfes auf. Statt dessen verlegt er sich darauf, im Rückwärtsgang mit linken Geraden Punkte zu sammeln.
Bei derselben Veranstaltung holt sich Hans Kalbfell aus Hagen (Abb. unten, l.) den deutschen Meistertitel im Schwergewicht durch einen K.o.-Sieg in der 10. Runde über Titelverteidiger Albert Westphal (r.) zurück.

Mai 1959

Mo	Di	Mi	Do	Fr	Sa	So
				1	2	3
4	5	6	7	8	9	10
11	12	13	14	15	16	17
18	19	20	21	22	23	24
25	26	27	28	29	30	31

1. Mai, Maifeiertag

Auf der größten Maikundgebung, die Berlin je gesehen hat, jubeln 600 000 Menschen aus dem Westteil der Stadt ihrem Regierenden Bürgermeister, Willy Brandt (SPD), zu und fordern ein Ende der Spaltung Berlins. →S. 82

Zwischen der Bundesrepublik und Berlin (West) wird der Selbstwählferndienst eröffnet. Vorerst ist nur der »Zentralamtsbereich Düsseldorf« angeschlossen.

Die am 26. April in Panama gelandeten Rebellen aus Kuba ergeben sich in dem kleinen Fischerdorf Nombre de Dios. Ihr Versuch, das Volk Panamas zu einem Aufstand gegen die Regierung zu bewegen, war fehlgeschlagen.

Im Ruhrbergbau beginnt die stufenweise Einführung der Fünftagewoche bei vollem Lohnausgleich, die bis zum 1. Mai 1961 abgeschlossen sein soll. →S. 83

Mit einer Aufführung von Richard Wagners Oper »Siegfried« aus dem Bühnenfestspiel »Ring des Nibelungen« beginnen die Wiener Festwochen. Sie enden am 20. Juni.

Der renovierte Salzburger Dom wird 14 Jahre nach Kriegsende wieder eingeweiht. Im vorletzten Kriegsjahr zerstörte eine Bombe die Kuppel des Doms und riß die Apsis in die Tiefe. →S. 89

2. Mai, Sonnabend

Die Deutsche Bank, die Dresdner Bank und die Commerzbank nehmen das Geschäft mit Kleinkrediten auf. Gegen Vorlage einer Verdienstbescheinigung und des Personalausweises werden nun Darlehen zwischen 300 und 2000 DM gewährt. →S. 83

Mehr als 400 Neuheiten sind eine Woche lang auf der 14. Deutschen Erfindermesse ausgestellt, die in Hildesheim eröffnet wird. →S. 89

Beim »Kentucky Derby« in Churchill Downs (US-Bundesstaat Kentucky) wird zum ersten Mal der Sieger eines Pferderennens anhand eines Zielfotos in Farbe ermittelt. →S. 93

3. Mai, Sonntag

In Frankfurt am Main eröffnet Bundeslandwirtschaftsminister Heinrich Lübke die 45. Wanderausstellung der Deutschen Landwirtschafts-Gesellschaft. Großes Interesse finden vor allem Firmen, die technische Ausrüstungen anbieten. →S. 83

4. Mai, Montag

Der ehemalige Außenminister der USA George C. Marshall erhält in Anerkennung seiner Verdienste um den Wiederaufbau Europas nach dem Zweiten Weltkrieg den Karlspreis der Stadt Aachen. Die Verleihungsurkunde wird dem schwerkranken General im Militärhospital in Washington übergeben. →S. 82

5. Mai, Dienstag

Bundesverteidigungsminister Franz Josef Strauß (CSU) stellt in Memmingen das Jagdbombergeschwader 34 der Luftwaffe in Dienst. Es handelt sich um das vierte der fünf für die Bundeswehr vorgesehenen Geschwader dieser Art.

Zwischen dem Ruhrgebiet und Süddeutschland wird eine durchgehend elektrifizierte Eisenbahnstrecke eröffnet. Damit können 11,5% des gesamten Eisenbahnnetzes in der Bundesrepublik von E-Loks befahren werden.

Hans Günter Winkler aus Warendorf siegt auf Halla beim Einzelspringen im »Großen Preis von Rom«. Der Olympiasieger aus der Bundesrepublik erringt damit einen der begehrtesten Reitersiege. →S. 93

6. Mai, Mittwoch

König Husain von Jordanien vereidigt das neue Kabinett des Ministerpräsidenten Hazza Madschjali, nachdem der bisherige »starke Mann« Jordaniens, Samir el Rifai, am 5. Mai überraschend zurückgetreten war.

Nach Berichten US-amerikanischer Wissenschaftler vor dem Kongreßausschuß für Radioaktivität ist aufgrund von Kernwaffenversuchen für die nächsten Monate eine Verdopplung der Radioaktivität nördlich des 40. Breitengrades zu erwarten. Der 40. Grad nördlicher Breite zieht sich mitten durch Amerika, Spanien, Süditalien, Griechenland und die Türkei.

In der Bundesrepublik und Berlin (West) finden Festakte aus Anlaß des 100. Todestages des Naturforschers Alexander von Humboldt statt.

In Hollywood übergibt die US-amerikanische Schallplatten-Akademie ihre Auszeichnungen dem italienischen Schlagersänger Domenico Modugno, der Jazzsängerin Ella Fitzgerald, dem Jazzpianisten Count Basie sowie dem Pianisten Van Cliburn (alle USA).

In Glasgow verliert die bundesdeutsche Fußballelf ein Spiel gegen Schottland 2:3.

7. Mai, Christi Himmelfahrt

Verteter der Bundesländer unterzeichnen in Mainz ein Abkommen über den Finanzausgleich zwischen den Landesrundfunkanstalten und die Koordinierung des Fernsehprogramms. →S. 89

In Stuttgart geht eine sechswöchige Ausstellung mit Plastiken und Zeichnungen des italienischen Künstlers Emilio Greco zu Ende.

8. Mai, Freitag

Drei Tage vor Beginn der Genfer Außenministerkonferenz zur deutschen Frage tritt US-Außenminister Christian A. Herter im US-Fernsehen entschieden für die deutsche Wiedervereinigung ein.

In Wiesbaden werden bis zum 14. Mai anläßlich der Ausstellung des Deutschen Künstlerbundes Internationale Kunstfilmtage abgehalten.

Der ägyptische Ausflugsdampfer »Dandara« sinkt auf dem Nil nördlich von Kairo mit 300 Personen an Bord. 150 Menschen ertrinken.

Wegen der Ermordung eines Polizisten wird in London der 25jährige Arbeiter Ronald Marwood durch den Strang hingerichtet. In der britischen Hauptstadt kommt es zu Protestdemonstrationen gegen die Hinrichtung.

Die Mannschaft der USA gewinnt den Großen Preis der Nationen beim internationalen Reitturnier CHIO in Rom. Die USA gehen aus dem Stechen mit null Fehlerpunkten als Sieger hervor. Zweiter wird Italien (8 Fehlerpunkte).

9. Mai, Sonnabend

Die Bundesregierung weist in einer Antwortnote an die Regierung der Sowjetunion deren Kritik vom →21. April (S. 66) zurück, die sich entschieden gegen eine atomare Bewaffnung der Bundeswehr gewandt hatte.

In Berlin (West) wird der Grundstein zur neuen Kaiser-Wilhelm-Gedächtniskirche gelegt, die nach Entwürfen des Karlsruher Architekten Egon Eiermann neues Wahrzeichen der Stadt werden soll. Die alte Gedächtniskirche war 1943 völlig zerstört worden. →S. 89

Der Verkehrssicherheitstag 1959 in der Bundesrepublik steht unter dem Motto: »Komm gut heim!«

10. Mai, Sonntag

Die Neuwahlen zum österreichischen Nationalrat bringen keine großen Veränderungen. Stärkste Fraktion mit 79 Abgeordneten ist wieder die Österreichische Volkspartei von Bundeskanzler Julius Raab, allerdings nur noch mit einem Mandat Vorsprung vor der sozialistischen Partei (→16. 7./S. 116).

In Zürich geht die vom Berliner Senat veranstaltete Ausstellung »Berliner Panorama« zu Ende. Sie zeigte »Berliner Motive mit Berliner Augen gesehen und Berliner Pinsel gemalt«.

11. Mai, Montag

In Genf beginnt die Außenministerkonferenz der vier Siegermächte über die Deutschlandfrage und Berlin. Als »Berater« nehmen auch Delegationen der Bundesrepublik und der DDR an den Verhandlungen teil. →S. 80

Der Stadtrat von Johannesburg (Südafrikanische Union) beschließt, in Bussen und Straßenbahnen, die von Schwarzen benutzt werden, nun auch farbige Fahrer einzusetzen. Diese erhalten allerdings einen geringeren Lohn als ihre weißen Kollegen. →S. 87

Die sowjetische Nachrichtenagentur TASS veröffentlicht die Ergebnisse der ersten Volkszählung, die in der UdSSR seit 1939 vorgenommen wurde. Danach beträgt der Anteil der weiblichen Bevölkerung 55% (114,8 Millionen), derjenige der männlichen Bevölkerung folglich nur 45% (94 Millionen).

12. Mai, Dienstag

Hinrich Wilhelm Kopf (SPD) wird in Hannover zum neuen niedersächsischen Ministerpräsidenten einer Regierung aus SPD, FDP und BHE (Bund der Heimatvertriebenen und Entrechteten) gewählt (→19. 4./S. 64).

In Berlin (West) finden Gedenkfeiern zum 10. Jahrestag der Aufhebung der sowjetischen Blockade und zu Ehren der fast einjährigen US-Luftbrücke zur Versorgung der Westberliner statt.

In Moskau erscheint eine Neufassung der offiziellen Geschichte der Kommunistischen Partei der Sowjetunion (KPdSU). Sie ersetzt die bisher gültige Parteigeschichte aus der Stalin-Ära. →S. 87

13. Mai, Mittwoch

Mit großen Feierlichkeiten wird in Algier der Erhebung der Algerien-Franzosen vor einem Jahr gedacht. Dieser Putsch hatte 1958 zur Rückkehr de Gaulles nach Frankreich geführt (→8. 1./S. 14).

14. Mai, Donnerstag

Die Münchener Staatsanwaltschaft erhebt Anklage in der »Spielbanken-Affäre« gegen drei Politiker der Bayernpartei. Der Vorwurf lautet auf Bestechung und Meineid (→8. 8./S. 132).

Bei einer Kundgebung des Allgemeinen Irakischen Industrieverbandes in Bagdad kündigt Ministerpräsident Abd Al Karim Kasim die Eisenhower-Doktrin auf. Danach kann der US-Präsident im Nahen Osten auf das Hilfeersuchen eines Staates hin militärisch intervenieren, auch wenn kein unmittelbarer Angriff auf die USA bevorsteht. →S. 86

Die bundeseigenen Kieler Howaldtswerke erhalten von der Sowjetunion einen Auftrag zum Bau von Frachtschiffen im Wert von rund 40 Millionen DM.

15. Mai, Freitag

Der sowjetische Außenminister Andrei A. Gromyko schlägt den Westmächten in Genf erneut vor, einen Friedensvertrag mit beiden Teilen Deutschlands abzuschließen. Das Problem der Wiedervereinigung müßten die Bundesrepublik und die DDR dann untereinander verhandeln (→11. 5./S. 80).

Das schwedische Parlament in Stockholm verabschiedet ein Pensionsgesetz, das jedem Schweden ein Altersruhegeld bis zu zwei Dritteln seines höchsten Einkommens zusichert.

In Cannes gehen die zwölften Filmfestspiele zu Ende. Die Goldene Palme erhält der französische Film »Orfeu Negro« (»Der Schwarze Orpheus«) in der Regie von Marcel Camus. →S. 92

Mai 1959

Über den Einsatz des Regierenden Bürgermeisters von Berlin (West), Willy Brandt (SPD), für den Erhalt der Freiheit der geteilten Stadt berichtet die »Illustrierte Berliner Zeitschrift«

NR. 19 · BERLIN · 9. MAI 1959

ILLUSTRIERTE **Berliner** ZEITSCHRIFT

Neuer Roman: Unruhige Frauen | IBZ-Reise-Tip: Das Sauerland

Berlin bleibt frei!
Regierender Bürgermeister Willy Brandt vor dem Brandenburger Tor.
Zu unserem Beitrag auf den Seiten 2 - 3

IBZ 30

Mai 1959

16. Mai, Sonnabend

In Wien findet ein Sudetendeutscher Tag statt, an dem rund 300 000 Vertriebene aus Böhmen, Mähren und Schlesien teilnehmen. →S. 82

In Mailand wird zum 42. Mal das Radrennen »Giro d'Italia« gestartet. Die letzte Etappe wird am →7. Juni (S. 109) gefahren.

17. Mai, Pfingstsonntag

Der kubanische Ministerpräsident Fidel Castro unterzeichnet in Havanna ein Agrargesetz, wodurch der Besitz an Grundeigentum in Kuba neu geregelt wird. Landwirtschaftlich nutzbares Land dürfen künftig nur noch kubanische Staatsangehörige besitzen und erben (→2. 1./S. 12).

Einem 21jährigen Postangestellten aus der Mark Brandenburg (DDR) gelingt die Flucht in den Westen Berlins mit einem Postomnibus. Die Volkspolizisten lassen ihn anstandslos die Sektorengrenze überqueren.

18. Mai, Pfingstmontag

Weit über 10 000 Ostpreußen fordern in der Westberliner Waldbühne noch einmal ihr Recht auf Selbstbestimmung und Rückkehr in die Heimat (→16. 5./S. 82).

Die Regierungen der Volksdemokratien Nordvietnam und China protestieren gegen das Vorgehen der Regierung von Laos gegen die kommunistischen Verbände der ehemaligen Partei Pathet Lao (Kommunistische Partei von Laos). Diese waren am 11. Mai von der laotischen Regierung zur Aufgabe gezwungen worden.

An den Pfingstfeiertagen kommen auf den Straßen der Bundesrepublik mehr als 100 Menschen ums Leben. Die größte Zahl von Todesopfern meldet Nordrhein-Westfalen.

Europameister Wassili Kusnezow (UdSSR) verbessert den Zehnkampf-Weltrekord (nach der Wertungstabelle von 1952) auf 8014 Punkte. →S. 93

19. Mai, Dienstag

Der neue Landtag von Rheinland-Pfalz wählt in Mainz den Landesvorsitzenden der CDU, Peter Altmeier, erneut zum Ministerpräsidenten. Die Koalition aus CDU und FDP wird damit fortgesetzt (→19. 4./S. 64).

In Düsseldorf fordert der Deutsche Gewerkschaftsbund die Einführung eines neunten und zehnten Schuljahres in allen Ländern der Bundesrepublik. Die beiden neuen Schuljahre sollen nicht der Berufsvorbereitung dienen, sondern die Schüler vor allem auf ihre gesellschaftliche Rolle im Alltag vorbereiten.

20. Mai, Mittwoch

Das von Bundesverteidigungsminister Franz Josef Strauß (CSU) erwirkte Ermittlungsverfahren gegen den Kirchenpräsidenten von Hessen-Nassau, Martin Niemöller, wird von der Staatsanwaltschaft in Kassel eingestellt. Strauß hatte am 28. Januar Strafantrag gegen Niemöller wegen Beleidigung der Bundeswehr gestellt (→28. 1./S. 19).

Einen Langstreckenweltrekord für Passagierflugzeuge stellt eine sowjetische Turbopropmaschine vom Typ TU 114 auf. Sie legt die 6800 km lange Strecke zwischen Moskau und Chabarowsk in Ostsibirien in 8 Stunden und 42 Minuten zurück.

Das Fußball-Länderspiel Deutschland gegen Polen im Hamburger Volksparkstadion endet 1:1 (0:1). Es ist die erste offizielle Begegnung zwischen beiden Ländern seit 1938.

21. Mai, Donnerstag

Der Bundesparteitag der Freien Demokraten in Berlin (West) nominiert Max Becker als Kandidaten für die Bundespräsidentenwahl am →1. Juli (S. 114).

Das Bezirksgericht Erfurt (DDR) verurteilt einen Bauern und einen Gastwirt zu sieben Jahren Zuchthaus, weil sie zum Empfang bundesdeutscher Fernsehsender organisiert und Jugendliche dazu eingeladen haben.

Auf der Genfer Außenministerkonferenz droht der sowjetische Partei- und Regierungschef Nikita S. Chruschtschow erneut damit, daß die Sowjetunion einen separaten Friedensvertrag mit der DDR abschließen werde, falls die Genfer Konferenz über Deutschland scheitern sollte (→11. 5./S. 80).

Der US-amerikanische Atomwissenschaftler Edward Teller sagt in Milwaukee (Wisconsin) voraus, daß die UdSSR in zehn Jahren »der unumstrittene Führer der Welt auf dem Gebiet der Wissenschaft« sein werde. →S. 88

Die in Großbritannien lebenden Farbigen bilden ein »Verteidigungskomitee«, nachdem in London ein Schwarzer ermordet worden war. Premierminister Harold Macmillan und Innenminister Richard A. Butler erkennen das Komitee offiziell an. →S. 87

In Stuttgart beschließen die bundesdeutschen Rundfunkanstalten, ein gemeinsames Musikprogramm während der ganzen Nacht auszustrahlen. →S. 89

22. Mai, Freitag

Auf dem Bundesparteitag der Freien Demokraten in Berlin (West) wird Reinhold Maier zum dritten Mal zum Parteivorsitzenden gewählt. →S. 82

Bundestagsvizepräsident Carlo Schmid (SPD) äußert in Bonn die Auffassung, daß es angesichts der nach dem Krieg geschaffenen Tatsachen kaum möglich sein werde, das Heimatrecht der Vertriebenen zu verwirklichen.

Das Bundesarbeitsministerium lehnt die Zulassung von Selbstbedienungstankstellen, wie sie in Schweden eingeführt wurden, aus Sicherheitsgründen ab.

Bundespostminister Richard Stücklen (CSU) eröffnet in Hamburg die Briefmarkenausstellung »Interposta 1959«.

Unzureichende Kenntnisse der deutschen Sprache sind nach Mitteilung der Industrie- und Handelskammer in Bielefeld der Hauptgrund für die schlechten Prüfungsergebnisse der Lehrlinge. Die Leistungen der Jugendlichen ließen ständig nach, beklagt sich die Selbstverwaltungsorganisation der gewerblichen Wirtschaft.

23. Mai, Sonnabend

Der zehnte Jahrestag der Verkündung des Grundgesetzes wird in Bonn feierlich begangen. Bundeskanzler Konrad Adenauer (CDU) betont seine Hoffnung, daß eine von einer gesamtdeutschen Nationalversammlung geschaffene Verfassung das Grundgesetz eines Tages ablösen werde. →S. 82

Auf dem Landesparteitag der Westberliner Sozialdemokraten wählen die Delegierten den Regierenden Bürgermeister Willy Brandt für weitere zwei Jahre zu ihrem Vorsitzenden.

Mit einer Festansprache von Bundestagsvizepräsident Carlo Schmid (SPD) werden in Recklinghausen die Ruhrfestspiele 1959 eröffnet. →S. 92

24. Mai, Sonntag

Der ehemalige US-Außenminister John Foster Dulles stirbt im Washingtoner Walter-Reed-Krankenhaus im Alter von 71 Jahren. →S. 86

Der Erste Sekretär der SED, Walter Ulbricht, schlägt vor dem SED-Zentralkomitee in Berlin (Ost) den Abschluß eines Nichtangriffspaktes zwischen der Bundesrepublik und der DDR vor.

25. Mai, Montag

Wegen der Annahme von Bestechungsgeldern verurteilt das Bonner Landgericht sieben ehemalige Beamte des Besatzungsschädenamtes zu langjährigen Freiheitsstrafen.

In Mannheim beginnt die 7. Kultur- und Dokumentarfilmwoche. Die internationale Schau, zu der mehr als 150 Filme gemeldet sind, wird erstmalig um die beiden Sonderveranstaltungen »Industriefilme« und »Internationale Kinder- und Jugendfilme« erweitert. →S. 92

Im zerstörten alten Zeitungsviertel an der Kochstraße in Berlin (West) – in unmittelbarer Nähe der Sektorengrenze – legt der Hamburger Verleger Axel Springer den Grundstein zu einem neuen Verlagsgebäude.

26. Mai, Dienstag

Auf der Internationalen Dentalschau in Frankfurt am Main werden luftgetriebene Turbinenbohrer und Schleifmaschinen vorgestellt, die bei 400 000 Umdrehungen pro Minute noch Geräusche und damit angeblich keine Schmerzen mehr verursachen.

27. Mai, Mittwoch

Der Stichtag des sowjetischen Berlin-Ultimatums vom 27. November 1958 verstreicht, ohne daß es zu politischen Konsequenzen kommt (→5. 1./S. 17).

Anläßlich der Begräbnisfeierlichkeiten für den ehemaligen US-Außenminister John Foster Dulles weilt Bundeskanzler Konrad Adenauer (CDU) in Washington und erörtert dort mit US-Präsident Dwight D. Eisenhower den bisherigen Verlauf der Genfer Deutschlandkonferenz der Siegermächte (→11. 5./S. 80).

In Katmandu vereidigt König Mahendra Bir Bikram Schah die erste gewählte Regierung des Königreichs Nepal. →S. 87

Die Gesellschaften, die in der Bundesrepublik auf dem Gebiet der zivilen Nutzung von Kernenergie tätig sind, gründen das »Deutsche Atomforum«. →S. 88

28. Mai, Donnerstag

Das US-Repräsentantenhaus in Washington bewilligt ein Verteidigungsbudget von umgerechnet 160 Milliarden DM. Das entspricht dem vierfachen Gesamthaushalt der Bundesrepublik.

In München schließt das Internationale Olympische Komitee das Nationale Komitee Formosas (Taiwan) aus, da es nicht mehr das gesamte chinesische Volk repräsentiere.

In der Nähe der Karibik-Insel Antigua gelingt es der US-amerikanischen Armee zum ersten Mal, zwei Affen nach einem Weltraumflug mit einer »Jupiter«-Rakete lebend und unverletzt zu bergen. →S. 88

Die dritte Bundesfrauenkonferenz des Deutschen Gewerkschaftsbundes in Bremen fordert gleiche Löhne für Männer und Frauen. →S. 83

29. Mai, Freitag

Auf der Deutschlandkonferenz in Genf treten die Delegationen der Westmächte und der Sowjetunion zum ersten Mal zu Geheimverhandlungen ohne deutsche Berater zusammen (→11. 5./S. 80).

30. Mai, Sonnabend

Streiks und Umsturzversuche sorgen in den lateinamerikanischen Ländern Peru, Paraguay, Ecuador und Nicaragua für Unruhe. →S. 87

31. Mai, Sonntag

Bei den Senatswahlen in der französischen Kolonie Algerien setzen sich erneut die konservativen Kreise der Großgrundbesitzer durch, die gegen die gaullistische Politik einer Versöhnung zwischen einheimischer Bevölkerung und Franzosen sind (→16. 10./S. 150).

Das Wetter im Monat Mai

Station	Mittlere Lufttemperatur (°C)	Niederschlag (mm)	Sonnenscheindauer (Std.)
Aachen	— (12,8)	25 (67)	223 (205)
Berlin	— (13,7)	50 (46)	275 (239)
Bremen	— (12,8)	29 (56)	279 (231)
München	— (12,5)	98 (103)	231 (217)
Wien	14,6 (14,6)	46 (71)	238 (—)
Zürich	13,4 (12,5)	53 (107)	244 (207)

( ) Langjähriger Mittelwert für diesen Monat
— Wert nicht ermittelt

Karikatur zur Genfer Außenministerkonferenz auf der Titelseite der linksgerichteten Studentenzeitschrift »konkret«: Die Außenminister hindern sich gegenseitig daran, das Paket mit den Vorschlägen zur Abrüstungs- und Deutschlandpolitik aufzuschnüren

Mai 1959

Mai 1959

Symbolträchtige Sitzordnung: USA, Frankreich, Großbritannien und UdSSR am großen runden Tisch, DDR (r.) und Bundesrepublik (l.) an »Katzentischen«

Genfer Konferenz berät über die Zukunft Deutschlands

11. Mai. Die Genfer Konferenz der Außenminister von Frankreich, Großbritannien, den USA und der UdSSR wird von dem Generalsekretär der Vereinten Nationen, Dag Hammarskjöld, eröffnet. Gegenstand der Verhandlungen sind die Berlin-Frage, die Wiedervereinigung Deutschlands, ein europäisches Sicherheitssystem und die Abrüstung. Die Beratungen beginnen mit Differenzen über die Teilnahme der Delegationen aus der Bundesrepublik und der DDR. Die Forderung der Sowjetunion, beide deutsche Delegationen müßten als gleichberechtigte Partner an der Konferenz teilnehmen, stößt auf Widerstand der Westmächte, die in einem solchen Schritt die Anerkennung der DDR als souveränen Staat sehen.

Auch technische Fragen erhalten politische Brisanz. Während die UdSSR für einen runden Tisch plädiert, an dem auch die Vertreter beider deutscher Staaten Platz nehmen sollen, fordern die Westmächte einen eckigen Tisch. Dort sollen die Delegation der DDR hinter der sowjetischen Vertretung und die Abgesandten der Bundesregierung hinter den US-Diplomaten sitzen. Schließlich wird eine Einigung erzielt, nach der einem runden Tisch für die Siegermächte zwei eckige Tische für die Diplomaten aus Ost- und Westdeutschland angefügt werden.

Die Sowjetunion besteht auf der Anerkennung der DDR durch die Westmächte, die sie zur Vorbedingung weiterer Verhandlungen macht. Innerhalb des westlichen Lagers kommt es zu Unstimmigkeiten, da insbesondere Großbritannien und die USA eine Konföderation beider deutscher Staaten für denkbar halten und freie Wahlen als nächsten Schritt erwägen. Die Vertreter aus Bonn lehnen jeden Vorschlag ab, der als Aufwertung oder Anerkennung der DDR gewertet werden könnte. Andernfalls würden sie die Konferenz verlassen.

Äußerer Anlaß der Genfer Konferenz ist die einseitige Aufkündigung des Vier-Mächte-Status von Berlin durch die Sowjetunion in einer Note vom 27. November 1958. Darin wurden die Westmächte zu einer Gipfelkonferenz aufgefordert, auf der ein Friedensvertrag mit Deutschland ausgearbeitet und beschlossen werden sollte. Da die Westmächte eine Gipfelkonferenz ablehnten, einigte man sich auf eine Außenministerkonferenz als Kompromiß.

Chronologie der Verhandlungen zwischen den vier Siegermächten

▷ 13. Mai: Die Westmächte legen ihren Friedensplan vor.
▷ 14. Mai: Der sowjetische Außenminister Andrei A. Gromyko bringt einen Friedensvertragsentwurf der Sowjetunion ein.
▷ 18. Mai: Die Großmächte lehnen die Friedenspläne der Gegenseite ab.
▷ 21. Mai: Nach ergebnislosen Auseinandersetzungen im Konferenzsaal treffen sich die Außenminister zum ersten Mal zu einem gemeinsamen Essen.
▷ 24. Mai: In Washington stirbt der ehemalige US-Außenminister John Foster Dulles. Die Konferenz wird unterbrochen, da die Konferenzteilnehmer an seiner Beerdigung teilnehmen wollen (→ 24. 5./S. 86).
▷ 2. Juni: Gromyko billigt den Westmächten zu, Truppen in Berlin zu unterhalten.
▷ 8. Juni: Die Westmächte legen einen neuen Berlin-Plan vor.
▷ 10. Juni: Die Sowjetunion stellt ein neues Berlin-Ultimatum (→ S. 102).
▷ 12. Juni: Der Regierende Bürgermeister von Berlin (West), Willy Brandt (SPD), trifft die westlichen Außenminister.
▷ 16. Juni: Die USA legen einen neuen Berlin-Vorschlag vor.
▷ 19. Juni: Die UdSSR übermittelt ebenfalls einen neuen Berlin-Plan. Die Westmächte lehnen ab und schlagen eine Vertagung der Konferenz vor.
▷ 20. Juni: Die Konferenz vertagt sich bis 13. Juli (→ 5. 8./S. 130).

Mai 1959

Der neue US-amerikanische Außenminister Christian A. Herter (l.) bei der Ankunft vor dem Palais der Nationen in Genf; von dem Dulles-Nachfolger verspricht sich die internationale Diplomatie eine Aufweichung der verhärteten Ost-West-Fronten

Großbritanniens Außenminister Selwyn Lloyd (5. v. l.) bemüht sich um mehr Flexibilität in der Deutschlandfrage: »Deutschland muß wiedervereint werden, das ist die beste Art, zu einem Friedensvertrag zu gelangen und das Berlin-Problem zu lösen.«

Freundlich winkend betritt der sowjetische Außenminister Andrei A. Gromyko das Genfer Konferenzgebäude; als letzter der vier Außenminister trifft er erst am zweiten Verhandlungstag ein; in seinem Gepäck befindet sich ein Friedensvertragsentwurf

Adenauer befürchtet Aufwertung der DDR

An die Konferenz der Außenminister in Genf werden von beiden deutschen Staaten unterschiedliche Erwartungen gerichtet.

Die Bundesregierung betrachtet das Zusammentreffen der Außenminister der Westmächte und der Sowjetunion mit Skepsis, da sie von der UdSSR keine Zugeständnisse in der Deutschlandfrage erwartet und Kompromisse der Westmächte gegenüber der Sowjetunion befürchtet. Andererseits will die Bonner Regierung bei der Konferenz präsent sein, um zu verhindern, daß über ihre Köpfe hinweg verhandelt wird.

Problematisch ist allerdings der diplomatische Status der bundesdeutschen Abordnung, da die Sowjetunion ihre Teilnahme an der Konferenz nur bei gleichzeitiger Hinzuziehung einer DDR-Vertretung akzeptiert. Dies widerspricht dem Anspruch der Bundesregierung, die einzige legitime deutsche Regierung zu sein; deshalb verzichtet die Bonner Delegation unter Führung von Außenminister Heinrich von Brentano (CDU) auf die Rolle eines vollberechtigten Konferenzteilnehmers, um die Aufwertung und Anerkennung der DDR, die den gleichen Status erhalten würde, zu verhindern.

Die Außenpolitik der Bundesregierung ist durch eine von Bundeskanzler Konrad Adenauer (CDU) geprägte Politik der Stärke gegenüber der UdSSR gekennzeichnet. Mit einer festen Einbindung in das westliche Bündnis, dem Alleinvertretungsanspruch für ganz Deutschland und der Isolierung der DDR entsprechend der Hallstein-Doktrin (→ 27. 1./S. 16) soll die Wiedervereinigung erreicht werden. Der erste Schritt müßten freie Wahlen in Gesamtdeutschland sein. Pläne der Westmächte für eine Föderation beider deutschen Staaten, einem Auseinanderrücken der Militärblöcke und einer Neutralisierung Deutschlands weist Adenauer zurück.

Die DDR, bisher von keinem westlichen Land anerkannt, verspricht sich von der Teilnahme an der Konferenz einen Gewinn an internationalem Prestige und die Anerkennung als souveräner Staat. Von der Position der UdSSR, die gleiche Ziele verfolgt, weicht die Linie der DDR-Delegation unter Leitung von Außenminister Lothar Bolz in keinem Punkt ab.

Hält am Alleinvertretungsanspruch fest: Bundeskanzler Adenauer

Delegationsführer in Genf: Außenminister Heinrich von Brentano

Perfekter Schutz für Diplomaten

Als Ort der Genfer Außenministerkonferenz haben die Organisatoren ein geschichtsträchtiges Gebäude gewählt. Im Palais der Nationen tagte von 1920 bis 1946 der Völkerbund, und 1954 fand dort die Asienkonferenz der Großmächte statt. Die Sicherheitsbehörden in der traditionsreichen Konferenzstadt Genf verfügen über weitreichende Erfahrungen beim Schutz der Diplomaten und Politiker. Die Hotels sind nicht nur von Journalisten, sondern auch von Sicherheitskräften umlagert. Die Delegationen aus der Bundesrepublik, der DDR und aus Großbritannien fühlen sich offenbar sicher, während die Franzosen wegen möglicher Anschläge von Algeriern um verstärkten Schutz bitten. Die Außenminister der USA und der UdSSR sind stets von einem undurchdringlichen Ring von Leibwächtern umgeben.

Über gesellschaftliche Ereignisse können die rund 1500 angereisten Journalisten angesichts des eisigen politischen Klimas nicht berichten. Die Delegationen kapseln sich ab, und auf versöhnliche Gesten wartet man vergeblich. Die beiden deutschen Abordnungen ignorieren sich gegenseitig vollständig und begrüßen sich nicht einmal durch Kopfnicken, obwohl ihre Tische im Konferenzsaal nur wenige Meter voneinander entfernt sind.

Mai 1959

Maifeier auf dem Berliner Platz der Republik; vorn 2. v. l. Willy Brandt

Der 1. Mai in Moskau: Marx und Marschmusik

Maifeiern: Demonstrationen und Kundgebungen in Ost und West

1. Mai. Zu einer überwältigenden Demonstration für die Freiheit Berlins wird die Maikundgebung im Westen der geteilten Stadt. 600 000 Menschen jubeln ihrem Bürgermeister, Willy Brandt (SPD), zu, als er in Sichtnähe des Brandenburger Tores ausruft: »Macht Schluß mit der widernatürlichen Spaltung!«

»Der Tag wird kommen«, so stellt Brandt fest, »an dem das Brandenburger Tor nicht mehr an der Grenze ist, an jener Grenzlinie, die mitten durch unsere Familien geht, die das Volk zerreißt. Bis jener Tag kommt, bitten wir, rufen wir, fordern wir: Macht das Tor auf!«

In Moskau wird der Demonstrations- und Feiertag der internationalen sozialistischen Arbeiterbewegung nicht mit den sonst üblichen Truppenparaden begangen. Anstelle von Panzern beherrschen blumenschwenkende Massen das Stadtbild. Angesichts der bevorstehenden Außenministerkonferenz in Genf (→ 5. 8./S. 80) will die Sowjetführung ihren Friedenswillen demonstrieren.

Anspruch auf alte Heimat erneuert

16. Mai. Auf mehreren Treffen erneuern an den Pfingstfeiertagen die Vertriebenen aus den ehemaligen deutschen Ostgebieten ihren Anspruch auf die alte Heimat. Das größte dieser Treffen findet in Wien statt, wo sich rund 300 000 Sudetendeutsche versammeln.

Die tschechoslowakische Regierung hatte am 16. April scharf gegen die Abhaltung des »Sudetendeutschen Tages« in Wien protestiert, da diese »Revanchistenkundgebung« im Widerspruch zur Neutralität Österreichs und zu einer Resolution der Vereinten Nationen über die »Förderung friedlicher Beziehungen zwischen den Staaten« stehe.

Auch die Kundgebungen in der Bundesrepublik verlaufen ohne Zwischenfälle, nachdem die Teilnehmer von den Organisatoren zu größter politischer Zurückhaltung aufgefordert worden waren.

Maier wird erneut FDP-Vorsitzender

22. Mai. Auf ihrem Bundesparteitag in Berlin (West) wählen die Freien Demokraten zum dritten Mal Reinhold Maier zum Parteivorsitzenden. Für Maier stimmen bei der Vor-

Reinhold Meier wurde am 16. Oktober 1889 geboren. Der Rechtsanwalt gehörte bereits 1924 bis 1933 dem württembergischen Landtag an; 1945 bis 1952 war er Ministerpräsident von Württemberg-Baden, 1952/53 von Baden-Württemberg, an dessen Bildung er maßgeblich beteiligt war.

standswahl dieses Mal nur noch 161 Delegierte bei zwölf Neinstimmen und 26 Enthaltungen. Im Januar 1957 war er noch mit 223 gegen 5 Stimmen an die Spitze der Partei gestellt worden. Damals jubelten die Delegierten Maier zu. Nun gleicht die Wahl nurmehr einem protokollarischen Akt.

Den größten Beifall zollen die Zuhörer dem ehemaligen FDP-Vorsitzenden Thomas Dehler, der in seiner Rede ein Bild des Liberalismus als einer bedrohten Bastion freiheitlichen Denkens und Handelns in einer von »Unwahrhaftigkeit« zersetzten Öffentlichkeit zeichnet.

General Marshall erhält Karlspreis

4. Mai. George C. Marshall, von 1947 bis 1949 Außenminister der USA, erhält in Washington den Karlspreis der Stadt Aachen. Die Urkunde wird ihm im Walter-Reed-Militärhospital überreicht, wo sich Marshall zur Behandlung befindet. Die Plakette bekommt Marshall in Anerkennung seiner Verdienste um den wirtschaftlichen Wiederaufbau Europas nach dem Zweiten Weltkrieg. Die Marshallplanhilfe in Form von Rohstoff- und Lebensmittelgeschenken sowie Krediten erhielten ab 1948 alle europäischen Bündnispartner der Vereinigten Staaten sowie die deutschen Westzonen. Die Bundesrepublik trat dem Abkommen am 15. Dezember 1949 bei. Die Hilfe wurde hier vor allem für Investitionen in der Grundstoffindustrie, in der Landwirtschaft, im Verkehrswesen, in der Forschung und im Wohnungsbau verwendet.

Zehn Jahre Grundgesetz

23. Mai. In Bonn wird der zehnte Jahrestag der Verkündung des Grundgesetzes feierlich begangen.

Grundgesetz, unterschrieben von Konrad Adenauer, Adolph Schönfelder und Hermann Schäfer

»Wir werden niemals die Zuversicht aufgeben, daß das Grundgesetz… durch eine… Verfassung für ein in Frieden und Freiheit wiedervereinigtes Deutschland abgelöst wird.« Diese Feststellung trifft Bundeskanzler Konrad Adenauer (CDU) in einer Feierstunde im Plenarsaal des Bundesrats. Hier, in der damaligen Aula der Pädagogischen Akademie, hatte Adenauer als Vorsitzender des Parlamentarischen Rates am 23. Mai 1949 die Annahme des Grundgesetzes verkündet. Von den 70 ehemaligen Abgeordneten dieses Gremiums, das die Verfassung ausgearbeitet hatte, waren 42 nach Bonn gekommen. Nach den Vorstellungen der »Väter des Grundgesetzes« sollte dieses Gesetzeswerk, dem man bewußt die Bezeichnung »Verfassung« versagte, die Grundlage eines staatlichen Provisoriums bis zur angestrebten deutschen Wiedervereinigung sein.

Mai 1959

Fünftagewoche im Steinkohlenbergbau

1. Mai. Im Ruhrbergbau beginnt die stufenweise Einführung der Fünftagewoche bei vollem Lohnausgleich. Sie soll am 1. Mai 1961 endgültig abgeschlossen sein.

Im einzelnen sieht der Vertrag zwischen dem Unternehmerverband Ruhrbergbau und der Industriegewerkschaft Bergbau vor, die Arbeitszeit für Arbeiter unter Tage von bisher 7,5 auf 8 und für Arbeiter über Tage von 8 auf 8,5 Stunden zu erhöhen. Danach beträgt die reine Wochenarbeitszeit der unter Tage Beschäftigten statt bisher 45 Stunden nur noch 40 Stunden.

Ab 1. Mai 1961 beläuft sich der Durchschnittslohn eines Vollhauers je Schicht auf 24,42 DM, so daß der durchschnittliche Verdienst eines Bergmannes bei 40stündiger Arbeitszeit an fünf Tagen dem entspricht, was bisher in 45 Stunden an sechs Arbeitstagen verdient wurde. Mit der Einführung der Fünftagewoche wird zugleich die erstrebte Drosselung der Förderung erreicht. Damit ist nach Auffassung des Bergbaus für die Bundesrepublik der Tatbestand des Artikels 58 des Montanunionvertrages, also die Erklärung der Krisenlage durch die Hohe Kommission, nicht mehr gegeben. Die getroffenen Maßnahmen reichten demnach aus, um die Verhältnisse auf dem bundesdeutschen Energiemarkt zu ordnen.

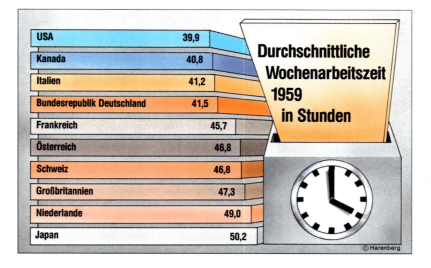

Kleinkredite auch bei Großbanken

2. Mai. Die drei größten bundesdeutschen Banken, die Deutsche Bank, die Dresdner Bank und die Commerzbank, nehmen das Geschäft mit Kleinkrediten auf.

Empfänger von Lohn und Gehalt, aber auch Freiberufler können unter Vorlage einer Verdienstbescheinigung und des Personalausweises Kredite in Höhe von 300 bis 2000 DM erhalten. Zusätzliche Sicherheiten müssen nicht erbracht werden. Die Banken berechnen pro Monat 0,4% Zinsen. Bei monatlicher Rückzahlung des Kredits bedeutet das eine Effektivverzinsung von etwa 9% im Jahr.

Lohn- und Gehaltsempfänger waren bisher darauf angewiesen, bei finanziellen Schwierigkeiten Kredite von ihrem Arbeitgeber oder von Sparkassen und Genossenschaftsbanken zu bekommen. Der Kreditumfang war dort zumeist geringer.

Gleicher Lohn für Frauen gefordert

28. Mai. Die Bundesfrauenkonferenz des Deutschen Gewerkschaftsbundes (DGB) fordert in Bremen die im DGB zusammengeschlossenen Einzelgewerkschaften auf, alle

Maria Weber gehört seit 1956 als einzige Frau dem Bundesvorstand des DGB an; am 27. Dezember 1919 in Gelsenkirchen geboren, war sie zunächst leitend in der katholischen Arbeiter-Jugend tätig; 1945 wandte sie sich der Gewerkschaftsarbeit zu.

Tarifverträge, die unterschiedliche Löhne für Männer und Frauen vorsehen, zum frühestmöglichen Termin zu kündigen.

Zum Abschluß der dreitägigen Konferenz, an der rund 300 Delegierte teilgenommen haben, protestieren die Vertreterinnen von über einer Million im DGB organisierten Frauen gegen die geplante Selbstbeteiligung der Sozialversicherten an den Behandlungskosten im Krankheitsfall. Ferner wird eine Verlängerung des Beschäftigungsverbots vor der Entbindung von sechs auf zehn Wochen bei voller Lohnfortzahlung gefordert.

Immer mehr Technik in der Landwirtschaft

3. Mai. Bundeslandwirtschaftsminister Heinrich Lübke (CDU) eröffnet in Frankfurt am Main die 45. Wanderausstellung der Deutschen Landwirtschaftsgesellschaft, auf der bis zum 10. Mai über 1000 Aussteller, darunter sieben aus der DDR, ihre Erzeugnisse präsentieren.

Lübke bezeichnet es als sein Ziel, die bundesdeutschen Bauern innerhalb der Europäischen Wirtschaftsgemeinschaft (EWG) wettbewerbsfähiger zu machen. Das durchschnittliche Jahreseinkommen eines mittleren Betriebes mit 15 ha Nutzfläche betrage 16000 DM und liege etwa 22% unter dem Einkommen vergleichbarer gewerblicher Berufe. Lübke lobt den Stand der Technisierung in der Landwirtschaft, der in der Bundesrepublik im Vergleich zu anderen EWG-Ländern am höchsten sei. Auf 14 ha entfalle ein Schlepper, während in den Niederlanden 19 ha, in Belgien 27 ha, in Frankreich 40 ha und in Italien 79 ha auf einen Schlepper kämen.

Neben den Hallen, in denen Landmaschinen gezeigt und über 3000 Zuchttiere vorgeführt werden, ist der maßstabgetreue Nachbau eines Musterhofes die Attraktion der Ausstellung. Zu den Wirtschaftsgebäuden gehört hier ein Stall, durch den eine gerade »Futterachse« verläuft und der auf einer »Mistachse« halbautomatisch gereinigt wird. Ebenfalls neu ist die »Intensivhühnerhaltung«, bei der die Hühner im Stall bleiben und ihre jährliche Legeleistung um 50 auf 220 Eier steigern.

In seiner Eröffnungsrede ermuntert Heinrich Lübke die Landwirte zu weiteren Produktionssteigerungen, die sie wettbewerbsfähiger machen sollen

Die Technisierung der Landwirtschaft schreitet fort; H. Lübke (M.)

Mai 1959

Wirtschaft 1959:
Konjunkturanstieg trotz Absatzkrise bei Kohle und Stahl

Die wirtschaftliche Situation im Jahr 1959 ist durch Preisstabilität, anhaltenden konjunkturellen Aufschwung, aber auch durch Absatzkrisen in einigen Industriebranchen gekennzeichnet.

Bundeswirtschaftsminister Ludwig Erhard (CDU) spricht in seiner Jahresbilanz von einer nahezu idealen Wirtschaftsentwicklung. Die Konjunktur verzeichnet insbesondere in der Elektroindustrie sowie der Kraftfahrzeug- und Kunststoffherstellung einen starken Zuwachs. Insgesamt verbucht die Industrie um 19% höhere Auftragseingänge im Vergleich zum Vorjahr. Rund 50% der Unternehmen im Maschinenbau melden Überstunden an, in der Elektoindustrie sind es 35% und auf dem Sektor Textil und Bekleidung 25 bis 30% der Betriebe. Bundesweit steigt die industrielle Produktion um 6,5%; 1958 hatte der Zuwachs noch 3,1% betragen. Auch in der Landwirtschaft wird trotz der langanhaltenden Trockenheit ein geringer Produktionszuwachs erzielt.

Bei der Preisentwicklung festigt sich die stabile Tendenz des Vorjahres. Während die Erzeugerpreise für industrielle Güter im Vergleich zu 1958 um 1% zurückgehen, werden die landwirtschaftlichen Erzeugerpreise um 3,5% erhöht. Das Bundeswirtschaftsministerium errechnet einen Anstieg der Lebenshaltungskosten um 1,5%. Nach Angaben Erhards steigen die Nettolöhne 1959 um 7,5%; die Reallöhne seien von 1950 bis 1959 um 56% angewachsen. Der private Verbrauch steigt analog dem gestiegenen verfügbaren Einkommen der Haushalte um 5%. Die privaten Investitionen nehmen um 11% und die Staatsausgaben um 8,5% zu. Das Bruttosozialprodukt beläuft sich auf 244,4 Milliarden DM und liegt damit um 7% höher als 1958.

Wirtschaftsfachleute sehen in dem beschleunigten Wachstum Anlaß zu warnenden Appellen. Wirtschaftsminister Erhard hält alle Anstrengungen und Überredungskünste für nötig, damit die wirtschaftlichen Kräfte nicht über das Ziel hinausschießen. Erhard wörtlich: »Wir dürfen die Konjunktur nicht durch Maßlosigkeit gefährden.«

In einigen Wirtschaftszweigen macht sich bereits ein konjunktureller Abschwung bemerkbar. Wegen billiger Importe und aufgrund französischer Konkurrenz gerät die Stahlindustrie im Ruhrgebiet in eine Absatzkrise. In den Stahlstandorten Dortmund und Hattingen werden Feierschichten angemeldet und über 1000 Arbeiter entlassen.

Chemische Industrie auf dem Vormarsch: Für 1959 wird in der DDR eine Produktionssteigerung von 250% angestrebt; hier die Chemiewerke Buna

Neben der Stahlindustrie, die zu den Hauptabnehmern von Steinkohle zählt, hat auch der Ruhrbergbau Absatzsorgen. Zu den Ursachen zählt der von 7,5 Millionen t 1958 auf 10 Millionen gestiegene Heizölverbrauch, der zu Lasten der Kohle geht. Billige Importkohle ist auf dem Energiemarkt erfolgreich und läßt die Kohlehalden im Revier weiter anwachsen. Die Haldenbestände am Jahresende werden auf 19,1 Millionen t geschätzt. Als Folge der Kohlekrise verlieren nahezu 40000 Bergleute innerhalb eines Jahres ihren Arbeitsplatz. Die Zahl der Bergarbeiter geht somit von 345000 im Jahr 1958 auf 306000 zurück. Über 10 000 Kumpel verlassen freiwillig das Revier, um Beschäftigung in anderen Wirtschaftszweigen zu finden. Es entsteht die paradoxe Situation, daß in einigen noch ausgelasteten Zechen Arbeitskräfte fehlen und 9000 Lehrstellen im Bergbau unbesetzt sind, andererseits aber viele Bergleute um ihren Arbeitsplatz fürchten müssen. Um die Wettbewerbsfähigkeit des Steinkohlebergbaus im Ruhrgebiet zu verbessern und Arbeitsplätze zu sichern, erhebt die Bundesregierung am 30. Januar einen Zoll auf den Import von Kohle. Bis zu 5 Millionen t können zollfrei eingeführt werden, jede weitere Tonne wird mit einer Abgabe von 20 DM belegt. Damit soll vor allem die Einfuhr von Kohle aus den USA eingeschränkt werden, die im Vorjahr 11,2 Millionen t betragen hatte.

Die seit dem Beitritt zur Europäischen Wirtschaftsgemeinschaft (EWG) 1957 verstärkte Tendenz der bundesdeutschen Wirtschaft zur Exportorientierung setzt sich weiter fort. Insbesondere in den Bereichen des Fahrzeug- und Maschinenbaus sowie bei der Chemischen und der Elektrotechnischen Industrie wird ein immer größerer Anteil der Produktion ausgeführt. Die Handelsbilanz der Bundesrepublik weist daher einen Exportüberschuß von rund 5,4 Milliarden DM aus. 1958 waren es 5,9 Milliarden DM. Bei der Zahlungsbilanz stehen Ausfuhren und Einnahmen in Höhe von 54,1 Milliarden DM Einfuhren und Ausgaben von lediglich 46,8 Milliarden DM gegenüber.

Verschiffung von Volkswagen in die Vereinigten Staaten; der VW »Käfer« ist hier das Importauto Nr. 1

Mai 1959

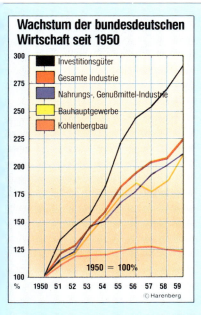

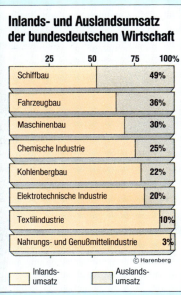

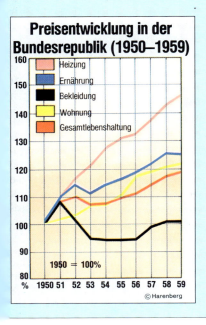

Soziale Marktwirtschaft als Grundlage des Wirtschaftswachstums

Die Wirtschaftspolitik der Bundesregierung wird seit 1949 von Bundeswirtschaftsminister Ludwig Erhard (CDU) bestimmt, der in der deutschen Bevölkerung große Popularität genießt.

Grundlage seiner Politik ist die u.a. von ihm und Alfred Müller-Armack erstellte Konzeption der »Sozialen Marktwirtschaft«. Diese Wirtschaftsform, die sich vom »Laissez-faire-Kapitalismus« und vom System der Planwirtschaft distanziert, basiert auf dem Wechselspiel von Angebot und Nachfrage im freien Wettbewerb. Der Unterschied zur freien Marktwirtschaft liegt in gesetzlichen Maßnahmen des Staates, die soziale und wirtschaftliche Benachteiligungen einzelner Bürger oder Berufszweige verhindern sollen. Darunter fallen die gesetzliche Sozialversicherung und Maßnahmen zur Beseitigung sozialer Härten ebenso wie Subventionen für notleidende Wirtschaftszweige oder Steuervergünstigungen für bestimmte Berufs- und Einkommensgruppen. Der Staat soll immer dann eingreifen, wenn der freie Markt sozial unerwünschte Ergebnisse hervorruft.

Aufgabe der Wirtschaftspolitik in einer »Sozialen Marktwirtschaft« ist es, den freien Wettbewerb zu sichern und Wettbewerbsverzerrungen durch Kartellgesetze zu verhindern. Die ökonomischen Faktoren der Wirtschaftlichkeit und der sozialen Gerechtigkeit müssen gegeneinander abgewogen werden. Im Gegensatz zu einem rein kapitalistischen System behält sich der Staat Eingriffsrechte in bestimmten Bereichen vor. So wird die landwirtschaftliche Produktion durch den Grünen Plan geregelt, für Mietwohnungen gelten bestimmte Kostensätze, und die Festsetzung von Strompreisen, Postgebühren, Bahntarifen und Beitragssätzen zur Krankenversicherung unterliegt der staatlichen Genehmigung.

Das System der »Sozialen Marktwirtschaft« sieht Ludwig Erhard verschiedenen Gefahren ausgesetzt. So drohe die zunehmende Konzentration großer Unternehmen den freien Wettbewerb zu gefährden. In seinem 1957 erschienenen Buch »Wohlstand für alle« setzt sich Erhard mit den negativen volkswirtschaftlichen Auswirkungen der Kartellbildung auseinander:

»Nach meiner Auffassung beinhaltet die soziale Marktwirtschaft eben nicht die Freiheit der Unternehmer, durch Kartellabmachungen die Konkurrenz auszuschalten; sie beinhaltet vielmehr die Verpflichtung, sich durch eigene Leistung im Wettbewerb mit den Konkurrenten die Gunst des Verbrauchers zu verdienen. Nicht der Staat hat darüber zu entscheiden, wer im Markt obsiegen soll, aber auch nicht eine unternehmerische Organisation wie ein Kartell, sondern ausschließlich der Verbraucher... In dieser Sicht ist die Freiheit ein staatsbürgerliches Recht, das von niemandem außer Kraft gesetzt werden darf. Die von den Kartellfreunden geforderte Freiheit zur Unterbindung oder zur Beseitigung der Freiheit ist nicht der Freiheitsbegriff, den ich im Interesse des Fortbestehens freier Unternehmer als verpflichtend vorangestellt wissen möchte... Der Wettbewerb und die durch ihn bedingte Leistungssteigerung und Fortschrittsförderung müssen durch staatliche Ordnungsmaßnahmen sichergestellt und gegenüber allen Störungselementen abgeschirmt werden. Insbesondere ist zu gewährleisten, daß die Funktion der freien Preisbildung in einem nicht manipulierten Markt als Steuerungsmittel des Wirtschaftsablaufs keine Behinderung erfährt...

Der Gesetzgeber muß es als seine Aufgabe ansehen, Störungsfaktoren im Marktablauf dadurch auszuschließen, daß er

a) die vollständige Konkurrenz in einem möglichst großen Umfang erhält,
b) auf Märkten, auf denen die Marktform des vollständigen Wettbewerbs nicht hergestellt werden kann, die mißbräuchliche Ausnutzung der Marktmacht verhindert,
c) aus dieser Zielsetzung ein staatliches Organ zur Überwachung und – wenn nötig – zur Beeinflussung des Marktgeschehens schafft.

Eine derart geordnete Wirtschaftsverfassung bildet ... das wirtschaftspolitische Gegenstück zur

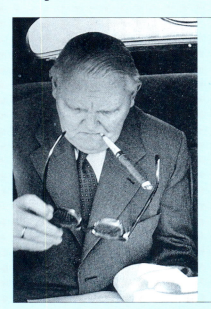

»Vater des Wirtschaftswunders«
Ludwig Erhard wurde am 4. Februar 1897 in Fürth geboren. Nach der Realschule absolvierte er eine kaufmännische Lehre, studierte dann Volks- und Betriebswirtschaft und arbeitete anschließend am Institut für Wirtschaftsbeobachtung in Nürnberg. 1945 wurde er Wirtschaftsberater der US-Behörden und bayerischer Staatsminister für Handel und Gewerbe. Als Direktor der Verwaltung für Wirtschaft des Vereinigten Wirtschaftsgebiets der Westzonen wurde Erhard 1948 mit der Durchführung der Währungsreform betraut. Seit 1949 ist der Bundestagsabgeordnete Bundeswirtschaftsminister und seit 1957 auch Vizekanzler.

politischen Demokratie. Während als deren Inhalt das politische Mitbestimmungsrecht jedes Staatsbürgers anzusehen ist, stellt die Wettbewerbsordnung die wirtschaftlichen Grundrechte der Freiheit der Arbeit und der Verbrauchswahl sicher... Das Ziel... geht also dahin, den Leistungswettbewerb als die treibende Kraft und den freien Preis als das Regulativ der Marktwirtschaft durch Gesetze fest zu verankern. Die Mentalität des Verbrauchers gegenüber unserer Wirtschaftsordnung wird sich immer mehr zum Positiven wandeln, wenn der Staatsbürger die Gewißheit haben kann, daß er über den freien Markt sein Schicksal selbst bestimmen und er nicht anonymen wirtschaftlichen... Mächten ausgesetzt ist.«

Mai 1959

General Kasim, Führer des Militärputsches gegen Faisal II. 1958

Blockfreiheit von Kasim angestrebt

14. Mai. Auf einer Kundgebung, die aus Anlaß der Gründung des Allgemeinen Irakischen Industrieverbandes in Bagdad stattfindet, gibt der irakische Ministerpräsident Abd Al Karim Kasim die »Aufkündigung der Eisenhower-Doktrin« durch sein Land bekannt. Kasim verfolgt offiziell eine Politik der Neutralität (→ 24. 3./S. 47).

Die Eisenhower-Doktrin der USA
Der US-Senat stimmte am 5. März 1957 einer Ermächtigung des Präsidenten zu, militärische Kräfte einzusetzen, um eine eventuelle kommunistische Aggression gegen jede Nation im Mittleren Osten zu bekämpfen, die eine Unterstützung der USA bei einem solchen Angriff verlangt. Außerdem erhält der Präsident die Vollmacht, einen außerordentlichen Betrag von 200 Millionen US-Dollar wirtschaftlicher Hilfe an das Gebiet zu leisten.

Zu Behauptungen, im Irak herrschten die Kommunisten, stellt Kasim fest, der Irak halte zwar Freundschaft mit den kommunistischen Ländern, suche diese aber ebenso mit dem Westen: »Wir werden niemals auf irgendwessen Seite stehen. Wir werden niemals irgendeine aggressive Kraft unterstützen. Deshalb haben wir beschlossen, in dieser Woche die Eisenhower-Doktrin zu kündigen.«

John Foster Dulles an Krebs gestorben

24. Mai. Der ehemalige US-Außenminister John Foster Dulles stirbt in Washington im Alter von 71 Jahren an den Folgen eines Krebsleidens. Wegen seiner Erkrankung war er am 15. April zurückgetreten (→ 18. 4./ S. 66).

J. F. Dulles

Dulles wurde 1888 in Washington geboren. Nach dem Jurastudium betätigte er sich als Anwalt und wurde 1919 Berater bei den Friedensverhandlungen in Versailles und Mitglied der Reparationskommission. Nach verschiedenen Aufgaben im diplomatischen Dienst vertrat er von 1946 bis 1950 die USA bei den Vereinten Nationen. Präsident Dwight D. Eisenhower ernannte Dulles 1953 zum Außenminister. In seiner Amtszeit versuchte er, den Kommunismus durch Paktsysteme einzudämmen (»Containment«) bzw. mit der Drohung der »massiven Vergeltung« mit US-Atomwaffen zurückzudrängen (»Roll back«). Wegen des Todes von Dulles wird die Genfer Konferenz unterbrochen, da die anwesenden Außenminister an der Trauerfeier teilnehmen wollen (→ 11. 5./S. 80).

Der beflaggte Sarg des verstorbenen Außenministers ist bis zur Beisetzung in der Kathedrale von Washington aufgebahrt; das Begräbnis, zu dem zahlreiche ausländische Politiker erschienen sind, findet mit militärischen Ehren auf dem größten Militärfriedhof der Vereinigten Staaten in Arlington statt

Eisenhower über seinen toten Freund: »Sein ganzes Leben hindurch ... war seine Weisheit der Verbesserung der Beziehungen unter den Nationen gewidmet.«

Mit seiner Teilnahme am Begräbnis erweist der sowjetische Außenminister Andrei A. Gromyko einem seiner härtesten Widersacher im Kalten Krieg die letzte Ehre

NATO-Generalsekretär Paul Henri Spaak, seit 1957 im Amt, gehörte zu den Kritikern von Dulles; der belgische Sozialist gilt als Befürworter der Entspannung

Stalins »Geschichte der Partei« überholt

12. Mai. Im Rahmen der sog. Entstalinisierung erscheint in Moskau eine Neufassung der Geschichte der Kommunistischen Partei der Sowjetunion (KPdSU). Sie soll die bisher gültige Parteigeschichte aus der Stalin-Ära ersetzen.

Das neue Werk behandelt die Geschichte der sowjetischen KP bis zum XXI. Parteikongreß im Januar (→27. 1./S. 17). Es tritt an die Stelle des von Josef Stalin selbst redigierten »Kurzen Lehrgangs« der sowjetischen Parteigeschichte, der auf dem XX. Parteitag der KPdSU (Februar 1956) heftig kritisiert worden war. Mit dem Schlagwort »Entstalinisierung« wird im Westen ein mit dem XX. Parteitag von Ministerpräsident Nikita S. Chruschtschow in einer Geheimrede eingeleiteter Reformprozeß bezeichnet. Durch eine zumindest teilweise Abkehr von den Methoden der persönlichen Diktatur Stalins wurde der Herrschaftsanspruch der Partei erneuert und der Personenkult Stalins verurteilt. Prominente Opfer des stalinistischen Terrors wurden rehabilitiert und führende Stalinisten als Parteifeinde geächtet. Man beseitigte außerdem die persönliche Verfügungsgewalt eines einzelnen über den Sicherheitsapparat.

Streiks in Mittelamerika

30./31. Mai. Aufstandsversuche und Streiks schaffen in verschiedenen Ländern Lateinamerikas mehrere Tage lang eine Atmosphäre der Unruhe und Unsicherheit.

Über Nicaragua und Paraguay wird der Ausnahmezustand verhängt. In Ecuador gibt es fünf, in Peru einen Toten und zahlreiche Verletzte. Allein in der peruanischen Hauptstadt Lima werden 120 Personen vorläufig festgenommen.

Die Regierung von Nicaragua teilt mit, Führer des »internationalen Kommunismus« hätten eine Kampagne gegen den Präsidenten Luis Anastasio Somoza Debayle entfacht. Somoza regiert – wie schon sein Vater – mit diktatorischen Mitteln. Gewerkschaften und andere oppositionelle Gruppen, die behaupten, die Wahl Somozas im Jahre 1957 sei Betrug gewesen, kündigen weitere Aktionen bis zum Generalstreik für den Fall an, daß der Präsident nicht umgehend ein Übereinkommen mit der »Union der nationalen Opposition« treffe.

Kapitulation nicaraguanischer Rebellen; das Häuflein von 45 Kämpfern streckt die Waffen, nachdem der Versuch, in dem diktatorisch regierten Land einen Aufstand nach kubanischem Vorbild zu entfachen, an der Übermacht der Somoza-Truppen gescheitert ist; ein »Life«-Reporter dokumentiert die Szene

Neue Regierung im Königreich Nepal

27. Mai. König Mahendra Bir Bikram Schah vereidigt in der Hauptstadt Katmandu die erste gewählte Regierung von Nepal.

Am 12. Februar war eine erste demokratische Verfassung, die einer konstitutionellen Monarchie, verkündet worden. Aus den daraufhin stattfindenden Wahlen war die Kongreßpartei als Sieger hervorgegangen. Deren Leiter Bischweschwar Prasad Koirala wird Ministerpräsident der neuen Regierung.

König Mahendra (geb. 1920) führt die konstitutionell-parlamentarischen Reformen seines Vaters fort; dieser hatte während seiner Regentschaft die Königsmacht mit einem Sieg über die einflußreiche Familie der Rana zurückerobert.

In seiner Regierungserklärung am 28. Mai erklärt Koirala, Nepal wolle sich keinem Machtblock anschließen, sondern eine Neutralitätspolitik verfolgen. Hervorgehoben werden müßten die historische Freundschaft zu Indien sowie die guten Beziehungen zur Volksrepublik China und zur UdSSR.

London: Farbige organisieren sich

21. Mai. Die in Großbritannien lebenden Farbigen bilden zu ihrem Schutz vor Ausschreitungen ein »Verteidigungskomitee«, nachdem im Londoner Stadtteil Notting Hill ein Schwarzer von Rassisten ermordet worden war.

Das Komitee wird von 40 Organisationen der in Großbritannien lebenden westindischen und westafrikanischen Farbigen gebildet. Premierminister Harold Macmillan und Innenminister Richard A. Butler erkennen die Vereinigung aufgrund der sich häufenden rassistischen Ausschreitungen in Großbritannien an und sagen ihre Unterstützung zu. Der Vorsitzende Alao Bashorun teilt auf der Gründungsveranstaltung mit, das Komitee werde der Polizei über alle Zwischenfälle Bericht erstatten und seinerseits registrieren, wie sich die Polizei in konkreten Einzelfällen verhalte.

Schwarze benachteiligt

11. Mai. Nach einem Beschluß des Stadtrates von Johannesburg (Südafrikanische Union) sollen in Bussen und Straßenbahnen, die von Schwarzen benutzt werden, nun auch schwarze Fahrer eingesetzt werden. Diese sollen allerdings einen geringeren Lohn erhalten als ihre weißen Kollegen. Die Stadt will dadurch umgerechnet eine halbe Million DM im Jahr einsparen. Der Beschluß des Stadtrates ruft den sofortigen Protest der Transportarbeiter-Gewerkschaft gegen die unterschiedliche Bezahlung hervor.

Die Bevölkerungsstruktur der Südafrikanischen Union ist gemischtrassig. Vorgeblich im Interesse der Rassenvielfalt, tatsächlich aber zur Erhaltung der Vormachtstellung der weißen Minderheit, die alle politischen und sozialen Grundrechte besitzen, wird eine Politik der Apartheid propagiert, d. h. eine gesetzlich streng getrennte Entwicklung der verschiedenen Volksgruppen. Dagegen leisten die Schwarzen gewaltfreien Widerstand, den die Regierung mit immer härteren Staatsschutzgesetzen beantwortet.

Hinweisschild in Afrikaans und Englisch: Strandgebiet nur für Weiße

Privilegien für weiße Minderheit

Seit 1948 betreiben alle Regierungen der Südafrikanischen Union eine Politik strenger Rassentrennung. Diese Politik wird mit dem Afrikaans-Begriff »Apartheid« (»Gesondertheit«) bezeichnet.

Seit 1949 sind Ehen und Geschlechtsverkehr zwischen den Angehörigen verschiedener Rassen verboten. In öffentlichen Einrichtungen herrscht strikte Rassentrennung. Die Weißen besitzen alle Privilegien, die Farbigen dagegen weder aktives noch passives Wahlrecht. Seit 1950 wird gemäß dem »Group Areas Act« und dem »Bantustan Authorities Act« jeder Südafrikaner einer Rasse zugeordnet und damit einem bestimmten Wohngebiet (»homeland«) zugewiesen.

Mai 1959

Zwei Affen überleben Flug in den Weltraum

28. Mai. Der US-amerikanischen Armee gelingt es, zwei Affen nach einem Weltraumflug mit einer »Jupiter«-Rakete lebend und unverletzt zu bergen. Der 2500 km lange Flug von Kap Canaveral (Florida) führte in Höhen bis zu 500 km und dauerte 15 Minuten.

92 Minuten nach dem Start kann die Raketenspitze mit den beiden Affen in der Nähe der Insel Antigua im Karibischen Meer geborgen werden. Die Rhesusäffin Able und das Seidenäffchen Baker haben den Flug mit Geschwindigkeiten bis zu 16 000 km/h sowie die etwa neun Minuten andauernde Aufhebung der Schwerkraft gut überstanden. Beide waren mit zahlreichen Instrumenten zur Kontrolle von Blutdruck, Herzschlag, Körpertemperatur und anderen Körperfunktionen versehen. Es ergaben sich während des Fluges nur geringfügige Abweichungen im Herzschlag und in der Atmung der Tiere.

Den US-Forschern ist damit ein weiterer Schritt auf dem Weg zum ersten bemannten Weltraumflug gelungen (→ 10. 4./S. 70). 1958 hatten sowjetische Wissenschaftler zwei Hunde erfolgreich in den Weltraum geschossen.

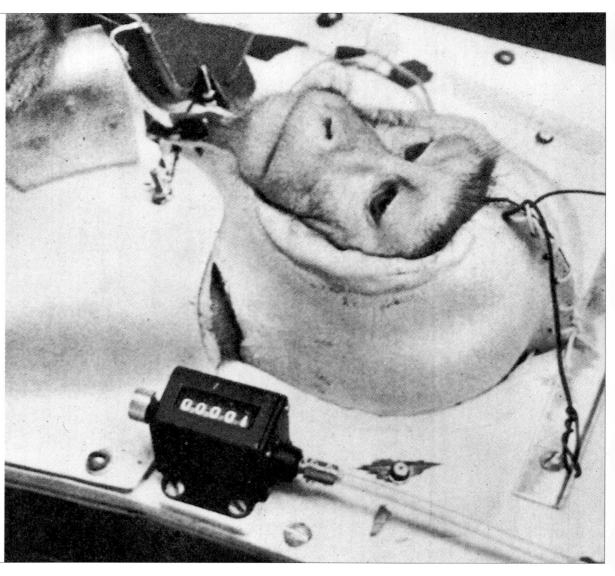

Äffin Able bei den Vorbereitungsversuchen; die Experimente stoßen auf Kritik

Teller: Sowjetwissenschaft bald führend

21. Mai. Der US-amerikanische Atomwissenschaftler Edward Teller, der wesentlich an der Entwicklung der Atom- und Wasserstoffbombe beteiligt war, vertritt in Milwaukee (US-Bundesstaat Wisconsin) die Ansicht, daß die UdSSR in zehn Jahren »der unumstrittene Führer der Welt auf dem Gebiet der Wissenschaft« sein werde.

»Am Ende dieses Jahrhunderts wird die Welt nach russischen und nicht nach unseren eigenen Ideen geformt sein.« Teller fügt hinzu: »Alles, was wir erhoffen können, ist der Rückgewinn unserer verlorenen Führerschaft zu einem späteren Zeitpunkt.«

Als Jude mußte Teller, der ungarischer Abstammung ist, nach Forschungstätigkeiten in Leipzig und Göttingen Deutschland 1933 verlassen. Nach einem Aufenthalt als Stipendiat in Kopenhagen sowie als Lektor an der Londoner Universität emigrierte er 1935 in die Vereinigten Staaten und übernahm eine Professur für Molekular- und Atomphysik an der George-Washington-Universität in Washington. 1941 schloß Teller sich dem von Enrico Fermi geleiteten Forscherstab an, der ab 1944 in Los Alamos (US-Bundesstaat New Mexico) an der Entwicklung der Atombombe arbeitete. Hierbei wirkte Teller als starke Triebkraft, da er die moralischen Bedenken seiner Kollegen nicht teilte. 1951 fand er die Formel für die Wasserstoffbombe, nachdem er dort weitergeforscht hatte, wo sein Kollege Robert Oppenheimer als zweifelnder Wissenschaftler aufgehört hatte.

Als Mitglied der US-Atomenergie-Kommission forderte Teller energisch die Weiterführung der Atomwaffenversuche und wandte sich immer wieder gegen die Vorstellung, daß im Falle eines Atomkrieges alles verloren wäre.

Professor Edward Teller, exponierter Befürworter der Atombombe

Industrie gründet Atomvereinigung

27. Mai. Das Deutsche Atom-Forum wird als Dachgesellschaft für die an der industriellen Nutzung der Kernenergie interessierten Vereinigungen in Karlsruhe gegründet.

An der Gesellschaft sind die Arbeitsgemeinschaft für Kerntechnik in Düsseldorf, die Deutsche Gesellschaft für Atomenergie in Bonn, die Vereinigung »Atome für den Frieden« in München und die Physikalische Studiengesellschaft in Düsseldorf beteiligt. Ziel des Verbandes ist die Koordinierung der zivilen Forschung und Nutzung der Atomenergie sowie die Repräsentation der angeschlossenen Verbände im Ausland. Bundesatomminister Siegfried Balke (CSU) begrüßt die Gründung, da sein Ministerium nun einen kompetenten Ansprechpartner in der Atomindustrie habe.

Mai 1959

Finanzausgleich für ARD-Sender

7. Mai. Ein Abkommen über den Finanzausgleich zwischen den Rundfunkanstalten und die Koordinierung des Ersten Fernsehprogramms wird in Mainz von Vertretern aller Bundesländer unterzeichnet. Der rheinland-pfälzische Ministerpräsident Peter Altmeier (CDU), der die Federführung beim Abschluß des Vertrages innehat, zeigt sich überzeugt, daß damit eine noch bessere Versorgung der Rundfunk- und Fernsehteilnehmer gesichert werde. In dem Schlußprotokoll des Vertrags über den Finanzausgleich bekräftigen die Länder ihre Absicht, den Sender Freies Berlin (SFB), der während der Spaltung Deutschlands und Berlins eine besondere Aufgabe zu erfüllen habe, mit den notwendigen Mitteln auszustatten. Der Finanzausgleich sieht vor, daß Anstalten, die weniger als 650 000 Hörfunkteilnehmer und weniger als 75 000 Fernsehzuschauer haben, mehr Geld erhalten sollen. Höhere Rundfunkgebühren sind jedoch nicht vorgesehen. Das Abkommen über die Koordinierung des Fernsehprogramms gibt der Arbeitsgemeinschaft der Rundfunkanstalten Deutschlands (ARD) die rechtliche Basis für die Gestaltung eines gemeinsamen Programms. Das Recht, eigene Sendungen zu produzieren, bleibt davon unberührt.

Ein Sinnbild kriegerischer Zerstörung inmitten neuen städtischen Treibens: Die Berliner Gedächtniskirche am Breitscheidplatz

Grundsteinlegung für neue Kaiser-Wilhelm-Gedächtniskirche

9. Mai. *Nachdem der Berliner Senat am 21. April dem Wiederaufbau der Kaiser-Wilhelm-Gedächtnis-Kirche seine endgültige Zustimmung erteilt hat, wird nun zu Füßen der alten, ausgebrannten Turmruine der Grundstein zu dem neuen Gotteshaus gelegt. Der Senatsbeschluß sieht vor, daß der umstrittene Turmtorso, eines der bekanntesten Berliner Wahrzeichen, erhalten bleibt. Mit dem Beschluß ist ein Zuschuß von 3 Millionen DM aus Landesmitteln verbunden. Die Baukosten betragen voraussichtlich 5,5 Millionen DM.*
Die Gedächtniskirche wurde 1891 bis 1895 zu Ehren Kaiser Wilhelm I. nach Entwürfen von Franz Schwechten erbaut und kostete das Sechsfache der ursprünglich veranschlagten 600 000 Mark. Sie fiel am 23. November 1943 einem Bombenangriff zum Opfer. In der Frage, ob man den alten Turmstumpf abreißen und statt dessen eine neue Kirche errichten sollte, war sich die Berliner Bevölkerung einig: Sie wollte ihre Kirche, oder vielmehr das, was von ihr übrig geblieben war, behalten.
Die Pläne des mit der Neugestaltung beauftragten Karlsruher Architekten Egon Eiermann sehen eine Restaurierung des alten Mittelturms sowie der unter dem ehemaligen Gotteshaus liegenden Gedächtnishalle vor. Darüber hinaus soll der Turmrest in einen neu zu errichtenden Baukomplex einbezogen werden, der gebildet wird aus einem blau verglasten Achteck und einem sechseckigen, 56 m hohen Glockenturm. Nach der Fertigstellung soll das Gotteshaus insgesamt 1200 Personen Platz bieten.

Musik im Radio bis zum frühen Morgen

21. Mai. In Stuttgart beschließt die Arbeitsgemeinschaft der Rundfunkanstalten Deutschlands (ARD), vom 1. Juli an über ihre Mittelwellensender erstmals während der ganzen Nacht ein gemeinsames Programm auszustrahlen.
Durch diese Neuerung sollen »auch die nachts arbeitenden Menschen Gelegenheit haben, ein vorwiegend musikalisches Programm zu hören.« Weitere Beschlüsse betreffen die Aufnahme des Saarländischen Rundfunks in die ARD und ein Abkommen mit dem Deutschen Sportbund über Fernsehübertragungen von Sportveranstaltungen. Weiterhin bekräftigen die Rundfunkanstalten ihre Absicht, unabhängig von den Plänen der Bundesregierung eine zweite Fernsehsender-Kette aufzubauen (→ 30. 9./S. 155).

Salzburger Dom neu eröffnet

1. Mai. Nach dem Wiederaufbau der 1944 bei einem Bombenangriff eingestürzten Kuppel und Apsis wird der Salzburger Dom, einer der Kerne der mittelalterlichen Fürstenstadt Salzburg, erneut seiner Bestimmung übergeben. Die offiziellen Einweihungsfeierlichkeiten für das Gotteshaus dauern bis zum 7. Mai.
Nachdem die Kuppel als erstes wieder aufgesetzt worden war, mußte im Innern der Kathedrale während der Bauarbeiten eine Mauer gezogen werden, die den zerstörten Teil von dem erhaltenen trennte. Diese Mauer fällt nun.
Bereits 1958 wurden die drei gewaltigen Bronzetore von Giacomo Manzù eingeweiht, die von der Vorhalle in das Längsschiff führen. Unter dem Altar von 1680 hob man während der Renovierungsarbeiten eine Krypta für die Salzburger Erzbischöfe aus, die innerhalb der katholischen Hierarchie durch die Würde als »Primas Germaniae« eine besondere Bedeutung hatten.

Innenansicht des Salzburger Doms mit dem Hochaltar von 1680

Erfindermesse mit kuriosen Einfällen

2. Mai. In Hildesheim beginnt die 14. Deutsche Erfindermesse, die eine Woche lang in sechs Hallen 400 neue Erfindungen präsentiert.
Eine der Attraktionen ist der »elektronische Dämmerschalter«, der das künstliche Licht je nach Stärke des Tageslichts dosiert. Großes Interesse findet auch der »Kletten-Verschluß für Textilien«, der Kleidungsstücke nach dem Prinzip der Kletten mit Widerhaken sicher verschließt. Eher kurios sind dagegen der elektrische Reinigungsapparat für den menschlichen Körper, die Sicherheitsbadekappe mit luftgefüllten Hohlräumen, das vollautomatische Hühnerstallfenster, das mit einem Wecker gekoppelt ist, sowie die immer in der Waagerechten verbleibenden »Allseits-Schwebemöbel« für Flugzeuge und Schiffe.

Mai 1959

Typischer Stadtmantel und Sakkoanzug aus Wolle; für den Sommer werden »wunderbar knitterfeste und leichte« Anzüge aus Synthetik angeboten

Bouclé-Hänger in Zeltlinie; Rot ist eine der Modefarben des Herbstes

Mode 1959:

Trapez- und Faßlinie aktuell

Ein Jahr nachdem Yves Saint Laurent seine noch immer erfolgreiche Trapezlinie vorgestellt hat, verkündet der Nachfolger Christian Diors nun: »Die Taille ist wieder da!«

»Die neue Linie ist extravagant und anspruchsvoll. Gerader, enger Rock und Faßlinie werden in einem Doppelrock kombiniert. Der untere Rock bleibt eng und knielang, während der obere, etwas weitere Faßlinien-Rock kürzer und um den Saum eingezogen ist. Die Taille ist durch einen breiten Gürtel hervorgehoben. Für die neuen Modelle bevorzugt Saint Laurent dunkle Farben wie Anthrazit, Grau und Schwarz«, heißt es in der Zeitschrift »burda Moden«.

Beide konträre Linien – Trapez- und Faßlinie – werden in jeder erdenklichen Weise variiert. Die italienischen Couturiers verbinden oftmals beide, indem sie vorne die Weite der Trapez- oder Zeltlinie durch einen hochliegenden breiten Gürtel zusammenfassen und nur im Rücken die Weite betonen. Der sehr aparte Doppelrock setzt sich besonders bei damenhaften Cocktailkleidern durch. Tageskleidern gibt die hohe Taille eine empirehafte Linie, an die der Faßlinien-Rock angekraust ist. Die Saumlänge ist bedeutend kürzer als im Vorjahr, d.h. gerade kniebedeckend. Sommerliche Nachmittags- und Abendkleider haben ein tiefes Dekolleté, das von einem breiten Kragen gerahmt wird. Dazu ist das Bolero aktuell. Die Kostüme weisen taillenkurze, gerade Jacken und gerade enge Röcke auf. Das Chanel-Kostüm ist sehr en vogue.

Mäntel präsentieren sich in der modischen Zeltlinie oder einer antaillierten Prinzeßlinie. Dazu sind halsferne Kragen aktuell. Die Stoffe – auch für Kleider – machen einen rauhen Eindruck. Es sind Loop-Mohair, Woll-Crêpe, griffige Cotelé- und Shetlandwolle, Woll-Bouclé und Tweed; im Sommer Leinen, Gabardine und Popeline, das »rapid-iron« ausgerüstet ist und bügeln überflüssig macht. Im Frühjahr ist zartes Lila neben anderen Pastellfarben modern, während sich im Herbst die dunklen Farben von Yves Saint Laurent durchsetzen.

Mantel in lockerer Weite; Details: Blenden und halsferne Kragen

»Die Hüte gleichen wahrlich Lampenschirmen«, meint ein Kritiker. Es sind große Glocken mit einem breiten Hutband und vorne einer großen Rosette. Wenn die Kopfbedeckung der kunstvollen Frisur nur schaden würde, greift die Trägerin zu dünnen Perlon-Kopftüchern, die auf die Frisur gelegt, vorne um den Hals geschlungen und hinten geknotet werden.

Neben der französischen Haute Couture und der italienischen Alta Moda, die durch die Eröffnung des Hauses Valentino bereichert wird, behaupten sich die Westberliner Modeschöpfer wie Heinz Oestergaard, (Gerd) Staebe-(Hans) Seger, Detlev Albers, Günter Brosda und der neu hinzugekommene Uli Richter. In München sind es Heinz Schulze-Varell und Werner Wunderlich neben den für ihre betont jugendliche Mode in aller Welt berühmten Bessie Becker und Felicitas Queisser.

Sportmode dagegen kauft man bei Bogner, dessen Keilhosen in den Vereinigten Staaten als »the Bogner's« bekannt sind.

Der Teenager dagegen trägt je nach Typ und sozialer Herkunft Pferdeschwanz und Petticoat oder kurze »Mausezähnchen«-Frisur und Freizeit-Jeans oder als »Halbstarken«-Braut schwarze Kleidung aus Leder bzw. Skai. Noch so gut wie unbekannt bleiben die revolutionären Modeskizzen von Mary Quant, die 1959 ihre Boutique eröffnet und Mini-Hängerkleidchen vorschlägt.

Die Allroundbekleidung des Herrn ist weiterhin der Sakkoanzug. Tagsüber in dezenten Farben und leicht gemustert, wird er abends – in Gesellschaft oder im Theater – in Schwarz oder Dunkelblau, eventuell mit dünnem Nadelstreif, getragen. Die Sakkos sind leicht tailliert, haben drei Knöpfe, von denen nur der unterste geschlossen wird. Der Einreiher ist Favorit. Für den Sommer gibt es Anzüge aus Terylene, dem man »wunderbare Knitterfestigkeit und Unempfindlichkeit gegen Nässe und Schmutz« nachsagt. Dazu werden knitter- und bügelfreie Nylonhemden getragen.

Die Mäntel sind bequem und überweit und geben dem Träger ein kastenförmiges Aussehen. Im Winter sind die Popelinemäntel mit einem einknöpfbaren Pelz- oder Kamelhaarfutter versehen.

Die dandyhaft (aber mit billigen Stoffen) angezogenen Teddy-Boys stehen in Gegensatz zu den in schwarzes Leder gekleideten »Halbstarken«. Beider Idole sind Stars wie James Dean und Marlon Brando, Elvis Presley und Bill Haley, die jeder für sich einen eigenen »Look« lancieren. Allen gemeinsam sind die von Brillantine glänzenden Haare, die Rock'n'Roller Bill Haley zur »Schmachtlocke« frisiert.

Zeitloses Hemdblusenkleid, wandlungsfähig durch Accessoires

Pariser Abendkleid aus weißem Organdy, schwarzes Spitzen-Oberteil

Eine Duchesse-Blende hält die plissierte Weite in Empirehöhe

Kunstvoll gelegte Langhaar-Frisuren für festliche Gelegenheiten

Haarlack gibt kunstvollen Damenfrisuren Halt

Ihr Haar, meistens kinnlang, legen Frauen 1959 zu kunstvollen Frisuren – mit Mittelscheitel oder einer in die Stirn fallenden Welle; am Oberkopf ist das Haar stark toupiert und fällt über den Ohren in Sechsern herab. Abendfrisuren werden von einem Straß-Klip oder einer extra eingearbeiteten Haarlocke auf dem Scheitel bekrönt.

Viele Frauen verwenden darüber hinaus künstliche Haarteile und besprühen die Frisur mit Haarlack, der mittels eines kleinen Blasebalgs zerstäubt wird. Dazu sind schwarz umrandete Augen und dunkel, fast »balkenartig« nachgezogene Augenbrauen in Mode. Durch einen seitlich nach oben gezogenen Strich, den Flick, erhalten die Augen ein mandelförmiges bzw. »katzenartiges« Aussehen. Die Lippen bleiben ungeschminkt, um die Augen noch besser zur Geltung zu bringen.

Kostüme in allen Varianten: sportlich-elegant, schlicht oder salopp

Mai 1959

Ernst Ronnecker in »Der tolle Tag«

V.l.: I. Krottendorff, R. Schult, L. Linkmann in der »Hochzeit des Figaro«

Ruhrfestspiele mit großem Programm

23. Mai. In Recklinghausen eröffnet Bundestagsvizepräsident Carlo Schmid (SPD) die 13. Ruhrfestspiele, die bis zum 5. Juli dauern.
Schmid nennt die Gewerkschaften als Mitveranstalter der Festspiele das »notwendigste Instrument gegen die Vermassung der Menschen«. Die Gewerkschaften sorgten auch dafür, daß Kultur nicht das Vorrecht einiger »Gutweggekommener« bleibe. Im Zeichen der Automation und weiter verkürzter Arbeitszeiten gelte es besonders, die Freizeit nicht zu einem »Abfallprodukt der Arbeitszeit« und durch Langeweile zu einem »Fluch« werden zu lassen. Die Gewerkschaften könnten dort helfen, wo »Geistiges und Seelisches nach Entfaltung« dränge. In diesem Sinne erfüllten die Ruhrfestspiele die nationale Aufgabe, dem Werktätigen in Bild, Ton, Wort und Spiel zu zeigen, was er in dieser Welt sein könne, wenn er sie ganz begreife.
Am Eröffnungsabend der Festspiele wird das Theaterstück »Der Trojanische Krieg findet nicht statt« des französischen Schriftstellers Jean Giraudoux gegeben. Die kriegerische Auseinandersetzung – gemeint sind Frankreich und Deutschland – wird in diesem Stück als schicksalsbedingt und menschlichem Einfluß unzugänglich angesehen. Giraudoux gibt sich im »Trojanischen Krieg« als Zyniker, der Kassandra das über Europa hereinbrechende Unheil ankündigen läßt: »Ich sehe nichts voraus. Ich ziehe nur die Dummheit in Betracht, die der Menschen und die der Elemente... Der nächste Krieg steht vor der Tür.« In der Inszenierung von Gustav Rudolf Sellner aus Darmstadt beeindrucken vor allem Bernhard Minetti in der Rolle des Odysseus, Erich Schellow als Hector und Charlotte Joeres als Kassandra.
Weitere Festspiel-Inszenierungen sind »Die Hochzeit des Figaro« von Pierre Augustin Caron de Beaumarchais unter der Regie des Bochumer Intendanten Hans Schalla, außerdem Fritz Kortners Berliner Inszenierung von Friedrich Schillers »Die Räuber« und schließlich die Düsseldorfer Aufführung des »Wilhelm Tell« unter Leitung des Intendanten Karlheinz Stroux.
Die 10. Ruhrfestspiel-Ausstellung in der Kunsthalle Recklinghausen zeigt unter dem Titel »Die Handschrift des Künstlers« 331 Kunstwerke von der Renaissance bis zur Gegenwart. Sie wendet sich – ganz in der Tradition der Festspiele – an die große Zahl derer, für die eine aktive Teilnahme am Kulturleben nicht selbstverständlich ist, und bietet die Möglichkeit der Einübung in »künstlerisches Sehen«. Besonders die Arbeiterschaft im Ruhrgebiet soll stärker an die Kultur herangeführt werden.

Grundidee der Festspiele: Kunst gegen Kohle

Vom 28. Juni bis zum 2. Juli 1947 gastierten die drei Hamburger Bühnen – Staatsoper, Deutsches Schauspielhaus und Thalia-Theater – mit mehreren Aufführungen im Städtischen Saalbau von Recklinghausen, um damit ihren Dank dafür auszudrücken, daß sie im Winter 1946/47 von der Recklinghauser Zeche König Ludwig Kohlen zur Beheizung ihrer Theaterhäuser bekommen hatten. Wegen der großen Resonanz dieser Aktion »Kunst gegen Kohle« entwickeln sich aus diesem ursprünglich nur einmaligen Gastspiel die Ruhrfestspiele Recklinghausen, deren Schirmherrschaft in der Folge der Deutsche Gewerkschaftsbund und die Stadt Recklinghausen gemeinsam übernehmen.

1947: Die Schauspieler aus Hamburg werden mit Suppe beköstigt

Dokumentarfilme zur Geschichte

25. Mai. In Mannheim wird die 7. Kultur- und Dokumentarfilmwoche eröffnet, bei der mehr als 150 Filme meist unbekannter Autoren und Regisseure gezeigt werden.
Die Kultur- und Dokumentarfilme, die in der Regel im Beiprogramm der Kinos zu sehen sind, lassen zunehmend sozialkritische Tendenzen erkennen, auch wenn sie teilweise von Industrieunternehmen finanziert werden. Besonders in den USA und Großbritannien werden Dokumentarfilme von Konzernen gefördert, die damit ihr Prestige in der Öffentlichkeit verbessern wollen.
Dem Thema Krieg und Gewalt sind zahlreiche Filme gewidmet, etwa ein tschechischer Film, der Kinderzeichnungen im Konzentrationslager Theresienstadt zeigt, oder der holländische Kurzfilm »Niederländische Passion«, in dem Denkmäler der Widerstandsbewegung an die Diktatur des Nationalsozialismus erinnern. Auch in den Sonderveranstaltungen »Industriefilme« und »Kinder- und Jugendfilme« wird auf diese Thematik eingegangen.

Goldene Palme für »Orfeu Negro«

15. Mai. Bei den Filmfestspielen in Cannes erhält der französische Film »Orfeu Negro« (»Der schwarze Orpheus«) von Marcel Camus die »Goldene Palme«.
Als beste Schauspielerin wird Si-

François Truffaut, geboren am 6. Februar 1932, arbeitete nach der Schulzeit zunächst als Laufbursche und Fabrikarbeiter; als Gründer eines Arbeiterfilmclubs kam er zu den »Cahiers du Cinéma« und zählte bald zu den scharfsinnigsten französischen Filmkritikern.

mone Signoret für ihre Rolle in dem britischen Film »Room at the top« (»Der Weg nach oben«) ausgezeichnet. Den Preis für die beste Regie erhält François Truffaut für seinen Film »Les quatre cents coups« (»Sie küßten und sie schlugen ihn«). Der außer Konkurrenz gezeigte französische Film »Hiroshima mon amour« von Alain Resnais erhält den Preis der Drehbuchautoren.

Mai 1959

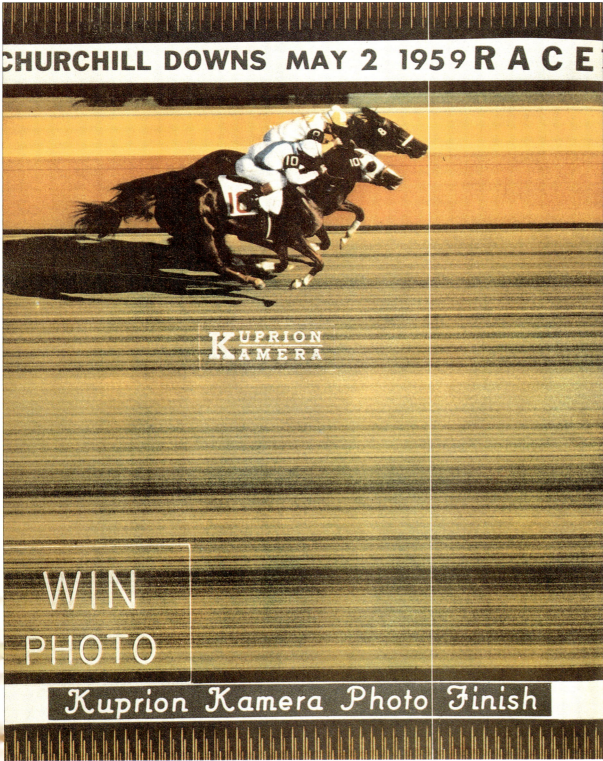

Erstes farbiges Zielfoto mit dem Sieger Willie Shoemaker auf Tomy Lee (Nr. 8) beim Kentucky-Derby in den USA

Derby-Sieger zum ersten Mal durch Zielfoto in Farbe ermittelt

2. Mai. Zum ersten Mal in der Geschichte des Pferderennens wird der Sieger eines solchen Wettbewerbs anhand eines Zielfotos in Farbe ermittelt.
Bei dem traditionellen »Kentucky-Derby« in Churchill Downs im US-Bundesstaat Kentucky wird der Jury die Entscheidung über den eindeutigen Sieger durch die Objektivität des Zielfotos erleichtert. Die geeichten Markierungen am oberen und unteren Ende der Aufnahme ermöglichen die genaue Ermittlung der Reihenfolge der ins Ziel einlaufenden Pferde. Die 1750-mm-Kamera sitzt auf einem Turm 50 m von der Ziellinie entfernt. Durch einen nur 1,5 mm breiten Schlitz wird ein 5 cm breites Sichtfeld freigegeben. Der Film in der Kamera bewegt sich in der gleichen Geschwindigkeit wie die Pferde, so daß auf dem Bild keine Verzerrungen und Unschärfen entstehen und der Sieger einwandfrei ermittelt werden kann.

Winkler gewinnt auf Halla in Rom

5. Mai. Hans Günter Winkler aus Warendorf gewinnt auf Halla den »Großen Preis von Rom«, das wertvollste Einzelspringen des zehntägigen CHIO-Turniers in Rom.
Winkler schlägt im Stechen in der schnellsten Zeit bei null Fehlern den ehemaligen französischen Olympiasieger Pierre Jonquères d'Oriola auf Virtuoso. Auf seinem zweiten Pferd, Sonnenschein, wird Winkler Sechster. Fritz Thiedemann stürzt mit Meteor am dreifachen Oxer und gibt den Wettbewerb auf.
An dem gleichen Hindernis kommt es zu einem tragischen Zwischenfall. Der ungarische Springreiter Janosz Baranjai geht mit seinem Rappen Barsony die äußerst schwierige Oxer-Kombination zu schnell an, so daß Pferd und Reiter sich überschlagen. Baranjai ist nur leicht verletzt, doch sein Rappe kann die Hinterhand nicht mehr bewegen. Länger als eine halbe Stunde bleibt das Pferd vor den schockierten Zuschauern liegen, bis es abtransportiert und anschließend von einem Tierarzt getötet wird.

Weltrekord in der »Königsdisziplin«

18. Mai. Mit 8357 Punkten (1959 gültige Bewertung) verbessert der sowjetische Europameister Wassili Kusnezow in Moskau den Zehnkampf-Weltrekord des schwarzen US-amerikanischen Leichtathleten Rafer Johnson um 55 Punkte.

Kusnezows Einzelleistungen:
▷ 100 m in 10,7 sec
▷ Weitsprung 7,35 m
▷ Kugelstoßen 14,68 m
▷ Hochsprung 1,89 m
▷ 400 m in 49,2 sec
▷ 110 m Hürden in 14,7 sec
▷ Diskuswerfen 49,94 m
▷ Stabhochsprung 4,20 m
▷ Speerwerfen 65,06 m
▷ 1500 m in 5:04,6 min

Regenschwere Bahnen und nasse Wettkampfanlagen sind keine guten Vorbedingungen, aber bereits nach fünf Übungen liegt Kusnezow 46 Punkte über der Bestleistung Johnsons, welche dieser 1958 im selben Stadion aufgestellt hatte.

Juni 1959

Mo	Di	Mi	Do	Fr	Sa	So
1	2	3	4	5	6	7
8	9	10	11	12	13	14
15	16	17	18	19	20	21
22	23	24	25	26	27	28
29	30					

1. Juni, Montag
Die Bemühungen um die Lösung des Deutschlandproblems werden mit stillschweigender Billigung aller Beteiligten von der Tagesordnung der Genfer Außenministerkonferenz gestrichen. Behandelt wird nur noch die Berlin-Frage (→ 5. 1./S. 17; 11. 5./S. 80).

Die britische Kronkolonie Singapur erhält als Staat im britischen Commonwealth die Selbstverwaltung. → S. 103

In einer feierlichen Sitzung verabschiedet die tunesische Nationalversammlung in Tunis die erste Verfassung Tunesiens. → S. 103

Der nicaraguanische Präsident Luis Anastasio Somoza Debayle verhängt den Belagerungszustand über das Land. Er begründet die Maßnahme mit wachsenden oppositionellen Aktivitäten gegen seine diktatorische Regierung.

Franzosen, die ins Ausland reisen wollen, können wieder Devisen bei französischen Banken kaufen. Die Höchstgrenze ist auf umgerechnet 420 DM pro Kopf festgesetzt worden.

In der Schweiz wird die zulässige Höchstgeschwindigkeit innerhalb geschlossener Ortschaften auf 60 km/h festgesetzt.

Der US-amerikanische Rock 'n' Roll-Sänger Elvis Presley wird zum Unteroffizier befördert. Er ist bei einer US-Einheit im hessischen Friedberg stationiert.

2. Juni, Dienstag
Der Westberliner Senat beschließt die Umbenennung einer Straße im Tiergarten in »John-Foster-Dulles-Allee«. Damit soll der am → 24. Mai (S. 86) verstorbene US-Außenminister wegen seines Eintretens für Berlin besonders geehrt werden.

Das Hauptquartier der US-Einheiten in Berlin (West) ordnet an, daß weibliche Angehörige der US-Garnison künftig in der Öffentlichkeit keine Blue Jeans, Shorts oder enganliegenden Badeanzüge mehr tragen dürfen.

3. Juni, Mittwoch
Die Westmächte empfehlen der Bundesrepublik in Genf, die Wahl des Bundespräsidenten am → 1. Juli (S. 114) nicht in Berlin (West) abzuhalten.

In Berlin (Ost) findet eine internationale Pressekonferenz über den »Agentensumpf Westberlin« statt.

In Indonesien wird der Ausnahmezustand ausgerufen, nachdem Präsident Achmed Sukarno am Vortag in der Verfassunggebenden Versammlung mit seinem Versuch gescheitert war, die autoritäre Verfassung von 1945 wieder in Kraft zu setzen.

Die letzte große Toulouse-Lautrec-Sammlung wird in Paris für umgerechnet 770 000 DM versteigert.

Mit einem 2:0 über den französischen Titelträger Stade Reims gewinnt Real Madrid in Stuttgart zum vierten Mal hintereinander den Fußball-Europapokal der Landesmeister.

4. Juni, Donnerstag
Überraschend tritt Bundeskanzler Konrad Adenauer (CDU) wieder von der Kandidatur für das Amt des Bundespräsidenten zurück. → S. 98

5. Juni, Freitag
Die syrisch-jordanische Grenze wird auf Veranlassung Syriens (Vereinigte Arabische Republik) geschlossen. Es handelt sich dabei um eine Vergeltung für die Weigerung Jordaniens, syrische Bauern ihre auf jordanischem Gebiet liegenden Felder bearbeiten zu lassen.

Mit 86,04 m gelingt dem US-Offizier Albert Cantello in Compton (USA) ein Weltrekord im Speerwerfen. Er übertrifft damit die 1956 von dem Norweger Egil Danielsen aufgestellte Bestmarke um 33 cm.

6. Juni, Sonnabend
In Karlsruhe wird die Badische Volkspartei gegründet, deren wichtigstes Ziel die Wiederherstellung des Landes Baden und damit die Auflösung des Bundeslandes Baden-Württemberg ist. → S. 101

7. Juni, Sonntag
Zum fünften Jahrestag der Gründung der Eurovision wird unter bundesdeutscher Leitung eine Sendung mit dem Titel »Spaziergang durch Europa« in zehn Ländern gleichzeitig ausgestrahlt.

Den 42. Giro d'Italia gewinnt der Luxemburger Charly Gaul. Hans (»Hennes«) Junkermann aus Krefeld, der einzige bundesdeutsche Teilnehmer des Radrennens, belegt den elften Platz. → S. 109

Der Brite Stirling Moss geht mit einem Aston Martin zum dritten Mal beim Internationalen 1000-km-Rennen des ADAC auf dem Nürburgring als Sieger hervor. → S. 109

8. Juni, Montag
Das US-amerikanische Postministerium in Washington gibt die erste Postzustellung durch einen ferngelenkten Flugkörper bekannt. Das Lenkgeschoß vom Typ »Regulus« beförderte von einem Unterseeboot etwa 3000 Briefe nach dem Marinestützpunkt Mayport in Florida.

Der US-amerikanische Pianist Liberace (mit vollem Namen Wladziu Valentino Liberace) verklagt William Connor, den Starkolumnisten der britischen Tageszeitung »Daily Mirror«, wegen Beleidigung und Geschäftsschädigung. Connor hatte den Sänger u. a. als »affektierten, girrenden, parfümierten Haufen Mutterliebe« bezeichnet.

In Budapest (Ungarn) verbessert der 27jährige Joszef Szecsenyi den Europarekord im Diskuswerfen auf 58,33 m.

9. Juni, Dienstag
Auf der konstituierenden Sitzung des neugewählten österreichischen Nationalrates wird der bisherige Außenminister Leopold Figl (Österreichische Volkspartei) einstimmig zum Parlamentspräsidenten gewählt.

Über den Wunsch Frankreichs, in der NATO (Nordatlantisches Verteidigungsbündnis) eine größere Rolle zu spielen, kommt es zu einem offenen Konflikt zwischen den westlichen Großmächten. Frankreich weigert sich, Atomwaffen auf französischem Boden zu lagern, sofern die »Grande Nation« nicht auch die Kontrolle über diese Waffen erhält. → S. 103

In Groton (USA) läuft das erste Atom-Unterseeboot mit Polaris-Atomraketen vom Stapel.

10. Juni, Mittwoch
Rund 92,5% der in einer CDU-Umfrage in Hamburg erfaßten Bürger halten die Entscheidung Konrad Adenauers (CDU), Bundeskanzler zu bleiben, für falsch (→ 4. 6./S. 98).

Auf der Genfer Konferenz überrascht der sowjetische Außenminister Andrei A. Gromyko seine westlichen Kollegen mit einem neuen Berlin-Ultimatum. Hierin wird u. a. gefordert, daß die Bundesrepublik und die DDR innerhalb eines Jahres über einen Friedensvertrag und über die Verbesserung der Beziehungen zwischen beiden Staaten verhandeln. → S. 102

Bundespräsident Theodor Heuss überreicht in Bonn dem Präsidenten des Europäischen Parlamentes, Robert Schumann, in Anerkennung seiner Verdienste um die europäische Zusammenarbeit das Große Bundesverdienstkreuz.

Arbeiterkolonnen beginnen in Berlin (Ost) mit dem Abriß des »Führerbunkers«. Adolf Hitler hatte hier 1945 wenige Tage vor Kriegsende Selbstmord begangen. → S. 102

11. Juni, Donnerstag
Der französische Staatspräsident Charles de Gaulle empfängt in Paris den Regierenden Bürgermeister von Berlin (West), Willy Brandt (SPD). Brandt bekundet erneut das Vertrauen der Westberliner Bevölkerung in die Sicherheitsgarantien der Westmächte (→ 5. 1./S. 17).

Wegen Mordes an sieben Juden im polnischen Getto Tschenstochau verurteilt das Hanauer Schwurgericht den ehemaligen Polizeiwachtmeister Wilhelm Unkelbach zu einer lebenslänglichen Zuchthausstrafe.

Die von der französischen Regierung unter Ministerpräsident Michel Debré geplanten Maßnahmen, die eine Verschmelzung der Kolonie Algerien mit der Verwaltung im Mutterland fördern sollen, werden von der Nationalversammlung in Paris mit überwältigender Mehrheit gebilligt (→ 16. 9./S. 150).

Die sowjetische Parteizeitung »Prawda« veröffentlicht einen Beschluß des Zentralkomitees der Kommunistischen Partei, wonach der ursprüngliche Siebenjahresplan auf sechs Jahre verkürzt wird. Schon 1964 sollen die USA wirtschaftlich eingeholt werden. → S. 103

12. Juni, Freitag
Mit den Stimmen der Koalitionsparteien CDU/CSU und DP (Deutsche Partei) verabschiedet der Bundestag den Haushaltsplan für das Rechnungsjahr 1959/60. → S. 100

13. Juni, Sonnabend
Der Parteivorstand der SPD leitet in Bonn ein Parteiordnungsverfahren gegen den früheren Bundesvorsitzenden des Sozialistischen Deutschen Studentenbundes Oswald Hüller ein, weil dieser Verhandlungen zwischen der Bundesrepublik und der DDR sowie eine Anerkennung der Oder-Neiße-Linie als Westgrenze Polens gefordert hatte. → S. 101

Bei den seit Tagen andauernden Demonstrationen gegen die kommunistische Regierung des südindischen Bundesstaates Kerala kommt es zu blutigen Zusammenstößen zwischen der Polizei und Demonstranten.

14. Juni, Sonntag
Mehr als 500 Menschen gedenken im Großen Haus der Städtischen Bühne in Frankfurt am Main der 1945 im Konzentrationslager Bergen-Belsen ermordeten Anne Frank. Die durch ihr veröffentlichtes Tagebuch mit Aufzeichnungen über ihr erschütterndes Schicksal unter deutscher Besatzung in Amsterdam (1942 bis 1944) bekannte Jüdin wäre am 12. Juni 30 Jahre alt geworden.

In Düsseldorf wird die Oper »Die tödlichen Wünsche« von Giselher Klebe uraufgeführt. Die Inszenierung findet eine begeisterte Aufnahme beim Publikum.

Nach Hamburg und München zeigt nun auch Paris die große Chagall-Retrospektive. Die Ausstellung im Musée des Arts Décoratifs, einer Abteilung des Palais du Louvre, dauert bis zum 30. September.

Einen Weltrekord im Diskuswerfen stellt in Warschau der polnische Europameister Edmund Piatkowski auf. Mit einer Weite von 59,91 m überbietet er die bisherige Bestleistung des US-Amerikaners Fortune Gordien um 64 cm.

15. Juni, Montag
Nach dem Rücktritt von Bundeskanzler Konrad Adenauer (CDU) von der Kandidatur für das Amt des Bundespräsidenten nominieren CDU und CSU Landwirtschaftsminister Heinrich Lübke (CDU) als neuen Kandidaten. → S. 99

Die Regierungsbildung in Österreich führt zu einer Krise in der Österreichischen Volkspartei. Bundeskanzler Julius Raab (ÖVP), der dem Koalitionspartner SPÖ (Sozialistische Partei Österreichs) den Posten des Finanzministers angeboten hatte, kann sich mit diesem Vorhaben in den eigenen Reihen nicht durchsetzen.

Frankfurter Allgemeine

ZEITUNG FÜR DEUTSCHLAND

D-Ausgabe / Samstag, 6. Juni 1959 — Herausgegeben von Hans Baumgarten, Erich Dombrowski, Karl Korn, Benno Reifenberg, Erich Welter — Preis 40 Pfennig / Nr. 128

Adenauer widerruft seine Kandidatur zur Präsidentenwahl

Er will Bundeskanzler bleiben / Die Außenpolitik als Grund angegeben / Widerstand in der Fraktion

Bericht unserer Bonner Redaktion

R. BONN, 5. Juni. Der Bundeskanzler hat am Freitag vor dem Vorstand der Unionsfraktion und danach vor der ganzen Fraktion erklärt, es sei sein unumstößlicher Entschluß, nicht für das Amt des Bundespräsidenten zu kandidieren. Adenauer begründete dies mit der ungewissen außenpolitischen Entwicklung und der Notwendigkeit, die Kontinuität der Politik zu wahren. Wie verlautet, billigte im Fraktionsvorstand nur Innenminister Schröder den Entschluß des Kanzlers. Die anderen anwesenden Mitglieder des Fraktionsvorstandes waren mit dem Entschluß Adenauers nicht einverstanden. Bundestagspräsident Gerstenmaier erklärte zum Schluß der Beratung, daß der Kanzler den Vorstand nicht überzeugt habe.

Außenminister von Brentano flog am Freitag von Genf nach Bonn, um an den Beratungen über den Wunsch des Kanzlers, im Amt zu bleiben, teilzunehmen. Brentano wurde am Freitagabend bereits wieder in Genf zurückerwartet.

Bundeswirtschaftsminister Erhard, der sich gegenwärtig in Washington aufhält, war von der Verzichtentscheidung des Kanzlers nicht vorher unterrichtet worden. Er war nach Mitteilung eines Sprechers der deutschen Botschaft über die Nachricht „höchst erstaunt". Nach einem Telefongespräch mit Bonn entschloß sich Erhard, einen Tag früher als vorgesehen, am Dienstag nach Bonn zurückzureisen.

Der Kanzler verwies vor dem Fraktionsvorstand auf die Erfahrungen, die ihm seine nun bald zehnjährige Regierungszeit gegeben habe. Er wies auch nachdrücklich auf das Vertrauen hin, das er sich bei den Verbündeten erworben habe; dieses wertvolle Kapital dürfe in diesem Augenblick der außenpolitischen Entwicklung nicht brachgelegt werden. Er sei deswegen nicht in der Lage, für das Amt des Bundespräsidenten zu kandidieren. Im Fraktionsvorstand wurde dem Kanzler allerdings die Frage gestellt, warum er die Kandidatur angenommen habe, denn die von ihm jetzt angeführten Momente gegen seine Kandidatur hätten schon damals gegolten. Adenauer antwortete, die außenpolitische Entwicklung seit April sei auf der Genfer Konferenz nicht geklärt werden. Eine Zäsur in der Leitung der deutschen Politik sei jetzt nicht zu verantworten. Die Mehrheit des Vorstandes wurde davon nicht überzeugt. Als sich der Kanzler darauf vom Vorstand verabschiedete, sagte er, er bleibe bei seinem Entschluß und: „Meine Herren, sie können ja das konstruktive Mißtrauensvotum einbringen." Eine Bitte, „seine Entscheidung noch einmal zu überprüfen", habe der 83jährige Regierungschef rundweg abgelehnt. Als Adenauer das Vorstandszimmer der Fraktion verließ, vermied er jede launige Bemerkung, die er sonst vor Journalisten in ähnlichen schwierigen Situationen immer macht. Sein Gesicht war ernst und unbeweglich, als er zusammen mit mehreren Bundesministern in den Präsidentenflügel des Bundestages ging, wo das Kabinett zu einer Sondersitzung zusammentrat.

Adenauer hatte seine Absicht, nicht Bundespräsident werden zu wollen, schon am Donnerstag in einem Brief an den Fraktionsvorsitzenden Krone mitgeteilt. Darauf eilten Krone, Höcherl von der CSU und der stellvertretende Parteivorsitzende von Hassel sogleich zum Kanzler, um ihn von seiner Absicht abzubringen. Doch bestand der Kanzler auf seiner Absicht. Als im Laufe des Donnerstagnachmittags im Bundeshaus langsam die Kunde von diesen Unterredungen durchsickerte, herrschte bei vielen Abgeordneten der Union helle Bestürzung. Andere Abgeordnete der Union meinen, man habe Dr. Adenauer nicht die Zusage gehalten, daß er als Präsident seinen Kandidaten zum Kanzler bestimmen könne, und so sei der Entschluß Adenauers verständlich. Wieder andere sagten, sie hätten eigentlich nie geglaubt, daß Dr. Adenauer Präsident werden wolle. In der Nacht zum Freitag bestätigten sich dann alle Vermutungen über die Absicht des Kanzlers, worauf der Fraktionsvorstand für Freitag vormittag einberufen wurde. Manche vermuteten dabei noch immer, daß Adenauer erklären werde, er werde nicht kandidieren, wenn die Fraktion nicht Etzel als Kanzler akzeptiere. Diese Frage spielte aber zu diesem Zeitpunkt tatsächlich keine Rolle mehr. Der Kanzler erwähnte sie auch am Freitag nicht mehr. (Fortsetzung auf Seite 4.)

Kritisches Echo in Genf

Eigene Berichte der Frankfurter Allgemeinen Zeitung

schw. GENF, 5. Juni. Die Nachricht von dem Entschluß Dr. Adenauers, auf die Präsidentschaftskandidatur zu verzichten, war am Freitag das alle bewegende Thema in Genf, mehr noch als die Konferenz. Das Urteil der ausländischen Beobachter ist überwiegend kritisch; in Genf wurde davon gesprochen, das Amt des Bundespräsidenten werde durch dieses Schwanken in den Entschlüssen Adenauers gefährlich abgewertet, der Demokratie in Deutschland geschehe Schaden. Der internationale Eindruck sei bedenklich, wenn nicht verheerend.

Die kritischen Urteile über die Entscheidungen Adenauers finden sich auch bei denen, die ihn als Politiker bewundern. Die Nachrichten aus Bonn wurden in Blitzeseile an alle Delegationen gegeben, die sich selbstverständlich jeder offiziellen Stellungnahme enthalten. Einige Spekulationen gingen dahin, Adenauer wolle mit seinem Kraftakt nur eine Wahl Etzels zum Kanzler durchsetzen. Diese Ansicht wurde von anderen Gesprächspartnern als eine zu machiavellistische Ausdeutung verworfen.

Londoner Schlagzeilen

rjh. LONDON, 5. Juni. In Großaufmachung haben die englischen Zeitungen am Freitag die Nachricht über den Entschluß Adenauers veröffentlicht. Die Ueberschriften der Massenblätter lauten: „Der deutsche Kanzler lehnt sich gegen seine Partei auf". — „Dr. Adenauer will nicht abtreten". Der Bonner „Times"-Korrespondent schreibt, daß die jetzt wieder erforderliche Bestätigung durch die Partei des neuen Kanzlerentschlusses die Christlich-Demokratische Union zu langweilen beginne. Der Korrespondent des „News Chronicle" spricht von einer Erschütterung der Politik der Westmächte.

Das Außenministerium bewahrt Stillschweigen in der Sache der deutschen Nachfolge. Es entspricht den üblichen Gepflogenheiten, zu den internen Vorgängen in anderen Ländern keine Stellung zu beziehen.

Große Ueberraschung in Washington

F.A.Z. FRANKFURT, 5. Juni. In Washington hat der Entschluß Adenauers ebenfalls größte Ueberraschung ausgelöst. Es wird allgemein darauf hingewiesen, daß der Kanzler noch in der vergangenen Woche eine gegenteilige Stellungnahme abgegeben habe.

In Paris gilt es als sicher, daß Staatspräsident de Gaulle die Entscheidung Adenauers begrüßen wird. Es wird angenommen, daß die französischen Wirtschaftskreise in gleicher Weise reagieren werden. Frankreichs Industrie hatte einer Kanzlerschaft des Bundeswirtschaftsministers Erhard nicht ohne Sorgen entgegengesehen.

Gromyko lehnt eine Bestätigung der Berlin-Rechte ab

Keine Fortschritte in den Vierer-Verhandlungen in Genf / Strengere Geheimhaltung vereinbart

Bericht unseres nach Genf entsandten Redaktionsmitgliedes

schw. GENF, 5. Juni. Auch in den vertraulichen Besprechungen der vier Außenminister, die am Donnerstag in der Villa des französischen Delegationsleiters, Couve de Murville, stattfanden, sind Fortschritte nicht erzielt, aber doch die gegenseitigen Vorschläge weiter ernsthaft erörtert worden. Wie bekannt wurde, bewegte sich die Unterhaltung vor allem um die Forderung in dem westlichen „Arbeitspapier", die Sowjetunion solle das Aufenthalts- und Zugangsrecht der drei Westmächte in und nach Berlin aufs neue schriftlich bekräftigen. Gromyko soll das rundweg abgelehnt und erklärt haben, daß die Sowjetunion dieses Recht ohnehin nicht in Frage stelle, sondern immer nur erklärt habe, es sei archaisch und überholt; es bestehe keine Notwendigkeit, es ausdrücklich neu anzuerkennen. Entsprechend soll Gromyko auch neue schriftliche Fixierungen über das alliierte Zugangsrecht nach Berlin abgelehnt haben.

Die Besprechung bei Couve de Murville dauerte zunächst nur etwa eineinhalb Stunden ,dann schloß sich ein Essen an, das in eine Fortsetzung der Unterhaltungen vom Nachmittag überleitete. Die drei westlichen Delegationen haben untereinander noch einmal ausgemacht, den Schleier des Geheimnisses in Genf so dicht wie möglich zu weben, und möglichst keine konkreten Auskünfte an die Presse zu geben. Diese Vereinbarung geht darauf zurück, daß einige Indiskretionen zu gegenseitigen Verdächtigungen und Beschuldigungen, vor allem gegen die Engländer geführt haben, sie betrieben eine gezielte Pressepolitik, um den Westen in den Genfer Verhandlungen auf einen billigen Ausgleich mit den Russen festzulegen.

Am Freitag wurde wieder in einer Vollsitzung verhandelt, in der östliche und westliche Sprecher zur Berlin-Frage Stellung nahmen, die das einzige wesentliche Thema der Konferenz bleiben dürfte. Die Möglichkeit besteht, daß auch am Samstagvormittag eine Geheimsitzung abgehalten wird.

Die Abordnung der Bundesrepublik hat am Donnerstagabend ein Schreiben der Zonendelegation erhalten, in dem Außenminister Bolz den Abschluß eines Nichtangriffspaktes „zwischen den beiden deutschen Staaten" und dazu Verhandlungen der beiden Delegationen in Genf vorschlägt. Das Schreiben wird nicht beantwortet werden. An Verhandlungen ist, wie bei der bundesdeutschen Abordnung hervorgehoben wird, selbstverständlich ebensowenig zu denken. Bolz ist am Freitag zur Berichterstattung nach Ost-Berlin geflogen.

Moskau drängt zur Eile

Pzg. MOSKAU, 5. Juni. Die Ungeduld der Sowjets über das langsame Tempo der Außenministerbesprechungen kommt in den Genfer Berichten der Moskauer Presse zum Ausdruck. „Nicht feilschen, sondern Verhandlungen führen!" überschreibt die „Iswestija" ihre Meldung, in der die neuen westlichen Vorschläge über Berlin als „lebensunfähig" zurückgewiesen werden. Die inoffiziellen Begegnungen der Außenminister sollten offizielle Verhandlungen nicht ausschließen, denn es gebe immer noch Versuche, die Deutschen fernzuhalten. „Iswestija" und „Prawda" wundern sich darüber, daß westliche Journalisten auch über vertrauliche Besprechungen leicht Informationen erhalten. Besonders empfindlich zeigen sich die beiden großen Moskauer Blätter gegenüber dem Gedanken, daß das Zustandekommen der Gipfelkonferenz von den Genfer Erfolgen abhängen solle. Die Begegnung der Regierungschefs sei im Prinzip schon ausgemacht. Diese Frage werde jetzt nur aufgeworfen, um einen Druck auf die Verhandlungen auszuüben. Die westlichen Vorschläge zu West-Berlin stünden nicht auf dem Boden der Realität.

Eisenhower empfängt Erhard

WASHINGTON, 5. Juni (dpa). Präsident Eisenhower hat am Freitag Bundeswirtschaftsminister Erhard zu einem Gespräch im Weißen Haus empfangen. Wahrscheinlich ist auch dabei über die Wirtschaftshilfe für Entwicklungsländer und den Zusammenschluß der europäischen Wirtschaft gesprochen worden. Erhard hatte am Donnerstag ein Gespräch darüber im Außenministerium. Daran nahmen neunzehn amerikanische — an der Spitze Staatssekretär Murphy — und zwölf deutsche Diplomaten teil. Erhard sagte, die Hilfe für das Ausland sollte durch unpolitische Einrichtungen, wie die Weltbank oder eine neue internationale Entwicklungsbank, vergeben werden. — Am Donnerstagvormittag hatte Erhard am Grabe von Dulles einen Blumenstrauß niedergelegt.

Kischi kommt nach Bonn

BONN, 5. Juni (AP). Der japanische Ministerpräsident Nobusuke Kischi wird Bonn am 16. und 17. Juli einen offiziellen Besuch abstatten. Das Auswärtige Amt gab bekannt, daß Kischi die von Bundeskanzler Adenauer ausgesprochene Einladung zu dem Besuch angenommen hat.

Chruschtschow zurück nach Moskau

Eigener Bericht

Pzg. MOSKAU, 5. Juni. Ministerpräsident Chruschtschow wird am Samstagmittag von Budapest aus in Moskau erwartet. Wie üblich, begibt er sich gleich nach seiner Ankunft in das Leninstadion, um auf einem „Massen-Meeting" über seine Reise und die politische Lage zu sprechen. — In Moskau wird ein neues Telegramm Chruschtschows an Tito mit dem Dank für die Erlaubnis zum Ueberfliegen Jugoslawiens stark herausgestellt.

Tiefer Stand der Arbeitslosigkeit

F.A.Z. NÜRNBERG, 5. Juni. Die Zahl der Arbeitslosen ist nach Mitteilung der Bundesanstalt für Arbeitsvermittlung und Arbeitslosenversicherung im Mai um 75 646 auf 320 799 gesunken. Sie liegt damit um 6800 unter dem bisherigen Tiefstand, der Ende September vorigen Jahres erreicht wurde. Nach Mitteilung des Präsideten der Bundesanstalt, Anton Sabel, ist die Entwicklung in diesem Jahr derjenigen von 1958 um vier Monate voraus. (Siehe Wirtschaftsteil).

Wolfram von Hanstein verhaftet

Eigener Bericht

scho. BONN, 5. Juni. Der stellvertretende Generalsekretär der Liga für Menschenrechte in Berlin, Wolfram von Hanstein, ist, wie am Freitag von zuständiger Seite bestätigt wurde, am 20. Mai im Zusammenhang mit der Aufdeckung des Versuchs der sowjetzonalen Spionage, die CDU/CSU mit Agenten zu unterwandern, verhaftet worden. Hanstein war einer der höchstbezahlten Agenten, die der sowjetzonale Nachrichtendienst in westdeutsche Organisationen eingeschleußt hatte. Hanstein bezog eine Monatspauschale von etwa 1500 Mark. Von zuständiger Seite wird ausdrücklich darauf hingewiesen, Hanstein habe bei seiner Vernehmung zugegeben, in die Liga für Menschenrechte eingeschleußt worden zu sein. Die Maßnahme des Generalbundesanwalts richtet sich gegen den Agenten von Hanstein und nicht gegen die Liga für Menschenrechte. Hanstein, dem die Ermittlungsbehörden Unterhaltung landesverräterischer Beziehungen vorwerfen, war an der Gründung der Organisation „Rettet die Freiheit" in Köln beteiligt.

Waldbrände durch Manöver

HANNOVER, 5. Juni (UPI). Wegen der außergewöhnlichen Dürre und der großen Gefahr von Waldbränden hat die niedersächsische Landesregierung britische Militärdienststellen gebeten, Panzerübungen in der Lüneburger Heide zunächst einzustellen. Wie die Landesregierung mitteilte, sind in den letzten Maitagen im Raum Lüneburg-Soltau allein elf Brände durch übende Panzerverbände verursacht worden.

Inzwischen hat sich die ernste Lage der Landwirtschaft in Norddeutschland weiter verschärft. Die Trockenheit dauert dort schon seit zwei Monaten mit Ausnahme kleinerer Regenfälle an. In Schleswig-Holstein sind manche Weiden für das Vieh unbrauchbar, da Gras und Klee rotbraun verbrannt sind.

Gewittrige Störungen

F.A.Z. FRANKFURT, 5. Juni. Die Meteorologen haben für das Wochenende gewittrige Störungen des warmen Sommerwetters vorausgesagt. Im Laufe des Samstags wird es voraussichtlich zu stärkerer Bewölkung kommen, doch bleibt es vorerst noch schwül-warm. (Siehe auch „Deutschland und die Welt".)

Zukunft der Nato

g-n. In einer feierlichen Zeremonie eröffnete am Freitag die englische Königin in der Westminster Hall, jenem aus dem Mittelalter erhalten gebliebenen Festsaal des Londoner Parlaments, eine bemerkenswerte Zusammenkunft. Zehn Jahre nach der Gründung des Nordatlantikpakts versammelten sich sechshundertfünfzig Abgeordnete, Industrieführer, Journalisten und Militärs aus den fünfzehn Mitgliedstaaten zu einem „Atlantischen Kongreß", der über die Zukunft des Bündnisses diskutieren will. Diese Konferenz ist natürlich kein Organ der Nato, und erst recht nicht etwa ein Nato-Parlament. Aber Generalsekretär Spaak und die Regierungen werden darauf achten und werden prüfen, was die Konferenz vorschlägt, denn viele der Stimmen, die zu hören sein werden, gelten etwas.

Die Nato ist schon längst mehr als die Militärallianz, als die sie vor zehn Jahren gegründet wurde. Sie muß sich mit politischen Mitteln rechtfertigen und zwar auch bei den erwachenden Völkern Asiens und Afrikas. Um den neutralen Teil der freien Welt ist ein erbitterter Kampf im Gange. Wirtschaftshilfe und technisch-wissenschaftliche Entwicklung für diese Länder sind also, nach dem der militärischen Sicherheit, das zweite große Thema in London.

Das dritte Thema betrifft das Verhältnis der Verbündeten untereinander. Soll die Nato institutionell verdichtet, das Bündnis zum Staatenbund gesteigert werden? Auf alle Fälle ist es wichtig, daß man sich in London Gedanken macht, wie die Partner ihre Politik besser koordinieren können. Auch wenn sich herausstellen sollte, daß die Mittel dazu längst vorhanden sind und ausreichen, wäre es ein Gewinn, wenn allen recht anschaulich klar würde, wie notwendig es ist, von ihnen Gebrauch zu machen.

HEUTE

- Zwischen Leipzig und Berlin — *Menschen im Alltag einer kleinen Stadt*
- Harlems smarter Pastor — *von Werner Richter*
- Altphilologen verlassen die Isolation — *von Clara Menck*
- Schöner wohnen, häßlicher leben — *von Ulrike Thimme*

Der durchhauene Knoten

Von Nikolas Benckiser

Nicht nur die Abgeordneten der Unionsparteien, die Konrad Adenauer im April die Kandidatur für die Bundespräsidentschaft antrugen und seine Annahme freudig begrüßten, sondern alle Bundesbürger werden angesichts des neuen Entschlusses des Bundeskanzlers das Gefühl haben, an der Nase herumgeführt worden zu sein. Für die Eingeweihten in Bonn war zwar das, was Adenauer in voller Deutlichkeit zum ersten Male am Donnerstagabend zu verstehen gegeben hat, keine volle Überraschung. Man wußte, wie ausgesprochen in dem Nachfolgedilemma zwischen Erhard und Etzel, zwischen Fraktion und Bundeskanzler, Adenauers Standpunkt war, und die Drohung mit dem Rücktritt von der Präsidentschaftskandidatur, wenn er seinen Willen nicht durchsetze, lag schon lange in der Luft. Die Pression mit dem Rücktritt von der Kandidatur mag Adenauer von vornherein um so mehr gelegen haben, als er schon nach den Urlaubstagen in Cadenabbia nachträglich ihre Annahme als einen Fehler ansah. Damals hätte er wohl schon bei der Wahl zwischen zweien namens Erhard und Etzel den Kanzler mit dem Namen Adenauer vorgezogen.

Es ist schlimm, daß auf diese Weise das Präsidentenamt des jungen und empfindlichen Staatswesens Bundesrepublik, dem die Amtsführung von Theodor Heuss Ansehen und Respekt verschafft hat, zu einem Stein im politischen Brettspiel degradiert zu werden droht. Man nimmt es als einen unvermeidbaren Schönheitsfehler der parlamentarischen Demokratie hin, daß Ministersessel nicht immer nach sachlichen Gesichtspunkten besetzt, sondern auch benutzt werden, um bei schwierigen Voraussetzungen ein diffiziles innenpolitisches Gleichgewicht zu erhalten. Aber das Staatsoberhaupt muß aus der Sphäre reiner tagespolitischer Zweckmäßigkeit herausgehoben sein. Nicht daß es ohne Beziehung zur Tagespolitik wäre; aber es ragt von ihr etwas ins Symbolhafte hinüber, und man muß behutsam mit seinem Amt umgehen. Mit den Erwägungen, was an politischem Einfluß aus dem Amt herauszuholen sei, hatte sich Adenauer von vornherein auf ein gefährliches Terrain begeben. Wie gefährlich es ist, hat die Entwicklung des Streites zwischen ihm und der Fraktion der CDU, die mit der Parlamentsmehrheit identisch ist, gezeigt.

Hat Adenauer die institutionellen Möglichkeiten des Bundespräsidenten, auf die Tagespolitik einzuwirken, überbewertet, so hat er aber wohl auch, getragen von dem Bewußtsein seiner einmaligen Position, die Tragweite persönlichen Einflusses überschätzt. So denkt er jetzt daran, zum Institutionellen zurückzugreifen. Aber wenn dieses Spielen mit Institutionen die höchste so einbezieht, wie das geschehen ist, so droht auch die persönliche Autorität Schaden zu leiden. Das Übel, dem er entgegenwirken möchte, kann durch die versuchte Kur noch schlimmer werden. Der Rückgriff auf die gesicherte institutionelle Stellung kommt dem Eingeständnis gleich, daß der persönliche Einfluß — in der Fraktion bei der Auseinandersetzung um die Kanzlerfrage — auf Grenzen stößt; und dieses Eingeständnis kann fortzeugend den persönlichen Einfluß vermindern. Ein politisches Ansehen vom Format desjenigen Adenauers zerbröckelt freilich nicht über Nacht, und es ist unzeitgemäß, sich vorzustellen, daß in der Partei ein anderer als erster Mann an seine Stelle träte. Aber wir glauben, daß Konrad Adenauer mit seinem Verhalten nach der Annahme der Kandidatur für die Präsidentschaft sich selbst und seiner politischen Zukunft als ein weiser alter Staatsmann, als ein Staatsgründer möchte man fast sagen, einen schlechten Dienst getan hat. Auch seiner Partei, ob sie sich fügt oder ob sie, mit unvorhersehbaren Folgen, Widerstand leistet. Auch dem Staatswesen, das dieses Spiel um sein höchstes Amt schlecht vertragen kann. Vielleicht würde Adenauer das Ganze als eine Panne bezeichnen, die ihm mit einer Fehlentscheidung im April unterlaufen sei; aber Panne schiene uns ein leichtes, ja, ein leichtfertiges Wort.

In primitiv gezeichneten Bildern wird nach der Entscheidung dieser Woche Adenauer ausschließlich als der Politiker erscheinen, der von der süßen Macht nicht lassen kann und der seinem Machtverlangen staatspolitische Erwägungen unterordnet. Der Instinkt für die Macht, die Liebe und Lust an ihr gehören freilich zu den staatsmännischen Fähigkeiten, die nicht allein Adenauer an den Platz geführt haben, auf dem er heute steht, sondern die auch entscheidend dazu beigetragen haben, aus drei Besatzungszonen des im Krieg zerschlagenen Deutschlands die Bundesrepublik werden zu lassen. Politische Einsichten und Konzeptionen bleiben unwirksam, wenn sie sich nicht verschwistern mit einem Gefühl für die Macht und ihre Ausübung. Gerade das ging den Politikern der Weimarer Republik ab.

Es wäre infam, wollte man aus dem Vorhandensein dieses Machtdenkens schließen, die Besorgnisse Adenauers über die außenpolitische Situation in diesen Tagen der Genfer Konferenz und des Ausblicks auf die wahrscheinliche Gipfelkonferenz seien nicht echt. Aber der bisherige Verlauf der Konferenz in Genf war in der großen Linie nicht anders, als ihn unterrichtete Kreise in Bonn vorausgesehen hatten. Keine Veränderung ist eingetreten, von der aus gesehen eine Revision der damaligen Entscheidung über Präsidentschaft und Kanzlerschaft nötig wäre. Wohl aber müßte der Eindruck vermieden werden, daß die Sicherheit der Bundesrepublik nur mit Adenauer im Amt des Regierungschefs gewährleistet sei, wenigstens in dem bevorstehenden Zeitabschnitt. Es ist in der heutigen Situation eine verkehrte Vorstellung, daß das Staatsschiff der Bundesrepublik nur durch unmittelbar sichtbare gefährliche Klippen hindurchgesteuert zu werden brauchte, um dann in ruhigen Gewässern sorgenlos zu schwimmen. Das politische Weltgeschehen ist kontinuierlich, und es wird für uns noch viele kritische Situationen bringen. Wir müssen sie bestehen mit den Männern, die eben verfügbar sind und sein werden, um die Geschicke dieses Staatswesens zu lenken. Eben deswegen haben wir es bei der Annahme der Kandidatur für die Präsidentschaft begrüßt, daß der Übergang von der Aera Adenauers auf die folgende Epoche sich unter den Augen des alten Mannes vollziehen sollte, solange er in der Vollkraft seiner Gesundheit und seines ungeschmälerten Ansehens stünde. Nichts wäre mehr zu beklagen, als wenn, wie man es befürchten muß, die Ereignisse der letzten Tage dieses Ansehen erschütterten und die Kräfteverhältnisse in der Bundesrepublik sich dadurch verschöben.

Der Verzicht von Bundeskanzler Konrad Adenauer auf die Kandidatur für das Amt des Bundespräsidenten nimmt am 5. und 6. Juni in allen bundesdeutschen Tageszeitungen, wie hier in der FAZ, den Spitzenplatz in der Berichterstattung ein

Juni 1959

16. Juni, Dienstag
Zwei MIG-Düsenjäger unbekannter Herkunft greifen über internationalen Gewässern etwa 136 km vor der nordkoreanischen Küstenstadt Wonsan ein US-amerikanisches Marine-Patrouillenflugzeug an. Dabei wird ein US-Besatzungsmitglied schwer verletzt.

N'Garta Tombalbaye wird Premierminister der Republik Tschad, die seit 1958 ein autonomer Staat innerhalb der Französischen Gemeinschaft ist.

17. Juni, Tag der deutschen Einheit
In zahlreichen Feierstunden und Kundgebungen wird in der Bundesrepublik und Berlin (West) der Opfer des Aufstandes gedacht, mit dem sich am 17. Juni 1953 die Bevölkerung der DDR gegen ihre Regierung erhoben hatte.

Der 76jährige Eamon de Valera, der insgesamt 21 Jahre lang irischer Ministerpräsident war, wird zum Staatspräsidenten der Republik Irland gewählt. →S. 103

18. Juni, Donnerstag
Bundespräsident Theodor Heuss weiht in Berlin (West) Schloß Bellevue als seinen zweiten Amtssitz ein. →S. 102

Die schwarze Bevölkerung der südafrikanischen Stadt Durban erhebt sich gegen die weiße Regierungsmacht. Die Polizei geht mit Tränengas gegen demonstrierende Frauen vor.

Im Interesse eines beschleunigten Straßenbaus stellt das Bundeskabinett acht Milliarden DM zur Verfügung.

Ein von der Opposition gegen den spanischen Diktator Francisco Franco Bahamonde angekündigter Generalstreik endet mit dem erwarteten Mißerfolg. Der Grund für das Scheitern ist in erster Linie die Uneinigkeit der Franco-Gegner.

19. Juni, Freitag
Eine scharfe Auseinandersetzung zwischen Bundeskanzler Konrad Adenauer (CDU) und Bundeswirtschaftsminister Ludwig Erhard (CDU) bestimmt das tagespolitische Geschehen in der Bundesrepublik. In einem Interview mit der New York Times hatte Adenauer angedeutet, daß er Erhard nicht für einen geeigneten Nachfolger in seinem Amt halte. →S. 100

Nach 25 Jahren gibt es wieder einen deutschen Sieg bei der Tour de Suisse. Der Krefelder Hans (»Hennes«) Junkermann gewinnt das internationale Radrennen in 37:57:24 h. →S. 108

20. Juni, Sonnabend
Nach sechswöchigen Verhandlungen, die keine merkliche Annäherung zwischen West und Ost gebracht haben, vertagen die Außenminister der USA, Großbritanniens, Frankreichs und der Sowjetunion ihre Genfer Deutschlandkonferenz. Die Gespräche sollen am 13. Juli fortgesetzt werden (→5. 8./S. 130).

In Großbritannien sind 100 000 Drucker im Ausstand, so daß über 1000 Wochenzeitungen und 85 Tageszeitungen ihr Erscheinen einstellen müssen. Die Drucker fordern eine 10%ige Lohnerhöhung und die Einführung der 40-Stunden-Woche.

Ein sowjetisches Flugzeug vom Typ TU 114 fliegt in viereinhalb Stunden von Moskau nach Paris, um dem Pariser Luftsalon einen Eindruck der sowjetischen Entwicklung im Flugzeugbau zu vermitteln. Das Flugzeug faßt 225 Passagiere und erreicht eine Geschwindigkeit von 800 km/h. →S. 105

Nach erfolgreichem Start in Österreich kommt Lou van Burg auch ins bundesdeutsche Fernsehen. »Onkel Lou« präsentiert »Jede Sekunde ein Schilling« und hat damit auf Anhieb Erfolg bei den Fernsehzuschauern.

Bei einem Busunglück in der Nähe von Lauffen in Baden-Württemberg kommen 45 Passagiere ums Leben. Der Linienbus war auf einem Bahnübergang, dessen Schranken nicht vollständig herabgelassen waren, von einem Zug erfaßt und 400 m mitgeschleift worden.

In der schleswig-holsteinischen Landeshauptstadt wird die Kieler Woche eröffnet, die 1959 auf eine 77jährige Tradition zurückblicken kann. Im Mittelpunkt der Festwoche stehen die internationalen Segelregatten.

21. Juni, Sonntag
Der Zentralrat der Juden in Deutschland verfolgt mit wachsender Besorgnis ein Wiederaufleben antisemitischer Erscheinungen in der Bundesrepublik und die Rückkehr ehemaliger Nationalsozialisten in Schlüsselstellungen. Dies wird in einer Entschließung auf der Jahressitzung des Rats in Düsseldorf festgestellt.

In Wien wird Deutschland durch einen 14:11-Endspielsieg gegen Rumänien erneut Weltmeister im Feldhandball. →S. 108

Fritz Walter, der langjährige Kapitän der deutschen Fußballnationalelf, beendet seine sportliche Laufbahn mit einem Abschiedsspiel gegen Racing Paris. →S. 109

Das 24-Stunden-Rennen von Le Mans (Frankreich) gewinnt das britisch-US-amerikanische Team Roy Salvadori/Carrol Shelby auf Aston-Martin.

Mit einem sensationellen Sieg der sowjetischen Springreitermannschaft endet der »Preis der Nationen« in Paris. Die deutschen Reiter plazieren sich an zweiter Stelle, die USA werden Dritter.

22. Juni, Montag
Die argentinischen Streitkräfte erzwingen den Rücktritt der Regierung. Sie beschuldigen Staatspräsident Arturo Frondizi, Kommunisten und Anhänger des ehemaligen argentinischen Präsidenten Juan Domingo Perón in die Regierung aufgenommen zu haben. →S. 103

Aufgrund der lang andauernden Hitze und Trockenheit kommt es in der Lüneburger Heide, am Steinhuder Meer und im Oldenburgischen zu Wald- und Moorbränden.

23. Juni, Dienstag
Der in Deutschland geborene Atomphysiker Klaus Fuchs wird aus der britischen Haftanstalt Wakefield vorzeitig entlassen. Wegen des Verrats britischer Atomgeheimnisse an die Sowjetunion war der ehemalige KPD-Funktionär und spätere britische Staatsbürger 1950 zu einer Gefängnisstrafe von 14 Jahren verurteilt worden. →S. 101

In den Kinos der Bundesrepublik läuft die Filmsatire »Mein Onkel« des französischen Regisseurs Jacques Tati an.

24. Juni, Mittwoch
Bundestagspräsident Eugen Gerstenmaier (CDU) entscheidet, daß die Berliner Mitglieder der Bundesversammlung zur Wahl des neuen Bundespräsidenten volles Stimmrecht haben (→1.7./S. 114).

25. Juni, Donnerstag
Während eines Staatsbesuches in Italien wirbt der französische Präsident Charles de Gaulle für eine Mittelmeer-Allianz zwischen Frankreich, Italien, Marokko und Tunesien. Ziel soll u.a. die Minderung der Spannungen zwischen Israel und den arabischen Ländern sein.

Bei den Göttinger Händel-Festspielen wird zum ersten Mal ein Oratorium des deutschen Komponisten, das 1745 entstandene Werk »Belsazar«, in einer Kirche szenisch aufgeführt.

In Mülhausen (Frankreich) startet die 46. Tour de France. Das berühmteste und schwerste Radrennen der Welt dauert dreieinhalb Wochen und geht über 4363 km (→18. 7./S. 125).

26. Juni, Freitag
Nach dem Bundestag verabschiedet nun auch der Bundesrat die Gesetze zur wirtschaftlichen Eingliederung des Saarlandes in die Bundesrepublik (→6.7./S. 115).

An der St. Lambert-Schleuse in der Nähe von Montreal (Kanada) eröffnet Königin Elisabeth II. von Großbritannien und Nordirland den St. Lorenz-Seeweg. →S. 105

In New York schlägt der Schwede Ingemar Johansson überraschend den Boxweltmeister Floyd Patterson. →S. 108

27. Juni, Sonnabend
Als Spitzenorganisation der christlichen Gewerkschaften wird in Mainz der Christliche Gewerkschaftsbund Deutschlands (CGB) gegründet.

Die Sowjetunion protestiert gegen die Abhaltung der Bundespräsidentenwahl am →1. Juli (S. 114) in Berlin (West). Dies sei eine Provokation und verstoße gegen den Vier-Mächte-Status der Stadt.

28. Juni, Sonntag
Auf ihrem Parteitag in Zürich beschließen die schweizerischen Sozialdemokraten ein neues Parteiprogramm, in dem keinerlei marxistische Standpunkte mehr vertreten werden. Der Begriff des »Klassenkampfes« ist nicht mehr enthalten. Kein Wirtschaftszweig wird für eine Verstaatlichung empfohlen. →S. 102

Mit dem Bundesfilmpreis 1959 werden auf den IX. Internationalen Filmfestspielen in Berlin die Schauspieler O. W. Fischer, Hildegard Knef, Robert Graf und Fritz Schmiedel ausgezeichnet.

Mit einem 5:3-Sieg nach Verlängerung über die Offenbacher Kickers wird Eintracht Frankfurt vor 75 000 Zuschauern im Berliner Olympiastadion Deutscher Fußballmeister.

29. Juni, Montag
Der Erste stellvertretende sowjetische Ministerpräsident Frol R. Koslow eröffnet in New York eine Ausstellung, in die Sowjetunion einen Querschnitt aus Kultur, Wissenschaft und Technik zeigt.

Studenten und Universitätsassistenten aus der Bundesrepublik, der DDR und dem Ausland treffen sich in Lindau am Bodensee, um sich in persönlichem Kontakt mit zwölf Nobelpreisträgern über den neuesten Stand der naturwissenschaftlichen Forschung zu orientieren.

Papst Johannes XXIII. erläßt seine erste Enzyklika (Ad Petri Cathedram), die gewissermaßen als sein Regierungsprogramm angesehen werden kann. Das Oberhaupt der katholischen Kirche warnt die Staatsmänner vor sinnloser Aufrüstung und ruft die nichtkatholischen Christen in das »eigene und gemeinsame Vaterhaus« zurück.

30. Juni, Dienstag
Im Namen von 56 Millionen Mitgliedern aus 97 Ländern tritt der Internationale Bund Freier Gewerkschaften in Berlin (West) für die Sicherung des Weltfriedens und der Freiheit ein. Der Westberliner Bevölkerung wird jede denkbare Unterstützung zugesagt.

Der Minister für Gesamtdeutsche Fragen, Ernst Lemmer (CDU), teilt in Bonn mit, daß in den ersten sechs Monaten des Jahres 74 377 Menschen aus der DDR in die Bundesrepublik geflüchtet sind.

Bei der Bundesanstalt für Arbeitsvermittlung und Arbeitslosenversicherung sind erstmals seit 1949 mehr offene Stellen als Arbeitslose registriert. 255 395 Erwerbslosen stehen 319 455 nicht besetzte Arbeitsplätze gegenüber.

Nach Angaben des Bundesministeriums für Familien- und Jugendfragen ist der Zigarettenverbrauch in der Bundesrepublik im ersten Halbjahr 1959 gegenüber dem Vergleichszeitraum des Vorjahres um 7% gestiegen.

Das Wetter im Monat Juni

Station	Mittlere Lufttemperatur (°C)	Niederschlag (mm)	Sonnenscheindauer (Std.)
Aachen	— (15,9)	64 (77)	236 (200)
Berlin	— (16,5)	35 (62)	304 (244)
Bremen	— (16,0)	55 (59)	290 (218)
München	— (15,8)	112 (121)	214 (201)
Wien	17,6 (17,6)	151 (68)	228 (—)
Zürich	16,4 (15,5)	178 (138)	194 (220)

( ) Langjähriger Mittelwert für diesen Monat
— Wert nicht ermittelt

Quizmaster Hans-Joachim Kulenkampff und seine Assistentin Uschi Siebert als Publikumslieblinge auf dem Titelblatt der Illustrierten »Revue«

Adenauer will nicht mehr Bundespräsident werden

4. Juni. Bundeskanzler Konrad Adenauer (CDU) gibt in Bonn überraschend bekannt, daß er entgegen seiner bisherigen Absicht nicht für das Amt des Bundespräsidenten kandidieren werde. Adenauer hatte am → 7. April (S. 62) erklärt, Nachfolger von Theodor Heuss werden zu wollen. Seinen Meinungswandel begründet er mit der kritischen außenpolitischen Lage, die einen Kanzlerwechsel nicht zulasse.

Die Entscheidung des Bundeskanzlers löst bei allen Parteien große Bestürzung aus. Zahlreiche Minister und Abgeordnete der CDU, deren Vorsitzender Adenauer ist, sprechen von einem gravierenden Vertrauensverlust und von einem großen Schaden für das Ansehen der Partei. Der Vorsitzende der CSU-Landesgruppe, Hermann Höcherl, kommentiert: »Das ist eine Katastrophe«. Die CDU/CSU-Fraktion versucht verzweifelt, Adenauer zur Aufrechterhaltung seiner Kandidatur zu bewegen, doch der 83jährige Kanzler beharrt auf seiner Entscheidung. Die Fraktion reagiert fassungslos. Bundestagspräsident Eugen Gerstenmaier (CDU) bringt dies mit den Worten zum Ausdruck: »Ich darf hier die Meinung des gesamten Vorstandes zusammenfassen. Keines Ihrer Argumente, Herr Bundeskanzler, hat uns überzeugen können.« Adenauer erwidert: »Wenn Sie es [mein Verbleiben im Amt] nicht wollen, können Sie ja ein konstruktives Mißtrauensvotum gegen mich stellen.« Nach dreistündiger Diskussion »respektiert« die Fraktion den Entschluß Adenauers. Eine Abstimmung findet nicht statt. Kurze Zeit später teilt der stellvertretende Bundespressechef, Werner Krüger, mit, Adenauer habe das Bundeskabinett von seiner Entscheidung unterrichtet. Die Bemerkung Krügers, »Eine Diskussion hat im Kabinett naturgemäß nicht stattgefunden«, löst in der Pressekonferenz schallendes Gelächter aus.

Mit besorgter Miene und etwas ratlos verlassen die CDU-Abgeordneten die Fraktionssitzung vom 4. Juni

»Ich bin zufrieden. Es ist alles in Ordnung«, sagt Adenauer nach der Sitzung; l. Außenminister von Brentano

Auch die Opposition übt heftige Kritik an Adenauer. Der SPD-Vorsitzende Erich Ollenhauer spricht von einem verantwortungslosen Spiel mit den höchsten Staatsämtern und einem Beispiel hemmungsloser persönlicher Machtpolitik. Ähnlich äußert sich der FDP-Bundesvorsitzende Reinhold Maier: »Die Art und Weise, wie der Bundeskanzler... mit dem Parlament und mit seiner Fraktion umspringt, ist geeignet, das Ansehen der deutschen Demokratie ernsthaft zu gefährden.«

Der Entscheidung Adenauers liegen nach übereinstimmender Ansicht politischer Beobachter nicht nur außenpolitische Erwägungen zugrunde. Offensichtlich hatte er bei seinem Entschluß für die Kandidatur die politischen Gestaltungsmöglichkeiten des Bundespräsidenten überschätzt (→ 4. 6./S. 66). Da außerdem Bundeswirtschaftsminister Ludwig Erhard von seiner Partei für die Kanzlernachfolge favorisiert wird, Adenauer jedoch offenkundig Bundesfinanzminister Franz Etzel vorzieht, wird vermutet, daß Adenauer im Amt bleiben will, um eine Kanzlerschaft Erhards zu verhindern. Erhard hält sich zu einem mehrtägigen Besuch in Washington auf, als Adenauer seinen Meinungswandel bekanntgibt. Der Vizekanzler zeigt sich betroffen und verbittert darüber, daß Adenauer nicht mit ihm über seine Entscheidung gesprochen und seine Qualifikation in der Außenpolitik in Zweifel gezogen habe (→ S. 100).

Erklärung des Bundeskanzlers zum Verzicht auf die Kandidatur

In einem Schreiben an den Vorsitzenden der CDU/CSU-Fraktion, Heinrich Krone, begründet Bundeskanzler Konrad Adenauer (CDU) seinen Entschluß, auf die Kandidatur für das Amt des Bundespräsidenten zu verzichten.

»Seit dem 6./7. April 1959, dem Tage, an dem ich mich zur Annahme der Kandidatur bereit erklärte, hat sich die außenpolitische Situation, wie der Verlauf der Konferenz in Genf zeigt, verschlechtert. Falls Genf in etwa einen Erfolg hat, wird sich eine Serie von Gipfelkonferenzen anschließen, während der größte Vorsicht und Wachsamkeit für uns dringendes Erfordernis ist. Falls in Genf sich kein Ergebnis zeigt,... ist die ganze Situation noch schwieriger und unangenehmer. Ich glaube, bei dieser Situation es nicht verantworten zu können, meinen jetzigen Posten zu verlassen. Die außenpolitische Entwicklung der letzten zehn Jahre seit Bestehen der Bundesrepublik ist unter meiner ständigen Mitarbeit und unter meiner Verantwortung als Bundeskanzler und zeitweise als Bundesaußenminister und Bundeskanzler vor sich gegangen. Daher kann ich in einer so kritischen Phase meinen jetzigen Posten nicht verlassen. Das würde sowohl im Ausland wie im Inland nicht gut wirken.

Ich glaube, daß es im Interesse des deutschen Volkes und im Interesse der CDU/CSU liegt, wenn ich die [bisherige] Linie...in einer so kritischen Phase weiterführe...

Ich bitte nochmals, überzeugt zu sein, daß mein Entschluß auf sehr sorgfältigen und reiflichen Überlegungen beruht und mir als zwingend notwendig für unser Volk und auch für unsere Partei erscheint. Ich rechne nach wie vor auf engste Zusammenarbeit.«

Die Schlagzeile in »Bild« spiegelt die Empörung in der Union wider

Beste Wahlchancen: Heinrich Lübke (CDU)

Hohes Ansehen: Carlo Schmid (SPD)

Außenseiter: Max Becker (FDP)

Die Kandidaten für die Präsidentenwahl

15. Juni. Das Wahlmännergremium der CDU/CSU nominiert Bundeslandwirtschaftsminister Heinrich Lübke als Kandidaten für die Wahl des Bundespräsidenten am → 1. Juli (S. 114). Bereits am 12. Februar hatten die SPD mit Carlo Schmid und am 21. Mai die FDP mit Max Becker ihre Kandidaten benannt.

Heinrich Lübke wurde 1894 in dem sauerländischen Dorf Enkhausen als Sohn eines Kleinbauern und Handwerkers geboren. Er war Soldat im Ersten Weltkrieg und bestand 1921 sein Examen als Vermessungs- und Kulturingenieur. 1926 schlossen sich unter Lübke als Direktor die kleineren Bauernverbände zur »Deutschen Bauernschaft« zusammen. Ab 1931 war er außerdem Zentrums-Abgeordneter im preußischen Landtag. Nach der Machtergreifung der NSDAP 1933 wurde er aus allen Ämtern entlassen und 20 Monate in Untersuchungshaft gehalten. Ab 1935 arbeitete Lübke im Bau- und Siedlungswesen und war während des Zweiten Weltkriegs stellvertretender Leiter einer privaten, vom Rüstungsministerium dienstverpflichteten Baugruppe, die u. a. am Bau von Konzentrationslagern beteiligt war.

Lübke trat 1945 der CDU bei und wurde 1946 in den nordrheinwestfälischen Landtag gewählt. Von 1947 bis 1952 war er Ernährungs- und Landwirtschaftsminister von Nordrhein-Westfalen und hatte von 1949 bis 1950 und von 1953 bis 1959 ein Bundestagsmandat inne. Als Bundesminister für Ernährung, Landwirtschaft und Forsten (ab 1953) führte Lübke den »Grünen Plan« für die Landwirtschaft ein.

Carlo Schmid wurde 1896 in Perpignan (Südfrankreich) geboren. Nach dem Abitur nahm er als Kriegsfreiwilliger am Ersten Weltkrieg teil und war nach der Kapitulation Mitglied eines Soldatenrats. Ab 1919 studierte Schmid Rechts- und Staatswissenschaften in Tübingen, wo er promovierte und sich habilitierte. Als Gegner der Nationalsozialisten war der Privatdozent ab 1933 von Berufungen und Beförderungen ausgeschlossen und wurde 1940 als Wehrmachtsbeamter eingezogen.

Von 1945 bis 1953 lehrte Schmid als Professor für Völkerrecht in Tübingen und ist seit 1953 Ordinarius für politische Wissenschaften in Frankfurt am Main.

Schmid trat 1945 in die SPD ein und war 1946 und 1947 Präsident des Staatssekretariats in Württemberg-Hohenzollern und anschließend bis 1950 Justizminister. Als Mitglied des Parlamentarischen Rates (1948 bis 1949) war er maßgeblich an der Ausarbeitung des Grundgesetzes beteiligt. 1949 wurde er in den Bundestag gewählt und ist seitdem dessen Vizepräsident. Schmid war von 1949 bis 1953 Vorsitzender des Auswärtigen Ausschusses und ist seit 1957 stellvertretender Vorsitzender der SPD-Fraktion sowie Mitglied der Beratenden Versammlung des Europarats in Straßburg.

Max Becker wurde 1888 in Kassel geboren. Nach Abitur und Jurastudium schloß sich Becker 1909 den Jungliberalen an und ließ sich in Bad Hersfeld als Rechtsanwalt und Notar nieder. Er betätigte sich ab 1919 in der Kommunalpolitik und war Abgeordneter der Deutschen Volkspartei im Kreistag. Becker vertrat seine Heimatstadt auch im Kurhessischen Kommunallandtag und im Provinziallandtag für Hessen-Nassau. Von 1933 bis 1945 bekleidete er keine politischen Ämter.

1946 wurde Becker Mitglied der FDP, Magistrat in Bad Hersfeld und Kreistagsabgeordneter. Im gleichen Jahr zog er für seine Partei in den hessischen Landtag ein. Er gehörte von 1948 bis 1949 dem Parlamentarischen Rat an, der das Grundgesetz ausarbeitete. Vor allem bei der Abfassung des Wahlgesetzes für den Bundestag war Becker federführend. 1949 wurde er in den Bundestag gewählt und ist seit 1956 einer dessen Vizepräsidenten. Als Nachfolger von Thomas Dehler übernahm Becker 1957 für ein Jahr den Vorsitz der FDP-Fraktion. Als engagierter Europa-Politiker gehört er seit 1949 als Abgeordneter der Beratenden Versammlung des Europarats in Straßburg und seit 1954 der Versammlung der Westeuropäischen Union (WEU) an.

Adenauer: »Es ist alles in Ordnung«

4. Juni. Der Verzicht von Bundeskanzler Konrad Adenauer (CDU) auf die Kandidatur für das Amt des Bundespräsidenten stellt die CDU erneut vor das Problem, einen geeigneten Kandidaten aus ihren Reihen für dieses Amt zu finden.

Am 24. Februar hatte Adenauer Bundeswirtschaftsminister Ludwig Erhard (CDU) als Kandidaten vorgeschlagen. Erhard lehnte die Kandidatur ab, da er weiterhin Wirtschaftsminister bleiben wollte. Am → 7. April (S. 62) gab Adenauer in einer Rundfunkrede überraschend bekannt, daß er selbst Bundespräsident werden wolle. Er bezeichnete damals seinen Entschluß als »wohlüberlegt und richtig« und dazu bestimmt, »die Kontinuität unserer Politik zu sichern«.

Die Kandidatur des Bundeskanzlers wurde bei allen Parteien positiv aufgenommen. Die Opposition aus SPD und FDP befürchtete jedoch, daß sich Adenauer nicht auf Repräsentationspflichten beschränken werde. Anlaß dazu war eine Bemerkung in seiner Rundfunkrede »Ich möchte Ihnen ... mit Nachdruck folgendes sagen: Die Stellung, die Aufgabe und die Arbeit des Bundespräsidenten wird in der deutschen Öffentlichkeit und damit auch in der internationalen Öffentlichkeit zu gering eingeschätzt. Sie ist viel größer, als man schlechthin glaubt.« Vor Vertrauten erklärte Adenauer, daß er als Bundespräsident seinen eigenen Nachfolger als Kanzler vorschlagen wolle und weiterhin an Kabinettssitzungen teilzunehmen beabsichtige. Er werde auch vorerst CDU-Vorsitzender bleiben, da das Grundgesetz dem Bundespräsidenten die Mitgliedschaft in einer Partei nicht ausdrücklich verbiete. In den folgenden Wochen stellten Staatsrechtler jedoch klar, daß eine extensive Auslegung der Rechte des Präsidenten nicht möglich ist. Da Adenauer nach allgemeiner Auffassung jedoch nicht auf politische Einflußnahme verzichten will, tritt er von seiner Kandidatur zurück, offensichtlich auch, um die Kanzlerschaft seines Rivalen Ludwig Erhard zu verhindern. Auch der Widerstand der CDU/CSU-Fraktion kann Adenauer nicht umstimmen. Die Bekanntgabe seiner Entscheidung beschließt er so: »Ich bin zufrieden. Es ist alles in Ordnung.«

Erhard: »Mit diesem Mann bin ich fertig!«

Die Beziehungen zwischen Bundeskanzler Konrad Adenauer (CDU) und Bundeswirtschaftsminister Ludwig Erhard (CDU) haben mit dem Streit um die Nachfolge im Amt des Bundespräsidenten einen Tiefpunkt erreicht.

Die in den vergangenen zehn Regierungsjahren kaum verdeckte gegenseitige Aversion verschärfte sich im April, als Adenauer seine Kandidatur für das Amt des Bundespräsidenten ankündigte und zu verstehen gab, daß er Erhard nicht für den geeigneten Nachfolger als Bundeskanzler halte. Am → 4. Juni (S. 98/99) gab Adenauer bekannt, daß er Kanzler bleiben werde, da nur er selbst die bisherige Politik weiterführen könne.

Als Erhard am 10. Juni von seiner zehntägigen USA-Reise nach Bonn zurückkehrt, macht er seinem Ärger über Adenauer Luft – »Mit diesem Mann bin ich fertig« –, fügt sich aber in die Kabinettsdisziplin. Der Bundeskanzler hingegen äußert weiterhin öffentlich Zweifel an Erhards politischen Fähigkeiten. Vor der CDU/CSU-Fraktion sagt Adenauer: »Wenn man mir eine Staffelei und eine Palette hinstellt, kann ich noch lange kein Bild malen. So ergeht es Herrn Erhard in der Außenpolitik.« Auch in einem Interview mit der New York Times bezweifelt er Erhards Kompetenz. »Erhard ist ein hervorragender Wirtschaftler und ein Mann, der die besten Fähigkeiten hat; ob er aber auch ein hervorragender Politiker ist, muß er erst noch erweisen...« Voller Zorn reagiert Vizekanzler Erhard am 19. Juni vor der Presse: »Es ist unerhört, es ist unerhört! Ich werde nicht schweigen. Der Kanzler zerstört das deutsche Ansehen im Ausland und die Partei.« Vor der Fraktion geht Erhard auf das Interview Adenauers ein: »Hinter diesem Verhalten steckt Methode. Mein Ansehen soll systematisch herabgewürdigt werden.« Adenauer ist bei der Sitzung der CDU/CSU-Abgeordneten nicht anwesend. »Ich habe zum ersten Mal in meiner Amtszeit den Bundeskanzler gebeten, einer Fraktionssitzung fernzubleiben«, erklärt der Fraktionsvorsitzende Heinrich Krone gegenüber Pressevertretern.

Wirtschaftsminister Ludwig Erhard (l.) bei Adenauers Verzichtserklärung

Adenauer will die Macht nicht aus den Händen geben und auch den Wahlkampf 1961 noch führen

Bundestagspräsident Eugen Gerstenmaier hat Erhard den mangelnden Rückhalt in der CDU signalisiert

Höflichkeit auf diplomatischem Parkett: Die beiden Erzrivalen

Staatsausgaben weiter gestiegen

12. Juni. Der Bundestag verabschiedet in dritter Lesung mit den Stimmen der Koalitionsparteien CDU/CSU und DP den Haushaltsplan für das Rechnungsjahr 1959/1960. Die Oppositionsparteien SPD und FDP stimmen dagegen.

Der Haushalt für das bereits seit dem 1. April laufende Rechnungsjahr liegt mit 39,8 Milliarden DM um etwa 1,1 Milliarden DM über dem des Jahres 1958/1959 und ist der bisher höchste der Bundesrepublik. Er wird am 26. Juni auch vom Bundesrat mit der Mehrheit der unionsregierten Länder im zweiten Durchgang gebilligt.

Bundeshaushalt 1959/60*
Auswärtiges Amt:
  328 854 800 DM (+16,7%)
Bundesminister des Innern:
  808 784 800 DM (+10,8%)
Bundesminister der Justiz:
  50 363 000 DM (+0,2%)
Bundesminister der Finanzen:
  696 378 400 DM (−6,7%)
Bundesminister für Ernährung, Landwirtschaft und Forsten:
  2 286 006 100 DM (−4,7%)
Bundesminister für Arbeit und Sozialordnung:
  8 944 744 100 DM (+1,3%)
Bundesminister für Verkehr:
  2 219 812 300 DM (+10,1%)
Bundesminister für das Post- und Fernmeldewesen:
  2 403 200 DM (+271%)
Bundesminister für Verteidigung:
  10 494 088 800 DM (+4,9%)
Bundesminister für Wohnungsbau:
  385 679 600 DM (−49,6%)
Bundesminister für Vertriebene:
  117 645 600 DM (−72,5%)
Bundesminister für Gesamtdeutsche Fragen:
  108 043 400 DM (−9,7%)
Bundesminster für Familien- und Jugendfragen:
  61 435 600 DM (−4,1%)
Bundesminister für Atomenergie und Wasserwirtschaft:
  136 323 200 DM (−3,7%)
Bundesschuld:
  2 562 647 000 DM (+27,8%)
Versorgung:
  1 653 902 000 DM (−10,2%)
Soziale Kriegsfolgeleistungen:
  3 005 851 200 DM (+4,1%)

* Einzelhaushalte, in Klammern Veränderungen gegenüber 1958/1959

Juni 1959

SDS-Linie paßt nicht in Konzept der SPD

13. Juni. Die Einleitung eines Parteiordnungsverfahrens gegen den früheren Bundesvorsitzenden des Sozialistischen Deutschen Studentenbundes (SDS) Oswald Hüller beschließt der Parteivorstand der Sozialdemokraten in Bonn.
Hüller war nach dem Frankfurter »Kongreß für Demokratie, gegen Militarismus und Restauration«, der unter der Schirmherrschaft des Sozialistischen Deutschen Studentenbundes im Mai einberufen worden war, zusammen mit dem Pressereferenten vom SPD-Vorstand seines Amtes enthoben worden.

Europas Sozialismus in der Krise

Oswald Hüller, ehemaliger SDS-Vorsitzender, nimmt in einem Leserbrief im »Spiegel« Stellung zu den Konflikten um die Studentenorganisation: »Die ›Krise‹ ... ist keineswegs auf den SDS beschränkt ... Diese Krise hat ihre Ursachen im wesentlichen darin, daß über Grundfragen ... bei Sozialisten heute extrem verschiedene Meinungen herrschen. In England führte das zu Fraktionsbildungen, in Frankreich und Italien zur Spaltung oder zum Verfall der sozialistischen Parteien. In Deutschland versucht man ... Meinungsverschiedenheiten zu verschweigen oder mit nichtssagendem Bla-Bla ... zu übertünchen ...«

Im Gegensatz zur offiziellen Politik der Sozialdemokraten hatte der Kongreß direkte Verhandlungen über die Deutsche Frage zwischen den Regierungen in Bonn und Berlin (Ost) gefordert. Außerdem hatten die Delegierten die Anerkennung der Oder-Neiße-Linie verlangt und sich so die Position der DDR und der Sowjetunion zu eigen gemacht.
Zwischen den Sozialdemokraten und dem SDS, der 1946 als Studentenverband der SPD gegründet worden war, kommt es auf dem Gebiet der Deutschlandpolitik in jüngster Zeit immer häufiger zu tiefgreifenden Differenzen. Besonderes Mißfallen erregt eine Fraktion im SDS, die ihren ideologischen Rückhalt in der Hamburger Studentenzeitung »konkret« und deren Chefredakteur Klaus Rainer Röhl findet. Dieser Kreis hatte auf dem Berliner Studentenkongreß gegen Atomrüstung (→ 17. 1./S. 18) eine Konföderation von DDR und Bundesrepublik gefordert. Der SPD-Vorstand erklärt daraufhin nun eine Mitarbeit bei »Konkret« als unvereinbar mit der Mitgliedschaft in der SPD.

Titelblatt der »konkret« mit Schlagzeilen zu SDS-Aktivitäten

Baden: Gründung neuer Volkspartei

6. Juni. Unter dem Namen »Badische Volkspartei« gründen 32 Delegierte in Karlsruhe eine neue politische Partei. Vorsitzender wird der Studienrat Robert Albiez.
Als Ziel hat sich die Partei die Auflösung des Bundeslandes Baden-Württemberg und die Wiederherstellung des Landes Baden gesetzt.

Entstehung des Südweststaates

1945 bis 1947 errichteten die Besatzungsmächte auf dem Gebiet von Württemberg und Baden die drei Länder Württemberg-Baden, Württemberg-Hohenzollern und (Süd-)Baden. Eine Volksabstimmung erbrachte 1951 eine deutliche Mehrheit von 69,7% für die Vereinigung zu einem einzigen Bundesland.

Albiez erklärt: »Wir wollen den Föderalismus und den christlichen Sozialismus ernster nehmen als die CDU und diese beiden Grundlagen unserer Demokratie nicht wie die CDU dem Opportunismus opfern.«

Atomspion Klaus Fuchs aus britischer Haft entlassen

23. Juni. In Großbritannien wird der deutsch-britische Atomphysiker Klaus Fuchs nach Verbüßung einer Gefängnisstrafe von neun Jahren und drei Monaten aus der Haftanstalt Wakefield entlassen. Fuchs war im März 1950 wegen Verrats britischer Atomgeheimnisse an die Sowjetunion zu 14 Jahren Gefängnis verurteilt worden. Wegen mustergültiger Führung wird dem nun 47jährigen Wissenschaftler ein Drittel seiner Strafe erlassen.
Klaus Fuchs wurde am 29. Dezember 1911 in Rüsselsheim geboren. Nach dem Physikstudium in Leipzig und Kiel, wo er in die Kommunistische Partei Deutschlands eintrat, emigrierte er im Juli 1933 über Paris nach Großbritannien. Hier setzte er seine Studien fort und arbeitete ab Mai 1941 in Birmingham an der Entwicklung der Atombombe mit. Von 1943 bis 1946 war er u.a. auch am US-amerikanischen Atombombenprojekt in Los Alamos (US-Bundesstaat New Mexico) beteiligt.
In jener Zeit begann er, den Sowjets Forschungsergebnisse aus dem Bereich des westlichen Atomwaffenbaus zuzuspielen. Fuchs war zu der Überzeugung gelangt, die westlichen Alliierten ließen die Russen ausbluten, anstatt diese in ihrem Kampf gegen Hitlers Truppen zu unterstützen. Nach eigenem Bekunden übergab er den Sowjets aus Gründen der »Gerechtigkeit« Informationsmaterial, wobei es sich zunächst nur um seine eigenen Arbeitsergebnisse handelte.
Nach jahrelangen Ermittlungen der Briten und US-Amerikaner gestand Fuchs im Dezember 1949 seine Spionagetätigkeit für den sowjetischen Geheimdienst KGB und lieferte damit mehrere sowjetische Geheimdienstler der Hinrichtung auf dem elektrischen Stuhl aus.
Nach seiner Freilassung begibt Fuchs sich sofort in die DDR, wo er im August wissenschaftlicher Leiter des Zentralinstituts für Kernphysik in Rossendorf bei Dresden wird.

Klaus Fuchs (r.) nach seiner Ankunft auf dem Ostberliner Flughafen

Als stellvertretender Leiter des Dresdner Instituts für Kernphysik erforscht Klaus Fuchs die Anwendungsmöglichkeiten von Kernenergie in Kraftwerken

Juni 1959

Neuer sowjetischer Berlin-Plan in Genf

10. Juni. Die Krise der Genfer Außenminister-Konferenz über die Deutschlandfrage (→ 11.5./S. 80) erreicht ihren Höhepunkt: Die Sowjetunion legt einen neuen Berlin-Vorschlag vor, der ein auf zwölf Monate befristetes Stillhalteabkommen über Berlin unter Bedingungen vorsieht, die von den Westmächten sofort als unannehmbar zurückgewiesen werden. Die westlichen Außenminister sprechen von einem neuen »Berlin-Ultimatum«.

Als wichtigste Voraussetzung für den befristeten Verbleib westlicher Truppen in Berlin (West) fordert der sowjetische Außenminister Andrei A. Gromyko die Bildung eines gesamtdeutschen Ausschusses zur Ausarbeitung eines Friedensvertrages. Die Westmächte erklären daraufhin, es sei unsinnig, auf der Grundlage dieses neuen Planes weiterzuverhandeln. Man werde niemals unter dem Druck von Fristen oder Drohungen handeln.

Der von Gromyko als »großes Zugeständnis« angebotene Vorschlag sieht außerdem Verhandlungen über einen bis zur Wiedervereinigung gültigen Berlin-Status vor. Falls die Westmächte oder die Bundesregierung während der von Moskau geplanten Übergangsfrist keinen Friedensvertrag mit Deutschland akzeptieren sollten, wird es nach den Worten Gromykos zu einem Separatfrieden mit der DDR kommen. Moskau werde sich in diesem Falle veranlaßt sehen, alle bisherigen Rechte in Berlin an die DDR zu übertragen.

Die sowjetische Seite will den von ihr vorgestellten »Paketvorschlag« als Verhandlungsgrundlage verstanden wissen und nicht als Ultimatum. Mit dem Zeitplan solle die derzeitige Stagnation beendet werden. Die westliche Verhandlungsseite fordert als ersten Schritt freie Wahlen für Gesamtdeutschland sowie eine Volksabstimmung über die Blockzugehörigkeit oder mögliche Neutralität des Landes (→ 5.8./S. 130).

Bestimmungen des Gromyko-Vorschlags

1. Die UdSSR toleriert die westlichen Truppen in Berlin (West) für ein Jahr, sofern diese nur symbolische Einheiten sind.
2. Innerhalb eines Jahres müssen DDR und Bundesrepublik einen Friedensvertrag aushandeln.
3. Die Verbindung Berlins mit der Außenwelt wird für diese Zeit weiterhin garantiert.
4. Jede antikommunistische Propaganda von Berlin (West) aus ist einzustellen.
5. Anti-östliche Spionageorganisationen in Berlin (West) müssen aufgelöst werden.
6. In Berlin (West) dürfen weiterhin keine Raketeneinheiten stationiert werden.
7. Der provisorische Status von Berlin (West) soll durch die vier Mächte und die DDR garantiert werden.
8. Eine Viermächtekommission soll die Einhaltung der Vereinbarungen überprüfen.

Parteiprogramm ohne Marxismus

28. Juni. Die schweizerischen Sozialdemokraten verabschieden auf ihrem Parteitag in Zürich ein linksbürgerliches Parteiprogramm und lösen sich damit vom Marxismus.

Walther Bringolf, geboren 1895, gehört als Parteipräsident der Sozialdemokraten (SP) und Stadtpräsident von Schaffhausen zu den prominentesten Politikern der Schweiz.

Der Begriff des »Klassenkampfes« ist nicht mehr enthalten im neuen Programm. Kein Wirtschaftszweig wird zur Verstaatlichung empfohlen. Angeregt werden lediglich Maßnahmen gegen die um sich greifende Bodenspekulation. Wie ihre bundesdeutschen Genossen, so haben nun auch die Schweizer das Mitbestimmungsrecht der Arbeiter in ihr Programm aufgenommen (→ 15.11./S. 178).

Die Ruinen des Führerbunkers; Skizze des Ostberliner Grafikers Erhard Schreier

»Führerbunker« in Berlin wird abgerissen

10. Juni. *In Berlin (Ost) beginnen Arbeiterkolonnen mit dem Abriß der Reste des »Führerbunkers«. Hier hatte der damalige Führer und Reichskanzler Adolf Hitler am 30. April 1945 mit seiner langjährigen Geliebten Eva Braun, die er am Vortag geheiratet hatte, Selbstmord begangen.*

Die meterdicke Betondecke des Bunkers und sein kegelförmiger Ausstieg werden gesprengt. Mit den zentnerschweren Trümmern werden die bereits vor Jahren gesprengten unterirdischen Bunkeranlagen aufgefüllt.

Der Bunker befand sich unter der von Albert Speer erbauten Neuen Reichskanzlei in der Voßstraße/Ecke Wilhelmstraße. Diese war im Krieg zerstört und nach 1945 abgerissen worden. Auf dem Gelände soll nach Beendigung der Abrucharbeiten ein Parkplatz entstehen.

Traditionsträchtiger Amtssitz des Bundespräsidenten: Das alte Hohenzollernschloß in Berlin

Präsident Heuss weiht Schloß Bellevue ein

18. Juni. *Bundespräsident Theodor Heuss bezieht das Schloß Bellevue in Berlin (West) als seinen zweiten Amtssitz. Das Staatsoberhaupt nimmt den goldenen Schlüssel des Hohenzollern-Schlosses mit einer Mischung aus Freude und leichter Melancholie entgegen. In Anspielung auf das baldige Ende seiner Amtsperiode (→ 1.7./S. 114) sagt er: »Ich weihe es ein und sage adieu.« Zunächst für drei Tage weht die Standarte des Bundespräsidenten auf dem Mittelgiebel des Schlosses.*

Der Regierende Berliner Bürgermeister, Willy Brandt (SPD), betont in seiner Empfangsrede: »Durch die Errichtung dieses Wohnsitzes für den Bundespräsidenten ist eine neue Verbindung zur Geschichte dieser Stadt und des deutschen Volkes geschaffen worden.«

Streit in der NATO wegen Frankreich

9. Juni. Zwischen Frankreich, Großbritannien und den Vereinigten Staaten kommt es am Rande der Außenministerkonferenz in Genf zu Geheimverhandlungen über den Wunsch Frankreichs, mehr Kompetenzen in der NATO zu erhalten.

Der Konflikt hat seine Ursache in der Weigerung Frankreichs, die Lagerung von Atomwaffen auf französischem Boden zu gestatten, sofern es nicht auch die Kontrolle über diese Waffen erhält.

Washingtoner Regierungsbeamte entgegnen, andere Mitglieder würden mit ähnlichen Verlangen kommen, wenn man auf die französischen Wünsche eingehe.

Die Weigerung des französischen Staatspräsidenten General Charles de Gaulle, die Verantwortung für die Sicherheit Frankreichs den USA zu übertragen, geht einher mit französischen Vorschlägen über den Ausbau der NATO zu einem weltweiten Verteidigungssystem. Frankreich fiele in diesem Fall aufgrund seiner ausgedehnten Überseebesitzungen automatisch größerer Einfluß zu.

UdSSR: USA sollen 1964 eingeholt sein

11. Juni. Der erst im Januar angenommene Siebenjahresplan für die Sowjetwirtschaft (→27. 1./S. 17) soll schon in sechs Jahren erfüllt werden. Dies sieht ein Beschluß des Zentralkomitees der Kommunistischen Partei vor, der in der »Prawda« veröffentlicht wird.

Partei- und Regierungschef Nikita S. Chruschtschow bezeichnet das Unternehmen »Siebenjahresplan in sechs Jahren«, mit dem der kapitalistische Westen wirtschaftlich überflügelt werden soll, bereits als eine allgemeine sowjetische Volksbewegung. Nachdrücklich weist Chruschtschow auch auf die Notwendigkeit hin, bürokratische Hemmnisse zu beseitigen.

Der stellvertretende Ministerpräsident Anastas I. Mikojan greift das Thema in verschiedenen Reden ebenfalls auf: »Die große nationale Bewegung wird es erlauben, den gigantischen Schritt zum Kommunismus... in sechs Jahren zu tun. Die Sowjetunion kann das reichste Land der Welt, Amerika, noch um ein Jahr früher überholen.«

Erlangt mit der neuen Verfassung große Machtfülle: Habib Burgiba

Tunis: Verfassung stärkt Präsidenten

1. Juni. Die Nationalversammlung in Tunis nimmt die erste Verfassung Tunesiens an. Diese ist ganz auf die Person des Staatspräsidenten Habib Burgiba zugeschnitten und sieht für das Parlament lediglich eine Nebenrolle vor.

Der Ruf nach einer Verfassung stand am Anfang des tunesischen Nationalismus, dessen Sprachrohr seit 1934 die von Habib Burgiba geleitete Neo-Destur-Partei war. Nachdem Frankreich am 20. März 1956 die Unabhängigkeit Tunesiens anerkannt hatte, wurde Burgiba 1957 zum Staatspräsidenten der neuen Republik gewählt.

Lee Kuan Yew, seit dem 6. Mai Ministerpräsident von Singapur

Singapur erlangt innere Autonomie

1. Juni. Die britische Kronkolonie Singapur erhält eine neue Verfassung und wird zu einem selbstverwalteten Staat im britischen Commonwealth; Außenpolitik und Verteidigung bleiben weiterhin Großbritannien vorbehalten.

Am Vorabend hatten rund 600 000 Wahlberechtigte ihr erstes Parlament gewählt. Dabei siegte die sozialistische »Partei der Volksaktion«. Die Partei hatte versprochen, die Interessen der Handelsgesellschaften zu respektieren, die den Wohlstand Singapurs im wesentlichen garantieren. Sie opponiert allerdings gegen die britischen Stützpunkte.

Für die Iren Symbol nationaler Unabhängigkeit: Eamon de Valera

De Valera Irlands neuer Präsident

17. Juni. Der 76jährige Eamon de Valera, der 21 Jahre lang irischer Ministerpräsident war, wird zum Staatspräsidenten der Republik Irland gewählt. Dagegen lehnen die Iren in der gleichzeitig stattfindenden Volksabstimmung die von de Valera und seiner Partei, der Fianna Fáil, gewünschte Einführung des Mehrheitswahlrechts ab.

De Valera gehört zu den Vorkämpfern der irischen Unabhängigkeit und war wegen Beteiligung an dem Osteraufstand 1916 von den Briten zum Tode verurteilt, als gebürtiger US-Amerikaner jedoch nicht hingerichtet worden.

Regierungskrise erschüttert Argentinien

22. Juni. In Buenos Aires erzwingen die argentinischen Streitkräfte den Rücktritt der Regierung. Die Militärs drohen dem Staatspräsidenten Arturo Frondizi mit seiner Absetzung, falls er nicht innerhalb weniger Stunden sein Kabinett umbilde. Frondizi nimmt jedoch die Rücktrittsgesuche der Staatssekretäre für Heer, Marine und Luftwaffe zunächst nicht an. Gleichzeitig mit den Kabinettsmitgliedern reichen die Präsidenten der vier argentinischen Staatsbanken ihren Rücktritt ein.

Die revoltierenden Militärs beschuldigen Frondizi, er habe Kommunisten und Anhängern des 1955 gestürzten Diktators Juan Domingo Perón Eintritt in seine Regierung gewährt. Anlaß der Staatskrise ist die Veröffentlichung eines Vertrags zwischen dem in der Dominikanischen Republik lebenden Ex-Präsidenten Perón und Frondizi, der vor den Wahlen vom Februar 1958 geschlossen worden sein soll. Nach diesem durch Perón publizierten Vertrag soll sich Frondizi verpflichtet haben, den Anhängern Peróns wichtige Staatsämter und politischen Einfluß einzuräumen. Frondizi bestreitet die Existenz eines solchen Vertrages.

Durch die am 24. Juni offiziell bekanntgegebene Neubildung des Kabinetts wird die Regierungskrise beigelegt. Allerdings sind nun einige Militärs im Kabinett vertreten.

Präsident Arturo Frondizi gelingt es nicht, sein Land zu stabilisieren

Juni 1959

Verkehr 1959:
Verstopfte Innenstädte durch weiter anhaltenden Autoboom

Die Verkehrspolitik der Bundesregierung konzentriert sich angesichts der steigenden Zahl von Kraftfahrzeugen auf den Ausbau des Straßennetzes. Regionen wie das Saarland warten auf ihre Anbindung an das Fernstraßennetz, und zahlreiche Routen in Nord-Süd-Richtung sind noch nicht durchgehend als Autobahnen ausgelegt. So gibt es bisher keine ununterbrochene Autobahnverbindung von Hamburg über Hannover nach Frankfurt am Main und weiter nach Basel oder von Bremen ins Ruhrgebiet. Diese Verbindungen sollen bis 1963 fertiggestellt werden, wodurch das Autobahnnetz von 2500 km auf 3000 km erweitert wird.

Einer der Gründe für die Überlastung der Fernstraßen ist die zunehmende Verlagerung von Gütertransporten von der Schiene auf die Straße und die Zunahme des Individualverkehrs. Der Bestand an Personenkraftwagen wächst jährlich um etwa eine halbe Million. 1959 sind rund 3,3 Millionen Pkw angemeldet gegenüber 2,8 Millionen im Vorjahr und 2,3 Millionen 1957. Die Anzahl der zugelassenen Motorräder geht leicht zurück und beträgt knapp 2 Millionen. Bei dem derzeitigen Stand der Motorisierung kommen in der Bundesrepublik auf 1000 Einwohner 47 Pkw. Gegenüber Schweden mit 112 Autos und Großbritannien mit 85 Autos je 1000 Einwohner liegt die Bundesrepublik damit weit zurück.

Angaben über die Verkehrsdichte in den Großstädten ergeben jedoch ein anderes Bild. In Hamburg kommen auf 1000 Einwohner 114 Kraftfahrzeuge. Um hier die Innenstadt vom Verkehr zu entlasten, ist die City zu bestimmten Tageszeiten für Lkw über 6 t, teilweise sogar für kleinere Lkw (über 2,5 t) gesperrt. Parkuhren, Halteverbote und »Ladezonen« sollen die Dauerparker aus der Innenstadt verdrängen. Der Versuch, mit kleinen »City-Bussen« eine Art Autoersatz zu schaffen, findet bei den Autofahrern keinen Anklang; auf den eigenen fahrbaren Untersatz will kaum jemand verzichten. In Vorbereitung ist ein »Park and ride«-System: In drei Ringen um den Stadtkern werden Parkplätze an U- und S-Bahnen angelegt. Durch rigorose Beschränkung der Parkmöglichkeiten in der Hamburger Innenstadt sollen Autofahrer zum Umsteigen auf öffentliche Verkehrsmittel bewegt werden. Die Sperrung einzelner Ladenstraßen wird nicht erwogen, ebensowenig wie in Frankfurt am Main, der Stadt mit der höchsten Verkehrsdichte. In der Bankenmetropole kommen auf 1000 Einwohner 152,8 Kraftfahrzeuge. Hier soll durch den Ausbau des U-Bahnnetzes der Verkehr entlastet werden. Auch die Innenstadt von Hannover bleibt für Autos weiterhin zugänglich, da durch die in den letzten Jahren erfolgte Anlage großzügiger Umgehungsstraßen 90% des Durchgangsverkehrs von der City ferngehalten wird.

Mit dem Zuwachs an Kraftfahrzeugen steigen auch die Unfallzahlen. 1959 werden 314 653 Unfälle mit Personenschaden registriert, bei denen 13 539 Verkehrsteilnehmer getötet und 404 254 verletzt werden. Die Zahl der Getöteten steigt somit im Vergleich zu 1958 um 12%. Forderungen nach Einführung eines Tempolimits außerhalb geschlossener Ortschaften lehnt das Bundesverkehrsministerium jedoch ab, da sich die Autofahrer weitgehend diszipliniert verhielten. So sei an einem Wochenende durch Messungen auf der Autobahn Frankfurt am Main–Mannheim eine Durchschnittsgeschwindigkeit von 70 km/h ermittelt worden.

Während die Bundesbahn einen weiteren Umsatzrückgang bei der Personenbeförderung hinnehmen muß, befinden sich die Fluggesellschaften im Aufwind. Über 4,6 Millionen Passagiere werden auf den bundesdeutschen Flughäfen abgefertigt, das sind über 600 000 Personen mehr als im Vorjahr.

Der TEE-Zug »Helvetia« verläßt den Hamburger Hauptbahnhof

Bundesbahn setzt schnellere Züge ein

Die Deutsche Bundesbahn versucht mit der verstärkten Elektrifizierung der Bahnstrecken und dem Einsatz der schnellen Diesellok V 200 die Fahrzeiten im Schnellzugverkehr wesentlich zu verkürzen, um auf diese Weise konkurrenzfähig zu bleiben.

Der schnellste bundesdeutsche Zug, der »Helvetia«, erreicht auf der Strecke Hamburg–Zürich eine Durchschnittsgeschwindigkeit von 100,1 km/h, wobei die Höchstgeschwindigkeit bei 140 km/h liegt. Im europäischen Vergleich steht er jedoch nur an neunter Stelle. Spitzenreiter ist der britische »The Bristolian«, der zwischen London und Bristol auf eine Reisegeschwindigkeit von 119 km/h kommt.

Verkehrsteilnehmer bei einer Blutabnahme im Polizeipräsidium

»Alco-Test« ermittelt angetrunkene Fahrer

Bei der gestiegenen Zahl der Verkehrsunfälle ist zunehmend Alkoholgenuß die Ursache. Die Polizei versucht mit einem neuen Meßgerät, Alkoholsünder zu ermitteln.

Beim »Alco-Test« muß der Autofahrer in ein mit Chemikalien gefülltes Röhrchen blasen, das sich bei einem Blutalkoholwert von mehr als 1,0 Promille grün verfärbt. Die Hamburger Polizei ordnet im Februar in großem Umfang Blutproben an. Die Ergebnisse:

84% mit Alkohol am Steuer

1,0 bis 1,5 Promille	28,0%
1,5 bis 2,0 Promille	29,5%
2,0 bis 2,5 Promille	18,3%
2,5 bis 3,0 Promille	7,4%
über 3,0 Promille	1,1%

Städte ohne Grün: Die Technische Universität in Berlin (West)

Straßen verdrängen Bäume und Hecken

Gegen die Verödung der Straßen und Wohngebiete setzt sich im Ruhrgebiet die Aktion »Hilfe durch Grün« ein. Sie plädiert für »grüne Oasen« im größten Industriegebiet der Bundesrepublik.

Durch den großzügigen Ausbau von Verkehrswegen innerhalb der Großstädte sind die Grünflächen und Waldgebiete erheblich geschrumpft. Auf dem knappen Bauland werden vorwiegend in den Ballungszentren Hochhäuser errichtet und Parkplätze geschaffen. Neben den breiten Ein- und Ausfallstraßen der Städte wird auf die Anpflanzung von Bäumen aus Kostengründen meistens verzichtet. Asphaltdecken und Betonmauern prägen vielerorts das Stadtbild.

Juni 1959

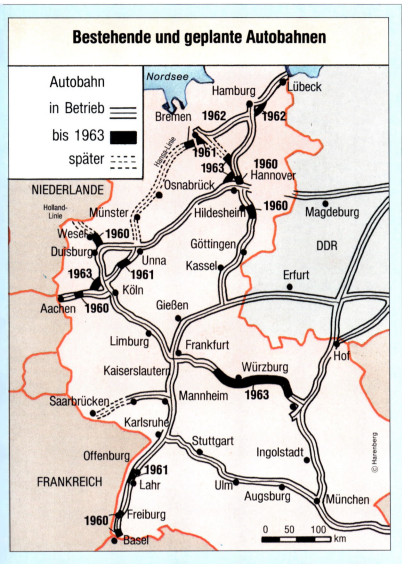

Schleuse des St. Lorenz-Seeweges bei Iroquois (Provinz Ontario, Kanada)

St. Lorenz-Kanal in Kanada eröffnet

26. Juni. Die britische Königin Elisabeth II. und US-Präsident Dwight D. Eisenhower eröffnen an der St. Lambert-Schleuse in der Nähe von Montreal (Kanada) den neuen St. Lorenz-Schiffahrtsweg, ein US-amerikanisch-kanadisches Gemeinschaftswerk.

Der neue Seeweg entlang der Grenze zwischen Kanada und den USA, dem hohe wirtschaftliche Bedeutung zukommt, ist eines der größten technischen Projekte in der Geschichte Nordamerikas. Er verbindet den Schiffsverkehr auf den Großen Seen mit dem Atlantik.

Königin Elisabeth und US-Präsident Eisenhower bei der Einweihung

Seebohm als »Bundesverkehrshindernis«; bereits 1957 karikierte der »Simplicissimus« so den mangelnden Einsatz des Ministers für den Straßenbau

Die sowjetische TU 114 steht auf dem Pariser Flughafen sofort im Mittelpunkt des Interesses

TU 114 in Rekordzeit von Moskau nach Paris

20. Juni. *Sensation des Pariser Luftsalons 1959 ist die sowjetische Turbopropmaschine TU 114, die in viereinhalb Stunden die Strecke Moskau–Paris zurückgelegt hat. Experten äußern sich anerkennend über das technische Meisterwerk, das mit vier Turboprop-Motoren ausgerüstet ist, 800 bis 850 km/h erreicht und 225 Passagieren bequem Platz bietet.*

Juni 1959

Film 1959:
Frankreichs Kino führend

Das Jahr 1959 bringt mit dem Phänomen der »Nouvelle Vague«, der »Neuen Welle«, einen geradezu explosionsartig verlaufenden Generationswechsel im französischen Film mit sich. Vor allem drei Regisseure bestimmen das Bild des französischen Kinos: François Truffaut (»Sie küßten und sie schlugen ihn«), Claude Chabrol (»Schrei, wenn du kannst«) und Jean-Luc Godard (»Außer Atem«). Alle drei sind Ex-Kritiker der Zeitschrift »Cahiers du Cinéma«. Die augenfälligste Gemeinsamkeit der jungen Regisseure besteht darin, daß sie bei der Themenwahl von persönlichen Erfahrungen ausgehen und einen bewußt unprofessionellen Stil ausbilden, für den eine mobile, oft handgehaltene Kamera charakteristisch ist.
Aus Hollywood kommen Breitwand-Produktionen wie »Spartacus« von Stanley Kubrick und William Wylers »Ben Hur«, eine Neuverfilmung, die mit 365 Sprecherrollen und 50 000 Komparsen alles bis dahin Gedrehte übertrifft. Eine höchst unterhaltsame Kriminalkomödie liefert Alfred Hitchcock mit »Der unsichtbare Dritte«. Billy Wilders »Manche mögen's heiß« mit Marilyn Monroe wird ein überragender kommerzieller Erfolg.
In der Bundesrepublik melden fast zum gleichen Zeitpunkt, da die Bundespost den dreimillionsten Fernsehzuschauer registriert, Kinobesitzer aus 16 Großstädten, daß der Besuch ihrer Lichtspieltheater gegenüber 1958 um 9 bis 12% gesunken sei. Einige Inhaber erleben sogar einen Besucherschwund von 33 bis 35%. »Die Statistiken lassen erkennen, daß ein Erdrutsch vom Kino zum Fernsehen erst in diesem Jahr begonnen hat«, meldet die »Frankfurter Allgemeine«.
Die Bavaria-Filmkunst AG in München zieht als erste Filmgesellschaft Konsequenzen aus der neuen Situation, indem sie gemeinsam mit dem Westdeutschen Rundfunk die »Bavaria Atelier GmbH« gründet. Zweck der Gesellschaft ist vor allem die Vermietung der Geiselgasteiger Ateliers an Film und Fernsehen. Mit der eigenen Filmproduktion, der überdies in den Kinos ein magerer Erfolg beschieden ist, konnte die Bavaria ihre acht Aufnahmehallen nicht auslasten. Die Hamburger »Bild«-Zeitung kommentiert: »Nach langem, erbitterten Ringen hat der Film vor seinem Gegner Fernsehen kapituliert.«
Nicht in allen Bereichen gibt sich die Filmbranche so kooperativ. So fordert der bundesdeutsche Filmverleiherverband die Produzenten auf, ihre Schauspieler vertraglich daran zu hindern, dem Zuschauer auch auf dem Bildschirm entgegenzutreten: »Unser ureigenstes Gut, der Kinostar, soll im Menschenverschleiß des Fernsehens nicht länger unkontrolliert aufgebraucht werden.«
Einsichtigen Filmleuten indes bleibt nicht verborgen, daß ein Überangebot an eher durchschnittlichen Filmen in der Bundesrepublik durchaus geeignet ist, die Abwanderung zum Fernsehen noch zu fördern. Bis auf wenige Ausnahmen wird die Produktion beherrscht von Wirklichkeitsflucht und Sentimentalität. Unter den mit dem Bundesfilmpreis ausgezeichneten Arbeiten ist keine, die künstlerisch etwa mit dem französischen Kino konkurrieren kann. Für die Komödie »Helden« werden der Regisseur Franz P. Wirth und als Darsteller O. W. Fischer ausgezeichnet. Frank Wisbar erhält für den Kriegsfilm »Hunde, wollt Ihr ewig leben« den Regiepreis.
Anscheinend scheuen die bundesdeutschen Produzenten das Urteil der bei den Filmfestspielen versammelten Kritikerprominenz. Sie ziehen es in der Regel vor, ihre Filme in Städten zu starten, deren Kritiker als harmlos gelten.
Überwiegend Lob erhält Bernhard Wickis Antikriegsfilm »Die Brücke«, den er mit Nachwuchsschauspielern gedreht hat. Künstlerisch eher umstritten bleibt Helmut Käutners Hamlet-Paraphrase »Der Rest ist Schweigen«. Allzu starke Konzessionen an den Produzenten wirft die Kritik Wolfgang Staudtes »Rosen für den Staatsanwalt« vor: »Martin Held gebärdet sich in der Rolle des antisemitischen... Staatsanwalts so komödiantisch, daß über seine Millowitsch-Komik wiehernde Publikum keinerlei polemische Schärfe mehr zu spüren vermag« (Der Spiegel).
(Siehe auch Übersicht »Filme« im Anhang.)

R. Allen, B. Gobert und H. Krüger (v. r.) in Käutners Hamlet-Film

Otto Preminger verfilmt in den USA George Gershwins berühmte Oper von der Liebe des Bettlers Porgy zu dem leichten Mädchen Bess (Dorothy Dandridge); Sammy Davis jr. als Sly Sportin' Life (l.), Brock Peters als Crown (r.)

Nadja Tiller als Gerda in A. Weidenmanns Buddenbrooks-Verfilmung

Juni 1959

»Rosen für den Staatsanwalt« thematisiert antisemitische Tendenzen in der Bundesrepublik; Hauptrollen: Martin Held (l.), Walter Giller

Jürgen Frohriep und Sascha Kruscharska in Konrad Wolfs Film »Sterne«; im Mittelpunkt steht die Liebe zwischen einem deutschen Offizier und einer Jüdin

Mit Starbesetzung realisiert Gottfried Reinhardt die Neuverfilmung des Vicki-Baum-Romans »Menschen im Hotel« mit Heinz Rühmann und Sonja Ziemann

Jack Lemmon (l.) und Tony Curtis in Billy Wilders Filmkomödie »Manche mögen's heiß«

Hitchcocks »Der unsichtbare Dritte« mit Cary Grant und Eva Marie Saint, Komödie und Thriller in einem

»Spartacus« à la Hollywood: (oben v.l.) P. Ustinov, L. Olivier, J. Gavin, (unten, v.l.) T. Curtis, J. Simmons, K. Douglas

Männermythos: John Wayne (l.) und Dean Martin als einsame Kämpfer in Howard Hawks' Western »Rio Bravo«

E. Riva und E. Okada in »Hiroshima – mon amour« von Alain Resnais

»Sie küßten und sie schlugen ihn« mit Claire Maurier und Albert Rémy

Juni 1959

Die gesamtdeutsche Mannschaft bei der Aufstellung vor dem Endspiel

Hans Junkermann (r.), Federico Bahamontes (M.), Alfred Rüegg (Schweiz)

Deutschland Weltmeister

21. Juni. Die 5. Weltmeisterschaft im Feldhandball ist entschieden. Die gesamtdeutsche Mannschaft, als einziges Team ohne Niederlage, bezwingt vor 10 000 Zuschauern in Wien Rumänien im Endspiel 14:11 (6:6). Zum ersten Mal gewinnt damit eine Mannschaft mit Spielern aus beiden Teilen Deutschlands einen Weltmeistertitel. In der weiteren Plazierung liegt Schweden an dritter Stelle vor Österreich, der Schweiz, Dänemark und Ungarn.

Erfolgreichster deutscher Torschütze im Endspiel ist der Ostberliner Rudi Hirsch mit fünf Treffern. Die meisten Tore (28) im gesamten Turnier wirft der Rumäne Olimpiu Nodea; Klaus Dieter Matz aus Berlin (Ost) erzielt 18 Treffer.

Junkermann Radsportsieger

19. Juni. 25 Jahre nach dem Erfolg von Ludwig Geyer gibt es durch den Krefelder Hans (»Hennes«) Junkermann wiederum einen deutschen Sieg bei der Tour de Suisse.

Der 25jährige Rheinländer, 1956 Fünfter, 1957 Vierter und im Vorjahr Zweiter, kann damit für den bundesdeutschen Radsport – neben dem Weltmeistertitel von Heinz Müller 1952 – den bisher größten Erfolg verbuchen. Die Fachwelt traut dem Deutschen weitere Spitzenleistungen zu.

Junkermann plaziert sich in der Gesamtwertung mit einer Zeit von 37:57:24 h vor dem Franzosen Henri Anglade und dem Spanier Federico Bahamontes, der bei diesem Rennen wieder den Bergpreis erhält.

Floyd Patterson erhält in den Kampfpausen taktische Anweisungen von seinem Trainer Cus D'Amato

Patterson verliert Titel an Außenseiter

26. Juni. In einem aufsehenerregenden Kampf im New Yorker Yankee-Stadion nimmt Europameister Ingemar Johansson dem hohen Favoriten Floyd Patterson aus den USA den Weltmeisterschaftstitel im Schwergewichtsboxen ab, den dieser seit 1956 innehatte.

Patterson, geboren 1935, hatte bisher in sieben Profijahren von 36 Kämpfen nur einen knapp nach Punkten verloren und 24 vorzeitig für sich entschieden. Der 1932 geborene Schwede hingegen war in Helsinki beim olympischen Boxturnier 1952 im Schwergewichtsendkampf wegen Feigheit disqualifiziert worden. Sogar die bereits si-

Juni 1959

Charly Gaul siegt beim Giro d'Italia

7. Juni. Den 42. Giro d'Italia gewinnt – wie schon 1956 – der Luxemburger Charly Gaul, der am Vortag seinen Hauptrivalen Jacques Anquetil

Charly Gaul, geboren am 8. Dezember 1932, zählt zu den sog. Bergkönigen; so gewann er den Bergpreis der Tour de France 1955 und 1956; Gesamtsieger dieses schwersten Straßenradrennens war er 1958

(Frankreich) auf der Bergetappe von Aosta nach Courmayeur nahe der französischen Grenze mit 9:32:50 h um fast 10 min hinter sich ließ.
Auf der 220 km langen Schlußstrecke nach Mailand bleibt das von 130 auf 80 Fahrer zusammengeschrumpfte Feld geschlossen. Den Spurt des Hauptfeldes gewinnt der Belgier Rik van Looy.
Der einzige bundesdeutsche Teilnehmer, Hans (»Hennes«) Junkermann, beendet den 3657 km langen Giro auf dem 11. Platz.

Fritz Walter sagt »Adieu«

21. Juni. Der Ehrenspielführer der deutschen Fußball-Nationalelf, Fritz Walter, beendet im Alter von 38 Jahren seine aktive Laufbahn im Spiel 1. FC Kaiserslautern gegen Racing Paris auf dem Betzenberg in Kaiserslautern.
Der Rückzug des Halb- und Mittelstürmers, der in 61 Länderspielen (1940–1958) 33 Tore erzielte und als Kapitän die deutsche Mannschaft 1954 zum Weltmeistertitel führte, reißt Fans und Sportberichterstatter zu wehmütigen Reminiszenzen hin. Bundestrainer Sepp Herberger bezeichnet Walter als den »größten Fußballspieler, den der deutsche Fußball je hervorgebracht hat«, vergleichbar einem Ferenc Puscas, einem Nandor Hidekuti (beide Ungarn) oder einem Alfredo di Stefano (Argentinien). 1951 und 1953 wurde Fritz Walter mit dem 1. FC Kaiserslautern Deutscher Fußballmeister.

Der Präsident des Internationalen Fußballverbandes, Jules Rimet aus Frankreich, überreicht Fritz Walter den Goldpokal für den Sieg bei der Weltmeisterschaft 1954; Walters meisterhafte Regie im Mittelfeld war mitentscheidend für den 3:2-Sieg über Ungarn am 4. Juli 1954 in Bern

Moss wieder Sieger am Nürburgring

7. Juni. Vorjahressieger Stirling Moss (Großbritannien) gewinnt auf Aston Martin das 1000-km-Rennen des ADAC auf dem Nürburg-

Der Brite Stirling Moss, geboren am 17. September 1929, gilt als Anwärter auf die Nachfolge des schon legendären Formel-I-Weltmeisters Juan Manuel Fangio (1951, 1954–1957). 1958 wurde Moss Vizeweltmeister in dieser Kategorie, 1959 belegt er den dritten Platz

ring, dem dritten Lauf der Weltmeisterschaft für Sportwagen.
Der WM-Zweite in der Formel 1 übernimmt gleich nach der Südkehre die Führung und vergrößert seinen Vorsprung ständig. Von den 44 Runden des Rennens fährt Moss 37 selbst und überläßt nur sieben seinem Copiloten. Als er nach 7:33:18 h die Ziellinie überquert, empfängt ihn begeisterter Beifall. Ferrari-Teams können den zweiten und dritten Platz belegen, Porsche liegt auf Rang vier.

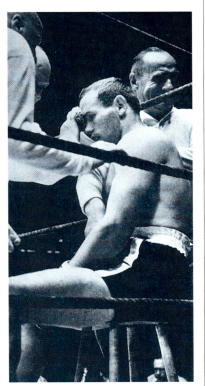

chere Silbermedaille wurde ihm daraufhin aberkannt.
Nach zwei eher langweiligen Anfangsrunden nimmt der Kampf einen Verlauf, den Fachleute bis dahin für unmöglich gehalten hatten (Abb. oben): Johansson provoziert eine Deckungslücke und trifft den Titelverteidiger mit seiner Rechten so hart, daß dieser schwer benommen ist. Als Patterson zum siebten Mal unter dem Bombardement des Herausforderers zusammenbricht, beendet der Ringrichter den Kampf und erklärt den Europäer zum neuen Weltmeister. Der geschlagene Champion bekundet seinen festen Vorsatz, das eherne Gesetz des Boxsports »They never come back« zu durchbrechen und sich den Titel zurückzuerobern.

Umsorgt von seinen Betreuern: Ingemar Johansson, der neue Box-Champion im Schwergewicht

Juli 1959

Mo	Di	Mi	Do	Fr	Sa	So
		1	2	3	4	5
6	7	8	9	10	11	12
13	14	15	16	17	18	19
20	21	22	23	24	25	26
27	28	29	30	31		

1. Juli, Mittwoch

In Berlin (West) wählt die Bundesversammlung den Bundesminister für Ernährung und Landwirtschaft, Heinrich Lübke (CDU), zum neuen Bundespräsidenten. → S. 114

Die Mehrheit des israelischen Parlaments billigt einen Vertrag über Waffenlieferungen an die Bundesrepublik und stellt sich damit hinter die in Israel heftig umstrittene Politik von Ministerpräsident David Ben Gurion. → S. 116

In der Vereinigten Arabischen Republik wird ein Gesetz wirksam, nach dem im Schriftverkehr von Behörden und Firmen ausschließlich arabische Schriftzeichen verwendet werden müssen.

Für eine Reihe von Konsumgütern des Massenbedarfs wie Fahrräder und Uhren treten in der Sowjetunion Preissenkungen zwischen 16 und 21% in Kraft.

In der bayerischen Kleinstadt Wörth treten der Bürgermeister sowie die Stadträte zurück, um gegen die Auflösung der dortigen Amtsgerichtszweigstelle zu protestieren. Aus dem gleichen Grund treten die öffentlichen Bediensteten in einen Streik. → S. 121

2. Juli, Donnerstag

Durch ein Großfeuer im Pentagon, dem Sitz des US-amerikanischen Verteidigungsministeriums, werden wichtige Geheimdokumente vernichtet. Es entsteht ein Sachschaden von umgerechnet 125 Millionen DM.

Die Sowjetunion schießt eine Rakete mit zwei Hunden und einem Kaninchen an Bord in den Weltraum, die nach der Landung am 6. Juli unversehrt geborgen werden (→ 28. 5./S. 88).

In Brüssel findet die Hochzeit des belgischen Kronprinzen Albert mit der italienischen Prinzessin Paola Ruffo di Calabria statt. → S. 121

3. Juli, Freitag

Der französische Verteidigungsminister Pierre Guillaumat kündigt in einem Rundfunkinterview an, daß Frankreich demnächst über Atomwaffen verfügen werde. → S. 116

Die Verhandlungen des UNO-Generalsekretärs Dag Hammarskjöld mit der Regierung der Vereinigten Arabischen Republik in Kairo über die Öffnung des Sueskanals für israelische Schiffe enden ohne Ergebnis. → S. 116

Auf einer internationalen Konferenz in Kopenhagen gegen Verschmutzung der Meere durch Öl wird ein totales Verbot für die Ölentleerung durch Schiffe auf See gefordert.

4. Juli, Sonnabend

In Dänemark und Indonesien werden deutsche Vermögenswerte, die während des Zweiten Weltkriegs beschlagnahmt worden waren, wieder freigegeben.

Beim Tennisturnier in Wimbledon siegen der Peruaner Alejandro Olmedo und die Brasilianerin Maria Esther Bueno im Einzel. → S. 125

5. Juli, Sonntag

Der israelische Ministerpräsident David Ben Gurion tritt nach Differenzen im Kabinett über das Waffengeschäft mit der Bundesrepublik von seinem Amt zurück (→ 1. 7./S. 116).

Der indonesische Staatspräsident Achmed Sukarno löst die Verfassunggebende Versammlung des Landes auf und setzt die Verfassung außer Kraft. Er selbst erhält dadurch nahezu diktatorische Vollmachten. → S. 117

In der Berliner Deutschlandhalle verteidigt Gustav »Bubi« Scholz mit einem Punktsieg über Hanswerner Wohlers seinen Titel als Box-Europameister im Mittelgewicht.

6. Juli, Montag

Das Saarland, das bisher zum französischen Währungsgebiet gehörte, wird in das bundesdeutsche Wirtschaftsgebiet eingegliedert. → S. 115

7. Juli, Dienstag

Der SPD-Vorsitzende Erich Ollenhauer verzichtet darauf, 1961 erneut als Kanzlerkandidat seiner Partei bei den Bundestagswahlen anzutreten. → S. 115

Vor dem Landgericht München beginnt der sog. Spielbankenprozeß, in dem u. a. drei Politiker der Bayernpartei wegen Meineids unter Anklage stehen. Sie sollen bestochen worden sein, um für die Einrichtung von Spielbanken in Bayern zu stimmen (→ 8. 8./S. 132).

Die Jury der IX. Internationalen Filmfestspiele in Berlin (West) verleiht den Goldenen Bären dem französischen Film »Les Cousins« von Claude Chabrol (deutscher Titel: »Schrei, wenn du kannst«).

Martin Lauer stellt in Zürich innerhalb einer Stunde zwei Weltrekorde auf. Er läuft die 110 m Hürden in 13,2 sec und die 200 m Hürden in 22,5 sec. → S. 125

8. Juli, Mittwoch

Der bisherige Berliner Senatsdirektor für Volksbildung, Heinrich Albertz (SPD), wird Chef der Senatskanzlei.

Bei der Explosion eines dänischen Motorschiffes in Nordschleswig kommen 53 Menschen ums Leben.

9. Juli, Donnerstag

Mit einem einstündigen Streik protestieren über 200 000 Saarländer in mehreren Städten des Bundeslandes gegen die nach ihrer Meinung überhöhten Preise nach der wirtschaftlichen Eingliederung in die Bundesrepublik (→ 6. 7./S. 115).

Die Münchner SPD nominiert den 33jährigen Rechtsreferenten Hans-Jochen Vogel zum Kandidaten für die Wahl des Oberbürgermeisters im Frühjahr 1960.

Von Bremen läuft das mit 32 360 BRT größte bundesdeutsche Passagierschiff »Bremen« zu seiner Jungfernfahrt aus. → S. 120

10. Juli, Freitag

Die CDU bringt einen Gesetzesentwurf in den Bundestag ein, der die Übernahme des Volkswagenwerkes in den Besitz des Bundes und eine spätere Privatisierung des Unternehmens vorsieht.

In Italien treten eine Million Arbeiter in der Metallindustrie in einen auf fünf Tage befristeten Streik, um Lohnerhöhungen zwischen 13 und 18% durchzusetzen.

11. Juli, Sonnabend

In Luxemburg wird ein Ausgleichsvertrag zwischen der Bundesrepublik und Luxemburg unterzeichnet. Darin verpflichtet sich die Bundesrepublik zu Wiedergutmachungsleistungen für im Zweiten Weltkrieg erlittenes Unrecht in Höhe von 90 Millionen DM. Luxemburg gibt die beschlagnahmten deutschen Vermögen frei.

Zum Abschluß des Staatsbesuchs des äthiopischen Kaisers Haile Selassie I. in Moskau wird ein Handels- und Kulturabkommen zwischen der Sowjetunion und Äthiopien abgeschlossen. → S. 117

In Kassel wird die documenta II eröffnet, auf der bis zum 11. Oktober rund 800 Bilder, mehr als 200 Plastiken und etwa 250 druckgrafische Blätter ausgestellt sind. → S. 125

Mit 37,8 °C im Schatten wird in Berlin der heißeste Tag seit 1830 registriert. → S. 121

12. Juli, Sonntag

Beim Deutschen Springderby in Hamburg siegt Fritz Thiedemann aus Elmshorn auf Retina vor Alwin Schockemöhle auf Ramona. Den dritten Platz belegt Thiedemann auf Godewind.

13. Juli, Montag

Als Demonstration für Frieden und Freiheit zum Wiederbeginn der Genfer Außenministerkonferenz ruht im Bundesgebiet und in Berlin (West) für zwei Minuten die Arbeit. Nach dreiwöchiger Verhandlungspause treten in Genf die Außenminister erneut zu Beratungen über einen Friedensvertrag mit Deutschland zusammen (→ 5. 8./S. 130).

Der frühere US-Botschafter in der Sowjetunion und Gouverneur von New York, Averell Harriman, plädiert für die De-facto-Anerkennung der DDR und löst damit heftige Proteste in der Bundesrepublik aus.

14. Juli, Dienstag

Das Bundesverfassungsgericht in Karlsruhe erklärt das vom Bundestag verabschiedete Gesetz zur Errichtung der Stiftung »Preußischer Kulturbesitz« für verfassungsgemäß. Die Bundesländer Baden-Württemberg, Hessen und Niedersachsen hatten eine Normenkontrollklage eingereicht. → S. 119

Nach einer Entscheidung des Bundesverfassungsgerichts ist die Begrenzung der Redezeit im Bundestag und ihre Aufteilung nach der Stärke der Fraktionen nicht grundgesetzwidrig. Mehrere SPD-Abgeordnete hatten gegen diese Geschäftsordnungspraxis Klage eingereicht, da die Redezeiten der Regierungsmitglieder nicht gerechnet werden. → S. 115

In den USA beginnt ein unbefristeter Streik von 500 000 Stahlarbeitern. Die Stahlarbeitergewerkschaft fordert die Erhöhung des Stundenlohnes um 15 Cents (etwa 63 Pfennig) und bessere Sozialleistungen. Durch den Streik werden über 90% der Stahlproduktion stillgelegt.

Der sowjetische Partei- und Regierungschef Nikita S. Chruschtschow trifft zu einem zehntägigen Besuch der Volksrepublik Polen in Warschau ein.

15. Juli, Mittwoch

Vor dem Kongreß der Sozialistischen Internationale in Hamburg fordert der Vorsitzende der britischen Labour Party und Oppositionsführer im Unterhaus, Hugh Gaitskell, die Neutralisierung eines in Zukunft wiedervereinigten Deutschlands (→ 11. 5./S. 80).

Als Übergang von der alten Währung zum neuen »harten« Franc werden in Frankreich Banknoten ausgegeben, die beide Werte aufgedruckt sind. Die endgültige Umstellung auf den neuen Franc soll am 1. Januar 1960 wirksam werden. → S. 120

16. Juli, Donnerstag

Der japanische Ministerpräsident Nobusuke Kischi trifft zu einem offiziellen Besuch in der Bundesrepublik ein.

Der Bundesgerichtshof in Karlsruhe verurteilt sechs Mitglieder der seit 1956 verbotenen Kommunistischen Partei Deutschlands (KPD) wegen illegaler Betätigung für eine verfassungswidrige Organisation zu Freiheitsstrafen zwischen 12 und 30 Monaten.

Auf der Genfer Außenministerkonferenz schlägt der US-amerikanische Außenminister Christian A. Herter vor, die Vereinten Nationen (UNO) mit der Überwachung subversiver Aktionen in beiden Teilen Berlins zu beauftragen (→ 5. 8./S. 130).

Nach schwierigen Koalitionsverhandlungen mit der Sozialistischen Partei (SPÖ) stellt der österreichische Bundeskanzler Julius Raab (ÖVP) sein drittes Kabinett vor. Neuer Außenminister ist der bisherige Staatssekretär Bruno Kreisky (SPÖ). → S. 116

In den niedersächsischen Küstengebieten beginnt die Jagdsaison auf Robben. 400 Robben sind in diesem Jahr zum Abschuß freigegeben.

Die »Illustrierte Berliner Zeitschrift« widmet der Prominenz auf dem Berliner Filmball einen ausführlichen Bericht

Juli 1959

Juli 1959

17. Juli, Freitag
Der saarländische Landtag in Saarbrücken verabschiedet ein Wiedergutmachungsgesetz, das allen Bewohnern Entschädigungen zubilligt, die in der Zeit der französischen Verwaltung des Landes gegen die Lostrennung der Saar von Deutschland protestiert und deswegen Nachteile erlitten hatten (→ 6. 7./S. 115).

Nach einer Umfrage des Instituts für Demoskopie in Allensbach hat Bundeskanzler Konrad Adenauer (CDU) wegen seiner Entscheidung, auf das Amt des Bundespräsidenten zu verzichten und Kanzler zu bleiben (→ 4. 6./S. 98), an Popularität eingebüßt. Während im Mai 48% der Befragten mit seiner Poltik einverstanden waren, geht die Zustimmung im Juli auf 43% zurück.

Der kubanische Staatspräsident Manuel Urrutía Lleo wird durch scharfe Angriffe von Ministerpräsident Fidel Castro zum Rücktritt gezwungen. Sein Nachfolger wird der bisherige Minister für revolutionäre Gesetzgebung, Osvaldo Dorticós Torrado. Castro hatte zuvor seinen Rücktritt erklärt, der jedoch von Dorticós nicht angenommen wird. → S. 117

18. Juli, Sonnabend
Als erster Schritt einer Wirtschaftsreform in Spanien wird der Kurs der Peseta um 40% abgewertet. Für 100 Peseten müssen nun 7 DM gezahlt werden.

Der Spanier Federico Bahamontes gewinnt die 46. Tour de France vor den Franzosen Henri Anglade und Jacques Anquetil. → S. 125

19. Juli, Sonntag
Neun Mitglieder eines südafrikanischen Jazzorchesters bitten während einer Konzerttournee in Schweden um politisches Asyl.

Im Dom zu Trier wird der »Heilige Rock« Christi zum zweiten Mal in diesem Jahrhundert ausgestellt. → S. 119

20. Juli, Montag
Da wegen der anhaltenden Trockenheit die Milch in der DDR rationiert ist, bietet die Bundesregierung Milchlieferungen an. Die DDR-Behörden weisen dieses Angebot zurück. → S. 121

Der sowjetische Partei- und Regierungschef Nikita S. Chruschtschow sagt seinen geplanten Besuch der skandinavischen Länder ab. Zur Begründung führt er die angeblich unfreundliche Haltung der Öffentlichkeit dieser Länder gegenüber der Sowjetunion an.

In Stockholm einigen sich die Vertreter der skandinavischen Staaten, Österreichs, Portugals, der Schweiz und Großbritanniens über die Bildung einer Freihandelszone (EFTA). → S. 120

Spanien wird als 18. Mitglied in die Europäische Organisation für wirtschaftliche Zusammenarbeit (OEEC) aufgenommen. Das Land erhält von der OEEC einen Kredit in Höhe von umgerechnet 420 Millionen DM.

In Anwesenheit von Schriftstellern und Dichtern aus 38 Ländern wird in der Frankfurter Paulskirche der XXX. Kongreß des PEN-Club eröffnet, der bis zum 25. Juli dauert. → S. 124

21. Juli, Dienstag
Nach einem Bericht des Deutschen Industrieinstituts in Köln sind in der DDR 43,5% aller Frauen berufstätig. In der Bundesrepublik beträgt der Anteil weiblicher Beschäftigter etwa 34%.

Der US-amerikanischen Luftwaffe gelingt es, eine Interkontinentalrakete vom Typ »Atlas« 9000 km weit zu schießen und den Raketenkopf im Südatlantik zu bergen. Damit gelingt erstmals die Bergung einer Raketenspitze.

In der Hafenstadt Camden (US-Bundesstaat New Jersey) läuft das erste atomgetriebene Handelsschiff, die »Savannah«, vom Stapel.

22. Juli, Mittwoch
Bei den Feiern zum 15. Jahrestag der Gründung der Volksrepublik Polen bekräftigt der sowjetische Partei- und Regierungschef Nikita S. Chruschtschow die Forderung nach einem Friedensvertrag mit Deutschland und nach Festschreibung der bestehenden Grenzen (→ 11. 5./S. 80).

Zum ersten Mal wird in einem bundesdeutschen Wirtschaftszweig die 42,5-Stunden-Woche bei vollem Lohn- und Gehaltsausgleich tarifvertraglich festgelegt. Darauf einigen sich in Frankfurt am Main der Arbeitgeberverband der Süßwarenindustrie und die Gewerkschaft Nahrung-Genuß-Gaststätten. Die Regelung tritt am 1. Januar 1960 in Kraft.

Der bundesdeutsche Spielfilm »Der Rest ist Schweigen« läuft in den Kinos an. Darin adaptiert Helmut Käutner die Handlung aus William Shakespeares »Hamlet« und überträgt sie auf die Finanzwelt des Ruhrgebiets.

23. Juli, Donnerstag
Der Vizepräsident der Vereinigten Staaten, Richard M. Nixon, trifft zu einem offiziellen Besuch in der Sowjetunion ein, wo er sich bis zum 2. August aufhalten will. → S. 117

In Algerien beginnen die französischen Truppen die bisher größte Offensive gegen die algerischen Widerstandskämpfer in den Kabylischen Bergen.

Die Regionalregierung in Trient (Italien) verabschiedet ein Sprachengesetz für Südtirol. → S. 116

Mit Wieland Wagners Neuinszenierung des »Fliegenden Holländer« beginnen in Bayreuth die Richard-Wagner-Festspiele 1959. → S. 124

24. Juli, Freitag
Der Internationale Juristenkongreß in Genf beschuldigt die Volksrepublik China, durch Massenhinrichtungen von Tibetern und systematische Verschleppung von Kindern die tibetische Nation ausrotten zu wollen (→ 17. 3./S. 46).

Wissenschaftler der japanischen Regierung finden erstmals Spuren von Cäsium 137 im menschlichen Knochenmark. Cäsium 137 ist ein gesundheitsschädigendes radioaktives Element, das nur durch Kernexplosionen erzeugt werden kann.

Das Deutsche Industrieinstitut in Köln teilt mit, daß der Anteil der Volksschüler an den Schulentlassenen von 85% im Jahre 1950 auf 74% gesunken ist. Derzeit beträgt der Anteil der Mittelschüler 16,4 %, und 9,7% aller Schüler legen die Abiturprüfung ab.

25. Juli, Sonnabend
Der Volksbund Deutsche Kriegsgräberfürsorge protestiert gegen die von den chinesischen Behörden vorgesehene Auflösung der deutschen Friedhöfe in China. Dort ruhen 800 Tote aus dem Ersten Weltkrieg und aus der Zeit vor 1914.

Der Ministerrat der Europäischen Wirtschaftsgemeinschaft billigt den Beitritt Griechenlands als assoziiertes Mitglied.

Wegen Versorgungsengpässen übernimmt die DDR von der Bundesrepublik 2000 Rinder im Gegenwert von 2 Millionen Verrechnungseinheiten.

26. Juli, Sonntag
Der kubanische Ministerpräsident Fidel Castro, der am → 17. Juli (S. 117) seinen Rücktritt erklärt hatte, nimmt die Amtsgeschäfte wieder auf.

In Wien werden die »7. Weltfestspiele der Jugend und Studenten« eröffnet, an denen fast ausschließlich Verbände aus dem Ostblock teilnehmen. → S. 116

Drei Briten überqueren mit einer »fliegenden Untertasse« den Ärmelkanal zwischen Calais und Dover. Das »Hovercraft«, das unter sich ein komprimiertes Luftkissen erzeugt, auf dem es über das Wasser gleitet, benötigt für die 35 km lange Strecke 123 Minuten. → S. 120

In Abwesenheit ihres Leiters Herbert von Karajan, der sich in Italien zur Kur aufhält, beginnen die Salzburger Festspiele. Sie dauern bis zum 31. August. → S. 124

Mit der 22jährigen Japanerin Akiko Kojima wird in Long Beach (USA) zum ersten Mal eine Asiatin zur »Miss Universum« gekürt.

27. Juli, Montag
Im Notaufnahmelager Marienfelde in Berlin (West) wird der 50 000. Flüchtling aus der DDR in diesem Jahr registriert. → S. 115

Im Kölner Wallraf-Richartz-Museum öffnet bis zum 16. August die Ausstellung »100 Jahre Photographie« ihre Tore.

Mit mäßigen Umsätzen beginnt in den Großstädten der Bundesrepublik der Sommerschlußverkauf. Nur im Saarland, das erst am → 6. Juli (S. 115) wirtschaftlich eingegliedert wurde, stößt der erste Schlußverkauf auf starkes Interesse.

28. Juli, Dienstag
Der SPD-Parteivorstand ermahnt den Sozialistischen Deutschen Studentenbund (SDS), zur Linie der Partei zurückzukehren. Der SDS hatte auf seinem Frankfurter Kongreß im Mai Verständnis für die Politik der DDR in der Frage der Wiedervereinigung Deutschlands gezeigt (→ 13. 6./S. 101).

Bei einem Grubenunglück in Herne werden sieben Bergleute getötet.

29. Juli, Mittwoch
Das Bundesverfassungsgericht in Karlsruhe hebt das Vorrecht des Vaters bei der Erziehung der Kinder auf. → S. 119

Die in Genf versammelten Außenminister der vier Großmächte beschließen, die Konferenz am → 5. August (S. 130) zu beenden, auch wenn bis dahin keine Einigung in der Berlin-Frage erzielt worden ist (→ 11. 5./S. 80).

Über 5000 algerische Strafgefangene in den französischen Gefängnissen treten in einen Hungerstreik, weil ihnen die Anerkennung als politische Gefangene verweigert wird.

Ein Sprecher des britischen Medizinischen Forschungsrates gibt in London bekannt, daß mehrere britische Wissenschaftler eine unbekannte Menge Strontium zu sich genommen haben, um die Wirkung dieses schädlichen Abfallprodukts der Wasserstoffbombe auf den menschlichen Körper zu testen.

30. Juli, Donnerstag
Die Sowjetunion gewährt Indien einen Kredit in Höhe von umgerechnet 1,6 Milliarden DM. Von den USA wird ein Kredit in fünffacher Höhe erwartet.

Die Grenze zu Syrien, die Jordanien im Juni nach Grenzzwischenfällen geschlossen hatte, wird wieder geöffnet.

Auf dem dreitägigen Kongreß des Guttempler-Ordens in Frankfurt am Main wird auf eine erhebliche Steigerung des Alkoholkonsums innerhalb der Familie hingewiesen. → S. 121

31. Juli, Freitag
Der Schriftstellerverband PEN-Club lehnt die Aufnahme des ungarischen PEN-Zentrums in die internationale Vereinigung ab. Er wirft ihm kommunistische Tendenzen vor (→ 20. 7./S. 124).

Wegen der angespannten Fleischversorgung bestimmt die polnische Regierung jeden zukünftigen Montag zum fleischlosen Tag (→ 27. 10./S. 169).

Das Wetter im Monat Juli

Station	Mittlere Lufttemperatur (°C)	Niederschlag (mm)	Sonnenscheindauer (Std.)
Aachen	– (17,5)	26 (75)	280 (190)
Berlin	– (18,3)	85 (70)	254 (242)
Bremen	– (17,4)	44 (92)	290 (207)
München	– (17,5)	103 (137)	227 (226)
Wien	20,4 (19,5)	151 (84)	216 (6)
Zürich	19,5 (17,2)	98 (139)	278 (238)

( ) Langjähriger Mittelwert für diesen Monat
– Wert nicht ermittelt

Juli 1959

Plakat zu den Züricher Festwochen 1959, die mit einem Programm internationaler Orchester und Solisten aufwarten

Juli 1959

Lübke wird der zweite Bundespräsident

1. Juli. Die Bundesversammlung wählt in der Ostpreußenhalle in Berlin (West) den Kandidaten der CDU/CSU, den 64jährigen Bundesminister für Ernährung und Landwirtschaft Heinrich Lübke, zum neuen Bundespräsidenten.
Als Nachfolger von Theodor Heuss wird Lübke das zweite Staatsoberhaupt der Bundesrepublik Deutschland. Seine Amtszeit beginnt am → 15. September (S. 152) mit der Ablegung des Eids auf die Verfassung vor Bundestag und Bundesrat.
Lübke erreicht die erforderliche absolute Stimmenmehrheit der 1038 Wahlmänner im ersten Wahlgang nicht. Er verfehlt die nötige Stimmenzahl von 520 um drei Stimmen. Erst im zweiten Wahlgang votieren 526 Wahlmänner für Lübke. Von seinen beiden Gegenkandidaten erhalten Carlo Schmid (SPD) 386 und Max Becker (FDP) 99 Stimmen. 22 Wahlmänner geben ungültige Stimmzettel ab. Lübke nimmt die Wahl an und dankt der Bundesversammlung für das ihm entgegengebrachte Vertrauen.
Heinrich Lübke erhält die Stimmen

Die letzte Amtshandlung von Theodor Heuss (4. v. r.): Landwirtschaftsminister Lübke (2. v. r.) wird aus dem Bundeskabinett verabschiedet (12. September)

der CDU/CSU (517 Wahlmänner), der Deutschen Partei (24) und der Bayernpartei (6). Für Carlo Schmid stimmen neben den Wahlmännern der SPD (386) wahrscheinlich auch Abgeordnete des Gesamtdeutschen Blocks/Bund der Heimatvertriebenen und Entrechteten (20). Auch für Max Becker werden mehr Stimmen abgegeben, als die FDP (85) zur Verfügung hat. Das schlechte Ergebnis für Lübke im ersten Wahlgang wird von politischen Beobachtern darauf zurückgeführt, daß einige Unionsabgeordnete aus Protest gegen die Rücknahme der Präsidentschaftskandidatur von Bundeskanzler Konrad Adenauer (→4. 6./S. 98) dessen Ersatzkandidaten Lübke die Zustimmung zunächst versagten.

Amt mit geringen Machtbefugnissen

Im Vergleich zum Reichspräsidenten der Weimarer Republik verfügt der Bundespräsident über nur geringe Machtbefugnisse. Er nimmt vorwiegend repräsentative Aufgaben wahr.
Das Staatsoberhaupt, das nicht vom Volk, sondern von der Bundesversammlung gewählt wird, nimmt vor allem die völkerrechtliche Vertretung des Bundes wahr. Der Bundespräsident besitzt darüber hinaus das Vorschlagsrecht für die Wahl des Bundeskanzlers. Er muß die Mitglieder des Bundeskabinetts ernennen; Gesetze, die der Bundestag beschlossen hat, bedürfen seiner Unterschrift. Er besitzt außerdem das Recht zur Begnadigung.
Den Bundestag kann er nur auf Vorschlag des Bundeskanzlers auflösen. Im Gegensatz zum Reichspräsidenten ist er nicht Oberbefehlshaber der Streitkräfte und hat auch keine Notstandsbefugnisse.

Heinrich Lübke: Ein Mann aus dem Volk

Die Wahl des in der Öffentlichkeit wenig bekannten Heinrich Lübke zum Bundespräsidenten wird allgemein als Verlegenheitslösung innerhalb der CDU/CSU angesehen, da prominente CDU-Politiker zur Kandidatur nicht bereit waren (→4. 6./S. 99).
Heinrich Lübke gilt als Politiker von hoher Integrität. Der 64jährige Katholik ist für seine konfessionelle Toleranz bekannt und ist ein Mann des Ausgleichs. Als Bundesernährungsminister erwarb er sich mit Volkstümlichkeit, Bescheidenheit und der Verbundenheit zu seiner sauerländischen Heimat Sympathien. Eine große Begabung als Redner und die Neigung zu intellektuellen Denkanstößen werden ihm nicht nachgesagt, ebensowenig wie Gewandtheit auf diplomatischem Parkett. Hier kann er jedoch auf die Unterstützung seiner Frau Wilhelmine rechnen, die fünf Fremdsprachen beherrscht und durch ihre geistige Aufgeschlossenheit als geeignete First Lady gilt.

Lübke mischt sich gern, häufig unerkannt, unter das Volk, wie hier bei einem Reitturnier in Wesel

Der Schreibtisch ist nicht sein liebstes Betätigungsfeld: Lübke in seinem privaten Arbeitszimmer

Heinrich Lübke und seine Frau Wilhelmine im Garten ihres Hauses

Volkstümlichkeit liegt sowohl Heuss (l.) als auch seinem Nachfolger

Als Ernährungsminister in seinem Element: Lübke (l.) mit Adenauer

SPD-Chef nicht mehr Kanzlerkandidat

7. Juli. Der SPD-Vorsitzende Erich Ollenhauer gibt in Bonn bekannt, daß er bei den nächsten Bundestagswahlen 1961 nicht mehr als Spitzenkandidat seiner Partei antreten werde.

Mit dem Verzicht Ollenhauers zieht die SPD erstmals personelle Konsequenzen aus den Niederlagen bei den Bundestagswahlen 1953 und 1957. Auch der stellvertretende Parteivorsitzende Herbert Wehner strebt kein Ministeramt an. Ollenhauer will sich ganz dem Amt des Parteichefs widmen und einem »zugkräftigeren« Kandidaten den Vortritt lassen. Der 1901 geborene Politiker hatte 1952 nach dem Tod von Kurt Schumacher die Führung von Partei und Bundestagsfraktion übernommen.

Der Parteivorstand stellt eine siebenköpfige Kommission zur Vorbereitung der Bundestagswahl vor. Sie soll ein Wahlprogramm erarbeiten und eine Mannschaft führender SPD-Politiker zusammenstellen, die im Falle eines Wahlsiegs Ministerämter übernehmen könnten. Die schwerste Aufgabe der Kommission liegt darin, einen aussichtsreichen Spitzenkandidaten zu finden. Bundestagsvizepräsident Carlo Schmid und dem Regierenden Bürgermeister von Berlin (West), Willy Brandt, werden dabei die größten Chancen eingeräumt.

Wartende DDR-Flüchtlinge vor dem Gebäude des Notaufnahme-Ausschusses in Marienfelde; auf die Registrierung müssen sie mehrere Stunden warten

50 000. Flüchtling in Berlin

27. Juli. Der 50 000. Flüchtling aus der DDR seit Jahresbeginn wird im Westberliner Notaufnahmelager Marienfelde registriert. Dies teilt ein Sprecher des Senats mit.

Die Flüchtlingszahlen weisen nach den massiven Flüchtlingswellen der Bauern und Industriearbeiter einen leichten Rückgang gegenüber dem Vorjahr auf, halten sich aber nach wie vor auf hohem Niveau. Die Beschlüsse des V. Parteitags der SED vom Juli 1958 hinsichtlich der beschleunigten Kollektivierung der Landwirtschaft und der fortschreitenden Sozialisierung vieler Betriebe veranlassen zahlreiche direkt Betroffene, ihrer Heimat den Rücken zu kehren (→ 11. 8./S. 133). Andererseits führen die Stabilisierung der Wirtschaft und die Steigerung des Lebensstandards dazu, daß sich viele Menschen mit den Verhältnissen in der DDR abfinden. Die Mehrzahl der Flüchtlinge, die über Berlin (West) in die Bundesrepublik kommen, stammen aus den Bereichen Handwerk und Handel sowie aus der Landwirtschaft und dem Gesundheitswesen.

Seit 1949 etwa 2,5 Millionen geflohen

Die Fluchtbewegung aus der sowjetischen Zone (SBZ) und der späteren DDR hat zu einem erheblichen Bevölkerungsrückgang im zweiten deutschen Staat geführt.

Flüchtlinge aus SBZ und DDR

1947	130 000
1948	150 000
1949	129 245
1950	197 788
1951	165 648
1952	182 393
1953	331 390
1954	184 198
1955	252 870
1956	279 189
1957	261 622
1958	204 092
1959	143 917

Die Errichtung eines sozialistischen Staates, das Verbot jeglicher Opposition gegen die SED-Regierung, die Kollektivierung und Sozialisierung von Betrieben in Landwirtschaft, Handwerk und Industrie wurden von vielen DDR-Bürgern abgelehnt. Versorgungsengpässe und häufige Fälle von Mißwirtschaft verstärkten ihre Abneigung. Besonders politische Unterdrückung und mangelnde Freizügigkeit veranlaßten bisher rund 2,5 Millionen Bewohner der DDR, ihre Heimat in Richtung Bundesrepublik zu verlassen.

Saarland wird wirtschaftlich integriert

6. Juli. Das bisher zum französischen Wirtschaftsgebiet gehörende Saarland wird nun auch wirtschaftlich in die Bundesrepublik integriert, nachdem am 1. Januar 1957 bereits die politische Eingliederung vollzogen worden war.

Um Mitternacht wird die Zollgrenze an die saarländisch-französische Grenze verlegt. Als unmittelbare Folge der wirtschaftlichen Eingliederung müssen die Saarländer ihr Geld umtauschen. Für 100 Francs bekommen sie 0,8507 DM ausgezahlt. Außer der bundesdeutschen Währung werden auch die Gebühren von Bundespost und Bundesbahn eingeführt, die über den französischen Tarifen liegen. Zigaretten, Brot, Zucker und besonders alkoholische Getränke aus Frankreich werden ebenfalls teurer.

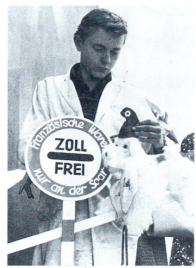

Solche Angebote gibt es nun nicht mehr: Saarländische Geschäftsleute bieten zollfreie Waren an

Auch im sozialen Bereich wirkt sich die Rückgliederung finanziell negativ aus. Die bisherigen Familienzulagen (Verheiratetenzuschlag und Kindergeld vom ersten Kind an sowie Lohnzulage) entfallen. Arbeitnehmer müssen höhere Sozialbeiträge zahlen und den Wegfall der Mehrarbeitszuschläge sowie gesetzlicher Mindestlöhne hinnehmen. Insgesamt bringt die wirtschaftliche Eingliederung den Saarländern allerdings eher Vorteile. Ihre Kaufkraft wird um 7 bis 8 % angehoben, die Lohn- und Einkommenssteuern liegen um rund 10 % niedriger, die Altersrenten um etwa 50 % höher. Die Arbeitslöhne werden bundesdeutschen Tarifen angepaßt und steigen damit erheblich. Deutlich billiger werden vor allem Autos und Elektrogeräte.

Begrenzung der Redezeit rechtens

14. Juli. Das Bundesverfassungsgericht in Karlsruhe entscheidet, daß eine Begrenzung der Redezeit im Bundestag und ihre Zumessung nach der Stärke der Fraktionen nicht grundgesetzwidrig ist. Es weist damit die Klagen der SPD-Abgeordneten Adolf Arndt, Gustav Heinemann und Holger Börner ab.
Während der Bundestagsdebatte am 25. März 1958 war von der CDU/CSU-Mehrheit beschlossen worden, die weitere Aussprache zu begrenzen und die Fraktionen entsprechend ihrer Stärke zu Wort kommen zu lassen. Die SPD-Parlamentarier hatten vor allem dagegen geklagt, daß die Redezeit der CDU/CSU-Regierungsmitglieder, die jederzeit in die Debatte eingreifen können, nicht angerechnet wurde.

Juli 1959

Im Kreuzfeuer der Kritik: Israels Ministerpräsident David Ben Gurion

Plädiert für atomare Aufrüstung: Ministerpräsident Michel Debré

Vermittler im Nahen Osten: UNO-Generalsekretär Dag Hammarskjöld

Bereits seit 1953 österreichischer Bundeskanzler: Julius Raab (ÖVP)

Jerusalem liefert Waffen an Bonn

1. Juli. Die Mehrheit des israelischen Parlaments billigt einen Vertrag, der Israel verpflichtet, der Bundesrepublik Granatwerfer und Granatwerfermunition zu liefern.
Am 5. Juli gibt Ministerpräsident David Ben Gurion den Rücktritt seiner Regierung bekannt, nachdem er die vier Minister, die gegen den Waffenlieferungsvertrag opponierten, vergeblich aufgefordert hatte, ihr Amt niederzulegen. Die Minister gehören den beiden Linksparteien Ahdud Avoda und Mapam an.

Zweisprachigkeit siegt in Südtirol

23. Juli. Die Regionalregierung in Trient (Italien) verabschiedet ein Sprachengesetz für Südtirol, in dem der Gebrauch der deutschen Sprache im internen Dienstverkehr der Behörden gebilligt wird.
Südtiroler Bürgermeister und Behörden waren bisher gehalten, interne Dienstschreiben und Akten italienisch abzufassen. Eine gemischte Kommission zur Ausarbeitung der Durchführungsbestimmungen des Südtiroler Sonderstatuts bekräftigt außerdem die amtliche Zweisprachigkeit bei allen öffentlichen Vorgängen. Damit wird Artikel 85 des Sonderstatuts erfüllt, der vorsieht, daß die örtlichen Behörden im Verkehr mit dem Publikum die Muttersprache des Bürgers verwenden (→ 20. 4./S. 67).

Paris: Schon bald eigene Atombombe

3. Juli. Der französische Verteidigungsminister Pierre Guillaumat erklärt in einem Rundfunkinterview, daß Frankreich bald eine eigene Atombombe besitzen werde. Seit einigen Wochen liefere ein dritter Atommeiler Plutonium, das noch vom Uran getrennt und in Laboratorien bearbeitet werden müsse. In der Sahara sind bereits einige hundert Arbeitskräfte in einer zum Teil unterirdischen Basis für Atomversuche beschäftigt. 1960 zündet Frankreich seine erste Atombombe.

Sueskanal bleibt für Israel gesperrt

3. Juli. Die Verhandlungen von UNO-Generalsekretär Dag Hammarskjöld mit der Regierung der Vereinigten Arabischen Republik (VAR) in Kairo über die Öffnung des Sueskanals für israelische Schiffe und Güter bleiben ohne greifbares Ergebnis.
Maßgebliche arabische Politiker betonen den unverrückbaren Standpunkt Kairos. VAR-Präsident Gamal Abd el Nasser: »Unsere Auffassung ist klar, und wir weichen keinen Fingerbreit davon ab.«

Tanzorchester unterhalten die Festspielgäste in der Wiener Stadthalle

Neues Kabinett in Wien vorgestellt

16. Juli. In Wien wird das dritte Kabinett unter Bundeskanzler Julius Raab (ÖVP) vereidigt.
Nach schwierigen Koalitionsverhandlungen zwischen der Österreichischen Volkspartei (ÖVP) und der Sozialistischen Partei Österreichs (SPÖ), die aus den Wahlen am 10. Mai als fast gleichstarke Nationalratsfraktionen hervorgegangen waren, setzt sich die neue Koalitionsregierung aus je sechs Ministern und zwei Staatssekretären der ÖVP und der SPÖ zusammen.

Weltjugendtreffen in Donaumetropole

26. Juli. In Wien werden die von kommunistischen Ländern organisierten »7. Weltfestspiele der Jugend und Studenten« eröffnet, die bis zum 4. August dauern.
Von den rund 15 000 Besuchern der Festspiele kommen die meisten aus den kommunistischen Nachbarländern Österreichs, aber auch aus asiatischen, südamerikanischen und afrikanischen Entwicklungsländern. Nach erregten Auseinandersetzungen nehmen aus der Bundesrepublik rund 1000 Jugendliche teil; einige Organisationen haben sich entschieden, der Veranstaltung aus ideologischen Bedenken geschlossen fernzubleiben, so die SPD-nahe Jugendorganisation »Die Falken«.

Juli 1959

Nixon-Reise belebt den Ost-West-Dialog

23. Juli. US-Vizepräsident Richard M. Nixon trifft zu einem elftägigen Besuch der Sowjetunion in Moskau ein, wo er eine Gebrauchsgüterausstellung von Firmen aus den Vereinigten Staaten eröffnet.

Nixon wird von dem Ersten stellvertretenden sowjetischen Ministerpräsidenten Frol R. Koslow freundschaftlich empfangen und versichert seinerseits, die USA seien trotz der bestehenden Spannungen zwischen beiden Ländern an guten Beziehungen zur Sowjetunion interessiert.

Als bewußte Brüskierung wird es von US-Seite allerdings empfunden, daß Nikita S. Chruschtschow zur gleichen Stunde, als Nixon in der sowjetischen Hauptstadt eintrifft, im Moskauer Sportpalast vor 15 000 Parteifunktionären heftige Angriffe gegen die USA richtet. Der sowjetische Partei- und Regierungschef wendet sich besonders gegen die gerade in den Vereinigten Staaten stattfindende »Woche der unterdrückten Völker«, die eine Provokation der UdSSR darstelle.

Bei einem fünfstündigen Gespräch in Chruschtschows Landhaus stimmen jedoch beide Politiker darin überein, »daß Meinungsverschiedenheiten zwischen Staaten am Konferenztisch und nicht auf dem Schlachtfeld bereinigt werden müssen«. Den Präsidenten der USA, Dwight D. Eisenhower, bedenkt Chruschtschow mit verschwenderischen Komplimenten wegen seiner »Aufrichtigkeit und Güte«. Immer wieder beruft er sich auf die gemeinsame Waffenbrüderschaft während des Zweiten Weltkriegs.

Am 3. August, einen Tag nach Nixons Abreise, nimmt der sowjetische Partei- und Regierungschef eine Einladung Eisenhowers für September an (→ 15. 9./S. 146).

Heftiger Wortwechsel zwischen dem sowjetischen Parteichef Nikita S. Chruschtschow und US-Vizepräsident Richard M. Nixon (r.) in Moskau

Achmed Sukarno, geboren 1901, regiert mit diktatorischen Mitteln

Sukarno vereinigt alle Macht auf sich

5. Juli. Der indonesische Staatspräsident Achmed Sukarno setzt die Verfassung seines Landes außer Kraft und löst die Verfassunggebende Versammlung auf. Damit kehrt Indonesien zur Revolutionsverfassung des Unabhängigkeitsjahres 1945 zurück, die dem Präsidenten nahezu diktatorische Vollmachten gewährt.

Sukarno teilt mit, er werde ein neues Kabinett auf der Grundlage »der rechte Mann am rechten Platz« bilden, ohne mit Parteiführern zu diskutieren. Bei der Verteilung der Positionen werde das Militär eine Schlüsselrolle einnehmen.

Gleichzeitig gibt das indonesische Verteidigungsministerium den Ankauf größerer Waffenvorräte sowohl von westlichen als auch von östlichen Ländern bekannt.

Machtanspruch von Castro gestärkt

17. Juli. Der kubanische Ministerpräsident Fidel Castro zwingt den Staatspräsidenten Manuel Urrutía Lleo durch scharfe Angriffe zum Rücktritt und legt sein eigenes Amt für kurze Zeit nieder. Nachfolger von Urrutía wird Osvaldo Dorticós Torrado. Die Ausschaltung Urrutías kurz vor Inkrafttreten der Agrarreform bedeutet nach allgemeiner Einschätzung einen Sieg der radikalen Elemente der revolutionären Bewegung (→ 2. 1./S. 12; 16. 2./S. 30).

Wirtschaftshilfe der UdSSR an Äthiopien

11. Juli. Zum Abschluß eines zweiwöchigen Besuchs des äthiopischen Kaisers Haile Selassie I. in der UdSSR werden in der sowjetischen Hauptstadt ein Handels- und Kulturabkommen sowie ein Vertrag über gegenseitige wirtschaftliche Hilfe zwischen Moskau und Adis Abeba geschlossen.

Zum Aufbau von Industriewerken und anderen Anlagen gewährt die UdSSR dem afrikanischen Staat günstige Kredite. Auf der sowjetischen Exportliste stehen u.a. Maschinen, technische Ausrüstungen und pharmazeutische Produkte. Aus Äthiopien sollen in die Sowjetunion vorwiegend Kaffee, Rohhäute und Samen für Ölfrüchte eingeführt werden.

Die Sowjetregierung erklärt sich außerdem bereit, Adis Abeba eine Schule sowie die komplette Einrichtung eines Krankenhauses zu stiften. Partei- und Regierungschef Nikita S. Chruschtschow schenkt dem Kaiser ein zweimotoriges Flugzeug vom Typ IL-14.

Haile Selassie (l.) erhält die Ehrendoktorwürde der Universität Moskau

Kaiser Haile Selassie (r.) bei Chruschtschow (l.) und Gromyko (2. v. l.)

Juli 1959

Arbeit und Soziales 1959:
Industrie und Gewerbe klagen über Arbeitskräftemangel

Die Hochkonjunktur der bundesdeutschen Wirtschaft stellt viele Unternehmen vor das Problem, daß sie die eingegangenen Aufträge nicht in der gewünschten Zeit abwickeln können. Ursache ist der Personalmangel insbesondere im Baugewerbe und in der metallverarbeitenden Industrie. Im September erreicht die Zahl der Arbeitslosen ihren tiefsten Stand seit Bestehen der Bundesrepublik. Bei den Arbeitsämtern sind 187 159 Erwerbslose, darunter 102 080 Männer, registriert. Ihnen stehen 350 393 offene Stellen gegenüber.

Da die Arbeitsämter ihnen keine Fachkräfte vermitteln können, werben größere Unternehmen in strukturschwachen Gebieten Arbeitskräfte an oder versuchen, Arbeiter anderer Firmen abzuwerben. Vor allem die Bauindustrie nutzt ihre gutgefüllten Kassen, um mit attraktiven Lohnangeboten Arbeitskräfte aus anderen Branchen herüberzuziehen. Das Volkswagenwerk verringert in seinem neuerrichteten Zweigwerk Baunatal bei Kassel die Wochenarbeitszeit auf 40 Stunden und verlockt damit zahlreiche Mitarbeiter des Kasseler Maschinenbauunternehmens Henschel zum Übertritt. Die Pfälzischen Plastic-Werke in Frankenthal bieten sogar Löhne, die durchschnittlich 100% über Tarif liegen, um genügend Arbeitskräfte zu bekommen. Im Ruhrbergbau zeichnet sich eine scheinbar widersprüchliche Entwicklung ab. Die Zechen suchen Arbeiter für mehr als 15 000 unbesetzte Arbeitsplätze, obwohl nach Verlautbarungen des Unternehmensverbands Ruhrbergbau 50 000 Bergleute infolge der Absatzkrise bei Kohle entbehrlich sind. Die Erklärung liegt darin, daß viele qualifizierte Facharbeiter in die Bauwirtschaft, Chemieindustrie und Stahlindustrie abwandern.

Besonders umworben von Industrie und Gewerbe sind die Schulabgänger. Ihre Zahl ist jedoch für den Bedarf der Wirtschaft zu gering, so daß ein Drittel aller angebotenen Lehrstellen für männliche und ein Fünftel der für weibliche Jugendliche nicht besetzt werden können. Neben technischen Berufen haben Bau- und kaufmännische Berufe (mit Ausnahme des Einzelhandels) die größte Anziehungskraft. Bäcker, Maler, Schuhmacher und Tischler plagen dagegen erhebliche Nachwuchssorgen. In Niedersachsen fehlen bereits 1000 Bäckerlehrlinge, 700 Malerlehrlinge, 600 Auszubildende für den Tischlerberuf und ebensoviele für den Einzelhandel.

Angesichts steigender Gewinne der Unternehmen fordern die Gewerkschaften neben höheren Löhnen auch eine Verkürzung der Arbeitszeit auf 40 Wochenstunden. Die Wochenarbeitszeit war 1956 zunächst in der Metallindustrie, später auch in anderen Wirtschaftszweigen von 48 auf 45 Stunden gesenkt worden. Die Fünftagewoche ist in der Mehrzahl der Berufe durchgesetzt. Rund 75 % der Arbeitnehmer in der Bundesrepublik gehen sonnabends nicht mehr in ihre Werkstätten oder Büros.

Wochenarbeitszeit 1959*
Bundesrepublik 41,5 Stunden
Schweiz 46,8 Stunden
Großbritannien 45,3 Stunden
Frankreich 45,1 Stunden
Japan 50,2 Stunden
* UNO-Berechnungen, ausgehend von durchschnittlich 15 Tagen Urlaub und 19 Krankheitstagen pro Jahr

Arbeitgeber-Präsident Hans-Constantin Paulssen lehnt für seinen Verband eine weitere Verkürzung der Arbeitszeit ab und kritisiert die Arbeitsmoral in der Bundesrepublik: »Das deutsche Volk, das einmal als das fleißigste Volk Europas bezeichnet wurde,… vertritt heute mehr und mehr eine Schülermoral nach dem Motto: Das Schönste im Leben sind die Ferien. Das Ethos der Arbeit ist stark im Schwinden begriffen.« Auch Bundeswirtschaftsminister Ludwig Erhard (CDU) warnt die Gewerkschaften vor einer Arbeitszeitverkürzung. Der Anstieg des Volkseinkommens durch eine gute Konjunktur dürfe nicht gefährdet werden. Statt dessen müßten die Arbeitnehmer sogar zu Überstunden bereit sein.

Bei einer Steigerung der Lebenshaltungskosten um rund 2% und durchschnittlichen Lohn- und Gehaltserhöhungen von 5% können die Bundesbürger einen Anstieg ihrer Reallöhne verbuchen. Die Entlohnung von Männern und Frauen weist jedoch nach wie vor gravierende Unterschiede auf. Ein Industriearbeiter verdient durchschnittlich 2,63 DM in der Stunde und erhält einen Monatslohn von 487 DM. Seine weibliche Kollegin dagegen bekommt lediglich einen Stundenlohn von 1,68 DM, was einem Monatslohn von 290 DM entspricht. Ähnlich verhält es sich bei Arbeitnehmern im Angestelltenverhältnis: Männliche Angestellte verdienen im Durchschnitt 3,57 DM in der Stunde und beziehen ein Monatsgehalt von 668 DM, während sich weibliche Angestellte mit einem Gehalt von 382 DM zufriedengeben müssen.

Viele Frauen beklagen sich über mangelnde gesetzliche Initiativen gegen die Ungleichbehandlung im Berufsleben. Da Teilzeitarbeit nur in Ausnahmefällen möglich ist, müssen sie sich häufig zwischen Familie und Berufstätigkeit entscheiden. Der DGB-Frauenkongreß (→ 23. 5./S. 83) fordert eine Verbesserung des Mutterschutzes, insbesondere die Erweiterung des Kündigungsschutzes auf acht Wochen vor und zehn Wochen nach der Entbindung. Bundesfamilienminister Franz-Josef Wuermeling (CDU) spricht sich für eine Reform des Familienlastenausgleichs aus. Auf diesem Gebiet sei die Bundesrepublik eines der rückständigsten Länder der Welt. In jedem anderen Land der Europäischen Wirtschaftsgemeinschaft (EWG) werde schon vom zweiten Kind an Kindergeld gezahlt. Österreich gewähre die Kinderbeihilfe sogar vom ersten Kind an. Nur in der Bundesrepublik und in der Südafrikanischen Union bestehe ein Anspruch auf Kindergeld erst ab dem dritten Kind. Seit dem 1. März werden pro Kind 40 DM gezahlt.

Im Bereich der Sozialleistungen treten 1959 keine grundlegenden Änderungen ein. Die Altersrenten werden um 5,9% angehoben und liegen damit um 1% höher als die durchschnittlichen Tarifabschlüsse des Jahres.

Brutto-Monatsverdienste (Bundesrepublik 1959)
Ministerialrat 1207,00 DM
Studienrat 861,00 DM
Kfm. Angestellter 601,00 DM
Stahlarbeiter 576,60 DM
Bergarbeiter 570,40 DM
Städt. Angestellter (BAT V) 511,00 DM
Werftarbeiter 508,40 DM
Bauarbeiter 496,40 DM
Schlosser 475,40 DM
Bäcker 466,00 DM
Schreiner 460,80 DM
Briefträger 454,00 DM
Kfz-Mechaniker 453,60 DM
Landarbeiter 392,10 DM
Textilarbeiter 344,60 DM

Juli 1959

Der Vater hat nicht mehr das letzte Wort

29. Juli. Der Ehemann hat innerhalb der Familie weder das letzte Wort in Fragen der Kindererziehung noch das gesetzliche Alleinvertretungsrecht. Bei ernster Uneinigkeit der Eltern kann der Vormundschaftsrichter zur letzten Entscheidung angerufen werden. Mit diesem Urteil erklärt der Erste Senat des Bundesverfassungsgerichts (BVG) in Karlsruhe die Paragraphen 1628 und 1629/I des Bürgerlichen Gesetzbuches in der Fassung des Gleichberechtigungsgesetzes vom 18. Juni 1957 für nichtig.

Vier Mütter minderjähriger Kinder hatten Verfassungsbeschwerde gegen den Paragraphen 1628 eingelegt, der bei der Ausübung der elterlichen Gewalt den sog. Stichentscheid vorsieht. Nach dieser Bestimmung, die bereits bei der Beratung des Gesetzes im Bundestag äußerst umstritten war, hatten 1957 Vater und Mutter zwar das gleiche Recht bei der Erziehung der Kinder und bei der Ausübung des Elternrechts. Für den Fall nicht zu beseitigender Meinungsverschiedenheiten war jedoch dem Vater das letzte Wort zugesprochen worden, wobei dieser allerdings Rücksicht auf die Meinung der Mutter zu nehmen hatte.

Das BVG geht in seinem Urteil von der sittlichen Lebensgemeinschaft der Eltern und ihrer gemeinsamen unteilbaren Verantwortung gegenüber dem Kind aus, die sich aus dem Gleichberechtigungsgebot des Grundgesetzes und der Gleichstellung von Vater und Mutter ergeben. Nach Auffassung der SPD kommt dem Urteil historische Bedeutung zu. Es werde ein eindeutiger Schlußstrich unter die »patriarchalisch-konservative« familienrechtliche Auffassung der CDU/DP-Bundesregierung gezogen. Im CDU-Pressedienst wird jedoch davor gewarnt, das Urteil überzubewerten.

Ein Bild scheinbar mustergültiger Eintracht; bei Streitigkeiten innerhalb der Familie steht dem Vater künftig nicht mehr das letzte Wort zu

Kulturbesitz geht an neue Stiftung

14. Juli. Das 1957 verabschiedete Gesetz zur Errichtung der Stiftung »Preußischer Kulturbesitz« ist mit dem Grundgesetz vereinbar. Diese Entscheidung trifft das Bundesverfassungsgericht in Karlsruhe. Die Bundesländer Baden-Württemberg, Hessen und Niedersachsen hatten gegen das Gesetz geklagt.

Bei dem Rechtsstreit geht es um ehemals preußischen Kunst- und Kulturbesitz, der während des Zweiten Weltkriegs aus den staatlichen Museen und der Preußischen Staatsbibliothek in Berlin nach Westdeutschland verlagert worden war. Nach der Auflösung des Landes Preußen 1947 hatten die Kunstschätze keinen Besitzer mehr. Die Museumsbestände wurden in Wiesbaden und Celle gesammelt, die Bibliothek, die drei Millionen Bände umfaßte, größtenteils in Marburg und Tübingen aufbewahrt. Während der Gesetzgeber die Übertragung der Vermögenswerte des Landes Preußen auf die Stiftung vorsah, wollten die Bundesländer die Bestände behalten.

Millionen wallfahrten zum »Heiligen Rock« nach Trier

19. Juli. Zum zweiten Mal in diesem Jahrhundert wird in Deutschlands ältester Bischofskirche, im Dom zu Trier, eine der bekanntesten Reliquien der katholischen Kirche gezeigt: die Tunica Domini, der »Heilige Rock« Christi. Nach der Überlieferung handelt es sich um das ungeteilte Gewand, das Christus auf seinem Weg zum Kreuz getragen hat. Die Legende berichtet, daß der »Heilige Rock« im Jahre 326 von der römischen Kaiserin Helena aus Palästina nach Trier gebracht worden sei. Urkundlich wird er zum ersten Mal 1105 erwähnt. Öffentliche Ausstellungen fanden in den Jahren 1512, 1655, 1765, 1810, 1844, 1891 und 1933 statt. Experten, die den Rock auf seine »Echtheit« untersuchten, fanden heraus, daß es sich in der Tat um ein ursprünglich braunes Baumwoll-Gewebe aus der Zeit um Christi Geburt handelt.

Die Reliquie kann nicht mehr freihängend ausgestellt werden. Der Rock wurde in schützende Glasplatten eingebettet, weil das Gewebe durch verschiedene Ausstellungen und nicht zuletzt durch Kriegseinwirkungen stark gelitten hat.

Bei der letzten Ausstellung, 1933, zogen 2 Millionen Gläubige in die altehrwürdige Kaiserstadt. Diesmal sind es rund 3,5 Millionen, die bis zum 20. September nach Trier pilgern. Täglich werden etwa 50 000 Besucher mit mustergültiger Organisation durch die hermetisch abgeriegelte Bannmeile des Doms geschleust. In endlosen Schlangen ziehen die Gläubigen in Anbetung der Reliquie am Altar vorbei. Rund 840 Sonderzüge und über 2000 Busunternehmen transportieren die Pilger an den Ort des Geschehens. Täglich treffen bis zu 500 Omnibusse und 5000 Personenwagen in Trier ein.

Um Auswüchsen entgegenzuwirken, die bei dem Massencharakter dieser Wallfahrt zu befürchten sind, hat die Wallfahrtsleitung die Geschäftsleute aufgefordert, »Sitten und Verpflichtungen eines ehrbaren Kaufmanns zu beachten«. So soll die Abbildung des Heiligen Rocks nicht mit profanen Gegenständen wie Vasen, Feuerzeugen oder Aschenbechern verbunden werden. Unerlaubt ist auch der Verkauf von angeblich gesegneten Andachtsgegenständen.

Keine Bedeutung hat nach den Worten des Domkapitulars Hermann Paulus die immer noch weite Teile der Öffentlichkeit bewegende Frage nach der Echtheit des »Heiligen Rocks«. Paulus stellt in diesem Zusammenhang fest: »Wir beten nicht die Reliquie an, sondern betrachten diese nur als äußeres Erinnerungsmerkmal, das zum Gebet an Christus selbst veranlaßt.«

Der im Trierer Dom in einem Glaskasten aufbewahrte »Heilige Rock« Christi ist nicht nur Anziehungspunkt für katholische Gläubige, sondern auch Anlaß für zahlreiche Meßfeiern

Juli 1959

Die »Bremen« beim Einlaufen in den Hafen von New York; im Hintergrund das US-Linienschiff »United States«

Luxusliner »Bremen« begibt sich zum ersten Mal auf große Fahrt

9. Juli. Über 40 000 Menschen stehen dichtgedrängt längs der Fahrgastanlage des Kolumbuskais in Bremerhaven, um die erste Ausfahrt des mit 32 000 BRT bisher größten und schnellsten bundesdeutschen Fahrgastschiffes »Bremen« mitzuerleben. Nach dem Kommando »Leinen los!« setzt sich der Luxusliner, zunächst gezogen von vier Schleppern, langsam in Fahrt. Musikkapellen der Bundeswehr und der US-Armee spielen zum Abschied in großer Besetzung.
Das neue Flaggschiff des »Norddeutschen Lloyd« in Bremen hat 708 Passagiere an Bord, denen sich in den Kanalhäfen weitere 105 hinzugesellen. Am 16. Juli trifft die »Bremen« in New York ein, wo sie von Tausenden von Schaulustigen und mit Sirenengeheul begrüßt wird.
Die Jungfernfahrt beginnt fast auf den Tag genau 30 Jahre nachdem die damalige, größere und schnellere »Bremen« in vier Tagen, 17 Stunden und 42 Minuten das »Blaue Band« gewonnen hatte, die Auszeichnung für das schnellste Schiff auf der Nordatlantik-Route zwischen Europa und Amerika. Die alte »Bremen« fiel am 16. März 1941 in Bremerhaven einer Brandstiftung zum Opfer.
Seit 1958 ist ein Rückgang der Nordatlantik-Schiffspassagen zu verzeichnen. Zum ersten Male überholt 1958 die Passagierzahl der Flugzeuge die der Schiffe.

Erster Kanalflug mit »Hovercraft«

26. Juli. Drei Briten überqueren den Ärmelkanal zwischen Dover (Großbritannien) und Calais (Frankreich) erstmals mit einem »Hovercraft«, einem scheibenförmigen Luftkissenfahrzeug, das von den britischen Zeitungen als »fliegende Untertasse« bezeichnet wird.
Das Boot erzeugt unter sich ein komprimiertes Luftkissen, auf dem es über den Boden oder die Wasseroberfläche gleitet. Für die etwa 35 km lange Strecke einschließlich Tankzeit auf See benötigt das von den britischen Flugzeugwerken Saunders-Roe entwickelte Fahrzeug zwei Stunden und drei Minuten.

Das Hovercraft SRN 6, eine Weiterentwicklung des ersten Luftkissenfahrzeugs, verkürzt die Überquerung des Ärmelkanals auf weniger als eine Stunde

Zollsenkungen in Freihandelszone

20. Juli. Die Vertreter Großbritanniens, Dänemarks, Schwedens, Norwegens, Österreichs, der Schweiz und Portugals einigen sich auf einer Ministerkonferenz in Saltsjöbaden bei Stockholm über die Grundsätze einer Kleinen Freihandelszone (EFTA). Ein entsprechendes Abkommen wird am 20. November unterzeichnet.

EFTA: Wohlstand durch Freihandel
»Ziel der Assoziierung ist eine Stärkung der Volkswirtschaften der Mitgliedsstaaten durch Förderung der wirtschaftlichen Expansion, Hebung des Lebensstandards und Sicherung der finanziellen Stabilität... Unmittelbares Ziel ist die Senkung der Zölle auf Industrieprodukte um 20% am 1. Juli 1960... Für Landwirtschafts- und Fischereiprodukte wird ein [Abkommen] getroffen, das diese aus der Liberalisierung des Warenverkehrs ausschließt« (Abschlußkommuniqué).

Ziel des handelspolitischen Zusammenschlusses sind auch die Abschaffung von Handelsgrenzen zu der Europäischen Wirtschaftsgemeinschaft (EWG) und den übrigen Mitgliedern der Organisation für europäische wirtschaftliche Zusammenarbeit (OEEC). Der EWG wollen die skandinavischen Länder wie auch Österreich wegen ihrer konsequenten Neutralitätspolitik nicht beitreten.

»Neuer Franc« in Umlauf gebracht

15. Juli. In Frankreich erblickt der »neue Franc« das Licht der Welt. An diesem »Tag X« beginnen die Banken, die neuen Geldscheine in Umlauf zu setzen, auf denen die Worte »Gegenwert 5 (bzw. 10, 50 oder 100) neue Francs« stehen.
Während einer Übergangsphase von mehreren Monaten soll nach und nach ein großer Teil der alten Banknoten durch die neuen ersetzt werden, damit die Bevölkerung sich an die neue Währung – 100 alte Francs gleich ein neuer Franc – gewöhnen kann. Erst ab dem 1. Januar 1960 sind die alten Banknoten als Zahlungsmittel ungültig.

Juli 1959

Prinzenhochzeit in Brüssel gefeiert

2. Juli. Glockengeläut, Böllerschüsse, Flaggenschmuck und der Jubel von mehreren zehntausend Brüsselern bilden den festlichen Rahmen zu der Hochzeit des belgischen Kronprinzen Albert und der italienischen Prinzessin Paola Ruffo di Calabria in Brüssel.
Nach der standesamtlichen Trauung im königlichen Schloß begibt sich das Brautpaar im offenen, nelkengeschmückten Cadillac zur Kirche St. Gudula und von dort in einem feierlichen Zug in das Schloß Laeken, wo das Festbankett stattfindet.
Ganz Brüssel feiert an diesem Tag. Die Kinder haben schulfrei, man tanzt auf Plätzen und Straßen, das Bier fließt in Strömen.

Prinz Albert und Prinzessin Paola auf dem Weg zum Traualtar; ihnen folgen König Baudouin, Ex-Königin Elisabeth sowie Ex-König Leopold III.

Das königliche Paar während der kirchlichen Trauung in Brüssel

Deutsche trinken mehr Alkohol

30. Juli. Auf dem dreitägigen Kongreß des Guttempler-Ordens in Frankfurt am Main, der unter dem Leitthema »Familie und Alkohol« steht, wird auf die erhebliche Steigerung des Alkoholkonsums in der Bundesrepublik hingewiesen.
Nach Angaben des Ordens werden rund 40 % mehr Alkoholika konsumiert als 1954. Derzeit geben die Bundesbürger durchschnittlich 182 DM im Jahr für alkoholische Getränke aus. Die größte Menge an Alkohol werde dabei nicht mehr in Gaststätten, sondern im Kreise der Familie getrunken.

Kleinstadt kämpft um Amtsgericht

1. Juli. Sämtliche kommunalen Dienststellen der bayerischen Kleinstadt Wörth an der Donau treten in einen unbefristeten Streik, um mit Nachdruck gegen die Schließung der dortigen Zweigstelle des Amtsgerichts zu protestieren.
Der Bürgermeister und alle Stadträte treten von ihren Ämtern zurück und fordern von der Landesregierung in München die Rücknahme des Beschlusses, das Gericht nach Regensburg zu verlagern.
Bereits am 30. Juni hatten Wörther Bürger mit allen verfügbaren Fahrzeugen eine Wagenburg um das Amtsgericht errichtet, um die Räumung zu verhindern. Mehr als 200 Polizisten mußten den Abtransport der Akten sichern.

Hitze bringt den Asphalt zum Schmelzen

11. Juli. Mit inoffiziell gemessenen 40 °C im Schatten hält Berlin den Hitzerekord in Deutschland, dessen Bevölkerung sich in diesem Sommer anhaltend hoher Temperaturen erfreuen kann.
Nie erlebte Besucherrekorde verbuchen die Schwimmbäder. So melden die Hamburger Bäder über 120 000 Besucher an einem Werktag. In zahlreichen Städten muß jede Benutzung von Wasser zum Autowaschen oder Rasensprengen untersagt werden. Auf vielen Straßen schmilzt der Asphalt. Die größten Sorgen haben die Bauern in Norddeutschland, wo der Trockenheit die Hälfte der Ernte zum Opfer fällt.

Der Ort Leuscheid im Siegkreis wird mehrmals täglich von einem Tankwagen mit Wasser versorgt, da aus den Leitungen kein Wasser mehr fließt

Ost-Berlin lehnt Bonner Milch ab

20. Juli. Die Bundesregierung bietet der DDR Lieferungen von Milch an, da diese dort wegen der Trockenheit rationiert werden muß.
Das SED-Zentralorgan »Neues Deutschland« lehnt dieses Angebot in einem polemischen Artikel schroff ab. Die Bundesregierung solle endlich etwas für die dürregeschädigten Bauern im eigenen Land tun, anstatt durch vorgebliche Mitleidsaktionen von der atomaren Aufrüstung abzulenken. Im übrigen sei die bundesdeutsche Milch radioaktiv verseucht und stelle eine erhebliche Gefährdung der DDR-Bevölkerung dar.

Juli 1959

Urlaub und Freizeit 1959:
Höhere Löhne und Gehälter steigern die Reisefreudigkeit

Die Reisefreudigkeit der bundesdeutschen Bevölkerung erreicht 1959 ihren bisherigen Höhepunkt und übertrifft alle Rekorde seit Ausbruch der großen Reiselust in den Jahren 1951/52. Bis zum Ende der Sommersaison Anfang Oktober fahren etwa 13 Millionen Einwohner der Bundesrepublik in Urlaub; das sind 15% mehr als 1958.

Besonders zufrieden sind die Reiseunternehmen mit dem Geschäft in der Vorsaison. Wesentlich mehr Urlauber als bisher verleben ihre Ferien schon vor den Sommermonaten. Als neue Erscheinung zeichnet sich wegen der in vielen Tarifbereichen eingeführten Fünftagewoche der Kurzurlaub von zwei bis drei Tagen ab. Auch die fortschreitende Motorisierung trägt zu einem Strukturwandel im Fremdenverkehr bei: Die Einzelreise gewinnt wesentlich an Boden. Der eigene PKW ermöglicht eine kurzzeitige Flucht aus der Stadt in die letzten »Oasen der Stille« auf dem Land.

Fünftagewoche und verlängerte Freizeit sind auch das Thema einer vom Allensbacher Institut für Demoskopie erhobenen Umfrage: »Was tun Sie am Sonnabend?« Die vielbeklagte Vergnügungssucht scheint nach den Ergebnissen der Untersuchung eher ein Problem von Moralaposteln und Zeitkritikern zu sein. Von 100 Befragten gehen nur zehn ins Kino und drei zum Tanzen, acht sitzen im Laufe des Tages einmal in einem Café oder Restaurant, 13 besuchen Verwandte oder Bekannte. Sieben berichten von Ausflügen mit Auto oder Motorrad, weitere sieben begeben sich zu Fuß oder mit dem Rad ins Grüne, vier treiben Sport. Weitaus die meisten jedoch bleiben am Wochenende zu Hause, lesen, basteln und reparieren oder schauen einfach aus dem Fenster.

Die beliebtesten ausländischen Reiseziele sind Österreich mit den Ländern Tirol, Kärnten und der Steiermark sowie Italien. Es folgen Spanien, Jugoslawien und Griechenland. Die Schweiz und Frankreich bleiben aus Kostengründen für die Masse der Reisenden Durchgangsländer. Dagegen hat sich herumgesprochen, daß man in Jugoslawien, besonders an der Adriaküste, zu besonders günstigen Preisen Urlaub machen kann.

Weiter durchgesetzt haben sich kombinierte Reisen mit Flugzeug, Schiff, Bahn und Autobus. Sie bringen die Urlauber, die mehr Geld ausgeben können, bis nach Nordafrika und auf die Kanarischen Inseln. Auch Kreuz- und Erholungsfahrten durch das östliche Mittelmeer sind beliebt. Auf den Mittelmeerinseln suchen ebenfalls viele Bundesbürger Erholung und Entspannung. Dabei hält Mallorca mit 20 000 Feriengästen aus der Bundesrepublik ganz klar die Spitze. Die Preise für zwei- bis dreiwöchige Pauschalreisen liegen hier zwischen 399 und 789 DM.

Die Zahl der bundesdeutschen Balearen-Urlauber ist 1959 allerdings niedriger als in den Vorjahren, da sich ein hartnäckiges Mißtrauen gegen Ferienflüge eingenistet hat, seitdem das in Konkurs gegangene Flugunternehmen Krukenberg im Herbst 1958 wochenlang einige Dutzend Gäste mittellos auf Teneriffa hatte sitzen lassen.

Laut Umfrageergebnissen sind die Bundesbürger sowohl auf Mallorca als auch in Frankreich die beliebtesten Touristen. Die französische Gaststätten- und Hoteliersitschrift »L'Hotellerie« stellt fest, daß die Bundesbürger großzügig mit Trinkgeldern sind, viel ausgeben und nicht besonders hohe Ansprüche stellen.

Trotz der stetigen Zunahme der Auslandsbuchungen verbringt nach wie vor der allergrößte Teil der Bundesdeutschen seinen Urlaub im eigenen Land. Mehr als 9 Millionen, das sind 69% der Urlaubsreisenden, erholen sich an den Nord- und Ostseeküsten, im Schwarzwald und in Bayern. Das Allgäu wird besonders in der Wintersaison von immer mehr Urlaubern angesteuert. Skifahrer und Rodler haben in dieser Region in den Monaten Dezember bis März die Übernachtungsstatistik stark ansteigen lassen.

Der bisher so beliebte Campingurlaub verliert mit der weiteren Erhöhung von Löhnen und Gehältern an Attraktivität. Nach Angaben von Reisefachleuten wurde hier der Höhepunkt bereits im Jahre 1958 überschritten.

Wie die Deutsche Gesellschaft für internationalen Jugendaustausch berichtet, ist auch die Jugend seit Kriegsende immer anspruchsvoller geworden. Die Zeiten des einsamen Wanderns und der nächtlichen Lagerfeuer gehören endgültig der Vergangenheit an. Selbst Jugendherbergen verlieren an Attraktivität wegen zahlreicher Beschränkungen wie Rauchverboten und frühen Schlafenszeiten. Statt dessen streben die Jugendlichen nach dem Vorbild ihrer Eltern vermehrt ins Ausland und nutzen die Angebote von organisierten Gruppenreisen.

Wandlungsfähige Bequemlichkeit: Diese Schaukel kann durch wenige Handgriffe mit einem Gestänge umgeben und zum Zelt umgebaut werden

Familienferiendörfer, hier Grafenhausen im Hochschwarzwald, erfreuen sich steigender Beliebtheit; Familien mit Kindern, die in Hotels und Pensionen nicht gerne gesehen sind, machen hier »Urlaub am eigenen Herd«

Juli 1959

Letzter Schrei der Bademode in den USA sind Bademützen mit variationsreichen Masken auf der Rückseite; die aufsehenerregende Kopfbedeckung war ursprünglich von einer Hausfrau zur Belustigung ihrer Kinder entworfen worden

Benimm-Regeln für Deutsche im Ausland

Die in großem Stil organisierten »Völkerwanderungen« während der Ferienzeit entfachen in der Bundesrepublik Diskussionen über den »richtigen Benimm« im Ausland. Auf einer Tagung des Reiseunternehmens Scharnow lassen sich die im Ausland tätigen Reiseleiter von Legationsrätin Erica Pappritz, prominente Protokollchefin der Bundesregierung und Mitarbeiterin am »Buch der Etikette«, Ratschläge für ein angemessenes Auftreten in fremden Ländern geben.

Pappritz-Tips für Ferienreisende
- »Grobheit mit besonderer Höflichkeit erwidern.
- Wer immer mäkelt, bleibe zu Hause.
- Sich den Essens- und Trinksitten im fremden Land anpassen.
- Mit dem Hut in der Hand kommt man weiter als mit mangelnder Bescheidenheit.
- Erörtere keine Politik im Ausland.
- Nicht übelnehmen, wenn einem nicht sogleich die Hand gereicht wird.«

Ein heikles Thema, besonders in südlichen Ländern, stellt die passende Badekleidung dar. So räumt das gestrenge spanische Badezeremoniell nur widerwillig freiere Bademoden, z. B. Bikinis, ein. Am Strand flanierende Polizisten wachen argwöhnisch darüber, daß die Ausschnitte das erlaubte Maß nicht überschreiten.

DDR-Bürger erholen sich im Ostseebad Warnemünde; Hotelzimmer werden in der Regel von den Betrieben vermittelt

Ermahnung zu sittsamer Kleidung im Ostseebad Sellin (DDR)

Strenge Kleiderordnung an Spaniens Stränden: Gewagte Bikinis und knappe Badeanzüge sind verboten

Juli 1959

Die Aufführung der Oper »Julietta« erhält zahlreiche schlechte Kritiken

Oskar Wegrostek, Louise Martini und Rudolf Therkatz in »Donnerstag«

Festspiele mit Dissonanzen: Publikum will Klassiker – Junge Autoren haben wenig Glück

26. Juli. In Abwesenheit ihres künstlerischen Leiters Herbert von Karajan, der sich zur Kur in Italien aufhält, eröffnet der österreichische Bundespräsident Adolf Schärf die Salzburger Festspiele. Auf dem Programm stehen bis zum 31. August insgesamt 92 Aufführungen aus dem Bereich Oper, Schauspiel, Ballett und Konzert, darunter zwei Uraufführungen.

Mit Donnerschlägen effektvoll untermalt ist am Eröffnungsabend die traditionelle »Jedermann«-Aufführung auf der einfachen Bretterbühne vor dem Salzburger Dom. Aufgrund zahlreicher Kürzungen und Umstellungen, die Regisseur Ernst Lothar vorgenommen hat, vollzieht sich die Bekehrung des Weltmannes Jedermann im Angesicht des Todes in nur eineinhalb Stunden. Das Schauspiel von Hugo von Hofmannsthal, das seit Bestehen der Festspiele zum ständigen Repertoire gehört, erlebt am 16. August seine 200. Aufführung.

Wenig Lob ernten die beiden Salzburger Uraufführungen, Heimo Erbses Oper »Julietta« und das als Nachfolger für den »Jedermann« geplante »Donnerstag« von Fritz Hochwälder. Der Chor der Kritiker, der das Bewährte einmütig lobt, verwehrt den beiden Neulingen die Aufnahme in den Kreis der Anerkannten. Die Feststpiel-Leitung zieht daraufhin die Konsequenzen und verkündet, 1960 werde keine Opern-Uraufführung stattfinden. Erst für die Spielzeit 1961 ist die Uraufführung von Rudolf Wagner-Régenys neuer Oper »Das Bergwerk zu Falun« unter der Leitung von Herbert von Karajan vorgesehen.

Geheimnis des »großen Stils« verloren?

23. Juli. 50 000 Gäste besuchen die Bayreuther Wagner-Festspiele, die mit der Aufführung des »Fliegenden Holländers« eröffnet werden.

In der Zeit bis zum 23. August finden im Festspielhaus auf dem »Grünen Hügel« insgesamt 28 Aufführungen des »Fliegenden Holländers«, des »Lohengrin«, der »Meistersinger von Nürnberg«, von »Tristan und Isolde« und »Parsifal« statt. Der »Ring des Nibelungen« wird in diesem Jahr nicht gegeben. Fünf Dirigenten wurden für die Spielzeit verpflichtet: Hans Knappertsbusch, Wolfgang Sawallisch, Heinz Tietjen, Lovro von Matacic und Erich Leinsdorf.

Mit dem »Fliegenden Holländer« in der Neuinszenierung des Wagner-Enkels Wieland Wagner und unter der musikalischen Leitung von Wolfgang Sawallisch gelingt ein großartiger Festspiel-Auftakt. Die Inszenierung betont als Kontrast zu der mythischen Gestalt des Holländers die realistische Welt der anderen Figuren besonders stark.

Weniger Lob ernet die »Meistersinger«-Aufführung von Erich Leinsdorf, der man Mangel an suggestiver Darstellungskraft anlastet, die man in Bayreuth sonst gewohnt ist.

Einsam ragt Hans Knappertsbusch mit seiner majestätischen »Parsifal«-Gestaltung aus der Ära der Alten in eine moderne Zeit, von der der 71jährige Dirigent überzeugt ist, daß sie vom Geheimnis des großen Wagner-Stils nichts mehr weiß und nichts mehr wissen will.

Wieland Wagners Neuinszenierung des »Fliegenden Holländers« mit George London (M.) in der Titelrolle begeistert Kritiker und Festspielgäste

Neuer Vorsitzender des PEN-Club: Der Italiener Alberto Moravia

PEN-Club wählt Alberto Moravia

20. Juli. In der Frankfurter Paulskirche wird der XXX. Kongreß (bis 25. 7.) des internationalen Schriftstellerverbandes PEN-Club eröffnet. Schriftsteller aus 38 Ländern wählen den italienischen Dichter Alberto Moravia zum Nachfolger des scheidenden französischen Präsidenten André Chamson.

documenta: Abstrakte Kunst überwiegt

11. Juli. Als eine der größten Ausstellungen zeitgenössischer Kunst eröffnet der hessische Ministerpräsident Georg August Zinn (SPD) in Kassel die documenta II mit dem Titel »Kunst nach 1945, Malerei – Skulptur – Druckgrafik«. Im Fridericianum, der Orangerie, dem Auepark und im Bellevue-Schloß sind 700 Gemälde, 250 Skulpturen und 300 Grafiken von 326 Künstlern aus 23 Ländern ausgestellt.

Der Einstieg in die Gegenwart setzt die documenta II heftigeren Kontroversen aus als die historisch abgesicherte documenta I »Kunst des zwanzigsten Jahrhunderts« von 1955. Kritisiert wird vor allem die Beschränkung auf Produktionen aus der jüngsten Zeit sowie die Vorherrschaft der abstrakten Malerei, angeführt durch den US-amerikanischen Maler Jackson Pollock und den Berliner Grafiker und Maler Wols (eigentl. Wolfgang Schulze). Beide sind Vertreter des abstrakten Expressionismus oder Tachismus, einer Stilrichtung, die das Hauptaugenmerk auf den Schaffensprozeß selbst legt. Nicht vertreten sind dagegen so prominente Maler wie Karl Hofer, Karl Schmidt-Rottluff, Hans Jaenich und Hans Purrmann (alle Bundesrepublik) oder der Mexikaner Diego Rivera mit seiner bezeichnenden Synthese aus Realismus und Expressionismus.

Der hessische Ministerpräsident Georg August Zinn (l.) und der Oberbürgermeister von Kassel, Lauritz Lauritzen (r.) auf der documenta II

Positiver urteilt die Kritik im Bereich der Plastik. Neben Ausstellungsstücken von etablierten Bildhauern wie den beiden Briten Henry Moore und Reginald C. Butler, Marino Marini aus Italien sowie Karl Hartung aus der Bundesrepublik sind hier auch jüngere Künstler vertreten, so der Göttinger Emil Cimiotti mit seinen bewegten Figurengruppen sowie der spanische Metallbildner Eduardo Chillida.

Großen Anklang findet die mit kontrastreicher Raumphantasie gestaltete Ausstellungsarchitektur des Kasseler Malers Arnold Bode.

Bahamontes Sieger der Tour de France

18. Juli. Der Spanier Federico Bahamontes gewinnt die 46. Tour de France über insgesamt 4363 km auf 22 Etappen in einer Gesamtzeit von 123:46:44 Stunden mit einem Vor-

Federico Bahamontes wurde am 9. Juli 1928 geboren; der »Adler von Toledo«, der besonders bei Bergrennen seine fahrerischen Qualitäten unter Beweis stellt, hatte bei der Tour de France 1956 den vierten und 1958 den achten Platz belegt.

sprung von 4:01 min vor dem Franzosen Henri Anglade. Dritter wird Jacques Anquetil.

Der 30jährige Bahamontes eroberte das Gelbe Trikot auf der 17. Etappe und verteidigt es bis zur letzten Zieldurchfahrt im Pariser Prinzenparkstadion. Bester deutscher Fahrer ist der Völklinger Lothar Friedrich auf dem 19. Platz mit 1:11:54 h Rückstand auf Bahamontes. In der Mannschaftswertung siegen die Belgier vor den Franzosen.

Lauer: Zwei Weltrekorde in einer Stunde

7. Juli. Der 22jährige Kölner Martin Lauer stellt bei den Internationalen Leichtathletikmeisterschaften in Zürich innerhalb einer Stunde zwei Weltrekorde über 110 m Hürden und 200 m Hürden auf.

Weltrekorde über 110 m Hürden

15,0 sec	Forrest Smithson (USA)	1908
14,8 sec	Earl Thomson (CDN)	1920
14,6 sec	G. Weightman-Smith (ZA)	1928
14,4 sec	Erik Wennström (S)	1929
14,3 sec	Percy Beard (USA)	1934
14,2 sec	Percy Beard (USA)	1934
14,1 sec	Forrest Towns (USA)	1936
13,7 sec	Forrest Towns (USA)	1936
13,6 sec	Dick Attlesey (USA)	1950
13,5 sec	Dick Attlesey (USA)	1950
13,4 sec	Jack Davis (USA)	1956
13,2 sec	Martin Lauer (D)	1959

Bei einer Temperatur von 30 °C und leichtem Rückenwind von 1,9 m/sec finden die Läufer optimale Wettkampfbedingungen vor. Lauer gewinnt mit vier Zehntelsekunden Vorsprung vor dem US-Amerikaner Billy May und dem Münchener Walter Pensberger (14,0 sec).

Mit der Weltrekordzeit von 13,2 sec verbessert Martin Lauer die bisherige Höchstleistung über 110 m Hürden um zwei Zehntelsekunden. Gleicheitig unterbietet er seinen eigenen Europarekord (13,5 sec) vom 17. Mai, den er ebenfalls in Zürich aufgestellt hatte.

Nur 53 Minuten nach dem Rekordlauf vollbringt Lauer eine zweite Glanzleistung: Mit 22,5 sec über 200 m Hürden stellt er einen Europarekord auf, der gleichzeitig als Weltrekord für 400-m-Bahnen gilt.

Der Zehnkämpfer Martin Lauer bei seinem Weltrekordlauf über 110 m Hürden; mit 13,2 sec unterbietet er die bisherige Bestmarke von Jack Davis (USA)

Brasilianerin siegt in Wimbledon

4. Juli. Bei den 73. All-England-Tennismeisterschaften in Wimbledon ist die Brasilianerin Maria Esther Bueno nach 1958 zum zweiten Mal erfolgreich.

Maria Esther Bueno, die im Vorjahr zusammen mit Althea Gibson (USA) das Damendoppel gewonnen hatte, siegt nun im Einzel. Sie bezwingt Darlene Hard (USA) in zwei Sätzen 6:4 und 6:3. Die US-Amerikanerin ist hingegen im Damendoppel siegreich, das sie zusammen mit Jeanne Arth (USA) gegen Christine Truman/Beverly Fleitz (Großbritannien/USA) gewinnt. Auch im Mixed holt sie sich zusammen mit dem Australier Rod Laver den Titel durch einen Sieg in zwei Sätzen über Maria Esther Bueno und Neale Fraser (Australien).

Sieger im Herreneinzel wird der Peruaner Alejandro Olmedo, der Rod Laver 6:4, 6:3, 6:4 schlägt. Im Herrendoppel gewinnen die Australier Neale Fraser und Roy Emerson gegen ihre Landsleute Rod Laver und Robert Mark das Endspiel.

August 1959

Mo	Di	Mi	Do	Fr	Sa	So
					1	2
3	4	5	6	7	8	9
10	11	12	13	14	15	16
17	18	19	20	21	22	23
24	25	26	27	28	29	30
31						

1. August, Sonnabend

Die zollfreie Einfuhr von Butter im Rahmen des kleinen Grenzverkehrs wird von 1000 g auf 250 g beschränkt, und statt 2000 g Zucker dürfen nur noch 500 g zollfrei eingeführt werden. Durch diese Maßnahme soll der »Buttertourismus« eingeschränkt werden, der sich infolge der starken Preissteigerungen in der Bundesrepublik entwickelt hatte.

Zum ersten Mal kann an deutschen Tankstellen bargeldlos mit Tankschecks der Dresdner Bank bezahlt werden.

Bei einer Leichtathletik-Veranstaltung in Albuquerque (USA) übertrifft US-Olympiasieger Parry O'Brien (USA) seinen eigenen Weltrekord im Kugelstoßen mit 19,30 m um 5 cm.

Der Deutsche Fußballbund (DFB) setzt die Höchstgrenze des monatlichen Verdienstes für Fußball-Vertragsspieler von 330 DM auf 400 DM herauf.

2. August, Sonntag

Der Vizepräsident der Vereinigten Staaten, Richard M. Nixon, beendet seinen Besuch in der Sowjetunion und reist nach Warschau weiter (→ 23. 7./S. 117).

Der schweizerische Außenminister Max Petitpierre fordert in Bern die Aufgabe der strikten Neutralitätspolitik der Schweiz. Die Eidgenossenschaft müsse stärker zur Einheit und sozialen Stabilität Europas beitragen.

Nach sechs Wochen Dauer geht der Streik in den britischen Druckereibetrieben zu Ende. Die Tarifpartner einigen sich auf die Einführung der 42,5-Std.-Woche.

Sieger des Formel-1-Weltmeisterschaftslaufs um den »Großen Preis von Deutschland« auf der Berliner Avus wird Tony Brooks auf Ferrari. → S. 141

3. August, Montag

Der SPD-nahe Sozialistische Deutsche Studentenbund (SDS) bekennt sich nach internen Auseinandersetzungen dazu, daß Kommunismus und demokratischer Sozialismus politisch unvereinbar seien (→ 13. 6./S. 101).

US-Präsident Dwight D. Eisenhower teilt auf einer Pressekonferenz in Washington mit, daß der sowjetische Partei- und Regierungschef Nikita S. Chruschtschow eine Einladung in die Vereinigten Staaten angenommen habe und er selbst Ende des Jahres in die Sowjetunion reisen wolle (→ 15. 9./S. 146).

In Stockholm beginnt die zwölf Tage dauernde Vollversammlung des Jüdischen Weltkongresses, die von den Vereinten Nationen (UNO) die Einrichtung eines Weltkonvents gegen Antisemitismus fordert. → S. 130

Das neue Segelschulschiff der Bundesmarine »Gorch Fock« läuft von Kiel zu seiner ersten Auslandsreise aus. → S. 137

Mit 117:95 Punkten gewinnen die Männer der deutschen Leichtathletikmannschaft den zweitägigen Länderkampf gegen Großbritannien im Londoner White City Stadion. Die Frauenmannschaft unterliegt mit 51:64 Punkten. → S. 141

4. August, Dienstag

Die Regierung des Königreiches Laos proklamiert in fünf von zehn Provinzen des Landes den Notstand, um die Operationen kommunistischer Rebellen wirksamer bekämpfen zu können. → S. 131

5. August, Mittwoch

Die Genfer Außenministerkonferenz der vier Siegermächte des Zweiten Weltkriegs wird ohne konkretes Ergebnis beendet. → S. 130

Über die venezolanische Hauptstadt Caracas wird der Ausnahmezustand verhängt, nachdem es zu blutigen Straßenschlachten zwischen Arbeitslosen und der Polizei gekommen war. Grund für die Ausschreitungen ist die Aufhebung des Notstandsprogramms, das befristete Arbeitsplätze geschaffen hatte.

In der DDR wird eine staatliche Untersuchung abgeschlossen, die den Bedarf an verschiedenen Kleidergrößen feststellen sollte. Beim DDR-Wirtschaftsministerium waren zahlreiche Beschwerden eingegangen, daß Damenbekleidung ab Größe 46 nur schwer erhältlich sei. → S. 137

6. August, Donnerstag

Bundesverkehrsminister Hans-Christoph Seebohm (Deutsche Partei) erklärt in Bonn, daß die Bundesregierung mehrere hundert Millionen DM in den Ausbau der Flughäfen investieren müsse, damit geeignete Rollbahnen für die ab 1965 zu erwartenden Überschallflugzeuge zur Verfügung stünden.

Die indische Regierung protestiert in Peking gegen die Behinderung des Handels mit Tibet durch chinesische Behörden.

Trotz Kritik von seiten der Fachpresse und zahlreicher Änderungswünsche von VW-Fahrern läuft in Wolfsburg die Produktion des Volkswagen Modell 1959/60 ohne wesentliche Veränderungen an. Neu sind nur die Türgriffe und der sich selbsttätig zurückstellende Winker. → S. 137

Bei einem Großfeuer in den Pariser Markthallen kommen fünf Clochards und ein Nachtwächter ums Leben.

7. August, Freitag

In der Bundesrepublik beginnt die Stationierung US-amerikanischer »Mace«-Geschosse, die eine Reichweite von 1300 km besitzen und mit Atomsprengköpfen ausgerüstet werden können.

Von der US-Raumfahrtbasis Kap Canaveral wird der Satellit Explorer 6 mit einer Drei-Stufen-Rakete abgeschossen. Der 63,9 kg schwere Erdtrabant soll die Strahlungshülle der Erde erforschen.

8. August, Sonnabend

Im »Spielbanken-Prozeß« verkündet das Landgericht München drakonische Strafen. Alle fünf Angeklagten, drei davon prominente Mitglieder der Bayernpartei, werden wegen Meineids zu Freiheitsstrafen zwischen 15 und 33 Monaten verurteilt. → S. 132

Die Konferenz der unabhängigen afrikanischen Staaten in der liberianischen Hauptstadt Monrovia verurteilt den Einsatz ausschließlich farbiger Truppen durch Frankreich im Krieg gegen Algerien und bezeichnet dieses Vorgehen als »Brudermord« (→ 3. 11./S. 182).

Vor einem Gericht in Rom gewinnt die italienische Opernsängerin Maria Callas einen Prozeß gegen den Hersteller der »physiologischen Nudeln«. → S. 140

9. August, Sonntag

In Stuttgart geht das dreitägige Bundesfest der katholischen Jugend zu Ende. Bei der Veranstaltung, an der 80 000 Jugendliche teilnahmen, wurde bewußt auf politische Themen verzichtet.

In der japanischen Stadt Nagasaki finden Gedenkfeiern für die 73 000 Toten statt, die 1945 Opfer des Atombombenabwurfs durch die USA geworden waren.

10. August, Montag

In der DDR werden nach einem Bericht des Bielefelder Informationsdienstes »Kirche und Fernsehen« zukünftig Eltern bestraft, wenn sie zulassen, daß Kinder und Jugendliche westliche Rundfunk- und Fersehsendungen empfangen.

Der Streik von etwa 170 000 Arbeitern in der argentinischen Zuckerindustrie wird nach zweieinhalb Wochen Dauer beendet. Die Arbeiter erhalten eine Lohnerhöhung von 70%.

Der Vorsitzende des Deutschen Gewerkschaftsbundes (DGB), Willi Richter, fordert in Düsseldorf die Einführung der 40-Stunden-Woche bei vollem Lohnausgleich (→ 1. 5./S. 83).

In Bonn stellt das Verteidigungsministerium den neuen Kampfanzug für die Bundeswehr vor. Er besteht aus drei statt bisher zwei Teilen und ist aus Wolle gefertigt.

11. August, Dienstag

Der Sprecher des Auswärtigen Amtes, Karl-Günther von Hase, weist Berichte der britischen Zeitung »Daily Herald« zurück, die Bundesrepublik sei an der Herstellung der französischen Atombombe beteiligt.

Das Deutsche Industrieinstitut in Köln weist die Forderung der Gewerkschaften nach Einführung der 40-Stunden-Woche in allen Tarifbereichen als nicht finanzierbar zurück (→ 1. 5./S. 83).

Die bayerische Staatsregierung beschließt, keine neuen Konzessionen für Spielbanken zu erteilen und die bestehenden Spielbanken in Garmisch-Partenkirchen, Bad Wiessee, Bad Kissingen und Bad Reichenhall bis 1965 zu schließen (→ 8. 8./S. 132).

In der zyprischen Hauptstadt Nikosia wird die Gründung einer neuen griechischen Untergrundorganisation bekanntgegeben, die für den Anschluß Griechenlands an Zypern kämpft (→ 1. 3./S. 47).

Nach einer Meldung der DDR-Nachrichtenagentur ADN werden bisher 40,5% der gesamten landwirtschaftlichen Nutzfläche der DDR von Landwirtschaftlichen Produktionsgenossenschaften bewirtschaftet. → S. 133

12. August, Mittwoch

In München findet bis zum 16. August der 9. Evangelische Kirchentag statt, an dem rund 40 000 Besucher teilnehmen. → S. 136

Der US-amerikanische Präsident Dwight D. Eisenhower kündigt in Gettysburg an, er werde mit einer neuen Politik die »erstarrte Aussichtslosigkeit des Kalten Krieges« beenden.

Die Cortes, das spanische Parlament, verabschieden ein Gesetz über die öffentliche Ordnung, das der Polizei erweiterte Vollmachten zugesteht.

Wegen eines Streiks im britischen Automobilwerk BMC in Cowley muß die Produktion des neuen Kleinwagens Morris Mini eingestellt werden.

Bei der Radweltmeisterschaft in Amsterdam wird der Mannheimer Rudi Altig Weltmeister im Verfolgungsfahren der Amateure über 4000 m. → S. 141

13. August, Donnerstag

In Düsseldorf unterzeichnen die Firmen BBC/Krupp und die Arbeitsgemeinschaft Versuchs-Reaktor einen Vertrag über den Bau des ersten Hochtemperatur-Reaktors der Welt, der in der Nähe von Jülich stehen soll. → S. 137

Das bundesdeutsche Küstenmotorschiff »Christel« wird in der Ostsee von einem sowjetischen Zerstörer offenbar versehentlich gerammt und schwer beschädigt.

Schweres Unwetter und eine Hochwasserwelle verursachen in Südostbayern und Niederösterreich schwere Schäden und fordern neun Todesopfer. → S. 137

In Stuttgart stellt Daimler-Benz die neuen Modelle 220, 220 S und 220 SE vor (→ S. 156).

14. August, Freitag

Eine Meinungsumfrage des Serviceinstituts für Marktforschung im Auftrag des Bundesverteidigungsministeriums kommt zu dem Ergebnis, daß 71% der Bundesbürger die Bewaffnung der Bundesrepublik für notwendig halten.

In Frankfurt am Main wird die Deutsche Rundfunk- und Fernsehausstellung eröffnet. → S. 137

August 1959

Anläßlich des Besuchs von US-Vizepräsident Richard M. Nixon in der Sowjetunion stellen sich die Ehefrauen der Spitzenpolitiker einem Gruppenfoto: Die Frau des stellvertretenden Vorsitzenden des Ministerrats Anastas I. Mikojan, Patricia Nixon, Nina Petrowna, die Frau von Staats- und Parteichef Nikita S. Chruschtschow, und die Frau des stellvertretenden Ministerpräsidenten Frol R. Koslow (v. l.); Titelseite der US-amerikanischen Zeitschrift »Life«

August 1959

Bei Chamonix (Frankreich) wird der erste Spatenstich zum Bau des Mont-Blanc-Tunnels vorgenommen.

15. August, Sonnabend
Die Hamburger Illustrierte »stern« veröffentlicht einen Bericht über die von ihr finanzierte Bergung des »Schatzes vom Toplitzsee«, bei dem es sich um von den Nationalsozialisten hergestelltes Falschgeld handelt. →S. 137

In Tirol finden Gedenkfeiern anläßlich des 150. Jahrestages der Freiheitskämpfe gegen die Franzosen statt.

Zwischen der schwarzen Bevölkerungsmehrheit und der weißen Minderheit kommt es in der südafrikanischen Provinz Natal zu blutigen Auseinandersetzungen (→11. 5./S. 87).

In Großbritannien tritt ein neues Gesetz gegen Prostitution in Kraft, das es Prostituierten verbietet, auf der Straße auf Kunden zu warten.

16. August, Sonntag
Die Regierungen der Vereinigten Arabischen Republik und Jordaniens nehmen die 1958 abgebrochenen diplomatischen Beziehungen wieder auf. →S. 131

17. August, Montag
Mit einer großen Umbesetzung leitet das Bundesverteidigungsministerium die seit langem geplante »Verjüngung« der Generalität ein. Das Alter der Generale liegt nun zwischen 52 und 65 Jahren.

Das US-amerikanische Repräsentantenhaus billigt eine Entschließung, wonach der Volksrepublik China die Aufnahme in die Vereinten Nationen (UNO) verweigert werden soll, da die Chinesen sich mit ihren Aktionen gegen Tibet und Laos als friedliebende Nation disqualifiziert hätten (→17. 3./S. 46).

Nach zwei Wochen Dauer gehen in Moskau die Internationalen Filmfestspiele zu Ende. Der bundesdeutsche Spielfilm »Wir Wunderkinder« wird mit einem Goldenen Preis ausgezeichnet.

Mit bayerischen Einaktern, Gesang, Musik und Tanz stellt der Bayerische Rundfunk erstmals den »Komödienstadl« seinen Fernsehzuschauern vor.

Durch einen Kurzschluß in einem New Yorker Elektrizitätswerk werden über eine halbe Million Menschen auf der Halbinsel Manhattan für eine Nacht von der Stromversorgung abgeschnitten.

18. August, Dienstag
Die sechstägige Außenministerkonferenz der amerikanischen Staaten in Santiago de Chile geht mit einer gemeinsamen Entschließung zu Ende, in der Diktaturen als unvereinbar mit dem amerikanischen System demokratischer Staatsführung bezeichnet werden. →S. 130

Die dänischen Behörden verbieten das Nacktbaden am Strand von Henne, das insbesondere von bundesdeutschen Touristen praktiziert wurde.

19. August, Mittwoch
Das Bundeskabinett stimmt einem Gesetzentwurf des Ernährungsministeriums zu, in dem das Schlachten von Katzen und Hunden unter Strafe gestellt wird.

Erstmals nach dem Zweiten Weltkrieg ist es Ausländern gestattet, die estnische Hauptstadt Reval und die litauische Hauptstadt Wilna zu besuchen. Gleichzeitig werden Gorki und vier andere Städte an der Wolga von der sowjetischen Regierung für Ausländer gesperrt.

Der ehemalige Diktator Kubas, Fulgencio Batista y Zaldívar, erhält in Portugal politisches Asyl (→2. 1./S. 12).

Die niederländische Regierung schafft das Überseeministerium ab. Die noch verbliebenen überseeischen Besitzungen der Niederlande werden vom Innenministerium verwaltet. →S. 130

Bei einem Busunglück auf der Autobahn Frankfurt–Mannheim kommen sechs belgische Schüler ums Leben.

20. August, Donnerstag
Die Kommunistische Partei der Volksrepublik China lockert die Bestimmungen über die Volkskommunen. →S. 131

Der US-Gewerkschaftsbund AFL-CIO beschließt, den anstehenden Besuch des sowjetischen Staats- und Parteichefs Nikita S. Chruschtschow offiziell zu ignorieren und keine Gespräche mit dem Politiker zu führen (→15. 9./S. 146).

21. August, Freitag
Der ehemalige Wehrmachtsgeneral Hasso von Manteuffel wird vom Düsseldorfer Schwurgericht wegen Totschlags zu 18 Monaten Gefängnis verurteilt. Er hatte 1944 an der Ostfront einen Soldaten erschießen lassen, obwohl dieser kurz zuvor von einem Kriegsgericht nur zu zwei Jahren Gefängnis verurteilt worden war. →S. 132

US-Präsident Dwight D. Eisenhower proklamiert in Washington Hawaii zum 50. Staat der USA. →S. 131

Zum ersten Mal werden von den Bayreuther Richard-Wagner-Festspielen die »Meistersinger von Nürnberg« live im Fernsehen übertragen (→23. 7./S. 124).

Mit einem Festakt im Schloß Wiesbaden-Biebrich wird das zehnjährige Bestehen der Freiwilligen Selbstkontrolle der Filmwirtschaft (FSK) gefeiert. →S. 140

22. August, Sonnabend
In einem Schreiben des sowjetischen Partei- und Regierungschefs Nikita S. Chruschtschow an Bundeskanzler Konrad Adenauer (CDU) wird die Bundesrepublik vor der Ausrüstung der Bundeswehr mit Atomwaffen gewarnt und zu einer Politik der Entspannung aufgefordert.

Bei den Europameisterschaften im Rudern in Mâcon (Frankreich) erringen die Ruderer aus der Bundesrepublik in insgesamt sieben Wettbewerben vier erste und zwei zweite Plätze. →S. 141

23. August, Sonntag
Einem Bauern aus Thüringen gelingt es, mit seiner Familie und 14 Kühen die DDR-Grenzanlagen zu überwinden und in die Bundesrepublik zu fliehen.

Beim Leichtathletik-Länderkampf zwischen Deutschland und der Sowjetunion in Moskau unterliegen die deutschen Männer mit 91:129 und die Frauen mit 39:82 Punkten (→3. 8./S. 141).

24. August, Montag
Bundespostminister Richard Stücklen (CSU) lehnt in Bremen eine Arbeitszeitverkürzung für Postbedienstete mit dem Hinweis auf den Personalmangel und das jährliche Defizit der Post von 150 Millionen DM ab.

25. August, Dienstag
Ministerpräsident Jawaharlal Nehru erklärt in Neu-Delhi die Bereitschaft Indiens, das Fürstentum Bhutan gegen die Volksrepublik China zu verteidigen. Bhutan wird seit mehreren Wochen von kommunistischen Aufständen erschüttert, die von China gesteuert sein sollen.

In Wolfsburg läuft der dreimillionste Volkswagen seit 1945 vom Band.

Der US-amerikanische Spielfilm »Rio Bravo« mit John Wayne und Dean Martin in den Hauptrollen hat in den bundesdeutschen Kinos Premiere.

Während einer Vorstellung der Wiener Sängerknaben in Bathurst (Australien) bröckelt der Plafond der Veranstaltungshalle ab, was man den Tonschwingungen zuschreibt.

26. August, Mittwoch
Der Präsident der Vereinigten Staaten, Dwight D. Eisenhower, trifft zu einem zweitägigen Besuch in Bonn ein. →S. 133

Nach einer Meinungsumfrage des Allensbacher Instituts für Demoskopie machen 50% der Befragten Deutschland für den Ausbruch des Zweiten Weltkriegs verantwortlich. 11% geben den Kriegsgegnern die Schuld, 10% halten beide Seiten für verantwortlich, und 19% geben vor, nichts zu wissen. →S. 132

Wegen offensichtlicher Fehlplanungen und technischer Schwierigkeiten setzt die Kommunistische Partei der Volksrepublik China die Planziele für 1959 drastisch herab (→20. 8./S. 131).

Das Internationale Reitturnier (CHIO) von Le Zoute (Belgien) gewinnt Hans Günter Winkler auf Fahnenjunker.

27. August, Donnerstag
Der Staatspräsident Frankreichs, Charles de Gaulle, tritt eine viertägige Inspektionsreise zu den französischen Truppen in Algerien an (→16. 9./S. 150).

Vor der Küste des Versuchsgeländes Kap Canaveral (US-Bundesstaat Florida) starten die Vereinigten Staaten eine Mittelstreckenrakete des Typs »Polaris« erstmals erfolgreich von Bord eines Schiffes.

28. August, Freitag
In der Bundesrepublik läuft die Wehrerfassung aller Kriegsteilnehmer des Geburtsjahrgangs 1922 an, die Reserveübungen ableisten und im Verteidigungsfall die Bundeswehr personell ergänzen sollen. →S. 132

Indien stellt seine Grenze zu China unter Militäraufsicht, nachdem es zu mehreren Übergriffen chinesischer Truppen auf indisches Hoheitsgebiet gekommen war.

Der US-amerikanische Spielfilm »Das Tagebuch der Anne Frank«, der das tragische Schicksal eines jüdischen Mädchens 1942 bis 1944 im von den Deutschen besetzten Amsterdam nachzeichnet und sich dabei eng an die Tagebuchnotizen Anne Franks anlehnt, kommt erstmals in die bundesdeutschen Kinos.

In der Nähe von São Paulo stürzt die vollbesetzte Gondel einer Seilbahn ab. 32 Menschen finden den Tod.

Drei Elefanten des Zirkus Togni gelingt die Überquerung des 2500 m hohen Clapier-Passes in den Alpen. Damit soll der Beweis angetreten werden, daß der karthagische Feldherr Hannibal 218 v. Chr. hier mit 37 Elefanten die Alpen überquert haben kann. →S. 137

29. August, Sonnabend
Die USA, die Sowjetunion und Großbritannien verkünden eine Verlängerung des 1958 vereinbarten Atomwaffenteststopps bis zum 31. Dezember 1959.

Im Ruhrgebiet demonstrieren 30 000 Bergleute gegen die Folgen der Kohleabsatzkrise (→26. 9./S. 155).

30. August, Sonntag
Die Bundeswehr wird mit den US-amerikanischen Raketen Nike und Matador ausgerüstet, die mit atomaren Sprengköpfen bestückt werden können.

Mit 7955 Punkten stellt der Kölner Martin Lauer in Düsseldorf einen deutschen Zehnkampf-Rekord auf.

31. August, Montag
Am Vorabend des 20. Jahrestages des deutschen Angriffs auf Polen wendet sich Bundeskanzler Konrad Adenauer (CDU) in einer Rundfunkansprache an das polnische Volk und betont den Willen der Bundesrepublik zu freundschaftlichen Beziehungen. →S. 133

Mit einem 3:2-Erfolg über die USA gewinnt die australische Tennis-Mannschaft in Forest Hills (USA) den Davis-Pokal zurück, den sie vor einem Jahr an die Vereinigten Staaten verloren hatte.

Das Wetter im Monat August

Station	Mittlere Lufttemperatur (°C)	Niederschlag (mm)	Sonnenscheindauer (Std.)
Aachen	— (17,2)	86 (82)	212 (188)
Berlin	— (17,2)	132 (68)	207 (212)
Bremen	— (17,1)	55 (79)	222 (182)
München	— (16,6)	70 (96)	200 (211)
Wien	19,2 (18,6)	104 (68)	255 (—)
Zürich	17,0 (16,6)	54 (132)	218 (219)

( ) Langjähriger Mittelwert für diesen Monat
— Wert nicht ermittelt

August 1959

Über Waffenfunde aus dem Zweiten Weltkrieg auf dem Grund des Berliner Seddinsees berichtet die Ostberliner Illustrierte »NBI«

NBI
NEUE BERLINER ILLUSTRIERTE

Wo wir sorglos baden, setzen Taucher ihr Leben ein, denn

Unter Seerosen lauert der Tod

Auf Ostseeurlaub?
Nein. Berliner Müggelseemotiv. 335 Strandkörbe und 1100 Liegestühle stehen jetzt den Freibädern zur Verfügung. Neuer Strandsand wurde extra angefahren. Marianne freut sich und mit ihr alle Berliner.
Foto: H. Reuel

32 — 2. AUGUSTHEFT — 59
PREIS 30 PF

August 1959

Genfer Konferenz endet ohne Ergebnis

5. August. In Genf vertagen die Außenminister der Vereinigten Staaten, der Sowjetunion, Frankreichs und Großbritanniens ihre Verhandlungen über eine Interimslösung für Berlin zum zweiten Mal, diesmal auf unbestimmte Zeit (→11. 5./S. 80; 10. 6./S. 102). Die Außenminister kommen überein, ihre Beratungen fortzusetzen, ohne dafür jedoch Ort und Zeit zu vereinbaren.

In der 25. und letzten Vollsitzung der Konferenz, an der auch Vertreter aus der Bundesrepublik und der DDR teilnehmen, legen beide Seiten – Westmächte und UdSSR – noch einmal in versöhnlicher Atmosphäre ihre Positionen dar. Als wesentliche Ergebnisse werden gewertet, daß die Außenminister der Vier Mächte seit 1955 erstmals wieder verhandeln und der Status quo in Berlin erhalten bleibt. Bezeichnend für diese Konferenz ist jedoch, daß Ost und West die jeweiligen Vorschläge der Gegenseite zur Stellung Berlins, der Wiedervereinigung Deutschlands und der europäischen Sicherheit ablehnen. In den meisten Punkten kann daher kein Einvernehmen erzielt werden:
▷ Stärke der Streitkräfte in Berlin: Keine Einigung
▷ Verzicht auf Atombewaffnung der Truppen in Berlin: Grundsätzliche Einigung, aber keine schriftliche Vereinbarung
▷ Propaganda in Berlin: Keine Einigung
▷ Interimslösung über den Status von Berlin: Keine Einigung
▷ Freier Zugang nach Berlin: Teilweise Übereinstimmung
▷ Garantie der alliierten Rechte in Berlin: Keine Einigung
▷ Beratungen zwischen der Bundesrepublik und der DDR: Keine Einigung

Die Bonner Delegation in Genf (v. l.): Karl-Günther von Hase, Dirk Oncken, Wilhelm Grewe, Regierungssprecher Felix von Eckhardt (winkend)

FAZ: »Lang, nutzlos und langweilig«

Die »Frankfurter Allgemeine Zeitung« kommentiert am 6. August das Konferenzende: »Dies war die längste, die mühseligste, aber auch die nutzloseste und schließlich gar die langweiligste der Genfer Konferenzen, die während der letzten Jahre in der… alten Völkerbundsstadt veranstaltet worden sind. Der Aufwand war so groß, wie das Resultat mager ist. Neuneinhalb Wochen Konferenzdauer in zwei Phasen, 63 Sitzungstage, 25 Plenartagungen, Dutzende geheimer Vierer-, Dreier- und Zweierzusammenkünfte, Arbeitsessen, Arbeitstees und ›Arbeitsbridgespiele‹ … – und das Ergebnis: eine Abschlußmitteilung, wenn auch nicht gerade von bestürzender Einfältigkeit, so doch von solcher Trivialität, daß sie einen schon wieder aufzuregen vermöchte. Moderne Diplomatie muß ein anstrengendes Geschäft sein.«

Mehr Selbstbestimmung

19. August. Die niederländische Regierung schafft das Ministerium für überseeische Angelegenheiten ab. Die politische Verwaltung von Niederländisch-Westguinea, Surinam und der Niederländischen Antillen werden dem Innenministerium in Den Haag übertragen.

Die Niederlande hatten 1818 die westliche Hälfte von Neuguinea in Besitz genommen. Dem südostasiatischen Staat, seit dem 17. Jahrhundert unter niederländischer Herrschaft, wurde 1954 eine Teilautonomie zugestanden. Auch die Niederländischen Antillen im Pazifik regeln seit 1954 ihre inneren Angelegenheiten selbst.

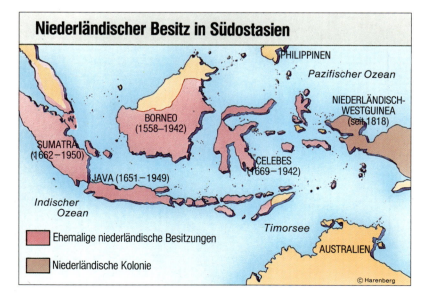

Staaten Amerikas gegen Diktaturen

18. August. In Santiago de Chile wird die viertägige panamerikanische Außenministerkonferenz mit einer einstimmigen Entschließung beendet, in der Diktaturen als unvereinbar mit dem amerikanischen System demokratischer Staatsführung bezeichnet werden.

Die »Deklaration von Santiago« besagt, daß die inneren Angelegenheiten eines Staates nicht durch Einmischung anderer Länder beeinträchtigt werden dürfen. Die von den USA erhobene Forderung, gegen Diktaturen müsse der Kampf von außen erlaubt sein, kann sich auf der Konferenz nicht durchsetzen. Hintergrund der Beschlüsse ist die Beschwerde Haitis, an seiner Küste seien Revolutionäre gelandet, die mehrere Dörfer terrorisiert hätten. Die Regierung nimmt an, daß es sich bei den 30 Eindringlingen, die Vollbärte und grüne Uniformen getragen haben sollen, um Kubaner handelt (→2. 1./S. 12). Der Vertreter Kubas macht jedoch die Dominikanische Republik für diesen Einfall verantwortlich.

Juden warnen vor Antisemitismus

3. August. In der schwedischen Hauptstadt Stockholm beginnt die vierte Vollversammlung des Jüdischen Weltkongresses. An der bis zum 14. August dauernden Tagung nehmen 300 Delegierte jüdischer Gemeinden und Organisationen aus insgesamt 45 Ländern teil.

Nahum Goldmann, geboren am 10. Juli 1895, war 1926 bis 1933 Leiter der Zionistischen Vereinigung im Deutschen Reich; nach seiner Flucht vor den Nationalsozialisten setzte er sich für die Gründung des Staates Israel ein. Seit 1949 ist er Präsident des Jüdischen Weltkongresses.

Der Kongreß richtet einen dringenden Appell an die Vereinten Nationen, der Verbreitung antisemitischer Propaganda entgegenzuwirken. In seiner Eröffnungsrede fordert der Präsident des Kongresses, Nahum Goldmann, die UdSSR auf, den Juden in der Sowjetunion ihre eigene Lebensform zu lassen.

August 1959

Amman und Kairo legen Konflikt bei

16. August. Die Regierungen der Vereinigten Arabischen Republik (VAR; Ägypten und Syrien) und Jordaniens nehmen die 1958 abgebrochenen diplomatischen Beziehungen wieder auf. Dies wird in Kairo mitgeteilt.
Die Regierung der VAR hat dem jordanischen Botschafter Mohammed Schukeiri bereits die diplomatische Anerkennung ausgesprochen. Der Botschafter in Amman (Jordanien) muß noch ernannt werden.
Die Beziehungen zwischen den Staaten waren am 19. Juli 1958 von Jordanien abgebrochen worden, weil die VAR die irakischen Aufständischen unter General Abd Al Karim Kasim als Regierung anerkannt hatte. Es war danach sogar zu einem Verteidigungspakt zwischen Irak und der VAR gekommen, der eine gegenseitige militärische Hilfe im Falle eines Angriffs vorsieht. Jordanien, dessen Verhältnis zum Irak seit langem gespannt ist, hatte diesen Pakt mißbilligt und seine diplomatische Vertretung in Kairo geschlossen (→ 24. 3./S. 47; 14. 5./S. 86).

Regierung in Laos ruft Notstand aus

4. August. Im Königreich Laos wird in fünf der zehn Provinzen der Ausnahmezustand proklamiert. Gleichzeitig erklärt die Regierung in einem Telegramm an UNO-Generalsekretär Dag Hammarskjöld, das an das Königreich grenzende kommunistische Nordvietnam betreibe eine »Kampagne der Einschüchterung« gegen Laos, indem es eine Revolte inszeniere und Waffen an die laotischen Aufständischen liefere.
Im Verlauf der Ausweitung des Vietnamkriegs auf laotisches Territorium konnte die kommunistisch orientierte Pathet-Lao-Bewegung nach 1955 fast den gesamten Norden unter ihre Kontrolle bringen. Militärische Unterstützung erhielten die Partisanen von dem nordvietnamesischen Staatspräsidenten Ho Chi Minh. Seit Ablösung der neutralistischen Regierung durch prowestliche, antikommunistische Politiker in Laos 1958 wird der Pathet Lao rigoros unterdrückt, was einen vorläufigen Rückzug der Rebellen ins Bergland an der vietnamesischen Grenze bewirkte.

Hawaii 50. Staat der Vereinigten Staaten

21. August. US-Präsident Dwight D. Eisenhower unterzeichnet im Weißen Haus in Washington die Proklamationsurkunde, die Hawaii zum 50. Staat der USA erklärt. Gleichzeitig setzt der Präsident eine Verfügung über die Einführung der neuen US-Flagge in Kraft. Sie trägt nun in der linken oberen Ecke 50 Sterne in neun Reihen mit jeweils wechselnd fünf oder sechs Sternen. Offiziell soll das neue Sternenbanner am 4. Juli 1960, dem nächsten Unabhängigkeitstag, zum ersten Mal gehißt werden.
Mit der Aufnahme Hawaiis steigt die Einwohnerzahl der USA um 585 000, darunter 183 000 Wahlberechtigte. Die über 20 Inseln des Archipels besitzen eine heterogene Bevölkerungsstruktur. Chinesen, Japaner, Filipinos, Europäer, Koreaner, Puertoricaner u. a. verschmolzen hier zu einer Gemeinschaft. Die Vereinigten Staaten hatten Hawaii 1900 in Besitz genommen.

◁ Begeisterte Bewohner von Hawaii feiern ihre neue Zugehörigkeit zu den USA

China: Neue Regeln in Volkskommunen

20. August. In der Volksrepublik China werden die Bestimmungen über das Leben in den Volkskommunen gelockert. Dies gibt der Geheimdienst Formosas bekannt:
▷ Entgegen der bisherigen Praxis getrennter Schlafsäle für Männer und Frauen bei lediglich einer zwei- bis dreistündigen Zusammenkunft alle zwei Wochen dürfen Ehepaare nun zusammenwohnen
▷ Die Mitglieder der Kommunen erhalten jetzt Geld für ihre Arbeit. Sie sollen sich Nahrungsmittel und Kleidung kaufen, wenn die staatliche Versorgung ins Stocken gerät
▷ Private Märkte werden in geringem Umfang zugelassen, um den Familien Gelegenheit zu geben, für ihr Entgelt einzukaufen
▷ Die Kommunen-Mitglieder dürfen sich in eigener Hauswirtschaft Vieh halten und als Handwerker arbeiten. Private Bewirtschaftung und Handwerksbetriebe waren bisher nur in Ausnahmefällen erlaubt
▷ Die Kommunen dürfen im Tauschhandel mit anderen, besser ausgestatteten Kommunen Arbeitsgeräte erwerben, wenn die Versorgung nicht ausreicht.

Die Volkskommunen waren 1958 auf Vorschlag von Mao Tse-tung gegründet worden. Neben der Verbindung von industrieller und landwirtschaftlicher Produktion sollte durch das Prinzip des kollektiven Zusammenlebens der Kommunismus auch im privaten Bereich verwirklicht werden. In der Volksrepublik China gibt es rund 24 000 Volkskommunen. Etwa 5000 Haushalte kommen auf eine Volkskommune, die sich wiederum in »Arbeitsbrigaden« gliedert (→ 2. 2./S. 80).

Mitglieder einer Arbeitsbrigade beim Sammeln von Metall für Hochöfen

August 1959

Harte Strafen im »Spielbankenprozeß«

8. August. Im »Spielbankenprozeß« verurteilt das Landgericht München prominente Landespolitiker der Bayernpartei und der CSU wegen Meineides zu Freiheitsstrafen.

Die Verurteilten werden für schuldig befunden, 1955 und 1956 vor einem Untersuchungsausschuß des bayerischen Landtags unter Eid falsche Aussagen gemacht zu haben. Der Ausschuß hatte zu klären, ob bei der Vergabe der Konzessionen für vier Spielbanken Politiker der Bayernpartei Bestechungsgelder angenommen hatten. Die verdächtigten Parlamentarier hatten geschworen, daß weder sie noch die Bayernpartei Zahlungen von Spielbank-Interessenten erhalten hätten.

Der ehemalige Vorsitzende der Bayernpartei (BP) und stellvertretende Ministerpräsident (bis 1957), Joseph Baumgartner, wird zu zwei Jahren Zuchthaus verurteilt. Der ehemalige CSU-Landtagsabgeordnete Franz Michel erhält das gleiche Strafmaß. August Geislhöringer (BP), ehemals bayerischer Innenminister, und Max Klotz, früher stellvertretender BP-Fraktionsvorsitzender, werden wegen Meineides zu 15 bzw. 33 Monaten Gefängnis verurteilt. Baumgartner, Klotz und Michel werden zusätzlich die bürgerlichen Ehrenrechte für die Dauer von fünf Jahren, Geislhöringer für drei Jahre aberkannt. Schließlich erläßt das Gericht wegen Fluchtgefahr gegen Baumgartner und Michel Haftbefehle, die noch im Gerichtssaal vollzogen werden.

Der »Spielbankenprozeß« war in Gang gekommen, weil der Kaufmann und Spielbanken-Lobbyist Karl Freisehner am 26. Januar 1959 Selbstanzeige wegen Meineides erstattet und von Baumgartner unterschriebene Quittungen für empfangene Bestechungsgelder vorgelegt hatte. Damit waren die früheren beeideten Aussagen der betreffenden Politiker in Frage gestellt.

Freisehner erhält eine vergleichsweise geringe Gefängnisstrafe von einem Jahr und zehn Monaten, da das Gericht sein Geständnis als strafmildernd ansieht.

Die Angeklagten bei der Urteilsverkündung: Karl Freisehner, Max Klotz, Joseph Baumgartner, August Geislhöringer und Franz Michel (v. l.)

Bayernpartei in der Existenzkrise

Der »Spielbankenprozeß« ist der größte Korruptionsfall in der bayerischen Nachkriegsgeschichte. Nicht die Höhe der Bestechungsgelder von insgesamt 26 900 DM, sondern die Moral der Politiker steht im Mittelpunkt der Diskussion.

Seit ihrer Beteiligung an der Landesregierung 1954 setzte sich die Bayernpartei (BP) für die Errichtung von Spielbanken ein. Nachdem die Zulassung von Spielbanken 1955 beschlossen war, mehrten sich die Gerüchte, daß bei der Vergabe der Konzessionen Gelder an BP-Politiker geflossen seien.

Nach dem Gerichtsurteil sprechen Vertreter der Bayernpartei von einem politischen Prozeß, der von der CSU und besonders von ihrem Generalsekretär Friedrich Zimmermann durch Sammeln von angeblichem Belastungsmaterial erreicht worden sei, um die Bayernpartei politisch zu ruinieren. Die BP stützt sich wie die CSU auf eine konservative und katholische Wählerschicht.

Achtzehn Monate für von Manteuffel

21. August. Das Düsseldorfer Schwurgericht verurteilt den ehemaligen Wehrmachtsgeneral Hasso von Manteuffel wegen Totschlags zu 18 Monaten Gefängnis.

Als Kommandeur der 7. Panzerdivision hatte von Manteuffel am 13. Januar 1944 an der Ostfront einen jungen Soldaten erschießen lassen, obwohl ein Kriegsgericht den Soldaten am Tag vorher nur zu zwei Jahren Gefängnis verurteilt hatte. Der General hatte sich aufgrund des Führerbefehls Nr. 7 über das Urteil hinweggesetzt und die Erschießung wegen Feigheit vor dem Feind angeordnet, um damit ein Exempel zu statuieren und so die seiner Ansicht nach gelockerte Disziplin und Kampfmoral der Truppe zu verbessern. Als mildernde Umstände erkennt das Schwurgericht die schwere Gefahrenlage an und hebt Manteuffels Ruf als »strenger, aber auch gerechter und fürsorgender Offizier« hervor.

Jahrgang 1922 als Reservisten erfaßt

28. August. In der Bundesrepublik läuft die umstrittene Wehrerfassung von Männern des Geburtsjahrgangs 1922 an. Dieser im Zweiten Weltkrieg am stärksten dezimierte Jahrgang ist damit vom Bundesverteidigungsministerium als erster dazu ausersehen, als Reservistenjahrgang gemustert und zu vierwöchigen Übungen einberufen zu werden.

Die »Süddeutsche Zeitung« beklagt das Schicksal der Betroffenen mit bitteren Worten: »Die 22er waren einmal ein stattlicher Jahrgang... Nie mehr ist seither eine so hohe Geburtenziffer erreicht worden... Als man im Vorjahr zählte, sah das Ergebnis so aus: Deutschlands geburtenstärkste Jahrgänge des Jahrhunderts sind heute, was ihre männlichen Angehörigen betrifft, die schwächste Altersgruppe in der Statistik... Nur 320 000 Männer stehen heute im 37. Lebensjahr, die Zahl ihrer Altersgefährtinnen beträgt 437 000.«

Protest gegen die Erfassung unter Berufung auf das Grundgesetz

Als unzumutbar bezeichnet der SPD-Bundestagsabgeordnete Fritz Eschmann die Tatsache, daß sogar Schwerbeschädigte in die Erfassung einbezogen werden. Er beschuldigt das Verteidigungsministerium, die umstrittene Erfassung in voller Kenntnis der sachlichen und psychologischen Schwierigkeiten und »mit einer kaum zu überbietenden bürokratischen Seelenlosigkeit« durchzuführen.

Allensbach fragt nach Kriegsschuld

26. August. Das Allensbacher Institut für Demoskopie veröffentlicht die Ergebnisse einer repräsentativen Erhebung über die Kriegsschuld-Frage. Demnach ist die Zahl der Bundesdeutschen, die meinen, daß Deutschland für den Ausbruch des Zweiten Weltkriegs verantwortlich sei, ständig gestiegen.

1000 Bundesbürger waren gefragt worden: »Wer war schuld daran, daß 1939 der Krieg ausbrach?« 50% der Befragten geben Deutschland die Schuld, wohingegen in einer ähnlichen Umfrage 1951 lediglich 32% das eigene Land für verantwortlich hielten. Die Kriegsgegner Deutschlands halten nun 11% für schuldig, 1951 waren es noch 32%. Auch die Zahl derer, die eine Schuld auf beiden Seiten sehen, ist gesunken, und zwar von 18 auf 10%. Dagegen stieg der Anteil derer, die über die Ursachen des Zweiten Weltkriegs nichts zu wissen vorgeben, von 15 auf 19% der Befragten.

August 1959

Polen weist Worte Adenauers zurück

31. August. Bundeskanzler Konrad Adenauer (CDU) wendet sich am Vorabend des 20. Jahrestages von Hitlers Angriff auf Polen in einer Rundfunkansprache an das polnische Volk und bekräftigt den Willen der Bundesrepublik zu freundschaftlichen Beziehungen.

Adenauer hebt in seiner Rede vor allem den Unterschied zwischen dem Dritten Reich und der Bundesrepublik hervor und bedauert die Leiden, die das polnische Volk als erstes Opfer des Krieges habe erdulden müssen, und zwar durch den Einfall der deutschen und der sowjetischen Truppen.

In Polen wird die Ansprache Adenauers als »neuer Schlag gegen die Normalisierung zwischen den beiden Ländern« gewertet. Der polnische Ministerpräsident Jozef Cyrankiewicz entgegnet am 1. September: »Gestern hat Adenauer ein paar Krokodilstränen über die Leiden Polens vergossen. Es kommt ihm aber vor allem darauf an, einen Keil zwischen Polen und die Sowjetunion zu treiben. Adenauer möchte, daß Polen isoliert ist, wie vor dem Zweiten Weltkrieg. Dann hätte er ein leichtes Spiel.«

Eisenhower besucht Bonn

26. August. US-Präsident Dwight D. Eisenhower trifft im Rahmen einer Europareise, die sein Treffen mit dem sowjetischen Partei- und Regierungschef Nikita S. Chruschtschow vorbereiten soll (→15. 9./S. 146), in der Bundesrepublik ein. Die Bonner Bevölkerung bereitet ihm einen begeisterten Empfang.

Nach vierstündigen Besprechungen betonen Eisenhower und Bundeskanzler Konrad Adenauer (CDU) am 27. August ihren festen Willen, an der Zusammenarbeit in der NATO festzuhalten. Der US-amerikanische Präsident äußert ferner die Hoffnung, daß seine bevorstehenden Gespräche mit Chruschtschow das »Eis des Kalten Krieges zum Schmelzen bringen« werden.

Konrad Adenauer (M.) empfängt Präsident Eisenhower (r.) am Flughafen

US-Präsident Dwight D. Eisenhower auf dem Weg zur Besprechung mit Bundeskanzler Adenauer; Tausende von Bonnern jubeln dem Staatschef zu

Berliner bitten Eisenhower um Hilfe für die geteilte Stadt

Landwirtschaft in der DDR wird zunehmend kollektiviert

11. August. Die Kollektivierung der Landwirtschaft in der DDR wird weiter vorangetrieben. Nach einer Meldung der DDR-Nachrichtenagentur ADN gehören bereits rund 40% der gesamten landwirtschaftlichen Nutzfläche zu den Landwirtschaftlichen Produktionsgenossenschaften (LPG).

Laut ADN bearbeiten 398 000 Genossenschaftsbauern in 9577 Genossenschaften über 2,6 Millionen ha Land. Allein im Juli seien 2227 Einzelbauern in die Genossenschaften eingegliedert worden. In 252 Gemeinden der DDR arbeiten alle Bauern in einer LPG.

Die Entwicklung der sozialistischen Landwirtschaft in der DDR begann mit der Bodenreform im Jahre 1945. Die traditionelle bäuerliche Familienwirtschaft wurde schrittweise in ein kollektivistisches Agrarsystem übergeführt. Am Anfang stand allerdings eine Bodenbesitzreform zugunsten der Kleinbauern. Großgrundbesitzer und Kriegsverbrecher wurden von der SED-Regierung entschädigungslos enteignet. 1,5 Millionen ha Land wurden an Landarbeiter, Arbeiter, Kleinbauern und Umsiedler verteilt. 1 Million ha landwirtschaftlicher Nutzfläche gingen in gesellschaftliches Eigentum über, das von volkseigenen Gütern bewirtschaftet wurde.

1952 bildeten sich die ersten LPG, die – teilweise nach dem Vorbild der sowjetischen Kolchosen – durch den Zusammenschluß von Landwirten und landwirtschaftlichen Arbeitskräften zustande kamen. Diese Kollektivierung soll nach dem 2. Fünfjahrplan (1956–1960) 1960 abgeschlossen sein. Sämtliche Privatbetriebe müssen bis dahin in den Besitz einer Genossenschaft oder eines Volksguts übergehen.

Die z. T. unter politischem und wirtschaftlichem Druck durchgeführte Kollektivierung, gegen die sich bisher selbständige Bauern nicht wehren können, veranlaßte in den vergangenen Jahren zahlreiche Landwirte zur Flucht in die Bundesrepublik (→27. 7./S. 115).

Bauern bei der Rübenernte auf dem Volksgut Annarode, Kreis Eisleben; durch den Großeinsatz von Maschinen sollen die Ernteerträge steigen

LPG-Anteil (%) an Nutzungsfläche

Jahr	LPG	Private Betriebe
1950	—	94,3
1955	18,6	72,2
1956	22,6	69,6
1957	24,2	67,3
1958	29,4	62,2
1959	40,2	51,8

Der Rest verteilt sich auf volkseigene Güter und Betriebe

August 1959

Architektur 1959:
Neue Akzente im Städtebau

Am Ende der fünfziger Jahre deutet sich in der Bundesrepublik ein Trend in der Stadtplanung an, der sich in den folgenden Jahren noch deutlich verstärkt und der einen bislang unbekannten Umbau der städtischen Nutzungsflächen mit sich bringt. Verwaltungen und andere Dienstleistungsbetriebe erobern die teuren Citylagen und drängen die Wohnbevölkerung in zunehmendem Maße ins Umland, wo Trabantenstädte entstehen, in denen die Menschen nur noch wohnen, aber nicht mehr arbeiten. Ein klassisches Beispiel für diese Siedlungsform ist die im Zeilenbau angelegte Neue Vahr in Bremen, wo nach dem Entwurf des finnischen Architekten Alvar Aalto zwischen 1959 und 1962 Wohnhochhäuser errichtet werden, die ihre Südseite fächerförmig der Sonne öffnen.

In Frankfurt am Main beginnen Walter Schwagenscheidt und Tassilo Sittmann mit dem Bau der Nordweststadt, in der Lebens- und Arbeitsbereiche streng voneinander getrennt sind; viele Einrichtungen, z. B. Einkaufszentren, sind ausgelagert und fast nur mit dem Auto zu erreichen.

Spätestens auf der Interbau 1957 in Berlin (West) wurde klar, daß die europäische Architektur keinen einheitlichen Stil mehr aufweist. Speziell in der Bundesrepublik kommt hinzu, daß jegliche kontinuierliche Entwicklung, die auf den Experimenten der Weimarer Republik (z. B. des Bauhauses) hätte aufbauen können, durch den Nationalsozialismus verhindert wurde. Von den modernen Architekten der 20er Jahre, die nicht zu emigrieren gezwungen waren, leben noch Hans Scharoun, Max Taut und die Brüder Wassili und Hans Luckardt. Alle vier gehen jedoch höchst eigene Wege und fühlen sich nicht berufen, dem Wiederaufbau eine einheitliche Richtung zu geben.

Mit dem Aufschwung der Wirtschaft, der Qualitätsverbesserung der Materialien und den steigenden Löhnen für Handwerker zeichnet sich nun auch in der Bundesrepublik die Tendenz zu einer hochindustrialisierten Architektur ab, die mit maschinell vorgefertigten Bauteilen arbeitet. Einige Architekten spielen in geradezu provokatorischer Absicht mit diesem modernen Repertoire, so z. B. Hans Scharoun bei seinem (nicht ausgeführten) Entwurf für das Staatstheater Kassel. Unter Kritikern, die durchaus zugeben, daß Bühnentechnik, Akustik, Sitz- und Sichtverhältnisse in den neuen Theaterbauten hervorragend bedient werden, kursiert das Wort vom »Kulturbahnhof« oder vom »Warenhaus des Feierabends«. Die Zeitschrift »Das Schönste« fragt: »Sind die Architekten ihrer Zeit voraus oder haben sie die Zeit mißverstanden?«

Eine Übernahme US-amerikanischer Tendenzen findet darüber hinaus vor allem im Hochhausbau statt. So weist etwa das Bürohaus der Mannesmann AG in Düsseldorf eine streng modulare Komposition auf, ist also aus variablen Einzelbauteilen zusammengesetzt. In der Bundesrepublik beruhen solche Konstruktionen jedoch meist nicht – wie in den USA – auf einer industriellen Normung der Bauelemente, sondern lediglich auf der Entscheidung für architektonische Formen. US-Amerikaner bezeichnen dies als nach wie vor »handwerklich«.

Wie auf der ganzen Welt, so entstehen auch in der Bundesrepublik Bauwerke im Stil des sog. Brutalismus, der um 1954 in Großbritannien kreiert wurde. Gebäude dieser Architekturrichtung sind unmittelbar von Material und Funktion der Bauelemente bestimmt, d.h. Konstruktion, Material und technische Installationen bleiben unverhüllt, immer ohne Verputz, weswegen man auch von einer »neuen Ehrlichkeit« des Bauens spricht. Ein Beispiel für diese Stilrichtung aus dem Bereich des Wohnungsbaus ist das Haus des Kölner Architekten Oswald M. Ungers.

Neue Impulse kommen aus Japan, wo vor allem die Architekten Kunio Maekawa, Kenzo Tange und Junzo Sakakura eine neue Variante des Internationalen Stils schaffen, die sich dadurch auszeichnet, daß dem Stahlbeton Struktur und Aussehen der traditionellen Holzbauweise verleiht. Herkömmliche Elemente sollen so für die moderne Gesellschaft nutzbar gemacht werden.

Neuartige Baustoffe in der Erprobung: Dieses ganz aus Plastik gefertigte Haus wird von US-amerikanischen Firmen bezugsfertig geliefert und kann bei einem Umzug problemlos auf einem Tieflader mitgenommen werden

Das Staatstheater in Kassel wurde nach Entwürfen von Paul Bode und Ernst Brunding gebaut; auch der Berliner Avantgarde-Architekt Hans Scharoun hatte Pläne geliefert, die jedoch keine Berücksichtigung fanden

Das Große Haus des Staatstheaters in Kassel (Abb.) bietet 945 Sitze, im Kleinen Haus finden 534 Zuschauer Platz; die Bühne im Großen Haus ist 25 m breit und 20,40 m hoch; die Baukosten betragen rund 15 Millionen DM

August 1959

Im Bau: Die Frankfurter Nordweststadt; die Mainmetropole entwickelt sich vor allem aufgrund ihrer günstigen Verkehrslage immer mehr zum Handels- und Finanzzentrum der Bundesrepublik

Sitz der Mannesmann AG in Düsseldorf; in Nachahmung US-amerikanischer Vorbilder entstehen in der Bundesrepublik vorwiegend Bürogebäude in Hochhausbauweise

Innenraum des Guggenheim-Museums mit einer Ausstellung von Plastiken des US-Amerikaners Alexander Calder; in den freien Mittelraum strömt Licht durch eine Glaskuppel

Wright realisiert Idee des Organischen

Am 21. Oktober wird in New York das Solomon R. Guggenheim-Museum eröffnet, das Alterswerk des US-Architekten Frank Lloyd Wright (→ 21. 10./S. 172).
Auf einem rechteckigen Sockel erhebt sich ein nach oben breiter werdender Rundbau, der durch eine flache Glaskuppel abgeschlossen ist. In diesem Bau befinden sich die Ausstellungsräume. Die Kunstwerke sind entlang einer spiralförmig abfallenden Rampe angeordnet. Bei der Innenarchitektur vermied Wright gebrochene Linien und versuchte, alle Elemente des Gebäudes organisch miteinander zu verbinden. Neben dem runden Ausstellungsbau erhebt sich ein kleinerer Bau in rechteckiger Form, der Tagungs- und Bibliotheksräume enthält.
Durch die Schmucklosigkeit des gesamten Komplexes wird die Wirkung der architektonischen Form noch deutlicher betont.

Standortwahl mit Kalkül: Das Springer-Verlagsgebäude an der Sektorengrenze in Berlin, »Wachtturm gegenüber dem Kommunismus«; Deutsch-italienischer Entwurf

August 1959

Die erst vor kurzem errichtete Autobahnbrücke Bernheim auf der Verbindung Salzburg–Mondsee nach ihrem Einsturz

Neun Tote und Millionenschäden bei Hochwasserkatastrophe in Bayern und Österreich

13. August. *Schwere Überschwemmungen nach heftigen Regenfällen richten in Südostbayern und Österreich erhebliche Schäden an. Bei der Hochwasserkatastrophe kommen neun Menschen ums Leben.*
Am meisten leiden Stadt und Land Salzburg sowie Oberösterreich unter den Überschwemmungen. Die Flüsse, die bis zu 5 m über Normalstand ansteigen, überfluten weite Landstriche und vernichten die gesamte Ernte. Die Autobahn zwischen Salzburg und Wien ist nicht mehr durchgehend befahrbar, nachdem die Autobahnbrücke bei Bernheim eingestürzt ist. In einigen Orten stehen die Häuser bis zum zweiten Stock unter Wasser, so daß die Bewohner mit Booten und Hubschraubern evakuiert werden müssen. Auch zahlreiche Bahnlinien sind unterbrochen, etwa die Verbindung vom Salzkammergut nach Salzburg. Auf bundesdeutscher Seite ist vor allem Passau von Überschwemmungen betroffen. Der Rathausplatz und zahlreiche Straßen stehen unter Wasser. Der Verkehr zwischen Passau und der Grenze zu Österreich muß eingestellt werden. In Berchtesgaden und anderen Orten bricht die Stromversorgung zusammen, da zahlreiche Leitungsmasten unterspült worden sind.

Kirchentag mit Christen aus Ost und West

12. August. 80 000 Gläubige nehmen auf dem Königsplatz in München an der Eröffnung des 9. Deutschen Evangelischen Kirchentags teil, der unter dem Motto steht: »Ihr sollt mein Volk sein!«
Zum Kirchentag, der bis zum 16. August dauert, sind rund 40 000 evangelische Christen nach München gekommen. Kirchentagspräsident Reinold von Thadden-Trieglaff bedauert in seiner Eröffnungsansprache, daß nur 1000 Gläubigen aus der DDR die Teilnahme am Kirchentag erlaubt worden sei. Diese sollten in München ausgiebig zu Wort kommen, denn sie sprächen für die Brüder, die sie zurückgelassen hätten.
Das Kirchentags-Programm umfaßt 361 Veranstaltungen, neben Gottesdiensten und Diskussionen auch Kirchenmusik und kulturelle Darbietungen. In zehn Arbeitskreisen wird diskutiert über: »Das Wort«, »Die Gemeinde«, »Die Kirche«, »Die Diaspora«, »Die Familie«, »Der Staat«, »Die Wirtschaft«, »Der Mensch«, »Die Massenmedien« und »Die Ökumene«.
Bundespräsident Theodor Heuss spricht auf der Schlußkundgebung am 16. August seine Befriedigung darüber aus, daß die religiöse Überzeugung Menschen unterschiedlicher politischer Auffassungen in München habe vereinen können.

Prominente Kirchentagsgäste: Bischof Lilje (l.), Bischof Dibelius (3. v. l.), Bundespräsident Heuss (4. v. l.), Bundeswirtschaftsminister Erhard (6. v. l.)

»Für den Glauben offen eintreten«

Der DDR-Synodale Reimer Mager will aktives Christentum: »Wenn Gott sagt, ›Ihr sollt mein Volk sein‹, dann meint er auch ›Ihr‹. Dann meint er uns jetzt, hier auf der Theresienwiese… und überall, wo man jetzt zuhört, hier in der Bundesrepublik und bei uns in der Deutschen Demokratischen Republik. Dann kann keiner sagen, er wäre nicht gemeint.
Wenn Gott sagt, ›Ihr sollt mein Volk sein‹, dann will uns Gott deutlich machen, daß wir mit unserer Privatfrömmigkeit nicht lange Christen sein können. Gott will nicht nur den heimlichen Glauben, Gott will uns nicht nur im Kämmerlein haben, nicht nur in der Kirchbank, sondern als seine Zeugen: in Rathäusern und Schulen, in Universitäten und Betrieben.«

August 1959

Erster Vertrag für Versuchsreaktor

13. August. Zwischen den Unternehmen Brown Boveri & Cie (BBC) und Krupp sowie der Arbeitsgemeinschaft Versuchs-Reaktor GmbH (AVR) wird in Düsseldorf ein Vertrag über den Bau eines 15-Megawatt-Versuchsreaktors geschlossen.

Der Atommeiler der AVR, der in der Nähe von Jülich stehen soll, ist der erste Hochtemperaturreaktor der Welt. Der Bau soll im April 1960 begonnen und nach drei Jahren abgeschlossen werden. Die AVR will den Reaktor zusammen mit der Arbeitsgemeinschaft BBC/Krupp etwa fünf Jahre lang für Forschungszwecke nutzen. Danach geht der Hochtemperaturreaktor auf das Atomforschungszentrum des Landes Nordrhein-Westfalen über.

»Neuer« Käfer mit alten Schwächen

6. August. Im Wolfsburger Volkswagenwerk beginnt das neue Produktionsjahr des VW, der trotz zahlreicher Wünsche von VW-Fahrern und Motorjournalisten im wesentlichen unverändert bleibt.

Neu sind der Türgriff mit Druckknopfsicherung, das Lenkrad mit Hupring sowie eine Fußstütze für den Beifahrer. Außerdem wird zur Geräuschisolierung der Hohlraum unter der hinteren Sitzbank verkleidet. Die Winker werden beibehalten, stellen sich aber nun selbsttätig zurück. Der erste Gang ist weiterhin nicht synchronisiert.

VW-Kritiker wünschen sich neben einer besseren Beschleunigung u.a. einen größeren Kofferraum, vier Türen, eine geruchfreie Heizung sowie eine Tankanzeige.

Frauen in der DDR neu »vermessen«

5. August. In der DDR wird eine im Auftrag des Wirtschaftsministeriums durchgeführte mehrmonatige Untersuchung beendet, die Aufschluß über benötigte Kleidergrößen für Frauen geben soll.

Anlaß dieser Untersuchung sind Beschwerden von Kundinnen, daß Kleidung ab Größe 46 kaum zu bekommen sei. Die »Zentrale Forschungs- und Entwicklungsstelle für Bekleidungstechnologie« erstellte durch die »Vermessung« von 17 200 Frauen eine Statistik, zu deren Auswertung das Anthropologische Institut in Berlin (Ost) hinzugezogen wurde. Das Ergebnis, daß in der DDR die Frauen dicker geworden sind, soll im nächsten Fünfjahresplan bei der Textilproduktion berücksichtigt werden.

Elefanten auf Hannibals Spuren

28. August. Drei Elefanten des italienischen Zirkus Togni überqueren den fast 2500 m hohen Clapier-Paß im hochalpinen französisch-italienischen Grenzgebiet.

An der gleichen Stelle soll der karthagische Feldherr Hannibal im 2. Punischen Krieg (218–201 v.Chr.) mit seinem Heer und 37 Kriegselefanten die Alpen überschritten haben, um gegen die Römer zu kämpfen. Die über 2000 Jahre später gestartete Elefanten-Expedition soll nachweisen, daß Hannibal tatsächlich den unwegsamen Übergang über den Clapier-Paß bewältigt haben könnte. Ein ähnlicher Versuch mit einem einzelnen Elefanten war im Juli abgebrochen worden, nachdem mehrere Wege durch Geröll unpassierbar geworden waren.

Die erste Kiste mit Falschgeld wird an Land gezogen

Toplitzsee-Schatz gehoben

15. August. *Die Illustrierte »stern« berichtet über sensationelle Funde, die Reporter des Blattes am 26. Juli auf dem Grund des österreichischen Toplitzsees gemacht haben.*

»stern«-Mitarbeiter Wolfgang Löhde erbringt mit der Bergung von SS-Papieren und 350 Millionen falscher britischer Pfundnoten den Beweis für die Vermutung, daß im Toplitzsee von der SS fabriziertes Falschgeld ruht, das im Zweiten Weltkrieg den Geldverkehr in Großbritannien zusammenbrechen lassen sollte.

Die spektakuläre Tauchaktion in dem Bergsee im Salzkammergut ist nicht zuletzt dazu angetan, das Interesse an der aktuellen »stern«-Serie »Geld wie Heu« zu steigern, die Enthüllungen über »das größte Geldfälscher-Unternehmen aller Zeiten« enthält.

Die »Gorch Fock«, das Segelschulschiff der Bundesmarine

»Gorch Fock« auf großer Fahrt

3. August. *Das neue Segelschulschiff der Bundesmarine, die »Gorch Fock«, läuft von Kiel zu seiner ersten Auslandsreise aus.*

Auf der Fahrt durch den Skagerrak und um Schottland nach Teneriffa muß die Besatzung des Schiffes, unter ihnen 155 Kadetten, 2800 Seemeilen zurücklegen und soll dabei in acht Wochen nur einen Hafen anlaufen.

Die »Gorch Fock« hat eine Wasserverdrängung von 1700 t und ist mit den modernsten Rettungseinrichtungen ausgestattet. An Bord befinden sich 60 Schwimmwesten mit eingebauten Notrufsendern, die bis zu 30 Stunden automatisch SOS-Rufe funken und Lichtsignale ausstrahlen können. In den Rumpf ist eine Schicht aus Eisenbeton eingegossen, um die Stabilität der Dreimastbark bei schwerer See zu erhöhen.

Fernsehausstellung unter einem riesigen Schallreflektor

Stereogeräte im Kommen

14. August. *Auf dem Messegelände in Frankfurt am Main wird die Deutsche Rundfunk-, Fernseh- und Phonoausstellung eröffnet, die hier zum zweiten Mal nach Kriegsende stattfindet.*

Auch auf der diesjährigen Schau stellen ausschließlich Firmen aus der Bundesrepublik und Berlin (West) aus. Internationale Anbieter sollen erstmals 1961 eingeladen werden.

Zu den »Gags« der Ausstellung zählt das »Fernauge« von Grundig, eine Kamera mit direkter Verbindung zum Wiedergabegerät für den Amateur. Aufsehen erregt auch ein kabelloses Fernbedienungsgerät für Fernsehapparate der Firma Siemens. Technisch steht die Ausstellung im Zeichen der Phonogeräte mit Stereoklang sowie der Umstellung aller Fernsehgeräte auf die leistungsfähigere 110-Grad-Bildröhre.

August 1959

Unterhaltung 1959:

Schlagerseligkeit mit »Lulalu«, »Hula hula« und »Aloha-oe«

Auch wenn sich die Bedürfnisse der Bundesbürger nach Unterhaltung mehr und mehr auf das Fernsehprogramm richten, was die wachsende Zahl der angemeldeten Fernsehgeräte zeigt (→S. 72), ist diese Form der Freizeitgestaltung für viele Familien doch noch unerschwinglich. Dem Rundfunk kommt daher weiterhin die bedeutendste Rolle als Unterhaltungsmedium zu.

Das Musikprogramm bringt neben sog. ernster Musik vornehmlich Schlagersendungen, die sich fast ausschließlich auf deutschsprachige Interpreten beschränken. Auch bei den verkauften Schallplatten ist der Trend zu einheimischen Produktionen ungebrochen. Favorit der Schlagerfreunde ist der »singende Seemann« Freddy, der mit seinen Liedern »Die Gitarre und das Meer« und »Unter fremden Sternen« stets an der Spitze der Hitlisten zu finden ist. Daß Sehnsuchtshymnen auf paradiesische Inseln im Pazifik den Nerv der Zeit treffen, beweisen auch andere Künstler: Lieder wie »Hula Liebe« (Peter Kraus), »Hula Hoop« (Angéle Durand), »Hula Rock« (Ted Herold) und »Aloha-oe« (Billy Vaughn) appellieren allesamt an das offenbar vorhandene Fernweh der Bundesbürger:

Christine Kaufmann und Peter Kraus in dem Film »Alle lieben Peter«; der 20jährige Münchener ist das Teenager-Idol Nummer Eins und verkörpert als Schauspieler und Schlagersänger den Typ des »netten Halbstarken«

»Lulalu, mein Blue Hawaii,/sing' deine Melodie,/so schön ist keine wie sie!/Lulalu, mein Blue Hawaii,/du mein Alohaland, Alohaland/Silberschein leuchtet in den Palmenhain,/und man ist nicht lang' allein« (Lale Andersen, »Blue Hawaii«).

Neben dieser Art von Musik finden allmählich auch flottere Rhythmen größeren Anklang, vor allem bei Jugendlichen. Teenager-Stars wie Peter Kraus, Conny (Froboess) oder Ted Herold versuchen, den US-amerikanischen Rock'n'Roll zu kopieren, bewegen sich wie ihre Vorbilder, singen aber deutsche Texte. Bezeichnend sind jedoch die englischen Titel ihrer Lieder, wie »Sugar Baby«, »Kitty Cat« (Peter Kraus) oder »Hey Boys« (Conny). Ausländische Interpreten finden bei Plattenkäufern nur begrenzt Anklang. Lediglich der britische Saxophonist Billy Vaughn erzielt mit den Titeln »La Paloma«, »Blue Hawaii« und »Aloha-oe« (jeweils Instrumentalversionen) während des ganzen Jahres große Verkaufserfolge, die von den nächstplazierten ausländischen Liedern »Lonely Boy« (Paul Anka), »Marina« (Rocco Granata) und »Uncle Satchmo's Lullaby« (Louis Armstrong) bei weitem nicht erreicht werden. Humor nach dem Geschmack der Bundesbürger verkörpern Bill Ramsey mit »Wumba Tumba Schokoladeneisverkäufer«, das Hazy Osterwald-Sextett mit dem »Kriminal-Tango« oder Chris Howland mit »Das hab ich in Paris gelernt«.

Während der Musikgeschmack in der Bundesrepublik die »weiche Welle« bevorzugt und sich in den Schlagertexten eine belanglose, heile Welt widerspiegelt, versuchen die Kulturbehörden in der DDR, mehr Realismus in die Unterhaltung einfließen zu lassen. In Preisausschreiben von Zeitungen werden die Leser aufgefordert, selbst Schlagertexte zu verfassen. Zwar gehen viele Einsendungen mit realsozialistischem Touch ein, wie die des Genossenschaftsbauern Alfred Pilz, der in seinem Lied »Intensivhuhn« die »Intensivgeflügelhaltung« fordert, doch ist das Interesse an Schlagermusik von westdeutschen Rundfunksendern deutlich größer. Auch der im Auftrag des Kulturministeriums eingeführte »Lipsi«-Tanz kann sich gegen westliche Konkurrenz nicht durchsetzen (→2. 11./S. 180).

Nach der Aufstellung der Fachzeitschrift »Musikmarkt« über die meistverkauften Schlagerplatten sind deutschsprachige Interpreten am beliebtesten; auch hinter fremdsprachigen Liedtiteln verbergen sich vorwiegend deutsche Texte, die anspruchslos, aber kommerziell erfolgreich eine heile Welt im sonnigen Süden oder im wilden Westen verklären

August 1959

Oleg Popow, der 28jährige Artist aus der Sowjetunion, gilt seit dem Abgang von Charlie Rivel und Grock als der beste Clown der Welt; zusammen mit dem Moskauer Staatszirkus tritt er 1959 erstmals in der Bundesrepublik auf

Der Wiener Schlagerstar Willy Hagara betört mit sentimentalen Liedern Teenager und ältere Damen, die dem Rock'n'Roll nichts abgewinnen können

Freddy Quinn, ehemaliger Lkw-Fahrer und Matrose aus Österreich, trifft mit seiner Seemannsromantik den Geschmack vieler deutscher Schlagerfreunde

Biederkeit ist auch in der DDR Trumpf: Mit »Ahoi! Matrosen!« gewinnen Fred Frohberg und die Hemmanns das Schlagerfestival des Fernsehens; Frohberg gehört zu den von der SED besonders geförderten Unterhaltungskünstlern

Vertreter verschiedener Musikrichtungen arrangieren sich: Bei einem Schlagerfestival in Wiesbaden begleitet Bandleader Max Greger (r.) mit sichtlichem Mißvergnügen die Darbietungen eines Rock'n'Roll-Nachwuchssängers

August 1959

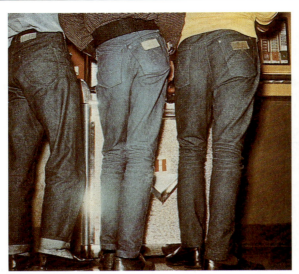 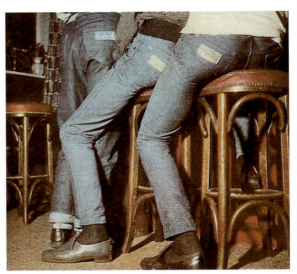

Junge Männer in Blue Jeans – ein Bild, das bei vielen Älteren starken Anstoß erregt; Jugendliche demonstrieren durch das Tragen von Jeans ihre Unabhängigkeit, viele Eltern dagegen sehen darin ein Zeichen von Auflehnung

»Hosenkrieg« an Schulen wird fortgesetzt

Der Wunsch vieler Jugendlicher nach Eigenständigkeit äußert sich insbesondere in der Wahl ihrer Kleidung. Das Tragen von Jeans wird von vielen Eltern nicht akzeptiert und von einigen offiziellen Stellen sogar untersagt.

In Wien bestimmt der »Hosenkrieg« für mehrere Wochen die öffentliche Diskussion. An einer Oberschule für Mädchen wird das Tragen von Jeans im Unterricht verboten, da dies eine »geschmacklose Nachahmung von Filmstars« und einer Schülerin unwürdig sei. Das gleiche Verbot wird an einer Jungenschule ausgesprochen.

Mit James Dean, dem US-amerikanischen Filmidol, kamen die Blue Jeans um 1955 aus den USA nach Europa. Sie wurden zum Symbol eines neuen Jugendtyps, der mit dem Whiskyglas in der Hand gegen die Welt der Erwachsenen aufbegehrt. Zum Entsetzen ihrer Eltern bevorzugten die Sprößlinge plötzlich betont unordentliche Kleidung, zeigten sich in engen Röhrenhosen und lockeren Pullis auf der Straße und unterstrichen ihren Protest mit lärmenden »Halbstarken«-Manieren. Millionen billiger Nietenhosen umspannen seitdem die Waden der Jugendlichen in aller Welt. Ironische Zeitgenossen bemerken nicht ohne Sympathie, der Import der blauen Farmerhosen habe die Flut der Care-Pakete in der Nachkriegszeit abgelöst.

»Halbstarke« in betont lässiger Kleidung und mit James-Dean-Frisur

Weite Pullis und Röhrenhosen sind der Traum vieler Jugendlicher

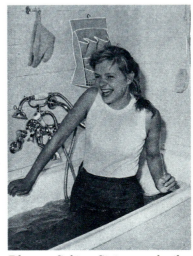

Filmstar Sabine Sinjen macht ihre Jeans in der Badewanne passend

Seit zehn Jahren: FSK prüft Filme

21. August. Mit einem Festakt wird das zehnjährige Bestehen der Freiwilligen Selbstkontrolle der Filmwirtschaft (FSK) im Schloß Wiesbaden-Biebrich begangen.

Hier hatten die westalliierten Militärregierungen am 30. September 1949 der im Juli gegründeten FSK ihre Zensurbefugnisse übertragen. Mit der Prüfung des Filmes »Intimitäten« von Paul Martin nahm die Organisation ihre Arbeit auf.

Die FSK ist eine Institution der Filmwirtschaft, nimmt aber auch für die jeweiligen Landesbehörden die Jugend- und Feiertagseinstufungen vor. So sind auch ihre Ausschüsse besetzt mit Vertretern der Filmwirtschaft und verschiedener gesellschaftlicher Gruppen. Die Prüfungskriterien liefert weitgehend das Grundgesetz: »Die FSK hat die im Grundgesetz geschützten Werte, im besonderen die verfassungsmäßige Ordnung und das Sittengesetz sowie die dem Film eingeräumte Freiheit zu beachten.«

Im ersten Jahrzehnt hat die FSK 20119 Filme geprüft, davon wurden 149 nicht zur Vorführung freigegeben, und 928 Filmen wurden Schnitte zur Auflage gemacht. Einer der größten Skandale des bundesdeutschen Films entstand allerdings durch Nichteingreifen: Weil Hildegard Knef als »Die Sünderin« eine Sekunde lang barbusig auftreten durfte, stellten die Kirchen ihre Mitarbeit in der FSK unter heftigen Protesten ein und verhalfen dem Film so zu einem großen Kassenerfolg.

Callas gewinnt den »Spaghetti-Krieg«

8. August. Die italienische Opernsängerin Maria Callas gewinnt vor einem Gericht in Rom den »Spaghetti-Krieg« gegen einen Hersteller »physiologischer Nudeln«.

1954 war in zwei Mailänder Wochenblättern ein Gutachten erschienen, in dem behauptet wurde, die berühmte Sopranistin habe durch den Verzehr der »Magernudeln« 20 kg abgenommen. Die Sängerin bestritt den Tatbestand und verlangte Schadenersatz für die mißbräuchliche Benutzung ihres Namens. Das Gericht gibt jetzt der Klage statt. Die Schadenersatzsumme soll gesondert festgelegt werden.

August 1959

Rudi Altig Radweltmeister

12. August. Im Olympiastadion von Amsterdam gewinnt der Mannheimer Rudi Altig die Weltmeisterschaft im Einer-Verfolgungsfahren der Radamateure über 4000 m gegen den Italiener Mario Valotto.

Strahlender Gewinner der Radweltmeisterschaft: Rudi Altig (r.); l. der unterlegene Mario Valotto

Altig führt mit 60 m Vorsprung, als kurz vor der letzten der acht Runden an seinem Vorderrad ein Reifendefekt auftritt. Da sich der Schaden auf dem letzten Kilometer ereignet, braucht das Rennen laut Reglement nicht zu Ende gefahren werden. Nach 3500 m wird eine Siegerzeit von 4:21,1 min gestoppt.
Altigs Leistungen sind die Sensation der Amsterdamer Weltmeisterschaften. Bei seinem ersten Vorlaufstart am 8. August hatte der 22jährige mit 4:53,8 min über 4000 m einen Weltrekord aufgestellt und war so zum Favoriten avanciert.
Der Aufstieg Altigs hatte 1957 begonnen. Er eroberte die deutsche Fliegermeisterschaft und wurde mit seinem Bruder Willi zweimal Deutscher Meister im Zweier-Mannschaftsfahren. Großen Anteil an seinem Erfolg hat Trainer Karl Ziegler, von dem Altig die Einbeziehung von Yoga-Übungen in sein Trainingsprogramm übernommen hat.

Rudi Altig (r.) beim Empfang durch den Mannheimer Oberbürgermeister Hans Reschke (l.); der Weltmeister im Einer-Verfolgungsfahren, der auch Straßenradrennen fährt, hatte 1958 wegen einer schweren Krankheit aussetzen müssen

Vor den Wettkämpfen: M. Lauer (l.) und M. Germar auf dem Roten Platz

Sprinterin Galina Popowa (UdSSR, l.) und Jutta Heine (Bundesrepublik)

Niederlage nach Erfolg

3. August. Mit 117:95 Punkten gewinnt die Männermannschaft der bundesdeutschen Leichtathleten einen Länderkampf gegen Großbritannien im Londoner White-City-Stadion deutlicher als erwartet. Die Frauen sind dagegen mit 51:64 Punkten klar unterlegen.
Vor allem die befürchtete britische Überlegenheit auf den Mittelstrecken bleibt aus. So setzt sich der Deutsche 400-m-Meister Carl Kaufmann über 440 Yards (402,34 m) in 47,0 sec durch. Über 800 Yards (804,68 m) gibt es durch Peter Adam (1:50 min) und Paul Schmidt (1:50,1 min) sogar einen Doppelerfolg: Europameister Mike Rawson wird mit 1:51,1 min nur Dritter.

Enttäuschend endet dagegen ein Leichtathletik-Länderkampf gegen die UdSSR in Moskau am 23. Au-

Nina Ponomarjewa-Romaschkowa, geboren am 27. April 1929, hatte bei den Olympischen Spielen 1952 in Helsinki die Goldmedaille und 1956 in Melbourne die Bronzemedaille im Diskuswerfen errungen; beim Länderkampf in Moskau siegt sie mit einer Weite von 54,15 m

gust. Die Männer unterliegen mit 91:129, die Frauen mit 39:82 Punkten. Damit verliert die bundesdeutsche Mannschaft erstmals seit 1957.

Vier EM-Siege für deutsche Ruderer

22. August. Bei den Rudereuropameisterschaften in Mâcon (Frankreich) gewinnt die bundesdeutsche Mannschaft vier der sieben Titel.
Im Endlauf der Vierer mit Steuermann siegt das Team des RC Germania Düsseldorf mit mehr als zwei Längen Vorsprung vor den Niederlanden und Schweden. Neue Europameister im Zweier werden Ingo Kliefoth und Bernd Kruse (Ratzeburger RC) knapp vor den Ruderern aus der Sowjetunion und Österreich. Auch im Zweier und Vierer mit Steuermann sowie im Achter gehen die EM-Titel an bundesdeutsche Mannschaften.

Tödlicher Unfall auf der Avus in Berlin

2. August. *Den Formel-1-Weltmeisterschaftslauf um den Großen Preis von Deutschland auf der Avus in Berlin (West) gewinnt der Brite Tony Brooks auf Ferrari.*
Das Rennen wird durch den Tod von Jean Behra (Frankreich) überschattet, der am Vortag beim Sportwagenrennen verunglückt war. Behra war bei einem Überholvorgang in der Nord-Steilkurve mit seinem Porsche von der regennassen Fahrbahn abgekommen und gegen eine Mauer geprallt.

◁ *Auch der Stuttgarter Hans Herrmann (Pfeil) verunglückt, bleibt jedoch unverletzt*

September 1959

Mo	Di	Mi	Do	Fr	Sa	So
	1	2	3	4	5	6
7	8	9	10	11	12	13
14	15	16	17	18	19	20
21	22	23	24	25	26	27
28	29	30				

1. September, Dienstag

Der polnische Ministerpräsident Józef Cyrankiewicz wertet das Freundschaftsangebot von Bundeskanzler Konrad Adenauer (CDU) vom →31. August (S. 133) als Versuch, einen Keil zwischen Polen und die Sowjetunion zu treiben.

In Berlin (West) trifft die erste israelische Studentengruppe, die nach dem Zweiten Weltkrieg die Bundesrepublik besucht, zu einem zweimonatigen Aufenthalt ein.

2. September, Mittwoch

US-Präsident Dwight D. Eisenhower hält sich zu einem zweitägigen Besuch in Frankreich auf.

In Laos beginnt eine Offensive der kommunistischen Untergrundorganisation Pathet Lao (→7. 9./S. 150).

Die British Motor Corporation stellt in London den neuen Kleinwagen Morris Mini vor, der auch als Austin Seven verkauft wird (→S. 156).

3. September, Donnerstag

Der belgische Minister für den Kongo und Ruanda-Urundi, Maurice van Hemelrijk, tritt zurück, da das Kabinett seinen Vorstellungen vom Aufbau einer demokratischen Selbstverwaltung im Kongo nicht folgt. →S. 150

Die Deutsche Bundesbank in Frankfurt am Main erhöht den Diskontsatz von 2,75 auf 3% und den Lombardsatz von 3,75 auf 4%.

Nach fünftägiger Dauer geht in Frankfurt am Main die Internationale Herbstmesse zu Ende, die von knapp 200 000 Einkäufern besucht wurde.

Unter dem Titel »Tropenglut« läuft der US-Spielfilm »Green Mansions« in den bundesdeutschen Kinos an.

4. September, Freitag

In Argentinien kommt es zu einer Militärrevolte gegen die Regierung des Staatspräsidenten Arturo Frondizi. Die Auseinandersetzung um den Wechsel im Amt des Oberbefehlshabers der Streitkräfte kann durch Verhandlungen beigelegt werden.

Auf dem Internationalen Chemikerkongreß in München wird eine stärkere Reinigung der Oberflächengewässer von den Rückständen chemischer Reinigungsmittel gefordert.

Bundespräsident Theodor Heuss verleiht in Bonn dem US-amerikanischen Raketenforscher deutscher Abstammung Wernher von Braun das Große Bundesverdienstkreuz. →S. 158

5. September, Sonnabend

Auf dem Frankfurter Rhein-Main-Flughafen wird die bisher längste Startbahn Europas eingeweiht. Sie mißt 3900 m.

Beim Leichtathletik-Länderkampf DDR gegen Sowjetunion in Berlin (Ost) stellt der Berliner Friedrich Janke mit 13:42,2 min über 5000 m einen deutschen Rekord auf.

6. September, Sonntag

Vor 25 000 Heimatvertriebenen spricht sich auf dem »Tag der Heimat« in Berlin (West) der Regierende Bürgermeister der Stadt, Willy Brandt (SPD), dafür aus, das Recht auf Heimat in friedlicher Verständigung mit den polnischen Nachbarn zu suchen (→31. 8./S. 133).

7. September, Montag

Auf dem Bundeskongreß des Deutschen Gewerkschaftsbundes (DGB) in Stuttgart spricht sich Bundeswirtschaftsminister Ludwig Erhard gegen eine allgemeine Arbeitszeitverkürzung aus, da der guten Auftragslage in der Wirtschaft ein Mangel an Arbeitskräften gegenüberstehe (→1. 5./S. 83; 10. 9./S. 154).

Gegen die Stimme der Sowjetunion beschließt der Weltsicherheitsrat der Vereinten Nationen (UNO), einen Ausschuß zur Untersuchung der Lage im Königreich Laos einzusetzen und nach Indochina zu entsenden. →S. 150

Der Ministerrat der Arabischen Liga verurteilt in Kairo den französischen »Vernichtungskrieg« in Algerien und sichert den Aufständischen finanzielle und diplomatische Hilfe zu (→20. 11./S. 182).

8. September, Dienstag

Der Regierende Bürgermeister von Berlin (West), Willy Brandt (SPD), bekräftigt in einer Regierungserklärung die Entschlossenheit Berlins, durch den weiteren wirtschaftlichen Aufbau der ehemaligen Reichshauptstadt einen Beitrag zu leisten, der am Ende das deutsche Volk auf dem Boden der Freiheit wieder zu einer staatlichen Gemeinschaft zurückführe.

Nach einer Umfrage des DIVO-Instituts in Frankfurt am Main hat Bundeswirtschaftsminister Ludwig Erhard (CDU) Bundeskanzler Konrad Adenauer (CDU) in der Gunst der Wähler überholt. Während nur 43% der Befragten eine gute Meinung von Adenauer haben, wird Erhard von 65% positiv beurteilt. →S. 154

Mit einem Festakt weiht Bundespräsident Theodor Heuss die Bonner Beethovenhalle ein.

9. September, Mittwoch

In der Stadtverordnetenversammlung von Berlin (Ost) werden offen die Mängel bei der Versorgung der Bevölkerung mit Konsumgütern, das Zurückbleiben des Wohnungsbaus und die unzureichende Planerfüllung vieler volkseigener Betriebe diskutiert.

Der chinesische Minsterpräsident Chou En-lai schlägt in einem Schreiben an die indische Regierung vor, die Grenzkonflikte durch Verhandlungen beizulegen.

Das in Indien im Exil lebende geistliche und weltliche Oberhaupt von Tibet, der Dalai Lama, appelliert an die Vereinten Nationen (UNO), gegen fortgesetzte chinesische Übergriffe in Tibet tätig zu werden (→17. 3./S. 46).

Der Unternehmens-Verband Ruhrbergbau gibt in Bonn einen Plan zur Schließung von 12 bis 15 Kohlegruben bis 1961 bekannt (→26. 9./S. 155).

Von der US-Weltraumstation Kap Canaveral (US-Bundesstaat Florida) wird die erste Versuchskapsel für einen bemannten Flug mit einer »Atlas-Rakete« abgeschossen.

10. September, Donnerstag

Auf dem Bundeskongreß des Deutschen Gewerkschaftsbundes (DGB) in Stuttgart wird der DGB-Vorsitzende Willi Richter für weitere drei Jahre wiedergewählt. →S. 154

US-Präsident Dwight D. Eisenhower bezeichnet die Achtung des Status von Berlin als entscheidende Voraussetzung für eine Gipfelkonferenz der vier Siegermächte (→5. 8./S. 130).

In den meisten Städten der Bundesrepublik legen die Taxifahrer für eine Viertelstunde die Arbeit nieder, um ihren Forderungen nach einem besseren Schutz gegen Verbrecher Nachdruck zu verleihen. Am Vortag war der dritte Taxifahrer seit Jahresbeginn ermordet worden.

11. September, Freitag

Die sechs ehemaligen kommunistischen Abgeordneten des 1. Deutschen Bundestages (1949–1953) fordern in einem offenen Brief an Bundestagspräsident Eugen Gerstenmaier (CDU) und Bundeskanzler Konrad Adenauer (CDU), das 1956 vom Bundesverfassungsgericht erlassene Verbot der Kommunistischen Partei Deutschlands (KPD) aufzuheben.

Der Exekutivrat der Französischen Gemeinschaft, in der die ehemaligen französischen Kolonien und Frankreich organisiert sind, beschließt die Fortsetzung der französischen Atomwaffenversuche in der Sahara (→4. 2./S. 29).

12. September, Sonnabend

Bundesarbeitsminister Theodor Blank (CDU) kündigt in Bonn ein Gesetz gegen die Verunreinigung der Luft an und weist auf das Waldsterben im Ruhrgebiet hin. →S. 154

Bis zum 27. September findet auf dem Ausstellungsgelände neben dem Funkturm in Berlin (West) die zehnte Deutsche Industrieausstellung statt.

Die Sowjetunion gewährt Indien einen Kredit über eine Summe von umgerechnet 1,5 Milliarden DM.

In der Sowjetunion unternimmt der atomgetriebene Eisbrecher »Lenin« auf der eisfreien Newa seine erste Probefahrt (→S. 187).

Papst Johannes XXIII. beendet das Experiment der Arbeiterpriester in Frankreich, das 1942 begonnen wurde. →S. 155

In Kassel wird das von den Architekten Paul Bode und Ernst Brundig entworfene Hessische Staatstheater mit der Aufführung der Oper »Prometheus« von Rudolf Wagner-Régeny eingeweiht (→S. 134).

13. September, Sonntag

Bundesvertriebenenminister Theodor Oberländer (CDU) versichert in Bremen, die Bundesregierung werde niemals auf die deutschen Ostgebiete verzichten.

Die sowjetische Raumsonde »Lunik 2« erreicht als erster Flugkörper den Mond (→4. 10./S. 168).

Die Leichtathletikverbände beider deutschen Staaten einigen sich in Dortmund auf die Entsendung einer gesamtdeutschen Mannschaft zu den Olympischen Spielen nach Rom 1960. →S. 159

14. September, Montag

Angesichts des bevorstehenden Besuchs von Partei- und Regierungschef Nikita S. Chruschtschow in den USA stellt die UdSSR die Störsendungen gegen das russischsprachige Programm des Rundfunksenders »Stimme Amerikas« vorübergehend ein.

15. September, Dienstag

Im Bundestag findet ein Staatsakt anläßlich des zehnjährigen Bestehens der Bundesrepublik Deutschland statt, bei dem der neue Bundespräsident Heinrich Lübke vereidigt und sein Vorgänger Theodor Heuss verabschiedet werden. →S. 152

Nikita S. Chruschtschow trifft als erster Regierungschef der Sowjetunion zu einem zweiwöchigen Besuch in den Vereinigten Staaten ein. →S. 146

16. September, Mittwoch

In einer Rundfunkansprache verspricht der französische Staatspräsident Charles de Gaulle, spätestens vier Jahre nach Herstellung des Friedens in Algerien dort freie Wahlen abhalten zu lassen. Danach könnten die Algerier über die Loslösung von Frankreich frei entscheiden. →S. 150

Das Bundeskabinett beschließt die auf drei Jahre befristete Einführung einer Heizölsteuer von 30 DM je Tonne. Mit dieser Maßnahme soll dem Steinkohlebergbau die Anpassung an die veränderte Lage auf dem Energiemarkt erleichtert werden. →S. 155

17. September, Donnerstag

Der Verteidigungsminister der Volksrepublik China, P'eng Te-huai, und andere hohe Funktionäre werden vom Ständigen Komitee des Nationalen Volkskongresses unter dem Vorsitz von Mao Tsetung ihrer Ämter enthoben. Ihnen wird Rechtsabweichung vorgeworfen. Neuer Verteidigungsminister wird Marschall Lin Piao.

September 1959

Das Hamburger Nachrichtenmagazin »Der Spiegel« berichtet ausführlich über den Besuch des sowjetischen Partei- und Regierungschefs Nikita S. Chruschtschow in den USA

DER SPIEGEL

13. JAHRGANG · Nr. 38
16. SEPTEMBER 1959 · 1 DM
ERSCHEINT MITTWOCHS
VERLAGSORT HAMBURG

DER HALBE HERRSCHER
Amerika-Reisender Nikita Chruschtschow (siehe „Internationales")

September 1959

In Frankfurt am Main wird die 39. Internationale Automobilausstellung von Bundeswirtschaftsminister Ludwig Erhard (CDU) eröffnet. Bis zum 27. September stellen 701 Firmen aus 13 Ländern ihre Erzeugnisse aus (→ S. 156).

Das US-amerikanische Raketenflugzeug X-15, das bis an den Rand der Erdatmosphäre in 100 km Höhe vordringen soll, unternimmt in Kalifornien seinen ersten Flug aus eigener Kraft (→ S. 187).

Der US-amerikanische Spielfilm »Manche mögen's heiß« mit Marilyn Monroe, Jack Lemmon und Tony Curtis in den Hauptrollen kommt in die bundesdeutschen Kinos.

Bei einer Flutkatastrophe im indischen Bundesstaat Bombay kommen mehrere hundert Menschen ums Leben.

18. September, Freitag

In einer Rede vor den Vereinten Nationen in New York fordert der sowjetische Partei- und Regierungschef Nikita S. Chruschtschow die Abschaffung aller bewaffneten Streitkräfte bis auf nationale Polizeitruppen innerhalb von vier Jahren (→ 15. 9./S. 146).

Die sowjetische Regierung dementiert Presseberichte, daß sie wegen der Landung von »Lunik II« auf dem Mond Gebietsansprüche geltend machen wolle (→ 4. 10./S. 168).

Nachdem wegen der langen Trockenperiode in Niedersachsen das Trinkwasser rationiert wurde, muß die Wasserversorgung zahlreicher Gemeinden mit Tankwagen sichergestellt werden. Der Kubikmeter Wasser kostet 10 bis 20 DM.

19. September, Sonnabend

In der Sowjetunion beschließen das Zentralkomitee der KPdSU und der Ministerrat die Einführung des Siebenstundentages für alle Arbeiter und Angestellten und des Sechsstundentages für Bergarbeiter bis 1960.

Der ehemalige französische Außenminister Georges Bidault gründet die »Sammlungsbewegung für Französisch-Algerien«, die sich gegen die Pläne von Staatspräsident Charles de Gaulle wendet, Algerien 1963 in die Unabhängigkeit zu entlassen (→ 16. 9./S. 150).

20. September, Sonntag

Zum zehnten Jahrestag der Vereidigung der ersten Bundesregierung auf das Grundgesetz spricht Bundeskanzler Konrad Adenauer (CDU) in einer Rundfunkrede die Hoffnung aus, daß die Wiedervereinigung Deutschlands im zweiten Jahrzehnt des Bestehens der Bundesrepublik erreicht werden könne.

Zur Einweihung der neuen Synagoge der jüdischen Gemeinde in Köln hält Bundeskanzler Konrad Adenauer (CDU) die Festrede.

US-Außenminister Christian A. Herter spricht sich in New York für die Einrichtung einer ständigen Truppe der Vereinten Nationen (UNO) aus, die zur Wahrung des Friedens und zur Ordnung in der Welt beitragen solle.

In der irakischen Hauptstadt Bagdad kommt es zum ersten Mal zu größeren Demonstrationen gegen die Regierung von Minsterpräsident Abd Al Karim Kasim. Grund für die Proteste ist die Erschießung von 13 Offizieren und vier hohen Regierungsbeamten. → S. 151

Die Berufsgruppe der kaufmännischen Angestellten in der Deutschen Angestellten-Gewerkschaft (DAG) fordert in Münster die Einführung der 40-Stunden-Woche und einen Mindesturlaub von 18 statt bisher 12 Tagen.

In Moskau werden die ersten Meßergebnisse der Rakete »Lunik II« bekanntgegeben, die am 13. September auf dem Mond gelandet war. Danach besitzt der Mond im Gegensatz zur Erde keinen Strahlengürtel und kein Magnetfeld, sondern wird von einer Schicht ionisierter Gase umgeben (→ 4. 10./S. 168).

Der Regierende Bürgermeister von Berlin (West), Willy Brandt (SPD), eröffnet die neunten Berliner Festwochen, die bis zum 6. Oktober dauern. → S. 159

Die Auswahl des deutschen Leichtathletik-Verbandes gewinnt den zweitägigen Länderkampf gegen Polen in Köln mit 111:101 Punkten. Carl Kaufmann aus Karlsruhe stellt mit 45,8 sec über 400 m einen Europarekord auf. → S. 159

21. September, Montag

Der Ministerrat der DDR billigt ein Gesetz, nach dem zukünftig die Staatsflagge der DDR in der Mitte einen Hammer und einen Zirkel – von Ähren umkränzt – trägt. Das Gesetz tritt am 1. Oktober in Kraft (→ 7. 10./S. 164).

Vor der Vollversammlung der Vereinten Nationen (UNO) in New York beschuldigt der österreichische Außenminister Bruno Kreisky (SPÖ) Italien, die deutschsprachige Minderheit in Südtirol auf sozialem und wirtschaftlichem Gebiet zu diskriminieren (→ 23. 7./S. 116).

Der erste in der Volksrepublik China gebaute Personenwagen wird in einer Versuchsserie von 30 Exemplaren vorgestellt. Es handelt sich um einen sechssitzigen Wagen mit einem Achtzylindermotor und 210 PS, der eine Geschwindigkeit von 160 km/h erreichen soll.

22. September, Dienstag

Der Bundesminister für Atomfragen, Siegfried Balke (CSU), eröffnet in Essen die Ausstellung »Atom und Wasser«, die bis zum 3. Oktober zu sehen ist. Balke warnt vor einer zunehmenden Verunreinigung und radioaktiven Verseuchung von Seen und Flüssen.

Die Bundesbahnverwaltung teilt in Augsburg mit, daß die Höchstgeschwindigkeit für Güterzüge im Sommerfahrplan 1960 von 75 km/h auf 100 km/h erhöht wird.

In den bundesdeutschen Kinos läuft der US-amerikanische Kriminalfilm »Anatomie eines Mordes« mit James Stewart in der Hauptrolle an.

23. September, Mittwoch

In Polen wird wegen schwerwiegender Versorgungsengpässe die Fleischrationierung eingeführt, nachdem bereits im Juli von der Regierung »fleischlose Tage« angeordnet worden waren.

Nach Angaben des Stifterverbands für die deutsche Wissenschaft in Bonn werden in der Bundesrepublik jährlich pro Kopf 180 DM für Alkohol, 121 DM für Tabakwaren und nur 0,92 DM für die Förderung der Wissenschaft ausgegeben.

In Paris wird das Drama »Die Eingeschlossenen« von Jean-Paul Sartre uraufgeführt. → S. 158

Die zweite Verfilmung des Romans von Vicki Baum, »Menschen im Hotel«, mit O. W. Fischer und Heinz Rühmann in den Hauptrollen, wird in den bundesdeutschen Kinos erstmals gezeigt.

24. September, Donnerstag

Vor der Vollversammlung der Vereinten Nationen in New York greift die israelische Außenministerin Golda Meir die Vereinigte Arabische Republik scharf an, weil sie israelischen Schiffen die Durchfahrt durch den Sueskanal verweigert (→ 3. 7./S. 116).

Das US-amerikanische Verteidigungsministerium unterstellt das gesamte Forschungsprogramm der Luftfahrt- und Weltraumbehörde NASA dem Kommando der Luftwaffe.

Der bundesdeutsche Spielfilm »Rosen für den Staatsanwalt« von Wolfgang Staudte, der sich kritisch mit der Bewältigung des Nationalsozialismus im Nachkriegsdeutschland auseinandersetzt, wird in den Kinos der Bundesrepublik uraufgeführt (→ S. 106).

25. September, Freitag

Die Kultusminister der Bundesländer beschließen in Berlin die Einführung des neunten Schuljahres an allen Volks- und Hauptschulen, an denen dies noch nicht geschehen ist.

Der belgische Fischkutter »Frans Elza« wird 15 Meilen südlich von Helgoland von dem niederländischen Flugzeugträger »Karel Doormann« überrannt und in die Tiefe gerissen. Dabei werden fünf Seeleute getötet.

26. September, Sonnabend

Der Ministerpräsident von Ceylon, Solomon Bandaranaike, stirbt an den Folgen eines Attentats. → S. 151

In Bonn findet ein von der Industriegewerkschaft Bergbau organisierter Schweigemarsch statt. Etwa 60 000 Bergarbeiter demonstrieren auf diese Weise gegen die Absatzkrise im Kohlenbergbau und ihre sozialen Folgen. → S. 155

27. September, Sonntag

Auf dem Deutschlandtag der Jungen Union in Berlin (West) wird der Bundesvorsitzende Gerhard Stoltenberg in seinem Amt bestätigt. → S. 154

An der Stelle der 1938 in der sog. Reichskristallnacht zerstörten Synagoge wird in Berlin (West) das neuerrichtete jüdische Gemeindezentrum eingeweiht.

Zum Abschluß des vierten Bundeskongresses des Österreichischen Gewerkschaftsbundes in Wien wird ein Aktionsprogramm für die nächsten 20 Jahre vorgelegt. Darin wird u. a. gefordert, daß handwerklich geführte Kleinbetriebe in Zukunft nur noch ausschließlich Reparatur- und Dienstleistungsaufgaben ausführen dürfen.

Die Deutschen Meisterschaften im Springreiten gewinnt in Berlin (West) Hans Günter Winkler auf Halla vor Fritz Thiedemann auf Meteor.

28. September, Montag

Der Führer der Sikh-Bevölkerungsgruppe in Indien, Tara Singh, fordert in Neu-Delhi die Bildung eines eigenen Sikh-Staates innerhalb der Indischen Union. → S. 151

29. September, Dienstag

Wegen des anhaltenden Mangels an Trinkwasser gibt die Stadtverwaltung in Siegen Karten zum Bezug von Wasser aus, das von Tankwagen der Feuerwehr bereitgestellt wird (→ 11. 7./S. 121).

30. September, Mittwoch

Bundespräsident Heinrich Lübke ernennt den 59jährigen schleswig-holsteinischen Landwirt und CDU-Bundestagsabgeordneten Werner Schwarz zum Bundesminister für Ernährung und Landwirtschaft. → S. 154

Durch ein neues Rundfunkgesetz will die Bundesregierung eine Neuordnung des Rundfunk- und Fernsehwesens, vor allem die Einrichtung eines »staatlichen« zweiten Programms, erreichen. → S. 155

Der sowjetische Partei- und Regierungschef Nikita S. Chruschtschow stattet der Volksrepublik China anläßlich der Feiern zur zehnjährigen Staatsgründung einen dreitägigen Besuch ab.

Nach Angaben der Bundesanstalt für Arbeitsvermittlung und Arbeitslosenversicherung in Nürnberg sind in der Bundesrepublik nur 187 199 Arbeitslose, dafür aber 350 393 offene Stellen registriert. → S. 155

Der schweizerische Abgeordnete Gérald Piaget legt sein Mandat nieder, weil die Männer des Kantons Neuenburg in einer Volksabstimmung den Frauen das aktive und passive Wahlrecht auf Kantonsebene zugestanden haben.

Das Wetter im Monat September

Station	Mittlere Lufttemperatur (°C)	Niederschlag (mm)	Sonnenscheindauer (Std.)
Aachen	– (14,5)	53* (68)	268 (160)
Berlin	– (13,8)	55* (46)	258 (194)
Bremen	– (14,0)	31* (60)	235 (164)
München	– (13,4)	46* (84)	256 (176)
Wien	14,1 (15,0)	5* (56)	243 (–)
Zürich	15,1 (13,5)	12* (101)	254 (166)

( ) Langjähriger Mittelwert für diesen Monat
– Wert nicht ermittelt
* Mittelwert September–Oktober

September 1959

Als neue Serie druckt die »Frankfurter Illustrierte« Auszüge aus Karl Ludwig Koch-Isenburgs Erlebnisbericht aus Südostasien »Im Reiche des Grünen Buddha« ab

September 1959

Nikita Chruschtschow als erster Kreml-Chef in den USA

15. September. Die beiden mächtigsten Staatsmänner der Welt, US-Präsident Dwight D. Eisenhower und der sowjetische Partei- und Regierungschef Nikita S. Chruschtschow, treffen in Washington zusammen: Zum ersten Mal besucht ein Mann an der Spitze der UdSSR die Vereinigten Staaten.

Chruschtschow weilt zusammen mit seiner Frau Nina Petrowna auf Einladung Eisenhowers 13 Tage in den USA. Eisenhower hatte am 3. August bei der Bekanntgabe des Treffens die Hoffnung ausgesprochen, daß der Besuch, auch wenn er rein persönlichen Charakter habe, die gegenseitige Verständigung fördern und zum Abbau der Spannungen beitragen werde (→ 23. 7./S. 117). Die westlichen Verbündeten der USA hatten pesönliche Gespräche als wichtigen Beitrag begrüßt.

Chruschtschow landet um 17.21 Uhr MEZ auf dem Washingtoner Militärflugplatz Andrews, wo er von Eisenhower mit einem freundschaftlichen Händedruck willkommen geheißen wird. In seiner Begrüßungsrede spricht der US-Präsident nochmals die Überzeugung aus, daß ein freimütiger Meinungsaustausch zu einem besseren Verständnis ungelöster internationaler Probleme beitragen werde. Chruschtschow erwidert, er sei mit offenem Herzen und guten Absichten nach Washington gekommen. Mit großer Freude und Dankbarkeit habe er die Einladung Eisenhowers angenommen. Er wolle mit Menschen aus allen Schichten zusammenkommen, um von ihnen etwas über das Leben in den USA zu lernen.

Nach einem zweitägigen Aufenthalt in Washington tritt Chruschtschow seine Rundreise durch die Vereinigten Staaten an. Erste Etappe seiner Reise ist New York, wo ihm die Bevölkerung einen höflichen, aber kühlen Empfang bereitet.

Nikita S. Chruschtschow (l.) und Gastgeber Dwight D. Eisenhower

Am 18. September schlägt der sowjetische Ministerpräsident vor der Vollversammlung der Vereinten Nationen in New York die totale Abrüstung und Abschaffung aller Armeen, Flotten, militärischen Einrichtungen und Generalstäbe innerhalb von vier Jahren vor.

Ein weiterer Vorschlag Chruschtschows beinhaltet den Abschluß eines Friedensvertrages der Siegermächte mit beiden Teilen Deutschlands (→ 11. 5./S. 80): »Es darf nicht vergessen werden, daß der Kalte Krieg zu einer Zeit begann und noch fortgeführt wird, in der die Spuren des Zweiten Weltkriegs noch nicht beseitigt sind und im Herzen von Deutschland, in Westberlin, noch immer ein Besatzungsregime aufrechterhalten wird.« Die Beseitigung dieser Spannungsursache im Mittelpunkt Europas würde den Schlüssel für eine Verbesserung des gesamten internationalen Klimas liefern, unterstreicht Chruschtschow. Auf westlicher Seite wird der Abrüstungsplan des sowjetischen Ministerpräsidenten mit Skepsis aufgenommen. Vor allem wird von den Regierungssprechern darauf hingewiesen, daß jede Abrüstung von der Kontrolle abhänge, über die bisher noch nie eine Einigung habe erzielt werden können.

»Ziel: Zusammenleben in Frieden«
Chruschtschow bei der Ankunft: »Kurz vor unserem Zusammentreffen haben die sowjetischen Wissenschaftler, Ingenieure, Techniker und Arbeiter durch den Start der Rakete zum Mond [»Lunik II«; → 4. 10./S. 168] unsere Herzen mit Freude erfüllt... Ein Wimpel, der das Hoheitszeichen der Sowjetunion trägt, ist jetzt auf dem Mond... Wir hegen keinen Zweifel, daß die glänzenden Wissenschaftler, Ingenieure und Arbeiter der Vereinigten Staaten von Amerika ebenfalls ihren Wimpel zum Mond bringen werden. Der sowjetische Wimpel, als alter Mondbewohner, wird Ihren Wimpel begrüßen, und sie werden dort zusammen in Frieden und Freundschaft leben, wie wir beide auf der Erde zusammen in Frieden und Freundschaft leben sollten, wie alle Völker auf unserer gemeinsamen Mutter Erde, die uns unsere Gaben so großzügig gibt, in Frieden und Freundschaft leben sollten.«

Die letzten drei Tage des Besuches sind Gesprächen zwischen Chruschtschow und Eisenhower in der abgeschiedenen Atmosphäre von Camp David (US-Bundesstaat Maryland) vorbehalten. Diese führen jedoch zu keiner weiteren Annäherung in der Berlin- und Deutschlandfrage (→ 5. 8./S. 130).

Im Nationalen Presse-Club in Washington stellt sich Chruschtschow ersten Fragen der Journalisten; aufmerksam beobachtet ihn seine Frau Nina Petrowna, die durch ihre einfache, offene Art schnell Sympathien für sich gewinnen kann

▷ *Begrüßungsrede Eisenhowers; 2. v. r. US-Außenminister Christian A. Herter, r. Nikita S. Chruschtschow*

September 1959

Ein Staatschef zum Anfassen

Nikita S. Chruschtschow wurde als Parteisekretär des Bezirks Petrowo-Marinsk erstmals 1925 zum XIV. Parteitag der KPdSU nach Moskau geschickt. Diesen Aufenthalt in der Hauptstadt der 1922 neugegründeten UdSSR und seinen ersten Weg zum Kreml beschreibt der spätere Partei- und Regierungschef der UdSSR in seinen »Erinnerungen« so: »An meinem ersten Morgen in Moskau wollte ich mit der Straßenbahn zum Kreml fahren, aber ich wußte nicht, mit welcher Linie, und so fuhr ich in die Irre. Von da an ging ich immer schon früh zu Fuß zum Kreml. Das dauerte zwar länger, doch lernte ich mich orientieren.« Mit diesen Worten läßt sich auch der Werdegang Chruschtschows vom Schafhirten in seinem Heimatdorf Kalinowka bei Kursk bis an die Spitze seines Staates umreißen. Konsequent geht der Politiker Chruschtschow seinen eigenen Weg und ist bemüht, die Verhältnisse im Land aus eigener Anschauung zu verstehen und zu beurteilen. So haßt er alle blutleeren bürokratischen Betätigungen: »Ich stehe mit beiden Füßen auf der Erde, bin ein Mann der Tat, ein Bergmann. Ich bin gewohnt, mit Eisen und Chemikalien umzugehen. Schreibtischarbeit liegt mir überhaupt nicht, ist mir völlig fremd. Ich finde es widerwärtig, wenn man nur über einen Aktenstoß die Welt aus Fleisch und Blut erblickt.«

Der Kreml-Führer – seit 1953 Parteichef und seit 1958 auch Ministerpräsident – liebt es, durch die Lande zu reisen, Interviews zu geben, sich um tausend Dinge persönlich zu kümmern, Menschen zu begegnen. Auch bei seinem USA-Besuch legt er Wert auf direkten Kontakt zur Bevölkerung. Die Gastgeber haben auf diese Weise Gelegenheit, ihn schimpfend und scherzend, überheblich auftrumpfend und selbst mit Drohungen auf den Lippen zur brüderlichen Umarmung bereit zu erleben. Gern kehrt er dabei den »Mann aus dem Volke« heraus. So erwähnt er bei der Besichtigung einer Musterfarm in Baltsville (US-Bundesstaat Maryland) stolz seine Vergangenheit als Gehilfe des Dorfhirten, eine Anspielung, die gleichzeitig propagandistische Funktion hat: »Seht Ihr, in meinem Land hat selbst ein Hütejunge die Chance, zu höchsten Ehren zu gelangen!« Mit entwaffnender Freimütigkeit vermag er es, jeder möglichen Kritik im voraus allen Wind aus den Segeln zu nehmen: »Wir sind nicht die Art von Leuten, als die man uns gerne schildert. Wir essen keine kleinen Kinder, sondern das gleiche wie ihr: ein bißchen Fleisch, ein bißchen Kartoffeln.«

Das Verhalten Chruschtschows in der Öffentlichkeit ist voll überraschender Wendungen. Bei seiner Ankunft in Washington unterstreicht er mit schwarzem Anzug und silberner Krawatte den feierlichen Ernst seiner ganzen Haltung, während der US-Präsident und seine Minister in leichter Sommergarderobe erscheinen, unbekümmert um Protokoll-Bräuche. Derselbe schwarze Anzug, den er im Flugzeug getragen hat, genügt Chruschtschow dann aber auch für ein Festbankett im Weißen Haus, obwohl die Einladung einen Frack vorgeschrieben hatte. Ein solches Kleidungsstück habe er nie besessen, verkündet der sowjetische Staatsgast.

Empfindlich reagiert Nikita Chruschtschow, sobald er das Gefühl hat, seinerseits nicht mit gebührender Achtung behandelt zu werden. Im Laufe seines US-Besuches droht er mehrmals mit vorzeitiger Heimreise. Obwohl er seine Gesprächspartner immer wieder ermutigt, im politischen Gespräch kein Blatt vor den Mund zu nehmen, neigt er zu heftigen Reaktionen, sobald die Diskussionsbeiträge allzu kritisch werden. Mit den Fäusten auf den Tisch schlagend beschimpft er führende US-Gewerkschafter als »Agenten des Kapitalismus«.

Dem kontaktfreudigen und volksnahen Auftreten Chruschtschows entsprechen nach dem Eindruck politischer Beobachter seine Bemühungen um friedliche Koexistenz auf internationaler Ebene. Andererseits findet die bisweilen ausgeprägte Rauflust und Unberechenbarkeit des Kreml-Chefs ihre Parallele in politischer Inkonsequenz, in einem Jonglieren mit immer neuen Drohungen und Fristen, etwa im Falle Berlins (→ 5. 1./S. 17).

Lockere Atmosphäre: Eisenhower und Chruschtschow (r.) in Camp David

Chruschtschow (mit Hut) bei der Besichtigung einer Maisfarm in Iowa

Berührungsängste: Offizieller Empfang in der sowjetischen Botschaft

Gemeinsamkeiten verbinden: Der Kreml-Chef als jovialer Zeitgenosse

September 1959

Als Sohn eines Bauern hat Chruschtschow (mit Hut) sein Interesse für die Landwirtschaft behalten: Beim Besuch einer Maisfarm in Coon Rapids (US-Bundesstaat Iowa) zeigt sich der sowjetische Staats- und Parteichef als sachkundiger Experte für Getreideanbau und Rinderzucht; er wird von seinem Sohn Sergei (rechte Abb., 4. v. r.) begleitet

Wortwechsel mit US-Arbeiterführer

Walter P. Reuther, Präsident der Automobilarbeiter-Gewerkschaft, und Nikita S. Chruschtschow in San Francisco:

Reuther: »Sie beuten die Arbeiter Ostdeutschlands aus!«
Chruschtschow: »Wann haben Sie denn das geträumt?«
Reuther: »Warum sind denn drei Millionen von ihnen nach Westdeutschland gekommen?«
Chruschtschow: »Sie sind hoffnungslos am kapitalistischen Fieber erkrankt.«
Reuther: »Die Arbeiter in Westdeutschland sind frei.«
Chruschtschow: »Wir sind auch frei.«
Reuther: »Haben Sie denn ein Beglaubigungsschreiben, daß Sie für die Arbeiter der Welt sprechen können?«
Chruschtschow: »Und haben Sie eines, daß Sie Ihre Nase nach Ostdeutschland hineinstecken können?«

Zu Ehren Chruschtschows und seiner Gattin wird in Hollywood ein Essen im Kreise bekannter Filmstars gegeben; Sänger und Schauspieler Frank Sinatra (Abb. r.), Tischherr von Nina Petrowna, charakterisiert die sowjetische First Lady als »eine charmante Dame von großer Weisheit«; Komiker Bob Hope bezeichnet sie als »sehr charmant, sehr aufrichtig und sehr süß«. In den Ateliers der Filmgesellschaft »20th Century Fox«, wo gerade Dreharbeiten für ein Can-Can-Musical stattfinden, wird die ganze Maschinerie des Kinozaubers in Gang gesetzt; mit einer Miene zwischen Belustigung und irritierter Befangenheit verfolgt der sowjetische Staatsgast von einer Empore aus (Abb. oben r., M.) zusammen mit seiner Familie die tänzerischen Darbietungen; am Rande dieser Veranstaltung hat er Gelegenheit zu einem angeregten Plausch mit Hollywoodstar Shirley MacLaine (Abb. oben l.), deren frivole Ankündigung »Wir werden den Can-Can ohne Hosen tanzen« vorher in den Filmstudios die Runde gemacht hatte. Dahingehende Erwartungen werden jedoch nicht erfüllt.

◁ *Der sowjetische Parteichef (l.) bei einem Morgenspaziergang durch San Francisco; die Bevölkerung bereitet Chruschtschow hier einen herzlichen Empfang, was sich positiv auf die Atmosphäre des Besuches auswirkt*

September 1959

Neben dem Weltsicherheitsrat befaßt sich auch die Vollversammlung der Vereinten Nationen (UNO) in New York mit der angespannten Situation in Südostasien; neutrale UNO-Truppen sollen umgehend nach Laos entsandt werden

Laos bittet Weltsicherheitsrat um Hilfe

7. September. Der Weltsicherheitsrat der Vereinten Nationen (UNO) tritt in New York zusammen, um über die angespannte Lage in Laos zu beraten. Er beschließt den Einsatz einer Beobachtergruppe.

Die Regierung von Laos hatte die Vereinten Nationen um sofortige Entsendung von UNO-Truppen nach Laos ersucht, um eine angebliche Aggression Nordvietnams abzuwehren (→ 4. 8./S. 131). Das Ersuchen wird damit begründet, daß Einheiten aus dem kommunistischen Nordvietnam an der Seite der Untergrundbewegung Pathet Lao in den Nordprovinzen eine Offensive gegen die laotische Regierung gestartet hätten. Ministerpräsident Phui Sananikone, der am 5. September über das Land den Ausnahmezustand verhängt hatte, fordert, daß die UNO-Truppen einen Sperriegel längs der nordvietnamesisch-laotischen Grenze legen sollen, um die Unterstützung der kommunistischen Pathet Lao durch Nordvietnam zu verhindern.

Der Weltsicherheitsrat nimmt einen Antrag der USA, Großbritanniens und Frankreichs an, Delegierte aus Argentinien, Italien, Japan und Tunesien zur Berichterstattung nach Laos zu entsenden. Die UdSSR stimmt gegen die Resolution, da sie gegen das Indochina-Abkommen von 1954 verstoße, das Einmischungen in innere Angelegenheiten verbiete. Die laotische Regierung sei selbst für die Unruhen verantwortlich, weil sie Waffenlieferungen westlicher Staaten empfange.

Regierungskrise wegen Kolonien

3. September. Der belgische Minister für den Kongo (Zaïre) und Ruanda-Urundi, Maurice van Hemelrijk, tritt nach einem Streit im Kabinett über die Kolonialpolitik von seinem Amt zurück.

Bei den Auseinandersetzungen geht es um den Zeitpunkt für den Aufbau eines demokratischen Selbstverwaltungssystems in den Kolonialgebieten. Erst danach sollen der Kongo und Ruanda-Urundi unabhängig werden. Hemelrijk war für eine Beschleunigung des Verfahrens eingetreten, konnte sich aber nicht gegen die anderen Minister durchsetzen.

Belgien erhebt seit 1881 Ansprüche auf den Kongo, der auf der Berliner Konferenz 1884/85 dem belgischen König Leopold II. als persönlicher Besitz zuerkannt wurde. Nach internationaler Kritik an der Unterdrückung der afrikanischen Bevölkerung und der Ausbeutung von Kautschuk- und Elfenbeinbeständen war die Souveränität des Kongo 1908 an den belgischen Staat übergegangen. Die Gold-, Kupfer-, und Diamantenvorkommen wurden erschlossen, doch war die einheimische Bevölkerung von wirtschaftlichem Wohlstand, Bildung und Demokratie ausgeschlossen geblieben. Im Januar 1959 waren in der Hauptstadt Léopoldville Unruhen aus Protest gegen die Fortdauer der belgischen Kolonialherrschaft ausgebrochen (→ 13. 1./S. 15).

De Gaulle bietet Algerien Selbstbestimmungsrecht an

16. September. In einer von Radio und Fernsehen übertragenen Rede gibt der französische Staatspräsident General Charles de Gaulle seinen Vorschlag für die Lösung der Algerien-Frage bekannt.

Der neue Plan des Präsidenten, der in der westlichen Welt starke Beachtung findet, stellt der algerischen Bevölkerung in Aussicht, daß sie spätestens vier Jahre nach Beendigung der sog. Befriedungsaktion in Wahlen über die Zukunft ihres Landes frei entscheiden kann. Verhandlungen mit den algerischen Aufständischen lehnt de Gaulle jedoch gleichzeitig ab (→ 10. 4./S. 67).

Der Zeitpunkt für die Beendigung der »Befriedungsaktion« ist nach der Darstellung de Gaulles gekommen, wenn in einem Jahr nicht mehr als 200 Menschen durch Überfälle und Attentate ihr Leben verlieren. An die Aufständischen appelliert der Präsident erneut, die Waffen niederzulegen und einen »Frieden der Tapferen« einzugehen. Wie schon bei früheren Gelegenheiten bietet er ihnen freie Rückkehr in ihre Heimat an.

In den von de Gaulle vorgeschlagenen späteren Wahlen soll die algerische Bevölkerung zwischen drei Möglichkeiten wählen: Der Loslösung vom Mutterland, der vollständigen Anbindung an Frankreich und der Bildung einer autonomen Regierung, die, ähnlich wie die Mitgliedsstaaten der Französischen Gemeinschaft (→ 3. 2./S. 29), eng mit Paris zusammenarbeitet.

Die algerische Exilregierung in Tunis (Tunesien) stößt sich vor allem an der Vierjahresfrist und daran, daß Frankreich seinen »aggressiven Krieg« fortsetzen werde, ohne dem algerischen Volk »echte Freiheit« zu gewähren (→ 20. 11./S. 182).

Der französische Staatspräsident Charles de Gaulle (M.) nimmt in Algier die Parade einer dort stationierten Fallschirmjägereinheit ab

September 1959

Todesurteile gegen Putschisten im Irak

20. September. In Bagdad kommt es zum ersten Mal zu größeren Demonstrationen gegen den irakischen Ministerpräsidenten Abd Al Karim Kasim.

Tausende von Demonstranten ziehen durch die irakische Hauptstadt und protestieren gegen die Hinrichtung von 13 Offizieren und vier hohen Beamten. Die Offiziere waren wegen ihrer Beteiligung an dem Aufstand gegen Kasim vom März zum Tode verurteilt worden. General Kasim, der am 14. Juli 1958 selbst durch einen Putsch an die Macht gekommen war, hatte am 10. März die Offiziersrevolte gegen seine Regierung niederschlagen können.

Durch den Einsatz der Armee wird die Menschenmenge auseinandergetrieben. Die Demonstranten tragen Plakate mit den Bildern der erschossenen Soldaten und fordern in Sprechchören »Nieder mit den Kommunisten und Opportunisten«.

Die Exekutionen in Bagdad führen zu einer weiteren Verschlechterung der Beziehungen zwischen dem Irak und der Vereinigten Arabischen Republik (Ägypten und Syrien). Radio Kairo nennt die Toten »arabische Märtyrer« und spricht von »mörderischer Hinschlachtung der Helden des 14. Juli« (→ 16. 9./S. 131).

Am 7. Oktober entgeht Kasim knapp einem Attentat, dessen Urheber in nationalistischen Kreisen vermutet werden.

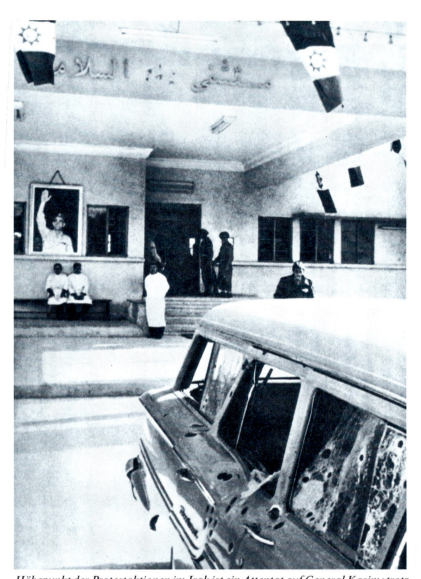

Höhepunkt der Protestaktionen im Irak ist ein Attentat auf General Kasim; trotz der vielen Einschüsse im Wagen wird Kasim nur leicht verletzt (7. 10.)

Ministerpräsident Ceylons ermordet

26. September. Der Ministerpräsident von Ceylon (Sri Lanka), Solomon Bandaranaike, erliegt den Folgen eines Revolverattentats, das ein buddhistischer Mönch am Vortag in Colombo auf ihn verübt hat.

Auf Ceylon herrscht weiter der Aus-

Solomon Bandaranaike wurde am 8. Januar 1899 in Colombo geboren; der mehrfache Minister und Präsident des ceylonesischen Abgeordnetenhauses gründete 1952 die sozialistische »Freiheitspartei«; als Premierminister vertrat er seit 1956 innenpolitisch ein sozialistisches Programm, außenpolitisch bemühte er sich um Neutralität.

nahmezustand. Über die Motive des Attentäters besteht zunächst Unklarheit. Die unabhängige »Times of Ceylon« vertritt die Auffassung, daß politische Motive weitgehend ausscheiden und daß die Tat persönliche Gründe habe.

Der 60 Jahre alte Bandaranaike stammte aus einer reichen Familie Ceylons. Als Ministerpräsident amtierte er seit 1956, wobei er für sein seit 1948 unabhängiges Land den Status einer »asiatischen Schweiz« anstrebte und es zur Republik innerhalb des britischen Commonwealth führen wollte. Die Innenpolitik wird vom Streit zwischen der singhalesischen Mehrheit und der tamilischen Minderheit bestimmt.

Sikhs fordern Bildung eines eigenen Staates in Indien

28. September. Der Führer der Sikh-Bevölkerungsgruppe in Indien, Tara Singh, fordert in Neu-Delhi die Bildung eines eigenen Sikh-Staates innerhalb der Indischen Union, und zwar im Nordwesten Indiens. Er droht mit »direkten Aktionen«, falls die Unionsregierung nicht nachgebe. Die inzwischen als kriegerisch bekannte Gemeinschaft der Sikhs entstand im 16. Jahrhundert als pazifistische Reformbewegung des Hinduismus. Ihr Gründer Nanak forderte die Abschaffung der Kasten und einen Zusammenschluß mit dem Islam. Die Opposition zu den dominierenden islamischen Mogulen veranlaßte sie im 17. Jahrhundert, eine militärische Organisation, die Khalsa (die Reinen), ins Leben zu rufen. Seit dem Abzug der Briten 1947 und der Aufteilung des Subkontinents in das islamische Pakistan und das hinduistische Indien erschüttern Unruhen den Punjab, die Heimat der Sikhs, dessen westlicher Teil an Pakistan, der östliche an Indien fiel, womit die Umsiedlung von mehr als zehn Millionen Menschen einherging.

Angehörige der Religionsgemeinschaft der Sikhs in Lahore, Hauptstadt der Provinz Punjab (Abb. um 1880)

Der »Goldene Tempel« von Amritsar (Punjab); hier werden die heiligen Schriften der Sikhs aufbewahrt

September 1959

Am 15. September im Bundestag in Bonn: Vereidigung Heinrich Lübkes (l.) zum Bundespräsidenten durch Bundestagspräsident Eugen Gerstenmaier (r.)

Lübke tritt neues Amt an

15. September. Im Bundestag legt der am →1. Juli (S. 114) gewählte Bundespräsident Heinrich Lübke seinen Eid auf das Grundgesetz ab. In der gemeinsamen Sitzung von Bundestag und Bundesrat wird sein Vorgänger, Theodor Heuss, dessen Amtszeit am 12. September endete, in einer Feierstunde verabschiedet. Bundestagspräsident Eugen Gerstenmaier (CDU) würdigt vor der Vereidigung das Wirken von Theodor Heuss: »Das deutsche Volk schuldet Ihnen bleibenden Dank dafür, daß Sie sein höchstes Staatsamt makellos wiederhergestellt und der Lauterkeit des deutschen Namens in der Welt redlich gedient haben... In dieser Stunde aber, in der der erste Bundespräsident der Bundesrepublik Deutschland aus seinem Amte scheidet, erheben sich ihre gesetzgebenden Körperschaften, um einhellig im Namen des deutschen Volkes zu bekunden: Theodor Heuss hat sich um das Vaterland verdient gemacht.«

Den neuen Bundespräsidenten begrüßt Gerstenmaier als einen aus der Schar der nach 1933 Erniedrigten und Beleidigten und als Mann, der als Vater des »Grünen Plans« zum Wohltäter der deutschen Landwirtschaft geworden sei.

Nach seiner Vereidigung ergreift Heinrich Lübke das Wort und geht auf die Spaltung Deutschlands ein: »Allen Brüdern und Schwestern in Mittel- und Ostdeutschland möchte ich heute unseren Gruß entbieten und ihnen versichern, daß wir, die wir in Freiheit leben, uns in besonderem Maße dem gemeinsamen Ziel verpflichtet fühlen, ein geeintes Deutschland zu schaffen.« Lübke kündigt an, daß er sich besonders um die Probleme der Dritten Welt kümmern werde. »Die Bekämpfung des Hungers in der Welt ist dabei aus politischen und menschlichen Gründen das vordringlichste Problem. Das unvermeidliche Heranwachsen von Milliarden hungernder Menschen, die leicht eine Beute kommunistischer Ideen werden können, ist die Schicksalsfrage unserer Zeit... So wie der Bruder gegenüber dem Bruder Verantwortung trägt, so haben auch die Völker füreinander einzustehen.« Nach dem Festakt geben Heuss und Lübke einen Empfang, zu dem 2000 Gäste geladen sind.

Als erster Bundespräsident schwört Theodor Heuss am 12. September 1949 den Eid auf die Verfassung; l. Bundestagspräsident Erich Köhler

Heuss: Hüter der Verfassung

Theodor Heuss wurde wegen seines hohen moralischen Anspruchs, seiner Redlichkeit und Bescheidenheit von großen Teilen der Bevölkerung als idealer Bundespräsident angesehen. Der ehemalige Professor für Politik galt als Autorität, auch wenn er in seinem Amt keinen direkten politischen Einfluß nehmen konnte.

Der damalige FDP-Bundestagsabgeordnete wurde 1949 zum Bundespräsidenten gewählt. Seine Wiederwahl erfolgte 1954. Heuss stand einer Wiederbewaffnung der Bundesrepublik zunächst ablehnend gegenüber: 1952 ließ er das Bundesverfassungsgericht den Eintritt der Bundesrepublik in die Europäische Verteidigungsgemeinschaft (EVG) und die damit verbundene Aufrüstung auf ihre Verfassungsmäßigkeit überprüfen. Später akzeptierte er die Bundeswehr, bewahrte aber die Distanz zu allem Militärischen: Bekannt wurde seine ironische Aufforderung an Bundeswehrsoldaten »Nun siegt mal schön!«. Bei seinem Versuch, eine neue Nationalhymne einzuführen, konnte sich Heuss gegen Bundeskanzler Konrad Adenauer (CDU), zu dem er ein eher gespanntes Verhältnis hatte, nicht durchsetzen. Die Aufforderung zu einer dritten Amtsperiode, die eine Grundgesetzänderung erfordert hätte, lehnte Heuss ab.

Altbundespräsident Theodor Heuss (l.) nimmt Abschied; Nachfolger Heinrich Lübke begleitet ihn auf seiner Fahrt zum Bonner Hauptbahnhof

USA-Besuch 1958: Während der Besichtigung einer Ranch probiert Heuss einen Cowboyhut

Der Bundespräsident 1951 mit Elly Heuss-Knapp, Gründerin des Müttergenesungswerkes

△ In politischen Fragen nicht immer einig waren sich Bundeskanzler Konrad Adenauer (l.) und Theodor Heuss; durch seine ausgleichende Art gelang es dem Präsidenten jedoch immer wieder zu vermitteln; liebevoll nannten die Bundesdeutschen ihn »Papa Heuss«

Theodor Heuss (5. v. l.) in angeregter Unterhaltung ▷ mit dem SPD-Vorsitzenden Erich Ollenhauer (sitzend); Anlaß der geselligen Veranstaltung am 31. Januar 1959 ist der 75. Geburtstag des Bundespräsidenten, den dieser in der Stadthalle von Bad Godesberg feiert

Familie Heuss 1897 in Heilbronn (v. l.): Ludwig, Theodor, Mutter Friederike, Hermann, Vater Louis Heuss

1904 studiert Heuss Kunstgeschichte und Volkswirtschaft

1929: Gedenkrede des DDP-Politikers Theodor Heuss zum zehnten Todestag seines Vorbildes Friedrich Naumann

September 1959

Stoltenberg Chef der Jungen Union

27. September. Auf dem Deutschlandtag der »Jungen Union« in Berlin (West) wird der bisherige Vorsitzende Gerhard Stoltenberg mit großer Mehrheit wiedergewählt.

Gerhard Stoltenberg, geboren am 29. September 1928 in Kiel, promovierte 1951 mit einer geschichtswissenschaftlichen Dissertation; im gleichen Jahr wurde er Vorsitzender der Jungen Union von Schleswig-Holstein. Seit 1955 leitet er den Bundesvorstand der CDU-Nachwuchsorganisation.

Stoltenberg, mit 30 Jahren der jüngste Bundestagsabgeordnete und mit einer Initiative zur Neuordnung der Parteienfinanzierung hervorgetreten, fordert die Umstellung der CDU von einer Wähler- in eine Mitgliederpartei. Nach Auskunft Stoltenbergs hat die »Junge Union«, die CDU-Nachwuchsorganisation, 70000 Mitglieder, davon 65% Angestellte und Arbeiter sowie 10% Studenten und Schüler.

Werner Schwarz Nachfolger Lübkes

30. September. Bundespräsident Heinrich Lübke ernennt den 59jährigen Landwirt und schleswig-holsteinischen CDU-Bundestagsabgeordneten Werner Schwarz zu sei-

Nach dem Studium der Agrarwissenschaft arbeitete der am 21. Januar 1900 in Hamburg geborene Werner Schwarz ab 1926 auf dem Gut seines Vaters; von 1933 bis 1945 war er unter den Nationalsozialisten im Reichsnährstand tätig; 1952 trat Schwarz der CDU bei und vertrat sie im Wirtschaftsausschuß des Bundestages.

nem Nachfolger als Bundesminister für Ernährung und Landwirtschaft. In einem ersten Pressegespräch in Bonn verspricht der Minister, dessen Ernennung mit Überraschung aufgenommen wurde, den agrarpolitischen Kurs Lübkes fortzusetzen. Er wolle dafür sorgen, daß die bundesdeutsche Landwirtschaft mit der notwendigen staatlichen Hilfe weiter modernisiert werde, kündigt Schwarz an.

DGB-Chef Richter wiedergewählt

10. September. Der Deutsche Gewerkschaftsbund (DGB) wählt auf seinem 5. Bundeskongreß in Stuttgart Willi Richter, seit 1956 im Amt, zum zweiten Mal zum Vorsitzen-

Willi Richter wurde am 1. Oktober 1894 in Frankfurt am Main geboren; vor 1933 bereits gewerkschaftlich tätig, war er von 1947 bis 1949 Mitglied des Frankfurter Wirtschaftsrates und von 1949 bis 1957 SPD-Abgeordneter im Bundestag.

den. Seine beiden Stellvertreter sind Bernhard Tacke und Ludwig Rosenberg, der den zurückgetretenen Georg Reuter als Stellvertreter ersetzt. Verschiedene Redner des Kongresses kritisieren den Bundesvorstand, weil dieser nicht entschlossen an eine Reform des DGB gehe, was die Voraussetzung für eine Konzentration der gewerkschaftlichen Kraft sei. Die Einzelgewerkschaften handelten oft zu eigenmächtig.

Adenauer verliert an Popularität

8. September. Nach einer Umfrage des DIVO-Instituts in Frankfurt am Main hat Bundeskanzler Konrad Adenauer (CDU) bei der Bevölkerung an Ansehen verloren.

Konrad Adenauer, am 5. Januar 1876 in Köln geboren, gehörte seit 1906 dem Zentrum an und war von 1917 bis 1933 Oberbürgermeister seiner Heimatstadt. 1948/49 Präsident des Parlamentarischen Rates, wurde der CDU-Vorsitzende 1949 zum ersten Bundeskanzler gewählt.

Grund für die Popularitätseinbuße sei der Streit zwischen Adenauer und Wirtschaftsminister Ludwig Erhard (CDU) über die Wahl des Bundespräsidenten (→ 4. 6./S. 98). 38% der Befragten gaben an, daß der Kanzler in ihrer Einschätzung gesunken sei, doch haben noch 43% eine gute und nur 10% eine negative Meinung von ihm. Erhard wird von 65% der Befragten positiv und von 1% negativ beurteilt.

Wälder im Ruhrgebiet von Luftverschmutzung bedroht

12. September. »Der Nadelwald im Ruhrgebiet stirbt aus. Eine riesige Dunstglocke läßt die Sonne nur noch abgeschwächt auf die Menschen herabscheinen.« Mit diesen lapidaren Worten weist Bundesarbeitsminister Theodor Blank (CDU) vor dem 6. Deutschen Technikertag in Dortmund auf die Folgen der zunehmenden Industrialisierung in der Bundesrepublik und hier besonders im Ballungszentrum Ruhrgebiet hin.

Durch ein in Vorbereitung befindliches Bundesgesetz zur Bekämpfung der Luftverschmutzung soll die Industrie verpflichtet werden, alle der Technik zur Verfügung stehenden Mittel zum Schutze des Menschen und der Vegetation anzuwenden.

In erster Linie betroffen ist das Ruhrgebiet als das größte und am dichtesten besiedelte Industriezentrum der Bundesrepublik. So ergaben Testmessungen des Vereins Deutscher Ingenieure, daß in Essen bei ungünstigen meteorologischen Verhältnissen innerhalb von 30 Tagen stellenweise mehr als 100 g Staub pro m² fallen. Als zumutbares Maß werden von der Wissenschaft 30 g bezeichnet.

Den größten Kummer macht den Gesetzesinitiatoren die Verunreinigung der Luft durch Schwefeldioxyd. Hier hat die Technik noch keine wirksamen Gegenmittel gefunden. Dabei wird diese Frage durch das Vordringen des schweren Heizöls immer brennender. Als einziger Ausweg wird bisher der Bau von Industrieschornsteinen von über 200 m Höhe angesehen. Nach Ansicht von Umweltexperten muß auch der Einbau von Geräten zur Reinigung der giftigen Autoabgase möglichst bald vorgeschrieben werden.

Erstickt in ihrem Lebenselement; die Ursache: Giftige Abwässer

»Dicke Luft« über dem westlichen Ruhrgebiet deutlich sichtbar: Rheinhafen und Hochofenfront eines Hüttenwerks in Rheinhausen bei Duisburg

September 1959

Demonstrierende Bergleute in Bonn, die von Bundeskanzler Adenauer die Erfüllung seiner Versprechen fordern

Ein Teil der Demonstrationsteilnehmer reist nach der Veranstaltung mit dem Schiff zurück ins Ruhrgebiet

60 000 Bergleute demonstrieren in Bonn

26. September. In Bonn findet die bisher größte Kundgebung von Bergarbeitern statt: 60 000 Kumpel, vorwiegend aus dem Ruhrgebiet, demonstrieren unter dem Motto »Sicherheit statt Chaos«. Nur wenige Bonner Bürger sehen dem Protestmarsch zu.

Sieben Stunden lang ziehen die Bergarbeiter schweigend unter dumpfem Trommelwirbel mit schwarzen Fahnen durch die Stadt. Sie fordern die Drosselung der Kohle- und Ölimporte, um damit die Absatzkrise im Kohlebergbau zu beenden (→ S. 84; 16. 9./S. 155). Seit Februar 1958 sind mehr als fünf Millionen Feierschichten verfahren und mehrere Zechen stillgelegt worden. Die Demonstration verläuft ohne Zwischenfälle. Die Polizei sperrt die Autobahn Köln–Bonn, damit die 750 Busse aus dem Ruhrgebiet ohne Behinderung die Bundeshauptstadt erreichen. Der größte Teil der Bergleute kommt in 29 Sonderzügen am Kölner Hauptbahnhof an und fährt mit Bussen nach Bonn weiter.

Nennenswerte Störungen verzeichnet die Polizei nicht. Einige kommunistische Gruppen mit Flugblättern werden schon auf der Autobahn abgefangen. Ordner der Industriegewerkschaft Bergbau entfernen einige »wilde« Demonstranten mit Transparenten gegen die Atombewaffnung aus dem Zug. Die Absicht der Bergarbeiter, bis vor das Bundeshaus zu marschieren, wird von den Sicherheitskräften vereitelt, die die sog. Bannmeile um die Regierungsgebäude abriegeln.

Mit Heizölsteuer gegen Kohlekrise

16. September. Das Bundeskabinett beschließt die Einführung einer Heizölsteuer von 30 DM je t.

Nach einer Erklärung der Bundesregierung soll die Heizölsteuer dem Steinkohlebergbau die Anpassung an die veränderte Lage auf dem Energiemarkt erleichtern und zur Vermeidung sozialer Härten beitragen. Weiterhin sollen die Betroffenen finanzielle Leistungen erhalten. Den Bergarbeitern werden beim Antritt einer neuen Beschäftigung an einem neuen Ort die Fahrt- und Umzugskosten erstattet. Liegt der Lohn am neuen Arbeitsplatz niedriger als vorher, wird er mit Staatsmitteln ausgeglichen. Auch Umschulungen sollen durch die Heizölsteuer finanziert werden. Am 23. Oktober scheitert das Gesetz jedoch im Bundesrat (→ 26. 9./S. 155).

Arbeitslosigkeit unter 1%

30. September. Nach Angaben der Bundesanstalt für Arbeitsvermittlung und Arbeitslosenversicherung in Nürnberg sind zum ersten Mal seit der Währungsreform 1948 im Bundesgebiet weniger als 1% aller Arbeitnehmer ohne Beschäftigung. Die Zahl der Arbeitslosen sinkt im September um 1950 auf 187 199 und liegt damit um 145 000 unter der niedrigsten Zahl des Vorjahres. Der große Mangel an Arbeitskräften hat im September die Spannung auf dem Arbeitsmarkt erhöht. Die Zahl der offenen Stellen ist mit 350 393 fast doppelt so hoch wie die Zahl der Arbeitslosen und liegt damit um rund 86 000 höher als 1958. In nahezu allen Wirtschaftszweigen fehlen Fachkräfte (→ S. 118).

Der Präsident der Bundesanstalt für Arbeitsvermittlung, Anton Sabel, kündigt an, daß sich die Arbeitsämter in verstärktem Maße um ausländische Arbeitskräfte bemühen würden. Zur Zeit treffen wöchentlich 600 bis 700 Italiener in der Bundesrepublik ein. Insgesamt wurden seit Januar 20 000 Arbeitskräfte aus Italien angeworben.

Im Steinkohlenbergbau hat sich die Belegschaft im September um 6300 Arbeitskräfte verringert. Die meisten dieser Bergarbeiter wandern freiwillig in andere Industriezweige ab (→ 26. 9./S. 155). Besonders die Eisen- und Stahlindustrie, der Maschinenbau sowie die elektrotechnische, chemische und Automobilindustrie stellen verstärkt Arbeitskräfte ein. Auch das Baugewerbe, die Textilindustrie und viele Zweige der Nahrungs- und Genußmittelbranche können ihren gestiegenen Bedarf an Fachkräften nur unzureichend decken.

Gesetzentwurf für zweites Programm

30. September. Die Bundesregierung billigt den Entwurf eines Bundesrundfunkgesetzes, das die Errichtung von zwei Bundesrundfunkanstalten und einem bundeseigenen Fernsehen vorsieht.

Nach dem Entwurf sollen drei Bundesanstalten entstehen:
▷ Die »Deutsche Welle« in Köln, die auf Kurzwelle Rundfunksendungen für überseeische Gebiete ausstrahlt
▷ Der »Deutschland-Funk« in Berlin (West), der Programme für ganz Deutschland auf Mittelwelle sendet (→ 12. 11./S. 181)
▷ Das »Deutschland-Fernsehen«, das in Frankfurt am Main eingerichtet wird. Das zweite Fernsehen soll keine eigenen Programme produzieren, sondern seine Aufgaben von Gesellschaften durchführen lassen, die sich aus Werbung finanzieren.

Die Opposition und die meisten Bundesländer stehen diesen Plänen ablehnend gegenüber, da sie die Einrichtung eines »Staatsrundfunks« befürchten.

Bundesinnenminister Gerhard Schröder, zuständig für das Fernsehen

Kirche will keine Arbeiterpriester

12. September. Papst Johannes XXIII. ordnet an, daß in Frankreich der Einsatz von Arbeiterpriestern beendet wird.

Das Experiment, bei dem Priester als Arbeiter unter Arbeitern leben, wurde 1942 begonnen und blieb innerhalb der katholischen Kirche umstritten. Bereits 1954 war die Tätigkeit der Arbeiterpriester auf drei Stunden täglich begrenzt worden.

September 1959

Der Lloyd Alexander TS, einer der schärfsten Konkurrenten des Volkswagens, erreicht eine Höchstgeschwindigkeit von 110 km/h und kostet 4250 DM

Der VW, von dem seit 1945 drei Millionen Exemplare ohne wesentliche Veränderungen gebaut wurden, ist seit 1949 auch als Cabriolet erhältlich

Mit kantigen Linien und Dreizylinder-Zweitakt-Motor: Der neue DKW Junior

Daimler-Benz ergänzt die seit 1953 gebauten Vierzylinder-Modelle (vorn) durch die moderneren Sechszylinder vom Typ Mercedes 220, 220 S und 220 SE

Auto 1959:

Eleganz durch Heckflossen

Der jährlich um eine halbe Million Autos wachsende Kraftfahrzeugbestand läßt 1959 einen Trend zu Wagen mit größerer Motorleistung erkennen. Von den Kleinstwagen und Rollern der frühen 50er Jahre haben sich nur der Fiat 500, das Goggomobil und die BMW Isetta behaupten können. Die meisten neuen Modelle verfügen über Motoren mit einem Hubraum zwischen 600 und 1500 cm^3.
Besonders auffällig ist die Nachahmung des US-Auto-Designs. Neben der Zweifarbenlackierung (z. B. bei Opel Rekord, Ford 17 M) gelten die Panorama-Windschutzscheibe und vor allem Heckflossen als modern. Solche Flossen schmücken den DKW Junior und den Lloyd Arabella ebenso wie den NSU Sport-Prinz. Auch die Kleinwagen DAF 600 (→ 23. 3./S. 52) und BMW 700 folgen diesem Trend. Mit den modisch-eleganten bei einem Unfall jedoch gefährlichen Heckflossen versieht selbst Daimler-Benz sein neues Spitzenmodell Mercedes 220. Nach einer Produktionszeit von nur einem Jahr nimmt Opel den »Kapitän« vom Markt und stellt eine völlig neue Version mit Heckflossen vor. Vielbeachtet ist eine Neukonstruktion aus Großbritannien. Der Morris Mini präsentiert moderne Technik ohne stilistische Extravaganzen. Auch Volkswagen verzichtet auf Heckflossen. Der Bestseller VW »Käfer«, von dem 1959 über 227 000 Stück verkauft werden, geht ohne wesentliche Veränderungen ins neue Produktionsjahr (→ 6. 8./S. 137).

September 1959

Das BMW 700 Coupé, ein eleganter Zweisitzer, erfreut sich besonders bei kinderlosen Paaren großer Beliebtheit

Trotz geringer Sicherheit bei Unfällen seit 1956 ein Verkaufserfolg: BMW Isetta mit 12 PS und 85 km/h Spitze

Städteplaner müssen umdenken: Statt mit dem Fahrrad oder öffentlichen Verkehrsmitteln fahren immer mehr Bundesbürger mit dem Auto zur Arbeit; Werksparkplätze sind häufig überfüllt

Mit Zweifarben-Lackierung, geknickten Zierleisten und betonten Heckflossen übernimmt der Ford Taunus 17 M US-amerikanisches Autodesign

Eigentlich ein »Rekord«, allerdings mit schwächerem Motor; der Opel 1200 leistet 40 PS, erreicht 119 km/h Spitzengeschwindigkeit und kostet 5935 DM

»Barockengel« aus den USA: Der Mercury mit verspieltem Chrom-Zierrat

Vorbild für Europa: Die geschwungenen Linien des Plymouth Station Wagon

September 1959

Wernher v. Braun in Bonn geehrt

4. September. Bundespräsident Theodor Heuss überreicht in Bonn dem deutschstämmigen US-Raketenforscher Wernher von Braun das Große Bundesverdienstkreuz.
Wie das Bundespräsidialamt mitteilt, erhält von Braun, der seit 1945 in den USA arbeitet, die Auszeichnung »für seine entscheidenden Leistungen zur Entwicklung der modernen Luftfahrt und für die erhebliche Förderung des Ansehens der deutschen Wissenschaft und Technik in der ganzen Welt«.
Am 6. September hält Wernher von Braun in der Paulskirche in Frankfurt am Main die Festrede zum 50jährigen Bestehen der Internationalen Luftfahrt-Ausstellung (ILA) und geht dabei auf die vieldiskutierte Verantwortung der Wissenschaft ein. Er verwahrt sich gegen eine moralische Überforderung der Naturwissenschaftler und betont die Notwendigkeit von ziviler und militärischer Forschung: »Können wir mit der Entwicklung von Waffen einhalten, ehe die Garantie besteht, daß man auch auf der anderen Seite mit der Entwicklung noch furchtbarerer Waffen ebenfalls aufhört? Man kann nur eines hoffen, daß die Existenz aller Düsenflugzeuge, Atombombenträger und Raketen den atomaren Weltkrieg endgültig zu einer veralteten Methode von Auseinandersetzung gemacht hat... Aber was sollen wir tun? Es ist unfair, Forschern die Verantwortung zu überlassen, wenn Politiker sie nicht übernehmen können. Sollen wir warten, bis auf dem Mond die rote Flagge weht?«
Als nächste Ziele der US-Raumfahrt nennt von Braun die Weiterentwicklung der Satellitentechnik. Auf den Gebieten der Wetterbeobachtung und im drahtlosen Fernsprechverkehr seien in Kürze Fortschritte zu erwarten. Die »Saturn«-Rakete, die noch in der Entwicklung sei, solle besonders bei den Satellitenprojekten erprobt werden.

Der deutsch-US-amerikanische Rakentenforscher Wernher von Braun (l.) erhält das Große Bundesverdienstkreuz aus der Hand von Bundespräsident Heuss

Uraufführung von Sartre-Schauspiel

23. September. Im Pariser »Théâtre de la Renaissance« wird »Die Eingeschlossenen« (»Les Séquestrés d'Altona«), ein Stück in fünf Akten von Jean-Paul Sartre, uraufgeführt.
Der französische Philosoph und Dichter kann mit diesem Drama an den Welterfolg seines Stückes »Die schmutzigen Hände« von 1947 anknüpfen. Die glänzende Aufnahme der Pariser Uraufführung mit Serge Reggiani in der Hauptrolle veranlaßt zahlreiche andere europäische Bühnen zu Nachfolge-Inszenierungen.
Im Mittelpunkt des Schauspiels steht das Schicksal einer deutschen Familie aus Altona, ihre Schuld aus der Zeit des Nationalsozialismus, ihre Sühne und vor allem ihre Todessehnsucht. Jean-Paul Sartre kommentiert, er habe zeigen wollen, »wie der Mensch von heute lebt, wie er mit der Situation, in die er gestellt ist, fertig wird... In unserem Jahrhundert der Gewalt ist der erwachsene Mensch zwangsläufig Zeuge oder Mithandelnder geworden und hat eine Verantwortung übernehmen müssen.«

Essen und Trinken 1959:
»Edelfreßwelle« im Kommen

Bei den Ernährungsgewohnheiten der Bundesbürger zeichnen sich drei Entwicklungen ab: Erstens eine zunehmende Tendenz zu verfeinertem Essen; zweitens die Neigung zu tischfertigen Gerichten, da mit der Lust am Essen offensichtlich die Unlust am Kochen zunimmt; drittens die stärkere Einbeziehung ausländischer Lebensmittel und Rezepte in den Speiseplan.
Fachleute wie Alfred Keller, Referent bei der Gesellschaft für Konsumforschung in München, sprechen sogar von einer »neuen Eß- und Trinkkultur«, die in der Bundesrepublik Einzug gehalten habe: »Man würzt mit Curry und Paprika und verfeinert die Speisen mit Kondensmilch. Man kauft den ersten Kopfsalat, die ersten Tomaten, die ersten Gurken. Kartoffeln werden zu Pommes frites verarbeitet. Daneben gibt es Reisgerichte. Das Geräucherte mögen selbst die Bauern kaum noch essen. Kalbfleisch, Wild und Geflügel sind bevorzugte Fleischarten, und der Salzhering darf nur in veredelter Form auf den Tisch kommen. Die Kartoffeln kauft man teilweise schon geschält, Suppeneinlagen brauchen nicht mehr selbst gewaschen und zusammengestellt werden. Wie in Amerika kann man bereits buchstäblich aus der Dose essen.«
Die Hinwendung zu scheinbar höherwertigen Nahrungsmitteln stößt auch auf Kritik. Die Fleischer klagen über die »Edelfreßwelle«, die zu Preisverzerrungen geführt habe, da das fettarme Kalbfleisch zweieinhalb mal so teuer wie Schweinefleisch geworden sei, das immer weniger gekauft werde. Der Fleischverbrauch beträgt in der Bundesrepublik 48,5 kg pro Kopf und Jahr und ist damit immer noch geringer als in Großbritannien oder Dänemark. Ärzte kritisieren den erhöhten Butterverbrauch, der um 7% im Vergleich zu 1958 gestiegen ist. Auch der Konsum von Eiern und Zucker liegt höher als zuvor, so daß ein Erwachsener durchschnittlich 2973 Kalorien täglich aufnimmt. Gesundheitlich ebenfalls bedenklich ist die wachsende Neigung der Bundesbürger zu Genußmitteln. Statistisch trinkt jeder Bundesbürger jährlich 91,45 l Bier, das sind fast 30% mehr als 1956. Bei Wein ist die Steigerungsrate ähnlich, bei Sekt sogar doppelt so hoch. Der Zigarettenkonsum – pro Person jährlich 1202 Stück – hat seit 1956 um 25% zugenommen.

Außergewöhnliche Menüvorschläge halten die Zeitschriften bereit

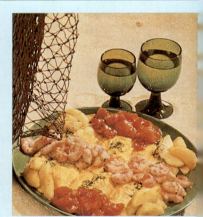

Nachfrage nach Meeresfrüchten steigt; hier ein Shrimp-Omelette

Der 59er Wein ist der beste Jahrgang seit Kriegsende; quantitativ liegt er an zweiter Stelle nach dem 58er

September 1959

Drei Premieren bei Berliner Festwochen

20. September. Mit einem Konzert des Philharmonischen Orchesters unter der Leitung von Herbert von

Herbert von Karajan, geboren am 5. April 1908 in Salzburg, wurde 1947 Dirigent der Wiener Philharmoniker, 1956 künstlerischer Leiter der Staatsoper. Seit 1956 betreut er auch die Berliner Philharmoniker als Chefdirigent.

Karajan werden die IX. Berliner Festwochen eröffnet.
Drei Premieren stehen auf dem Programm der zweiwöchigen Veranstaltung. Das Schiller-Theater spielt »Cyrano de Bergerac« von Edmond Rostand. Das jüngste Stück von Jean Anouilh, »General Quixote oder der verliebte Reaktionär« wird im Schloßparktheater erstmals in Deutschland aufgeführt. Großen Erfolg hat auch John Osbornes »Epitaph für George Dillon«, das John Olden inszeniert.

Gemeinsam zur Olympiade

13. September. Die Leichtathletikverbände der Bundesrepublik (DLV) und der DDR (DVfL) einigen sich in Dortmund auf die Entsen-

Willi Daume, geboren am 24. Mai 1913, gehörte zur Basketball-Nationalmannschaft bei den Olympischen Spielen 1936 und war 1949 bis 1955 Präsident des Deutschen Handball-Bundes. Seit 1950 ist er Präsident des Deutschen Sportbundes.

dung einer gemeinsamen Mannschaft zu den Olympischen Spielen 1960 in Rom.
Die gesamtdeutsche Olympiamannschaft soll nach dem Leistungsprinzip in Ausscheidungskämpfen, die in beiden deutschen Staaten stattfinden, ermittelt werden. In den Fällen, in denen eine große Überlegenheit einzelner Athleten vorliegt, wird auf eine Ausscheidung verzichtet, sofern eine entsprechende Übereinstimmung zwischen beiden Verbänden erzielt wird. Wie die Delegationsführer Max Danz (DLV) und Georg Wieczisk (DVfL) erklären, sollen auf jeden Fall alle zur Verfügung stehenden Plätze für Rom besetzt werden.
Die Bildung einer gesamtdeutschen Olympiamannschaft belegt die guten Beziehungen der Sportverbände aus beiden Teilen Deutschlands. Politische Gegensätze hatten in den Jahren zuvor für Konflikte gesorgt: In der Bundesrepublik wurde 1949 das Nationale Olympische Komitee (NOK) gegründet, das ganz Deutschland zu vertreten beanspruchte. Vertreter aus der DDR wurden nicht aufgenommen, so daß 1952 die DDR die Gründung eines eigenen NOK bekanntgab. 1952 bei den Winterspielen in Oslo und den Sommerspielen in Helsinki traten nur Sportler aus der Bundesrepublik an. Zu einer gemeinsamen deutschen Olympiaauswahl kam es erst 1956 in Melbourne. Bei der Siegerehrung für deutsche Sportler wurde jedoch keine der beiden Nationalhymnen gespielt, sondern Ludwig van Beethovens »Freude schöner Götterfunken«.

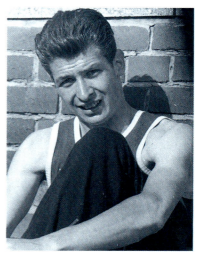

Carl Kaufmann, deutsche Olympiahoffnung für die 400-m-Strecke

Kaufmann stellt Europarekord auf

20. September. Bei einem zweitägigen Länderkampf gegen Polen in Köln siegen die Leichtathleten der Bundesrepublik Deutschland mit 111:101 Punkten. Carl Kaufmann (Karlsruhe) stellt am ersten Tag dieser Veranstaltung mit 45,8 sec über 400 m einen Europarekord auf.

Kantinenplan der Warnowwerft in Warnemünde (DDR); der Anteil der werktätigen Frauen in der DDR ist weitaus größer als in der Bundesrepublik – eine Entwicklung, die staatlicherseits gefördert wird; dementsprechend haben die werkseigenen Kantinen einen höheren Stellenwert in der Ernährung der Bevölkerung als im Westen

Starke Nachfrage nach Kantinenessen

Die meisten berufstätigen Bundesbürger nehmen ihr Mittagessen nicht zu Hause, sondern am Arbeitsplatz ein. Nahezu in jedem größeren Betrieb haben die Beschäftigten die Möglichkeit, in einer Kantine zu speisen. Rund 15 Millionen Arbeitnehmer nehmen regelmäßig dieses Angebot wahr, auch aus Gründen der Sparsamkeit. Der Preis für ein Essen beträgt 0,60 DM bis 0,80 DM, wobei der Betrieb 50% der Kosten übernimmt.
Viele Unternehmen wollen ihren Mitarbeitern nicht irgendein Essen, sondern schmackhafte, gesunde und abwechslungsreiche Kost vorsetzen. Ein differenzierter Speiseplan, der auf die jeweilige körperliche und geistige Tätigkeit der Beschäftigten abgestimmt ist, wird allerdings noch lange nicht überall realisiert, weil damit erhöhte Kosten verbunden wären. Jedoch dient eine Kantine auch indirekt dazu, das Arbeitsklima zu verbessern und eine angenehme Atmosphäre unter den Kollegen zu schaffen.

Oktober 1959

Mo	Di	Mi	Do	Fr	Sa	So
			1	2	3	4
5	6	7	8	9	10	11
12	13	14	15	16	17	18
19	20	21	22	23	24	25
26	27	28	29	30	31	

1. Oktober, Donnerstag

In der Bundesrepublik tritt zum ersten Mal ein bundeseinheitliches Standesrecht für alle Rechtsanwälte in Kraft. Die neue Ordnung sieht eine völlige Niederlassungsfreiheit der Anwälte vor.

Am zehnten Jahrestag der Gründung der Volksrepublik China finden in Peking eine Truppenparade und eine Demonstration von über 70 000 Arbeitern statt. Ehrengast der Feierlichkeiten ist der sowjetische Partei- und Regierungschef Nikita S. Chruschtschow.

Nach einer Verfügung des Berliner Senators für Volksbildung wird den Lehrern »Die Behandlung geschlechtlicher Fragen im Rahmen der schulischen Erziehung« zur Pflicht gemacht. →S. 167

In Paris wird das Drama von Jean Anouilh »Becket oder die Ehre Gottes« uraufgeführt. →S. 173

2. Oktober, Freitag

Der amtierende israelische Ministerpräsident David Ben Gurion spricht sich erneut für freundschaftliche Beziehungen zur Bundesrepublik aus und vertritt die Ansicht, daß die junge deutsche Generation nicht für die Verbrechen des Nationalsozialismus verantwortlich gemacht werden könne (→1. 7./S. 16).

Der US-amerikanische Politikwissenschaftler Henry A. Kissinger fordert in Bonn eine größere Opferbereitschaft der westlichen Völker für eine kombinierte konventionelle und atomare Rüstung. →S. 169

Das Auswärtige Amt gibt in Bonn bekannt, daß die Bundesrepublik seit 1956 rund 192 Millionen DM an Entwicklungsländer gezahlt hat.

Der französische Spielfilm »Babette zieht in den Krieg« mit Brigitte Bardot in der Hauptrolle wird erstmals in den bundesdeutschen Kinos gezeigt.

Über der Bundesrepublik und Mitteleuropa ist eine partielle Sonnenfinsternis zu beobachten.

3. Oktober, Sonnabend

Der Parteivorstand der SPD fordert die Bundesregierung auf, die Bundeswehr nicht mit Atomwaffen auszurüsten und diplomatische Beziehungen zu den osteuropäischen Ländern aufzunehmen. Bisher bestehen nur mit der Sowjetunion diplomatische Beziehungen.

4. Oktober, Sonntag

Von der Sowjetunion wird die Sonde »Lunik 3« in den Weltraum geschossen, die in eine Bahn um den Mond einschwenken und Bilder von der bisher unbekannten Rückseite des Mondes zur Erde funken soll. →S. 168

Die Museumsinsel in Berlin (Ost), das alte Zentrum des ehemals preußischen Kunstbesitzes, wird in einer Feierstunde vor dem Pergamonaltar wieder eröffnet. Die Kunstschätze waren während des Zweiten Weltkriegs ausgelagert worden. →S. 172

Bei der deutschen szenischen Erstaufführung der Zwölf-Ton-Oper »Moses und Aaron« von Arnold Schönberg (konzertante Uraufführung: 12. 3. 1954, Hamburg; szenische Uraufführung: 6. 6. 1957, Zürich) als Beitrag der Städtischen Oper zu den Festwochen in Berlin (West) kommt es zu tumultartigen Szenen, da die Aufführung vom Publikum zwiespältig aufgenommen wird.

Die bundesdeutsche Fußball-Nationalmannschaft schlägt in Bern die Mannschaft der Schweiz 4:0 (1:0).

5. Oktober, Montag

Bundeskanzler Konrad Adenauer (CDU) spricht sich in einem Interview mit der israelischen Zeitung »Maariv« gegen eine Aufnahme diplomatischer Beziehungen zwischen der Bundesrepublik und Israel aus, da ein solcher Schritt in den arabischen Ländern Verstimmung auslösen würde (→1. 7./S. 116).

In Berlin (Ost) beginnen großangelegte Feiern zum zehnten Jahrestag der Gründung der DDR.

Die Westdeutsche Rektoren-Konferenz empfiehlt in Bonn allen bundesdeutschen Hochschulen, keine offiziellen Vertreter zur 550-Jahr-Feier der Universität Leipzig zu entsenden. Begründet wird diese Empfehlung mit der eingeschränkten Freiheit der Wissenschaften an DDR-Hochschulen.

In den USA wird die Rakete »Little Joe«, mit der ein Mensch in einer Weltraumkapsel abgeschossen werden soll, zum ersten Mal erfolgreich erprobt.

Mit großem Erfolg wird erstmals im Deutschen Fernsehen eine Krimiserie von Francis Durbridge, »Der Andere«, gezeigt. Während der Ausstrahlung der sechs Folgen sind fast alle Straßen wie leergefegt.

6. Oktober, Dienstag

Bundesverteidigungsminister Franz Josef Strauß (CSU) äußert in New York die Ansicht, daß ein internationales Abkommen über Kernwaffen und eine Begrenzung der konventionellen Rüstung möglich, eine totale Abrüstung dagegen utopisch sei (→2. 10./S. 169).

In einer stürmischen Parlamentssitzung lehnt die italienische Regierung die Entfernung faschistischer Inschriften einschließlich des Namens Benito Mussolinis aus dem Olympiastadion von Rom ab.

7. Oktober, Mittwoch

Auf einer Kundgebung zur Feier des zehnten Jahrestags der Gründung der DDR in Berlin (Ost) schlägt der Erste Sekretär des Zentralkomitees der SED, Walter Ulbricht, einen vatikanähnlichen Status für Berlin (West) vor.

In Berlin (West) kommt es zu blutigen Zusammenstößen zwischen Arbeitern der DDR-Reichsbahn und Westberliner Polizeikommandos, als die Ostberliner Behörden neue Staatsflagge auf dem Gelände der S-Bahn, die von der DDR betrieben wird, aufziehen lassen. Westberliner Polizeikommandos holen die Fahnen ein und werden dabei tätlich angegriffen. →S. 164

Auf den irakischen Ministerpräsidenten Abd Al Karim Kasim wird in Bagdad ein Attentat verübt, bei dem dieser nur leicht verletzt wird. Die Urheber des Anschlags werden in nationalistischen Kreisen vermutet (→20. 9./S. 150).

In Frankfurt am Main wird die elfte Internationale Buchmesse eröffnet. An der Bücherschau, die bis zum 12. Oktober dauert, nehmen mehr als 1600 Verlage teil, davon 700 aus dem Ausland.

8. Oktober, Donnerstag

Bei den Unterhauswahlen in Großbritannien kann die Konservative Partei von Premierminister Harold Macmillan ihren Vorsprung vor der oppositionellen Labour Party verdoppeln. →S. 169

9. Oktober, Freitag

Bundesinnenminister Gerhard Schröder (CDU) gibt in Bonn Pläne zu gesetzlichen Regelungen für den Verteidigungsfall bekannt, wonach Bundesbürger für den Schutz der Zivilbevölkerung dienstverpflichtet werden können. →S. 165

Der durch die Dürreperiode in der Bundesrepublik (→11. 7./S. 121) verursachte Rückgang bei der Milcherzeugung führt zu einem starken Anstieg der Butterpreise, die jetzt bei 7,60 DM je Kilo liegen.

10. Oktober, Sonnabend

Die mittelamerikanische Republik Guatemala erklärt den Kriegszustand mit Deutschland offiziell für beendet. Gleichzeitig werden diplomatische Beziehungen zur Bundesrepublik aufgenommen.

Im Deutschen Fernsehen hat das Ratespiel »Quiz ohne Titel« mit Hans-Joachim Kulenkampff Premiere. Kulenkampffs Begrüßung »Meine lieben Zuschauer in der Bundesrepublik und in der DDR« führt zu Protesten zahlreicher Zuschauer und Politiker. →S. 165

11. Oktober, Sonntag

Bei den Bürgerschaftswahlen in Bremen erringt die SPD ein weiteres Mal die absolute Mehrheit. Wilhelm Kaisen (SPD), der seit 1945 regiert, bleibt somit Bürgermeister des kleinsten Bundeslandes. →S. 165

Aus Protest gegen die Entscheidung des Frankfurter Landgerichts, die Schilder »Bücher aus der Deutschen Demokratischen Republik« durch die Bezeichnung »Bücher aus dem innerdeutschen Handel« zu ersetzen, verlassen die Vertreter der DDR die Buchmesse in Frankfurt.

Altbundespräsident Theodor Heuss wird in der Paulskirche in Frankfurt am Main mit dem Friedenspreis des Deutschen Buchhandels ausgezeichnet. →S. 173

In der Bundesrepublik wird die zweiteilige Verfilmung von Thomas Manns Roman »Die Buddenbrooks« uraufgeführt. Hauptdarsteller sind Lilo Pulver, Hansjörg Felmy und Nadja Tiller.

Den Leichtathletik-Länderkampf gegen die ČSR in Prag verliert die Mannschaft des DLV mit 95:117 Punkten. →S. 173

12. Oktober, Montag

In Washington veröffentlicht der Senatsausschuß zur Untersuchung unamerikanischer Umtriebe einen Bericht über die »Verbrechen des Ministerpräsidenten Chruschtschow«. Darin wird von Hungersnöten, Terrorakten und Säuberungen in der Ukraine zu einer Zeit berichtet, als der derzeitige sowjetische Partei- und Regierungschef Nikita S. Chruschtschow Erster Sekretär der Ukrainischen Kommunistischen Partei war.

13. Oktober, Dienstag

In der Volksrepublik China stimmt der Nationale Volkskongreß den Vorschlägen des sowjetischen Partei- und Regierungschefs Nikita S. Chruschtschow zu, der eine totale Abrüstung aller Streitkräfte angeregt hatte (→15. 9./S. 146).

Von der US-Raketenbasis Kap Canaveral wird der Satellit »Explorer 7« in den Weltraum geschossen, der die Erde mindestens ein Jahr umkreisen soll.

Bei einem Volksentscheid in 18 norwegischen Städten spricht sich eine große Mehrheit für die Eröffnung von Verkaufsstellen des staatlichen Wein- und Alkoholmonopols aus.

14. Oktober, Mittwoch

Das Bundeskabinett verabschiedet das Kriegswaffengesetz, in dem bestimmt wird, in welchem Fall die Bundesregierung die Erzeugung und den Transport von Kriegswaffen genehmigen darf.

In Frankreich treten aus Protest gegen die Absicht von Staatspräsident Charles de Gaulle, Algerien das Selbstbestimmungsrecht zu gewähren, neun gaullistische Abgeordnete aus der Regierungspartei UNR aus (→16. 9./S. 150).

15. Oktober, Donnerstag

Auf den ehemaligen französischen Innenminister und derzeitigen Senator François Mitterrand (Sozialistische Partei) wird in Paris von Unbekannten ein Attentat verübt, bei dem Mitterrand unverletzt bleibt (→25. 11./S. 183).

16. Oktober, Freitag

Im Zusammenhang mit der Algerien-Politik von Staatspräsident Charles de Gaulle stellt Ministerpräsident Michel Debré in der Französischen Nationalversammlung die Vertrauensfrage. 441 Abgeordnete stimmen für die Regierungspolitik, 23 dagegen (→16. 9./S. 150).

Das Auftreffen der sowjetischen Raumsonde »Lunik 2« auf dem Mond – bei der Landung wurden Wimpel mit der Flagge der UdSSR abgeworfen – bildet den Hintergrund für die Darstellung des US-Präsidenten Dwight D. Eisenhower in der satirischen Zeitschrift »Simplicissimus«

Simplicissimus

Neubegründet von Olaf Iversen

Jahrgang 1959 Nummer 40   München, den 3. Oktober 1959

Oktober 1959

Der Pfahl im Fleisch

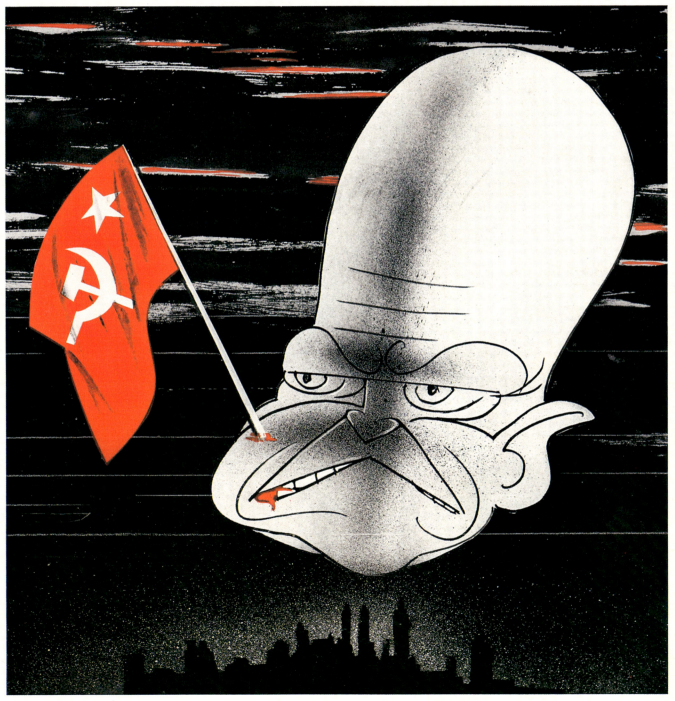

Zeichnung: H. M.-Brockmann

Oktober 1959

17. Oktober, Sonnabend

Das Hissen der neuen DDR-Flagge wird in mehreren westeuropäischen Hauptstädten unterbunden. In Paris weigert sich die Volleyball-Nationalmannschaft der DDR, gegen die französische Mannschaft zu spielen, weil die Pariser Behörden die Nationalhymne und die Flagge der DDR verbieten (→ 7. 10./S. 164).

Der kubanische Revolutionsführer und Ministerpräsident Fidel Castro ernennt seinen 28jährigen Bruder Raúl zum Minister für die Revolutionsstreitkräfte (→ 2. 1./S. 12)

Wegen fahrlässiger Tötung wird in Stuttgart ein 21jähriger Kraftfahrer zu einem Jahr Gefängnis und fünf Jahren Führerscheinentzug verurteilt. Er hatte mit seinem LKW auf der Autobahn gewendet und war mit einem Auto zusammengestoßen, dessen zwei Insassen bei dem Unfall starben.

Die königliche Schloßwache vor dem Buckingham-Palast in London wird hinter die Umzäunung des Schlosses zurückgezogen. → S. 169

18. Oktober, Sonntag

Der Bundesminister für Gesamtdeutsche Fragen, Ernst Lemmer (CDU), erklärt in Saarbrücken, daß es am Tag der Wiedervereinigung Deutschlands keine »Ent-SEDfizierung« geben werde.

Der sowjetische Satellit »Lunik 3«, der am → 4. Oktober (S. 168) gestartet wurde, sendet die ersten Bilder von der Rückseite des Mondes.

Die US-amerikanische Schauspielerin Elizabeth Taylor unterzeichnet in Hollywood einen Vertrag, mit dem sie zur bisher teuersten Darstellerin in der Geschichte des Films wird: Für die Rolle der »Cleopatra« soll sie umgerechnet 4,2 Millionen DM erhalten.

19. Oktober, Montag

US-Präsident Dwight D. Eisenhower weist das Justizministerium an, aufgrund des Taft-Hartley-Gesetzes eine 80tägige Unterbrechung des seit 97 Tagen andauernden Stahlarbeiterstreiks zu verfügen (→ 7. 11./S. 184).

Aus Protest gegen die Festsetzung des Butterpreises durch die französische Regierung errichten Bauern in der Bretagne Straßensperren und legen den Verkehr in der Region lahm.

20. Oktober, Dienstag

DDR-Verteidigungsminister Willi Stoph (SED) kündigt eine Erhöhung der Gefechtsbereitschaft der Nationalen Volksarmee an. Nach seinen Worten soll damit der allgemeinen Abrüstung »zum Durchbruch verholfen« werden.

Der US-amerikanische Raketenforscher Wernher von Braun übt in Washington scharfe Kritik am Weltraumprogramm der USA. Wenn das derzeitige Tempo bei der Forschung beibehalten werde, könne man bei der Landung auf dem Mond Zoll an die Sowjets zu zahlen haben (→ 21. 10./S. 168).

Seit dem 15. August fällt zum ersten Mal wieder Regen in Norddeutschland; damit geht ein sehr trockener Sommer zu Ende (→ 1. 7./S. 121).

21. Oktober, Mittwoch

Die SPD-Bundestagsfraktion fordert die Erhöhung des gesetzlichen Mindesturlaubs von 12 auf 18 Tage für alle Arbeitnehmer. Jugendliche sollen 24 Tage Urlaub im Jahr bekommen.

Im Westberliner Stadtteil Steglitz wird der Grundstein für das Klinikum der Freien Universität gelegt. Der Bau soll 140 Millionen DM kosten.

In New York wird das von dem Architekten Frank Lloyd Wright entworfene Guggenheim-Museum eröffnet. → S. 172

Die Bundesvereinigung der Arbeitgeberverbände spricht sich in Bonn gegen größere Fußballveranstaltungen an Wochentagen aus, da diese den Arbeitsablauf erheblich störten.

Vor 70 000 Zuschauern im Köln-Müngersdorfer Stadion gewinnt die bundesdeutsche Fußballauswahl gegen die Niederlande 7:0 (2:0).

22. Oktober, Donnerstag

In der kubanischen Hauptstadt Havanna schlägt ein Attentat auf Ministerpräsident Fidel Castro fehl.

Der Rat der Westeuropäischen Union (WEU) erteilt der Bundesrepublik die Genehmigung, Fernlenkwaffen zur Flugabwehr zu bauen. In den Vereinbarungen der WEU ist festgelegt, daß die Bundesrepublik von der Produktion bestimmter Waffentypen ausgeschlossen ist.

Die Schwedische Akademie der Wissenschaften in Stockholm erkennt den Nobelpreis für Literatur dem 58jährigen italienischen Lyriker Salvatore Quasimodo zu (→ 10. 12./S. 203).

23. Oktober, Freitag

Bundesinnenminister Gerhard Schröder (CDU) beantragt beim Bundesverwaltungsgericht in Berlin (West), die »Vereinigung der Verfolgten des Nazi-Regimes (VVN)« zur verfassungsfeindlichen Organisation zu erklären.

Mit Franz-Josef Röder (CDU) wird zum ersten Mal ein Ministerpräsident des Saarlandes Präsident des Bundesrates.

Truppen der Volksrepublik China dringen in Kaschmir etwa 65 km auf indisches Gebiet vor und töten bei einem Feuerüberfall 17 indische Soldaten.

Der Bundesrat lehnt die vom Bundestag beschlossene Einführung einer Heizölsteuer ab (→ 16. 9./S. 155).

Bundesverkehrsminister Hans-Christoph Seebohm (Deutsche Partei) zeichnet erstmals einen Verkehrsteilnehmer als »Kavalier der Straße« für vorbildliches Verhalten im Straßenverkehr aus.

Der oberste britische Richter, Baron Hubert Parker of Waddington, spricht sich in London für die Wiedereinführung der körperlichen Züchtigung als Teil einer gerichtlichen Strafe aus.

24. Oktober, Sonnabend

Die staatliche britische Fluggesellschaft BEA bezeichnet in ihren Flugkarten die ehemaligen deutschen Ostgebiete als polnisches Territorium und ruft damit energische Proteste in Bonn hervor.

Der zu einem Besuch in Bonn erwartete irakische Erziehungsminister Abdel Hamid läßt die zu seinem Empfang bereitstehenden Regierungsbeamten vergeblich am Flughafen warten und teilt telefonisch mit, daß er statt dessen nach Berlin (Ost) gereist sei.

25. Oktober, Sonntag

Bei den Kommunalwahlen in Schleswig-Holstein bleibt die CDU mit 39,9% stärkste Partei, büßt aber 4,4% der Wählerstimmen gegenüber 1955 ein.

26. Oktober, Montag

Der Bundesgerichtshof in Karlsruhe entscheidet, daß gesüßtes, obergäriges Bier (»Malzbier«) in Bayern zwar erlaubt ist, jedoch nicht unter der Bezeichnung Bier angeboten werden darf. Weiterhin wird der Verkauf dieses Getränks in Bierflaschen untersagt, um Verwechslungen auszuschließen. → S. 169

Vom österreichischen Verteidigungsministerium wird dem Bundesheer das Singen bestimmter Lieder der deutschen Wehrmacht verboten. Darunter sind »O du schöner Westerwald« und »Auf der Heide blüht ein kleines Blümelein«.

27. Oktober, Dienstag

Nach einer Meinungsumfrage des DIVO-Instituts in Frankfurt am Main halten 40% der Befragten die Wiedervereinigung für das wichtigste Problem der Bundesrepublik. → S. 165

Die weitere Verschärfung der polnischen Wirtschaftskrise führt zu einer Umbildung der Regierung in Warschau. Landwirtschaftsminister Edward Ochab verliert seinen Posten, da er für die Versorgungsengpässe bei Lebensmitteln verantwortlich gemacht wird. → S. 169

Der 35jährige Schwiegersohn von Partei- und Regierungschef Nikita S. Chruschtschow, Alexej I. Adschubij, wird einstimmig in den Obersten Sowjet gewählt.

Den bisher höchsten Gewinn im Fußballtoto erzielt ein Londoner Schriftsteller mit 260 104 Pfund Sterling (umgerechnet 3,1 Millionen DM).

Ein Orkan über Norddeutschland richtet schwere Verwüstungen an und bringt zahlreiche Schiffe in Seenot. → S. 165

Bei schweren Unwettern an der Westküste Mexikos kommen mehr als 1000 Menschen ums Leben. → S. 169

28. Oktober, Mittwoch

Nach einer gemeinsamen Erklärung der Bundesregierung und der Länderregierungen soll künftig das Zeigen der DDR-Flagge mit Hammer und Zirkel im Ährenkranz als Verstoß gegen die Verfassung und die öffentliche Ordnung mit polizeilichen Mitteln verhindert werden (→ 7. 10./S. 164).

Das Bundesinnenministerium veröffentlicht eine Studie, nach der wegen der steigenden Studentenzahlen ein Numerus clausus für bestimmte Studienfächer (z. B. Jura) eingeführt werden muß.

29. Oktober, Donnerstag

Der Erste Sekretär der SED, Walter Ulbricht, lädt in Berlin (Ost) Bundeskanzler Konrad Adenauer (CDU) zu einem Besuch in die DDR ein. Zur gleichen Zeit solle Ministerpräsident Otto Grotewohl (SED) die Bundesrepublik besuchen. Von der Bundesregierung wird diese Einladung als kommunistisches Propagandamanöver zurückgewiesen.

Bundesverteidigungsminister Franz Josef Strauß (CSU) bezeichnet in Schongau die Produktion von Atomwaffen durch die Bundesrepublik als »militärisch überflüssig, politisch falsch und ökonomisch nicht durchführbar«.

Die US-amerikanischen Automobilwerke General Motors stellen die Produktion des »Cadillac« ein, da wegen des Stahlarbeiterstreiks kein Stahl mehr verfügbar ist (→ 7. 11./S. 184).

In der französischen Zeitschrift »Pilote« erscheint die erste Folge der Comicserie »Asterix der Gallier«, die von Albert Uderzo und René Goscinny gezeichnet und getextet wurde. → S. 167

30. Oktober, Freitag

Auf ihrem Parteitag in Verden lehnt die Deutsche Partei (DP), die 1957 bei den letzten Bundestagswahlen 17 Mandate errungen hatte, eine Fusion mit der CDU ab. → S. 165

Der Londoner Grafschaftsrat (County Council) genehmigt die Vorführung des DDR-Films »Ein Tagebuch für Anne«. Die Filmzensurbehörde hatte dies verboten, weil der Film noch lebende Mitschuldige am Tod der Anne Frank zeige.

31. Oktober, Sonnabend

Im Düsseldorfer Schauspielhaus wird unter der Regie von Karl Heinz Stroux das Drama »Die Nashörner« von Eugène Ionesco uraufgeführt.

Die Deutsche Akademie für Sprache und Dichtung verleiht in Darmstadt den Georg-Büchner-Preis an den Lyriker und Hörspielautor Günter Eich.

Das Wetter im Monat Oktober

Station	Mittlere Lufttemperatur (°C)	Niederschlag (mm)	Sonnenscheindauer (Std.)
Aachen	− (10,0)	53* (64)	179 (123)
Berlin	− (8,8)	55* (58)	173 (123)
Bremen	− (9,4)	31* (47)	147 (104)
München	− (7,9)	46* (62)	166 (130)
Wien	9,5 (9,6)	11 (57)	197 (−)
Zürich	8,8 (8,4)	106* (80)	108 (108)

( ) Langjähriger Mittelwert für diesen Monat
− Wert nicht ermittelt
* Mittelwert September–Oktober

Die Kulturzeitschrift »Das Schönste« bringt einen Bericht über das Ballett »Salome« mit Manfred Taubert und Gisela Deege, das vom Hessischen Rundfunk inszeniert wird

Oktober 1959

Das Schönste

Nr. X · 1959 · Oktoberheft

Aus dem Inhalt:
Das Leben des Malers Utrillo
Menuhin in Gstaad
H. E. Jacob: Epische Spannung

München · DM 2.50

Oktober 1959

Die neue Staatsflagge der Deutschen Demokratischen Republik enthält laut Gesetz vom 1. Oktober Hammer und Zirkel, umgeben von einem Ährenkranz; im Westen wird die DDR-Fahne polemisch als »Spalterflagge« bezeichnet

Heftiger Streit um DDR-Flagge in Berlin

7. Oktober. Die neue Flagge der DDR, die nach einem Gesetz vom 1. Oktober auf schwarz-rot-goldenem Grund auch das 1955 eingeführte Wappen – Hammer und Zirkel in einem Ährenkranz – zeigt, ruft bei ihrem ersten Erscheinen außerhalb des Herrschaftsbereichs der SED Krawalle hervor. Beim Hissen zum 10. Jahrestag der DDR-Gründung auf den in Berlin (West) gelegenen, aber der DDR-Verwaltung unterstehenden S-Bahnhöfen kommt es zu Zusammenstößen zwischen der Westberliner Polizei und Angehörigen der DDR-Reichsbahn.

Die ersten DDR-Flaggen waren am 6. Oktober auf den S-Bahnhöfen aufgetaucht und z. T. von Westberliner Polizeieinheiten entfernt worden. Da an den Bahnhöfen Grunewald, Schöneberg und Tempelhof Hunderte von kommunistischen Arbeitern Widerstand leisteten, wurde die Gegenaktion auf Anordnung des Innensenators abgebrochen. In der Nacht zum 7. Oktober werden die entfernten Fahnen durch neue ersetzt. Auch die in ganz Berlin verkehrenden S-Bahnzüge werden nun mit dem Hammer- und Zirkel-Emblem versehen.

Die drei westlichen Stadtkommandanten protestieren bei der sowjetischen Stadtkommandantur scharf gegen das Hissen der DDR-Flaggen auf Westberliner Hoheitsgebiet. Der Senat unter Führung des Regierenden Bürgermeisters Willy Brandt (SPD) bezeichnet die Aktion als Provokation der Bevölkerung. Brandt mahnt jedoch die Einwohner, »alle Handlungen zu vermeiden, die zu unerwünschten Zwischenfällen führen könnten«.

Am Abend des 8. Oktober entspannt sich die Lage, da auf sowjetische Weisung hin sämtliche DDR-Flaggen, die inzwischen auf 131 Gebäuden und Bahnhöfen wehen, wieder eingeholt werden. Eine Erklärung dafür wird weder von sowjetischer Seite noch von der DDR gegeben. Die DDR-Regierung vertritt allerdings nach wie vor die Auffassung, das Gelände ihrer S-Bahn auf dem Boden Westberlins sei »Teil der DDR«. In einem Kommuniqué vom 15. Oktober heißt es, die schwarz-rot-goldene Fahne – identisch mit der bundesdeutschen Flagge – habe geändert werden müssen, weil sie von »reaktionären Kreisen« der Bundesrepublik immer offener »für aggressive Absichten mißbraucht und so bei den Völkern diskreditiert worden« sei.

Auch im Ausland führen die Bemühungen der DDR, als souveräner Staat aufzutreten, zu Zwischenfällen. So weigert sich die DDR-Volleyballmannschaft am 18. Oktober in Paris, zum vereinbarten Spiel anzutreten, weil die Behörden DDR-Hymne und -Flagge nicht zulassen. SED-Sekretär Walter Ulbricht bezeichnet in seiner Festrede zum Jahrestag der DDR-Gründung den industriellen Aufstieg der DDR als das »wahre Wirtschaftswunder in Deutschland«, während er die Lage der Werktätigen in der Bundesrepublik in düsteren Farben schildert. Die Errichtung der DDR nennt er die Erfüllung einer nationalen Pflicht, entstanden durch die Gründung der Bundesrepublik 1949. Demgegenüber protestiert Bundestagspräsident Eugen Gerstenmaier (CDU) in Bonn im Namen aller Fraktionen gegen die Fortsetzung der Teilung Deutschlands. Als Symbol des Willens zur Einheit wird auf dem Reichstagsgebäude die schwarz-rot-goldene Fahne gehißt.

Westberliner Polizisten entfernen die Flagge von einem S-Bahnhof

---

Farben der Revolution, 1848

1871–1918, Dt. Kaiserreich

1919–1933, Weim. Republik

1933–1945, Drittes Reich

Ab 1949, Bundesrepublik

Ab 1959, Dt. Dem. Republik

Deutsche Flaggen im Wandel der Zeit

Die Nationalversammlung in der Frankfurter Paulskirche wählte 1848 Schwarz-Rot-Gold als Farben des angestrebten demokratischen deutschen Nationalstaats. Nach dem Zusammenbruch der Revolution verschwand diese »Rebellenflagge« und tauchte erst nach Schwarz-Weiß-Rot im Norddeutschen Bund (1866–1871) und im Kaiserreich (1871–1918) in der Weimarer Republik wieder auf. Im Dritten Reich wurde von 1933 bis 1935 neben der Hakenkreuzflagge noch die des Kaiserreiches gehißt. Als Farben der Bundesrepublik bestimmt das Grundgesetz 1949 wieder Schwarz-Rot-Gold.

Oktober 1959

Kulenkampff-Quiz wird zum Politikum

10. Oktober. Die neue Sendereihe des Deutschen Fernsehens, »Quiz ohne Titel«, löst bei vielen Zuschauern und bei den Bonner Regierungsparteien Proteste aus.

Quizmaster Hans-Joachim Kulenkampff eröffnet sein neues Quiz mit den Worten: »Guten Abend, liebe Fernsehfreunde in Österreich, in der Schweiz und in der Bundesrepublik, in der DDR und alle Kiebitze in den Zonen- und anderen Grenzgebieten.« Außerdem wird eine Karte gezeigt, auf der die polnisch verwalteten Ostgebiete Pommern, Schlesien und Teile Ostpreußens mit der Aufschrift »Polen« versehen sind. Unter Vermeidung der üblichen Begriffe »Sowjetzone«, »Sowjetzonenrepublik« oder »Sowjetisch besetzte Zone« wird der andere Teil Deutschlands hier schlicht als »DDR« bezeichnet und dies ohne die sonst häufig verwendeten Gänsefüßchen. Hunderte von Berlinern fordern in Anrufen die sofortige Absetzung der Sendung. Der CDU-Bundestagsabgeordnete Heinrich Gewandt bezeichnet Kulenkampffs Wortwahl als »eine leichtfertige und gefährliche Entgleisung einer Körperschaft

Anspielung auf Kulenkampffs Begrüßung der Fernsehzuschauer zu seinem neuen »Quiz ohne Titel«: Karikatur in der Satire-Zeitschrift »Simplicissimus«

des öffentlichen Rechts«, sein Fraktionskollege Johann Baptist Gradl fordert die Einberufung des Gesamtdeutschen Ausschusses, und der Minister für Gesamtdeutsche Fragen, Ernst Lemmer (CDU), will unverzüglich »eine strenge Untersuchung« des Vorfalls erwirken.

»Spiegel«-Kritiker Telemann fragt angesichts soviel moralischer Empörung über den Gebrauch des Begriffes »DDR«, ob »Kuli« vielleicht an einem »durch Überreizung des Sprachzentrums hervorgerufenen Zwang« leide, »ein bestimmtes schmutziges oder beleidigendes Wort, trotz aller Versuche der Unterdrückung dennoch auszustoßen?«

Schwere Stürme in Norddeutschland

27. Oktober. Der seit Tagen über weiten Teilen West- und Nordeuropas herrschende Südwestwind erreicht Stärke 11 und richtet auch im norddeutschen Binnenland schwere Schäden an.

Fast überall liegen die Küstenschiffahrt und der Fährverkehr still. Das Segelschulschiff der Bundesmarine »Gorch Fock«, das am Vortag trotz des stürmischen Wetters zu seiner zweiten großen Auslandsfahrt ausgelaufen war, muß aus Sicherheitsgründen in der Eckernförder Bucht vor Anker gehen (→ 3. 8./S. 137). In der Nacht zum 27. Oktober melden die Halligen an der Nordseeküste zum zweiten Mal innerhalb von 24 Stunden »Land unter«. Die nicht eingedeichten Teile des Küstenvorlandes werden von der tobenden See unter Wasser gesetzt.

Die Schiffahrt ist von dem Orkan besonders betroffen. Ein Bremerhavener Frachter wird vom Sturm an der Westküste Schottlands auf einen Felsen geworfen. Im Nordostseekanal bei Rendsburg legt sich ein DDR-Transportschiff quer und blockiert die Durchfahrt.

Kontroversen um Notstandsgesetze

9. Oktober. Bundesinnenminister Gerhard Schröder (CDU) erläutert in einer Rundfunkansprache seine Pläne zu Notstandsgesetzen für die Bundesrepublik Deutschland.

Unter anderem erwägt der Innenminister die Einführung einer Dienstpflicht für den zivilen Bevölkerungsschutz, die allerdings nur für den Verteidigungsfall gelten soll. Das für den Zivilschutz erforderliche Personal – Ärzte und Pfleger, Angestellte im Bereich des Personen- und Güterverkehrs sowie der Lebensmittelversorgung – soll aber schon in Friedenszeiten ausgewählt und durch sog. Bereithaltungsbescheide verpflichtet werden.

Die Einführung einer gesetzlichen Regelung für den Notstand erfordert eine Änderung des Grundgesetzes und damit eine Zweidrittelmehrheit im Bundestag. Die Sozialdemokraten indessen begegnen Schröders Plänen mit größtem Mißtrauen, da sie einen allzu leichten Machtmißbrauch von seiten der Regierung befürchten.

Überragender Sieg der SPD in Bremen

11. Oktober. Bei der Bremer Bürgerschaftswahl können die Sozialdemokraten ihre Führungsposition mit einem Stimmenzuwachs von 7,1% weiter ausbauen. Sie erhalten 54,9% der Stimmen und verfügen mit 61 von 100 Sitzen abermals über die absolute Mehrheit.

Der Stimmenrückgang der CDU gegenüber der Bundestagswahl 1957 ist beträchtlich. Die Partei verliert etwa die Hälfte ihres Anhangs und bringt es auf lediglich 14,5% der Stimmen und 16 Sitze in der Bürgerschaft. Auch die FDP und die Deutsche Partei (DP) können ihre Positionen nicht halten.

Alle Parteien führen den überragenden Sieg der Sozialdemokraten auf die Popularität von Bürgermeister Wilhelm Kaisen zurück, der seit 1945 die Stadt regiert.

Dem neuen Senat gehören nach der Wahl am 21. Dezember nur SPD- und FDP-Abgeordnete an. Die seit 1951 bestehende Große Koalition aus SPD, CDU und FDP wird nicht weiter fortgesetzt.

Heinrich Hellwege, Mitbegründer und Vorsitzender der Deutschen Partei

DP-Votum gegen Fusion mit CDU

30. Oktober. Einstimmig lehnt die Deutsche Partei (DP) Niedersachsens auf ihrem Parteitag in Verden eine Fusion mit den Christlichen Demokraten ab. Sie folgt damit einem Appell ihres Parteivorsitzenden Heinrich Hellwege, der sich nach lebhaften Diskussionen für eine Selbständigkeit der Partei ausgesprochen hatte.

Deutsche Einheit Problem Nr. 1

27. Oktober. Der Wunsch nach einer Wiedervereinigung Deutschlands steht in den Meinungsbefragungen weiterhin mit sehr großem Vorsprung an der Spitze der die Bundesbürger bedrängenden politischen Probleme. Die Beurteilung der Aussichten ist jedoch deutlich skeptischer geworden.

Wie das DIVO-Institut in Frankfurt am Main bekanntgibt, halten 40 von 100 der westdeutschen und 54 von 100 der Westberliner Bevölkerung die Wiedervereinigung für das wichtigste Problem in der Bundesrepublik. In der Liste der wichtigen politischen Aufgaben folgen die Punkte »Frieden« (27% in der Bundesrepublik, 12% in Berlin), die »Freiheit Berlins« (6% in der Bundesrepublik, 16% in Berlin) sowie die »Vereinigung Westeuropas« (je 1% in Berlin und in der Bundesrepublik). Wirtschaftliche Themen wie »Geldwertstabilität« und »Arbeit« werden der Meinungsumfrage zufolge nicht als ernsthafte Probleme angesehen.

Oktober 1959

220 Millionen DM geben bundesdeutsche Teenager jährlich für Platten aus

Idol vieler Jugendlicher in aller Welt: Rock-'n'-Roll-Star Elvis Presley (M.)

Anzug und Krawatte in Konkurrenz zu Jeans und Lederjacke

Teenager – Jungen und Mädchen zwischen 13 und 19 Jahren – wachsen zu einer bedeutenden Konsumentengruppe heran. In den westlichen Industriegesellschaften bestimmen ihre Wünsche zunehmend die Produktion von Konsumgütern und die Programme der Unterhaltungsindustrie. Ihr Lebensstil prägt die Zeit.

In der Bundesrepublik kaufen die über 6 Millionen Teenager über 60% der jährlich produzierten 56 Millionen Schallplatten, dazu etwa ein Drittel der Gesamtproduktion an Mopeds, Motorrollern und Motorrädern – ein Drittel aller jungen Männer zwischen 15 und 20 besitzt ein Motorrad. Insgesamt geben die deutschen Teenager jährlich über 10 Milliarden DM aus, ein Viertel davon für Kleidung, Süßigkeiten und Getränke. Die Textilindustrie eröffnet eigene Abteilungen für Teenager. Der aufbegehrende »Halbstarke« von gestern mausert sich zu einem Wirtschaftsfaktor, mit dem die Geschäftsleute rechnen, ob es Film- oder Schallplattenproduzenten, Barbesitzer, Autofabrikanten oder Kosmetik- und Textilhersteller sind. Filmproduzent Artur Brauner: »Wenn ich einen Film drehe, der die Jugend nicht anspricht, so ist er von vornherein zu 75 Prozent ein Verlustgeschäft. Beispiel: ›Menschen im Hotel‹. Mit Michèle Morgan, O. W. Fischer, Rühmann, Sonja Ziemann und Fröbe habe ich fünf internationale Stars. Wenn ich jedoch Rock-'n'-Roll-Sänger Peter Kraus dabei hätte, würden 3 Millionen Besucher mehr in den Film gehen.«

Der Teenager von 1959 kleidet sich im Gegensatz zu den sog. Halbstarken der frühen fünfziger Jahre auch gern einmal wieder adrett und sportlich. Röhrenhose, Jeans und Schlabberpulli finden zwar mehr und mehr Eingang in die Schule (→ S. 140), bei geselligen Anlässen jedoch haben schwingende Röcke und Petticoats Hochkonjunktur, z. T. auch die figurbetonenden Taillencorseletts der jungen Damen. Die jungen Herren begeistern sich ebenfalls zunehmend für ein eher traditionelles Kleidungsstück: den Anzug. Neben Rock 'n' Roll kommen Walzer, Tango und Foxtrott wieder in Mode.

Jugendpsychologen stimmen darin überein, daß der Teenager am Ende der fünfziger Jahre keine Sturm- und Drangzeit mehr durchmacht, daß er weniger kämpferisch und dafür ausgeglichener ist als sein Vorgänger, der Halbstarke. Auffällig ist seine Freude an Farbe und Formen. Er liebt Rhythmus und nutzt den technischen Fortschritt.

Aus dem Teenager-Wortschatz
steiler Zahn = hübsches Mädchen
Zahn aufreißen = die Bekanntschaft eines Mädchens suchen
Überzahn = sehr nettes Mädchen
Unzahn = nicht nettes Mädchen
Ische = Mädchen
Fabrikneue = Mädchen, das noch keinen Freund hat
Bediene, Superbediene = Sache, die gefällt
Zentralschaffe = Sache, die ergreift
Macke oder Panne = negatives Werturteil
Verlade = Sache, die mißfällt
Zickendraht = Junge, der nicht mitmacht
ein Faß aufmachen = eine Party veranstalten
Laufwerk = Beine
Menage = Essen
dufter Turm = nettes Zimmer
Schlummersarg = Bett
auf etwas stehen = nett finden

Figurbetont bis lässig: Der Teenager hat bei der Kleidung die Wahl; der Stil ausgesprochener Teen- und Twen-Bekleidung prägt bald auch den Modegeschmack reiferer Kunden, die modisch auf der Höhe sein wollen

Blutjunge Kinostars mit Sexappeal wirken als Kassenmagneten: Die 14jährige Christine Kaufmann

Oktober 1959

Stets von Fans umlagert: Hitlisten-Spitzenreiter Peter Kraus erhält in Wien Polizeischutz; der 20jährige Rock-'n'-Roll-Sänger läuft bei Autogrammstunden und Auftritten Gefahr, von seinen Fans erdrückt zu werden

Sexualkunde an Schulen

1. Oktober. Vor allen Bundesländern wird an den Schulen in Berlin (West) Sexualerziehung zur Pflicht. Die Richtlinien des Senators für Volksbildung erklären die Sexualerziehung zwar grundsätzlich zur Aufgabe der Eltern. Die Schule soll die Eltern aber dabei unterstützen. Die Pflicht des Lehrers zur aufklärenden Pädagogik setzt nach den Richtlinien »das ausdrückliche Einverständnis der Eltern nicht voraus«. Ein Rahmenplan differenziert die Unterrichtsthemen von der Grundschule bis zur Oberstufe.
Nach Angaben der Schulverwaltung muß Sexualerziehung in der Schule erfolgen, da die Mehrzahl der Eltern der Aufklärung ihrer Kinder nicht nachkomme oder sich ihr nicht gewachsen zeige.

Aufklärung zum Schutz vor dem »guten Onkel« mit der Schokolade

Anregungen für ihre neuen Kreationen holen sich die Modeschöpfer gern in den Tanzlokalen

Teenager-Star Cornelia »Conny« Froboess: Mit 15 Jahren ganz vorn in der Gunst des jugendlichen Publikums

Umstritten wie die neuen Richtlinien: Weil die Berliner Lehrerin Nermin Orgon ihren neunjährigen Schülern Aufklärungsunterricht erteilte, wurde sie strafversetzt; viele Eltern stellen sich nun hinter die engagierte Lehrerin

Erste »Asterix«-Episode

29. Oktober. In der französischen Wochenzeitschrift »Pilote« erscheint zum ersten Mal eine vierseitige Episode aus der Comicreihe »Asterix der Gallier«.
Der Texter René Goscinny und der Zeichner Albert Uderzo erzählen witzig und geistreich die Abenteuer von Asterix, einem ebenso kleinen wie listigen Gallier, der um 50 v. Chr. die Römer nicht ohne Erfolg bekämpft. Dabei helfen ihm sowohl ein Zaubertrank, der übermenschliche Kräfte verleiht, als auch sein Freund Obelix. Dieser gallische Krieger fasziniert durch Kraft und Korpulenz sowie besonders durch seine unbändige Lust, Römer und Wildschweine zu jagen.

Begehrtes Statussymbol ist das Motorrad; die entsprechende Lederjacke gehört natürlich dazu

Umlagert von Jugendlichen sind Radios und Plattenspieler auf der Industrieausstellung in Berlin (West)

Betritt 1959 die Comic-Bühne: Asterix der Gallier, ein intelligentes Gegenbild zu den kraftstrotzenden »Superman«-Figuren aus den USA

Oktober 1959

Erstes Bild von der Rückseite des Mondes

4. Oktober. In der Sowjetunion wird die Sonde »Lunik 3« gestartet. Der mit einer Fotokamera ausgestattete Raumflugkörper soll auf seiner elliptischen Umlaufbahn um Erde und Mond als erster die bisher unbekannte Rückseite des Mondes fotografieren und die Bilder zur Erde übermitteln.

»Lunik 3« passiert den Mond am 6. Oktober in einem Abstand von 7639 km und erreicht vier Tage später in 468 000 km die größte Entfernung von der Erde und damit den äußeren Scheitelpunkt seiner Bahn. Am 18. Oktober nähert sich der Satellit der Erde wieder bis auf 47 500 km. Die Übermittlung der ersten Fotos von der erdabgewandten Seite des Mondes wird durch ein Bildübertragungssystem ermöglicht, das den Film automatisch entwickelt und fixiert, anschließend – bei Annäherung der Sonde an die Erde – die beleuchteten Einzelbilder elektronisch abtastet und auf Abruf als Funkbilder zu den sowjetischen Bodenstationen übermittelt.

Der Erfolg von »Lunik 3« verdeutlicht den Vorsprung der sowjetischen Raumfahrt vor den USA. Bereits am 4. Oktober 1957 hatte der Start des sowjetischen Erdsatelliten »Sputnik 1« die Welt in Erstaunen versetzt. Zwei weitere »Sputnik«-Satelliten waren 1958 in eine Erdumlaufbahn gebracht worden und hatten die sowjetische Überlegenheit auf diesem Gebiet demonstriert. Mit dem »Lunik«-Programm will die UdSSR die Erforschung des Mondes intensivieren. Die am → 2. Januar (S. 22) gestartete Sonde »Lunik 1« hatte ihr Ziel – sie sollte auf dem Mond aufschlagen – verfehlt, war in einer Entfernung von 7500 km an dem Erdtrabanten vorbeigeflogen und dann in eine Bahn um die Sonne eingetreten. Erst »Lunik 2« erreichte – 34 Stunden nach dem Start – am 12. September das gesteckte Ziel und traf als erster Flugkörper auf dem Mond auf. Kurz vor dem Aufprall wurden von der Raketenspitze mehrere Wimpel und Metallstreifen ausgestoßen, auf denen der Sowjetstern und das Datum eingraviert sind. Durch diese Maßnahme, so fürchten Völkerrechtler in den USA, wolle die UdSSR Hoheitsrechte auf dem Mond geltend machen, was in Moskau aber dementiert wurde. Wissenschaftliche Daten übermittelte »Lunik 2« nicht.

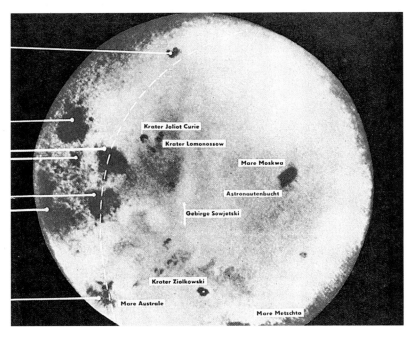

△ Erste Fotografie der stets erdabgewandten Rückseite des Mondes, aufgenommen am 6. Oktober 1959 um 6.30 Uhr von der sowjetischen Sonde »Lunik 3«; die gestrichelte Linie zeigt die Grenze zwischen der von der Erde aus sichtbaren und der unsichtbaren Mondhälfte; nicht nur in den Ostblock-Staaten, sondern auch in den USA wird diese Aufnahme als Meilenstein in der Entwicklung der Weltraumtechnik bezeichnet

◁ Zeichnerische Darstellung des Augenblicks, in dem »Lunik 3« die ersten Aufnahmen von der Mondrückseite schießt, veröffentlicht von der amtlichen sowjetischen Nachrichtenagentur TASS am 26. Oktober

Die US-Raumfahrtbehörde NASA dagegen mußte beim Wettlauf um die Eroberung des Weltraums zunächst Mißerfolge hinnehmen. Der Start der »Vanguard«-Trägerrakete mit einem Satelliten scheiterte am 6. Dezember 1957. Erst am 31. Januar 1958 – die Sowjetunion hatte bereits »Sputnik 2« in eine Erdumlaufbahn gebracht – gelang den USA der Start von »Explorer«. Es folgten »Vanguard 1« am 17. März 1958, dessen Sender mit Sonnenenergie betrieben wird, und »Explorer 3«, der Daten über Strahlungen und Mikrometeoriten übermittelt. Wegen eines Defekts an der Trägerrakete hatten die USA kurz zuvor »Explorer 2« verloren. Im Rahmen des »Pionier«-Programms versuchte die NASA 1958 dreimal vergeblich, eine Sonde auf den Mond zu schießen. 1959 wurden bisher acht »Discoverer«-Satelliten gestartet, von denen fünf in eine polare Umlaufbahn eintraten. Dabei gelang der Versuch, die Flugbahn von Satelliten im Weltraum nachträglich zu ändern. Trotz mehrerer Fehlstarts setzte die NASA darüber hinaus das »Explorer«-Projekt fort und brachte am 7. August 1959 »Explorer 6« in eine Erdumlaufbahn, der Meßergebnisse über die Strahlungshülle der Erde aufzeichnet. Die NASA konzentriert sich weiterhin auf die Vorbereitung eines bemannten Weltraumfluges und strebt an, US-amerikanische Astronauten als erste auf dem Mond landen zu lassen.

»Bürokratie hemmt US-Raumfahrt«

21. Oktober. Nach den jüngsten sowjetischen Erfolgen in der Weltraumfahrt mit »Lunik 3« ordnet US-Präsident Dwight D. Eisenhower an, daß die von Wernher von Braun (→ 4. 9./ S. 158) geleitete Raketenforschungsgruppe der US-Armee der zivilen nationalen Weltraumbehörde NASA unterstellt wird. Auf diese Weise sollen die Weltraumprojekte der USA schneller zum Ziel kommen.

Eisenhowers Entscheidung steht im Zusammenhang mit dem Rücktritt von General John B. Medaris, dem Kommandeur der Raketenabteilung der US-Armee, und der Ankündigung von Brauns, er werde möglicherweise in die Privatindustrie abwandern. Als Motiv nennen beide Raketenexperten die drastischen Kürzungen in ihrem Forschungsbudget, die eine sinnvolle Weiterarbeit nicht mehr ermöglichten. Das Projekt der »Saturn«-Rakete soll vom Verteidigungsministerium um 48 % auf umgerechnet 300 Millionen DM zusammengestrichen werden, da die Luftwaffe parallel eine ähnliche Rakete entwickelt.

Wernher von Braun, der im Zweiten Weltkrieg führend an der Entwicklung der Flüssigkeitsrakete A4 (V2) beteiligt war, übt darüber hinaus öffentlich Kritik an dem bürokratischen Charakter der Raketenplanung. Der Rückstand gegenüber der Sowjetunion werde immer größer. »Man muß darauf gefaßt sein, daß der erste Mann in einer Weltraumrakete ein Russe sein wird und wir durch sowjetischen Zoll müssen, wenn wir in diese Bereiche vorstoßen ... Wir können, wenn wir so fortfahren, ebenso gut unseren amerikanischen Luftraum den Roten überlassen.«

Bisher arbeiten in den USA drei verschiedene Institutionen an Weltraumprojekten. Neben der zivilen Raumfahrtbehörde NASA unterhalten auch die Luftwaffe und die Armee eigene Forschungsstäbe, die miteinander um Gelder und Prestige rivalisieren.

Oktober 1959

Henry A. Kissinger, Professor für Politik an der Universität Harvard

Der britische Premierminister Harold Macmillan im Wahlkampf

Wird abgelöst: Polens Landwirtschaftsminister Edward Ochab

Kissinger tritt für Aufrüstung ein

2. Oktober. Henry A. Kissinger, Professor für Politik aus den USA, fordert in Bonn eine größere Opferbereitschaft der westlichen Völker für eine kombinierte atomare und konventionelle Rüstung.
Kissinger, der als Begründer der These vom begrenzten Atomkrieg bekanntgeworden ist, vertritt die Ansicht, daß militärische Abschreckung nur durch die Androhung massiver Vergeltung funktionieren könne. Abrüstung sei keine wirkliche Alternative, sondern nur »die andere Seite« der Rüstung.

Hoher Wahlsieg für Konservative

8. Oktober. Bei den Wahlen zum britischen Unterhaus können die Konservativen unter Premierminister Harold Macmillan ihren Stimmenvorsprung vor der oppositionellen Labour Party verdoppeln.
Die Konservativen erhalten 49,4% der Wählerstimmen, stellen aber aufgrund des Mehrheitswahlrechts 58% der Abgeordneten. Die Labour Party muß Verluste hinnehmen und kommt auf 43,8%. Vertreter des linken Parteiflügels fordern daraufhin den Rücktritt des gemäßigten Parteichefs Hugh Gaitskell.

Versorgungskrise erschüttert Polen

27. Oktober. Ernste Versorgungsschwierigkeiten in Polen führen zur Umbildung der Regierung. Im Vordergrund steht die Ablösung des Landwirtschaftsministers Edward Ochab durch Mieczyslaw Jagielski. Ochab galt als der letzte »Stalinist« im polnischen Kabinett.
Zehn Tage zuvor waren die Fleischpreise um 25% erhöht und die Bevölkerung zu höheren Arbeitsleistungen aufgefordert worden, womit praktisch eine Streichung der Prämien und damit eine Lohnkürzung verbunden ist.

Königliche Garde zieht sich zurück

17. Oktober. Die königliche Garde vor dem Buckingham-Palast in London, der offiziellen Residenz der britischen Königsfamilie, wird zum Schutz vor wachsenden Belästigungen durch Touristen in den Schloßvorhof zurückgezogen.
Die berühmte Wache der Soldaten mit Purpuruniform und Bärenmütze bezogen seit 1837 im gleichen

Nach dem britischen und preußischen Sieg über die französischen Truppen unter Napoleon Bonaparte bei Waterloo 1815 erhielten die Soldaten der britischen königlichen Garde die Bärenfellmütze, die Kopfbedeckung der Alten Garde Napoleons, als Auszeichnung zugesprochen. Die repräsentative Uniform ist die Attraktion für Tausende von Touristen, die täglich um 11.30 Uhr den Wachwechsel (»Changing the Guards«) vor dem Buckingham-Palast verfolgen.

Zeremoniell, unbeweglich und mit starrem Blick, wie Bleisoldaten vor dem Schloß Stellung. Sie bilden eine Hauptattraktion für die Besucher der britischen Hauptstadt aus aller Welt. Die Touristen hatten sich allerdings immer wieder die strikte Anordnung an die Wachen, sich unbeweglich zu verhalten, zunutze gemacht, um allerlei Schabernack mit ihnen zu treiben.

Über 1000 Tote bei Unwetter in Mexiko

27. Oktober. Eine der größten Naturkatastrophen in der Geschichte Mexikos ereignet sich in den Provinzen Colima, Jalisco und Nayarit. Nach einem Wirbelsturm vernichten wolkenbruchartige Regenfälle, Überschwemmungen und ein durch den Regen hervorgerufener Bergrutsch ein Dutzend Ortschaften. Über 1000 Menschen fallen dem Unwetter zum Opfer.
Schwärme von giftigen Skorpionen und Taranteln, deren Nester bei dem Bergrutsch aufgerissen wurden, überfallen die Überlebenden, die sich oft wegen ihrer Verletzungen nicht genügend wehren können. Präsident Adolfo López Mateos übernimmt selbst die Leitung der Rettungsaktionen.

Wie dieses Dorf in der Nähe von Manzanillo versinken viele Ortschaften an der mexikanischen Pazifikküste nach dem Unwetter im Schlamm

Malzbier ist für Bayern kein Bier

26. Oktober. In dem jahrelangen Streit um die Herstellung und den Verkauf von Malzbier in Bayern entscheidet der Bundesgerichtshof in Karlsruhe, daß der Vertrieb von gesüßtem, obergärigem Bier in Bayern zwar erlaubt ist, das Getränk jedoch nicht unter der Bezeichnung »Bier« angeboten werden darf.
Auch dürfen Aufmachung und bildliche Darstellung auf den Etiketten nicht den Anschein erwecken, es handle sich bei dem Malzbier um richtiges Bier. Der Beachtung des in Bayern geltenden Reinheitsgebotes für Bier, das 1516 vom Landtag beschlossen wurde, sei damit Genüge getan, meinen die Richter. Verboten ist jedoch immer noch die Herstellung von Malzbier in Bayern.

Kunst 1959:
Fülle abstrakter und gegenständlicher Stile nebeneinander

Ende der fünfziger Jahre existieren die verschiedensten Richtungen der abstrakten und der gegenständlichen Malerei in feinsten Ausdifferenzierungen nebeneinander.

Die Bewegung des Abstrakten Expressionismus, der sich nach dem Zweiten Weltkrieg in New York herausbildete, ist trotz gegenläufiger Tendenzen auch 1959 noch produktiv. So entstehen neue Bilder des französischen Malers Georges Mathieu (»Malerei«) und des US-Amerikaners Franz Kline (»Messing und Rot«, »Orangefarbene und schwarze Mauer«). In der Bundesrepublik ist der Maler und Graphiker K. R. H. Sonderborg (»6.-V.-59 19.11–19.56 Uhr«) dieser Kunstrichtung verpflichtet, in der die Spontaneität des Schaffensprozesses im Vordergrund steht. Die Leinwand wird zum Aktionsfeld des Künstlers, der ein Bild aus impulsiven, vom Bewußtsein kaum gesteuerten Hand- und Armbewegungen entstehen läßt. Aus diesem Grund spricht man auch vom »Action painting« oder – zu deutsch – von »gestischer Malerei«. Zunehmenden Widerstand gegen die häufig kritisierte Unverbindlichkeit dieser Kunstbewegung formiert sich gerade in den Reihen ehemals führender Vertreter dieser Richtung. So vollendet Mark Rothko in den USA eine Serie von Wandgemälden, die in ihrer Komposition aus großen, subtil differenzierten Farbflächen den Betrachter zu meditativer Versenkung einladen, eine Wirkung, die nur als Ergebnis ausdauernder Bemühungen erzielt werden kann.

Als Reaktion auf die abstrakte Kunst bringt die Pop-art in Ablehnung jeglicher Tradition die Gegenstände des modernen, von Ware und Werbung geprägten Alltags in plakativer Farbigkeit zur Darstellung. An den Bildern von Jasper Johns (»Numbers in Colour«, »Jubilee«) und Robert Rauschenberg (»Inlet«) entbrennt eine leidenschaftliche Diskussion unter Kunstfreunden um die Frage: »Bis wohin ist Malen Kunst?«

Die Rückbesinnung aufs Figürliche vollziehen Horst Antes (»Figur Orpheus«), Konrad Klapheck (»Der Wille zur Macht«) und Eduard Bargheer. Josef Albers bemüht sich mit seiner Serie »Hommage to the square« (»Ehrung des Quadrates«) um strengste Komposition auf der Grundlage geometrischer Abstraktion.

Große Beachtung findet die Ausstellung der Wiener Schule des phantastischen Realismus in Wien. Junge Künstler wie Erich (Arik) Brauer, Rudolf Hausner und Wolfgang Hutter setzen der Realität eine traumhafte Malerei entgegen, in der Vision und Wirklichkeit einander durchdringen.

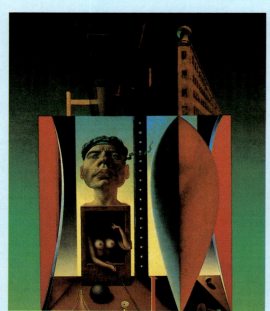

Rudolf Hausner: »Adam gut getroffen«

Ich-Analyse mit Farbpinsel

Zu den maßgebenden Werken der Wiener Schule des Phantastischen Realismus zählen die Arbeiten des 45jährigen Malers und Graphikers Rudolf Hausner, die 1938 von den Nationalsozialisten als »entartet« verboten wurden. Hauptthema seiner halluzinatorischen Malerei ist die Bespiegelung der eigenen Person in der langen Reihe der Adam-Darstellungen. Zum Ausdruck kommt hier die Auseinandersetzung mit einer vom Menschen geschaffenen, unmenschlichen Außenwelt, die ihren Erzeuger zu zerstören droht. »Die Adam-Bilder sind Beobachtungen aus der Sicht eines männlich akzentuierten Wesens, das den weiblichen Aspekt ... als Teil der eigenen Existenz begreift«, erläutert Hausner seine Werkserie in einem Vorwort.

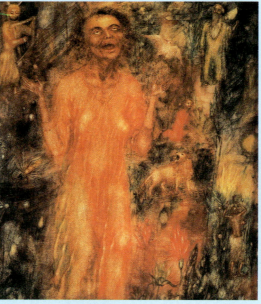

»Negersängerin«; Aquarell von Arik Brauer

Kunst Bestandteil der Natur

Auch der 30jährige Erich (Arik) Brauer gehört mit seinen in altmeisterlicher Technik gemalten erotischen und apokalyptischen Visionen zur Schule des Wiener Phantastischen Realismus. Biblische Themen, schwebende Wesen, pflanzliche Formen und leuchtend bunte Farben verbindet Brauer zu einer magisch-mythischen Traumwelt. Kunstkritiker bemerken, die Welt Brauers kenne zwar durchaus Bedrohungen, seine Werke strahlten jedoch gleichzeitig die unerschütterliche Zuversicht aus, diesen standzuhalten. Brauer selbst bezeichnet die Malerei als einen Bestandteil der Natur: »Ein wichtiger Bestandteil des Lebenswillens ist offenbar die Tatsache, daß die Wesen die Welt und vor allem ihre Mitwesen, d.h. Verwandte, Feinde und Futter als schön erleben.«

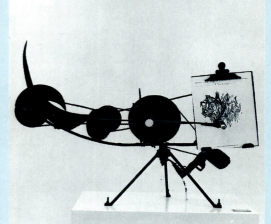

Jean Tinguely: »Méta-matic Nr. 7«

Maschine als Kunstobjekt

Der Richtung des »Nouveau Réalisme« (Neuer Realismus) gehört der 34jährige schweizerisch-französische Maler, Bildhauer und Objektkünstler Jean Tinguely an. Angeregt vom Werk des französischen Malers und Objektkünstlers Marcel Duchamp, setzt er reale Gegenstände an Stelle der bloßen Abbildung selbst ein. Wie seinem Lehrmeister, dem US-amerikanischen Maler und Bildhauer Alexander Calder, geht es Tinguely auch um Sichtbarmachung der Bewegung. Wichtigstes Symbol dafür ist die Maschine. 1959 setzt er seine Serie der »Balubas« fort, die im wesentlichen aus Schrottbestandteilen, Vogelfedern und Tierfellen zusammengefügt sind. Außerdem führt er die Zeichenmaschine »Méta-matic« vor, die moderne Maltechniken ironisiert.

Oktober 1959

De Kooning: Bersten der Ausdruckskraft

Im November widmet das US-amerikanische Magazin »Life« den Abstrakten Expressionisten Jackson Pollock, Franz Kline, Clyfford Still, Mark Rothko und Willem de Kooning als den international einflußreichsten Malern ihrer Stilrichtung eine zweiteilige Serie.

De Kooning gehört zur ersten Generation der Abstrakten Expressionisten. Obwohl er nicht so bekannt ist wie etwa Jackson Pollock, wirkt er doch ebenso prägend auf die jüngeren Maler. Der aus den Niederlanden stammende Künstler wanderte nach einer Lehre als Dekorationsmaler und einem Studium an der Akademie der bildenden Künste in Rotterdam 1926 in die USA aus. In den dreißiger Jahren verbindet ihn eine enge Freundschaft mit dem Maler Arshile Gorky, woraus eine gegenseitige Anregung und Beeinflussung erwächst. Die realistischen Elemente seiner Malerei erweitert de Kooning in dieser Zeit um eine stark expressive Dimension. Seine Bildnisse werden immer verzerrter, vor allem in einer Serie von Frauendarstellungen. Im Laufe der vierziger Jahre weisen die Formen eine bis zur Abstraktion gehende Vereinfachung auf. Das Charakteristische dieser Bilder ist ein Netz organischer Formen, die durch dünne, schwarze, tropfende Linien miteinander verbunden sind. De Koonings Serie »In Schwarzweiß« gipfelt in seinem sicherlich bedeutendsten abstrakten Bild »Aushöhlung«.

Die bekannteste Leistung von Willem de Kooning ist eine Reihe von »Frauenbildnissen«, die zwischen 1950 und 1955 entstanden. Mit wilden Pinsel- und Spachtelstrichen auf die Leinwand geworfen, wirken diese Frauen furchterregend und bis zur Unkenntlichkeit verzerrt.

Ende der fünfziger Jahre entstehen gegenstandslose Arbeiten von eindringlicher Farbenfreude. Einige richtunggebende Pinselstriche bilden das Gerüst, so daß Arbeitstempo und Pinselführung deutlich sichtbar werden.

◁ *De Kooning vor seinem Bild »Suburb of Havanna« (»Vorort von Havanna«), das er nach einem Urlaubsaufenthalt auf Kuba malte*

Oktober 1959

Museumsneubau heftig umstritten

21. Oktober. Mit aufwendigem Zeremoniell wird in New York das Solomon-R.-Guggenheim-Museum eingeweiht. Sein Erbauer, der US-amerikanische Star-Architekt Frank Lloyd Wright, erlebt die Vollendung des Gebäudes nicht mehr. Er war sechs Monate vor der Eröffnung des Museums gestorben. Festredner feiern die Schnecken-Konstruktion deshalb als das »Vermächtnis« des Baumeisters.

Mit dem Museum, das sich in der vornehmen Fifth Avenue gegenüber dem Central Park wie eine riesige Betonspirale in die Höhe windet, verwirklichte Wright seinen Traum von einer organischen Architektur. Er verwandte fast ausschließlich runde Formen für seinen nach oben breiter werdenden Rundbau, der durch eine flache Glaskuppel abgeschlossen wird. Der Besucher fährt mit einem Fahrstuhl in das obere Stockwerk und wandelt dann über eine spiralförmige, abfallende Rampe an den Kunstwerken entlang, bis er wieder in das Erdgeschoß gelangt. Die kühne Konstruktion bedarf keiner stützenden Pfeiler. »Der Bau trägt sich selbst«, versicherte Wright, der sein waghalsiges Konzept gegen den hartnäckigen Widerstand der New Yorker Baubehörden durchsetzen mußte.

In den Schneckengängen, die sich in dreiprozentiger Steigung auf einer Gesamtlänge von 800 m nach oben winden, hängen die Bilder aus der wertvollen Gemäldesammlung des verstorbenen Kupfermagnaten Solomon R. Guggenheim, darunter Werke von Pablo Picasso, Georges Braque, Paul Klee, Wassily Kandinsky und Franz Marc. Guggenheim war es auch, der Wright 1943 mit dem Bau des Museums beauftragte. Selbstbewußt bezeichnet der Architekt sein Werk als »das einzige organische Gebäude New Yorks, das einzige gültige Werk der Architektur des 20. Jahrhunderts«, neben dem jedes andere Museum New Yorks aussehe »wie eine protestantische Scheune«. Zahlreiche Kritiker des Gebäudes bestreiten jedoch dessen Eignung als Museum. So schreibt die »New York Times«: »Die Bilder scheinen schief zu hängen... Das Museum ist das Ergebnis eines Krieges zwischen Architektur und Malerei, den beide nicht heil überstanden haben.«

Mit seinen runden Formen bildet das Guggenheim-Museum in der Fifth Avenue einen starken Gegensatz zu den kastenförmigen Hochhäusern der Umgebung

Pergamon-Altar wieder zugänglich

4. Oktober. In Berlin (Ost) wird auf der Museumsinsel der Pergamonaltar erstmals seit 1939 der Öffentlichkeit zugänglich gemacht.

Der Pergamonsaal und andere im Krieg zerstörte Teile des Museums wie die vorderasiatische und die Antikenabteilung werden nach ihrer Restaurierung zur Zehnjahresfeier der DDR feierlich eröffnet. Nach der Rückführung des einstigen staatlichen Berliner Museumsbesitzes aus der UdSSR 1958/59 konnten die bisher gezeigten Gipsabgüsse durch die Originale ersetzt werden.

Die Friesplatten des Pergamonaltars sind wie von 1930 bis 1939 im zentralen Altarraum angebracht. Der Altarsockel ist mit den Platten des Westfrieses versehen, während sich das Friesband der Nord-, Ost- und Südseite über die blauen Wände des Raumes erstreckt.

In den Skulpturensälen werden die griechischen Plastiken von den römischen Kopien gesondert: Die Nachbildungen erhalten einen eigenen Ausstellungsraum. Im Obergeschoß sind in 14 kleineren Sälen griechische Kleinplastiken sowie römische Porträts und ägyptische Mumienporträts aus dem ersten bis vierten Jahrhundert nach Christus zu sehen. Die ausschließlich mit Originalen neueingerichtete vorderasiatische Abteilung zeigt assyrische Kunst aus dem 20. bis zum 7. vorchristlichen Jahrhundert.

Pergamonaltar im Pergamonmuseum in Berlin (Ost); die Reliefs waren 1945 in die Sowjetunion gebracht worden

Friedenspreis für Theodor Heuss

11. Oktober. Altbundespräsident Theodor Heuss erhält in der Paulskirche in Frankfurt am Main den Friedenspreis des Deutschen Buchhandels (→15. 9./S. 152).

In der Laudatio wird Heuss gewürdigt als ein Liberaler, der ein Leben lang die Würde des Menschen geachtet habe, und als ein großer Schriftsteller, »der Vergangenheit

Theodor Heuss veröffentlichte bis 1933 politische Bücher, darunter eines über Adolf Hitler; von 1933 bis 1936 schrieb er unter dem Pseudonym »Thomas Brackheim«; nach 1945 war er neben seiner Arbeit als FDP-Vorsitzender und später als Bundespräsident auch publizistisch tätig.

und Gegenwart von gefährlichen Ressentiments befreite und den hellen und sauberen Verstand an ihre Stelle setzte«. Als Vorbild für viele Menschen in einer schweren Zeit habe er Idee und Wirklichkeit in seiner Person und in seinem Werk in Einklang gebracht.

Theodor Heuss ist der zehnte Träger des seit 1950 verliehenen Friedenspreises. Vor ihm hatten Max Tau, Albert Schweitzer, Romano Guardini, Martin Buber, Carl J. Burckhardt, Hermann Hesse, Reinhold Schneider, Thornton Wilder und Karl Jaspers diese Auszeichnung erhalten.

Leichtathleten verlieren in Prag

11. Oktober. Der deutsche Leichtathletikverband (DLV) muß seine Entscheidung, den 200. Länderkampf parallel zu einer Japanreise von 16 bundesdeutschen Spitzensportlern auszutragen, in Prag mit einer 95:117-Niederlage gegen die Tschechoslowakei bezahlen.

Zwar erzielen Walter Oberste als 400-m-Sieger (47,2 sec), Jochen Blatt als 1500-m-Zweiter (3:45,4 min) und Günter Timm als 5000-m-Dritter (14:32,8 min) in Prag persönliche Bestleistungen, doch sind die Sportler aus der ČSR als Team eindeutig überlegen.

Den inoffiziellen Ländervergleich mit Japan gewinnt die Auswahl der Bundesrepublik in Tokio souverän mit 163:119 Punkten.

Anouilh-Drama in Paris uraufgeführt

1. Oktober. Im Théâtre Montparnasse in Paris wird ein neues Stück des französischen Dramatikers Jean Anouilh uraufgeführt, »Becket oder die Ehre Gottes«, ein Schauspiel in vier Akten.

Wie in seinem bisher bedeutendsten Drama, der Tragödie »Antigone«, verlegt Anouilh auch hier Handlung und Figuren in die Vergangenheit. König Heinrich II. von England, hier gezeichnet als impulsiver Genießer, ernennt seinen Freund und Ratgeber Thomas Becket zum Erzbischof von Canterbury. Bald jedoch erkennt Becket, daß er nicht gleichzeitig Gott und seinem König dienen

Catherine Anouilh als Darstellerin in dem Stück ihres Vaters (r.)

kann. Ein solcher Grundkonflikt hatte auch das 1943 uraufgeführte »Antigone«-Drama bestimmt: Es kommt zu einem Zusammenstoß unerschütterlicher, kompromißlos vertretener Grundsätze mit einer realpolitischen Weltklugheit, die bewußt Abweichungen von den ursprünglichen Überzeugungen in Kauf nimmt. Der »Dramatiker der Menschenverachtung« (»Süddeutsche Zeitung«) zeichnet auch in »Becket« psychologische Konflikte präzise nach und entlarvt verlogene Haltungen. Gelobt wird nach der Pariser Aufführung die authentische Gestaltung der Figuren.

Gesellenprüfung: Stuntman Rinaldo Zamperlo läßt sich aus 90 m Höhe auf den Boden nieder

Anfängerübung: Fallen mit sicherer Landung auf beiden Füßen

Nervenkitzel auf dem Stundenplan

Um den wachsenden Bedarf der Filmproduzenten an todesmutigen »Doubles« zu decken, hat der ehemalige italienische Fechtmeister Enzo Musumeci Greco in Rom eine Spezialschule für Sensationsdarsteller gegründet. Dort lernt der künftige Stuntman, wie man möglichst kameragerecht und ohne sich dabei zu verletzen, aus einem fahrenden Zug in einen Abgrund stürzt, von einem wildgewordenen Mustang über Stock und Stein geschleift wird oder mit einer Lawine zu Tal rollt. Wer diesen Belastungen gewachsen ist, hat große Chancen, als Doppelgänger eines Schauspielers viel Geld zu verdienen. Eine Filmkarriere schließt sich jedoch nur selten an.

Bravourstück nur für Meisterschüler: Der Sprung aus einem rollenden Zug auf ein fahrendes Auto

November 1959

Mo	Di	Mi	Do	Fr	Sa	So
						1
2	3	4	5	6	7	8
9	10	11	12	13	14	15
16	17	18	19	20	21	22
23	24	25	26	27	28	29
30						

1. November, Sonntag

Der Ratsvorsitzende der Evangelischen Kirche in Deutschland und Bischof von Berlin-Brandenburg, Otto Dibelius, kann wider Erwarten ungestört in der Marienkirche in Berlin (Ost) predigen. Dibelius hatte sich kritisch zur »Obrigkeit« in der DDR geäußert, weshalb ihm ein Predigtverbot angedroht wurde. →S. 180

In Belgisch-Kongo (Zaïre) kommt es zu Zusammenstößen zwischen der afrikanischen Bevölkerung und belgischen Soldaten, bei denen 24 Menschen ums Leben kommen. Der Führer der kongolesischen Nationalbewegung, Patrice Lumumba, wird festgenommen (→13. 1./S. 15).

2. November, Montag

In Berlin (Ost) und in Leipzig kommt es zu Demonstrationen Jugendlicher gegen die von der SED betriebene Jugend- und Kulturpolitik. →S. 180

Die US-Regierung verbietet weitere Flugblattaktionen auf Kuba mit Hilfe von Flugzeugen, die in den USA starten und Propagandamaterial über der Insel abwerfen. Außerdem wird die Bildung einer kubanischen Exilregierung in den USA untersagt, um die freundschaftlichen Beziehungen zu Kuba nicht zu gefährden (→2. 1./S. 12).

Auf der Strecke London–Birmingham wird die zweite britische Autobahn eröffnet. →S. 185

3. November, Dienstag

Bei den Parlamentswahlen in Israel siegt die sozialdemokratische Mapai-Partei von Minsterpräsident David Ben Gurion. →S. 183

Der französische Staatspräsident Charles de Gaulle lehnt in Saint Cyr jede Integration der französischen Truppen in das nordatlantische Verteidigungsbündnis NATO ab und betont die Notwendigkeit von eigenen französischen Atomwaffen (→9. 6./S. 103).

Nach einem Bericht der französischen Tageszeitung »Le Monde« sind seit 1954, dem Beginn des Algerienkrieges, 120 000 algerische Aufständische und 10 000 französische Soldaten getötet worden. →S. 182

Der US-amerikanische Spielfilm »Geschichte einer Nonne« mit Audrey Hepburn in der Titelrolle wird erstmals in den bundesdeutschen Kinos gezeigt.

4. November, Mittwoch

Der bundesdeutsche Frachter »Bilbao« wird von französischen Kriegsschiffen aufgebracht und zum Anlaufen des Hafens Cherbourg gezwungen. Die Ladung – angeblich Munition für die algerische Unabhängigkeitsbewegung – wird beschlagnahmt. →S. 184

US-amerikanische Truppeneinheiten übernehmen die Bewachung der Panamakanalzone, nachdem es zu Demonstrationen panamesischer Nationalisten gegen die USA gekommen war. →S. 184

Zur Feier seines zehnjährigen Bestehens findet in Bonn eine dreitägige Jubiläumsveranstaltung des Deutschen Frauenrings statt, der insbesondere die Diskriminierung lediger Mütter zur Sprache bringen will.

5. November, Donnerstag

Die 5,5%ige Anleihe der Bundesrepublik über 300 Millionen DM, die bei einer Laufzeit von zwölf Jahren zu einem Kurs von 96,5% ausgegeben wird, ist bereits am ersten Tag der Zeichnung nach wenigen Stunden ausverkauft.

In London wird der Deutsch-Kanadier Günther Fritz Podola, der wegen Ermordung eines Polizisten zum Tode verurteilt wurde, hingerichtet.

6. November, Freitag

Das Bonner Landgericht entscheidet, daß gegen den früheren persönlichen Referenten des Bundeskanzlers, Hans Kilb, sowie gegen die Mercedes-Direktoren Rolf Staelin und Fritz Koenecke kein Strafverfahren eröffnet wird. Ihnen war im Zusammenhang mit der »Leihwagen-Affäre« Begünstigung, Vorteilsnahme und Bestechung vorgeworfen worden. →S. 179

7. November, Sonnabend

In Moskau wird der 42. Jahrestag der Oktoberrevolution begangen. Der Vorbeimarsch der Waffengattungen auf dem Roten Platz dauert nur sieben Minuten.

Der Oberste Gerichtshof der USA erklärt die von der Regierung angeordnete Unterbrechung des Stahlarbeiterstreiks für 80 Tage nach dem Taft-Hartley-Gesetz für rechtmäßig. Rund 500 000 Arbeiter hatten sich seit dem 14. Juli im Ausstand befunden. →S. 184

Die sechste Kölner Brücke über den Rhein, die Severinsbrücke, wird in Anwesenheit von Bundeskanzler Konrad Adenauer (CDU) eingeweiht. →S. 181

In Bonn findet der Bundespresseball erstmals in der neuerrichteten Beethovenhalle statt. →S. 188

8. November, Sonntag

In Tunesien erhält die Neo-Destour-Partei des Staatspräsidenten Habib Burgiba bei den ersten Parlamentswahlen in der Geschichte des Landes 91,5% der abgegebenen Stimmen (→1. 6./S. 103).

US-Präsident Dwight D. Eisenhower ernennt Walter C. Dowling zum neuen Botschafter der Vereinigten Staaten in der Bundesrepublik. Er tritt die Nachfolge von David K. E. Bruce an. →S. 180

Die deutsche Fußballauswahl verliert in Budapest ein Länderspiel gegen Ungarn 3:4 (0:1).

9. November, Montag

Das Oberlandesgericht Celle weist den aus der Zeit vor dem Zweiten Weltkrieg stammenden Anspruch von zwei Volkswagensparern auf einen neuen VW zurück. →S. 181

An einer Tankstelle in Bonn werden die niedrigsten Benzinpreise in der Bundesrepublik verlangt. Der Liter Benzin kostet 50 Pfennig gegenüber 61 und 63 Pfennig an anderen Tankstellen, und der Liter Super wird für 57 Pfennig verkauft.

10. November, Dienstag

Der belgische Minister für Belgisch-Kongo und Ruanda-Urundi, Auguste de Schrijver, kündigt in Brüssel an, daß die Kolonie Ruanda-Urundi im Jahr 1960 die volle Selbstverwaltung erhalten soll (→13. 1./S. 15).

In der britischen Kronkolonie Kenia werden die Notstandsmaßnahmen aufgehoben und der Krieg gegen die Befreiungsbewegung Mau-Mau nach sieben Jahren eingestellt. →S. 183

Als erstes synthetisches Penicillin wird das Präparat »Syncillin« von der US-amerikanischen Bundesprüfstelle für Lebens- und Arzneimittel für den medizinischen Gebrauch in den Vereinigten Staaten freigegeben. →S. 185

Mit einem Festakt in Marbach wird des 200. Geburtstags des Dichters Friedrich Schiller gedacht. →S. 189

In einer Neuinszenierung der Oper »Carmen« an der Pariser »Opéra« agieren 350 Choristen und Statisten, 15 Pferde, ein Maulesel, ein Hund und ein Affe auf der Bühne. →S. 189

11. November, Mittwoch

In Noten an die drei Westmächte protestiert die sowjetische Regierung gegen die von der Bundesregierung geplante Einrichtung des Langwellensenders »Deutschlandfunk« in Berlin (West). Ein bundesdeutscher Sender in Berlin verstoße gegen den Vier-Mächte-Status und diene lediglich der »subversiven Tätigkeit«. →S. 181

Anläßlich ihres 70jährigen Bestehens hält die Sozialistische Partei Österreichs (SPÖ) in Wien einen zweitägigen Jubiläumsparteitag ab.

Bundesfinanzminister Franz Etzel (CDU) legt in Bonn den Haushaltsplan für 1960 vor. Der Etat veranschlagt Ausgaben in Höhe von 43,1 Milliarden DM, denen 41,9 Milliarden DM an Einnahmen gegenüberstehen. Die Deckungslücke von 1,2 Milliarden DM soll durch Sparmaßnahmen geschlossen werden (→12. 6./S. 100).

Um der zunehmenden Luftverschmutzung Einhalt zu gebieten, verabschiedet der Bundestag ein Gesetz, das die Industrie zu Schutzmaßnahmen gegen den hohen Ausstoß von Rauch, Gasen und Staub verpflichtet.

In Göttingen wird vom niedersächsischen Ministerpräsidenten Hinrich Wilhelm Kopf (SPD) der Grundstein für das erste Studentendorf in der Bundesrepublik gelegt, das fast 600 Studierende aufnehmen soll.

Der erste Teil der Verfilmung von Thomas Manns Roman »Die Buddenbrooks« wird in Lübeck uraufgeführt. →S. 188

12. November, Donnerstag

Bundesschatzminister Hermann Lindrath (CDU) und der niedersächsische Finanzminister Hermann Ahrens (Bund der Heimatvertriebenen und Entrechteten/Gesamtdeutscher Block) unterzeichnen einen Vertrag des Bundes mit dem Land Niedersachsen über die Teilprivatisierung des Volkswagenwerks und die Errichtung der »Stiftung Volkswagenwerk« zur Förderung von Wissenschaft und Technik in Forschung und Lehre.

In der belgischen Kolonie Ruanda-Urundi wird der Ausnahmezustand verhängt, nachdem bei Stammesfehden mehrere Menschen, darunter ein Stammeschef, ermordet wurden.

13. November, Freitag

Der Bundesrat lehnt einstimmig den Regierungsentwurf für ein neues Rundfunkgesetz ab, der u. a. die Einrichtung eines zweiten (staatlichen) Fernsehprogramms beinhaltet (→30. 9./S. 155).

Die Bundesanstalt für Arbeitsvermittlung und Arbeitslosenversicherung in Nürnberg teilt mit, daß im Bundesgebiet 136 000 Lehrstellen unbesetzt sind.

14. November, Sonnabend

In Brüssel demonstrieren 20 000 Bauern, um auf die Folgen der langen Dürreperiode für die Einkommenssituation der Landwirte aufmerksam zu machen (→11. 7./S. 121).

In Düsseldorf findet die deutsche Erstaufführung der Oper »Lady Macbeth auf dem Lande« von Dmitri D. Schostakowitsch statt.

Die Ehe der italienischen Opernsängerin Maria Callas mit dem Industriellen Giovanni Meneghini wird in Brescia (Italien) geschieden. →S. 189

Der Profi-Boxeuropameister im Mittelgewicht, Gustav »Bubi« Scholz, verteidigt seinen Titel in Berlin gegen Peter Müller mit einem K.-o.-Sieg in der ersten Runde. →S. 189

15. November, Sonntag

Der außerordentliche Parteitag der SPD in Bad Godesberg beschließt mit großer Mehrheit ein neues Grundsatzprogramm. Mit ihrem »Godesberger Programm« vollzieht die SPD den Wandel zur Volkspartei der linken Mitte. →S. 178

Die seit dem 22. Oktober vermißten zwei Jagdbomberpiloten der Bundesluftwaffe befinden sich nach Mitteilung des Prager Außenministeriums in der Tschechoslowakei unter Arrest (→2. 12./S. 196).

Die Verabschiedung des »Godesberger Programms« der SPD nimmt in der Berichterstattung bundesdeutscher Tageszeitungen breiten Raum ein

Fernausgabe • Preis 30 Pf. S. 1.80 Lit. 50 - sfr. - 30

Süddeutsche Zeitung

MÜNCHNER NEUESTE NACHRICHTEN AUS POLITIK · KULTUR · WIRTSCHAFT · SPORT

15. Jahrgang | München, Montag, 16. November 1959 | Nummer 274

Sie lesen im Sportteil

TSV 1860—Kickers Offenbach 3:0
VfB Stuttgart—FC Bayern 1:4
Scholz schlägt Peter Müller k.o.
Rudi Altig fährt Rad-Weltrekorde
Wacker München bayerischer Hockeymeister
SC Riessersee schlägt EV Füssen 5:4
EC Bad Tölz — Roter Stern Brünn 3:3

•

Fußballtoto: 1, 2, 1, 1, 2, 0 0, 2, 2, 1, 2, 0, 2.
Gewinnzahlen der 46. Lotto-Ausspielung: 3, 7, 23, 29, 35, 37 (Zusatzzahl 28) - Ohne Gewähr

Das Streiflicht

(SZ) Die Amerikaner, obzwar zu ihrem Leidwesen noch immer nicht hinter dem Mond, dürfen in Kürze eine technische Sensation erleben, auf welche der Sowjetmensch noch lange warten wird: Wenn die Weihnachtsglocken läuten, tritt der amerikanische Film endlich aus seiner geruchlosen Phase heraus und in eine völlig neue hinein. Die Kinobesucher von Chicago können das Wunder als erste beschnuppern. Dort läßt Produzent Mike Todd jr., in seiner vorwärtsstürmenden Pionierarbeit ganz der Papa, der Welt ersten Geruchsfilm auf ein abgeschmacktes, nämlich aller bisherigen Leinwandreize müdes Publikum los. *Scent of Mystery* heißt der Duftstreifen. So wollen wir diesem wohlriechenden Geheimnis nachspüren und sehen, wie es zu dem bittersüßen Ende kam.

Am Anfang war das bewegte Bild, der Stummfilm. Aus den schrecklich aufgerissenen Augen, dem zuckenden Griff ans Herz konnte der Zuschauer unschwer entnehmen, welche Gefühle die Diva bewegten. Aber die stumme Ausdruckskunst, wiewohl beredt, schrie nach dem Wort, lechzte nach Artikulation. Da kam der Tonfilm. Nun fehlte nichts mehr, Auge und Ohr waren befriedigt. Der Laie mochte glauben, daß mit dem schwarz-weißen Glück der Gipfel des Möglichen erreicht sei. Doch er hatte nicht mit dem „technischen Perfektionszwang gerechnet. Wie die Revolution, so frißt auch die Technik ihre eigenen Kinder: *Farbe* hieß plötzlich die Parole, und mit Riesenschritten lief der Film zur Natur zurück, nicht ohne diesen Sprung als Fortschritt auszugeben. War jetzt die Seligkeit vollkommen? Keine Spur. Die Neuerer entdeckten, wie lächerlich schmal so eine Kinoleinwand ist — wie breit hingegen die Landschaft sowie das Leben. Also zogen sie das Linnen seitwärts in die Länge, auf daß man für sein Geld auch die weitere Umgebung des Schauplatzes genösse. Nun war freilich kein Halten mehr. Was nützt die breiteste farbige Natur, wenn Aug und Ohr noch immer geprellt werden! Es mußte das plastische Bild her, dem der *plastische* Ton auf dem Fuße folgte. CinemaScope, Vista Vision, Todd-AO und Technirama — die Verfahren jagten einander, und endlich besaßen wir, was kein Mensch verlangt hatte: die dritte Dimension.

Der Sprung in die vierte war ein Kinderspiel. Es lag auf der Hand, daß die Nase des Zuschauers noch gänzlich unbeschäftigt war. Das *Smell-O-Vision*-Verfahren hilft diesem leidigen Manko für immer ab. Unter jedem Kinositz ist eine Düse angebracht, welcher über die elektronisch synchronisierte Klimaanlage stets der passende Duft zum Bild entströmt. 2000 Gerüche sind bereits erarbeitet; 30 Stück können vorerst pro Durchschnittsfilm abgeblasen, und, was noch wichtiger ist, wieder neutralisiert werden. Vom Whiskyfusel des Ladykillers bis zu den Maiglöckchen am Krankenbett, vom morgenfrisch rauchenden Misthaufen über das parfümierte Dekolleté einer scharfgemachten Sexbombe bis zur knusprigen Gänsebrust sind alle Odeurs vorhanden. Schwierigkeiten macht nur noch die Schöpfung eines abstrakten Geruchs, der benötigt wird, wenn zum Beispiel die Sängerin von ihrem Partner sagt: Ich kann den Menschen nicht riechen ... Aber das wird sich geben. Wir jedenfalls haben jetzt schon die Nase voll, noch ehe wir an diesem *Todd* der Filmkunst gerochen haben.

Sozialdemokraten auf neuem Kurs

Der Parteitag in Godesberg billigt das Grundsatzprogramm mit 340 gegen 16 Stimmen

Verzicht auf Sozialisierung — Bekenntnis zur Landesverteidigung — Zusammenarbeit mit den Kirchen

Von unserem Redaktionsmitglied Walter Menningen

Bad Godesberg, 15. November — Mit 340 gegen 16 Stimmen hat die Sozialdemokratische Partei am Sonntag auf dem außerordentlichen Parteitag in Bad Godesberg ein neues Grundsatzprogramm beschlossen. Dem Ziel, von der Arbeiterpartei zu einer Volkspartei zu werden, sind traditionelle marxistische Grundsätze geopfert worden, vor allem die Forderung nach Sozialisierung der Schlüsselindustrie. Das jetzige Grundsatzprogramm, welches das Heidelberger Programm von 1925 ablöst, zieht einen klaren Trennungsstrich gegenüber den Kommunisten. Die SPD bekennt sich zur Landesverteidigung, fordert eine öffentliche Kontrolle der wirtschaftlichen Machtzusammenballung, auf sozialem Gebiet eine staatliche Mindestrente und bejaht die Zusammenarbeit mit den Kirchen. Im Verlauf der Beratungen wurde der von Vorstand und Parteirat vorgelegte Entwurf in der Grundkonzeption nicht verändert. Der Parteitag beschränkte sich auf sprachliche Korrekturen und wenige erläuternde Ergänzungen.

Auf dem dreitägigen außerordentlichen Parteitag der SPD wurde die Diskussion von dem Vorstand und seinen Berichterstattern beherrscht. Ihnen gelang es, die Konzeption der Führung durchzusetzen. Anträge, die nicht ausdrücklich vom Vorstand unterstützt wurden, verfielen der Ablehnung.

Die Vorstandsmitglieder, an der Spitze Herbert Wehner, Willy Brandt, Fritz Erler und Heinrich Deist, präsentierten sich als wirkliche Führungsgruppe. Sie machten erstmalig auf einem sozialdemokratischen Parteitag die Entschlossenheit der Führung klar, die Macht im Staate zu erringen. Aus dieser Grundhaltung heraus wehrten sie alle Änderungsanträge ab, die das Grundsatzprogramm mit tagespolitischen Forderungen belastet hätten und eine spätere sozialdemokratische Regierung festlegen würden. Wehner erklärte mit allem Nachdruck, daß er keinem Grundsatzprogramm zustimmen könne, das es der Führung erschweren oder gar verbieten würde, das zu tun, was sie für notwendig halte, wenn die Partei die Macht errungen habe.

Diese Entschlossenheit kam auch in den Worten Erlers zum Ausdruck: „Wir kämpfen nicht gegen den Staat, sondern um den Staat, und zwar nicht um einen Staat der fernen Zukunft, nicht erst um den Staat im wiedervereinigten Deutschland, sondern auch und gerade um den Staat in dieser Bundesrepublik, die wir regieren wollen und werden.'

Die 340 Delegierten des außerordentlichen Parteitags zollten derartigen Erklärungen ihrer Vorstandsmitglieder stets lebhaften Beifall. Schon in der Zusammensetzung des Parteitags zeigten sich Unterschiede gegenüber früheren Parteitagen. Von den Delegierten waren 200 zum erstenmal Teilnehmer eines Parteitags. Die Diskussion war lebendig, mit Kritik wurde nicht gespart. Zu den am meisten diskutierten Themen gehörten die Kapitel Landesverteidigung, Wirtschaftspolitik und das Verhältnis zu den Kirchen.

Das Bekenntnis zur Landesverteidigung war nahezu einmütig. Lediglich ein Delegierter forderte die Abschaffung der Bundeswehr und ihre Umwandlung in eine Art Grenzschutz. Lebhaft debattiert wurde dagegen über die Frage, ob in das Grundsatzprogramm die Ablehnung der allgemeinen Wehrpflicht aufgenommen werden sollte.

Wehner und auch Erler betonten, daß die Ablehnung der Wehrpflicht durch die SPD im gegenwärtigen Zeitpunkt durch die Teilung Deutschlands begründet sei, aber nicht als eine Grundsatzforderung angesehen werden dürfe. Erler sagte, es wäre unehrlich, im Grundsatzprogramm festzulegen: „Die Wehrpflicht wird abgelehnt, aber nach der Wiedervereinigung werden wir sie wieder einführen." Bei der Abstimmung hierüber stieß der Vorstand lediglich auf 52 Gegenstimmen.

Das Kapitel Landesverteidigung wurde ergänzt durch die Forderung nach einer Ächtung der Massenvernichtungsmittel auf der ganzen Welt, sowie durch die Feststellung, daß in einer militärisch entspannten Zone Atomwaffen weder hergestellt noch gelagert oder verwendet werden dürfen. Gegen den Antrag, die Lagerung von Atomwaffen in der Bundesrepublik allgemein abzulehnen, wandte Erler ein, dies heiße, den Abzug der Amerikaner zu verlangen, ohne dafür eine Gegenleistung der Sowjets zu erhalten.

Bei der wirtschaftspolitischen Diskussion lag das Schwergewicht auf der Frage, wie die zunehmende Macht der großen Unternehmen im Interesse der Arbeitnehmer am besten einer öffentlichen Kontrolle unterworfen werden kann. Hierbei zeigte sich, daß den Delegierten der Verzicht auf überkommene Vorstellungen der Sozialdemokratie nicht leicht wurde.

Der Grundsatzentwurf des Parteivorstands bezeichnet Gemeineigentum als eine „legitime Form der öffentlichen Kontrolle", will von diesem Mittel aber erst Gebrauch machen, wenn mit anderen Mitteln eine gesunde Ordnung der wirtschaftlichen Machtverhältnisse nicht gewährleistet werden kann.

Der Abänderungsantrag, die Überführung der Schlüsselindustrien in Gemeineigentum zu einer Grundsatzforderung zu erheben und in das Grundsatzprogramm einen Sozialisierungskatalog einzufügen, der wenigstens die Grundstoffindustrien und die Energiewirtschaft einschließen sollte, erreichte zwar mit 99 Stimmen die größte Unterstützung aller Abänderungsanträge, verfiel aber entsprechend dem Vorschlag des Parteivorstands dennoch der Ablehnung.

Das Vorstandsmitglied Deist argumentierte, die Sozialdemokratie solle sich durch eine solche Einfügung nicht die Freiheit nehmen lassen, zu entscheiden, welches Mittel für die öffentliche Kontrolle jeweils das zweckmäßigste sei. Für die nächsten Wahlen solle ein Aktionsprogramm ausgearbeitet werden, das die Überführung des Bergbaus und der Energiewirtschaft in Gemeineigentum vorsehe.

Das Verhältnis zwischen SPD und Kirche wird erstmalig in einem sozialdemokratischen Grundsatzprogramm erörtert. Das Programm bekennt sich zur Toleranz, zur Achtung der kirchlichen Institutionen und Religionsgemeinschaften und bejaht die Zusammenarbeit mit den Kirchen. Die Forderung nach einer Trennung von Kirche und Staat wurde in der Diskussion nur zögernd vertreten. Das Vorstandsmitglied Heinemann

(Fortsetzung auf Seite 2, Spalte 1)

AMERIKAS NEUER BOTSCHAFTER IN BONN, *Walter C. Dowling, wurde in Washington von Außenminister Christian Herter (rechts) vereidigt. Dowling war bisher Botschafter in Südkorea. Er wird am 27. November nach Deutschland fliegen und Botschafter Bruce ablösen. Links im Bild Frau Dowling, die bei der Zeremonie zugegen war.* Telephoto: United Press International

Staatsbesuch aus Afrika

Bonn (SZ)

Der Präsident der afrikanischen Republik Guinea, Sekou Toure, ist am Sonntag in Begleitung seiner Frau auf dem Köln-Bonner Flughafen Wahn eingetroffen. Er wurde vom Chef des Protokolls, Botschafter von Braun, begrüßt und begab sich dann zu einem kurzen privaten Besuch nach Düsseldorf. Am Montagmorgen kommt Toure, der zugleich Staatsoberhaupt, Regierungschef, Außenminister und Armeeoberbefehlshaber Guineas ist, zu einem zweitägigen Staatsbesuch nach Bonn.

Die Bundesregierung sieht in Toure einen besonders willkommenen Gast, dessen Unabhängigkeitspolitik sie mit Sympathie gegenübersteht. Für ihre Haltung spielt eine Rolle, daß Guinea trotz des dort verhältnismäßig starken Ostblock-Einflusses keine diplomatischen Beziehungen mit der DDR aufgenommen hat. Ähnlich wie in Kairo unterhält die DDR aber auch in Konakry, der Hauptstadt von Guinea, stark besetzte Handelsdelegationen mit konsularischen Befugnissen.

Toure wird in Bonn Besprechungen mit Bundeskanzler Adenauer, Bundeswirtschaftsminister Erhard und Außenminister von Brentano führen. Bundespräsident Lübke gibt ihm heute ein Abendessen, an das sich ein großer Empfang in der Bonner Beethoven-Halle anschließt. Als Gastgeschenk der Bundesregierung erhält Toure ein Rundfunkstudio. (Siehe auch Seite 3.)

Noch eine Absage an Marx

Amsterdam (dpa)

Die Niederländische Sozialistische „Partei der Arbeit" hat auf ihrem Parteikongreß in Amsterdam ein neues Parteiprogramm angenommen, aus dem die Thesen des Klassenkampfes verbannt sind und auch die Forderung nach Sozialisierung eingeschränkt worden ist. Der Parteivorstand wurde ermächtigt, die in der Partei bestehende marxistische Oppositionsgruppe aufzulösen und, falls notwendig, die Mitglieder aus der Partei auszuschließen. In dem neuen Parteiprogramm heißt es, daß die Produktionsmittel der ganzen Gemeinschaft dienstbar gemacht werden und eine zweckmäßige Versorgung der Bedürfnisse gewährleistet sein müsse. Eine Sozialisierung bestimmter Schlüsselindustrien wird nur noch in dem Maß für notwendig erklärt, als wirtschaftliche Vormachtstellungen gezügelt werden müssen und eine Aufgabenerfüllung bestimmter Produktionszweige und Dienstleistungen sowie das Beschäftigtenpotential sichergestellt werden muß. Nach den deutschen und holländischen Sozialdemokraten erwägen auch die schwedischen und dänischen Sozialdemokraten ein neues Grundsatzprogramm. Ein schwedischer Sprecher wies auf dem Kongreß darauf hin, daß Automatisierung, Atomkraft und der Fortschritt auf wirtschaftlichem und technischem Gebiet das Gesicht der Gesellschaft verändert hätten.

Treffen der NATO-Parlamentarier

Washington (dpa)

Parlamentarier aus fast allen NATO-Ländern — nur Luxemburg wird nicht vertreten sein — beginnen am Montag in Washington ihre Jahreskonferenz. Auf der Tagung werden zwar keine politischen Beschlüsse gefaßt, doch gilt sie als ein wichtiges Forum für Meinungen und Ansichten in den NATO-Staaten. An der fünften Konferenz dieser Art nehmen rund 150 Parlamentarier teil. Zum erstenmal findet eine solche Tagung nicht in Paris statt. Die Teilnehmer kommen auf besondere Einladung des amerikanischen Kongresses nach Washington.

Ein Tag der Besinnung und Einkehr

Die Bundesrepublik gedenkt am Volkstrauertag der Gefallenen und Verfolgten

Hamburg (dpa)

Die Bevölkerung in der Bundesrepublik gedachte am gestrigen Volkstrauertag der Toten zweier Weltkriege und der Opfer des Nationalsozialismus. Alle Dienststellen des Bundes und der Länder hatten ihre Flaggen auf halbmast gesetzt.

In einer Gedenkfeier des Landesverbandes Berlin der Vereinigung der Opfer des Stalinismus forderte der Minister für gesamtdeutsche Fragen, Ernst Lemmer, die Freilassung der nahezu 10 000 Mitbürger, die im östlichen Machtbereich aus politischen Gründen zu unmenschlichen Zuchthausstrafen verurteilt worden seien. In seinem Appell an die Machthaber im Kreml und in Ostberlin sagte Lemmer, damit wolle das deutsche Volk unter Zurückhaltung seiner Gefühle die sowjetische Regierung nicht für das anklagen, was nach 1945 geschehen sei, weil es von seiner eigenen Schuld wisse. Es sei aber jeder falsch beraten, der glaube, daß ein kommender Friede, ohne Recht und ohne menschliche Grundrechte geschlossen werden könne. Lemmer sagte, er spreche diesen Appell in der Hoffnung aus, daß irgendwo auch bei diesen Männern etwas vorhanden sei, was wir Gewissen nennen.

In Hamburg und in Schleswig-Holstein gedachte die Bevölkerung in über 100 Veranstaltungen der Toten beider Weltkriege. Der Hamburger Bürgermeister Max Brauer sagte in einer Rundfunkansprache: „Wir erfüllen den Sinn dieser Woche nur dann, wenn wir sie als Tage der Stille, der Besinnung und der Einkehr begehen."

Bundeswehr-Kränze an russischen Gräbern

In Kassel ehrte die Bundeswehr am Sonntag zum ersten Mal die Opfer des Nationalsozialismus und die ausländischen Kriegstoten. Der Kommandeur der in Kassel stationierten Panzergrenadierbrigade V, Oberst Schäfer, legte Kränze am Mahnmal der Opfer des Faschismus und auf den Friedhöfen der in Kriegsgefangenschaft gestorbenen englischen und russischen Soldaten nieder.

Auf der Gedenkfeier in Aachen, an der auch Widerstandskämpfer aus Holland und Belgien teilnahmen, erklärte der SPD-Bundestagsabgeordnete Alfred Frenzel, die Bundesrepublik habe als Nachfolgestaat des nationalsozialistischen Unrechtsstaates die Verpflichtung zu übernehmen, nach Kräften das Unrecht wiedergutzumachen. Katastrophen, wie wir sie in der Vergangenheit erlebt haben, könnten sich nicht wiederholen, wenn Volk und Regierung sowie alle Parteien bereit seien, neonazistischen Anfängen zu wehren und mit aller Entschiedenheit dafür zu sorgen, daß den überlebenden Opfern des Nationalsozialismus das ihnen Gebührende zuteil und das Andenken der Toten hochgehalten wird.

Der hessische Ministerpräsident Zinn erklärte auf einer Gedenkstunde des Volksbundes deutsche Kriegsgräberfürsorge in der Frankfurter Paulskirche, der Volkstrauertag habe nichts mit Heldengedenken zu tun. Er sei ein Tag, an dem das ganze Volk seiner Toten gedenkt und über das sinnlose Sterben jener Zeit und über seine unselige Vergangenheit trauert.

Etwa 5000 Menschen nahmen am Sonntagvormittag an der Einweihung eines Ehrenfriedhofs auf der Kolmeshöhe bei Bitburg in der Eifel teil, auf dem rund 1900 deutsche Gefallene beigesetzt sind. Der rheinland-pfälzische Innenminister August Wolters erklärte, dieser Ehrenfriedhof solle eine Mahnung sein, daß der Krieg nicht der Anfang, sondern das Ende aller Dinge sei.

Der Ordinarius für mittlere und neue Geschichte an der Universität Göttingen, Prof. Schramm, sagte auf einer Feierstunde im Opernhaus von Hannover, der Volkstrauertag sei ein Tag des Protestes gegen die jüngste Vergangenheit und vor allem ein Tag, der die Menschen beiderseits der Zonengrenze in gemeinsamer Trauer und in dem Willen zusammenschließe, aus dem Gelernten die Folgerung zu ziehen.

Das Totengedenken der Bevölkerung Baden-Württembergs fand seinen Höhepunkt in einer gemeinsamen Feierstunde des Volksbundes Deutsche Kriegsgräberfürsorge, der Landesregierung und der Landeshauptstadt in der Stuttgarter Liederhalle, wo Innenminister Renner an die Unsumme von Leid erinnerte, das der Krieg gebracht habe. Als Vertreter der Stadt Stuttgart mahnte Beigeordneter Julius Schumm, der Sinn des Volkstrauertages wäre mißverstanden, wenn man sich nicht auch des an Israel begangenen Unrechts erinnere und den Blick

(Fortsetzung auf Seite 2, Spalte 1)

Prag bestätigt: Die Düsenbomber sind abgestürzt

Die beiden Piloten befinden sich lebend im Gewahrsam der CSR / Protest gegen Verletzung des Luftraums

(SZ) Die tschechoslowakische Regierung hat am Samstag bestätigt, daß sich die beiden seit drei Wochen vermißten deutschen Jagdbomberpiloten lebend in der Tschechoslowakei befinden. In der Mitteilung des Prager Außenministeriums heißt es, die beiden Düsenflugzeuge seien am 22. Oktober über tschechoslowakischem Gebiet abgestürzt und explodiert. Gleichzeitig protestiert Prag gegen die „ständige Verletzung tschechoslowakischen Luftraums durch Militärflugzeuge aus der Bundesrepublik". Verteidigungsminister Strauß hat sofort die Angehörigen der beiden Piloten in Göggingen und in Friedberg (Hessen) telegraphisch benachrichtigt. In der Prager Erklärung sieht Strauß die Bestätigung, daß die Piloten nicht freiwillig über die Grenze geflogen sind, sondern daß sie sich verflogen haben.

Prag (UPI)

Aus der Prager Erklärung geht hervor, daß sich die beiden Flugzeuge in den Morgenstunden des 22. Oktober, also offenbar kurz nach ihrem Aufstieg vom Heimatflughafen Memmingen, 25 Kilometer weit in tschechoslowakisches Gebiet verirrten, in die Bundesrepublik zurückkehrten und in sehr niedriger Höhe erneut in die Tschechoslowakei einflogen. Dort stürzten sie ab.

Der Absturz forderte, wie Prag mitteilt, „durch reinen Zufall" keine Menschenleben, obwohl in unmittelbarer Nähe des Absturzortes tschechoslowakische Bürger gearbeitet hätten. Durch die Explosion der Jagdbomber vom Typ F 84 F und den dadurch entstandenen Brand sei jedoch „beträchtlicher materieller Schaden" entstanden. Die tschechoslowakische Regierung behalte sich vor, dafür von der Bundesrepublik Ersatz zu fordern. Die beiden Piloten, Stabsunteroffizier Helmut Kraus und Unteroffizier Rolf Hofmann, hätten bei der Untersuchung erklärt, ihre Aufgabe sei es gewesen, „Übungsflüge unter schwierigen Bedingungen" auszuführen.

Bonn (UPI)

Verteidigungsminister Strauß sagte, die Äußerung des Prager Außenministeriums bestätige, daß sich die beiden Piloten bei einem Übungsflug verflogen hätten und nicht freiwillig über die Grenze geflogen seien. Die sorgfältige Prüfung aller Zeugenaussagen habe dies von vorneherein als wahrscheinlich erscheinen lassen. Ein Sprecher des Bundesverteidigungsministeriums sagte ergänzend, über das Schicksal der Flieger hätte schon früher Klarheit bestehen können, wenn die tschechoslowakische Regierung nicht mehrmals dementiert hätte, daß sich die Piloten in ihrem Gewahrsam befänden. Prag habe wohl auch deshalb solange geschwiegen, weil die Piloten eingehend vernommen werden sollten.

Die Bundesregierung, die keine diplomatischen Beziehungen zur CSR unterhält, hatte über die amerikanische Botschaft in Prag nach den beiden Flugzeugen und ihren Piloten gefragt, nachdem eine längere Suche der Bundeswehr und Polizei im bayerischen Raum ohne Erfolg geblieben war. Sie hatte außerdem über diplomatische Kanäle in Moskau, Wien, Bern und Berlin nach den Fliegern geforscht. Schon in der vergangenen Woche galt es auf Grund von Nachrichtendienstmeldungen als sicher, daß die Flugzeugführer in der Tschechoslowakei festgehalten würden.

Das Bundesverteidigungsministerium stellte weiter fest, mit Ausnahme dieses einen Falles habe sich bisher kein Flugzeug der deutschen Luftwaffe über die tschechoslowakische Grenze verflogen. In der Prager Erklärung ist von zwei Militärflugzeugen die Rede, die von der Bundesrepublik aus über tschechoslowakisches Gebiet geflogen seien: Am 20. Oktober sei ein Militärflugzeug bis zu 15 Kilometer über die Grenze geflogen und am 10. November sei ein Militärdüsenflugzeug 20 Kilometer tief in tschechoslowakisches Gebiet eingedrungen. Über die Nationalität der Flugzeuge wird allerdings in der Prager Erklärung nichts mitgeteilt.

Den Wortlaut der Erklärung des Prager Außenministeriums veröffentlichen wir auf Seite 9

Offiziell ist die Bundesregierung bisher nicht über die Prager Verlautbarung in Kenntnis gesetzt worden. In Regierungskreisen wird jedoch erwartet, daß die amerikanische Botschaft in Kürze das Auswärtige Amt über das Ergebnis der Nachforschungen in Prag unterrichten wird. Man nimmt an, daß in diesem Bericht auch Angaben über den Zeitpunkt der Freilassung der beiden deutschen Piloten enthalten sein werden. (Siehe auch Kommentar auf Seite 3.)

November 1959

16. November, Montag
Der Ministerpräsident der Republik Guinea, Sékou Touré, trifft zu einem viertägigen Besuch in der Bundesrepublik ein. →S. 180

Papst Johannes XXIII. ernennt acht neue Kardinäle, darunter den deutschen Jesuitenpater Augustin Bea und den derzeitigen Nuntius in Bonn, Aloys Muench.

Der bedeutendste französische Literaturpreis, der »Prix Goncourt«, wird in Paris dem Schriftsteller André Schwarz-Bart für seinen Roman »Der Letzte der Gerechten« zuerkannt. →S. 189

Bundesfamilienminister Franz-Josef Wuermeling (CDU) spricht sich in Köln vor der Jahresversammlung des katholischen Volkswart-Bundes gegen die Freikörperkultur (FKK) aus, die auf die Mehrheit der Erholungssuchenden abstoßend wirke.

17. November, Dienstag
Bundeskanzler Konrad Adenauer (CDU) trifft zu einem dreitägigen Besuch in London ein, um die jüngsten Meinungsverschiedenheiten mit der britischen Regierung über die Abrüstungspolitik beizulegen. →S. 180

Bundesarbeitsminister Theodor Blank (CDU) spricht sich in Bonn dafür aus, künftig noch mehr italienische Arbeiter in der Bundesrepublik zu beschäftigen, um den Mangel an Arbeitskräften zu beseitigen (→S. 118).

Die Vollversammlung der Vereinten Nationen (UNO) appelliert an Südafrika, die Politik der Rassentrennung aufzugeben. Während Frankreich, Großbritannien und Portugal gegen die Entschließung votieren, stimmen die Vereinigten Staaten dafür (→11. 5./S. 87).

In der Bundesrepublik wird die zweitgrößte Weinernte nach 1945 erzielt. Das Statistische Bundesamt in Wiesbaden rechnet mit einer Mosternte von 4,11 Millionen Hektolitern. →S. 181

In der Wiesbadener Rhein-Main-Halle werden beim »Deutschen Schlager-Festival 1959« wieder »Löwen« von Radio Luxemburg vergeben. Den »Goldenen Löwen« erhält Freddy für seinen Schlager »Die Gitarre und das Meer«, den »Silbernen« bekommen Peter Kraus und Jörg Maria Berg für »Cowboy-Billy«, und Dalida erhält den »Bronzenen Löwen« für »Am Tag als der Regen kam« (→30. 4./S. 75).

18. November, Buß- und Bettag
Der sowjetische Partei- und Regierungschef Nikita S. Chruschtschow fordert vor Journalisten in Moskau neue Verhandlungen über Berlin (West) und beruft sich dabei auf ein prinzipielles Einverständnis mit dem französischen Staatspräsidenten Charles de Gaulle über Deutschland (→5. 8./S. 130).

19. November, Donnerstag
Die Nationalen Olympischen Komitees der Bundesrepublik und der DDR beschließen in Berlin (Ost), daß die gesamtdeutsche Mannschaft für die Olympischen Spiele in Squaw Valley und Rom 1960 eine schwarz-rot-goldene Fahne mit den Olympischen Ringen führen soll.

Die französische Nationalversammlung verabschiedet den Verteidigungshaushalt: Die atomare Bewaffnung soll danach ausgebaut werden. →S. 184

Als zweiter Kanton in der Schweiz führt Neuchâtel das Wahlrecht für Frauen ein.

Der Schweizer Nationalrat billigt mehrheitlich die Einführung eines 14. Monatsgehalts für Beamte.

20. November, Freitag
Das Bundeskabinett in Bonn verabschiedet einen Gesetzentwurf zur Reform der gesetzlichen Krankenversicherung, der erhöhte Leistungen der Krankenkassen vorsieht und Vorsorgemaßnahmen zur Erhaltung der Gesundheit fördert.

Die algerische Exilregierung in Tunis ernennt ihre Repräsentanten für offizielle Verhandlungen mit Frankreich. →S. 182

In Stockholm paraphieren die Vertreter von Großbritannien, Norwegen, der Schweiz, Portugal, Dänemark, Österreich und Schweden einen Vertrag über die Bildung einer Freihandelszone (EFTA), der am 1. Januar 1960 in Kraft treten soll (→20. 7./S. 120).

Durch den Kursrückgang des US-Dollars auf 4,18 DM wird die vorübergehende Schwäche der Deutschen Mark an den Devisenbörsen überwunden.

21. November, Sonnabend
Zwischen den Vereinigten Staaten und der Sowjetunion wird in Moskau ein Abkommen über den kulturellen, wissenschaftlichen und technischen Austausch abgeschlossen, das auch gemeinsame Projekte für die friedliche Nutzung der Atomenergie vorsieht.

22. November, Sonntag
Der US-Weltraumbehörde NASA mißlingt der Versuch, die im Weltraum aus dem Erdsatelliten »Explorer 8« herausgeschleuderte Instrumentenkapsel auf ihrer Bahn um die Erde aufzufangen. Damit ist dieses Vorhaben zum fünften Mal gescheitert (→4. 10./S. 168; S. 187).

In der Wiener Hofburg wird der Erasmus-Preis der Europäischen Kulturstiftung an den deutschen Philosophen Karl Jaspers und den ehemaligen französischen Außenminister Robert Schuman verliehen.

23. November, Montag
Die Bundesregierung lehnt den zwischen den Olympischen Komitees der Bundesrepublik und der DDR am 19. November vereinbarten Kompromiß über die Flagge einer gesamtdeutschen Mannschaft bei den nächsten Olympischen Spielen ab. Es sei mit der nationalen Würde nicht vereinbar, wenn die deutsche Olympiamannschaft ein anderes Emblem als die Bundesfahne zeige (→6. 12./S. 196).

24. November, Dienstag
In Berlin (Ost) wird zwischen der Bundesrepublik und der DDR ein Abkommen darüber unterzeichnet, daß 1960 Waren und Dienstleistungen im Wert von 2,3 Milliarden Verrechnungseinheiten ausgetauscht werden.

Nach einer Meldung der Pekinger Volkszeitung, dem Organ der Kommunistischen Partei, ist die Provinz Szetschuan, Chinas größtes Reisanbaugebiet, von einer Dürrekatastrophe betroffen.

In Neckarsulm stellt der Ingenieur Felix Wankel seinen neuen Kreiskolbenmotor vor, der eine Revolution im Motorenbau darstellt. →S. 185

Dem österreichischen Schauspieler Josef Meinrad wird als »größtem Schauspieler deutscher Zunge« im Wiener Burgtheater der »Iffland-Ring« überreicht. →S. 188

Im »Wiener Hosenkrieg« wird erneut an einer Schule das Tragen von Blue Jeans verboten, was heftige Diskussionen in der Öffentlichkeit auslöst (→S. 140).

25. November, Mittwoch
Auf Anordnung des DDR-Innenministeriums werden aus »staatsbewußten« Funktionären in Großbetrieben sog. Sicherheitsaktivs oder Kontrollgruppen zusammengestellt. Sie sollen Rowdytum, Gerüchte, Sabotage und den Empfang westlicher Rundfunksendungen bekämpfen.

Der französische Senat hebt die Immunität von François Mitterrand auf. Im Fall Mitterrand geht es um die Frage, ob der auf den Senator verübte Anschlag am 15. Oktober echt oder fingiert war. Mitterrands politische Gegner werfen ihm Irreführung und Mißachtung der Behörden vor. →S. 183

Nach einem Bericht der Industrie- und Handelskammer Stuttgart werden die Leistungen der Lehrlinge immer schlechter. In einem Erfahrungsbericht über die seit 1957 abgelegten Prüfungen stellt die Kammer fest, daß immer mehr Lehrlinge bei der Prüfung nur die Note »knapp ausreichend« erreichten.

Die Gewerkschaft Öffentliche Dienste, Transport und Verkehr (ötv) kündigt den Tarifvertrag und fordert 12% mehr Lohn.

Im Londoner Auktionshaus Sotheby's wird das Gemälde von Paul Cézanne »Bauer in blauer Bluse« für umgerechnet 1,7 Millionen DM versteigert. →S. 188

26. November, Donnerstag
Nach Angaben von Bundesverteidigungsminister Franz Josef Strauß (CSU) in Den Haag müssen etwa 15 000 der rund 290 000 erfaßten Angehörigen des Jahrgangs 1922 mit einer Einberufung rechnen (→28. 8./S. 132).

Bei einem Besuch in Berlin (Ost) erklärt der tschechoslowakische Staatspräsident Antonín Novotný die Bereitschaft seines Landes zum Abschluß eines separaten Friedensvertrags mit der DDR.

27. November, Freitag
Der Bundesminister für Gesamtdeutsche Fragen, Ernst Lemmer (CDU), fordert in Berlin (West) alle Lehrer auf, »die Jugend endlich mit dem Willen zu einem wiedervereinigten Deutschland« zu erfüllen.

In Köln findet die deutsche Erstaufführung der Oper »Der Tod des Grigori Rasputin« von Nicolai Nabokov statt.

In Berlin (West) wird mit dem Abriß des Anhalter Bahnhofs begonnen, der einer der wichtigsten Bahnhöfe Berlins war und im Zweiten Weltkrieg zerstört wurde. →S. 181

28. November, Sonnabend
Die Moskauer Parteizeitung »Prawda« kritisiert in ihrer Wochenendausgabe das »Godesberger Programm« der SPD (→15. 11./S. 178) und wirft den Sozialdemokraten »Verleugnung der Arbeiterklasse« und »Billigung der angriffslüsternen Bundeswehr« vor.

29. November, Sonntag
Bei einem religiös motivierten Massaker in Westjava (Indonesien) werden 121 Menschen getötet.

Die US-amerikanische Sängerin deutscher Abstammung Marlene Dietrich gibt in Paris ein Konzert, das vom Publikum begeistert aufgenommen wird. →S. 188

Die Leichtathletik-Auswahl der Bundesrepublik gewinnt in Pretoria den inoffiziellen Länderkampf gegen Südafrika mit 6,5:5,5 Punkten.

30. November, Montag
In Anwesenheit des sowjetischen Partei- und Regierungschefs Nikita S. Chruschtschow beginnt in Budapest der Parteikongreß der Kommunistischen Partei Ungarns. Ministerpräsident János Kádár erklärt, daß die sowjetischen Truppen so lange in Ungarn blieben, wie es die internationale Situation erfordere.

Der Deutsche Gewerkschaftsbund (DGB) erhebt in Hannover Anspruch auf einen Teil des Volkswagenwerks, da es auch aus Mitteln der Deutschen Arbeitsfront finanziert worden sei. Die Deutsche Arbeitsfront war als nationalsozialistische Organisation an die Stelle der 1933 verbotenen Gewerkschaften getreten.

Nach einer in Wien veröffentlichten Meinungsumfrage des Gallup-Instituts betrachten 50% der Österreicher die Deutschen als das »sympathischste Volk«. Rund 16% stimmen für die Schweizer, 11% für die US-Amerikaner, 5% für die Briten und nur 1% für die Sowjets.

Das Wetter im Monat November

Station	Mittlere Lufttemperatur (°C)	Niederschlag (mm)	Sonnenscheindauer (Std.)
Aachen	−(6,0)	189 (67)	−(62)
Berlin	−(3,9)	146 (46)	−(50)
Bremen	−(5,3)	142 (60)	−(50)
München	−(3,0)	183 (53)	−(54)
Wien	4,9 (4,5)	59 (53)	59 (−)
Zürich	2,2 (3,3)	48 (72)	80 (51)

( ) Langjähriger Mittelwert für diesen Monat − Wert nicht ermittelt

November 1959

Plakat von René Gilsi zur Einführung des Frauenwahlrechts in drei Schweizer Kantonen

November 1959

Eröffnungssitzung des außerordentlichen SPD-Parteitags in der Stadthalle von Bad Godesberg; 356 Delegierte stimmen hier über den neuen Kurs der Partei ab

SPD-Parteitag beschließt das »Godesberger Programm«

15. November. Auf einem Sonderparteitag in Bad Godesberg beschließt die SPD mit 340 gegen 16 Stimmen ein neues Grundsatzprogramm. Mit dem »Godesberger Programm« gehen die Sozialdemokraten auf Distanz zum Marxismus und streben die Entwicklung der SPD von einer Arbeiterpartei zu einer Volkspartei an.

Das neue Grundsatzprogramm ist das fünfte Programm der SPD, die 1875 durch Zusammenschluß der Sozialdemokratischen Arbeiterpartei mit dem Allgemeinen Deutschen Arbeiterverein entstand. Es löst das Heidelberger Programm von 1925 ab. Zu seinen wesentlichen Merkmalen zählt die klare Trennungslinie zum Kommunismus, das Bekenntnis zur Landesverteidigung und die Forderung nach öffentlicher Kontrolle wirtschaftlicher Machtkonzentration.

Bei der Verabschiedung des »Godesberger Programms« setzt sich der Parteivorstand gegen den Widerstand des linken Flügels durch, der für die Beibehaltung marxistischer Positionen eintritt. Der energischste Befürworter des Programms, der stellvertretende SPD-Vorsitzende Herbert Wehner, muß sich besonders bei den Leitsätzen zur Landesverteidigung gegen linke Kritiker zur Wehr setzen. Den Delegierten, die eine Abschaffung der Bundeswehr oder ihren Ersatz durch eine Art Grenzschutz sowie die Ablehnung der allgemeinen Wehrpflicht fordern, entgegnet Wehner: »Das Bekenntnis zur Verteidigung der demokratischen Grundordnung und das Bekenntnis zur Landesverteidigung sind untrennbar miteinander verbunden.« Die SPD bleibt bei ihrer Ablehnung von Atomwaffen und befürwortet das Recht auf Kriegsdienstverweigerung.

Mit großer Mehrheit setzt der Parteivorstand seinen Entwurf zur Wirtschafts- und Sozialpolitik durch. Die Verstaatlichung der Schlüsselindustrien ist nicht mehr Ziel der SPD-

Prominenz am Vorstandstisch: Willy Brandt (l.) im Gespräch mit Partei- und Fraktionschef Erich Ollenhauer (2. v.r.); r. Herbert Wehner

Politik. Der Wirtschaftsexperte Heinrich Deist formuliert den neuen Kurs seiner Partei: »Freie Konsumwahl und freie Arbeitsplatzwahl sind entscheidende Grundlagen, freie Unternehmerinitiative und freier Wettbewerb sind wichtige Elemente einer sozialistischen Wirtschaftspolitik.« Wichtigste Forderung der SPD auf sozialpolitischem Gebiet ist die Einführung einer staatlichen Mindestrente. Die in einem Antrag geforderte einheitliche »Volkspension« wird abgelehnt.

In der Aussprache zum Verhältnis von SPD und Kirche bekennen sich die Delegierten zur Toleranz, zur Achtung der kirchlichen Institutionen und zur Zusammenarbeit.

In seinem Schlußwort lobt der SPD-Vorsitzende Erich Ollenhauer das neue Parteiprogramm: »Die Sozialdemokratie hat sich damit eine politische und geistige Grundlage gegeben, die sie ein großes Stück voranbringen wird, damit sie als Partei des Volkes den entscheidenden Einfluß auf die Gestaltung der Zukunft gewinnen kann... Das Programm schlägt zugleich die Brücke zwischen Traditionen der Partei und den Erfordernissen von heute.«

»Partei der Arbeiterklasse wird Volkspartei«

Die staatliche Ordnung

»Die Sozialdemokratische Partei Deutschlands lebt und wirkt im ganzen deutschen Volke. Sie steht zum Grundgesetz der Bundesrepublik Deutschland. In seinem Sinne erstrebt sie die Einheit Deutschlands in gesicherter Freiheit...

Die SPD bekennt sich zur Demokratie, in der die Staatsgewalt vom Volke ausgeht und die Regierung jederzeit dem Parlament verantwortlich und sich bewußt ist, daß sie ständig seines Vertrauens bedarf...

Landesverteidigung

Die SPD bekennt sich zur Verteidigung der freiheitlich-demokratischen Grundordnung. Sie bejaht die Landesverteidigung. Die Landesverteidigung muß der politischen und geographischen Lage Deutschlands gemäß sein und die Grenzen wahren, die zur Schaffung der Voraussetzungen für eine internationale Entspannung, für eine wirksame kontrollierte Abrüstung und für die Wiedervereinigung Deutschlands eingehalten werden müssen...

Die SPD fordert die völkerrechtliche Ächtung der Massenvernichtungsmittel auf der ganzen Welt. Die Bundesrepublik Deutschland darf atomare und andere Massenvernichtungsmittel weder herstellen noch verwenden. Die SPD erstrebt die Einbeziehung ganz Deutschlands in eine europäische Zone der Entspannung und der kontrollierten Begrenzung der Rüstung, die im Zuge der Wiederherstellung der Einheit Deutschlands in Freiheit von fremden Truppen geräumt wird...

Zwischen den Soldaten und allen demokratischen Kräften des Volkes muß ein Verhältnis des Vertrauens bestehen. Der Soldat bleibt auch in Uniform Staatsbürger... Die SPD stellt sich schützend vor jeden Bürger, der aus Gewissensgründen den Dienst mit der Waffe oder an Massenvernichtungsmitteln verweigert...

Wirtschafts- und Sozialordnung

Ziel sozialdemokratischer Wirtschaftspolitik ist stetig wachsender Wohlstand und eine gerechte Beteiligung aller am Ertrag der Volkswirtschaft, ein Leben in Freiheit ohne unwürdige Abhängigkeit und ohne Ausbeutung... Die Wirtschaftspolitik muß auf der Grundlage einer stabilen Währung die Vollbeschäftigung sichern, die volkswirtschaftliche Produktivität steigern und den allgemeinen Wohlstand erhöhen...

[Der] Verantwortung für den Wirtschaftsablauf kann sich der Staat nicht entziehen. Er ist verantwortlich für eine vorausschauende Konjunkturpolitik und soll sich im wesentlichen auf Methoden der mittelbaren Beeinflussung der Wirtschaft beschränken... Totalitäre Zwangswirtschaft zerstört die Freiheit. Deshalb bejaht die SPD den freien Markt, wo immer wirklich Wettbewerb herrscht... Wettbewerb so weit wie möglich – Planung so weit wie nötig!...

Die Bändigung der Macht der Großwirtschaft ist darum zentrale Aufgabe einer freiheitlichen Wirtschaftspolitik. Staat und Gesellschaft dürfen nicht zur Beute mächtiger Interessengruppen werden...

Die Lohn- und Gehaltspolitik ist ein geeignetes und notwendiges Mittel, um Einkommen und Vermögen gerechter zu verteilen. Geeignete Maßnahmen sollen dafür sorgen, daß ein angemessener Teil des ständigen Zuwachses an Betriebsvermögen der Großwirtschaft als Eigentum breit gestreut oder gemeinschaftlichen Zwecken dienstbar gemacht wird...

Frau – Familie – Jugend

Die Gleichstellung der Frau muß rechtlich, sozial und wirtschaftlich verwirklicht werden. Der Frau müssen die gleichen Möglichkeiten für Erziehung und Ausbildung, für Berufswahl, Berufsausübung und Entlohnung geboten werden wie dem Mann...

Unser Weg

Die Sozialdemokratische Partei ist aus einer Partei der Arbeiterklasse zu einer Partei des Volkes geworden. Sie will die Kräfte, die durch die industrielle Revolution und durch die Technisierung aller Lebensbereiche entbunden wurden, in den Dienst von Freiheit und Gerechtigkeit für alle stellen...«

»Sei ruhig, bleibe ruhig, mein Kilb«; der »Erlkönig« Justiz droht

Bonner »Leihwagenaffäre«

6. November. Großes Aufsehen erregt der Beschluß des Bonner Landgerichts, gegen den der schweren passiven Bestechung angeklagten ehemaligen persönlichen Referenten von Bundeskanzler Konrad Adenauer (CDU), Hans Kilb, das Hauptverfahren nicht zu eröffnen. In dem seit 15 Monaten laufenden Ermittlungsverfahren hatte der Staatsanwalt Kilb beschuldigt,
▷ zwei Leihwagen von Daimler-Benz ohne Gegenleistung auf Dauer genutzt zu haben
▷ der Firma Daimler-Benz beim Einkauf eines Dienstwagens für Adenauer den Vorzug vor BMW gegeben zu haben
▷ im Sinne von Daimler-Benz beim Abschluß eines Kaufvertrages über 750 Omnibusse für den Iran tätig gewesen zu sein
▷ sich im Interesse der Firma Daimler-Benz bei der Abfassung der Schwerlastwagen-Verordnung eingesetzt zu haben.

Die Entscheidung im Fall Kilb begründet das Gericht damit, daß Daimler-Benz mit der Hergabe von Leihwagen nicht den Beamten Kilb, sondern die Politik des Bundeskanzlers und CDU-Vorsitzenden habe

Adenauer-Referent Hans Kilb als »Leih-Chauffeur« im »Spiegel«

begünstigen wollen. Kilb habe nicht pflichtwidrig gehandelt.
Im Vorfeld der Entscheidung hatte die Weisung des der CDU nahestehenden Landgerichtspräsidenten Heinrich Becker, den Fall Kilb dem für harte Urteile bekannten Richter Helmut Quirini zu entziehen, für Aufsehen gesorgt. Die SPD hatte von politischem Druck Adenauers auf die Justiz gesprochen.

November 1959

Dowling bei seinem Amtseid; r. US-Außenminister Herter

Neuer Botschafter der USA

8. November. US-Präsident Dwight D. Eisenhower ernennt in Washington den Diplomaten Walter C. Dowling zum neuen Botschafter der Vereinigten Staaten in der Bundesrepublik.
Der 54jährige Dowling vertrat die USA bisher in Oslo, Rom und Rio de Janeiro. 1953 wurde er Berater und Stellvertreter des US-amerikanischen Hohen Kommissars in Bonn, John J. McCloy. 1956 ging Dowling als Botschafter nach Südkorea und wurde 1959 Unterstaatssekretär im US-Außenministerium.

Adenauer (2. v. l.) wird von Macmillan auf dem Bahnhof begrüßt

Adenauer bei Macmillan

17. November. Bundeskanzler Konrad Adenauer trifft zu einem zweitägigen Besuch in London ein, um die in den letzten Monaten zusehends belasteten Beziehungen zu Großbritannien durch Gespräche mit Premierminister Harold Macmillan zu verbessern.
Adenauer kann seine Reise als Erfolg verbuchen, da er in Fragen der Abrüstung, der Berlin-Problematik und der Vorbereitung einer Gipfelkonferenz völlige Übereinstimmung mit Macmillan erzielt (→ 12. 1./S. 17; 11. 5./S. 80).

Ministerpräsident Sékou Touré (l.) mit Kanzler Adenauer

Sékou Touré besucht Bonn

16. November. Zu einem viertägigen Besuch der Bundesrepublik wird der Ministerpräsident von Guinea, Sékou Touré, von Bundespräsident Heinrich Lübke in Bonn empfangen.
Bei seinen Gesprächen mit Bundeskanzler Konrad Adenauer (CDU) geht es Sékou Touré vor allem um die Gewährung weiterer Wirtschaftshilfe für sein Land. Er bedankt sich für die ideelle und materielle Unterstützung, die Guinea nach der Unabhängigkeitserklärung 1958 durch die Bundesrepublik Deutschland erhalten habe.

DDR-Jugend demonstriert für »Elvis«

2. November. In Leipzig und in anderen Städten der DDR werden zahlreiche Demonstrationen aufgelöst, mit denen Jugendliche gegen die staatliche Kulturpolitik der DDR protestieren.
In den Leipziger Vororten Wahren und Gohlis erregen rund 40 Jugendliche Aufsehen, als sie mit der Parole »Wir wollen keinen Lipsi und keinen Ado Koll, wir wollen Elvis Presley und seinen Rock 'n' Roll« ihren Unmut über die staatlich verordnete Tanzmusik öffentlich äußern. Lipsi ist eine in der DDR kreierte Abwandlung südamerikanischer Tanzrhythmen und Ado Koll ein Tanzkapellenleiter und Komponist, der die Linie des DDR-Kulturministeriums in der Unterhaltung vertritt und die Musik von »westlichen« Einflüssen freihält.
Nach dieser Demonstration ziehen die Jugendlichen in die Innenstadt von Leipzig. Einer von ihnen ruft als »Losung des Tages« aus: »Es lebe Walter Ulbricht und die Ostzone!« Der Chor der Jugendlichen anwortet dreimal mit »pfui«. Auch die Losung »Es lebe [der DDR- Schlagersänger] Fred Frohberg« wird mit »pfui, pfui, pfui« beantwortet. Erst die dritte Losung, »Es lebe Elvis Presley«, wird mit einem stürmischen »yes, yes, yes« quittiert.
Das Bezirksgericht Leipzig verurteilt 15 Teilnehmer dieser Demonstration wegen Landfriedensbruchs und Staatsverleumdung zu Freiheitsstrafen zwischen sechs Monaten und viereinhalb Jahren. Unter der gleichen Anschuldigung werden im Kreis Luckenwalde (Bezirk Potsdam) mehrere Jugendliche verhaftet, die in eine politische Veranstaltung Kofferradios mitgebracht und dort mit voller Lautstärke Sendungen der Westberliner Rundfunkanstalt RIAS gespielt hatten.
Vom Kreisgericht Ueckermünde werden drei Jugendliche zu fünf Jahren Haft verurteilt, weil sie, so die Begründung des Gerichts, »die von Radio Luxemburg und anderen Hetzsendern verbreiteten Lügen über die DDR unter ihre Arbeitskollegen weitergetragen« hätten.

Bei der DDR-Führung verpönt: Rock 'n' Roll gilt als westlich »verrottet«

Dibelius predigt ohne Störungen

1. November. Der evangelische Bischof von Berlin, Otto Dibelius, kann den Reformationsgottesdienst in der Marienkirche in Berlin (Ost)

Otto Dibelius, geboren am 15. Mai 1880, zählte als Mitglied der Bekennenden Kirche ab 1933 zu den Gegnern des NS-Regimes. Seit 1946 ist er Bischof von Berlin-Brandenburg, seit 1949 Vorsitzender des Rates der Evangelischen Kirche in Deutschland.

ohne die erwarteten Störungen durch DDR-Behörden abhalten.
Der Magistrat von Berlin (Ost) hatte eine Schrift von Dibelius über die »Obrigkeit« beanstandet und sie als »feindseligen Akt gegen die DDR« bezeichnet, »durch den sich Dibelius selbst den Boden für sein Wirken in Ostberlin entzogen« habe.

DAF-Sparer ohne Anspruch auf VW

9. November. Das Oberlandesgericht in Celle weist die Klage von zwei ehemaligen Volkswagensparern gegen das VW-Werk zurück.
Bei dem Verfahren geht es darum, daß das Volkswagenwerk den ehemaligen VW-Sparern, die während des Dritten Reiches Zahlungen an die Deutsche Arbeitsfront (DAF) ge-

Das Volkswagenwerk wurde 1938 gegründet, baute zunächst Militärfahrzeuge und wurde nach 1945 durch den beispiellosen Erfolg ihres einzigen PKW-Modells VW-»Käfer« zum größten Autoproduzenten in Europa.

leistet hatten, einen neuen Volkswagen liefern soll. Zwischen der DAF und dem Volkswagenwerk hatte eine Vereinbarung bestanden, die VW zu Leistungen an die Sparer verpflichtete.
Die Richter begründen ihr Urteil mit dem veränderten Rechtsstatus des VW-Werks, das die Spargelder ohnehin nicht erhalten habe.
Der Rechtsstreit war seit 1949 dreimal vor dem Bundesgerichtshof und viermal vor dem Oberlandesgericht Celle verhandelt worden.

Zufriedene Gesichter bei den Weinbauern angesichts der guten Ernte

59er bester Wein seit 1945

17. November. Nach Angaben des Statistischen Bundesamtes in Wiesbaden ist der deutsche Wein des Jahrgangs 1959 in seiner Qualität der beste seit Kriegsende.
Die diesjährige Ernte ist auch die zweitgrößte seit 1945. Mit einer Mostmenge von knapp 4,3 Millionen hl werden die Schätzungen vom Oktober noch um 200 000 hl übertroffen. Allerdings bleibt die Mostmenge um etwa 10% kleiner als die bisherige Höchstmenge des Jahres 1958 mit 4,8 Millionen hl.

Von der gesamten Weinmostmenge bestehen 68% aus sehr guter, 27% aus guter, 4% aus mittlerer und nur 1% aus geringer Qualität. Das durchschnittliche Mostgewicht des Weißmostes wird mit 92 Grad Öchsle angegeben. Es ist damit höher als je zuvor.
Die hohe Qualität des 59er Jahrgangs wird von Weinkennern dem langanhaltenden trockenen Sommer zugeschrieben, der die Ergiebigkeit der Trauben wider Erwarten nicht beeinträchtigt hat.

Sowjets kritisieren Deutschlandfunk

11. November. In Noten an die drei Westmächte USA, Großbritannien und Frankreich protestiert die UdSSR gegen die von der Bundesregierung vorgesehene Einrichtung des Langwellensenders »Deutschlandfunk« in Berlin (West).
Der Aufbau des »Deutschlandfunks« ist im Bundesrundfunkgesetz vorgesehen, das am → 30. September (S. 155) vom Bundeskabinett gebilligt wurde. Der »Deutschlandfunk« soll auf Langwelle senden, damit er in Osteuropa, aber auch in den südöstlichen Bezirken der DDR gehört werden kann.
Nach Ansicht der UdSSR ist ein bundeseigener Rundfunksender mit dem Status von Berlin (West) nicht zu vereinbaren. Die Sowjetunion sieht in den Plänen der Bundesregierung das Bestreben, »die Wühlarbeit und feindselige Propaganda von Westberlin aus zu verstärken«. Sie wolle die feindselige Tätigkeit gegen die DDR intensivieren. »Die Sowjetregierung betrachtet die erwähnte Handlungsweise der Regierung der BRD als eine neue Provokation, gerichtet auf Verschärfung der Lage in Berlin und Deutschland überhaupt, auf Schürung des Kalten Krieges in Mitteleuropa.«

Anhalter Bahnhof wird abgerissen

27. November. In Berlin (West) wird mit dem Abriß des Anhalter Bahnhofs begonnen, der bis zum Zweiten Weltkrieg einer der größten Bahnhöfe Europas gewesen war.
Der 1880 fertiggestellte Bahnhof, den die Berliner als »Tor des Südens« bezeichneten, wurde vor dem Krieg von 40 000 Menschen täglich passiert. Bei Bombenangriffen wurden die Baugliederungen beschädigt und die Eisenhalle zerstört, so daß der Verkehr 1952 endgültig eingestellt werden mußte.
Die weitgehend erhaltene Vorderfront des Anhalter Bahnhofs soll einem Museum übergeben werden. Alle Abrißarbeiten werden mit der Spitzhacke vorgenommen, da eine Sprengung wegen der unter dem Bahnhofsgebäude entlangführenden S-Bahn nicht möglich ist. Die Kosten für den Abriß, der zwei Jahre dauern soll, belaufen sich auf 1,7 Millionen DM.

Die Severinsbrücke über den Rhein bei Köln; im Hintergrund der Dom und die Altstadt

Einweihung der Kölner Severinsbrücke mit Kardinal und Kanzler

7. November. *Nach dreieinhalbjähriger Bauzeit wird in Köln in Anwesenheit von Bundeskanzler Konrad Adenauer (CDU) und des Kölner Erzbischofs, Josef Kardinal Frings, die Severinsbrücke feierlich eröffnet.*
Die Severinsbrücke ist die sechste Rheinbrücke Kölns und der erste Neubau seit dem Zweiten Weltkrieg. Sie ist 691 m lang und 29,5 m breit und soll vor allem die Deutzer Brücke, die Mülheimer Brücke und die Rodenkirchener Autobahnbrücke entlasten. Die Baukosten für die asymmetrische Schrägseilbrücke, die von einem 77 m hohen A-förmigen Pylon gestützt wird, belaufen sich auf rund 43 Millionen DM.

November 1959

Angriff einer französischen Einheit auf Stellungen algerischer Rebellen; Hubschrauber erleichtern den Vormarsch

Algeriens Rebellen zu Gesprächen bereit

20. November. Die algerische Exilregierung in Tunis (Tunesien) ernennt eine fünfköpfige Delegation für Verhandlungen mit Frankreich über den Algerienplan, den der französische Staatspräsident Charles de Gaulle am → 16. September (S. 150) verkündet hatte.

Alle fünf Mitglieder der Delegation befinden sich in französischem Gewahrsam. Der Prominenteste von ihnen ist Mohammed Ahmed Ben Bella, der auf einer kleinen französischen Atlantikinsel interniert ist.

In dem Kommuniqué der provisorischen Regierung heißt es, Äußerungen französischer Politiker der letzten Zeit, insbesondere des Ministerpräsidenten Michel Debré, hätten die von de Gaulle angebotene Selbstbestimmung Algeriens und eine eventuelle Lösung vom Mutterland Frankreich ihres Sinnes entkleidet und Verhandlungen nötiger denn je gemacht. Eine Feuereinstellung, die von de Gaulle als Voraussetzung für Wahlen in Algerien genannt wurde, könne es ohne eine Übereinkunft über eine vernünftige Anwendung des Selbstbestimmungsrechtes nicht geben.

Auch die »Algerische Nationalbewegung« (MNA) unter Führung von Messali Hadj hat sich zu Verhandlungen mit Frankreich bereit erklärt. Die Nationalbewegung, Keimzelle des algerischen Aufstands, wurde seit etwa 1954 von der Befreiungsfront (FLN), die 1958 zunächst in Kairo und später in Tunis eine Exilregierung bildete, stark zurückgedrängt (→ 10. 4./S. 67).

Das Gesprächsangebot der Algerier stößt bei den französischen Parteien mit Ausnahme der Linken auf heftige Kritik. Die Gaullisten stellen sich mit ihrer ablehnenden Haltung hinter den Präsidenten und bezeichnen die Ernennung von Gefangenen zu Verhandlungsbevollmächtigten als »lächerlich und beleidigend«.

Die rechtsgerichteten französischen Siedler in Algerien kündigen an, daß es zu einer Erhebung kommen werde, falls de Gaulle den Vorschlag der Exilregierung annehme und zu Verhandlungen bereit sei.

In Algerien herrscht seit 1954 Krieg zwischen Frankreich und der Nationalen Befreiungsfront FLN, die Unabhängigkeit für ihr Land fordert. 1956 marschierten 500 000 französische Soldaten in Algerien ein, um den Widerstand der FLN mit militärischen Mitteln zu zerschlagen.

Französische Soldaten durchsuchen in Algier einen Algerier nach Waffen; die Unabhängigkeitsbewegung verfügt über einen starken Rückhalt im Volk

---

144 000 Tote nach fünf Kriegsjahren

3. November. Anläßlich der Vollendung des fünften Kriegsjahres in Algerien veröffentlicht die französische Tageszeitung »Le Monde« Daten über Verluste auf beiden Seiten. Die Zahlen wurden von der französischen Nachrichtenagentur »Agence France Presse« (AFP) zusammengestellt.

Der französische Staatspräsident Charles de Gaulle stößt mit seinem Plan, Algerien nach einer Übergangszeit in die Unabhängigkeit zu entlassen, vor allem auf den Widerstand der dort lebenden Franzosen.

Mohammed Ahmed Ben Bella, geboren am 25. Dezember 1916, diente während des Zweiten Weltkriegs in der französischen Armee, organisierte 1954 einen Aufstand gegen die Franzosen und wurde 1956 als Chef der algerischen Befreiungsarmee FLN inhaftiert.

Die Verluste der algerischen Aufständischen gegen die französische Kolonialmacht werden mit 120 000 Toten und 60 000 Gefangenen angegeben. Auf der Seite der französischen Streitkräfte sind laut Statistik 10 000 Soldaten getötet und 22 000 verwundet worden. Weiterhin werden 1700 Tote, 4500 Verwundete und 300 Vermißte in den Reihen der europäischen Zivilbevölkerung Algeriens gezählt. Auf mohammedanischer Seite sind es 12 000 Tote, 9000 Verwundete und 10 000 Menschen, die verschwunden sind.

»Le Monde« vermerkt zu diesen Zahlen, daß die AFP-Angaben über die Verluste der französischen Armee mit offiziellen Angaben annähernd übereinstimmten, während die Verluste der Aufständischen in dieser Statistik wesentlich höher lägen, als sie von französischer Regierungsseite wiederholt angeführt worden seien.

November 1959

Golda Meir, seit 1956 israelische Außenministerin

Moshe Dayan wird neuer Landwirtschaftsminister

Abba Eban, Israels Minister für besondere Aufgaben

David Ben Gurion, seit 1948 mehrfach Ministerpräsident

Justiz ermittelt gegen Mitterrand

25. November. Der französische Senat hebt mit 175 gegen 27 Stimmen bei 95 Enthaltungen der Sozialisten die Immunität des ehemaligen Innen- und Justizministers und jetzigen sozialistischen Senators François Mitterrand auf.

Die Staatsanwaltschaft hatte die Aufhebung der Immunität Mitterrands beantragt, weil der Senator be-

Wahlsieg für David Ben Gurion in Israel

3. November. Bei den Wahlen zur Knesset, dem israelischen Parlament, gewinnt die sozialdemokratische Mapai-Partei des Ministerpräsidenten David Ben Gurion 38,2% der Stimmen und bleibt damit eindeutig stärkste Partei.

Verlierer der Wahl sind die konservative Allgemeine Zionistische Partei (9,9%), die Kommunisten (2,9%) und unabhängige arabische Gruppen (etwa 2%). Die rechtsradikale Cheruth-Partei (12,2%) kann dagegen Stimmengewinne erzielen.

Da die Mapai-Partei über keine Mehrheit in der Knesset verfügt, muß sich Ministerpräsident Ben Gurion um die Unterstützung anderer politischer Gruppierungen bemühen. Nach langwierigen Koalitionsverhandlungen stellt Ben Gurion am 17. Dezember in Jerusalem sein neues Kabinett vor, dem Minister aus fünf Parteien angehören. Von den 16 Mitgliedern der Regierung stellen die Mapai-Partei neun, die Nationalreligiöse Front und die sozialistische Mapam-Partei je zwei und die linkssozialistische Achduth-Havoda-Partei und die liberale Progressive Partei je einen Minister. Die Schlüsselpositionen bleiben ausschließlich in den Händen der Mapai-Partei. Wie in der bisherigen Regierung übernimmt Ben Gurion neben dem Amt des Regierungschefs auch das Verteidigungsministerium. Das Außenministerium wird weiterhin von Golda Meir geleitet. Neuer Landwirtschaftsminister wird der ehemalige Generalstabschef Moshe Dayan. Der langjährige Delegierte bei den Vereinten Nationen (UNO) in New York, Abba Eban, wird Minister ohne Portefeuille.

In einer Rede vor dem Parlament bietet der alte und neue Ministerpräsident den arabischen Staaten Nichtangriffspakte und die Beendigung aller feindseligen Handlungen auf politischem, wirtschaftlichem und militärischem Gebiet auf der Basis des Status quo an, was die Anerkennung Israels voraussetzt. Als innenpolitische Hauptaufgabe der nächsten vier Jahre bezeichnet der Regierungschef die Erschließung der Negev-Wüste und ihre Bewässerung durch Wasser aus dem Jordan, dem Grenzfluß zu Jordanien.

François Mitterrand, geboren am 26. Oktober 1916, gehörte 1944 der französischen Exilregierung unter Charles de Gaulle an und war 1953 bis 1958 Vorsitzender der Sozialisten. Er zählt zu den entschiedensten politischen Gegnern von Präsident de Gaulle.

schuldigt wird, die Justizbehörden irregeführt zu haben. Auf Mitterrand war in der Nacht zum 16. September ein Attentat verübt worden, doch hatte er sich in Sicherheit bringen können. Mehrere Abgeordnete der gaullistischen Regierungspartei behaupten jedoch, daß der Sozialist entweder von dem Anschlag gewußt oder ihn gar selbst inszeniert habe, um auf sich aufmerksam zu machen. Die staatsanwaltlichen Ermittlungen führen letztlich zu keinem Ergebnis, da auch die Attentäter nicht gefaßt werden.

Großbritannien gibt den Kampf gegen die Mau-Mau auf

10. November. Mit der Ankündigung des britischen Kolonialministers Iain Norman Macleod vor dem Unterhaus, die Notstandsmaßnahmen in Kenia zu beenden und 2000 Gefangene zu entlassen, wird die Kriegführung gegen die Befreiungsbewegung Mau-Mau nach sieben Jahren praktisch beendet.

Da Großbritannien nicht beabsichtigt, sich aus seiner Kronkolonie zurückzuziehen, und die öffentliche Sicherheit gewährleisten will, erhält der britische Gouverneur in Kenia erweiterte Kompetenzen. Er soll eine strengere Kontrolle über Versammlungen ausüben und bei der Zulassung politischer Vereinigungen zurückhaltender verfahren. Allerdings hat der Gouverneur nicht mehr das Recht, Personen in Gewahrsam zu nehmen und Zwangsarbeit anzuordnen. Ferner ist die schrittweise Entlassung von Kenianern, die sich aus politischen Gründen in britischer Haft befinden, vorgesehen.

Gefangene Mau-Mau werden über Lautsprecher indoktriniert

Mau-Mau-Führer Jomo Kenyatta (M.) mit einem britischen Offizier

Kenia seit 1920 britische Kolonie

Das ostafrikanische Kenia wurde 1887 von der »Imperial British East Africa Company« in Besitz genommen, 1895 als Protektorat und 1920 als Kronkolonie in das britische Kolonialreich eingegliedert. Durch die Ansiedlung von Europäern erlitten besonders die Stämme der Kikuyu und Massai erhebliche Gebietsverluste. Ab 1948 kämpfte der terroristische Geheimbund der Kikuyu, Mau-Mau, gegen die Vorherrschaft der Europäer in Kenia mit dem Ziel, die nationale Unabhängigkeit zu erreichen. Die britische Kolonialregierung, die den Ausnahmezustand verhängte, konnte den Mau-Mau-Aufstand (1952–1956) nur mit Gewalt niederschlagen.

November 1959

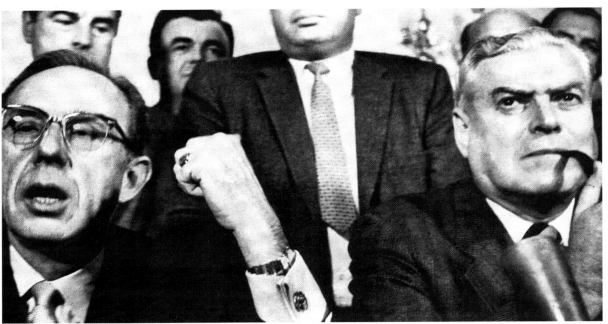

Stahlmanager Edgar Kaiser (l.) und Gewerkschaftsführer David McDonald nach einer Verhandlungspause; die Aussetzung des Streiks wird als Niederlage der Gewerkschaften gewertet, die nicht in der Lage sind, den Ausstand fortzusetzen

Streik der US-Stahlarbeiter ausgesetzt

7. November. Nach 116 Tagen Dauer wird der Streik der Stahlarbeiter in den USA durch Gerichtsentscheid vorläufig ausgesetzt.

Die 500 000 US-amerikanischen Stahlarbeiter müssen für 80 Tage an ihre Arbeitsplätze zurückkehren. Der Oberste Gerichtshof in Washington erklärt die Anordnung der US-Regierung vom 21. Oktober nach dem Taft-Hartley-Act von 1947 für rechtmäßig. Dieses Gesetz regelt die Beziehungen zwischen Unternehmen und Gewerkschaften und besagt u. a., daß im Falle eines nationalen Notstands ein Streik durch eine »Abkühlungsfrist« von maximal 80 Tagen von der Regierung unterbrochen werden kann.

Die Stahlarbeitergewerkschaft hatte am 14. Juli zum Streik aufgerufen, nachdem sie in den Tarifverhandlungen Lohnerhöhungen von 4,8% und bessere Sozialleistungen nicht hatte durchsetzen können. Die Stahlkonzerne hatten diese Forderungen als inflationsfördernd und somit als für sie inakzeptabel zurückgewiesen.

Durch den fast viermonatigen Ausstand war die gesamte Autoproduktion in den USA zum Erliegen gekommen. Mehr als 300 000 Arbeiter verloren in diesem Industriezweig ihren Arbeitsplatz. Bei den Stahlarbeitern war ein großer Teil von Aussperrung betroffen, die viele Konzerne verhängt hatten.

◁ *Zeichen der ruhenden Arbeit: Während des fast vier Monate dauernden Streiks war auf den Gleisanlagen eines kalifornischen Stahlwerks ein Eukalyptusbaum gewachsen, der nach dem Ende des Streiks von einem Arbeiter wieder entfernt wird*

▽ *Ausgesperrte Stahlarbeiter warten vor einer Arbeitsvermittlungsstelle in Hamtrack (US-Bundesstaat Michigan); die ungenügende soziale Absicherung bei Arbeitslosigkeit und Streiks zwingt viele, Gelegenheitsarbeiten anzunehmen, zumal auch die Gewerkschaften nicht in der Lage sind, aus den Streikkassen ausreichende finanzielle Hilfen zur Verfügung zu stellen*

USA unter Druck am Panamakanal

4. November. Mit Maschinengewehren und Granatwerfern ausgerüstete US-amerikanische Truppeneinheiten übernehmen den Schutz der Panamakanalzone.

Der Gouverneur der Kanalzone hatte bewaffneten Schutz angefordert, nachdem es am Vortag zu Demonstrationen gegen die USA gekommen war, wobei die Flagge der US-Botschaft in Stücke gerissen und die Fenster von US-amerikanischen Dienstgebäuden zertrümmert worden waren. Die Panamesen fordern die Souveränität über die Kanalzone und den Abzug aller US-Behörden. Die USA hatten 1903 mit Panama einen Vertrag geschlossen, der den Vereinigten Staaten alle Rechte zum Bau und Betrieb des Kanals zusicherte.

Franzosen kapern deutsches Schiff

4. November. Zwei französische Zerstörer bringen den Hamburger Frachter »Bilbao« an der französischen Küste des Ärmelkanals auf und zwingen die Besatzung, den Hafen Cherbourg anzulaufen.

In einer Note an das französische Außenministerium protestiert die Bundesregierung am 7. November dagegen, daß die »Bilbao« völkerrechtswidrig außerhalb der Drei-Meilen-Zone aufgebracht worden sei. Ein Beamter der Botschaft habe das gekaperte Schiff nicht betreten dürfen, das angeblich Waffen für Algerien an Bord hatte. Tatsächlich besteht die Ladung aus Sturmlaternen und Schrotmunition.

Frankreich erhöht Verteidigungsetat

19. November. Die französische Nationalversammlung stimmt dem Verteidigungsetat zu und beschließt die Beibehaltung der Wehrdienstzeit von 27,5 Monaten.

Das Budget von umgerechnet 14 Milliarden DM soll vor allem für den Aufbau einer »Einsatzstreitmacht« mit Kernwaffen und Raketen verwendet werden. Vorgesehen sind u.a. die Weiterentwicklung von Atombomben (→ 3. 7./S. 116) und die Produktion von Mittelstreckenraketen mit Atomsprengköpfen.

Chaos auf dem Motorway 1

2. November. Zwischen London und Birmingham wird die zweite britische Autobahn eingeweiht. Die erste, 13 km lange Autobahnstrecke war am →5. Januar (S. 22) in Nordengland eröffnet worden, mußte jedoch zwei Wochen später aufgrund von Sicherheitsmängeln wieder geschlossen werden.

Auch die neue Autobahn stellt für die britischen Autofahrer eine gefährliche Herausforderung dar. Auf den zumeist engen und kurvigen Landstraßen waren bislang Geschwindigkeiten über 80 km/h selten möglich, so daß die meisten Automobilisten auf dem »Motorway 1« (M 1), auf dem kein Tempolimit gilt, erstmals ihren Wagen voll ausfahren können. Problematisch ist dabei nicht nur, daß die meisten britischen Autos nicht für hohe Geschwindigkeiten ausgelegt sind und zu Hunderten mit Motorschäden auf der M 1 liegenbleiben, sondern daß sie auch oftmals von ihren Fahrern mitten auf der Fahrbahn stehengelassen werden. Insbesondere »Sonntagsfahrer« gefährden mit langsamfahrenden alten Autos und willkürlichen Fahrspurwechseln den Verkehr. Tausende von Schaulustigen beobachten von den Autobahnbrücken das Schauspiel des Schnellfahrens. Bei Coventry muß die Polizei gegen eine Familie vorgehen, die sich auf der linken Spur mit ihren Gartenstühlen zum Picknick niedergelassen hatte.

Letzte Reinigungsarbeiten auf der Autobahn vor ihrer Eröffnung

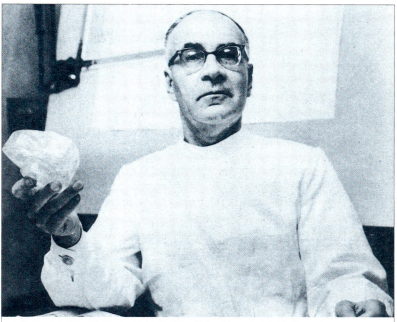

Felix Wankel, der 1902 geborene Erfinder des nach ihm benannten Kreiskolbenmotors

Felix Wankel stellt Kreiskolbenmotor vor

24. November. *In Neckarsulm stellt der Konstrukteur Felix Wankel den Kreiskolbenmotor vor. Bei diesem neuartigen Motor wird auf herkömmliche Bauteile eines Hubkolbenmotors – Kurbelwelle, Nockenwelle, Hubkolben, Ventile – verzichtet. Statt dessen ersetzt ein rotierender dreieckiger Drehkolben die Auf-und-ab-Bewegung des konventionellen Hubkolbens. Dadurch werden Drehzahlen über 10 000/min und ein vibrationsarmer Lauf erreicht.*

Erstes synthetisches Penicillin auf dem Arzneimarkt

10. November. Als erstes synthetisches Penicillin wird das Präparat »Syncillin« von der US-amerikanischen Bundesprüfstelle für Lebens- und Arzneimittel für den medizinischen Gebrauch freigegeben.

Das Antibiotikum »Syncillin« wurde in zehnjähriger Laborforschung und klinischer Erprobung entwickelt. Ausgangspunkt für die synthetische Herstellung des in der Natur als Stoffwechselprodukt bestimmter Schimmelpilze anfallenden Penicillins bildet eine Entdeckung von Stephen B. Sheehan an der Technischen Hochschule von Massachusetts (USA): Den Kern des Penicillin-Moleküls kann man in der Retorte darstellen, wenn der für die Penicillin-Produktion notwendige Fermentationsprozeß an einem bestimmten Punkt unterbrochen wird. In den Versuchen zeigte sich das »Syncillin« dem natürlichen Penicillin überlegen. So bleiben bei dem synthetischen Antibiotikum gewisse Überempfindlichkeitserscheinungen wie Hautausschlag, Übelkeit oder schwere Allergiesymptome aus, die bei natürlichem Penicillin gelegentlich auftreten. Trotz dieser Nebenwirkungen gilt Penicillin als unverzichtbares Medikament bei der Behandlung von Lungenentzündungen, Wundstarrkrampf und Geschlechtskrankheiten.

Geschichte des Penicillins

Der britische Bakteriologe Alexander Fleming entdeckte 1928, daß in einer Glasschale eine Staphylokokkenkultur durch einen Schimmelpilz zerstört war. Er folgerte daraus, daß der Pilz eine wachstumshemmende (antibiotische) oder abtötende Wirkung haben mußte, isolierte ihn und versah den Wirkstoff mit der Bezeichnung Penicillin. Der Pathologe Howard Walter Florey und der Biochemiker Ernst Boris Chain entschlüsselten 1938 an der Universität Oxford die Struktur des Penicillins und ermöglichten damit die Anwendung des Antibiotikums gegen Infektionskrankheiten. Seit 1943 wird Penicillin in den Vereinigten Staaten industriell hergestellt.

Die Nährlösung wird in der Sterilisiertrommel aufbewahrt (1943)

Das vollsynthetische Antibiotikum »Syncillin« wird unter perfekten hygienischen Bedingungen gewonnen und in Pulverform in Flaschen abgefüllt

November 1959

Die US-Raumfahrtbehörde muß 1959 mehrere Fehlstarts von unbemannten Raketen hinnehmen; hier der Fehlstart einer Juno-II-Rakete mit einem Explorer-Satelliten am 16. Juli in Kap Canaveral

Als erstes nuklearbetriebenes Überwasserschiff wird der sowjetische Eisbrecher »Lenin« in Dienst gestellt; das Schiff wird von drei Druckwasserreaktoren mit einer Leistung von 56 000 PS angetrieben

Das Raketenflugzeug X-15 wird von einem Langstreckenbomber B-52 in 11 400 m Höhe ausgeklinkt

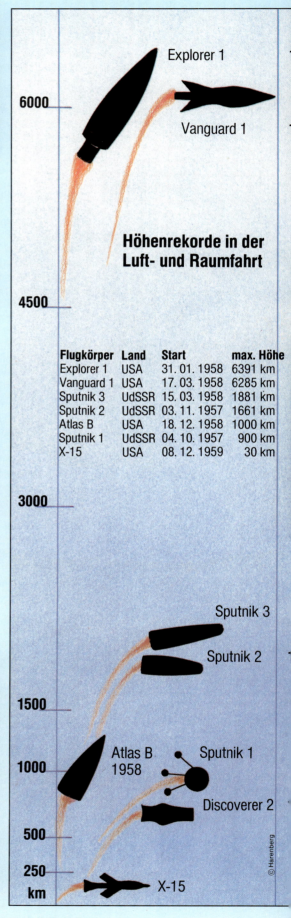

Höhenrekorde in der Luft- und Raumfahrt

Flugkörper	Land	Start	max. Höhe
Explorer 1	USA	31. 01. 1958	6391 km
Vanguard 1	USA	17. 03. 1958	6285 km
Sputnik 3	UdSSR	15. 03. 1958	1881 km
Sputnik 2	UdSSR	03. 11. 1957	1661 km
Atlas B	USA	18. 12. 1958	1000 km
Sputnik 1	UdSSR	04. 10. 1957	900 km
X-15	USA	08. 12. 1959	30 km

November 1959

Das 1954 in Jodrell Bank (Großbritannien) erbaute Radioteleskop (Spiegeldurchmesser 76 m) überwacht auch die Flugbahnen sowjetischer Raketen

Vorbereitung für den Start einer »Redstone«-Rakete, die als Startstufe für den »Explorer«-Satelliten eingesetzt wird, in Kap Canaveral (USA)

Wissenschaft und Technik 1959:
Forschung konzentriert sich auf Weltraumtechnologie

Das öffentliche Interesse an naturwissenschaftlicher Forschung konzentriert sich wie in den Jahren zuvor auf die Raumfahrt. Der »Wettlauf zum Mond« macht die Weltraumtechnologie zu einem politischen und militärischen Faktor; die »Abfallprodukte« der Raketen- und Satellitenforschung finden allerdings auch im zivilen Sektor praktische Anwendung.

Die US-amerikanischen Satellitenprojekte »Explorer« und »Discoverer« sollen Fortschritte beim Ausbringen von Satelliten in den Orbit sowie deren Zurückholen ergeben.

Aus den Entwicklungen bei den Raketentriebwerken versuchen Wissenschaftler auch Nutzen für die zivile Luftfahrt zu ziehen. Das US-Versuchsflugzeug »X-15«, das mit einem Raketentriebwerk ausgerüstet ist, erreicht bei seinem Erstflug am 17. September mehr als doppelte Schallgeschwindigkeit. Auf dem militärischen Sektor wird ebenfalls in den USA die sog. Gegenrakete »Zeus« entwickelt, die angreifende Gefechtsköpfe im Flug zerstören soll. Ein weiteres Produkt der US-amerikanischen Raketenforschung ist die Luft-Boden-Rakete »Bullpup«, die von Flugzeugen aus Einzelziele zerstören kann.

Mit Hochdruck wird auch an der Erforschung der Kernenergie gearbeitet. In Dounreay (Schottland) geht der erste Schnelle Brüter als Versuchsreaktor in Betrieb. Es handelt sich um einen Kernreaktor, der mehr Brennstoff selbst erzeugt als er verbraucht. Auch der Schiffbau setzt zunehmend auf Atomtechnologie. Der sowjetische Eisbrecher »Lenin« wird als erstes Nuklearschiff dieser Art in Dienst gestellt, und in den USA läuft die »Savannah«, das erste atomgetriebene Handelsschiff der Welt, vom Stapel.

Weit weniger im Licht der Öffentlichkeit stehen Entwicklungen im Bereich der Elektronik. Der US-amerikanische Physiker Jack Kilby beantragt ein Patent für den Integrierten Schaltkreis, und bei der Herstellung von Halbleitern wird die Planar-Ätz- und Diffusionstechnik eingeführt. Bedingt durch die Bedürfnisse der Raumfahrt wird auch die Weiterentwicklung von elektronischen Rechnern verstärkt vorangetrieben. Bei einigen Computern, die nunmehr mit Transistoren ausgerüstet sind, werden erstmals Rechen- und Speicherzellen (Cyrotrons) verwendet, welche die Supraleitfähigkeit ausnutzen. Fachleute sagen voraus, daß der Computer der Zukunft nicht größer als eine Thermosflasche sein werde. In der Bundesrepublik hat die Computertechnologie noch keine große Verbreitung gefunden. In Forschung, Verwaltung, Industrie und Handel arbeiten erst 94 Anlagen mit elektronischer Datenverarbeitung.

November 1959

»Die Buddenbrooks« erstmals im Kino

11. November. In Lübeck wird der erste Teil der Verfilmung von Thomas Manns Roman »Die Buddenbrooks« uraufgeführt. Der zweite Teil wird am 20. November gezeigt. Regisseur Alfred Weidenmann hat den 1901 erschienenen Roman über den Verfall einer Familie nach einem Drehbuch von Harald Braun, Jacob Geis und Erika Mann, der Tochter des Schriftstellers, inszeniert. Thomas Mann selbst hatte kurz vor seinem Tod 1955 die Anregung zur Verfilmung seines ersten Romans gegeben, für den er 1929 den Nobelpreis erhalten hatte.
Bei der Besetzung der Rollen hat Weidenmann auf prominente Schauspieler zurückgegriffen. In den Hauptrollen zeigen Liselotte Pulver (Tony Buddenbrook), Hansjörg Felmy (Thomas), Nadja Tiller (Gerda), Lil Dagover (Konsulin) und Werner Hinz (Konsul) beachtliche Einzelleistungen. Auch Hanns Lothar (Christian), Robert Graf (Grünlich) und Walter Sedlmayr (Permaneder) liefern beeindruckende Charakterstudien.
Von einigen Kritikern wird das Bemühen um werkgetreue Verfilmung gelobt, andere bemängeln, der Film werde seiner literarischen Vorlage nicht gerecht. In den insgesamt 206 Minuten der beiden Filmteile sei der tragische Verfall dieser Familie ohne die »liebevolle, genaue Ironie, den Charme des Details, das liebevolle Hautgout« der Romanvorlage zu einem »betulichen Bilderbogen aus der guten alten Zeit« (Der Spiegel) verkommen.

Bundespresseball in Beethovenhalle

7. November. In Bonn findet der Bundespresseball zum ersten Mal in der neu errichteten Beethovenhalle statt. 1500 Gäste – Politiker, Diplomaten, Pressevertreter und Künstler – nehmen an dem traditionellen Fest teil, dessen Erlös wohltätigen Zwecken zugute kommt.
Trotz hoher Eintrittspreise – 30 DM plus 20 DM für ein obligatorisches Los – erscheint fast die gesamte Bonner Prominenz und bietet denjenigen Journalisten, die auch an diesem Abend im Arbeitseinsatz sind, Gelegenheit zu manchem nicht alltäglichen Schnappschuß.

Marlene Dietrich bei ihrem Auftritt im Pariser Théâtre de l'Etoile

Marlene Dietrich in Paris

29. November. Das mondäne Théâtre de l'Etoile in Paris ist Schauplatz einer Galapremiere, mit der die deutsch-US-amerikanische Schauspielerin und Sängerin Marlene Dietrich die französische Hauptstadt wiedererobert – 30 Jahre nach dem Welterfolg ihres Films »Der blaue Engel«.
Vor dem Theater stauen sich die Menschen und hoffen, einen Blick auf den Star werfen zu können. Die Eintrittskarten für das 700-Plätze-Theater wurden unter der Hand für umgerechnet 500 DM gehandelt.
Im Saal hat sich ein illustres Publikum versammelt, darunter der französische Schauspieler Maurice Chevalier, der die inzwischen 54jährige Großmutter als »Prinzessin der Weiblichkeit« vorstellt, die er ein Leben lang verehrt habe.
Mit ihrer tiefen, rauchigen Stimme trägt »Marlene«, die bereits zu Lebzeiten Legende geworden ist, englische, französische und deutsche Chansons vor. Auf eines warten ihre Anhänger allerdings vergeblich: »Ich bin von Kopf bis Fuß auf Liebe eingestellt« ist nicht mehr Bestandteil des Programms. Dafür bezaubert die Dietrich ihr Publikum wie eh und je mit schwungvoll dargebotenen Revue- und Tanzeinlagen.

Sensationspreise bei Kunstauktion

25. November. Millionenbeträge werden bei einer Versteigerung im Londoner Auktionshaus Sotheby's für Werke der französischen Maler Paul Cézanne und Paul Gauguin gezahlt. Rund 145000 Pfund (umgerechnet 1 674 750 DM) werden für das Gemälde »Bauer in blauer Bluse« von Cézanne geboten. Das Gauguin-Gemälde »Ich erwarte einen Brief«, das der Maler 1899 auf Tahiti vollendete, erzielt den höchsten Preis, der jemals für einen Gauguin gezahlt worden ist, nämlich 130000 Pfund (1 501 500 DM).
Beide Gemälde stammen aus US-amerikanischem Besitz und kehren nun in die Vereinigten Staaten zurück. Die Versteigerung, bei der 185 vorwiegend impressionistische Kunstwerke ihren Besitzer wechseln, ist wie üblich ein gesellschaftliches Ereignis, zu dem besondere Einladungen ergangen waren.

Iffland-Ring geht an Josef Meinrad

24. November. Dem österreichischen Schauspieler Josef Meinrad wird im Wiener Burgtheater der Iffland-Ring überreicht.
Diese Auszeichnung wurde angeblich von dem deutschen Dramatiker

Werner Krauss (* 23. 6. 1884, † 20. 10. 1959) feierte in den 20er Jahren Erfolge am Berliner Staatlichen Schauspielhaus und am Wiener Burgtheater. Bekannt sind seine Filme »Die freudlose Gasse«, »Burgtheater« und »Jud Süß«. Seit 1954 war er Träger des Iffland-Ringes.

August Wilhelm Iffland (1759-1814) gestiftet und soll jeweils an den »größten Schauspieler deutscher Zunge« weitergegeben werden. Meinrad war der Ring von seinem bisherigen Träger (seit 1954), dem bundesdeutschen Schauspieler Werner Krauss, testamentarisch mit den Worten zugesprochen worden: »Sie sind für mich in Ihrer Schlichtheit und Ihrer Wahrhaftigkeit der Würdigste.« Besonders erfolgreich war Meinrad in komischen Charakterrollen, vor allem in Stücken von Ferdinand Raimund und Johann Nepomuk Nestroy.

November 1959

Die Callas und ihre Männer: Verehrer Aristoteles Onassis (l.) und Gatte Giovanni Meneghini

Ehe Callas-Meneghini in Italien geschieden

14. November. *Die Ehe der italienischen Opernsängerin Maria Callas mit dem Industriellen Giovanni Battista Meneghini wird in Brescia (Italien) in beiderseitigem Einvernehmen geschieden.*

Meneghini hatte seinen ursprünglichen Antrag, die Ehe wegen Verschuldens seiner Frau zu trennen, zurückgezogen. Er hatte die intensiven freundschaftlichen Beziehungen der Sängerin zu dem griechischen Reeder Aristoteles Onassis als Scheidungsgrund angegeben.

Der 62jährige italienische Geschäftsmann hatte seine Ziegelei aufgegeben, um die Ausbildung seiner Gattin zu finanzieren und ihr zu Weltruhm zu verhelfen. Am 28. September reichte er nach zehnjähriger Ehe die Scheidungsklage ein, nachdem die Operndiva mit Onassis eine Mittelmeerkreuzfahrt unternommen hatte. Die Verhandlungen über das auf 1 Million US-Dollar geschätzte Vermögen seien in »ungetrübter, manchmal geradezu herzlicher Atmosphäre« verlaufen, berichtet Meneghini nach dem Prozeß.

Opernaufführung mit 15 Pferden

10. November. An der »Opéra« in Paris wird die Oper »Carmen« von George Bizet mit großem Aufwand neu inszeniert.

Unter der Regie von Raymond Rouleau und der musikalischen Leitung von Roberto Benzi treten in den Massenszenen 350 Choristen und Statisten, 15 Pferde, zwei Esel, ein Maulesel, ein Hund und ein Affe auf die Bühne. Das Orchester ist auf 102 Mann verstärkt. Die Kostüme entsprechen genau der Bekleidung von vor 100 Jahren. Für die Aufführung werden insgesamt 156 Elektrotechniker und Bühnenarbeiter eingesetzt. Der Boden der Bühne mußte verstärkt werden.

Preis für »Stimme der Versöhnung«

16. November. In Paris wird der bedeutendste französische Literaturpreis, der »Prix Goncourt«, mit sieben gegen drei Stimmen der Jury dem 31jährigen Schriftsteller André Schwarz-Bart zuerkannt.

Schwarz-Bart erhält den Preis für seinen Roman »Le dernier des justes« (Der Letzte der Gerechten), der die Leidensgeschichte des jüdischen Volkes während der letzten Jahrhunderte schildert und bei seinem Erscheinen Anfang des Jahres weltweites Aufsehen erregte. Schwarz-Bart will seinen Roman nicht nur als »Dokument des Grauens« verstanden wissen, sondern auch »als Stimme der Versöhnung – sogar mit Deutschland«.

Friedrich Schiller, in beiden Teilen Deutschlands ein Klassiker

Schiller in Ost und West gewürdigt

10. November. Mit Feiern und Festreden wird in Ost und West der 200. Geburtstag des deutschen Dichters Friedrich Schiller begangen. Ihren Höhepunkt in der Bundesrepublik finden die Veranstaltungen mit einem Festakt der Deutschen Schiller-Gesellschaft in Marbach am Neckar, dem Geburtsort des Dichters. Beendet werden die offiziellen Feierlichkeiten mit einem Staatsempfang der baden-württembergischen Landesregierung, an dem auch zahlreiche ausländische Diplomaten teilnehmen, unter ihnen der sowjetische Botschafter in Bonn, Andrei A. Smirnow.

Im Norddeutschen Rundfunk legt Altbundespräsident Theodor Heuss ein Bekenntnis zu seinem schwäbischen Landsmann ab. Als sympathischsten Charakterzug preist er Friedrich Schillers »edle Schüchternheit«, die ihn trotz seines »Weltsinnes« nie die kleine Umwelt habe vergessen lassen, aus welcher er hervorgegangen sei.

In der DDR nimmt die SED Schiller für sich in Anspruch. Der Kranz, den Walter Ulbricht, der Erste Sekretär des Zentralkomitees der SED, am Schiller-Denkmal in Weimar niederlegt, trägt die Aufschrift: »Denn er war unser.« DDR-Kulturminister Alexander Abusch erläutert in seiner Festrede, die Kluft zwischen Ideal und Wirklichkeit, unter der Schiller so schwer gelitten habe, sei von der »neuen sozialistischen Gesellschaft« geschlossen worden.

Nach 100 Sekunden Handtuch geworfen

14. November. Mit einem Blitzsieg verteidigt der Profi-Boxeuropameister im Mittelgewicht, Gustav »Bubi« Scholz, in der Berliner Deutschlandhalle seinen Titel gegen Peter Müller aus Köln.

Der ungleiche Kampf dauert lediglich 100 Sekunden, dann wirft Müllers Trainer das Handtuch. Der 32jährige Kölner, der mit Schlägen des Meisters überschüttet wird, hat keine Chance.

Scholz, der seine Laufbahn von 1955 bis 1957 wegen schwerer Erkrankung unterbrochen hatte, ist seit 1957 Deutscher Meister und seit 1958 Europameister.

»Bubi« Scholz, seit 1948 Berufsboxer und seit 1958 Europameister

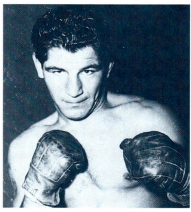

Peter Müller, seit 1949 dreifacher Deutscher Meister im Mittelgewicht

Dezember 1959

Mo	Di	Mi	Do	Fr	Sa	So
	1	2	3	4	5	6
7	8	9	10	11	12	13
14	15	16	17	18	19	20
21	22	23	24	25	26	27
28	29	30	31			

1. Dezember, Dienstag

Bundeskanzler Konrad Adenauer (CDU) führt in Paris politische Gespräche mit dem französischen Staatspräsidenten Charles de Gaulle. Einigkeit erzielen die beiden Politiker über die »absolute Notwendigkeit« der NATO (Nordatlantisches Verteidigungsbündnis).

In einem in Washington unterzeichneten Vertrag verpflichten sich zwölf Staaten, keinerlei Besitzansprüche auf die Antarktis zu stellen. →S. 195

Nach dem Rücktritt des US-amerikanischen Verteidigungsministers Neil H. McElroy beruft US-Präsident Dwight D. Eisenhower dessen Stellvertreter Thomas S. Gates zum Nachfolger.

Die Regierungen Großbritanniens und der Vereinigten Arabischen Republik vereinbaren die Wiederaufnahme der diplomatischen Beziehungen, die am 1. September 1956 infolge der Suezkrise abgebrochen worden waren.

Fast jeder zweite Erwachsene der Erde kann weder lesen noch schreiben. Das geht aus einer Statistik hervor, die von der UNESCO (Organisation der Vereinten Nationen für Erziehung, Wissenschaft und Kultur) in New York veröffentlicht wird. →S. 203

2. Dezember, Mittwoch

Der Bundestag verabschiedet ein Rentenanpassungsgesetz, das am 1. Januar 1960 in Kraft tritt. Danach werden die Renten in der Arbeiter- und Angestelltenversicherung um 5,94% erhöht. Gegen das Gesetz stimmt nur die FDP.

Die beiden Piloten zweier Düsenjagdbomber der Bundeswehr, die am 22. Oktober über dem Gebiet der ČSR abgestürzt waren, werden von der bayerischen Grenzpolizei übergeben. →S. 196

Die Volkskammer der DDR verabschiedet ein neues Schulgesetz, wonach die Schulpflicht auf das zehnte Schuljahr ausgedehnt wird. →S. 197

Bei einem Staudammbruch in der Nähe von Fréjus (Südfrankreich) kommen 412 Menschen ums Leben. →S. 202

3. Dezember, Donnerstag

US-Präsident Dwight D. Eisenhower tritt eine 18tägige Weltreise an, die ihn in elf Länder führt. Die Blitzreise soll den Kontakt der USA zu den Ländern am Mittelmeer, im Nahen Osten und im Süden Asiens verstärken (→22. 12./S. 195).

Das Parlament der Westeuropäischen Union in Paris empfiehlt dem Ministerrat der WEU die Schaffung einer europäischen Atomstreitmacht.

Unter der Leitung von Gustaf Gründgens führt das Deutsche Schauspielhaus Hamburg im Rahmen seiner Gastspielreise durch die Sowjetunion »Faust I« in Leningrad auf.

4. Dezember, Freitag

Der US-Weltraumbehörde NASA gelingt es, in der »Merkur«-Raumkapsel, die für einen späteren bemannten Satellitenflug konstruiert ist (→10. 4./S. 70), ein Lebewesen ins Weltall zu schießen und zur Erde zurückzubringen. Bei dem erfolgreichen »Astronauten« handelt es sich um ein Rhesusäffchen mit dem Namen »Sam« (→28. 5./S. 88).

5. Dezember, Sonnabend

Der tschechoslowakische Parlamentspräsident Zdeněk Fierlinger äußert sich positiv über die Möglichkeit besserer Beziehungen zwischen dem tschechoslowakischen und dem deutschen Volk. Dies hänge jedoch davon ab, ob »die deutschen Durchschnittsbürger den Militarismus und Revanchismus in Schranken halten« könnten. →S. 195

Die polnischen Behörden verbieten den Verkauf der US-Tageszeitung »New York Times«. Ausschlaggebend dafür ist eine Artikelserie des Blattes, in der nach Ansicht der Behörden Polen verunglimpft wird.

6. Dezember, Sonntag

Trotz energischer Proteste von seiten der Bundesregierung beschließt die Vollversammlung des Nationalen Olympischen Komitees (NOK) in Hannover, daß die gesamtdeutsche Mannschaft bei den Olympischen Spielen 1960 unter einer schwarzrotgoldenen Fahne mit den fünf olympischen Ringen im mittleren roten Feld antritt. →S. 196

Gegen die geplante Stillegung von drei Kohlezechen findet in Bochum eine Demonstration von Bergarbeitern statt (→26. 9./S. 155).

Von Accra (Ghana) startet ein Demonstrationszug von Atomwaffengegnern in die Sahara, um gegen die dort von Frankreich durchgeführten Kernwaffenversuche zu demonstrieren (→3. 7./S. 116).

In der Berliner Deutschlandhalle verteidigt Gustav »Bubi« Scholz gegen den Franzosen André Drille seinen Titel als Box-Europameister im Mittelgewicht durch einen Punktsieg (→14. 11./S. 189).

7. Dezember, Montag

Der Sprecher der Bundesregierung, Felix von Eckardt (CDU), protestiert gegen Äußerungen des indischen Ministerpräsidenten Jawaharlal Nehru zur Wiedervereinigung Deutschlands. Nehru hatte in einer Pressekonferenz erklärt, daß niemand, auch nicht in der Bundesrepublik und in der DDR, die Wiedervereinigung wirklich wolle.

8. Dezember, Dienstag

Die CDU/CSU-Bundestagsfraktion erteilt ihrem aus Münster stammenden Mitglied Peter Nellen eine scharfe Rüge, weil dieser auf einer Veranstaltung des »Komitees gegen Atomrüstung« gesprochen hatte. Auf einen Ausschluß Nellens aus der Fraktion wird verzichtet.

Bundespostminister Richard Stücklen (CSU) gibt in Bonn bekannt, daß die Bundespost bis 1963 5,15 Milliarden DM in den Fernsprechdienst investieren werde, um eine bessere Telefonversorgung zu erreichen. Gegenwärtig kommen auf 100 Bundesbürger 9,4 Telefonanschlüsse. →S. 197

Ein Düsenjäger der US-Marine vom Typ Phantom II stellt mit 30 038 m einen Weltrekord im Höhenflug auf. →S. 202

Aus dem Städelschen Kunstinstitut in Frankfurt am Main wird »Die Venus« von Lucas Cranach dem Älteren geraubt.

9. Dezember, Mittwoch

Gegen die Stimmen der SPD und bei Stimmenthaltung der FDP beschließt der Verteidigungsausschuß des Bundestages die Anschaffung einer geheimgehaltenen Zahl unbemannter gelenkter Flugkörper vom Typ »Mace«, die nur mit atomarer Munition verschossen werden.

Im Rathaus der Hansestadt Hamburg findet ein Festakt zum hundertjährigen Bestehen des Landesparlaments, der Hamburger Bürgerschaft, statt.

In Garmisch-Partenkirchen schlägt die Auswahl des Deutschen Eishockey-Bundes das Team der DDR 5:2.

10. Dezember, Donnerstag

In Bonn sorgt die Veröffentlichung eines abgehörten Gesprächs zwischen Bundeskanzler Konrad Adenauer (CDU) und Staatssekretär Felix von Eckardt (CDU) für politischen Wirbel. Adenauer hatte über den Bundesminister für Gesamtdeutsche Fragen, Ernst Lemmer (CDU), gesagt, daß er »den Kerl« entlassen würde, wenn dieser nicht Berliner wäre. →S. 196

In Stockholm werden die Nobelpreise für Medizin, Physik, Chemie und Literatur von dem schwedischen König Gustav VI. Adolf überreicht. Den Friedensnobelpreis erhält in Oslo der britische Politiker Philip Noel-Baker. →S. 203

Der Deutsche Anwaltverein warnt in Hamburg vor der Aufnahme des Jurastudiums, da nur geringe Berufsaussichten bestünden. Nach Ansicht des Anwaltvereins studieren viele Abiturienten nur, weil sie in einem akademischen Beruf die Garantie für Ansehen und Wohlstand sehen. →S. 197

11. Dezember, Freitag

In der Bundesrepublik wird eine weitverzweigte kommunistische Untergrundorganisation aufgedeckt und ein Verteilerring für Propagandamaterial zerschlagen. Bei der Aktion der Strafverfolgungsbehörden werden 49 Personen verhaftet.

Im Württemberger Staatstheater Stuttgart wird die Oper von Carl Orff »Ödipus der Tyrann« mit großem Erfolg beim Publikum uraufgeführt.

12. Dezember, Sonnabend

Die deutschen katholischen Bischöfe sprechen sich in einer Erklärung zum Regierungsentwurf eines Bundesrundfunkgesetzes (→30. 9./S. 155) gegen die Einführung eines rein kommerziellen Fernsehens aus. Sie fürchten die »immer stärker werdende Hemmungslosigkeit« bei der Werbung und den Mißbrauch finanzieller Stärke.

In der britischen Kolonie Nigeria finden die ersten Direktwahlen zum Bundesparlament statt, das über den Weg in die Unabhängigkeit entscheiden soll.

Der australische Rennfahrer Jack Brabham sichert sich durch einen vierten Platz hinter dem Briten Tony Brooks beim Großen Preis der USA in Sebring die Automobilweltmeisterschaft. →S. 203

Zu Sportlern des Jahres in der Bundesrepublik werden der Zehnkämpfer Martin Lauer, die Eiskunstläuferin Marika Kilius und der »Ratzeburger Achter« gewählt. →S. 203

13. Dezember, Sonntag

Bei der ersten Präsidentenwahl der Republik Zypern erhält Erzbischof Makarios III. die Mehrheit der Stimmen. →S. 195

Aus dem Dahlemer Museum in Berlin (West) wird die auf 250 000 DM geschätzte Rembrandt-Studie »Christuskopf« gestohlen.

Wissenschaftler des Moskauer Pulkowo-Observatoriums veröffentlichen eine Studie, nach der auf dem Mars eine hochentwickelte Flora existiert.

Bei einer Gasexplosion in einem vierstöckigen Haus in Dortmund-Aplerbeck werden 26 Menschen getötet. →S. 197

14. Dezember, Montag

Die Sowjetunion kritisiert in einer Protestnote an die Bundesregierung die »beschleunigte Aufrüstung« in der Bundesrepublik.

Bundesverkehrsminister Hans-Christoph Seebohm (DP) übergibt das Autobahnstück Landstuhl-St. Ingbert dem Verkehr. Damit ist das Saarland an das bundesdeutsche Autobahnnetz angeschlossen (→6. 7./S. 115).

15. Dezember, Dienstag

Auf der Tagung des Ministerrats des Nordatlantischen Verteidigungsbündnisses (NATO) in Paris versichert US-Außenminister Christian A. Herter, daß die USA ihre Truppen in Europa ließen, solange die Bedrohung durch die Sowjetunion fortbestehe. →S. 194

Der sowjetische Partei- und Regierungschef Nikita S. Chruschtschow erklärt im Kreml vor US-amerikanischen Gewerkschaftsvertretern, daß die Sowjetunion bis 1964 den Sechsstundentag einführen werde (→S. 149).

Der griechische Großreeder Aristoteles Onassis erwirbt die Mehrheit der Aktien der auf 120 Millionen DM Stammkapital geschätzten Spielbank von Monaco.

Die Heiligen Drei Könige auf einem Mosaik in der Kirche Sant'Apollinare Nuovo in Ravenna; Titelseite der US-amerikanischen Illustrierten »Life«

Dezember 1959

16. Dezember, Mittwoch
Der Leiter der indischen Atomenergiekommission, Baldev Bhaba, teilt in Neu-Delhi mit, daß Indien in der Lage sei, eigenständig Atombomben und andere Kernwaffen herzustellen.

König Baudouin I. von Belgien trifft zu einem 15tägigen Besuch der Kolonie Belgisch-Kongo (Zaïre) in Léopoldville (Kinshasa) ein, um sich vor Ort ein Bild von den Auseinandersetzungen zwischen der afrikanischen Bevölkerung und belgischen Soldaten zu machen (→13. 1./S. 15).

17. Dezember, Donnerstag
Im bayerischen Landtag in München kommt es bei der Beratung des Gesetzes zum vorläufigen Abschluß der Entnazifizierung zu tumultartigen Auseinandersetzungen zwischen dem Bund der Heimatvertriebenen und Entrechteten/Gesamtdeutscher Block (BHE) und der SPD über die Einschätzung des Nationalsozialismus. →S. 196

Nach einem vom Bundesverteidigungsministerium in Bonn veröffentlichten Bericht hat die Bundeswehr am Jahresende eine Stärke von 240 000 Mann. Damit sind zwei Drittel der vorgesehenen Endstärke von 350 000 Soldaten erreicht.

Der israelische Ministerpräsident David Ben Gurion stellt in Jerusalem sein neues Kabinett vor. Außenministerin bleibt Golda Meir, neuer Landwirtschaftsminister wird der ehemalige Generalstabschef Moshe Dayan (→3. 11./S. 183).

18. Dezember, Freitag
Der Alfred-Hitchcock-Film »Der unsichtbare Dritte« mit Cary Grant und Eva Marie Saint in den Hauptrollen läuft in den bundesdeutschen Kinos an.

19. Dezember, Sonnabend
Der Erste Sekretär der SED, Walter Ulbricht, gibt in einer Rede in Berlin (Ost) Spannungen in der Landwirtschaft der DDR und daraus resultierende Versorgungsengpässe zu. Der Widerstand der Bauern gegen die Kollektivierungsmaßnahmen in der Landwirtschaft habe jedoch nur »bestimmte ideologische Ursachen« (→11. 8./S. 133).

In Paris findet ein Treffen der Regierungs- und Staatschefs von Frankreich, Großbritannien, den Vereinigten Staaten und der Bundesrepublik statt. Hauptthema der Beratungen ist die Vorbereitung einer Ost-West-Gipfelkonferenz in Paris am 27. April 1960, zu der auch der sowjetische Partei- und Regierungschef Nikita S. Chruschtschow eingeladen werden soll (→5. 8./S. 130).

Auf einer Kundgebung rechtsradikaler europäischer Siedler in Algier wird der Tod des französischen Staatspräsidenten Charles de Gaulle gefordert. Hauptredner der Veranstaltung ist der ehemalige französische Ministerpräsident Georges Bidault, der den endgültigen Anschluß Algeriens an Frankreich fordert und damit im Gegensatz zum Algerienplan de Gaulles steht (→16. 9./S. 150).

20. Dezember, Sonntag
Zwischen der DDR und Indien wird in Neu-Delhi ein Handelsabkommen unterzeichnet. Die Verrechnung der Handelsgüter soll in indischer Währung erfolgen.

Das Fußball-Länderspiel zwischen der Bundesrepublik und Jugoslawien in Hannover endet 1:1 (0:1).

21. Dezember, Montag
In einem Gedenkartikel zu seinem 80. Geburtstag bezeichnet die Moskauer Parteizeitung »Prawda« den 1953 verstorbenen sowjetischen Partei- und Regierungschef Josef W. Stalin als einen aufrechten Kämpfer für den Sozialismus. Das SED-Zentralorgan »Neues Deutschland« nennt Stalin einen »guten Freund der deutschen Arbeiterklasse«.

In Kuba werden alle Sisal-Pflanzungen, die Kubanern gehören, verstaatlicht. US-amerikanischer Besitz darf weiterhin in Privathand verbleiben. Die Regierung will in Kürze auch die Zuckerpflanzungen nationalisieren.

Nach dem Bericht einer internationalen Studienkommission, die von dem Briten Sir Ivone Kirkpatrick geleitet wird, ist der Bau eines Tunnels unter dem Ärmelkanal technisch ausführbar. →S. 202

Der Schah von Persien, Mohammad Resa Pahlawi, wird in Teheran in dritter Ehe mit der 21jährigen Studentin Farah Diba getraut. →S. 200

22. Dezember, Dienstag
Mit einem Besuch in Marokko beendet US-Präsident Dwight D. Eisenhower seine dreiwöchige Weltreise, während der er in elf Ländern politische Gespräche geführt hatte. →S. 195

Das Bundeswohnungsbauministerium legt in Bonn seinen Jahresbericht vor. Danach entstanden seit Jahresbeginn in der Bundesrepublik 580 000 Wohnungen. Berechnungen ergeben einen Bedarf von weiteren 1,2 Millionen Wohnungen.

Beim Absturz eines brasilianischen Verkehrsflugzeugs in der Nähe von Rio de Janeiro kommen 42 Personen ums Leben.

23. Dezember, Mittwoch
Nach langwierigen Beratungen in Bundestag und Bundesrat wird ein neues Lebensmittelrecht verabschiedet, das die Verwendung von Fremdstoffzusätzen in Lebensmitteln einschränkt und kennzeichnungspflichtig macht.

Bundesinnenminister Gerhard Schröder (CDU) spricht sich für den Umbau des Bundestages nach dem Vorbild des britischen Unterhauses aus.

Das Statistische Bundesamt in Wiesbaden teilt mit, daß die diesjährige Weinernte den zweitgrößten Ertrag nach 1945 und die beste Qualität erbracht hat. Mit einer Mostmenge von 4,3 Millionen hl werden die Ernteerträge des Rekordjahres 1958 um 500 000 hl verfehlt. Das durchschnittliche Mostgewicht des Weißmostes wird mit 92 Grad Öchsle angegeben (→18. 11./S. 181).

24. Dezember, Donnerstag
Einem Aufruf des Kuratoriums Unteilbares Deutschland folgend stellen viele Bundesbürger Kerzen in die Fenster, um ihre Verbundenheit mit den Menschen in der DDR zu zeigen. →S. 206

Die italienische Regierung in Rom erteilt dem österreichischen Staatssekretär Franz Gschnitzer Einreiseverbot nach Südtirol. Gschnitzer hatte Forderungen Südtiroler Politiker nach Gewährung des Selbstbestimmungsrechts unterstützt (→23. 7./S. 116).

25. Dezember, 1. Weihnachtstag
In der Kölner Innenstadt werden die erst vor wenigen Wochen eingeweihte jüdische Synagoge und ein Denkmal der Widerstandskämpfer von zwei Mitgliedern der Deutschen Reichspartei (DRP) mit Hakenkreuzen und nationalsozialistischen Parolen beschmiert. →S. 196

Bundeskanzler Konrad Adenauer (CDU) fordert in einer Rundfunkrede die Deutschen in der Bundesrepublik auf, ihrer Landsleute in der DDR zu gedenken, die noch immer in der Sklaverei, unter geistigem Druck und in Not und Armut lebten.

26. Dezember, 2. Weihnachtstag
Als vierter Expedition gelingt es einer Gruppe von sowjetischen Wissenschaftlern, den geographischen Südpol auf dem Landweg zu erreichen. Das Unternehmen der 16 Forscher dauerte drei Monate. →S. 202

27. Dezember, Sonntag
Nach einer Meldung der Nachrichtenagentur UPI sind am Heiligabend 238, am ersten Weihnachtsfeiertag 155 und am zweiten Feiertag 182 Bewohner der DDR nach Berlin (West) geflüchtet.

Der Industrielle und Gouverneur des US-Bundesstaats New York, Nelson A. Rockefeller, gibt bekannt, daß er 1960 nicht für das Amt des Präsidenten der Vereinigten Staaten kandidieren werde. Damit ist Vizepräsident Richard M. Nixon der aussichtsreichste Kandidat der Republikaner für dieses Amt. →S. 195

Die Bewohner der Fidschi-Inseln Wallis und Futuna sprechen sich in einer Volksabstimmung mit großer Mehrheit für den Anschluß an Frankreich aus.

Deutscher Fußball-Pokalsieger wird Schwarz-Weiß Essen durch ein 5:2 gegen Borussia Neunkirchen im Kasseler Aue-Stadion. →S. 203

28. Dezember, Montag
Durch drastische Preissenkungen für Butter in Dänemark kommt es zu einer starken Belebung des Kleinen Grenzhandels zwischen der Bundesrepublik und Dänemark.

Im Atomforschungsinstitut Vinca bei Belgrad wird in Anwesenheit von Staatspräsident Josip Broz Tito der erste jugoslawische Forschungsatomreaktor dem Betrieb übergeben. Das Kernkraftwerk leistet maximal 10 Megawatt.

29. Dezember, Dienstag
Der Bundesminister für Gesamtdeutsche Fragen, Ernst Lemmer (CDU), appelliert in einer Rundfunkansprache an die Bevölkerung in der DDR, in der Heimat auszuharren, da das Land nicht an Menschen ausbluten dürfe.

Der Präsident der Vereinigten Staaten, Dwight D. Eisenhower, gibt in Washington bekannt, daß das mit der Sowjetunion geschlossene Moratorium für Kernwaffenversuche für die USA mit Ablauf des Jahres erlösche. Neue Atomwaffenversuche würden jedoch nicht ohne Ankündigung unternommen.

US-Präsident Dwight D. Eisenhower wird vom US-amerikanischen Nachrichtenmagazin »TIME« zum »Mann des Jahres 1959« gewählt. Ihm folgen in der Liste bedeutender Persönlichkeiten Bundeskanzler Konrad Adenauer (CDU), der französische Staatspräsident Charles de Gaulle und der britische Premierminister Harold Macmillan.

Sechs Tage nach dem Brand des historischen »Alten Kaufhauses« von Lüneburg gehen auch Teile der aus dem 12. Jahrhundert stammenden Ratsbücherei in Flammen auf. →S. 197

Infolge einer Ölpest, die Motorschiffe durch das Abpumpen von Öl ins Wasser verursacht hatten, werden Tausende von toten Seevögeln vor der deutschen und dänischen Nordseeküste angetrieben.

30. Dezember, Mittwoch
Bundesverteidigungsminister Franz Josef Strauß (CSU) befördert Oberst Wolf Graf Baudissin, der die Abteilung »Innere Führung« im Verteidigungsministerium aufgebaut hat, zum Brigadegeneral.

Der US-Senator Hubert H. Humphrey gibt bekannt, daß er sich um die Nominierung zum Präsidentschaftskandidaten der Demokratischen Partei bewerben werde (→6. 2./S. 30; 27. 12./S. 195).

In den Vereinigten Staaten wird das erste raketentragende Atom-Unterseeboot »George Washington« in Dienst gestellt. Das Boot ist mit 16 Raketenabschußrampen ausgerüstet.

31. Dezember, Donnerstag
In Paris, London, Antwerpen und in mehreren Städten der Bundesrepublik kommt es zu Hakenkreuzschmierereien (→25. 12./S. 196).

Bei einem Sprengstoffanschlag der französischen Untergrundorganisation »Rote Hand« in Frankfurt am Main wird ein Algerier schwer verletzt. →S. 197

Das Wetter im Monat Dezember

Station	Mittlere Lufttemperatur (°C)	Niederschlag (mm)	Sonnenscheindauer (Std.)
Aachen	— (3,1)	189*(62)	— (49)
Berlin	— (-0,7)	146*(41)	— (36)
Bremen	— (2,2)	183*(44)	— (33)
München	— (-0,7)	183*(44)	— (41)
Wien	3,3(0,9)	105 (51)	27 (—)
Zürich	2,6(0,2)	97 (73)	56 (75)

( ) Langjähriger Mittelwert für diesen Monat
— Wert nicht ermittelt
* Mittelwert November 1959 bis Februar 1960

Dezember 1959

Die wachsende Neigung der Bundesbürger zu einer aufwendigen Gestaltung des Weihnachtsfestes dokumentiert die »Neue Illustrierte«

Dezember 1959

Auseinandersetzungen bei Herbsttagung der NATO

15. Dezember. Der französische Ministerpräsident Michel Debré eröffnet in Paris die bis zum 17. Dezember angesetzte Ministerratstagung der Mitgliedsstaaten der NATO (Nordatlantikpakt).
Zum Hauptthema der Tagung wird die Frage einer engeren militärischen Integration der Verbündeten. Während vor allem die USA eine festere Bindung und damit auch größere finanzielle Beteiligung der europäischen Partner an der gemeinsamen Verteidigung fordern, wendet sich Frankreich scharf gegen eine solche Integration.

Das Verteidigungsbündnis NATO
Gründung: Am 4. April 1949 in Washington.
Sitz: Paris (NATO-Generalsekretariat und permanenter NATO-Rat).
Mitglieder: Belgien, Bundesrepublik Deutschland (seit 1955), Dänemark, Frankreich, Griechenland (seit 1952), Großbritannien, Island, Italien, Kanada, Luxemburg, Niederlande, Norwegen, Portugal, USA.
Aufgabe: Gemeinsame Verteidigung gegen einen bewaffneten Angriff auf einen oder mehrere Mitgliedsstaaten. Förderung der kulturellen und wirtschaftlichen Zusammenarbeit.

Der französische Außenminister Maurice Couve de Murville bringt den Wunsch von Staatspräsident Charles de Gaulle nach einer stärkeren Position Frankreichs in der NATO vor, die durch eine »Modifizierung der Verantwortlichkeit« herbeigeführt werden müsse. Zwischen Franzosen und US-Amerikanern kommt es daraufhin zum offenen Konflikt. US-Verteidigungsminister Thomas S. Gates hält den Vorwurf aufrecht, Frankreich komme seinen militärischen Verpflichtungen nicht nach. Hierüber wie auch über die Lagerung von Atomwaffen auf europäischem Boden kann keine Einigung erzielt werden.
Einig sind sich die Minister über die Notwendigkeit, den Fortbestand der NATO zu sichern. Außerdem beschließen sie, auf der geplanten Ost-West-Gipfelkonferenz der Abrüstung den Vorrang vor dem Deutschland-Problem zu geben und sich um stärkere Hilfe für die Entwicklungsländer zu bemühen.

Eröffnung der NATO-Ministerratstagung in Paris durch den französischen Ministerpräsidenten Michel Debré (M.); auf der Konferenz sollen vor allem die Spannungen zwischen Frankreich und den Vereinigten Staaten beseitigt werden

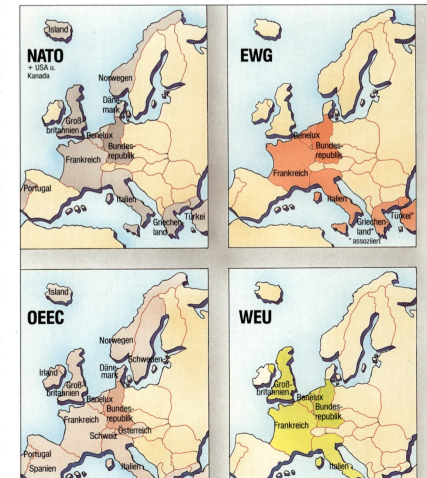

Die Westintegration der Bundesrepublik begann bereits vor ihrer Gründung, als ihr Vorläufer, die drei westlichen Besatzungszonen, 1948 der Organisation für wirtschaftliche Zusammenarbeit in Europa (OEEC) beitrat. 1950 wurde sie Mitglied im Europarat, einer Vereinigung zur Förderung des wirtschaftlichen und sozialen Fortschritts. Die militärische Eingliederung wurde 1954 durch den Beitritt zur Westeuropäischen Union (WEU), einem Beistandspakt innerhalb des Nordatlantischen Verteidigungsbündnisses (NATO), vollzogen. Mitglied der NATO wurde die Bundesrepublik 1955. 1957 schloß sie sich der Europäischen Wirtschaftsgemeinschaft (EWG) an.

Dezember 1959

Makarios erster Präsident Zyperns

13. Dezember. Die Zyprioten griechischer Abstammung wählen Erzbischof Makarios III. zum ersten Präsidenten der Insel, die am 16. August 1960 ihre Unabhängigkeit erlangt. Makarios erringt einen eindeutigen Sieg über seinen Gegenkandidaten Johannis Kleridis.
Der Vizepräsident wird von der türkischen Volksgruppe getrennt gewählt. Hier ist Fazil Küzük der einzige Kandidat. Er begrüßt die Wahl von Makarios und äußert seine Überzeugung, daß es zu einer guten Zusammenarbeit mit dem Erzbischof kommen werde, wie sich schon in den vergangenen Monaten gezeigt habe (→ 1. 3./S. 47).

Kein Stützpunkt in der Antarktis

1. Dezember. Die USA, die UdSSR und zehn weitere Staaten unterzeichnen in Washington ein Antarktisabkommen, das für das Südpolgebiet Atomversuche und Militärstützpunkte verbietet und die Aufgabe aller Besitzansprüche sowie ein Inspektionssystem zur Kontrolle der Einhaltung des Vertrages vorsieht. Der Zweck der Vereinbarungen wird in dem Satz zusammengefaßt: »Es liegt im Interesse der Menschheit, daß die Antarktis ausschließlich friedlichen Zwecken dienen und nicht Schauplatz internationaler Zwietracht wird.«

Revanchismus ist größtes Hindernis

5. Dezember. Der tschechoslowakische Parlamentspräsident Zdeněk Fierlinger vertritt in Prag die Ansicht, »neue Beziehungen« zwischen dem tschechoslowakischen und dem deutschen Volk seien nicht nur möglich, sondern auch notwendig und äußerst wünschenswert für beide Seiten.
Dies hänge jedoch davon ab, »ob die Geisteshaltung des deutschen Durchschnittsbürgers auf schöpferische und friedliche Zwecke gerichtet ist und ob die demokratischen Kräfte in der Lage sind, den Militarismus und Revanchismus in Schranken zu halten«. Dieser sei das größte Hindernis für eine internationale Verständigung.

Die Chancen für Richard Nixon steigen

27. Dezember. Überraschend teilt Nelson A. Rockefeller, der Gouverneur des US-Bundesstaates New York, in Albany mit, daß er bei den Präsidentschaftswahlen 1960 nicht kandidieren wolle.
»Diese Entscheidung ist unumstößlich und endgültig«, erklärt Rockefeller, der als einer der aussichtsreichsten Kandidaten in der Republikanischen Partei galt, seitdem er die Gouverneurswahlen in New York 1958 mit überraschend großer Mehrheit gewonnen hatte.

Die Verzichtserklärung Rockefellers bedeutet, daß Vizepräsident Richard M. Nixon nun als sicherer Anwärter auf die Nominierung für die Präsidentschaftswahlen gilt, da Präsident Dwight D. Eisenhower nach zwei Amtszeiten nicht noch einmal gewählt werden kann.
Politische Beobachter führen Rockefellers Entschluß darauf zurück, daß der Gouverneur bei seinen Reisen feststellen mußte, wie stark der Rückhalt Nixons in der Republikanischen Partei ist.

Volksnähe soll dem amtierenden Vizepräsidenten den Weg an die Spitze des Weißen Hauses sichern

Reichtum allein genügt nicht: Der Milliardär Nelson Rockefeller sieht keine Chance für sich gegen Nixon

Richard Nixon und Ehefrau Patricia im Vorwahlkampf; jeden Tag werden mehrere Redetermine absolviert

Eisenhower unterstreicht Friedenswillen

22. Dezember. US-Präsident Dwight D. Eisenhower beendet seine dreiwöchige Weltreise mit einem Besuch in Marokko. Er führte im Verlauf seiner Reise politische Gespräche in elf Ländern.
Hauptziel seiner Besuche sei es, bessere Wege zur Sicherung des Weltfriedens zu erkunden, erläuterte Eisenhower vor Reiseantritt. In dem ihm noch verbleibenden Jahr seiner Präsidentschaft wolle er sein möglichstes tun, um zugunsten der Sicherheit und der Förderung des allgemeinen Lebensstandards eine engere Partnerschaft in der Welt zu erreichen.
Stationen der Präsidentenreise waren Italien, die Türkei, Pakistan, Afghanistan, Indien, Iran, Griechenland, Tunesien, Frankreich, Spanien und Marokko.
Die größte Bedeutung messen politische Beobachter den Besuchen in Indien und Frankreich bei. Erörtert wurde in Indien vor allem der Kaschmirkonflikt, der seit der Aufteilung des Landes zwischen der Indischen Union und Pakistan 1947 besteht. Eisenhower drängte auf eine friedliche Lösung des Problems. In der Frage der indisch-pakistanischen Beziehungen konnte Eisenhower den indischen Ministerpräsidenten Jawaharlal Nehru überzeugen, daß die US-Militärhilfe an Pakistan nicht gegen Indien gerichtet sei.
In Paris nahm Eisenhower vom → 15. bis 17. Dezember (S. 194) an einem Gipfeltreffen der drei Westmächte teil, zu dem auch Bundeskanzler Konrad Adenauer (CDU) hinzugezogen wurde. Zum Abschluß dieser Konferenz erklärten die Westmächte übereinstimmend, daß eine Serie von Gipfelkonferenzen mit der UdSSR nützlich sei. Außerdem beschlossen die Staats- und Regierungschefs eine engere wirtschaftliche Zusammenarbeit mit dem Ziel der Förderung der Entwicklungsländer.

Ein populärer US-Präsident: Ex-General Dwight David Eisenhower

Dezember 1959

Indiskretion im Bundespresseamt

10. Dezember. Großes Aufsehen erregt in Bonn ein durch Indiskretion bekanntgewordenes, auf Tonband aufgenommenes Gespräch zwischen Bundeskanzler Konrad Adenauer (CDU) und Staatssekretär Felix von Eckardt über den Bundesminister für Gesamtdeutsche Fragen, Ernst Lemmer (CDU).
Die Unterredung wurde am 29. November geführt, unmittelbar nach der Äußerung Lemmers, daß seiner Meinung nach nicht unbedingt an der schwarzrotgoldenen Fahne ohne jeden Zusatz für die Olympischen Spiele in Rom festgehalten werden müsse (→6. 12./S. 196). Lemmer stellte sich damit gegen die allgemeine Kabinettsauffassung. Adenauer kommentiert diese Haltung mit den Worten: »Es ist unerhört von dem Kerl... Wenn der Mann nicht Berliner wär, den kann ich ja jetzt nicht herausschmeißen.« Eine Woche später spricht Adenauer dem Minister, der nach dem Vorfall um eine Aussprache gebeten hatte, öffentlich sein »volles menschliches und politisches Vertrauen« aus.

Die mit Hakenkreuzschmierereien und antisemitischen Parolen geschändete jüdische Synagoge in Köln; die Täter stammen aus rechtsradikalen Kreisen

Antisemitische Aktionen

25. Dezember. Aus verschiedenen Städten der Bundesrepublik werden während der beiden Weihnachtsfeiertage antisemitische Ausschreitungen gemeldet.
An der vor wenigen Wochen eingeweihten Kölner Synagoge bringen zwei Mitglieder der Deutschen Reichspartei (DRP) Hakenkreuze an und Parolen wie »Deutsche fordern: Juden raus«. Auch das Denkmal für die Opfer des Naziregimes am Kölner Hansaring wird besudelt. Als am Silvestertag ähnliche Aktionen aus Bayern und Hessen bekannt werden, wird die Polizei dieser Länder angewiesen, jüdische Kultstätten besonders zu sichern.
Die rechtsradikale DRP, die sich der Form halber von den Ausschreitungen ihrer Anhänger distanziert, hat etwa 16 000 Mitglieder.

NOK legt Streit um Olympiaflagge bei

6. Dezember. Das Nationale Olympische Komitee (NOK) der Bundesrepublik beschließt in Hannover, daß die gesamtdeutsche Mannschaft bei den Olympischen Spielen 1960 in Squaw Valley (USA) und in Rom die schwarzrotgoldene Fahne mit den fünf olympischen Ringen führen soll. Das NOK schließt sich mit dieser Entscheidung dem Schiedsspruch des Internationalen Olympischen Komitees (IOC) an.
Auf diese Weise wird ein Streit entschieden, der dadurch entstanden war, daß die DDR unter eigener Flagge, also mit Hammer und Zirkel im Ährenkranz, auftreten wollte. Den Vorschlag des IOC hatte die DDR-Regierung ursprünglich entrüstet zurückgewiesen, ihn aber gutgeheißen, als sie den Widerstand der Bundesregierung gegen den IOC-Vorschlag vernahm.
»Die Bundesregierung kann den Spruch nicht begrüßen, sie unternimmt aber auch nichts dagegen.« Mit dieser Erklärung zieht Bundespressechef Felix von Eckardt am 7. Dezember einen Schlußstrich unter die Angelegenheit (→7. 10./S. 164).

ČSR läßt abgestürzte deutsche Piloten frei

2. Dezember. Auf Anweisung des tschechoslowakischen Generalstaatsanwalts werden die Piloten der Bundesluftwaffe Helmut Kraus und Rolf Hofmann, die sich seit dem 22. Oktober in der ČSR in Haft befunden hatten, von der Polizei als »unerwünschte Ausländer« abgeschoben.
Die beiden Piloten waren am 22. Oktober von Memmingen (Bayern) mit zwei Jagdbombern vom Typ F-84 zu einem Übungsflug gestartet, dessen Kurs über Südwestdeutschland verlaufen sollte. Wegen eines Defekts in der Sauerstoffanlage brachen sie den Übungsflug in der Gegend von Frankfurt am Main ab, verloren aber nach dem Ausfall der Funkanlage beim Durchbrechen der Wolken die Orientierung und stürzten über tschechoslowakischem Gebiet ab. Die Suchaktion, die sich besonders auf Oberfranken konzentrierte, blieb erfolglos. Nachdem das tschechoslowakische Außenministerium zunächst dementiert hatte, daß die Piloten in der Tschechoslowakei gelandet seien, gab die ČSR am 14. November den Absturz der Jagdbomber in der Gegend von Plana bekannt. In einer Note an die Bundesregierung verurteilt das tschechoslowakische Außenministerium die Verletzung ihres Luftraums und fordert Schadenersatz in Höhe von 136 000 DM. Trotz »unzweifelhaft krimineller Vergehen« werden die Piloten nicht vor Gericht gestellt, sondern den bundesdeutschen Behörden übergeben.

Karl-Heinz Greve, Kommandeur des Jabo-Geschwaders, erklärt den Vorfall

Tumulte wegen Entnazifizierung

17. Dezember. Zu tumultartigen Szenen kommt es im bayerischen Landtag bei der Verabschiedung des Gesetzes zum vorläufigen Abschluß der Entnazifizierung.
Der Fraktionsvorsitzende des Gesamtdeutschen Blocks/Bund der Heimatvertriebenen und Entrechteten (BHE), Walter Becher, kritisiert, daß »Untersuchungen über die politische Vergangenheit nur im Hinblick auf die Beziehungen zum Nationalsozialismus vorgeschrieben werden«. Mit Blick auf »beamtete Lehrer, die ihre Verbindung zum Weltbolschewismus offen zur Schau« trügen, halte der BHE die kommunistische Gefahr für weitaus größer als die nationalsozialistische. Auf den Bänken der SPD wächst die Unruhe daraufhin zum Tumult an. Rufe wie »Obernazi!« und »Schluß jetzt. Raus!« werden laut.
In der darauf folgenden Schlußabstimmung wird das von CSU, Bayernpartei und BHE befürwortete Gesetz gegen die Stimmen der SPD angenommen.

Dezember 1959

Löscharbeiten an dem historischen »Alten Kaufhaus« in Lüneburg

Feuerteufel wütet in Lüneburg

29. Dezember. Entsetzen und Schrecken erfaßt die Bevölkerung von Lüneburg. Sechs Tage nachdem das historische »Alte Kaufhaus«, eines der bekanntesten mittelalterlichen Bauwerke Norddeutschlands, einem Feuersturm zum Opfer gefallen war, geht nun auch die 800 Jahre alte Ratsbücherei in Flammen auf. 20 000 wertvolle Bände, darunter eine große Anzahl mittelalterlicher Drucke, werden zerstört. Nach polizeilichen Ermittlungen handelt es sich um Brandstiftung.

Die »Westdeutsche Allgemeine Zeitung« berichtet über das Unglück

Explosion in Dortmund: 26 Tote

13. Dezember. *Bei einem schweren Explosionsunglück kommen in Dortmund 26 Menschen ums Leben, sieben werden zum Teil schwer verletzt.*
Durch die Gasexplosion stürzt ein vierstöckiges Wohnhaus in sich zusammen. Das Nebengebäude brennt völlig nieder. Die meisten Bewohner kommen in den Flammen um oder werden unter den Gesteinsmassen begraben. Umliegende Häuser werden durch die Druckwelle und umherfliegende Trümmer erheblich beschädigt.

Zehntes Schuljahr in der DDR Pflicht

2. Dezember. Die Volkskammer der DDR verabschiedet das »Gesetz über die sozialistische Entwicklung des Schulwesens«, mit dem das Erziehungswesen umgestaltet wird.
An die Stelle der bisherigen Grund-, Mittel- und Oberschulen treten zehnklassige Polytechnische Oberschulen, deren Besuch für alle Kinder Pflicht ist. Aufgabe der neuen Schule ist es laut Gesetz, »die Jugend auf das Leben und die Arbeit im Sozialismus vorzubereiten, sie zu allseitig polytechnisch gebildeten Menschen zu erziehen und ein hohes Bildungsniveau zu sichern«. Der Kontakt zur Arbeitswelt wird dadurch hergestellt, daß alle Schüler ab der 7. Klasse wöchentlich einen Tag in einem Betrieb oder in der Landwirtschaft arbeiten müssen. Neben der neuen Schulform bleibt die zwölfklassige Oberschule erhalten, deren Absolventen erst nach einem Jahr Berufspraxis zu einem Studium zugelassen werden.

Neuer Anschlag der »Roten Hand«

31. Dezember. Bei einem Sprengstoffattentat in Frankfurt am Main werden einem Algerier beide Hände abgerissen.
Der Anschlag wird am gleichen Ort verübt, an dem der Waffenhändler Georg Puchert am 3. März durch einen Sprengsatz getötet worden war. Hinter beiden Attentaten vermutet die Polizei die »Rote Hand«, die Terrororganisation der nationalistischen Franzosen in Algerien. Diese Gruppe, der Verbindungen zum französischen Geheimdienst nachgesagt werden, bekämpft durch Attentate die algerische Befreiungsbewegung FLN, welche die Lostrennung Algeriens von Frankreich ebenfalls durch Terrorakte erreichen will (→ 10. 4./S. 67). Auch der Mord an einem Algerier am 22. Oktober in Köln soll von Angehörigen der »Roten Hand« verübt worden sein. Die Festnahme der Mörder ist auch deshalb schwierig, weil sich die Täter nach Anschlägen in der Bundesrepublik nach Frankreich absetzen und Interpol sich bei politisch motivierten Straftaten nicht einschalten darf. Frankreich liefert eigene Staatsangehörige nicht aus (→ 20. 11./S. 182).

Mehr Geld für Telefonnetz

8. Dezember. Die Bundesregierung erhöht die Mittel für Investitionen für die Bundespost bis 1963 um eine Milliarde auf 5,15 Milliarden DM. Anlaß für diese Maßnahme ist die gestiegene Nachfrage nach einem Telefonanschluß, auf den derzeit 75 000 Antragsteller warten. Wegen fehlender Arbeitskräfte sind Wartezeiten von mehreren Monaten die Regel. Bisher kommen in der Bundesrepublik auf 100 Einwohner erst 9,4 Telefonanschlüsse.

59er Standardtelefon der Bundespost

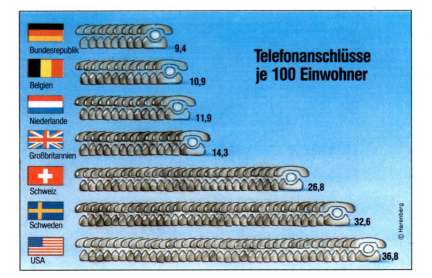

Anwälte warnen vor Jurastudium

10. Dezember. Der Deutsche Anwaltverein warnt auf einer Tagung in Hamburg vor dem Jurastudium. Nach Ansicht dieses Berufsverbandes besteht für einen erheblichen Teil der Jurastudenten keine Aussicht, nach Abschluß der beiden juristischen Staatsprüfungen eine der Vorbildung entsprechende Stelle zu finden. Die Zahl der Jurastudenten hat sich seit dem Jahr 1954 im Bundesgebiet um rund 9000 auf fast 21 000 erhöht.
Der Anwaltverein spricht sich dagegen aus, die Zahl der Studenten durch »Herausprüfen« und durch den »Numerus clausus« zu verringern. Eine solche Reglementierung dürfe in einem freiheitlichen Gemeinwesen erst als letztes Mittel benutzt werden, wenn anders ein Notstand nicht vermieden werden könne. Sachliche Aufklärungsarbeit dagegen könne auch in der derzeitigen zugespitzten Situation noch erfolgreich sein.
Nach Ansicht des Anwaltvereins studieren viele Studenten nur, weil sie glauben, der akademische Beruf sei gleichsam eine Garantie für Ansehen und Wohlstand. Dies müsse jedoch nicht immer so sein.

Dezember 1959

Wohnen und Design 1959:
Funktionalität – das Gebot der Stunde

Am Ende der fünfziger Jahre sind die Bundesbürger auf dem besten Wege, ein Volk von Eigenheimbesitzern zu werden. 1959 ist jede siebte Familie Mitglied einer Bausparkasse. Rund 70% der Bausparer sind wirtschaftlich Unselbständige, allein 40% weist die Statistik als Arbeiter aus.

Das Bundeswohnungsbauministerium beschließt Zinszuschüsse in Höhe von 6 Millionen DM für die Neubauförderung »Besser und schöner wohnen«. Mit Stolz weist die Bundesregierung auch auf ständige Qualitätsverbesserungen im sozialen Wohnungsbau hin. 1955 waren lediglich 73% der Neubauten mit Bädern ausgerüstet, 1959 sind es bereits mehr als 90%. Nach Ansicht des Bundes Deutscher Architekten hat der soziale Wohnungsbau jedoch einmalige Chancen auf städtebaulichem und künstlerischem Gebiet vertan.

Bei der Inneneinrichtung ist Funktionalität das Gebot der Stunde, zum einen aus Gründen des Platzmangels, zum anderen aus dem Bedürfnis nach einer Abkehr von bürgerlichen Repräsentationsformen der Vergangenheit. Soll in einem Raum zugleich gewohnt, gegessen und gearbeitet werden, so ist der Bewohner an einer funktionalen und pflegeleichten Einrichtung interessiert. Die Möbelindustrie reagiert auf solche Kundenbedürfnisse mit einem breiten Angebot an gut durchdachten Schrankeinheiten, die viel nutzbaren Raum bieten. Schiebetüren oder Klappen helfen zusätzlich, Platz zu sparen. Schlanke Füßchen und Hängekonstruktionen sorgen für Leichtigkeit und Raumweite. Bevorzugtes Material für etwas höhere Ansprüche ist das indische Teakholz, aus dem vom Salzfaß bis zum Bücherschrank fast alles hergestellt wird, was zu einer mitteleuropäischen Wohnungseinrichtung gehört.

Im Constanze-Verlag erscheint im Dezember die erste Ausgabe einer neuen Zeitschrift: »Schöner Wohnen« wendet sich an alle, »die ein behagliches Heim und eine gepflegte häusliche Atmosphäre wünschen«.

Die abgesenkte Fläche des Wohnraumes (r.) soll mit dem Kamin und bequemen Möbeln Geborgenheit vermitteln

Schlaf-, Wohn- und Nähzimmer im sog. dänischen Stil; bezeichnend ist die Verwendung von Teakholz

Großflächige Schiebewände aus Glas erhellen den Wohnraum und geben den Blick auf die Terrasse und den Garten frei; Eigenheimbewohnern, die noch mehr Frischluft brauchen, bieten Architekten den sog. Allwetterraum an, der nur von zwei oder drei Wänden umschlossen ist und auch bei Regen problemlos als Sitzplatz genutzt werden kann

Bewegliche Möbel wie dieser Teewagen bieten besonders für kleine Wohnungen viele Gestaltungsmöglichkeiten

Die gemauerte Kaminwand als Raumteiler zwischen Wohnraum und Eßnische gilt als Beispiel für Raumökonomie

Dezember 1959

Verschiedenfarbige Möbel werden 1959 als fortschrittlich angesehen

Inbegriff von Modernität und Funktionalität: Die praktische Einbauküche

Mut zu kräftigen Farben ist nur in Ausnahmefällen anzutreffen

△ Wohnungssuchende vor einer Anschlagtafel in Berlin (West); obwohl die Zuweisung von Wohnraum den Wohnungsämtern vorbehalten ist, suchen zahlreiche Mieter auf eigene Faust eine neue Wohnung. Da in der Regel weder Mieter noch Vermieter das Recht haben, sich der Entscheidung des Wohnungsamtes zu widersetzen, sind Auseinandersetzungen zwischen beiden Parteien häufig, und die Suche nach einer Wohnung auf dem unbedeutenden freien Wohnungsmarkt stellt oft den letzten Ausweg dar. Der Verband der Hausbesitzer fordert die Abschaffung der Wohnungsbewirtschaftung und ein neues Mietrecht, in dem das freie Kündigungsrecht des Vermieters gilt. Auch soll die Mietpreisbindung, die den Quadratmeterpreis je nach Zustand der Wohnung auf 0,50 bis 1,60 DM festsetzt, aufgehoben werden. Der Mieterbund fürchtet dagegen, daß die Verwirklichung dieser Forderungen, wie sie die Bundesregierung im Lücke-Plan (→ 23. 1./ S. 20) anstrebt, zu einem Ansteigen der Mietpreise führen werde.

◁ Zuweisungsbescheid des Wohnungsamtes Hannover an einen Hausbesitzer; zahlreiche Mieter müssen mehrere Jahre auf die Zuteilung einer geeigneten Wohnung durch die Behörden warten

Dezember 1959

Schah Mohammad Resa Pahlawi und Farah Diba im Kaiserpalast von Teheran, wo sie die Glückwünsche des Diplomatischen Korps entgegengenommen haben

Teheran: Farah Diba gibt dem Schah des Iran das Ja-Wort

21. Dezember. In den Straßen der iranischen Hauptstadt Teheran herrscht aufgeregte Festtagsstimmung. Sieben Tage lang feiert die Bevölkerung die Hochzeit von Schah Mohammad Resa Pahlawi und der 21jährigen Farah Diba.
Fünf Stunden bevor Farah Diba im schwarzen Rolls Royce des Schah von ihrer 12 km entfernten Wohnung zum Marmorpalast gebracht wird, säumen die Neugierigen bereits die festlich geschmückten Straßen der Stadt. Begleitet wird die Braut von den beiden Schwestern des Schah, den Prinzessinnen Schams und Aschraf. Das von dem Chef des Pariser Modehauses Dior, dem jungen Yves Saint Laurent, entworfene Brautkleid ist mit umgerechnet 200 000 DM versichert. Vierzig Meter weiße Seide wurden zu dem vielbewunderten Traumkleid verarbeitet, das reich mit Perlen und Bergkristall besetzt ist.
Nach altem schiitischen Ritus wird die Trauungszeremonie im Spiegelsaal des Palastes in Anwesenheit von nur 30 Personen vorgenommen. Der Geistliche fragt Farah Diba dreimal: »Bist du bereit, die Frau Seiner Majestät des Schah-in-Schah Mohammad Resa Pahlawi zu werden?« Auf die beiden ersten Fragen schweigt Farah Diba nach traditionellem islamischem Hochzeitsritus als Zeichen für weibliche Bescheidenheit und Zurückhaltung. Auf die dritte Frage antwortet sie mit einem leisen »Belah – Ja.«
Die Vermählung mit Farah Diba ist die dritte Heirat des 40jährigen Schah. Seine beiden ersten Ehen – mit Prinzessin Fawzia, der Schwester des ägyptischen Königs Faruk, und Prinzessin Soraya – wurden 1949 und 1958 geschieden, weil beide Frauen keinen Sohn als Thronerben geboren hatten.
Der Monarch, der über ein riesiges Vermögen verfügt und zusätzlich eine jährliche Apanage von 224 000 US-Dollar (rund 1 Million DM) bezieht, hatte sich Anfang Dezember mit Farah Dibah verlobt. Die dritte Gattin des Schah, die bis zum Herbst in Paris Architektur studiert hatte, stammt aus einer angesehenen iranischen Familie. Sie war dem Schah schon seit längerer Zeit bekannt, während seine beiden ersten Ehefrauen von seiner Familie ausgesucht worden waren.
Der Heiratskontrakt sieht auch eine Abfindung für die junge Herrscherin vor, die ihr im Falle einer Scheidung zukommen soll. Sie beträgt 5 Millionen Rial (rund 300 000 DM). Mehr als drei Viertel der Staatseinnahmen des Iran machen die Einkünfte aus den Erdölvorkommen des Landes aus. Dabei liegt die Kontrolle über die wichtigsten Erdölfelder vor allem in den Händen US-amerikanischer Gesellschaften, die auch die benötigten Facharbeiter stellen, so daß die breite Bevölkerung kaum von den Reichtümern des Iran profitieren kann. Wegen der extrem ungleichen Vermögensverteilung und des äußerst niedrigen Lebensstandards der Kleinbauern, die in beinahe feudaler Abhängigkeit von den Großgrundbesitzern leben, erheben sich immer wieder kritische Stimmen gegen den autokratischen Monarchen und seine aufwendige Hofhaltung.

Dezember 1959

Farah Diba während der Trauungszeremonie; der Schah hatte die 21jährige Studentin kennengelernt, als er noch mit Soraya verheiratet war

Resa Pahlawi mit Prinzessin Fawzia und Tochter Schanaz 1942

Der Schah des Iran und Prinzessin Soraya nach ihrer Vermählung 1951

Erste Ehen: Erhoffter Thronfolger blieb aus

Der 1919 geborene Mohammad Resa Pahlawi folgte 1941 seinem Vater auf den Pfauenthron, nachdem die Alliierten diesen wegen seiner außenpolitischen Annäherung an das nationalsozialistische Deutsche Reich zur Abdankung gezwungen hatten. 1939 hatte Resa Pahlawi noch als Kronprinz Prinzessin Fawzia, eine Schwester des Königs Faruk von Ägypten, geheiratet. Aus dieser Verbindung stammt eine Tochter, die 1940 geborene Schanaz. Fawzia kehrte 1946 nach Ägypten zurück, die Scheidung erfolgte 1949.

In zweiter Ehe heiratete der Schah im Februar 1951 Soraya Esfandjari, die einer der vornehmsten iranischen Familien entstammt. Ihre Mutter ist die in Moskau geborene Deutsche Eva Karl. Soraya selbst wuchs in Berlin und Isfahan auf. Seit Herbst 1954 verstummten die Gerüchte über eine Scheidung des Herrscherpaares nicht mehr. Im März 1958 wurde die Auflösung der Ehe wegen Kinderlosigkeit bekanntgegeben. Der Schah bedauerte öffentlich die Notwendigkeit der Entscheidung, die das Staatsinteresse jedoch erfordert habe.

Seit Jahren sorgte die zweite Ehe des Schah für Stoff in den Klatschspalten internationaler Gazetten. Das kaiserliche Paar klagte vor allem über die Berichte bundesdeutscher Zeitschriften, die keinen ihrer Schritte unbeobachtet ließen. Die iranische Botschaft sah sich deswegen 1957 sogar veranlaßt, offiziell beim Auswärtigen Amt in Bonn vorstellig zu werden.

Dezember 1959

Höhenweltrekord von »Phantom II«

8. Dezember. Ein Düsenjäger der US-Marine vom Typ »Phantom II« stellt mit 30 083 m einen Weltrekord im Höhenflug auf.

Der Pilot der Maschine, Lawrence Flint, überbietet den Höhenrekord von 28 850 m, den ein sowjetischer Offizier am 14. Juli 1959 mit einer »TU-431« aufgestellt hatte.

Das von McDonnell-Douglas hergestellte Flugzeug hatte am 27. Mai 1958 (Prototyp XF4M-1) seinen ersten Probeflug absolviert. Mit einer Höchstgeschwindigkeit von 2230 km/h in 11 000 m Höhe gehört es zu den schnellsten Kampfflugzeugen. Für die als Jagdbomber (bis zu 7269 kg Bombenlast), Jäger und Aufklärer einsetzbare Maschine haben mehrere Staaten des Nordatlantischen Verteidigungsbündnisses (NATO) Interesse gezeigt.

»Tunnelprojekt ist realisierbar«

21. Dezember. Nach dem Bericht einer Internationalen Studienkommission ist der Bau eines Tunnels unter dem Ärmelkanal von Frankreich nach Großbritannien technisch realisierbar.

Die Kommission unter Vorsitz des ehemaligen britischen Hohen Kommissars in Deutschland, Sir Ivone Kirkpatrick, beziffert die Kosten für das Tunnelprojekt auf umgerechnet 1,2 bis 1,4 Milliarden DM. Der Baubeginn hänge nur von der politischen Entscheidung ab.

Südpol nach drei Monaten erreicht

26. Dezember. Zum vierten Mal gelingt es einer Gruppe von Wissenschaftlern, den geographischen Südpol (Antarktis) fast ausschließlich auf dem Landweg zu erreichen.

Nach einer dreimonatigen Expedition durch die Antarktis treffen 16 Mitglieder des sowjetischen Teams am Pol ein, wo sich eine US-amerikanische geophysische Forschungsstation befindet. Die Sowjets haben die 2700 km von Mirny am Indischen Ozean größtenteils zu Fuß zurückgelegt. Sie wollten den Südpol unter den gleichen Bedingungen erreichen wie 1912 Robert F. Scott und Roald Amundsen.

Nach dem Dammbruch: Weinberge und Obstgärten sind unter einer meterhohen Schlammschicht begraben; bei den Rettungsarbeiten werden neben französischen Streitkräften auch US-amerikanische Soldaten eingesetzt

Über 400 Tote nach Dammbruch in Fréjus

André Coyne, der Konstrukteur des Staudamms von Malpasset

2. Dezember. 412 Menschen kommen in der Stadt Fréjus an der französischen Riviera ums Leben, als in der Nacht zum 3. Dezember nach tagelangen orkanartigen Regenfällen der 6 km südlich der Stadt erbaute Staudamm von Malpasset unter der Gewalt der angesammelten Wassermassen bricht.

Mit furchtbarer Gewalt ergießt sich eine 500 m breite und bis zu 20 m hohe Flutwelle in das Tal des Flusses Reyran und reißt alles mit sich fort. Die Wassermassen brechen über die nichtsahnenden Einwohner herein, überfluten Tausende von Häusern und reißen sie aus ihren Grundfesten. Autos werden von der Straße geschwemmt, Leitungsmasten wie Streichhölzer umgeknickt. Auf dem Marineflugplatz von Fréjus werden Hubschrauber und Flugzeuge zerstört. Viele Soldaten, die im Schlaf in den Kasernen von der Flut überrascht werden, retten sich auf Dächer und Bäume.

Eine Stunde lang ergießt sich die Flut über Fréjus. Sie führt Schlammwellen mit sich, die eine Fläche von 8 km Länge und 3 km Breite bedecken. Die Stromversorgung für die gesamte Region fällt sofort aus.

Alle Polizeieinheiten und Feuerwehren von Marseille bis Nizza sowie Armee und Marine werden aufgeboten, um den von der Außenwelt Abgeschnittenen Hilfe zu bringen.

Die Pläne zum Bau des Staudamms, einer kühnen Bogenkonstruktion und zur Zeit seiner Errichtung (1952–1954) der dünnste Damm der Welt, stammen von André Coyne, einem der berühmtesten Ingenieure Frankreichs. Als Ursache der Katastrophe wird aber weniger ein Konstruktionsfehler angenommen als vielmehr ein Nachgeben des Baugrundes infolge mangelnder technischer Sorgfalt bei der Ausführung des Projekts. Die Presse macht Coyne, der die Bauaufsicht führte, für das Unglück verantwortlich.

Eine Mutter wirft sich auf den Sarg, auf den mit Kreide der Name ihres Sohnes geschrieben ist; fast jede Familie ist von dem Unglück betroffen

Analphabetismus geht nicht zurück

1. Dezember. Die UNESCO, die Organisation der Vereinten Nationen (UNO) für Erziehung, Wissenschaft und Kultur, legt in New York eine Statistik vor, nach der 700 Millionen Menschen weder schreiben noch lesen können.

Den Hauptanteil der Analphabeten stellt Afrika mit 80 bis 85%. Es folgen Asien (60 bis 65%), Lateinamerika (20 bis 21%), Australien (11%) und Europa (7 bis 9%). Die höchste Rate an Analphabeten verzeichnet die portugiesische Überseeprovinz Moçambique mit 98%.

Nach Erkenntnissen der UNESCO kommen in der Sowjetunion 18 Schüler auf einen Lehrer, in Indien 35, in Japan 37 und in Afrika durchschnittlich 40. In der Bundesrepublik werden im Schnitt 37 Schüler von einem Lehrer unterrichtet.

Wenig fortschrittlich erweist sich das bundesdeutsche Bildungssystem auch angesichts der Zahl der Studierenden. In den USA werden 2,9 Millionen und in der UdSSR 2,1 Millionen Studenten gezählt. In Europa führt Italien mit 212 000 vor Frankreich (170 000), während in der Bundesrepublik nur 157 000 Studenten eingeschrieben sind.

Literaturnobelpreisträger Salvatore Quasimodo (l.) neben Prinzessin Margarethe von Schweden; r. Severo Ochoa, Nobelpreisträger für Medizin

Nobelpreis für Quasimodo

10. Dezember. Aus der Hand des schwedischen Königs Gustav VI. Adolf empfangen die Nobelpreisträger des Jahres 1959 in Stockholm ihre Auszeichnungen.

Den Preis für Medizin teilen sich die US-Amerikaner Severo Ochoa und Arthur Kornberg. Der Nobelpreis für Physik geht zu gleichen Teilen an Emilio Segrè und Owen Chamberlain (beide USA), und im Bereich Chemie wird der Tschechoslowake Jaroslav Heyrovský ausgezeichnet. Den Literaturnobelpreis erhält der 58jährige italienische Dichter Salvatore Quasimodo (→ S. 38).

Zur gleichen Zeit wie in Stockholm wird in Oslo der Friedensnobelpreis an den 70jährigen britischen Politiker Philip Noel-Baker (Labour) verliehen, der »45 Jahre lang alle seine Kräfte dem Gedanken des Weltfriedens und der Hilfe für die notleidende Menschheit gewidmet« habe.

Brabham gewinnt Automobil-WM

12. Dezember. Der 33jährige Australier Jack Brabham gewinnt beim letzten Lauf zur Automobilweltmeisterschaft in Sebring im US-Bundesstaat Florida unter dramatischen Umständen den WM-Titel in der Formel 1.

Der an der Spitze liegende Brabham muß 300 m vor dem Ziel aussteigen und schiebt seinen Wagen mit letzter Anstrengung als Vierter über die Ziellinie. Der Motor seines Cooper-Climax war wegen Ölmangels ausgefallen. Sein schärfster Rivale in der Gesamtwertung, der viermalige britische Vizeweltmeister Stirling Moss, war mit seinem Cooper bereits zu Beginn des Rennens von der Fahrbahn abgekommen und ausgeschieden. Sieger des Rennens wird der Neuseeländer Bruce McLaren auf Cooper-Climax. Hinter dessen Stallgefährten Maurice Trintignant (Frankreich) wird der Brite Tony Brooks auf Ferrari Dritter, der wie Moss bei einem Sieg in Sebring die Weltmeisterschaft gewonnen hätte. Da beide Konkurrenten jedoch keine Punkte mehr erzielen können, ist Brabham mit 31 Punkten Formel-1-Weltmeister vor Brooks (27) und Moss (25).

Rundfunkreporter Herbert Zimmermann (r.) würdigt Martin Lauer   Rudi Altig (l.), Marika Kilius und Martin Lauer nach der Wahl

Martin Lauer und Marika Kilius »Sportler des Jahres« 1959

12. Dezember. In München werden die bundesdeutschen Sportler des Jahres geehrt. An der Abstimmung hatten 431 Sportjournalisten teilgenommen.

Bei den Männern erhielt der Kölner Martin Lauer die meisten Stimmen. Lauer, der die 110 m Hürden in 13,2 sec zurückgelegt und die 200 m Hürden ebenfalls in Weltrekordzeit bewältigt hatte (→ 7. 7./S. 125), gewinnt die alljährlich durchgeführte Wahl mit großem Abstand vor dem Welt- *meister im Verfolgungsfahren, Rudi Altig (→ 12. 8./S. 141), und dem 400-m-Läufer Carl Kaufmann (→ 20. 9./S. 159). Sportlerin des Jahres wird Marika Kilius. Die 17jährige Eiskunstläuferin hatte mit ihrem Partner Hans-Jürgen Bäumler die Europameisterschaft im Paarlauf in Davos gewonnen (→ 1. 2./S. 41). Als beste Mannschaft zeichnen die Journalisten den Ruder-Europameister Ratzeburger Achter aus (→ 23. 8./S. 141).*

Essen siegt 5:2 im Pokalendspiel

27. Dezember. Im Endspiel um den DFB-Vereinspokal gewinnt Schwarz-Weiß Essen vor 21 000 Zuschauern im Kasseler Aue-Stadion 5:2 gegen Borussia Neunkirchen.

Nach anfänglicher Feldüberlegenheit der Neunkirchener steigern sich die jungen Fußballer aus dem Ruhrgebiet ab der 20. Minute und setzen den Gegner unter Druck. Die Überlegenheit der Essener führt bis zur Halbzeit allerdings nur zu einer 1:0-Führung, die Mittelstürmer Manfred Rummel in der 25. Minute erzielt. Nach dem Seitenwechsel kommt das Kombinationsspiel der Westdeutschen »auf Touren«, und bis zur 80. Spielminute erhöhen sie das Ergebnis auf 5:0, wobei der zweifache Torschütze Rummel zum besten Spieler auf dem Platz avanciert. Im Gefühl des sicheren Sieges lassen die Essener dann nach, so daß Neunkirchen mit zwei Toren in den letzten zehn Minuten noch eine Resultatsverbesserung gelingt.

Dezember 1959

Theater 1959:
»Klassische Mischung« beherrscht weiterhin die Spielpläne

Bei den meistgespielten Stücken deutschsprachiger Theater in der Spielzeit 1958/59 liegen zwei zeitgenössische Autoren an der Spitze: Der bundesdeutsche Dramatiker Karl Wittlinger mit seinem Stück »Kennen Sie die Milchstraße?« und der US-Amerikaner Reginald Rose mit »Die zwölf Geschworenen«. Sie überrunden nicht nur Bühnenklassiker von Lessing bis Gerhart Hauptmann, sie werden auch häufiger aufgeführt als die traditionell zugkräftigsten Stücke der Operettenbühne. Wittlinger bringt es an 33 Bühnen auf 673 Vorstellungen, und Rose wird an 22 Theatern 606mal aufgeführt. Kritiker sehen in dieser Tatsache allerdings weniger einen Beweis für die Qualität dieser Stücke als vielmehr ein Zeichen dafür, daß die Bühnen zwar begierig seien, junge, zeitgenössische Autoren zu spielen, daß aber aufgrund eines eklatanten Angebotsmangels jedes einigermaßen gut gebaute Stück die Chance habe, zu einem Publikumserfolg zu avancieren.

Insgesamt ist es jedoch weiterhin die »klassische Mischung«, die das Programm beherrscht. Im Schiller-Gedenkjahr 1959 fühlen sich die meisten Intendanten verpflichtet, ein Drama des Dichters auf den Spielplan zu setzen. Von William Shakespeare und Friedrich von Schiller werden je acht Stücke aufgeführt, von Johann Wolfgang von Goethe fünf, von Molière vier und von Gotthold Ephraim Lessing drei. Unter den modernen Autoren gelingt es nur Bertolt Brecht, mit sechs seiner Dramen in diese Spitzengruppe von Stücken vorzustoßen, die es 1959 auf mehr als 50 Aufführungen bringen.

Insgesamt 45 Schauspiel-Uraufführungen und deutsche Premieren sind in der Spielzeit 1958/59 zu verzeichnen. Daß dabei moderne Experimentaldramen in der Bundesrepublik einen ungewöhnlich aufnahmebereiten Boden finden, zeigen die Kasseler Uraufführung des Stückes »Der Wald« von dem italienischen Avantgardisten Ezio d'Errico und die Inszenierung von Eugène Ionescos Drama »Die Nashörner« in Düsseldorf. Karl Heinz Stroux bringt die deutsche Übersetzung des Ionesco-Stückes bereits Wochen vor der Premiere des Originals in Paris erfolgreich auf die Bühne. In der Bundesrepublik haben der französische Dramatiker rumänischer Herkunft und sein irisch-französischer Kollege Samuel Beckett, beide Vertreter des »Absurden Theaters«, erstaunlich rasch die großen, subventionierten Bühnen erobert, während sie in ihrer Heimat fast nur an kleinen Privattheatern inszeniert werden. Erfolgreich ist auch der absurde Einakter »Noch 10 Minuten bis Buffalo« von Günter Grass, der im Februar in Bochum uraufgeführt wird.

Im Deutschen Theater in Berlin (Ost) kommt das Peter-Hacks-Stück »Die Sorgen um die Macht« zu einer Probeaufführung. Wegen seiner allzu kritischen Auseinandersetzung mit der DDR-Realität wird es jedoch von der SED-Regierung sofort wieder abgesetzt. Ähnlich ergeht es Heiner Müller mit seinem »Agrardrama« »Die Umsiedlerin oder Das Leben auf dem Lande«, das in der DDR nicht einmal gedruckt werden darf.

Die Theaterkritiker der »Welt« ziehen gegen Mitte des Jahres etwas enttäuscht Bilanz. Neben einigen wenigen unvergeßlichen Inszenierungen stehe allzuviel Mittelmäßiges. Beklagt wird in diesem Zusammenhang, daß eine Stadt wie Berlin (West), die innerhalb der Bundesrepublik über den besten Stamm an Ensemblespielern verfüge, nicht genügend Bühnen besitze, um die vorhandenen Talente aufzunehmen. Spitzenkräfte wie die Regisseure Ernst Deutsch, Kurt Meisel oder die Schauspieler O. E. Hasse und Johanna von Koczian müßten die Stadt deshalb verlassen, um ihre Karriere an anderen Orten weiterzuverfolgen.
(Siehe auch Übersicht »Uraufführungen« im Anhang.)

Fritz Lichtenhahn (l.) und Günter Tabor in »Goldhaupt« von Paul Claudel

Mathias Wieman (M.) als Faust in der großen Schlußapotheose von Goethes »Faust, der Tragödie zweiter Teil«; am Schauspielhaus Zürich wird »Faust II« unter der Regie von Leopold Lindtberg zum 79. Mal aufgeführt

Adolf Ziegler (M.) und Dieter Kirchlechner (r.) in Georg Büchners Tragödie »Dantons Tod«; der Regisseur Fritz Kortner inszeniert das Drama über die Französische Revolution von 1789 am Münchener Residenztheater

Dezember 1959

Bühnenstar Käthe Gold in Selahattin Batus Stück »Helena bleibt in Troja« bei den Bregenzer Festspielen

Antje Weisgerber und Will Quadflieg in Christian Dietrich Grabbes Tragödie »Don Juan und Faust«, die von Gustaf Gründgens zu seinem 25jährigen Intendantenjubiläum in Hamburg inszeniert wird

Gründgens inszeniert Bert Brecht

Mit weit über 50 Inszenierungen seiner Stücke ist Bertolt Brecht der meistgespielte zeitgenössische Autor an deutschsprachigen Bühnen. Aus der Fülle der Inszenierungen ragt die Hamburger Uraufführung des Schauspiels »Die Heilige Johanna der Schlachthöfe« besonders hervor. Brecht hatte dem Schauspieler und Regisseur Gustaf Gründgens 1931 das Uraufführungsrecht überlassen, wovon Gründgens als Intendant des Deutschen Schauspielhauses Gebrauch macht. Streichungen von Passagen, in denen Kommunisten lobend erwähnt werden, entschärfen das Stück allerdings weitgehend. Chefdramaturg Günther Petzold bekennt: »Wir spielen es heute, weil es nicht mehr aktuell ist.«

Hanne Hiob (3. v. l.) in der Hauptrolle des von ihrem Vater Bertolt Brecht verfaßten klassenkämpferischen Schauspiels »Die heilige Johanna der Schlachthöfe« bei der Uraufführung am Deutschen Schauspielhaus in Hamburg; die Inszenierung wird von der Theaterkritik zwiespältig aufgenommen

Dezember 1959

Kerzen im Fenster – Licht der Hoffnung

24. Dezember. Ein ruhiges und besinnliches Weihnachtsfest feiert die Bevölkerung der Bundesrepublik. Wie in den Jahren zuvor sind die Gottesdienste überfüllt. Tausende von Familien folgen einem Aufruf des Kuratoriums Unteilbares Deutschland und stellen Kerzen in die Fenster ihrer Wohnungen, um »Lichter der Hoffnung auf Freiheit für 17 Millionen Menschen unseres Volkes in der Zone« anzuzünden. Dieser Aufruf wird auch von dem Regierenden Bürgermeister von Berlin (West), Willy Brandt (SPD), und dem Bundesminister für Gesamtdeutsche Fragen, Ernst Lemmer (CDU), unterstützt.

Eine Lichterkette zahlloser brennender Kerzen zieht sich entlang der Grenze des Ostsektors im geteilten Berlin. Auch im Dahlemer Wohnviertel der US-amerikanischen Truppen sind die Häuserfronten von Kerzen erhellt. Jenseits des Brandenburger Tores, im Ostteil der Stadt, wird dagegen die Losung »Sozialismus, das ist der Friede« von Scheinwerfern angestrahlt.

Das Weihnachtswetter

Bei Temperaturen um 10 °C bleibt die weiße Weihnacht 1959 aus. In Frankfurt am Main wachsen auf den Wiesen Gänseblümchen, und am Bodensee steht der Winterjasmin in Blüte. In allen Teilen der Bundesrepublik fällt starker Regen, und in Norddeutschland kommt es zu Stürmen bis zu Windstärke 11.

Als kleiner Trost für die Kinder in dem von einem Dammbruch betroffenen Gebiet in Fréjus (→ 1. 12./S. 202) trifft ein mit 2 t Spielzeug beladener Lastwagen in der französischen Stadt ein. Die von einem Nürnberger Spielzeugfabrikanten gespendete Fracht wird an die Kinder verteilt. Spendabel zeigt sich auch der sowjetische Partei- und Regierungschef Nikita S. Chruschtschow: Die Enkel des US-amerikanischen Präsidenten Dwight D. Eisenhower erhalten ein großes Spielzeugpaket. Eisenhower selbst wird von Chruschtschow mit 41 Bäumen und Sträuchern für seine Farm sowie mit russischem Christbaumschmuck und Kerzen beschenkt (→ 15. 9./S. 146).

Geschenkvorschläge in der Frauenzeitschrift »Constanze«: Bei gestiegenem Wohlstand scheinen praktische Geschenke nicht mehr nötig zu sein

Bundesbürger achten auf Qualität bei ihren Weihnachtseinkäufen

Besonders an den beiden verkaufsoffenen Sonntagen vor dem Weihnachtsfest müssen Geschäfte und Verkäufer einem beachtlichen Kundenansturm standhalten. In den Großstädten werden die Zentren abgesperrt, damit die Käufermassen ungehindert durch die Straßen strömen können. Diese geschäftige Betriebsamkeit ist für manchen Zeitgenossen ein Grund, mahnend den Zeigefinger zu erheben: »Die Art, wie der Bundesbürger von heute die Vorweihnachtstage ausfüllt, hat mit Vorfreude und Feststimmung nur noch sehr wenig zu tun« (»Die Welt«).

Stärker als in den Vorjahren richtet sich das Interesse der Käufer auf langlebige Gebrauchsgüter in hoher Qualität. Nicht selten werden Luxusartikel wie wertvolle Uhren und Schmuck gekauft. Auch kunstgewerbliche Gegenstände, Porzellan und hochwertige Lederwaren finden guten Absatz. Nach einem milden November, dessen warmer Sonnenschein den Umsatz von molligen Mänteln erheblich störte, kann die Textilbranche nun ebenfalls aufatmen. Die neuerdings auch zu Weihnachten einsetzende Reiselust der Bundesbürger (→ S. 122) fördert den Verkauf von Skipullovern, Stricksachen und Elastikhosen. Soll eine komplette Skiausrüstung auf dem Gabentisch liegen, so muß schon etwas tiefer in die Tasche gegriffen werden: Etwa 400 DM kosten allein französische Metallskier.

In den Fotogeschäften fragen die Kunden am häufigsten nach automatischen Kameras und Projektionsgeräten, während im Sortiment der Weihnachtsgeschenke für den Haushalt die elektrische Kaffeemühle ganz weit vorn liegt. »Im allgemeinen stehen die Bedarfsartikel aber jetzt im Hintergrund«, stellt ein Kaufhausbesitzer fest, der sein Angebot an Geschenkartikeln erweitert hatte.

Dezember 1959

△ Besonders in Berlin (West) wird der Aufruf des »Kuratoriums Unteilbares Deutschland« befolgt, für die Menschen in der DDR Kerzen als »Lichter der Hoffnung« in die Fenster zu stellen. Mit dieser Aktion soll dem Wunsch nach der Wiedervereinigung Deutschlands Ausdruck verliehen werden.

Nürnberger Christkindlsmarkt auf ▷ dem Hauptmarkt vor der Frauenkirche; der größte Weihnachtsmarkt in der Bundesrepublik blickt auf eine jahrhundertealte Tradition zurück. Vor der mittelalterlichen Kulisse locken Hunderte von Ständen mit Spielzeug, glitzerndem Christbaumschmuck und Süßigkeiten unzählige Besucher an. Diese Adventsstimmung wird im Ausland als der Inbegriff deutscher Weihnachtsbräuche angesehen. Für das leibliche Wohl sorgen nicht nur die an jeder Ecke erhältlichen Rostbratwürste, sondern insbesondere die in aller Welt berühmten echten Nürnberger Lebkuchen.

Jahresausklang mit Optimismus

31. Dezember. Ohne spektakuläre weltpolitische Ereignisse geht das Jahr 1959 zu Ende. In ihren Rückblicken drücken führende Politiker Zufriedenheit über das Geleistete aus, weisen aber auch auf noch ungelöste Probleme hin.

Bundeskanzler Konrad Adenauer (CDU) erklärt, daß die Deutschen mit Mut und Vertrauen in das neue Jahr gehen könnten. Die Wirtschaft sei gesund, und wenn es für ihre Stabilität überhaupt eine Gefahr gebe, sehe er sie in unvernünftigen Lohn- und Preiserhöhungen. Außenpolitisch strebe er bessere Beziehungen zur UdSSR an, die jedoch ihre Hetze gegen die Bundesrepublik aufgeben müsse. »Darüber hinaus brauche ich nicht besonders zu erläutern, daß niemals ein gutes Verhältnis zwischen der Bundesrepublik und der Sowjetunion möglich ist, solange diese sich weigert, den Menschen des von ihr beherrschten Teils Deutschlands das Recht zu geben, frei ihre Entscheidung darüber zu treffen, in welcher sozialen Ordnung sie leben wollen.«

Der SPD-Vorsitzende Erich Ollenhauer fordert, der Wiedervereinigung im nächsten Jahr endlich durch eine entschiedene Politik der Entspannung näherzukommen: »Es gibt keinen anderen Weg.«

Auch der Bundesminister für gesamtdeutsche Fragen, Ernst Lemmer (CDU), geht auf die Teilung Deutschlands ein. Er appelliert an die Bevölkerung der DDR, in ihrer Heimat auszuharren, denn sie dürfe nicht durch zu große Flüchtlingsströme an Menschen ausbluten.

Kleidung und Elektrogeräte auf den Wunschzetteln ganz oben

Ein Institut für Absatzforschung befragt in der Vorweihnachtszeit einen ausgewählten Personenkreis: »Welches ist Ihr größter Wunsch, dessen Erfüllung Sie an diesem Weihnachtsfest für möglich halten?« 18% der Befragten antworten, sie wünschten sich Kleidung, 12% entscheiden sich für Haushalts- und Elektrogeräte, 11% für Rundfunk-, Fernseh- und Phonogeräte, 7% für Fahrzeuge, 5% für Möbel- oder Einrichtungsgegenstände und 4% für Uhren und Schmuck. Insgesamt 8% hegen den Wunsch nach einer neuen Wohnung, nach Schuldentilgung, Büchern, Besuch von Angehörigen oder würden gern in der Lage sein, Kinder zu beschenken. Die mit Abstand größte Gruppe der Befragten, nämlich 25%, gibt an, wunschlos glücklich zu sein. Bemerkenswert ist die Tatsache, daß ein Anliegen der frühen Nachkriegsjahre fast vollständig vom Wunschzettel der Bundesbürger verschwunden ist: In einer Zeit wirtschaftlicher Blüte und Vollbeschäftigung spielt die Sorge um einen sicheren Arbeitsplatz kaum noch eine Rolle. Statt dessen rückt der Traum vom Eigenheim für immer mehr Menschen in greifbare Nähe (→S. 198). Zur schnelleren Verwirklichung ihrer Pläne sehnen sich allerdings zahlreiche Befragte den alle finanziellen Probleme beseitigenden Lottogewinn herbei. Einen solchen Geldsegen würden viele Bundesdeutsche aber auch für eine ausgedehnte Reise in den Süden anlegen.

Aber nicht alle Wünsche der Bundesbürger sind mit Geld zu erfüllen. So beklagen sich viele Kinder, daß ihre Eltern zuviel arbeiten und zuwenig Zeit für sie hätten. Wenn es nach ihnen ginge, müßte sich hier etwas ändern, Beruf und Karriere müßten hinter die Familie zurücktreten. Auf der Liste der ideellen Wünsche der Erwachsenen steht nach wie vor Gesundheit an erster Stelle, gefolgt von der Sorge um Frieden und Freiheit sowie um die Wiedervereinigung Deutschlands.

Neue Postwertzeichen 1959 in der Bundesrepublik Deutschland

Letzte Freimarken-Ausgabe mit Bundespräsident Theodor Heuss zum Ende seiner Amtszeit

Sonderausgabe zum 100. Todestag Alexander von Humboldts

Sonderausgabe in Blockform zur Einweihung der Bonner Beethoven-Halle am 8. September (verkleinert abgebildet)

Sonderausgabe zum 500. Geburtstag Jakob Fuggers

Wohltätigkeits-Sonderausgabe zur Briefmarkenausstellung INTERPOSTA in Hamburg

Sonderausgabe zur Ausstellung des Heiligen Rocks

Sonderausgabe »Europamarken« (2 Werte)

Sonderausgabe zum Deutschen Evangelischen Kirchentag in München

Sonderausgabe zum 400. Todestag Adam Rieses

Wohltätigkeitsausgabe zugunsten der freien Wohlfahrtspflege mit Märchenmotiven (4 Werte)

Sonderausgabe zur 1000-Jahr-Feier Buxtehudes

Anhang

Bundesrepublik Deutschland, Österreich und die Schweiz 1959 in Zahlen

Die Statistiken für die drei deutschsprachigen Länder umfassen eine Auswahl von grundlegenden Daten. Es wurden vor allem Daten aufgenommen, die innerhalb der einzelnen Länder vergleichbar sind. Maßgebend für alle Angaben waren die amtlichen Statistiken. Die Zahlen beziehen sich auf die jeweiligen Staatsgrenzen von 1959. Nicht in allen gesellschaftlichen Bereichen finden jährliche Erhebungen statt, so daß mitunter die Daten aus früheren Jahren aufgenommen werden mußten. Das Erhebungsdatum ist jeweils angegeben (unter der Rubrik »Stand«). Die aktuellen Zahlen des Jahres 1959 werden – wo möglich – durch einen Vergleich zum Vorjahr relativiert. Wichtige Zusatzinformationen zum Verständnis einzelner Daten sind in den Fußnoten enthalten.

Bundesrepublik Deutschland

Erhebungsgegenstand	Wert	Vergleich Vorjahr (%)	Stand
Fläche			
Fläche (km²)	248 454	± 0	1959[2]
Bevölkerung			
Wohnbevölkerung	52 778 000	+ 1,2	1959[2]
männlich	24 834 000	+ 1,4	1959[2]
weiblich	27 944 000	+ 1,1	1959[2]
Einwohner je km²	212,4	+ 1,2	1959[2]
Ausländer	506 000	–	1.10.1951[1]
Privathaushalte	18 318 000	–	1957[1]
Einpersonenhaushalte	3 353 000	–	1957[1]
Mehrpersonenhaushalte	14 965 000	–	1957[1]
Lebendgeborene	931 000	+ 5,1	1959[2]
Gestorbene	571 000	+ 1,2	1959[2]
Eheschließungen	483 000	+ 1,9	1959[2]
Ehescheidungen	44 000	± 0	1959[2]
Familienstand der Bevölkerung			
Ledige insgesamt	22 221 000	– 0,2	31.12.1950[2]
männlich	11 227 000	+ 0,3	31.12.1950[2]
weiblich	10 994 000	– 0,7	31.12.1950[2]
Verheiratete	25 814 000	+ 1,7	31.12.1950[2]
Verwitwete und Geschiedene	5 014 000	+ 3,7	31.12.1950[2]
männlich	955 000	+ 3,6	31.12.1950[2]
weiblich	4 059 000	+ 3,7	31.12.1950[2]
Religionszugehörigkeit			
Christen insgesamt	46 006 994	–	13.9.1950[1]
katholisch	21 576 179	–	13.9.1950[1]
evangelisch	24 430 815	–	13.9.1950[1]
Juden	17 166	–	13.9.1950[1]
andere, ohne Konfession	1 671 562	–	13.9.1950[1]
Altersgruppen			
unter 5 Jahren	4 139 000	+ 3,1	1959
5 bis unter 10 Jahren	3 809 000	+ 0,9	1959
10 bis unter 15 Jahren	3 343 000	+ 0,8	1959
15 bis unter 20 Jahren	4 236 000	+ 4,4	1959
20 bis unter 30 Jahren	7 283 000	– 4,7	1959
30 bis unter 40 Jahren	7 610 000	+ 8,2	1959
40 bis unter 50 Jahren	6 534 000	– 1,5	1959
50 bis unter 60 Jahren	7 866 000	+ 8,2	1959
60 bis unter 70 Jahren	4 912 000	+ 3,4	1959
70 bis unter 80 Jahren	2 640 000	+ 2,2	1959
80 bis unter 90 Jahren	709 000	+ 4,7	1959
90 und darüber	33 000	+ 6,5	1959
Die zehn größten Städte			
Berlin (West)	2 211 300	– 0,6	30.6.1959
Hamburg	1 815 400	+ 1,0	30.6.1959
München	1 047 700	+ 3,1	30.6.1959
Köln	770 700	+ 2,8	30.6.1959
Essen	728 200	+ 1,2	30.6.1959
Düsseldorf	689 100	+ 1,5	30.6.1959
Frankfurt a. M.	651 700	+ 1,3	30.6.1959
Dortmund	635 200	+ 0,9	30.6.1959
Stuttgart	626 100	+ 1,3	30.6.1959
Hannover	568 000	+ 1,8	30.6.1959
Erwerbstätigkeit			
Erwerbstätige	26 419 000	+ 0,2	Oktober 1959
männlich	16 561 000	+ 0,4	Oktober 1950
weiblich	9 858 000	– 0,2	Oktober 1959
nach Wirtschaftsbereichen			
Land- und Forstwirtschaft, Tierhaltung und Fischerei	3 803 000	– 4,4	Oktober 1959
Produzierendes Gewerbe	12 644 000	+ 4,6	Oktober 1959
Handel und Verkehr	5 187 000	+ 1,3	Oktober 1959
Sonstige	4 785 000	– 7,9	Oktober 1959
Ausländische Arbeitnehmer	166 800	+ 31,2	Juli 1959
Arbeitslose	539 942	– 29,3	1959
Arbeitslosenquote (in %)	2,6	– 29,7	1959
Betriebe			
Landwirtschaftliche Betriebe	1 840 134	– 1,0	1959
Bergbau und verarbeitendes Gewerbe	580 090	–	1950[1]
Baugewerbe	178 364	–	1950[1]
Handel, Gastgewerbe, Reiseverkehr	883 700	–	1959[1]
Außenhandel			
Einfuhr (in Mio. DM)	35 823	+ 15,1	1959
Ausfuhr (in Mio. DM)	41 184	+ 11,3	1959
Ausfuhrüberschuß (in Mio. DM)	5 361	– 8,4	1959
Verkehr			
Eisenbahnnetz (km)	30 970	– 0,2	1959
Beförderte Personen (in Mio.)	1 366	+ 0,2	1959
Beförderte Güter (in Mio. t)	307	+ 1,7	1959
Straßennetz (km)	132 028	–	1957[1]
davon Autobahn (km)	2 408	–	1959
Bestand an Kraftfahrzeugen	7 009 000	+ 5,9	1959
davon Pkw	3 338 000	+ 18,5	1959
davon Lkw	604 000	– 2,6	1959
Zulassung fabrikneuer Kfz	1 038 000	+ 16,9	1959
Binnenschiffe zum Gütertransport (Tragfähigkeit in 1000 t)	4 822 000	+ 3,9	1959
Beförderte Güter (in Mio. t)	142	+ 3,6	1959
Handelsschiffe/Seeschiffahrt (BRT)	4 743 000	+ 6,8	1959
Beförderte Güter (in Mio. t)	66	+ 15,8	1959
Luftverkehr			
Beförderte Personen	2 725 000	–	1959
Bildung			
Schüler an			
Volksschulen	5 138 193	+ 2,1	1959
Mittelschulen	360 154	– 0,3	1959
Höheren Schulen	861 203	+ 0,6	1959
Studenten	190 719	+ 2,4	1959
Rundfunk und Fernsehen			
Hörfunkteilnehmer	15 509 000	+ 4,3	1959
Fernsehteilnehmer	2 529 072	+ 67,1	1959

[1] Letzte verfügbare Angabe
[2] Ohne Berlin
[3] Ohne Saarland
[4] Personen ab 18 Jahre
[5] Schätzung bzw. Fortschreibung des alten Datenmaterials
[6] Abflüge
[7] Durchschnittswerte
[8] Inklusive Krafträder etc.

Statistische Zahlen 1959

Erhebungsgegenstand	Wert	Vergleich Vorjahr (%)	Stand
Gesundheitswesen			
Ärzte	77 644	+ 2,5	1959
Zahnärzte	32 560	+ 1,0	1959
Krankenhäuser	3 614	+ 5,1	1959
Sozialleistungen			
Mitglieder der gesetzlichen Krankenversicherung	26 274 535	+ 0,7	1955
Rentenbestand			
Rentenversicherung der Arbeiter	5 278 062	+ 2,4	1959
Rentenversicherung der Angestellten	1 830 353	+ 4,2	1959
Knappschaftliche Rentenversicherung	603 820	+ 1,0	1959
Empfänger von Arbeitslosengeld und -hilfe	478 000	− 25,3	1959
Sozialhilfe (Fürsorge)	653 748	− 5,8	1959
Finanzen und Steuern			
Gesamtausgaben des Staates (in Mio. DM)	78 492	+ 9,9	1959
Gesamteinnahmen des Staates (in Mio. DM)	60 341	− 13,5	1959
Schuldenlast des Staates (in Mio. DM)	40 596	+ 8,4	1959
Löhne und Gehälter			
Wochenarbeitszeit in der Industrie (Stunden)	45,6	+ 3,9	1959
Bruttostundenverdienst			
männlicher Arbeiter (DM)	2,64	+ 6,4	1959
weiblicher Arbeiter (DM)	1,68	+ 6,3	1959
Bruttowochenverdienst			
männlicher Arbeiter (DM)	122,0	+ 6,1	1959
weiblicher Arbeiter (DM)	73,1	+ 7,0	1959
Preise			
Einzelhandelspreise ausgewählter Lebensmittel (DM)			
Butter, 1 kg	7,07	+ 2,0	1959
Weizenmehl, 1 kg	0,84	+ 1,2	1959
Schweinefleisch, 1 kg	5,65	− 1,4	1959
Rindfleisch, 1 kg	5,12	+ 7,8	1959
Eier, 1 Stück	0,21	− 8,7	1959
Kartoffeln, 5 kg	1,24	+ 10,7	1959
Vollmilch, 1 l	0,44	+ 2,3	1959
Zucker, 1 kg	1,38	+ 11,3	1959
4-Personen-Arbeitnehmer-Haushalt mit mittlerem Einkommen (1980 = 100)	47,3	+ 1,1	1959
2-Personen-Haushalt von Renten- und Sozialhilfeempfängern	45,2	+ 0,9	1959
Bruttosozialprodukt (in Mrd. DM)	247,9	+ 9,1	1959

Erhebungsgegenstand	Bremen	Berlin	Kassel	Aachen	Stuttg.	München
Klimatische Verhältnisse						
Niederschlagsmengen (mm)						
Nov. 1958–Febr. 1959[7]	151	108	160	190	155	182
März, April[7]	60	73	82	100	63	102
Mai	29	50	31	25	72	98
Juni	55	35	31	64	66	112
Juli	44	85	25	26	49	103
August	55	132	49	86	92	70
September, Oktober[7]	31	55	37	53	64	46
Nov. 1959–Febr. 1960[7]	142	146	198	189	135	183

[1] Letzte verfügbare Angabe
[2] Ohne Berlin
[3] Ohne Saarland
[4] Personen ab 18 Jahre
[5] Schätzung bzw. Fortschreibung des alten Datenmaterials
[6] Abflüge
[7] Durchschnittswerte
[8] Inklusive Krafträder etc.

Erhebungsgegenstand	Bremen	Berlin	Kassel	Aachen	Stuttg.	München
Sonnenscheindauer (Std.)						
März	113	158	146	140	125	138
April	177	203	181	172	210	207
Mai	279	275	227	223	235	231
Juni	290	304	273	236	226	214
Juli	290	254	296	280	292	227
August	222	207	203	212	217	200
September	235	258	262	268	306	256
Oktober	147	173	175	179	182	160

Österreich

Erhebungsgegenstand	Wert	Vergleich Vorjahr (%)	Stand
Fläche			
Fläche (km²)	83 849	± 0	1959
Bevölkerung			
Wohnbevölkerung	7 049 000	+ 0,4	1959
männlich	3 284 000	+ 0,4	1959
weiblich	3 765 200	+ 0,4	1959
Einwohner je km²	84,1	+ 0,5	1959
Privathaushalte	896 030	−	1958[1]
Lebendgeborene	124 377	+ 3,9	1959
Gestorbene	87 970	+ 2,3	1959
Eheschließungen	55 514	+ 0,2	1959
Ehescheidungen	8 474	+ 2,9	1959
Familienstand der Bevölkerung			
Ledige insgesamt[4]	1 282 600	−	1951[1]
männlich	600 065	−	1951[1]
weiblich	682 535	−	1951[1]
Verheiratete[4]	3 055 286	−	1951[1]
Verwitwete und Geschiedene	748 885	−	1951[1]
männlich	161 097	−	1951[1]
weiblich	487 788	−	1951[1]
Religionszugehörigkeit			
Christen insgesamt	6 655 589	−	1951[1]
katholisch	6 208 646	−	1951[1]
evangelisch	429 493	−	1951[1]
sonstige	17 450	−	1951[1]
Juden	11 224	−	1951[1]
andere, ohne Konfession	267 092	−	1951[1]
Altersgruppen			
unter 5 Jahren	548 600	+ 3,5	1959[5]
5 bis unter 10 Jahren	482 500	− 1,7	1959[5]
10 bis unter 15 Jahren	495 200	− 0,4	1959[5]
15 bis unter 20 Jahren	589 600	− 0,9	1959[5]
20 bis unter 30 Jahren	893 100	+ 0,1	1959[5]
30 bis unter 40 Jahren	974 400	+ 3,6	1959[5]
40 bis unter 50 Jahren	823 500	− 4,6	1959[5]
50 bis unter 60 Jahren	998 000	+ 0,3	1959[5]
60 bis unter 70 Jahren	718 900	+ 2,2	1959[5]
70 bis unter 80 Jahren	406 100	+ 1,5	1959[5]
80 und darüber	119 300	+ 4,5	1959[5]
Die zehn größten Städte			
Wien	1 616 125	−	1951[1]
Graz	226 453	−	1951[1]
Linz	184 685	−	1951[1]
Salzburg	106 892	−	1951[1]
Innsbruck	95 055	−	1951[1]
Klagenfurt	62 782	−	1951[1]
Wels	38 120	−	1951[1]

Statistische Zahlen 1959

Erhebungsgegenstand	Wert	Vergleich Vorjahr (%)	Stand
Sankt Pölten	37 722	–	1951[1]
Steyr	36 818	–	1951[1]
Leoben	35 653	–	1951[1]
Erwerbstätigkeit			
Erwerbstätige	2 233 986	+ 1,4	1959
männlich	1 442 680	+ 1,1	1959
weiblich	791 306	+ 2,1	1959
nach Wirtschaftsbereichen			
Land- und Forstwirtschaft, Tierhaltung und Fischerei	1 155 308	–	1957[1]
Industrie und Gewerbe	583 752	–	1959
Handel und Verkehr	87 784	–	1.9.1954[1]
Öffentlicher Dienst	336 773	–	1957[1]
Arbeitslose	113 352	–	1959
Arbeitslosenquote (in %)	4,8	–	1959
Betriebe			
Landwirtschaftliche Betriebe	432 848	–	1951[1]
Bergbau und verarbeitendes Gewerbe	4 536	–	1957[1]
Baugewerbe	10 706	–	1954[1]
Handel, Gastgewerbe, Reiseverkehr	118 121	–	1954[1]
Außenhandel			
Einfuhr (in Mio. öS)	29 760	+ 6,6	1959
Ausfuhr (in Mio. öS)	25 161	+ 5,4	1959
Einfuhrüberschuß (in Mio. öS)	4 599	+ 13,6	1959
Verkehr			
Eisenbahnnetz (km)	5 970	– 0,2	1959
Beförderte Personen (in 1000)	159 262	+ 4,3	1959
Beförderte Güter (in 1000 t)	41 444	– 1,2	1959
Straßennetz (km)	31 047	– 0,2	1959
Bestand an Kraftfahrzeugen	729 718	– 8,1	1959
davon Pkw	340 980	+ 19,2	1959
davon Lkw	70 924	+ 4,0	1959
Zulassung fabrikneuer Kfz	103 936	+ 3,4	1959
Binnenschiffe zum Gütertransport (Tragfähigkeit in 1000 t)	14 388	–	1957[1]
Beförderte Güter (t)	4 452 486	– 2,3	1959
Luftverkehr			
Beförderte Personen[6]	158 562	+ 19,1	1959
Beförderte Güter[6]	1 166 296	+ 19,7	1959
Bildung			
Schüler an			
Volksschulen	533 335	+ 0,8	1959
Hauptschulen	200 605	+ 2,4	1959
Mittleren Lehranstalten	149 244	± 0	1959
Studenten	36 110	+ 10,7	1959
Rundfunk und Fernsehen			
Hörfunkteilnehmer	1 944 442	+ 2,7	31.12.1959
Fernsehteilnehmer	112 536	+ 127,3	31.12.1959
Gesundheitswesen			
Ärzte	9 573	+ 12,2	31.12.1959
Zahnärzte	1 527	+ 3,5	31.12.1959
Krankenhäuser	282	± 0	1959
Sozialleistungen			
Mitglieder der gesetzlichen Krankenversicherung	3 388 294	+ 1,1	1959

Erhebungsgegenstand	Wert	Vergleich Vorjahr (%)	Stand
Rentenbestand			
Rentenversicherung der Arbeiter	562 225	+ 2,8	1959
Rentenversicherung der Angestellten	159 178	+ 4,1	1959
Knappschaftliche Rentenversicherung	29 049	– 0,1	1959
Finanzen und Steuern			
Gesamtausgaben des Staates (in Mio. öS)	42 039	+ 1,6	1959
Gesamteinnahmen des Staates (in Mio. öS)	38 052	+ 6,0	1959
Löhne und Gehälter			
Bruttostundenverdienst			
männlicher Arbeiter (öS)	33,0	–	1957[1]
weiblicher Arbeiter (öS)	29,8	–	1957[1]
Preise			
Einzelhandelspreise ausgewählter Lebensmittel (in öS)			
Butter, 1 kg	8,80	± 0	1959
Weizenmehl, 1 kg	4,30	± 0	1959
Schweinefleisch, 1 kg	23,40	+ 1,7	1959
Rindfleisch, 1 kg	24,40	+ 2,1	1959
Eier, 1 Stück	1,11	– 4,3	1959
Kartoffeln, 1 kg	1,58	+ 22,5	1959
Vollmilch, 1 l	2,20	± 0	1959
Zucker, 1 kg	6,09	+ 2,4	1959

Erhebungsgegenstand	Wien	Innsbruck	Salzburg	Klagenfurt	Graz	Feldkirch
Klimatische Verhältnisse						
Mittlere Lufttemperatur (°C)						
Januar	0,7	– 2,4	– 1,3	– 2,6	0,5	– 0,3
Februar	0,2	1,1	– 2,8	– 1,0	– 0,1	– 0,8
März	7,6	8,2	6,5	6,6	8,1	8,4
April	11,1	10,2	9,8	9,6	10,9	10,2
Mai	14,6	13,7	13,2	13,2	14,3	13,5
Juni	17,6	15,6	15,6	16,5	17,2	15,9
Juli	20,4	18,8	18,6	19,4	20,7	19,5
August	19,2	16,9	16,8	16,9	18,7	17,2
September	14,1	14,7	13,2	13,1	14,1	15,8
Oktober	9,5	9,1	8,3	6,6	8,5	9,1
November	4,9	3,1	2,1	3,2	4,4	2,4
Dezember	3,2	0,6	1,5	0,8	2,4	2,7
Niederschlagsmengen (mm)						
Januar	24	22	46	9	2	106
Februar	19	9	16	0,2	10	13
März	35	42	48	60	58	55
April	86	48	164	148	83	90
Mai	46	119	100	64	118	109
Juni	151	151	370	164	154	176
Juli	151	91	175	76	88	127
August	104	48	219	126	144	65
September	5	24	28	25	30	37
Oktober	11	45	17	57	42	93
November	59	57	40	79	54	63
Dezember	105	68	88	96	89	64
Sonnenscheindauer (Std.)						
Januar	76	85	88	135	104	71
Februar	103	194	162	162	116	156
März	128	129	141	136	137	139
April	194	214	218	223	184	197
Mai	238	194	233	214	205	238
Juni	228	134	199	194	187	151
Juli	216	212	213	249	230	252
August	255	185	205	202	194	195
September	243	234	243	217	215	225
Oktober	197	192	187	158	176	182
November	59	93	58	46	45	83
Dezember	27	62	58	26	33	66

[1] Letzte verfügbare Angabe
[2] Ohne Berlin
[3] Ohne Saarland
[4] Personen ab 18 Jahre
[5] Schätzung bzw. Fortschreibung des alten Datenmaterials
[6] Abflüge
[7] Durchschnittswerte
[8] Inklusive Krafträder etc.

Statistische Zahlen 1959

Schweiz

Erhebungsgegenstand	Wert	Vergleich Vorjahr (%)	Stand
Fläche			
Fläche (km²)	41 294,9	± 0	1959
Bevölkerung			
Wohnbevölkerung[5]	5 240 000	+ 1,1	1959
männlich	2 523 185	–	1950[1]
weiblich	2 686 991	–	1950[1]
Einwohner je km²	126,9	+ 1,0	1959
Ausländer	285 446	–	1950[1]
Lebendgeborene	92 973	+ 1,7	1959
Gestorbene	50 077	+ 1,6	1959
Eheschließungen	40 164	+ 0,5	1959
Ehescheidungen	4 683	+ 6,4	1959
Familienstand der Bevölkerung			
Ledige insgesamt	2 334 347	–	1950[1]
männlich	1 162 202	–	1950[1]
weiblich	1 172 145	–	1950[1]
Verheiratete	2 029 317	–	1950[1]
Verwitwete und Geschiedene	351 328	–	1950[1]
männlich	93 395	–	1950[1]
weiblich	257 933	–	1950[1]
Religionszugehörigkeit			
Christen insgesamt	4 642 989	–	1950[1]
katholisch	1 987 614	–	1950[1]
evangelisch	2 655 375	–	1950[1]
Juden	19 048	–	1950[1]
andere, ohne Konfession	52 955	–	1950[1]
Altersgruppen			
unter 5 Jahren	436 974	+ 2,2	1959[5]
5 bis unter 10 Jahren	402 083	± 0	1959[5]
10 bis unter 15 Jahren	421 554	– 0,3	1959[5]
15 bis unter 20 Jahren	384 877	+ 5,1	1959[5]
20 bis unter 30 Jahren	740 493	– 0,3	1959[5]
30 bis unter 40 Jahren	749 475	+ 1,8	1959[5]
40 bis unter 50 Jahren	674 327	– 1,2	1959[5]
50 bis unter 60 Jahren	661 754	+ 1,4	1959[5]
60 bis unter 70 Jahren	462 557	+ 2,9	1959[5]
70 bis unter 80 Jahren	255 874	+ 1,8	1959[5]
80 und darüber	80 104	+ 3,8	1959[5]
Die zehn größten Städte			
Zürich	436 700	+ 1,6	1959[5]
Basel	206 200	+ 2,5	1959[5]
Genf	173 200	+ 3,8	1959[5]
Bern	164 900	+ 1,8	1959[5]
Lausanne	122 300	+ 2,1	1959[5]
Winterthur	78 200	+ 2,6	1959[5]
St. Gallen	74 400	– 0,7	1959[5]
Luzern	67 200	+ 2,4	1959[5]
Biel	56 900	+ 1,1	1959[5]
La Chaux-de-Fonds	38 100	+ 1,1	1959[5]
Erwerbstätigkeit			
Erwerbstätige	1 798 896	–	1955[1]
männlich	1 228 287	–	1955[1]
weiblich	570 609	–	1955[1]
nach Wirtschaftsbereichen			
Land- und Forstwirtschaft, Tierhaltung und Fischerei	710 854	–	1950[1]
Produzierendes Gewerbe	803 644	–	1950[1]
Handel und Verkehr	300 435	–	1950[1]
Sonstige	340 723	–	1950[1]
Ausländische Arbeitnehmer	364 778	+ 0,4	August 1959
Arbeitslose	2 426	– 28,1	1959

Erhebungsgegenstand	Wert	Vergleich Vorjahr (%)	Stand
Betriebe			
Landwirtschaftliche Betriebe	205 997	–	1955[1]
Bergbau und verarbeitendes Gewerbe	98 221	–	1955[1]
Baugewerbe	21 206	–	1955[1]
Handel, Gastgewerbe, Reiseverkehr	112 693	–	1955[1]
Außenhandel			
Einfuhr (in Mio. sFr.)	8 267,9	+ 12,7	1959
Ausfuhr (in Mio. sFr.)	7 273,7	+ 9,4	1959
Einfuhrüberschuß (in Mio. sFr.)	994,2	– 44,8	1959
Verkehr			
Eisenbahnnetz	5 117,0	+ 0,5	1959
Beförderte Personen (in 1000)	307 684	+ 1,1	1959
Beförderte Güter (t)	34 183	+ 7,3	1959
Bestand an Kraftfahrzeugen[8]	792 494	+ 9,2	1959
davon Pkw	429 969	+ 11,3	1959
davon Lkw	76 610	+ 16,5	1959
Zulassung fabrikneuer Pkw	86 023	+ 15,9	1959
Binnenschiffe zum Gütertransport	416	+ 2,4	1959
Beförderte Güter (t)	489 835	+ 18,1	1959
Luftverkehr			
Beförderte Personen	1 095 769	+ 3,5	1959
Beförderte Güter (t)	22 407	+ 14,2	1959
Bildung			
Schüler an			
Primarschulen	571 548	+ 2,5	1959/60
Sekundar- und untere Mittelschulen	121 693	–	1959/60
Höhere Mittelschulen	18 591	–	1959/60
Studenten	14 582	+ 0,7	1959/60
Rundfunk und Fernsehen			
Hörfunkteilnehmer	1 033 523	+ 1,7	1959
Fernsehteilnehmer	78 700	+ 56,4	1959
Gesundheitswesen			
Ärzte	4 834	+ 1,2	1959
Zahnärzte	2 174	+ 0,9	1959
Krankenhäuser	466	–	1956
Sozialleistungen			
Mitglieder der gesetzlichen Krankenversicherung	4 249 000	+ 3,3	1959
Empfänger von			
Arbeitslosengeld und -hilfe	54 850	– 16,6	1959
Sozialhilfe			
Finanzen und Steuern			
Gesamtausgaben des Staates (in Mio. sFr.)	2 482,4	– 6,1	1959
Gesamteinnahmen des Staates (in Mio. sFr.)	2 722,6	– 3,7	1959
Schuldenlast des Staates (in Mio. sFr.)	6 995,7	– 0,2	1959
Löhne und Gehälter			
durchschnittlicher Stundenverdienst			
männlicher Arbeiter (sFr.)	3,80	+ 3,2	1959
weiblicher Arbeiter (sFr.)	2,18	+ 2,8	1959
durchschnittlicher Monatsverdienst			
männlicher Angestellter (sFr.)	991	+ 2,8	1959
weiblicher Angestellter (sFr.)	599	+ 2,7	1959

[1] Letzte verfügbare Angabe
[2] Ohne Berlin
[3] Ohne Saarland
[4] Personen ab 18 Jahre
[5] Schätzung bzw. Fortschreibung des alten Datenmaterials
[6] Abflüge
[7] Durchschnittswerte
[8] Inklusive Krafträder etc.

Statistische Zahlen 1959

Erhebungsgegenstand	Wert	Vergleich Vorjahr (%)	Stand
Preise			
Einzelhandelspreise ausgewählter Lebensmittel (in sFr.)			
Butter, 1 kg	10,67	± 0	1959
Weizenmehl, 1 kg	1,08	− 6,9	1959
Schweinefleisch, 1 kg	7,79	+ 2,5	1959
Rindfleisch, 1 kg	7,33	+ 1,4	1959
Eier, 1 Stück	0,29	− 3,3	1959
Kartoffeln, 1 kg	0,39	± 0	1959
Vollmilch, 1 l	0,57	+ 1,8	1959
Bruttosozialprodukt (in Mio. sFr.)	33 840	+ 7,4	1959

Erhebungsgegenstand	Zürich	Basel	Bern	Genf	Davos	Lugano
Klimatische Verhältnisse						
Mittlere Lufttemperatur (°C)						
Januar	0,0	1,0	− 0,4	2,4	− 6,5	2,8
Februar	1,6	1,6	− 1,8	2,6	− 3,5	5,4
März	7,3	7,9	7,3	8,2	− 1,4	9,5
April	9,8	10,0	9,3	10,4	3,8	12,0
Mai	13,4	14,2	13,8	14,9	7,6	16,0
Juni	16,4	17,2	16,8	18,1	10,3	20,1
Juli	19,5	20,8	20,3	21,8	13,4	22,9
August	17,0	17,9	17,3	19,0	11,6	20,6
September	15,1	15,6	15,5	17,2	10,2	17,6
Oktober	8,8	9,5	8,7	10,4	4,3	12,0
November	2,2	3,7	2,3	4,2	− 2,2	6,6
Dezember	2,6	3,6	2,0	4,3	− 3,7	3,8
Niederschlagsmengen (mm)						
Januar	136	81	107	73	58	34
Februar	5	6	2	0	24	8
März	76	90	104	128	30	195
April	71	116	113	98	33	205
Mai	53	25	55	15	74	107
Juni	178	115	127	80	100	255
Juli	98	17	42	47	102	176
August	54	69	68	44	48	173
September	12	6	37	62	34	53
Oktober	106	89	84	103	57	272
November	48	35	40	73	47	267
Dezember	97	53	135	108	84	235
Sonnenscheindauer (Std.)						
Januar	68	78	75	89	85	155
Februar	148	154	160	164	170	189
März	117	110	118	141	116	100
April	207	184	201	209	189	212
Mai	244	230	259	280	184	211
Juni	194	197	212	260	109	230
Juli	278	289	307	323	206	281
August	218	207	246	281	161	235
September	254	260	208	179	204	157
Oktober	108	155	124	137	162	147
November	30	63	48	37	98	93
Dezember	60	56	64	56	69	81

Die Regierungen der Bundesrepublik Deutschland, der DDR, Österreichs und der Schweiz 1959

Neben den Staatsoberhäuptern der Bundesrepublik Deutschland, der Deutschen Demokratischen Republik, Österreichs und der Schweiz sind in der Zusammenstellung die einzelnen Kabinette des Jahres 1959 in chronologischer Reihenfolge enthalten. Hinter den Namen der wichtigsten Regierungsmitglieder steht in Klammern der Zeitraum ihrer Tätigkeit.

Bundesrepublik Deutschland

Staatsform:
Parlamentarisch-demokratischer Bundesstaat
Bundespräsident:
Theodor Heuss (FDP; 1949–12. 9. 1959), Heinrich Lübke (CDU; 13. 9. 1959–1969)

3. Kabinett Adenauer, Koalition von CDU/CSU und DP (1957–1961):

Bundeskanzler:
Konrad Adenauer (CDU; 1949–1963)
Vizekanzler und Wirtschaft:
Ludwig Erhard (CDU; Wirtschaftsminister 1949–1963, dann Bundeskanzler 1963–1966)
Auswärtiges:
Heinrich von Brentano (CDU; 1955–1961)
Inneres:
Gerhard Schröder (CDU; 1953–1961; dann Außenminister 1961–1966)
Finanzen:
Franz Etzel (CDU; 1957–1961)
Verteidigung:
Franz Josef Strauß (CSU; 1956–1962)
Ernährung und Landwirtschaft:
Heinrich Lübke (CDU; 1953–12. 9. 1959), Werner Schwarz (CDU; 30. 9. 1959–1965)
Arbeit und Sozialordnung:
Theodor Blank (CDU; 1957–1965)
Justiz:
Fritz Schäffer (CSU; 1957–1961)
Verkehr:
Hans-Christoph Seebohm (DP; 1949–1966)
Post:
Richard Stücklen (CSU; 1957–1966)
Wohnungsbau:
Paul Lücke (CDU; 1957–1965)
Vertriebene:
Theodor Oberländer (CDU; 1953–1960)
Gesamtdeutsche Fragen:
Ernst Lemmer (CDU; 1957–1962)
Angelegenheiten des Bundesrats:
Hans-Joachim von Merkatz (DP; 1955–1962)
Familie/Jugend:
Franz-Josef Wuermeling (CDU; 1957–1962)
Atomenergie/Wasserwirtschaft:
Siegfried Balke (CSU; 1956–1962)
Wirtschaftlicher Besitz des Bundes:
Hermann Lindrath (CDU; 1957–1960)
Bundespressechef:
Felix von Eckardt (CDU; 1953–1955, 1956–1962)

Die Ministerpräsidenten der deutschen Bundesländer

Baden-Württemberg:
Kurt Georg Kiesinger (CDU; 1958–1966)
Bayern:
Hanns Seidel (CSU; 1957–1960)
Bremen:
Wilhelm Kaisen (SPD; 1. Bürgermeister 1945–1965)
Hamburg:
Max Brauer (SPD; 1946–1953, 1957–1960)
Hessen:
Georg August Zinn (SPD; 1950–1969)
Niedersachsen:
Heinrich Hellwege (DP; 1955–12. 5. 1959), Hinrich Wilhelm Kopf (SPD; 1946–1955, 12. 5. 1959–1961)
Nordrhein-Westfalen:
Franz Meyers (CDU; 1958–1966)
Rheinland-Pfalz:
Peter Altmeier (CDU; 1947–1969)
Saarland:
Egon Reinert (CDU; 1957–23. 4. 1959), Franz-Josef Röder (CDU; 30. 4. 1959–1979)
Schleswig-Holstein:
Kai-Uwe von Hassel (CDU; 1954–1963)
Berlin (West):
Willy Brandt (SPD; Regierender Bürgermeister 1957–1966)

Deutsche Demokratische Republik

Staatsform:
Sozialistischer Einheitsstaat
Staatspräsident:
Wilhelm Pieck (SED; 1949–1960)

Ministerpräsident:
Otto Grotewohl (SED; 1949–1964)
1. Sekretär der SED:
Walter Ulbricht (SED; 1954–1971)
Äußeres:
Lothar Bolz (NDP; 1953–1965)
Inneres:
Karl Maron (SED; 1955–1963)
Staatssicherheit:
Erich Mielke (SED; seit 1957)
Verteidigung:
Willi Stoph (SED; 1958–1960)
Finanzen:
Willi Rumpf (SED; 1955–1966)
Volksbildung:
Alfred Lemnitz (SED; 1958–1963)
Kultur:
Alexander Abusch (SED; 1958–1961)
Gesundheit:
Max Sefrin (CDU; 1958–1967)
Justiz:
Hilde Benjamin (SED; 1953–1967)
Post:
Friedrich Burmeister (CDU; 1949–1963)
Verkehr:
Erwin Kramer (SED; 1954–1965)
Land- und Forstwirtschaft:
Hans Reichelt (Dem. Bauernpartei; 1958–1963)

Österreich

Staatsform:
Parlamentarisch-demokratische Bundesrepublik
Bundespräsident:
Adolf Schärf (SPÖ; 1957–1965)

2. Kabinett Raab, Koalition von ÖVP und SPÖ (1956–11. 5. 1959):

Bundeskanzler:
Julius Raab (ÖVP; 1953–1961)
Vizekanzler:
Bruno Pittermann (SPÖ; 1957–1965)
Äußeres:
Leopold Figl (ÖVP; 1953–11. 5. 1959)
Inneres:
Oskar Helmer (SPÖ; 1945–11. 5. 1959)
Unterricht:
Heinrich Drimmel (ÖVP; 1954–1964)
Justiz:
Otto Tschadek (SPÖ; 1949–1952, 1956–1961)
Verteidigung:
Ferdinand Graf (ÖVP; 1956–1961)
Finanzen:
Reinhard Kamitz (ÖVP; 1952–1960)
Handel und Wiederaufbau:
Fritz Bock (ÖVP; 1956–1968)
Sozialwesen:
Anton Proksch (SPÖ; 1956–1965)
Verkehr und Elektrizität:
Karl Waldbrunner (SPÖ; 1949–1963)
Land- und Forstwirtschaft:
Josef Thoma (ÖVP; 1952–11. 5. 1959)

3. Kabinett Raab, Koalition von ÖVP und SPÖ (16. 7. 1959–1961):

Bundeskanzler:
Julius Raab (ÖVP; 1953–1961)
Vizekanzler:
Bruno Pittermann (SPÖ; 1957–1965)
Äußeres:
Bruno Kreisky (SPÖ; 16. 7. 1959–1966)
Inneres:
Josef Afritsch (SPÖ; 16. 7. 1959–1963)
Unterricht:
Heinrich Drimmel (ÖVP; 1954–1964)
Justiz:
Otto Tschadek (SPÖ; 1949–1952, 1956–1961)
Verteidigung:
Ferdinand Graf (ÖVP; 1956–1961)
Finanzen:
Reinhard Kamitz (ÖVP; 1952–1960)
Handel und Wiederaufbau:
Fritz Bock (ÖVP; 1956–1968)
Sozialwesen:
Anton Proksch (SPÖ; 1956–1965)
Verkehr:
Karl Waldbrunner (SPÖ; 1949–1963)
Verstaatlichte Betriebe:
Bruno Pittermann (SPÖ; 16. 7. 1959–1963)
Land- und Forstwirtschaft:
Eduard Hartmann (ÖVP; 16. 7. 1959–1964)

Schweiz

Staatsform:
Republikanischer Bundesstaat
Bundespräsident:
Paul Chaudet (freisinnig)

Politisches Departement (Äußeres):
Max Petitpierre (freisinnig; 1945–1961)
Inneres:
Philipp Etter (katholisch-konservativ; 1934–1959)
Justiz und Polizei:
Friedrich Wahlen (BGB; 1958–1959)
Finanzen und Zölle:
Hans Streuli (freisinnig; 1954–1959)
Militär:
Paul Chaudet (freisinnig; 1955–1966)
Volkswirtschaft:
Thomas Holenstein (katholisch-konservativ; 1955–1959)
Post und Eisenbahn:
Giuseppe Lepori (katholisch-konservativ; 1955–1959)

Staatsoberhäupter und Regierungen ausgewählter Länder 1959

Die Einträge zu den wichtigsten Ländern des Jahres 1959 informieren über die Staatsform (hinter dem Ländernamen), Titel und Namen des Staatsoberhaupts sowie in Klammern dessen Regierungszeit. Es folgen – soweit vorhanden – die Regierungschefs, bei wichtigeren Ländern auch die Außenminister des Jahres 1959; jeweils in Klammern stehen die Zeiträume der Amtsausübung. Eine Kurzdarstellung gibt – wo es sinnvoll erscheint – einen Einblick in die innen- und außenpolitische Situation des Landes. Über bewaffnete Konflikte und Unruhegebiete, auf die hier nicht näher eingegangen wird, informiert der Anhang »Kriege und Krisenherde des Jahres 1959« gesondert.

Afghanistan

Königreich; *König:* Mohammed Sahir (1933–1973)
Ministerpräsident: Mohammed Daud Khan (1953–1963)

Ägypten

Republik; *Präsident:* Gamal Abd el Nasser (1954–1970)
Außenminister: Mahmud Fausi (1952–1964)
Am 1. Februar 1958 ist die Vereinigung Syriens mit Ägypten zur Vereinigten Arabischen Republik (siehe dort) in Kraft getreten.

Albanien

Volksrepublik; *Präsident:* Haxhi Lleschi (1953–1977)
Ministerpräsident: Mehmed Schehu (1954–1981)

Algerien

Französisches Generalgouvernement; *Generaldelegierter:* Paul Delouvrier (1958–1960)
Algerien ist ein politisch und wirtschaftlich dem Mutterland angegliedertes französisches Generalgouvernement. Zum Krieg mit Frankreich siehe den Anhang Kriege und Krisenherde.

Argentinien

Republik; *Präsident:* Arturo Frondizi (1958–1962)

Äthiopien

Kaiserreich; *Kaiser:* Haile Selassie I. (1930–1974)

Australien

Bundesstaat im Britischen Commonwealth; *Ministerpräsident:* Robert Gordon Menzies (Labour Party; 1939/40, 1949–1966)
Außenminister: Richard Gardiner Casey (1951–1960)
Britischer Generalgouverneur: William Slim (1952–13. 11. 1959), William Shepherd Morrison Viscount Dunrossil (13. 11. 1959–1961)

Belgien

Königreich; *König:* Baudouin (seit 1951)
Ministerpräsident: Gaston Eyskens (christlich-sozial; 1949/50, 1958, 1958–1961)
Außenminister: Pierre Wigny (1958–1961)

Bhutan

Königreich; *König:* Jigme Dorji Wangchuk (1952–1972)

Birma

Unionsrepublik; *Präsident:* U Wing Maung (1957–1962)
Ministerpräsident: General Ne Win (1958–1960, 1962–1974)

Bolivien

Republik; *Präsident:* Hernán Siles Zuazo (1952, 1956–1960)

Brasilien

Bundesrepublik; *Präsident:* Juscelino Kubitschek de Oliveira (1956–1961)

Bulgarien

Volksrepublik; *Präsident (Präsident des Präsidiums des Nationalrats):* Dimitar Ganew (1958–1964)
Ministerpräsident: Anton Tanew Jugow (1956–1962)
Außenminister: Karl Lukanow (1956–1962)

Ceylon

Unabhängige parlamentarische Monarchie im British Commonwealth (amtlicher Name ab 1972 Sri Lanka); *Ministerpräsident:* Solomon Bandaranaike (1956–26. 9. 1959), Wijayananda Dahanáyake (26. 9. 1959–1960)
Generalgouverneur: Sir Oliver Goonetilleke (1954–1962)

Chile

Republik; *Präsident:* Jorge Alessandri Rodríguez (1958–1964)
Es kommt zu Kassenstreiks gegen die Wirtschaftspolitik Alessandris.

China

Volksrepublik; (National-China siehe Formosa); *Präsident:* Mao Tse-tung (1949–27. 4. 1959), Liu Shao-ch'i (27. 4. 1959–1968)
Parteichef: Mao Tse-tung (1945–1976)
Regierungschef: Chou En-lai (1949–1976)

Costa Rica

Republik; *Präsident:* Mario Echandi Jiménez (1958–1962)

Dänemark

Königreich; *König:* Friedrich IX. (1947–1972)
Ministerpräsident: Hans Christian Svane Hansen (Sozialdemokrat; 1955–1960)
Außenminister: Jens Otto Krag (1958–1962)

Dominikanische Republik

Diktatur; *Präsident:* Hector Bienvenido Trujillo (1952–1960)

Ecuador

Republik; *Präsident:* Camilo Ponce Enriquez (1956–1960)

El Salvador

Republik; *Präsident:* José María Lemus (1956–1960)

Eritrea

Autonomer Gliedstaat Äthiopiens; *Ministerpräsident:* Fitaurari Asfaha Woldemikael (1955–1960)
Die italienische Kolonie Eritrea wurde 1941 von britischen Truppen erobert und 1952 durch eine Föderation mit Äthiopien zusammengeschlossen. 1960 wird es als Provinz Äthiopien angegliedert.

Finnland

Republik; *Präsident:* Urho Kaleva Kekkonen (1956–1981)
Ministerpräsident: Väinö Johannes Sukselainen (1957, 13. 1. 1959–1961)
Außenminister: Ralf Törngren (1953/54, 1956/57, 13. 1. 1959–1961)

Formosa

(National-China, Taiwan): Republik; *Präsident:* Chiang Kai-shek (1950–1975)

Frankreich

Republik; *Präsident:* René Coty (1954–8. 1. 1959), Charles de Gaulle (1944–1946, 8. 1. 1959–1969)
Ministerpräsident: Charles de Gaulle (1944–1946, 1958–8. 1. 1959), Michel Debré (8. 1. 1959–1962)
Außenminister: Maurice Couve de Murville (1958–1968)
Zum Algerienkrieg und zum Sturz der Vierten Republik siehe den Anhang Kriege und Krisenherde.

Gabun

Französische Kolonie mit innerer Autonomie
Der Weg zur Unabhängigkeit Gabuns, das ein Teil von Französisch-Äquatorialafrika ist, begann 1958 mit dem Beitritt zur Französischen Gemeinschaft, wodurch das Land selbständig wurde. 1960 erklärt es sich für unabhängig, bleibt aber weiterhin in der Gemeinschaft.

Ghana

Parlamentarische Monarchie im British Commonwealth; *Ministerpräsident:* Kwame Nkrumah (1957–1966, ab 1960 auch Staatspräsident)

Griechenland

Konstitutionelle Erbmonarchie; *König:* Paul I. (1947–1964)
Ministerpräsident: Konstandinos Karamanlis (1955–1958, 1958–1961, 1961–1963, 1974–1980)
Außenminister: Evangelos Averoff-Tositzas (1956–1961, 1961–1963)

Großbritannien

Konstitutionelle Erbmonarchie; *Königin:* Elisabeth II. (seit 1952)
Premierminister: Harold Macmillan (konservativ; 1957–1963)
Außenminister: Selwyn Lloyd (1955–1960)
Macmillan führt im März Gespräche mit Chruschtschow in Moskau.

Guatemala

Republik; *Präsident:* General Miguel Ydígoras Fuentes (1958–1963)

Guinea

Republik; *Ministerpräsident:* Sékou Touré (1958–1984, ab 1961 auch Staatspräsident)
1958 stimmte die Bevölkerung Guineas gegen die Aufnahme in die Französische Gemeinschaft und forderte die Unabhängigkeit. Frankreich gewährte die Unabhängigkeit bei sofortiger Einstellung der französischen Wirtschaftshilfe und zog alle französischen Experten ab. Sékou Touré kompensiert diese Verluste durch Anlehnung an sozialistische Staaten.

Haiti

Republik/Diktatur; *Präsident:* François Duvalier (1957–1971)

Honduras

Republik; *Präsident:* José Ramón Villeda Morales (1957–1963)

Indien

Bundesrepublik; *Präsident:* Rajendra Prasad (1950–1962)
Ministerpräsident: Jawaharlal Nehru (1946/47–1964)

Indonesien

Republik (»gelenkte Demokratie«); *Präsident:* Achmed Sukarno (1945/49–1967)

Irak

Königreich/autoritäre Republik; *Leiter des Souveränitätsrats (Präsident):* Muhammad Nadschib ar-Rubai'i (1958–1963)
Ministerpräsident: Abd Al Karim Kasim (1958–1963)

Iran

Kaiserreich; *Schah:* Mohammad Resa Pahlawi (1941–1979)

Irland

Republik; *Präsident:* Seán Tomás O'Ceallaigh = Sean Thomas O'Kelly (1945–25. 6. 1959), Eamon de Valera (25. 6. 1959–1973)
Ministerpräsident: Eamon de Valera (1919/21, 1932–1948, 1951–1954, 1957–23. 6. 1959), Seán Lemass (23. 6. 1959–1961)
Außenminister: Frank Aiken (1951–1954, 1957–1969)

Island

Republik; *Präsident:* Asgeir Asgeirsson (1952–1968)
Ministerpräsident: Emil Jonsson (1958–18. 11. 1959), Ólafur Thors (1942, 1944–1946, 1949/50, 1953–1956, 20. 11. 1959–1963)

Israel

Republik; *Präsident:* Isaak Ben Zwi (1952–1963)
Ministerpräsident: David Ben Gurion (Mapai; 1948–1953, 1955–1963)
Verteidigungsminister: David Ben Gurion (1955–1963)
Außenminister: Golda Meir (1956–1966)
Finanzminister: Levi Eschkol (1952–1963)

Regierungen 1959

Italien
Republik; *Präsident:* Giovanni Gronchi (1955–1962)
Ministerpräsident: Amintore Fanfani (Democrazia Cristiana; 1954, 1958–26. 1./5. 2. 1959, 1960–1963), Antonio Segni (Democrazia Cristiana; 1955–1957, 15. 2. 1959–1960)
Außenminister: Giuseppe Pella (1953/54, 1957/58, 15. 2. 1959–1960), Amintore Fanfani (1958–26. 1./5. 2. 1959)

Japan
Kaiserreich; *Kaiser (Tenno):* Hirohito (1926–1989)
Ministerpräsident: Nobosuke Kischi (1957–1960)
Außenminister: Aiichoro Fujiyama (1957–1960)

Jemen (Sana)
Königreich; *König:* Ahmad Ibn Jahja (1948–1962)

Jordanien
Königreich; *König:* Husain II. (seit 1952)

Jugoslawien
Volksrepublik; *Präsident:* Josip Broz Tito (1953–1980)
Ministerpräsident: Josip Broz Tito (1945–1963); *Außenminister:* Koča Popović (1953–1965)

Kambodscha (Kampuchea)
Königreich; *König:* Norodom Suramarit (1955–1960)
Ministerpräsident: Norodom Sihanuk (1952/53, 1955/56, 1956, 1956/57, 1958–1960, 1961–1963, 1967/68)

Kanada
Parlamentarische Monarchie im British Commonwealth; *Premierminister:* John George Diefenbaker (konservativ; 1957–1963)
Außenminister: Sidney Smith (1957–17. 3. 1959), Howard Green (4. 6. 1959–1963)

Kirchenstaat
Siehe Vatikanstadt

Kolumbien
Republik/Diktatur; *Präsident:* Alberto Lleras Camargo (1945/46, 1958–1962)

Korea (Nordkorea)
Volksrepublik; *Präsident:* Yong Kun Choi (1952–1972)
Ministerpräsident: Kim Il Sung (1948–1972, danach Staatspräsident ab 1972)

Korea (Südkorea)
Republik/Militärdiktatur; *Präsident:* Syngman Rhee (1948–1960)

Kuba
Diktatur/Republik; *Präsident:* Manuel Urrutía Lleo (1. 1.–17. 7. 1959), Osvaldo Dórticos Torrado (17. 7. 1959–1976)
Ministerpräsident: José Miró Cardona (5. 1.–13. 2. 1959), Fidel Castro (ab 16. 2. 1959)

Kuwait
Emirat; *Emir:* Abdallah as-Salim as-Sabah (1950–1965)

Laos
Königreich; *König:* Sisavong Vong (1904–21. 8. 1959), Savang Vatthana (21. 8. 1959–1975)
Ministerpräsident: Phui Sananikone (1958–31. 12. 1959)
Vorsitzender der Militärregierung: General Sunthone Patthamavong (31. 12. 1959–1960)

Libanon
Republik; *Präsident:* Fuad Schihab (1952, 1958–1964)
Ministerpräsident: Raschid Karami (1955/56, 1958, 1958–1960, 1961–1964)

Liberia
Republik; *Präsident und Ministerpräsident:* William Tubman (1943–1971)

Libyen
Königreich; *König:* Mohammad Idris I. El Senussi (1950–1969)
Ministerpräsident: Abd Al Madschid Kubar (1957–1960)

Liechtenstein
Fürstentum; *Fürst:* Franz Joseph II. (seit 1938)

Luxemburg
Großherzogtum; *Großherzogin:* Charlotte (1919–1964)
Ministerpräsident: Christian Pierre Werner (26. 2. 1959–1974)
Außenminister: Eugène Schaus (26. 2. 1959–1964)

Madagaskar
Französische Kolonie/Republik
Madagaskar ist seit 1885 französisches Protektorat, seit 1896 französische Kolonie. Die geringe Autonomie, die Frankreich der Insel 1946 gewährt hat, führte 1947 zu einem Aufstand, den Frankreich mit Waffengewalt unterdrückte. 1957 erhielt das Land beschränkte innere Autonomie, 1958 wurde die selbständige Republik innerhalb der Französischen Gemeinschaft ausgerufen, 1960 wird Madagaskar unabhängig.

Malaiische Föderation
Monarchistischer Bundesstaat; *König von Malaya:* Tungku Abd ur-Rahman, Fürst von Negri Sembilan (1957–1960)
Ministerpräsident: Tunku Abdul Rahman (1957–15. 4. 1959, 22. 8. 1959–1963), Dato Abd ur-Razzaq bin Dato Husain (15. 4.–22. 8. 1959)

Mali-Föderation
Selbständige Republik ab 4. April 1959
Senegal, Dahomey, Obervolta und der französische Soudan bilden am 17. Januar die Mali-Föderation, die als selbständige Republik der Französischen Gemeinschaft beitritt. Am 20. Juni 1960 wird sie von Frankreich unabhängig, bricht jedoch bereits zwei Monate später auseinander. Danach behält der Soudan den Namen Mali bei.

Malta
Britische Kolonie mit innerer Selbstregierung; *Gouverneur:* Robert Laycock (1954–1959), Guy Grantham (1959–1962)
Von 1958 bis 1962 wird Malta durch den Gouverneur verwaltet.

Marokko
Königreich; *König und Leiter des Kabinetts:* Muhammad V. (1957–1961, davor Sultan als Sidi Muhammad 1927–1953, 1955–1957)

Mexiko
Bundesrepublik; *Präsident:* Alfonso López Mateos (1958–1964)

Monaco
Fürstentum; *Fürst:* Rainier III. (seit 1949)

Mongolische Volksrepublik
Volksrepublik; *Präsident:* Shamtsarangin Sambuu (1954–1972)
Ministerpräsident: Jumschagiin Zedenbal (1952–1974, danach Präsident ab 1974)

Nepal
Königreich; *König:* Mahendra (1956–1972)

Neuseeland
Parlamentarische Monarchie im British Commonwealth; *Premierminister:* Walter Nash (Labour; 1957–1960)
Neuseeland ist eine unabhängige parlamentarische Monarchie im Commonwealth mit dem britischen Monarchen als Staatsoberhaupt.

Nicaragua
Diktatur; *Diktator:* Luis Somoza Debayle (1956–1963)

Niederlande
Konstitutionelle Erbmonarchie; *Königin:* Juliana (1948–1980)
Ministerpräsident: Louis Beel (1946–1948, 1958–12. 3. 1959), Jan Eduard de Quay (19. 5. 1959–1963)
Außenminister: Joseph Luns (1956–1971, danach NATO-Generalsekretär bis 1984)

Nordirland
Teil von Großbritannien; *Ministerpräsident:* Basil Stanlake Brooke (1943–1963)

Nordkorea
Siehe Korea (Nordkorea)

Norwegen
Konstitutionelle Monarchie; *König:* Olaf V. (seit 1957)
Ministerpräsident: Einar Gerhardsen (Sozialist; 1945–1951, 1955–1963, 1963–1965)

Oman
Sultanat; *Sultan:* Said bin Taimur (1932–1970)

Pakistan
Republik; *Präsident:* Mohammed Ayub Khan (1958–1969)

Panama
Republik; *Präsident:* Ernesto de la Guardia jr. (1955–1960)

Papst
Siehe Vatikanstadt

Paraguay
Diktatur; *Präsident:* Alfredo Stroessner (1954–1989)

Persien
Siehe Iran

Peru
Republik; *Präsident:* Manuel Prado y Ugarteche (1939–1945, 1956–1962)

Philippinen
Republik; *Präsident:* Carlos P. García (1957–1961)

Polen
Volksrepublik; *Staatsratsvorsitzender:* Aleksander Zawadski (1952–1964)
Parteichef: Władysław Gomułka (1943–1948, 1956–1970)
Ministerpräsident: Józef Cyrankiewicz (1947–1952, 1954–1970)
Außenminister: Adam Rapacki (1956–1968)

Portugal
Diktatur; *Präsident:* Américo Tomás (1958–1974)
Ministerpräsident: António de Oliveira Salazar (1932–1968)
Außenminister: Marcello Mathias (1958–1961)

Rhodesien
Siehe Süd-Rhodesien

Rumänien
Volksrepublik; *Vorsitzender des Parlamentspräsidiums (Staatsoberhaupt):* Ion Georghe Maurer (1958–1961, danach Ministerpräsident bis 1974)
Ministerpräsident: Chivu Stoica (1955–1961)

Sansibar
Sultanat unter britischem Protektorat; *Sultan:* Chalifa II. (1911–1960)

Saudi-Arabien
Königreich; *König:* Saud Ibn Abd Al Asis (1953–1964)

Schweden
Konstitutionelle Erbmonarchie; *König:* Gustav VI. Adolf (1950–1973)
Ministerpräsident: Tage Erlander (Sozialist; 1946–1969)
Außenminister: Östen Undén (1924–1926, 1945–1962)

Siam
Siehe Thailand

Simbabwe
Siehe Süd-Rhodesien

Singapur
Gliedstaat des Commonwealth mit innerer Selbstverwaltung; *Ministerpräsident:* Lim Yew Hock (Chinese; 1956–6. 5. 1959), Lee Kuan Yew (Chinese; ab 6. 5. 1959)
Britischer Oberkommissar: George Nigel Douglas-Hamilton 10. Earl of Selkirk (16. 10. 1959–1963)

Regierungen 1959

Sowjetunion
Siehe UdSSR

Spanien
Diktatur; *Nationaler Staatspräsident und Vorsitzender des Ministeriums:* Francisco Franco Bahamonde (1936–1975)
Außenminister: Fernando María Castiella y Maiz (1957–1969)

Sri Lanka
Siehe Ceylon

Südafrikanische Union
Dominion im British Commonwealth; *Ministerpräsident:* Hendrik French Vorwoerd (1958–1966)
Außenminister: Eric Hendrik Louw (1954–1963)
Generalgouverneur: Ernest George Jansen (1951–25. 11. 1959), Lucas Cornelius Steyn (Verweser; 26. 11.–7. 12. 1959), Charles Robberts Swart (7. 12. 1959–1961, danach Präsident bis 1967)

Sudan
Diktatur; *Staatsleiter und Leiter des Obersten Rats für die bewaffneten Streitkräfte:* General Ibrahim Abbud (1958–1964)
Die Verfassung ist außer Kraft gesetzt.

Südkorea
Siehe Korea (Südkorea)

Süd-Rhodesien
Teil der Zentralafrikanischen Föderation (siehe dort)

Syrien
Republik; Teil der Vereinigten Arabischen Republik (siehe dort).

Taiwan
Siehe Formosa

Thailand
Konstitutionelle Monarchie; *König:* Rama IX. (Bhumibol Adulayadej) (seit 1946)
Ministerpräsident: Feldmarschall Sarit Thanarat (1957, 1958–1963)

Tibet
Teil der Volksrepublik China seit 1951; *14. Dalai-Lama:* Tenzin Gjatso (1935 geboren und gefunden, 1939 inthronisiert, im Exil ab 1959)
10. Pantschen-Lama: Tschökji Gjaltsen (1938–1989)

Tschechoslowakei
Volksrepublik; *Präsident:* Antonín Novotný (1957–1968)
Ministerpräsident: Viliam Siroký (1953–1963)
Außenminister: Wenzel David (1953–1968)

Tunesien
Republik; *Präsident:* Habib Burgiba (seit 1957, auf Lebenszeit)

Türkei
Republik; *Präsident:* Celál Bayar (1950–1960)
Ministerpräsident: Adnan Menderes (1950–1960)

UdSSR
Union der sozialistischen Sowjetrepubliken; *Vorsitzender des Präsidiums des Obersten Sowjets (Staatsoberhaupt):* Kliment J. Woroschilow (1953–1960)
Parteichef: Nikita S. Chruschtschow (1953–1964)
Ministerpräsident: Nikita S. Chruschtschow (1958–1964)
Außenminister: Andrei A. Gromyko (1957–1985, danach Staatsoberhaupt 1985–1988)

Ungarn
Volksrepublik; *Präsident:* István Dobi (1952–1967)
Ministerpräsident: Ferenc Münnich (1958–1961)

Uruguay
Republik; *Vorsitzender des Nationalrats (jährlich wechselnd):* Carlos A. Fischer (1958–2. 3. 1959), Martín Etchegoyen (2. 3. 1959–1960)

USA
Bundesrepublik; *34. Präsident:* Dwight D. Eisenhower (Republikaner; 1953–1961)
Vizepräsident: Richard M. Nixon (1953–1961, 37. Präsident 1969–1974)
Staatssekretär (Außenminister): John Foster Dulles (1953–15. 4. 1959), Christian Archibald Herter (18. 4. 1959–1961)

Vatikanstadt
Absolute Monarchie; *Papst:* Johannes XXIII., ursprünglich Angelo Giuseppe Roncalli (1958–1963)
Staatssekretär: Domenico Tardini (1959–1961)

Venezuela
Republik; *Vorläufiger Präsident:* Edgar Sanabria (1958–13. 12. 1959)
Präsident: Rómulo Betancourt (1945–1948, 13. 12. 1959–1964)

Vereinigte Arabische Republik
Republik; *Staatspräsident:* Gamal Abd el Nasser (1958–1961)
Am 1. Februar 1958 trat die Vereinigung Syriens mit Ägypten zur Vereinigten Arabischen Republik in Kraft.

Vietnam (Nord)
Republik; *Präsident:* Ho Chi Minh (1945/54–1969)

Vietnam (Süd)
Republik; *Präsident:* Ngo Dinh Diem (1955–1963)

Zentralafrikanische Föderation
Die Zentralafrikanische Föderation ist ein Zusammenschluß der britischen Kolonien Nord- und Südrhodesien und Njassaland.
Ministerpräsident: Roy Welensky (1956–1963)
Generalgouverneur: Simon Ramsay 16. Earl Dalhousie (1957–1963)

Kriege und Krisenherde des Jahres 1959

Die herausragenden politischen und militärischen Krisensituationen des Jahres 1959 werden – alphabetisch nach Ländern geordnet – im Überblick dargestellt. Internationale Kriege und Krisenherde sind dem alphabetischen Länderverzeichnis vorangestellt.

Algerienkrieg

Der Krieg Frankreichs gegen die algerische Unabhängigkeitsbewegung geht zwar 1959 mit unverminderter Härte weiter, doch bietet der französische Staatspräsident Charles de Gaulle am 16. September der algerischen Nationalen Befreiungsfront FLN (Front de Libération Nationale) die Selbstbestimmung an. Gegen die Forderung der in Algerien lebenden Franzosen betont er öffentlich das Recht der Algerier, ihre Zukunft selbst zu bestimmen. Dieses Angebot de Gaulles leitet das Ende des 1954 ausgebrochenen Unabhängigkeitskriegs ein.

1958 hatte die französische Nationalversammlung als Kompromißlösung das Algerienstatut verabschiedet. Dadurch sahen jedoch die Algerienfranzosen ihre privilegierte Stellung gefährdet und befürchteten Verhandlungen zwischen Frankreich und den Aufständischen. Am 13. Mai 1958 kam es daraufhin zum Putsch nach Algier, einer von der Armee unterstützten Rebellion der Algerienfranzosen, die zum Sturz der Vierten Republik in Frankreich führte. Am 19. September 1958 bildete die FLN in Kairo eine Exilregierung unter Ferhat Abbas und unter Einschluß der in Frankreich inhaftierten FLN-Führer.

Berlin-Ultimatum verstreicht

Der Stichtag des sowjetischen Berlin-Ultimatums von 1958 verstreicht ohne besondere Vorkommnisse. Auch der Verkehr auf den Zufahrtsstraßen wird normal abgefertigt. Die sowjetische Botschaft in Berlin (Ost) teilt auf Anfrage mit, der 27. Mai sei ein »ganz gewöhnlicher Tag auf dem Kalender«.

In ihrem Berlin-Ultimatum forderte die UdSSR 1958 binnen Jahresfrist die Umwandlung Berlins in eine entmilitarisierte Freie Stadt. Der sowjetische Ministerpräsident Nikita S. Chruschtschow kündigte in seiner Note an die drei Westmächte einseitig sämtliche Vereinbarungen über den Status von Berlin auf. Falls das Ultimatum nicht angenommen werde, wollte Chruschtschow alle Rechte an Berlin der DDR übertragen. Berlin werde von einem souveränen deutschen Staat umschlossen, die Viermächtekontrolle sei durch die Geschichte überholt. – Die Westmächte hatten jede Veränderung des Status von Berlin abgelehnt.

Kurswechsel im Irak

Der Irak tritt am 24. März aus dem antisowjetischen Bagdadpakt aus, dem die Türkei, Großbritannien, Pakistan, Iran und – indirekt – die USA angehören. Im selben Jahr schließt der Irak ein Abkommen über wirtschaftliche Zusammenarbeit mit der UdSSR, kündigt das Militärhilfeabkommen mit den Vereinigten Staaten und liquidiert die britischen Militärstützpunkte; die britischen Truppen müssen das Land verlassen.

Während eines Staatsstreichs der Armee wurde Iraks König Faisal II. 1958 ermordet, Brigadegeneral Abd Al Karim Kasim proklamierte die Republik. Die Arabische Föderation, die die haschemitischen Monarchien Irak und Jordanien am 14. Februar 1958 als Reaktion auf die Gründung der Vereinigten Arabischen Republik (VAR) durch Ägypten und Syrien gebildet hatten, wurde aufgelöst. Nach dem Staatsstreich begannen Auseinandersetzungen zwischen Kasim und dem der sozialistischen Bath-Partei nahestehenden Oberst Abd As Salam Muhammad Arif, der sich für eine Vereinigung mit der VAR aussprach. Arif wurde verhaftet und als Verschwörer vor Gericht gestellt.

Unter der neuen Revolutionsregierung wurden die Gewerkschaften legalisiert, die politischen Parteien einschließlich der Kommunisten dürfen seither ihre Tätigkeit legal ausüben. In der provisorischen Verfassung vom 27. Juli 1958 finden die Gleichheit aller Bürger, unter besonderer Berücksichtigung der Araber und Kurden, sowie die Gleichberechtigung der Frau ihre gesetzliche Grundlage. Am 30. September 1958 wurde ein Bodenreformgesetz erlassen, das den Großgrundbesitz beschränkt.

Revolution in Kuba

Nach jahrelangem Guerillakampf gegen das Regime des Diktators Fulgenico Batista y Zaldívar übernimmt der Sozialrevolutionär Fidel Castro die Macht auf Kuba. Batista flieht am 1. Januar ins Ausland, Castro wird am 16. Februar zum Ministerpräsidenten gewählt.

Castro, ursprünglich Rechtsanwalt, versuchte bereits 1953 einen Putsch gegen das Batista-Regime und wurde zu 15 Jahren Zwangsarbeit verurteilt. Nach der Amnestierung ging er ins Exil in die USA und nach Mexiko. 1956 kehrte er nach Kuba zurück und führte mit seinen Anhängern in den Bergen der Sierra Maestra den erfolgreichen Guerillakampf gegen Batista.

Kalter Krieg ausgesetzt

Am 25. September beginnen in Camp David (Maryland), dem Landsitz des Präsidenten der Vereinigten Staaten, die politischen Gespräche zwischen US-Präsident Dwight D. Eisenhower und dem sowjetischen Partei- und Regierungschef Nikita S. Chruschtschow. Sie begründen den sog. Geist von Camp David, der den Beginn einer weltweiten Entspannungspolitik einleiten und den Kalten Krieg beenden soll.

Chruschtschow nimmt durch die Anerkennung des Status quo das sowjetische Berlin-Ultimatum vom 27. November 1958 zurück. Das gemeinsame Abschlußkommuniqué formuliert den Wunsch der beiden Supermächte, eine Vier-Mächte-Gipfelkonferenz einzuberufen, auf der u. a. die Berlin-Frage und die Wiedervereinigung Deutschlands besprochen werden sollen.

Mit dem Besuch Chruschtschows in den USA beantwortet die Sowjetunion die Reise von US-Vizepräsident Richard Nixon im Juli 1959 in die UdSSR und nach Polen. Die Besuche führender Politiker der Supermächte sollen den Bemühungen um einen beiderseitigen direkten Interessenausgleich dienen, politische Verhärtungen aufweichen und die sowjetische These von der »friedlichen Koexistenz« der rivalisierenden Blöcke in die Praxis umsetzen.

Aufstand in Tibet

Während der Feiern zum tibetanischen Neujahrsfest kommt es am 10. März in Lhasa zu Demonstrationen gegen die Volksrepublik China und für die Unabhängigkeit Tibets, das seit 1951 nach dem Einmarsch chinesischer Truppen zum Machtbereich der Volksrepublik gehört. Die antichinesischen Unruhen greifen in den folgenden Tagen rasch auf ganz Tibet über. Die chinesische Besatzungsmacht verhängt das Kriegsrecht und greift die Residenz des Dalai Lama, des tibetischen Gottkönigs, an, der nach Indien flieht. Die Kämpfe in Lhasa und Gjantse gehen jedoch weiter. Die von den Mönchen unterstützten Rebellen sind den modern bewaffneten chinesischen Soldaten allerdings deutlich unterlegen. Am 22. März sind die Straßenkämpfe in Lhasa beendet, Ende April herrscht auch in Gjantse wieder Ruhe. Allein bei den Gefechten im Gebiet von Gjantse fallen etwa 2000 Tibeter, 4000 geraten in Gefangenschaft. Nach der Niederschlagung des Aufstands setzt eine starke Fluchtbewegung aus Tibet ein.

Zypern unabhängig

Der Dreimächtevertrag zwischen Großbritannien, Griechenland und der Türkei vom 19. Februar sieht die Unabhängigkeit Zyperns für 1960 und die Stationierung griechischer und türkischer Truppen auf Zypern vor, Großbritannien soll die Hoheitsrechte über seine Militärstützpunkte behalten. Mit diesem Vertrag werden die jahrelangen blutigen Auseinandersetzungen um die Zukunft der Insel vorläufig beendet. Zu Beginn des Ersten Weltkriegs annektierte Großbritannien Zypern und machte es 1925 zur Kronkolonie. Die stärkste Unabhängigkeitsbewegung forderte die Vereinigung mit Griechenland (Enosis); Führer der Enosis-Bewegung wurde Erzbischof Makarios III., den die Briten 1956 vorübergehend deportieren ließen. Am 14. Dezember wird Makarios zum ersten Staatspräsidenten Zyperns gewählt.

Ausgewählte Neuerscheinungen auf dem Buchmarkt 1959

Die Auswahl berücksichtigt nicht nur Neuerscheinungen von literarischem oder wissenschaftlichem Wert, sondern auch vielgelesene Bücher des Jahres 1959. Innerhalb der einzelnen Länder sind die erschienenen Werke alphabetisch nach Autoren geordnet.

Bundesrepublik Deutschland und DDR

Heinrich Böll
Billard um halbzehn
Roman
In der Form eines Familienromans – konzentriert auf einen einzigen Tag des Jahres 1958, den 80. Geburtstag des wohlhabenden rheinischen Architekten Fähmel – zeigt Heinrich Böll (1917–1985) in »Billard um halb zehn«, erschienen im Verlag Kiepenheuer & Witsch in Köln, die Wesensgleichheit der herrschenden Kräfte von der Jahrhundertwende bis in die Gegenwart. Wichtig werden dabei die Symbole Büffel, Lamm und Hirte. Der »Büffel« steht für imperialistische Großmachtpolitik, »Lämmer« sind die Opfer dieser Politik. In den »Hirten«, den wenigen integren Repräsentanten der Gesellschaft, sieht Böll diejenigen, die der verderblichen Entwicklung entgegenwirken sollen. Böll plädiert dafür, die christliche Ethik zur Richtschnur des Handelns zu machen.

Paul Celan
eigentl. P. Antschel
Sprachgitter
Gedichte
Schon im Titel des Gedichtbands »Sprachgitter«, der im Fischer Verlag in Frankfurt am Main erscheint, deutet Paul Celan (1920–1970) auf die Ambivalenz der Sprache hin: Sie ist Voraussetzung und Mittel der Kommunikation, kann diese aber auch verhindern. Zugleich soll durch das Unausgesprochene des Gedichter der Blick wie durch ein Gitter auf das Gemeinte gelenkt werden. Gedichte, so Celan, »halten auf etwas zu. Worauf? Auf eine Offenstehendes, Besetzbares, ... auf eine ansprechbare Wirklichkeit«. In diesen Gedichten neigt Celan zu logisch schwer erfaßbarer Aussage.

Günter Grass
Die Blechtrommel
Roman
In der beim Verlag Luchterhand in Neuwied erschienenen »Blechtrommel«, dem ersten Teil seiner »Danziger Trilogie«, führt Günter Grass (*1927) in einer dem Schelmenroman angenäherten Form den Entwicklungsroman ad absurdum. Oskar Matzerath, Insasse einer Heil- und Pflegeanstalt, trommelt sich auf einer blechernen Kindertrommel seinen Lebensweg ins Gedächtnis. Seinen Protest gegen die Welt der Erwachsenen hat er sichtbar gemacht, indem er als Dreijähriger sein Wachstum einstellte. Oskar erfaßt die Spießbürgerlichkeit seiner Umwelt und lehnt sie als sinnlos ab, ist jedoch selbst das ins Absurd-Groteske gesteigerte Abbild eines Kleinbürgers. Als er aus der Anstalt entlassen werden kann, weiß er mit der Freiheit nichts anzufangen. – Die »Danziger Trilogie« wird fortgesetzt mit der Novelle »Katz und Maus« (1961) und dem Roman »Hundejahre« (1963).

Uwe Johnson
Mutmaßungen über Jakob
Roman
Mit dem Roman »Mutmaßungen über Jakob«, der beim Verlag Suhrkamp in Frankfurt am Main erscheint, gibt Uwe Johnson (1934–1984) sein literarisches Debüt. Bei Erscheinen des Buchs siedelt er »ohne Genehmigung der ostdeutschen Behörden« aus der DDR nach Berlin (West) über. »Mutmaßungen über Jakob« ist die Geschichte eines Mannes im geteilten Deutschland. Der Eisenbahner Jakob soll seine Jugendfreundin, die bei US-Dienststellen arbeitet, für die Mitarbeit beim DDR-Staatssicherheitsdienst gewinnen. Jakob wird in Westdeutschland nicht heimisch, kehrt in die DDR zurück und »verunglückt« beim Überschreiten der Eisenbahnschienen. Formal verwirklicht Johnson in diesem Roman das Prinzip der Diskontinuität, in dem verschiedene Erzählebenen – Bericht, Dialog, Monolog – schroff gegeneinandergestellt werden. Aus diesem Puzzle von »Mutmaßungen« soll sich der Leser dem Bild der Wahrheit nähern.

Nelly Sachs
eigentlich Leonie Sachs
Flucht und Verwandlung
Gedichte
Die in Berlin geborene und während des Zweiten Weltkriegs nach Schweden emigrierte jüdische Schriftstellerin Nelly Sachs (1891–1970) veröffentlicht in der Deutschen Verlags-Anstalt in Stuttgart den Gedichtband »Flucht und Verwandlung«, in dem sie sich – wie schon in früheren Werken – mit dem Schicksal des jüdischen Volkes auseinandersetzt. Das Wort »Verwandlung« steht für die innere Welt des Menschen, der seine materielle Determiniertheit überwindet: »An Stelle von Heimat / Halte ich die Verwandlungen der Welt.«
Nelly Sachs erhält 1966 den Literaturnobelpreis »für ihre hervorragenden lyrischen und dramatischen Werke, die das Schicksal Israels mit ergreifender Stärke interpretieren.«

Anna Seghers
eigentlich Netty Radványi, geb. Reiling
Die Entscheidung
Roman
Beim Aufbau-Verlag in Berlin (Ost) erscheint der Roman »Die Entscheidung«, in dem Anna Seghers (1900–1983) am Beispiel des ostdeutschen Stahlwerks Kossin die Jahre von 1947 bis 1951 behandelt, eine Zeit, in der in der sowjetischen Zone bzw. der späteren DDR grundlegende Entscheidungen zwischen Kapitalismus und Sozialismus getroffen wurden. »Mir war die Hauptsache, zu zeigen«, erläuterte die Autorin, »wie in unserer Zeit der Bruch, der die Welt in zwei Lager spaltet, auf alle, selbst die intimsten Teile unseres Lebens einwirkt: Liebe, Ehe, Beruf sind so wenig von der großen Entscheidung ausgenommen wie Politik oder Wirtschaft. Keiner kann sich entziehen, jeder wird vor die Frage gestellt: Für wen, gegen wen bist du.«

Frankreich

Jean Cayrol
Die Fremdkörper
(Les Corps étrangers)
Roman
Jean Cayrol (*1911), christlicher Vertreter des ›nouveau roman‹ (neuer Roman), schildert in dem Roman »Die Fremdkörper« den Versuch eines Schiebers und Kollaborateurs während des Zweiten Weltkriegs, sein sinnloses Leben niederzuschreiben. Dieser Versuch, der eher einem Stammeln gleicht, scheitert. Der Roman als Geschichte vom Scheitern eines Romans soll Zeugnis einer Zeit sein, die nach neuen Formen des Romans sucht. – Die deutsche Übersetzung erscheint 1959.

René Goscinny/
Albert Uderzo
Asterix
(Astérix)
Comic
1959 erscheint die erste Folge der Comicserie »Asterix« von René Goscinny (Text) und Albert Uderzo (Bild). Zunächst abgedruckt in der Comiczeitschrift »Pilote«, werden die Geschichten ab 1961 auch als Alben vertrieben und erreichen Millionenauflagen. Asterix wird die bekannteste französische Comicfigur. Asterix ist ein listiger, zugleich aber auch häuslicher Gallier, der sich – gemeinsam mit seinem Stamm – mit Hilfe eines Zaubertranks erfolgreich gegen die römischen Besatzer zur Wehr setzt. Der Sieg des pfiffigen kleinen Mannes über die Großmacht (Metapher für »Staat«, »Besatzung«, »Weltmacht« u. a.) verkörpert ein optimistisches Weltbild. Die historische Verkleidung weist zahlreiche aktuelle Anspielungen auf.

Raymond Queneau
Zazie in der Metro
(Zazie dans le métro)
Roman
In einem Stil, der der Umgangssprache nachgebildet ist, ist Raymond Queneaus (1903–1976) Roman »Zazie in der Metro« gehalten. Als die Mutter der zwölfjährigen Zazie zwei ungestörte Tage mit ihrem Liebhaber verbringen will und die Tochter zu einem Onkel nach Paris schickt, sieht das junge Landmädchen die Erfüllung eines Traums vor sich: Es wird mit der Metro fahren können. Doch die Angestellten der Untergrundbahn streiken. Zazie lernt in der Gesellschaft ihres Onkels, der als Transvestit in einem Kabarett auftritt, die Welt der Bars und Bistros, der Kleinbürger und Ganoven kennen. Als sie am Schluß gefragt wird, was sie in Paris erlebt habe, antwortet sie: »Ich bin gealtert.« – Die deutsche Übersetzung erscheint 1960.

Alain Robbe-Grillet
**Im Labyrinth/
Die Niederlage von Reichenfels**
(Dans le labyrinthe)
Roman
Alain Robbe-Grillets (*1922) Roman handelt von einem Soldaten, der nach einer verlorenen Schlacht in einer verschneiten, menschenleeren Stadt umherirrt, um Briefe gefallener Kameraden zu überbringen. Er wird von einer feindlichen Patrouille tödlich verwundet, bevor er seine Mission erfüllen kann. Robbe-Grillet qualifiziert die Szenen dieses Romans provozierend als Comic-Strip-Bilder, als »bloße Oberflächen ohne verborgene Seele«. Der Autor kommentiert Szenen, bricht sie mit einem desillusionierenden »usw.« ab, probiert nacheinander verschiedene Erzählversionen aus (»Draußen regnet es ...«, »Draußen scheint die Sonne ...«, »Draußen schneit es ...«). Gegen eine Interpretation wehrt er sich: »Der große Feind für mich, der einzige Feind vielleicht, und das wohl seit jeher, ist ganz allgemein der Sinn.« – Die deutsche Übersetzung erscheint 1960.

Nathalie Sarraute
Das Planetarium
(Le Planétarium)
Roman
Nathalie Sarraute (*1902) erzählt in dem Roman »Das Planetarium« die Geschichte von ›Typen‹, die zwar Namen tragen, doch Vertreter des ›man‹ sind. Der ehrgeizige Kunststudent und Schriftsteller Alain ringt um die Anerkennung der arrivierten Schriftstellerin Germaine und versucht, seine Tante aus ihrer eleganten Wohnung zu verdrängen, um in mondänem Rahmen Freunde empfangen zu können. Der Leser kann sich mit den Ereignissen und Personen nicht identifizieren, da sie in ständig wechselnden Perspektiven charakterisiert und gedeutet werden. Nathalie Sarrante zählt zu den Wegbereiterinnen des »nouveau roman« (Neuer Roman). – Die deutsche Übersetzung erscheint 1960.

Großbritannien

Alan Sillitoe
Die Einsamkeit des Langstreckenläufers
(The Loneliness of the Long-Distance Runner)
Erzählung
Alan Sillitoe (*1928) schildert in seiner Erzählung »Die Einsamkeit des Langstreckenläufers« das Aufeinanderprallen von Gesellschaft und gesellschaftlichen Außenseitern am Beispiel eines jugendlichen Strafgefangenen und der Anstaltsleitung. Colin soll auf Fürsprache des liberalen, aber ehrgeizigen, blasierten und betont leutseligen Anstaltsleiters vorzeitig entlassen werden, wenn er einen Langstreckenlauf gewinnt. Colin deklassiert bei dem Wettkampf seinen Konkurrenten klar. Kurz vor dem Ziel bleibt er jedoch aus Protest gegen das System stehen und läßt den anderen gewinnen. – Die deutsche Übersetzung erscheint 1967.

Italien

Pier Paolo Pasolini
Ein wildes Leben
(Una vita violenta)
Roman
Pier Paolo Pasolini (1922–1975) schildert in dem Roman »Ein wildes Leben« das Dasein von Jugendlichen in den »borgate«, den Vorstädten Roms. Der junge Tommasino, Mitglied der neofaschistischen Partei, erkrankt an Tuberkulose und findet während eines Sanatoriumsaufenthalts zum Kommunismus. Während eines Blutsturzes stirbt er. – Die deutsche Übersetzung erscheint 1963.

Buchneuerscheinungen 1959

Schweiz

Robert Pinget
Ohne Antwort
(Le Fiston)
Roman
Robert Pinget (*1919), experimenteller Erzähler im Umfeld des französischen ›nouveau roman‹ (neuer Roman), schildert in dem Roman »Ohne Antwort« den Versuch eines Vaters, seinen Sohn, der ein Vagabundenleben führt, zur Heimkehr zu bewegen. Monsieur Levert schreibt zu diesem Zweck zwei Briefe, in denen er von Vorgängen in der Stadt berichtet. Dieses Briefeschreiben ist zugleich Ausdruck eines krankhaften Zwangs, sich sprachlich mitzuteilen: »Außerhalb des Geschriebenen ist der Tod.« – Die deutsche Übersetzung erscheint 1960.

Otto F. Walter
Der Stumme
Roman
Otto F. Walters (*1928) Erstlingswerk »Der Stumme«, das im Verlag Kösel in München erscheint, gehört zu den Werken einer neuen Schriftstellergeneration in der Schweiz, deren Literatur – abgesehen von den großen Einzelgängern Max Frisch und Friedrich Dürrenmatt – noch weitgehend von konservativen Autoren geprägt ist. Formal ist der Roman gekennzeichnet durch verschiedene Zeitebenen, Rückblenden, Perspektivenwechsel u. a. Geschildert wird das vergebliche Ringen eines Sohnes um die Liebe seines Vaters. Der Sohn, sensibel, aber ohne die Fähigkeit, seine Gefühle mitteilen zu können, hat die Sprache verloren, als der Vater brutal auf die Mutter einschlug.

USA

Saul Bellow
Der Regenkönig
(Henderson the Rain King)
Roman
Wie alle Romane Saul Bellows (*1915) handelt auch »Der Regenkönig« vom Problem der Ichfindung. Der US-amerikanische Millionär Eugene Henderson verläßt seine Familie und sucht im von der Zivilisation unverdorbenen Afrika seine Identität. Bei den Wariri wird er zum Regenkönig erhoben, befreit sich von allen Zwängen und gewinnt Einblick in die Möglichkeiten menschlicher Größe. Dieses neue Selbstverständnis ermöglicht es ihm, zu seiner Frau zurückzukehren. – Die deutsche Übersetzung erscheint 1960.

William S. Burroughs
The naked Lunch
(The naked Lunch)
Roman
Wegen Schwierigkeiten mit der Zensurbehörde erscheint der Roman »The naked Lunch« von William S. Burroughs (*1914) nicht in den USA, sondern in Paris. Burroughs montiert unter dem Einfluß des Surrealismus und des »automatischen Schreibens« unterschiedliche Erzählformen – des Phantastischen, der Pornographie, der Trivialliteratur, des Comic-Strip, der wissenschaftlichen Abhandlung usw. – zu einem radikal formexperimentellen Werk, dem ein provozierender Inhalt entspricht: Die Sucht nach Sex (Schilderung homosexueller Orgien), nach Macht und nach Rauschgift. Die metaphorisch verstandene Süchtigkeit des Menschen in einer wortentleerten Gesellschaft wird als identitätsvernichtende Bewußtseinsentstellung diagnostiziert. Das Werk macht Burroughs zu einem der wichtigsten und umstrittensten Autoren der USA. – Die deutsche Übersetzung erscheint 1962.

James Purdy
Malcolm
(Malcolm)
Roman
Schwarzer Humor und satirische Darstellung des ›American Way of Life‹ kennzeichnen den Roman »Malcolm« von James Purdy (*1923), eine groteske Allegorie der Glaubenssuche und des Glaubensverlusts. Der junge Malcolm sucht seinen Vater und macht dabei die Bekanntschaft einer Reihe von exzentrischen Männern. Nach der Heirat mit einer Schlagersängerin erkennt er, daß seine Suche vergeblich ist. Er stirbt. – Die deutsche Übersetzung erscheint 1963.

Uraufführungen Schauspiel, Oper, Operette und Ballett 1959

Die bedeutendsten Uraufführungen aus Schauspiel, Oper, Operette und Ballett sind alphabetisch nach Autoren/Komponisten geordnet.

Bundesrepublik Deutschland und DDR

Carl Orff
Oedipus der Tyrann
Ein Trauerspiel des Sophokles von Friedrich Hölderlin
Carl Orff (1895–1982) übernimmt für die Oper »Oedipus der Tyrann«, die am 11. Dezember in Stuttgart uraufgeführt wird, wörtlich die Nachdichtung der Sophokleischen Tragödie durch Friedrich Hölderlin und bringt nur unwesentliche Kürzungen an. Von »Musik« im üblichen Sinn ist bei diesem Werk kaum zu sprechen, der Gesang wird auf bloßes Rezitieren eingeschränkt, das nur manchmal durch koloraturartige Passagen aufgelockert wird, begleitet von einem »Spezialorchester« aus mehreren Klavieren, Pauken und Schlagzeugen. Das Stück wird vom Publikum zwiespältig aufgenommen.

Frankreich

Jean Anouilh
General Quixotte oder Der verliebte Reaktionär
(L'Hurluberlu ou le Réactionnaire amoureux)
Komödie in vier Akten
Ein pensionierter General namens Hurluberlu – eine Mischung aus Misanthrop, Don Quijote und politischem Phantasten – ist die Hauptfigur von Jean Anouilhs (1910–1987) Komödie »General Quixotte oder Der verliebte Reaktionär«, die am 5. Februar in der Comédie des Champs-Élysées uraufgeführt wird. Hurluberlu will die Republik in Frankreich stürzen und gewinnt für seine Revolutionspläne die Honoratioren seines Heimatstädtchens. Während Hurluberlu weltfremd seinen Idealen treu bleibt, in der Hoffnung, die Welt zu verbessern, sind seine Mitstreiter gesinnungslose Opportunisten, bei denen das Gewinnstreben im Vordergrund steht. Der tragikomische Revolutionär wird von den Ereignissen überrollt.

Jean Anouilh
Becket oder Die Ehre Gottes
(Becket ou l'honneur de Dieu)
Drama in vier Akten
In dem Drama »Becket oder Die Ehre Gottes«, das am 1. Oktober im Théâtre Montparnasse in Paris uraufgeführt wird, interpretiert Jean Anouilh (1910–1987) frei die historischen Ereignisse um König Heinrich II. von England und seinen Kanzler Thomas Becket. Heinrich erhebt seinen Jugendfreund Becket, einen Dilettanten, aus Staatsräson zum Erzbischof von Canterbury. In diesem Amt erkennt Becket seine Aufgabe: »Ich war ein Mann ohne Ehre gewesen. Doch plötzlich hatte ich eine, von der ich nie geahnt hätte, daß sie je die meine werden müßte. Die Ehre Gottes.« Die Verteidigung dieser Ehre gegen den Staat fordert Beckets ganzen Einsatz und endet mit seiner Ermordung. – Die deutsche Übersetzung erscheint 1961. 1964 wird das Stück unter Anouilhs Regie verfilmt.

Jean Genet
Die Neger
(Les Nègres)
Clownerie in einem Akt
Als »Clownerie« bezeichnet Jean Genet (1910–1986) das Stück »Die Neger«, das am 28. Oktober im Théâtre de Lutèce in Paris unter der Regie von Roger Blin uraufgeführt wird. In der Spielanleitung fordert er, daß »das Groteske dominieren« solle. Inszeniert wird als Bühnenunterhaltung der Mord an einer Weißen durch Schwarze, die sich weiße Masken aufgesetzt haben. Die Schwarzen verhalten sich entsprechend den rassistischen Vorurteilen der Weißen. Nach kräftigem Alkoholkonsum vollziehen sie das Ritual der Ermordung. – Die deutsche Übersetzung erscheint 1962.

Eugène Ionesco
Die Nashörner
(Les rhinocéros)
Drama in drei Akten
Eugène Ionescos (*1909) Drama »Die Nashörner«, das am 31. Oktober im Schauspielhaus Düsseldorf unter der Regie von Karlheinz Stroux uraufgeführt wird, ist eine Absage an jede Art von Totalitarismus. In einer Provinzstadt tauchen plötzlich Nashörner auf. Die Bürger, anfangs empört, passen sich jedoch bald immer mehr diesen Tieren an – werden egoistisch, starrsinnig, streitlustig – und unterwerfen sich ihrer Herrschaft. Das Nashornsein wird zur Norm.

Jean-Paul Sartre
Die Eingeschlossenen
(Les Séquestrés d'Altona)
Drama in fünf Akten
In dem Drama »Die Eingeschlossenen«, das am 23. September im Théâtre de la Renaissance in Paris unter der Regie von François Darbon uraufgeführt wird, thematisiert Jean-Paul Sartre (1905–1980) das Problem der Ich-Isolierung vor dem Hintergrund einer unbewältigten Vergangenheit, der gegenüber der Schuldiggewordene sich vergeblich zu rechtfertigen sucht. Der Altonaer Industriellensohn Franz von Gerlach hat sich am Ende des Zweiten Weltkriegs, vor 13 Jahren, in seinem Zimmer eingeschlossen und versucht, seine eigenen Kriegsverbrechen als Kollektivschuld zu neutralisieren; in Tonbandprotokollen rechtfertigt er sein Tun vor der Nachwelt. Nur seine Schwester, mit der er in Inzest lebt, hat Zugang zu ihm. Nach Beendigung seines Tonband-Monologs begeht er schließlich Selbstmord.

Boris Vian
Die Reichsgründer oder Das Schmürz
(Les bâtisseurs d'empire ou le Schmürz)
Stück in drei Teilen
Am 22. Dezember wird postum die tragische Groteske »Die Reichsgründer oder Das Schmürz« von Boris Vian (1920–1959) im Théâtre Récamier in Paris uraufgeführt. Eine in einem Mietshaus wohnende Familie wird durch ein unerklärbares Geräusch in Angst und Schrecken versetzt und flieht vor dem Geräusch in die oberen Stockwerke des Hauses. Je höher sie hinaufsteigen, desto näher sind sie ihrem Untergang. Begleitet werden sie von einem tierähnlichen Wesen, dem Schmürz, einer Art Sündenbock, an dem sie sich abreagieren. Der Vater verbarrikadiert zuletzt die Tür, doch der unaufhaltsame Zugriff des »Außen« wird immer enger. Alle kommen ums Leben.

Großbritannien

Edward Albee
Die Zoogeschichte
(The Zoo-Story)
Ein Stück in zwei Szenen
Isolation und Kontaktlosigkeit des modernen Menschen sind die Themen von Edward Albees (*1928) Stück »Die Zoogeschichte«, das am 28. September in der Werkstatt des Schillertheaters in Berlin (West) uraufgeführt wird. Im Bild vom Zoo, wo »jeder von jedem durch Käfigstangen getrennt ist«, wird die Einsamkeit des Menschen verdeutlicht. Zugleich sind diese Käfige Sinnbild für die Selbstzufriedenheit und Sattheit des Wohlstandsbürgers, der nichts Fremdes in seine kleine heile Welt dringen lassen will. Die Auseinandersetzung zwischen Jerry, dem Eindringling, und Peter, einem selbstzufriedenen Spießer, endet tödlich: In der Welt des Spießers hat der Fragen stellende Außenseiter keinen Platz.

John Arden
Der Tanz des Sergeanten Musgrave
(Sergeant Musgrave's Dance)
Eine unhistorische Parabel
Wie in den meisten anderen Stücken von John Arden (*1930) sind auch in dem als »eine unhistorische Parabel« bezeichneten Bühnenstück »Der Tanz des Sergeanten Musgrave« Rebellion und Ordnung, Krieg und Pazifismus die Themen. Am 22. Oktober wird es im Royal Court Theatre in London uraufgeführt. Der desertierte Sergeant Musgrave, militanter Pazifist, inszeniert eine Art Totentanz, bei dem er Sühne von den für Kriegsgreuel verantwortlichen Politikern fordert. Arden versucht in diesem Stück, »über die Gewalttätigkeit zu schreiben, die in unserer Welt so offensichtlich ist, und zwar mittels einer Handlung, die teilweise eine Wunscherfüllungsfabel ist. Ich glaube nämlich, viele von uns müssen irgendwann ein überwältigendes Verlangen verspürt haben, irgendeinen besonders empörenden Gewaltakt zu rächen. Dies ist es, was Sergeant Musgrave zu tun versucht.« – Die deutsche Übersetzung erscheint 1961.

USA

Jack Gelber
Konnex
(The Connection)
Stück in zwei Akten
Die Verbindung von Naturalismus und Improvisation strebt Jack Gelber (*1932) in seinem ersten Stück »Konnex« an, das am 15. Juli im Living Theatre in New York uraufgeführt wird. Eine Gruppe Heroinsüchtiger wartet auf den Dealer und findet im Rausch momentane Erleichterung. Der Rauschgift-Séance wohnen Fotografen bei, die das Treiben der Fixer für einen Film auswerten. Zugleich finden improvisierte Diskussionen zwischen den Fixern und einem fiktiven Regisseur statt, der das Geschehen »inszeniert« und von einer Jazz-Band musikalisch untermalen läßt. Ein Kernsatz des Stücks lautet: »Man muß etwas Schreckliches finden. Und dann versuchen, den Leuten zu erzählen, daß es gar nichts Schreckliches ist.« – Das Werk wird 1960 verfilmt. 1963 erscheint die deutsche Übersetzung.

Filme 1959

Die neuen Filme des Jahres 1959 sind im Länderalphabet und hier wiederum alphabetisch nach Regisseuren aufgeführt. Bei ausländischen Filmen steht unter dem deutschen Titel der Originaltitel.

Bundesrepublik Deutschland und DDR

Helmut Käutner
Der Rest ist Schweigen
Hardy Krüger und Peter van Eyck spielen die Hauptrollen in dem Kriminalfilm, der den Handlungsrahmen von William Shakespeares Tragödie »Hamlet« auf kriminelle Intrigen in der Finanzwelt des Ruhrgebiets überträgt.

Wolfgang Staudte
Rosen für den Staatsanwalt
Martin Held spielt einen Staatsanwalt, der von einem ehemaligen Soldaten (Walter Giller), den er im Zweiten Weltkrieg zum Tode verurteilt hatte, mit seiner Vergangenheit im Dritten Reich konfrontiert wird. Der Film stößt mit seiner kritischen Tendenz auf Ablehnung in konservativen Kreisen.

Bernhard Wicki
Die Brücke
Ein internationaler Erfolg wird der erste Spielfilm des als Schauspieler bekannt gewordenen Bernhard Wicki: »Die Brücke« wird am 22. Oktober uraufgeführt. In den letzten Tagen des Zweiten Weltkriegs verteidigt eine Gruppe von sieben Jungen, die stolz darauf sind, nun als »Männer« den Feind bekämpfen zu dürfen, eine strategisch bedeutungslose Brücke. Nur zwei von ihnen überleben, innerlich zerbrochen, nunmehr überzeugt von der Sinnlosigkeit des Krieges. »Mit der Brücke wollte ich zeigen«, kommentiert der Regisseur, »wieso diese Jungens, die Kinder waren, Kinder wie tausend andere auch, dazu kamen, infolge falscher Erziehung zu den schlimmsten Grausamkeiten fähig zu sein … Ich glaube auch, daß wir es nötig haben, diese jungen Menschen, die wirkliche Idealisten waren, bereit, für das, an was sie glaubten, zu sterben, um Verzeihung zu bitten. Diese jungen Menschen waren sehr unschuldig; auch das wollte ich sagen. Die Schuld liegt bei den Erwachsenen; bei den Erwachsenen, die sie erzogen haben.«

Frankreich

Philippe de Broca
Liebesspiele
(Les jeux de l'amour)
Mit »Liebesspiele« inszeniert Philippe de Broca mit Unterstützung von Claude Chabrol nicht nur seinen ersten Spielfilm, sondern zugleich die erste Komödie der sog. »nouvelle vague« (neue Welle). Jean-Pierre Cassel, Geneviève Cluny und Jean-Louis Maury sind die Hauptdarsteller in dieser spritzig-amüsanten Eifersuchtskomödie.

Claude Chabrol
Die Enttäuschten
(Le Beau Serge)
»Die Enttäuschten« ist Claude Chabrols Erstlingswerk und gilt als Premiere der sog. »nouvelle vague« (neue Welle), deren Regisseure sich gegen den »gut gemachten« Film wenden und für einen persönlichen Stil plädieren.
Erzählt wird die Geschichte des lungenkranken François (Jean-Claude Brialy), der in sein Heimatdorf zurückkehrt, um seinen Jugendfreund wiederzusehen, den »schönen Serge« (Gérard Blain). Dieser ist jedoch zu einem haltlosen Trinker heruntergekommen. François versucht, Serge wieder ins Gleichgewicht zu bringen und ihn mit seiner Frau (Michèle Meritz) zu versöhnen.

Claude Chabrol
Schrei, wenn du kannst
(Les Cousins)
»Schrei, wenn du kannst«, Claude Chabrols zweiter Film, ist eine Studie des Studentenmilieus, die Chabrol mit denselben Schauspielern inszeniert wie seinen ersten Film »Die Enttäuschten«. Der schüchterne Charles (Gérard Blain) kommt als Student nach Paris, wo er von seinem selbstsicher auftretenden Vetter Paul (Jean-Claude Brialy) in das Studentenleben eingeführt wird. Das Mädchen (Juliette Mayniel), in das sich Charles verliebt, wird Pauls Geliebte. Während Paul mit viel Glück das Examen besteht, fällt der nervöse Charles durch. Paul tötet schließlich aus Versehen Charles mit einem Schuß aus der Pistole, mit der Charles Paul töten wollte. – Mit »Schrei, wenn du kannst« gelingt Chabrol der Durchbruch bei Publikum und Kritik.

Alain Resnais
Hiroshima – mon amour
(Hiroshima – mon amour)
Marguerite Duras schrieb das Drehbuch zu »Hiroshima – mon amour«, dem ersten Spielfilm von Alain Resnais. Eine junge Schauspielerin (Emmanuelle Riva), die in Hiroshima Szenen für einen Antikriegsfilm dreht, verliebt sich kurz vor der Abreise in einen Japaner (Eiji Okada). Während der kurzen Zeit des Liebesglücks erinnert sie sich an ihre erste Liebe, einen deutschen Soldaten während des Zweiten Weltkriegs, der erschossen wurde.

François Truffaut
Sie küßten und sie schlugen ihn
(Les quatre cents coups)
François Truffauts erster abendfüllender Spielfilm, »Sie küßten und sie schlugen ihn«, gewinnt 1959 den Regiepreis bei den Filmfestspielen von Cannes und wird ein anhaltender Erfolg bei Kritik und Publikum. Truffaut schildert die Geschichte eines 14jährigen Jungen (Jean-Pierre Léaud), der aus der bedrückenden Enge seines Elternhauses ausbricht, bei einem Diebstahl ertappt und in ein Erziehungsheim gesteckt wird, aus dem er jedoch flieht. Das Schlußbild zeigt ihn vor dem Meer, hinter sich die Verfolger.

Großbritannien

Alfred Hitchcock
Aus dem Reich der Toten
(Vertigo)
James Stewart und Kim Novak spielen die Hauptrollen in diesem Psychothriller, der wegen des häufigen Perspektivenwechsels und der schwindelerregenden Kameraführung (Vertigo = Schwindel) zu den Meisterwerken Hitchcocks zählt (→ 3. 2./S. 40).

Alfred Hitchcock
Der unsichtbare Dritte
(North by Northwest)
Cary Grant spielt die Hauptrolle in Alfred Hitchcocks Kriminalfilm »Der unsichtbare Dritte«. Ein New Yorker Werbefachmann wird von einer Spionageorganisation entführt, weil er für einen Agenten des CIA gehalten wird. Da dieser irrtümliche Eindruck vom CIA noch forciert wird, gerät er in dramatische Situationen, die in spannenden Verfolgungsszenen gipfeln. Der Mordanschlag mittels giftsprühendem Flugzeug auf einem Maisfeld sowie das Finale vor den steinernen Porträts dreier US-Präsidenten gehören zu den berühmtesten Szenen dieses Thrillers.

Tony Richardson
Blick zurück im Zorn
(Look Back in Anger)
Richard Burton in der männlichen Hauptrolle ist der Star in Tony Richardsons Erstlingswerk »Blick zurück im Zorn«, einer Verfilmung von John Osbornes gleichnamigem Schauspiel. Jimmy Porter (Richard Burton) reagiert seine Unzufriedenheit und Aggressivität an seiner jungen, konservativ-bürgerlichen Frau Alison (Mary Ure) ab, treibt sie aus dem Haus und lebt in einer Art Haßliebe mit ihrer Freundin (Claire Bloom) zusammen. Als Alison nach einer Fehlgeburt verzweifelt zu ihm zurückkehrt, nimmt er sie wieder bei sich auf.

Japan

Masaki Kobajaschi
Barfuß durch die Hölle
(Ningen no joken)
»Barfuß durch die Hölle« von Masaki Kobajaschi ist der erste Teil einer Trilogie, in der die Leidensgeschichte eines friedliebenden jungen Mannes (Tatsuya Nakadai) als Ingenieur in einem besetzten Land, als Soldat und als Kriegsgefangener geschildert wird. Der erste Teil zeigt den Ingenieur in der Mandschurei, wo er vergeblich gegen Willkür und Terror der Besatzungsmacht, der er dient, Stellung nimmt. Als er gegen eine Massenhinrichtung gefangener Chinesen protestiert, provoziert er durch sein Verhalten einen Aufstand der Gefangenen.

Spanien

Carlos Saura
Die Straßenjungen
(Los golfos)
»Die Straßenjungen« ist der erste Spielfilm von Carlos Saura. Er zeigt ihn als nüchternen Chronisten unter dem Einfluß des Neorealismus und seines Lehrers Luis Buñuel. Geschildert wird das Treiben einer Bande von fünf Jugendlichen, die von kleinen Diebstählen leben. Als einer von ihnen (Manuel Zarzo) auf die Idee kommt, Stierkämpfer zu werden, begehen sie Überfälle und Einbrüche, um an Geld für den Start der Stierkämpferkarriere zu kommen. Ihre Träume scheitern jedoch kläglich. Einer von ihnen stirbt bei einer Verfolgungsjagd.

UdSSR

Jossif R. Cheifez
Die Dame mit dem Hündchen
(Dama o sobatschkoj)
Als einen Film voller »Duft und Licht, Wärme und Kälte« bezeichnet Ingmar Bergman die Verfilmung von Anton P. Tschechows Erzählung »Die Dame mit dem Hündchen« durch Jossif Cheifez. Geschildert wird die Begegnung eines Mannes (Alexei Batalow) und einer Frau (Ija Sawwina), beide verheiratet, die sich ineinander verlieben, ohne zu einer Lösung ihrer Probleme zu gelangen. Der Film zeichnet sich durch seine verhaltene Atmosphäre und die genaue Umsetzung der dekadenten Bürgerwelt um die Jahrhundertwende aus.

Grigori N. Tschuchrai
Ballade vom Soldaten
(Ballada o soldatje)
»Ballade vom Soldaten« von Grigori N. Tschuchrai, einem bedeutenden Erneuerer des sowjetischen Films in den 50er Jahren, ist der erste sowjetische Beitrag für ein Filmfestival in den USA: 1960 erhält er in San Francisco den ersten Preis, ebenfalls 1960 erhält er einen Preis bei den Filmfestspielen in Cannes. Tschuchrai erzählt die Geschichte des Soldaten Aljoscha (Wladimir Iwaschow), der im Zweiten Weltkrieg mehr aus Angst als aus Heldenmut zwei deutsche Panzer zerschießt und sich dafür statt eines Ordens einige Tage Heimaturlaub wünscht. Tschuchrai will »in diesem Film sagen, was ich über den Krieg denke, und nicht, wie es im Krieg war … Ich wollte mit meinem Film sagen, daß es ein sehr großer Verlust ist, wenn die Welt auch nur einen einzigen Menschen verliert.«

USA

Otto Preminger
Porgy und Bess
(Porgy and Bess)
Otto Premingers »Porgy und Bess« ist die Verfilmung von George Gershwins gleichnamiger Oper (1935) und gilt als einer der wenigen gelungenen Opernfilme. Das Drehbuch schrieb Richard Nash nach dem Libretto von Ira Gershwin und DuBose Heyward. Hauptdarsteller sind Sidney Poitier, Dorothy Dandridge, Sammy Davis junior und Brock Peters. Gershwin schuf mit »Porgy und Bess« eine »amerikanische« Oper. In die Musik integrierte er Jazz-Elemente, ohne dem symphonischen Charakter Abbruch zu tun oder dem Jazz seine Ursprünglichkeit zu nehmen. Neben der faszinierenden Musik trägt nicht zuletzt auch die Auswahl der Darsteller mit dazu bei, daß dieser kostspielige Opernfilm ein Erfolg wird.

Billy Wilder
Manche mögen's heiß
(Some like it hot)
Auf der Flucht vor der Mafia tauchen zwei arbeitslose Musiker (Tony Curtis, Jack Lemmon) als Frauen verkleidet in einer Damenjazzkapelle unter. Einer von ihnen verliebt sich in die Ukulelespielerin Sugar (Marilyn Monroe) und spielt eine Doppelrolle als Millionär und Musikerin. Die spritzige Komödie mit satirischen Elementen wird zu Billy Wilders besten Filmen gezählt.

Sportereignisse und -rekorde des Jahres 1959

Die Aufstellung erfaßt Rekorde, Sieger und Meister in wichtigen Sportarten. Aufgenommen wurden nur solche Wettbewerbe, die in den vergangenen Jahren bereits regelmäßig ausgetragen worden sind oder ab 1959 kontinuierlich zu den Sportprogrammen gehören. Sportarten in alphabetischer Reihenfolge.

Automobilsport

Grand-Prix-Rennen

Großer Preis von (Datum) Kurs/Strecke (Länge)	Sieger (Land)	Marke	⌀ km/h
Europa (5.7.) Reims (415,1 km)	Tony Brooks (GBR)	Ferrari	205,079
Deutschland (2.8.) Avus/Berlin (498 km)	Tony Brooks (GBR)	Ferrari	230,685
England (18.7.) Aintree (362,1 km)	Jack Brabham (AUS)	Cooper	144,653
Frankreich	ausgetragen als »Großer Preis von Europa«		
Italien (13.9.) Monza (414 km)	Stirling Moss (GBR)	Cooper	200,177
Monaco (10.5.) Monte Carlo (314,5 km)	Jack Brabham (AUS)	Cooper	107,304
Niederlande (31.5.) Zandvoort (314,5 km)	Joakim Bonnier (SWE)	BRM	150,410
Portugal (23.8.)/Monsanto-Lissabon (337,3 km)	Stirling Moss (GBR)	Cooper	153,398
USA (12.12.) Sebring (351,5 km)	Bruce McLaren (NSE)	Cooper	159,046

Formel-Eins-Weltmeisterschaft (8 WM-Läufe)

Name (Land)	Marke	Punkte[1]	Siege
1. Jack Brabham (AUS)	Cooper-Climax	31/34	2
2. Tony Brooks (GBR)	Ferrari	27/27	2
3. Stirling Moss (GBR)	Cooper-Climax	25,5/25,5	2

[1] Für das Gesamtklassement wurden die fünf besten Resultate gewertet; die zweite Zahl nennt die in allen Rennen herausgefahrene Punktzahl.

Langstreckenrennen

Kurs/Dauer (Datum)	Sieger (Land)	Marke	⌀ km/h
Indianapolis/500 ms (30.5.)	Rodger Ward (USA)	Watson-Offenhauser	218,460
Le Mans/24 h (20./21.6.)	Roy F. Salvadori (GBR)/ Carroll Shelby (USA)	Aston-Martin	181,163
Nürburgring/1000 km (7.6.)	Stirling Moss (GBR)/ Jack Fairman (GBR)	Aston-Martin	132,844
Sebring/12 h (21.3.)	Dan Guerney (USA)/ Phil Hill (USA)/ Olivier Gendebien (BEL)	Ferrari	131,106
Targa Florio/1008 km (24.5.)	Edgar Barth (GER)/ Wolfgang Seidel (GER)	Porsche RSK	91,310
Tourist Trophy/6 h Goodwood (5.9.)	Carroll Shelby (USA)/ Jack Fairman (GBR)/ Stirling Moss (GBR)	Aston-Martin	143,893

Rallyes

Monte Carlo (19.–24.1.)	Paul Coltelloni/ Pierre Alexandre (FRA)	Citroen DS 19
Akropolis	Levy/Wencher (GER)	Auto Union 1000
Großbritannien	Gerry Burgess (GBR)	Ford

Boxen/Schwergewicht

Ort/Datum	Weltmeister	Gegner	Ergebnis
Indianapolis/1.5.	Floyd Patterson (USA)	Brian London (GBR)	k.o. (11. Rd.)
New York/26.6.	Ingemar Johansson (SWE)	Floyd Patterson (USA)	k.o. (3. Rd.)

Eiskunstlauf

Turnier	Ort	Datum
Weltmeisterschaften	Colorado Springs	24.–28.2.
Europameisterschaften	Davos	1.–8.2.
Deutsche Meisterschaften	Berlin	7.–11.1.

Einzel	Herren	Damen
Weltmeister	David Jenkins (USA)	Carol Heiss (USA)
Europameister	Karol Divin (ČSR)	Hanna Walter (AUT)
Deutscher Meister	Manfred Schnelldorfer (München)	Ina Bauer (Krefeld)
Paarlauf		
Weltmeister	Barbara Wagner/Robert Paul (CAN)	
Europameister	Marika Kilius/Hans-Jürgen Bäumler (GER)	
Deutsche Meister	Marika Kilius (Frankfurt)/Hans-Jürgen Bäumler (Garmisch-Partenkirchen)	
Eistanz		
Weltmeister	Doreen D. Denny/Courtney Jones (GBR)	
Europameister	Doreen D. Denny/Courtney Jones (GBR)	
Deutsche Meister	Rita Pauka/Peter Kwiet (Berlin)	

Fußball

Länderspiele

	Ergebnis	Ort	Datum
Deutschland (+ 2/= 2/– 2)			
Schottland–Deutschland	3:2	Glasgow	6.5.
Deutschland–Polen	1:1	Hamburg	20.5.
Schweiz–Deutschland	0:4	Bern	4.10.
Deutschland–Holland	7:0	Köln	21.10.
Ungarn–Deutschland	4:3	Budapest	8.11.
Deutschland–Jugoslawien	1:1	Hannover	20.12.
Österreich (+ 4/= 0/– 2)			
Norwegen–Österreich	0:1	Oslo	20.5.
Belgien–Österreich	0:2	Brüssel	24.5.
Österreich–Belgien	4:2	Wien	14.6.
Österreich–Norwegen	5:2	Wien	23.9.
Spanien–Österreich	6:3	Valencia	22.11.
Frankreich–Österreich	5:2	Paris	13.12.
Schweiz (+ 1/= 0/– 3)			
Schweiz–Jugoslawien	1:5	Basel	26.4.
Schweiz–Portugal	4:3	Genf	16.5.
Schweiz–Deutschland	0:4	Bern	4.10.
Ungarn–Schweiz	8:0	Budapest	25.10.

Landesmeister

Deutschland	Eintracht Frankfurt–Kickers Offenbach 5:3 n.V. (Berlin, 28.6.)
Österreich	Wiener SK
Schweiz	Young Boys Bern
Belgien	RSC Anderlecht
Dänemark	BK 09 Odense
England	Wolverhampton Wanderers
Finnland	IFK Helsinki
Frankreich	OGC Nizza
Holland	Sparta Rotterdam
Italien	AC Mailand
Jugoslawien	Roter Stern Belgrad
Norwegen	Viking Stavanger
Schottland	Glasgow Rangers
Schweden	Djurgarden Stockholm
Spanien	FC Barcelona

Landespokal

Deutschland	SW Essen–Borussia Neunkirchen 5:2 (Kassel, 27.12.)
Österreich	Wiener AC–Rapid Wien 2:0
Schweiz	FC Grenchen–Servette Genf 1:0
Belgien	nicht ausgetragen
Dänemark	Vejle BK
England	Nottingham Forest–Luton Town 2:1
Finnland	Haka Valkeakoski
Frankreich	Le Havre
Holland	VV Venlo
Italien	Juventus Turin
Jugoslawien	Roter Stern Belgrad
Schottland	St. Mirren
Spanien	FC Barcelona–FC Granada 4:1

Sport 1959

Europapokal der Landesmeister	Ergebnis	Ort	Datum
Real Madrid–Stade Reims	2:0	Stuttgart	3.6.

Real Madrid: Dominguez, Marquitos, Zarraga, Santisteban, Santamaria, Ruiz, Kopa, Mateos, Di Stefano, Rial, Gento.
Stade Reims: Colonna, Rodzik, Girando, Penverne, Jonquet, Leblond, Lamartine, Berard, Fontaine, Piantoni, Vincent.
Schiedsrichter: Dusch (Deutschland). – *Tore:* 1:0 Mateos (2.), 2:0 Di Stefano (47.). – *Zuschauer:* 70 000.

Gewichtheben/Schwergewicht

Weltrekordhalter (Land)	Dreikampf	Drücken	Reißen	Stoßen
Paul Anderson (USA)	517,5 kg	185,5 kg		
Juri Wlassow (URS)			153,0 kg	197,5 kg

Leichtathletik

Deutsche Meisterschaften (Stuttgart, 24.–26. Juli)

Disziplin	Sieger (Ort)	Leistung
Männer		
100 m	Manfred Germar (Köln)	10,5
200 m	Manfred Germar (Köln)	21,5
400 m	Carl Kaufmann (Karlsruhe)	46,9
800 m	Peter Adam (Leverkusen)	1:50,8
1500 m	Edmund Brenner (Ludwigsburg)	3:46,7
5000 m	Alfred Kleefeldt (Wendlingen)	14:33,8
10 000 m	Xaver Höger (Grönenbach)	30:20,2
Marathon[1]	Gustav Disse (Dahlhausen)	2:28:45,6
Mannschaft	Olympia Wilhelmshaven	7:42:51,0
110 m Hürden	Martin Lauer (Köln)	14,0
200 m Hürden	Martin Lauer (Köln)	23,0
400 m Hürden	Helmut Janz (Gladbeck)	51,0
3000 m Hindernis	Hans Hüneke (Solingen)	8:59,0
4 × 100 m	ASV Köln	41,4
4 × 400 m	OSV Hörde	3:11,7
3 × 1000 m	Polizei SV Berlin	7:16,6
Hochsprung	Theo Püll (Viersen)	2,00
Stabhochsprung	Klaus Lehnertz (Solingen)	4,30
Weitsprung	Manfred Molzberger (Köln)	7,64
Dreisprung	Jörg Wischmeyer (Rheydt)	15,14
Kugelstoßen	Karl-Heinz Wegmann (Dortmund)	17,36
Diskuswurf	Dieter Möhring (Wolfsburg)	50,98
Hammerwurf	Willi Glotzbach (Fulda)	59,44
Speerwurf	Heinrich Will (Rendsburg)	76,54
Gehen 20 km[1]	Erich Rodermund (Braunschweig)	1:41:18,0
Mannschaft	Hamburger SV	5:18:16,8
Gehen 50 km[1]	Claus Bartels (Hamburg)	4:44:08,0
Mannschaft	SV Friedrichsgarbe	14:58:39,0
Fünfkampf	Hermann Salomon (Hamburg)	3632
Mannschaft	Hamburger SV	9099
Zehnkampf[2]	Martin Lauer (Köln)	7955
Mannschaft	ASV Köln	16687
Frauen		
100 m	Anni Biechl (München)	12,2
200 m	Jutta Heine (Hannover)	24,6
400 m	Maria Jeibmann (Wuppertal)	57,1
800 m	Veronika Mitgude (Empelde)	2:10,7
80 m Hürden	Centa Kopp(-Gastl) (München)	10,8
4 × 100 m	OSC Hörde	47,3
Hochsprung	Marlene Matthei (Köln)	1,64
Weitsprung	Centa Kopp(-Gastl) (München)	6,20
Kugelstoßen	Marianne Werner (Greven)	14,78
Diskuswurf	Kriemhild Hausmann (Krefeld)	49,89
Speerwurf	Christa Dieckvoß (Ratzeburg)	48,76
Fünfkampf[2]	Gertrud Hantschk (München)	4453
Mannschaft	TSV 1860 (München)	12869

[1] 15./16. 8. Delmenhorst
[2] 29./30. 8. Düsseldorf

Weltrekorde (Stand: 31. 12. 1959)

Disziplin	Name (Land)	Leistung	Datum	Ort
Männer				
100 m	Willie Williams (USA)	10,1	03.08.1956	Berlin
200 m (Gerade)	David Sime (USA)	20,0y	09.06.1956	Sanger
200 m (Kurve)	Thane Baker (USA)	20,6	23.06.1956	Bakersfield
	Andrew Stanfield (USA)	20,6y	16.05.1951	Philad.
400 m	Louis Jones (USA)	45,2	30.06.1956	Los Angeles
800 m	Roger Moens (BEL)	1:45,7	03.08.1955	Oslo
1000 m	Dan Waern (SWE)	2:17,8	21.08.1959	Karlstad
1500 m	Herb Elliott (AUS)	3:36,0	28.08.1958	Göteborg
Meile	Herb Elliott (AUS)	3:54,5	06.08.1958	Dublin
3000 m	Gordon Pirie (GBR)	7:52,8	04.09.1956	Malmö
5000 m	Wladimir Kuz (URS)	13:35,0	13.10.1957	Rom
10 000 m	Wladimir Kuz (URS)	28:30,4	11.09.1956	Moskau
110 m Hürden	Martin Lauer (GER)	13,2	07.07.1959	Zürich
400 m Hürden	Glenn Davis (USA)	49,2	06.08.1958	Budapest
3000 m Hindernis	Jerzy Chromik (POL)	8:32,0	02.08.1958	Warschau
4 × 100 m	USA	39,5	01.12.1956	Melbourne
4 × 400 m	Jamaika	3:03,9	27.07.1952	Helsinki
Hochsprung	Juri Stepanow (URS)	2,16	13.07.1957	Leningrad
Stabhochsprung	Bob Gutowski (USA)	4,78	27.04.1957	Palo Alto
Weitsprung	Jesse Owens (USA)	8,13	25.05.1935	Ann Arbor
Dreisprung	Oleg Fedosejew (URS)	16,70	03.05.1959	Naltschik
Kugelstoßen	Parry O'Brien (USA)	19,30	01.08.1959	Albuquerq.
Diskuswurf	Edmund Piatkowski (POL)	59,91	14.06.1959	Warschau
Hammerwurf	Harold Conolly (USA)	68,68	20.06.1958	Bakersfield
Speerwurf	Albert Cantello (USA)	86,04	05.06.1959	Compton
Zehnkampf	Wassili Kusnezow (URS)	8357	16./17.5.59	Moskau
Frauen				
100 m	Shirley Strickland (AUS)	11,3	04.08.1955	Warschau
200 m	Betty Cuthbert (AUS)	23,2	16.09.1956	Sydney
400 m	Maria Itkina (URS)	53,4	12.09.1959	Krasnodar
800 m	Nina Otkalenko (URS)	2:05,0	24.09.1955	Zagreb
1500 m[3]	Diane Leather (GBR)	4:29,7	19.07.1957	London
80 m Hürden	Centa Gastl (GER)	10,6	29.07.1956	Frechen
4 × 100 m	Australien	44,5	01.12.1956	Melbourne
4 × 400 m[3]	Großbritannien	3:49,9y	14.06.1958	London
Hochsprung	Yolanda Balas (RUM)	1,84	21.09.1959	Bukarest
Weitsprung	Elzbieta Krzesinska (POL)	6,35	20.08.1956	Budapest
Kugelstoßen	Tamara Press (URS)	17,25	26.04.1959	Bukarest
Diskuswurf	Nina Dumbadse (URS)	57,04	18.10.1952	Tiflis
Speerwurf	Birute Kalediene (URS)	57,49	30.10.1958	Tiflis
Fünfkampf	Irina Press (URS)	4880	13./14.9.59	Krasnodar

y = Yard-Strecken
[3] inoffiziell, offiziell (auch später) nicht anerkannt

Deutsche Rekorde[4] (Stand: 31. 12. 1959)

Disziplin	Name (Ort)	Leistung	Datum	Ort
Männer				
100 m	Heinz Fütterer (Karlsruhe)	10,2	31.10.1954	Yokohama
200 m (Gerade)	Manfred Germar (Köln)	20,4	31.07.1957	Köln
200 m (Kurve)	Manfred Germar (Köln)	20,6	01.10.1958	Wuppertal
400 m	Carl Kaufmann (Karlsruhe)	45,8	19.09.1959	Köln
800 m	Paul Schmidt (Hörde)	1:46,2	20.09.1959	Köln
1000 m	Siegfried Valentin (O-Berlin)	2:18,6	03.06.1959	Dresden
	Paul Schmidt (Hörde)	*2:20,4*	*27.09.1958*	*Dortmund*
1500 m	Siegfried Valentin (O-Berlin)	3:39,3	17.07.1959	Oslo
	Paul Schmidt (Hörde)	*3:42,5*	*13.10.1958*	*Warschau*
3000 m	Hans Grodotzky (O-Berlin)	7:58,4	14.06.1959	Warschau
	Herbert Schade (Solingen)	*8:13,3*	*06.08.1952*	*Köln*
5000 m	Friedrich Janke (O-Berlin)	13:42,4	05.09.1959	Berlin
	Ludwig Müller (Wesel)	*14:02,8*	*1959*	
10 000 m	Hans Grodotzky (O-Berlin)	29:08,8	17.07.1959	Oslo
	Herbert Schade (Solingen)	*29:24,8*	*14.09.1952*	*Düsseldorf*
110 m Hürden	Martin Lauer (Köln)	13,2	07.07.1959	Zürich
400 m Hürden	Helmut Janz (Gladbeck)	50,9	09.07.1958	Köln
3000 m Hindernis	Hans Hüneke (Wolfsburg)	8:37,4	03.08.1958	Kassel
4 × 100 m	Nationalstaffel/DLV	39,5	29.08.1958	Köln
	ASV Köln	40,6	18.08.1957	Düsseldorf
4 × 400 m	Nationalstaffel/DLV	3:06,6	27.07.1952	Helsinki
	OSV Hörde	3:08,9	31.07.1957	Köln

224

Sport 1959

Disziplin	Name (Ort)	Leistung	Datum	Ort
Hochsprung	Werner Pfeil (Karl-Marx-Stadt)	2,08	22.08.1959	K.-M.-Stadt
	Theo Püll (Viersen)	*2,07*	*05.10.1958*	*Gelsenk.*
Stabhochsprung	Gerhard Jeitner (Leipzig)	4,57	10.10.1959	Leipzig
	Klaus Lehnertz (Solingen)	*4,40*		*1959*
Weitsprung	Luz Long (Leipzig)	7,90	01.08.1937	Berlin
Dreisprung	Manfred Hinze (Rostock)	16,04	14.08.1959	Leipzig
	Hermann Strauß (Kitzingen)	*15,59*	*26.05.1958*	*Fürth*
Kugelstoßen	Hermann Lingnau (Hannover)	17,51	18.06.1958	Athen
Diskuswurf	Manfred Grieser (Leipzig)	55,24	21.06.1959	Schwerin
	Martin Bührle (Heidelberg)	*52,42*		*1959*
Hammerwurf	Horst Niebisch (O-Berlin)	62,77	17.07.1959	Oslo
	Siegfried Lorenz (Hörde)	*62,20*	*29.08.1959*	*Bremen*
Speerwurf	Heiner Will (Rendsburg)	80,22	14.10.1956	Köln
Zehnkampf	Martin Lauer (Köln)	7955	29./30.8.59	Düsseldorf
Frauen				
100 m	Christa Köhler (O-Berlin)	11,5	30.06.1956	Berlin
	Inge Fuhrmann (Berlin)	*11,5*	*19.06.1958*	*Warschau*
200 m	Christa Stubnick (O-Berlin)	23,5	09.09.1956	Riesa
	Brunhilde Hendrix (Nürnberg)	*23,9*	*18.10.1959*	*Yawata*
400 m	Ursula Donath (Halle)	54,7	01.08.1957	Moskau
	Maria Jeibmann (Wuppertal)	*55,9*		*1958*
800 m	Ursula Donath (Halle)	2:07,5	13.09.1956	London
	Ariane Döser (Reutlingen)	*2:08,2*	*24.08.1958*	*Stockholm*
80 m Hürden	Centa Gastl (München)	10,6	29.07.1956	Frechen
4 × 100 m	Nationalstaffel/DVfL	44,8	03.08.1958	Kassel
	Nationalstaffel/DLV	*45,9*	*27.07.1952*	*Helsinki*
	SC Dynamo Ostberlin	46,1	20.07.1958	Jena
	Eintracht Frankfurt	*47,4*	*04.09.1955*	*Köln*
Hochsprung	Inge Kilian (Braunschweig)	1,68	29.06.1958	Delmenh.
Weitsprung	Gudrun Scheller (Braunschweig)	6,22	21.06.1959	Berlin
Kugelstoßen	Johanna Lüttge (Leipzig)	16,28	03.10.1959	Jena
	Marianne Werner (Greven)	*15,84*	*26.07.1958*	*Duisburg*
Diskuswurf	Kriemhild Hausmann (Krefeld)	55,70	16.08.1959	Meerbeck
Fünfkampf	Almut Brömmel (München)	5377	15.09.1957	Kiel
	Edeltraut Eiberle (Trossingen)	*4648*	*30./31.8.58*	*Ludwigsb.*

[4]) Der Deutsche Leichtathletik-Verband/DLV (Bereich: Bundesrepublik Deutschland einschl. Berlin-West) und der Deutsche Verband für Leichtathletik/DVfL (Bereich: Deutsche Demokratische Republik einschl. Berlin-Ost) führten eine gemeinsame Rekordliste. Die DLV-Bestleistungen, die schlechter waren als der offizielle Deutsche Rekord, sind in der Tabelle in Kursivschrift gesetzt.

Pferdesport

Disziplin/Turnier	Sieger (Land)	Pferd (Gestüt)	Tag
Galopprennen			
Deutsches Derby	Albert Klimscha (GER)	Uomo (Röttgen)	05.07.
Prix de l'Arc de Triomphe		St. Crespin (Ali Khan)	
Trabrennen			
Deutsches Derby	O. Vogt (GER)	Eidelstedter (Langeloh)	
Prix d'Amerique		Jamin	
Turniersport			
Springreiten			
Europameisterschaften in Paris			
Einzel	Piero d'Inzeo (ITA)	Uruguay	
Deutsche Meisterschaften in Berlin (25.–27.9.)			
Einzel	Hans Günther Winkler (Warendorf)	Halla	
Deutsches Derby	Fritz Thiedemann (GER)	Retina	12.07.
Dressur			
Deutsches Derby	Willi Schultheis (Hamburg)	Doublette	12.07.

Radsport

Disziplin, Ort	Plazierung, Name (Land)	Zeit/Rückstand
Straßenweltmeisterschaft (Zandvoort)		
Profis (292 km)	1. André Darrigade (FRA)	
	2. Gismondi (ITA)	
	3. Fore (BEL)	
Amateure (189 km)	1. Gustav-Adolf Schur (DDR)	
	2. Maliepaard (HOL)	
	3. Goosens (BEL)	
Rundfahrten (Etappen)		
Tour de France (22) Datum: 25.6.–18.7. Länge: 4363 km	1. Federico Bahamontes (SPA)	123:46:44
	2. Henri Anglade (FRA)	4:01
	3. Jacques Anquetil (FRA)	5:05
Giro d'Italia (22) Datum: 19.5.–7.6. Länge: 3657 km	1. Charly Gaul (LUX)	101:50:26
	2. Jacques Anquetil (FRA)	6:12
	3. D. Ronchini (ITA)	6:16
Tour de Suisse (7) Datum: 11.6.–19.6. Länge: 1317 km	1. Hennes Junkermann (GER)	37:57:27
	2. Henri Anglade (FRA)	10:19
	3. Federico Bahamontes (SPA)	11:15

Schwimmen

Deutsche Meisterschaften (Neustadt a.d. Weinstraße)

Disziplin	Sieger (Ort)	Leistung
Männer		
Freistil 100 m	Horst Bleeker (Bremen)	59,9
Freistil 200 m	Hans Zierold (Hamburg)	2:08,5
Freistil 400 m	Hans Zierold (Hamburg)	4:34,1
Freistil 1500 m	Hans-Joachim Klein (Darmstadt)	19:01,4
Freistil 4 × 200 m	DSW 1912 Darmstadt	9:03,2
Brust 200 m	Hans-Joachim Tröger (München)	2:42,8
Brust 4 × 200 m	Wasserfreunde München	11:27,6
Rücken 100 m	Ernst-Joachim Küppers (Nordhorn)	1:07,3
Rücken 200 m	Ernst-Joachim Küppers (Nordhorn)	2:28,6
Rücken 4 × 100 m	DSW 1912 Darmstadt	4:45,2
Delphin 200 m	Hermann Lotter (München)	2:32,2
Delphin 4 × 100 m	Wasserfreunde München	4:36,0
Lagen 4 × 100 m	DSW 1912 Darmstadt	4:34,9
Langstrecke 3000 m	Hans Zierold (Hamburg)	42:01,0
Kunstspringen	Herbert Barendt (Rheydt)	135,69
Turmspringen	Herbert Barendt (Rheydt)	148,09
Wasserball	Rote Erde Hamm	
Frauen		
Freistil 100 m	Ursel Brunner (Heidelberg)	1:05,8
Freistil 400 m	Ursel Brunner (Heidelberg)	5:12,2
Freistil 4 × 100 m	Krefelder SC 1909	4:44,7
Brust 200 m	Wiltrud Urselmann (Krefeld)	2:55,2
Brust 4 × 200 m	SV Bayreuth 1921	12:51,8
Rücken 100 m	Helga Schmidt (Oldenburg)	1:14,1
Rücken 200 m	Helga Schmidt (Oldenburg)	2:43,2
Delphin 100 m	Herta Haase (Harburg)	1:15,5
Delphin 4 × 100 m	SV Bayreuth 1921	5:42,9
Rücken 4 × 100 m	Nikar Heidelberg	5:34,0
Lagen 4 × 100 m	Krefelder SC 1909	5:22,9
Langstrecke 2000 m	Doris Vervoorts (Düsseldorf)	31:50,8
Kunstspringen	Ursel Hilss (Heidelberg)	127,22
Turmspringen	Ingeborg Busch (Mannheim)	77,21
Kunstschwimmen	Isolde Winkler (München)	103,39
Duo	DSV München	94,35
Quartett	DSV München	88,87
12er-Bilderreigen	DSV München	85,60

Weltrekorde (Stand: 31.12.1959)

Disziplin	Name (Land)	Leistung	Datum	Ort
Männer				
Freistil 100 m	John Devitt (AUS)	54,6	28.01.1957	Sydney
Freistil 200 m	Tsuyoshi Yamanaka (JAP)	2:01,5	26.07.1959	Osaka
Freistil 400 m	Tsuyoshi Yamanaka (JAP)	4:16,6	26.07.1959	Osaka
Freistil 800 m	John Konrads (AUS)	8:59,6	10.01.1959	Sydney
Freistil 1500 m	John Konrads (AUS)	17:28,7	22.02.1958	Melbourne
Freistil 4 × 100 m	USA	3:44,4	21.07.1959	Tokio
Freistil 4 × 200 m	Japan	8:18,7	26.07.1959	Osaka
Brust 100 m	Mu Hsiang-siung (CHN)	1:11,1	20.09.1959	Peking
Brust 200 m	Terry Gathercole (AUS)	2:36,5	28.06.1958	Townsville

225

Sport 1959

Schwimmen (Forts.)

Weltrekorde (Stand: 31.12.1959)

Disziplin	Name (Land)	Leistung	Datum	Ort
Delphin 100 m	Takashi Ishimoto (JAP)	1:00,1	29.06.1959	Los Angeles
Delphin 200 m	Mike Troy (USA)	2:16,4	11.07.1959	Los Angeles
Rücken 100 m	John Monckton (AUS)	1:01,5	15.02.1959	Melbourne
Rücken 200 m	Frank McKinney (USA)	2:17,8	25.07.1959	Osaka
Lagen 200 m	Lance Larson (USA)	2:24,7	11.07.1959	St. Clara
Lagen 400 m	Ian Black (GBR)	5:08,8	06.06.1959	Cardiff
Lagen 4 × 100 m	Australien	4:10,4	22.08.1958	Osaka
Frauen				
Freistil 100 m	Dawn Fraser (AUS)	1:01,2	10.08.1958	Schiedam
Freistil 200 m	Dawn Fraser (AUS)	2:14,7	22.02.1958	Melbourne
Freistil 400 m	Lorraine Crapp (AUS)	4:47,2	20.10.1956	Sydney
Freistil 800 m	Ilsa Konrads (AUS)	10:11,4	19.02.1959	Hobart
Freistil 1500 m	Ilsa Konrads (AUS)	19:25,7	14.01.1959	Sydney
Freistil 4 × 100 m	AUS	4:17,1	06.12.1956	Melbourne
Freistil 4 × 200 m	USA	10:09,8	06.07.1956	Tyler
Brust 100 m	Karin Beyer (DDR)	1:19,6	12.09.1958	Leipzig
Brust 200 m	Anita Lonsbrough (GBR)	2:50,3	25.07.1959	Waalwijk
Delphin 100 m	Nancy Ramey (USA)	1:09,1	02.09.1959	Chicago
Delphin 200 m	Rebecca Collins (USA)	2:37,0	19.07.1959	Redding
Rücken 100 m	Carin Cone (USA)	1:11,4	6.09.1959	Chicago
Rücken 200 m	Satoko Tanaka (JAP)	2:37,1	12.07.1959	Tokio
Lagen 200 m	Sylvia Ruuska (USA)	2:40,3	14.01.1959	Hobart
Lagen 400 m	Sylvia Ruuska (USA)	5:39,4	23.08.1958	S. Francisco
Lagen 4 × 100 m	USA	4:44,6	06.09.1959	Chicago

Deutsche Rekorde (Stand: 31.12.1959)

Disziplin	Name (Ort)	Leistung	Datum	Ort
Männer				
Freistil 100 m	Paul Voell (Rheydt)	57,2	10.08.1958	Gelsenk.
Freistil 200 m	Hans Zierold (Hamburg)	2:08,3	09.08.1958	Gelsenk.
Freistil 400 m	Hans-Joachim Klein (Darmstadt)	4:33,4	05.09.1959	Budapest
Freistil 800 m	Hans Zierold (Hamburg)	9:51,3	19.07.1959	Hamburg
Freistil 1500 m	Hans-Joachim Klein (Darmstadt)	18:34,6	15.08.1959	Blackpool
Freistil 4 × 100 m	Bremer SC 85	4:00,1	19.07.1959	Hamburg
Freistil 4 × 200 m	Darmstadt 1912	8:58,4	14.06.1959	Hamburg
Brust 100 m	Hans-Joachim Tröger (München)	1:14,1	11.07.1959	Darmstadt
Brust 200 m	Hans-Joachim Tröger (München)	2:40,5	09.08.1959	Geislingen
Delphin 100 m	Horst Weber (Bayreuth)	1:04,2	15.08.1956	Burghausen
Delphin 200 m	Horst Weber (Bayreuth)	2:25,7	21.07.1957	Reutlingen
Rücken 100 m	Ekkehard Miersch (Heidelberg)	1:05,9	04.11.1956	Wiesbaden
Rücken 200 m	Ernst-Joachim Küppers (Nordhorn)	2:28,6	02.08.1959	Neustadt
Lagen 400 m	Rüdiger Müller (Hof)	5:39,2	24.08.1958	Hof
Lagen 4 × 100 m	Bremer SC 85	4:32,2	10.08.1958	Gelsenk.
Frauen				
Freistil 100 m	Ursel Brunner (Heidelberg)	1:05,5	21.07.1957	Reutlingen
Freistil 200 m	Ingrid Künzel (Darmstadt)	2:27,8	20.08.1956	Budapest
Freistil 400 m	Ursel Brunner (Heidelberg)	5:09,7	30.06.1957	Metz
Freistil 800 m	Ursel Brunner (Heidelberg)	10:49,4	22.06.1959	Leimen
Freistil 1500 m	Ursel Brunner (Heidelberg)	20:37,5	22.06.1959	Leimen
Freistil 4 × 100 m	Düsseldorf 98	4:43,3	11.08.1957	Landshut
Brust 100 m	Wiltrud Urselmann (Krefeld)	1:22,0	08.09.1957	Leipzig
Brust 200 m	Wiltrud Urselmann (Krefeld)	2:53,8	02.09.1958	Budapest
Delphin 100 m	Herta Haase (Hamburg)	1:15,5	01.08.1959	Neustadt
Rücken 100 m	Helga Schmidt (Oldenburg)	1:13,4	05.12.1956	Melbourne
Rücken 200 m	Helga Schmidt (Oldenburg)	2:42,7	14.06.1959	Leipzig
Lagen 4 × 100 m	Düsseldorf 98	5:19,1	10.08.1957	Landshut

Ski alpin

Disziplin	Herren	Damen
Deutsche Meister		
Abfahrt	Hans-Peter Lanig	Anneliese Meggi
Slalom	Beni Obermüller	Sonja Sperl
Riesenslalom	Beni Obermüller	Heidi Biebl
Kombination	Hans-Peter Lanig	Sonja Sperl
Österreichische Meister		
Abfahrt	Hias Leitner	Erika Netzer
Slalom	Anderl Molterer	Erika Netzer
Riesenslalom	Hias Leitner	Grete Haslauer
Kombination	Toni Mark	Erika Netzer
Schweizer Meister		
Abfahrt	Willi Forrer	Yvonne Rüegg
Slalom	Adolf Mathis	Annemarie Waser
Riesenslalom	Roger Staub	Madeleine Berthod
Kombination	Roger Staub	Annemarie Waser

Tennis

Meisterschaften	Ort	Datum
Wimbledon	London	22.06.–04.07.
French Open	Paris	
US Open	Forest Hills (Einzel, Mixed)	
	Chestnut Hill (Doppel)	
Australian Open	Melbourne	
Daviscup-Endspiel	Forest Hills	29.–31.08.

Turnier	Sieger (Land) – Finalgegner (Land)	Ergebnis
Herren		
Wimbledon	Alejandro Olmedo (PER/USA) – Rod Laver (AUS)	6:4, 6:3, 6:4
French Open	Nicola Pietrangeli (ITA) – I. C. Vermaak	3:6, 6:3, 6:4, 6:1
US Open	Neale Fraser (AUS) – Alejandro Olmedo (PER/USA)	6:3, 5:7, 6:2, 6:4
Australian O.	Alejandro Olmedo (PER/USA) – Neale Fraser (AUS)	6:1, 6:2, 3:6, 6:3
Daviscup	Australien – USA	3:2
Damen		
Wimbledon	Maria E. Bueno (BRA) – Darlene Hard (USA)	6:4, 6:3
French Open	Christine Truman (GBR) – Zsuzsi Kormoczy	6:4, 7:5
US Open	Maria E. Bueno (BRA) – Christine Truman (GBR)	6:1, 6:4
Australian O.	Mary Carter-Reitano (AUS) – Renee Schuurman (SFA)	6:2, 6:3
Herren-Doppel		
Wimbledon	Roy Emerson (AUS)/ Neale Fraser (AUS) – Rod Laver (AUS)/ Robert Mark (AUS)	8:6, 6:3, 1:6, 9:7
French Open	Nicola Pietrangeli (ITA)/ Orlando Sirola (ITA) – Roy Emerson (AUS)/ Neale Fraser (AUS)	6:3, 6:2, 14:12
US Open	Roy Emerson (AUS)/ Neale Fraser (AUS) – Ernst Buchholz (GER)/ A. Olmedo (PER/USA)	3:6, 6:3, 5:7, 6:4, 7:5
Australian O.	Rod Laver (AUS)/ Robert Mark (AUS) – D. Candy/ Bob Howe (AUS)	9:7, 6:4, 6:2
Damen-Doppel		
Wimbledon	Jeanne Arth (USA)/ Darlene Hard (USA) – Beverly Fleitz (USA)/ Christine Truman (GBR)	2:6, 6:2, 6:3
French Open	Sandra Reynolds (SFA)/ Renee Schuurman (SFA) – Yola Ramirez (MEX)/ Rosie Reyes	2:6, 6:0, 6:1
US Open	Jeanne Arth (USA)/ Darlene Hard (USA) – Sally Moore (USA)/ Maria E. Bueno (BRA)	6:2, 6:3
Australian O.	Sandra Reynolds (SFA)/ Renee Schuurman (SFA) – L. Coghlan (AUS)/ Mary Carter-Reitano (AUS)	7:5, 6:4
Mixed		
Wimbledon	Rod Laver (USA)/ Darlene Hard (USA) – Neale Fraser (AUS)/ Maria E. Bueno (BRA)	6:4, 6:3
French Open	W. A. Knight/ Yola Ramirez (MEX) – Rod Laver (AUS)/ Renee Schuurman (SFA)	6:4, 6:4
US Open	Neale Fraser (AUS)/ Margaret du Pont (USA) – Robert Mark (AUS)/ J. Hopps (USA)	7:5, 13:15, 6:2
Australian O.	Robert Mark (AUS)/ Sandra Reynolds (SFA) – Rod Laver (AUS)/ Renee Schuurman (SFA)	4:6, 13:11, 6:1

Abkürzungen

Abkürzungen zu den Sportseiten

AFG	Afghanistan	CUB	Kuba	HON	Honduras	MLT	Malta	SLE	Sierra Leone
ALG	Algerien	DAN	Dänemark	IND	Indien	MON	Mongolische	SPA	Spanien
ARG	Argentinien	DDR	Deutsche	INS	Indonesien		Volksrepublik	SUD	Sudan
AUS	Australien		Demokratische	IRA	Iran	NEP	Nepal	SUI	Schweiz
AUT	Österreich		Republik	IRK	Irak	NGA	Nigeria	SUR	Surinam
BAR	Barbados	DOM	Dominikanische	IRL	Irland	NIC	Nicaragua	SWE	Schweden
BEL	Belgien		Republik	ISL	Island	NIG	Niger	SYR	Syrien
BOL	Bolivien	ECU	Ecuador	ISR	Israel	NKO	Nordkorea	TAI	Taiwan
BRA	Brasilien	EGY	Ägypten	ITA	Italien	NOR	Norwegen	TAS	Tansania
BUL	Bulgarien	ELF	Elfenbeinküste	JAM	Jamaika	NSE	Neuseeland	THA	Thailand
BUR	Birma	ETH	Äthiopien	JAP	Japan	PAK	Pakistan	TRI	Trinidad und
CAB	Kambodscha	FIN	Finnland	KEN	Kenia	PAN	Panama		Tobago
CAF	Zentralafrikanische	FRA	Frankreich	KOR	Korea	PAR	Paraguay	TUN	Tunesien
	Republik	GAB	Gabun	KUW	Kuwait	PER	Peru	TUR	Türkei
CAM	Kamerun	GBR	Großbritannien	LBY	Libyen	PHI	Philippinen	UGA	Uganda
CAN	Kanada	GER	Bundesrepublik	LIA	Liberia	POL	Polen	UNG	Ungarn
CEY	Ceylon (Sri Lanka)		Deutschland	LIB	Libanon	POR	Portugal	URS	Sowjetunion
CHA	Tschad	GHA	Ghana	LIE	Liechtenstein	RHO	Rhodesien	URU	Uruguay
CHI	Chile	GRE	Griechenland	LUX	Luxemburg	RUM	Rumänien	USA	Vereinigte Staaten
CHN	China	GUA	Guatemala	MAD	Madagaskar	SAF	Südafrika		von Amerika
COB	Kongo	GUI	Guinea	MAL	Malaysia	SAL	El Salvador	VAR	Vereinigte Arabi-
COK	Kongo-Lépoldville	GUY	Guyana	MAR	Marokko	SAM	Sambia		sche Republik
COL	Kolumbien	HAI	Haiti	MCO	Monaco	SAN	San Marino	VEN	Venezuela
COS	Costa Rica	HOK	Hongkong	MEX	Mexiko	SEN	Senegal	VIE	Vietnam
ČSR	Tschechoslowakei	HOL	Niederlande	MLI	Mali	SIN	Singapur	YUG	Jugoslawien

Nekrolog

Bekannte Persönlichkeiten aus allen Bereichen des gesellschaftlichen Lebens, die im Jahr 1959 gestorben sind, werden – alphabetisch geordnet – in Kurzbiographien dargestellt.

Manuel Altolaguirre
spanischer Lyriker (* 29. 6. 1905, Málaga), stirbt am 26. Juli in Burgos.
Altolaguirre war Buchdrucker, Typograph und Verleger. 1933 gründete er das avantgardistische Periodikum »Litoral«, 1935/36 verlegte er die von Pablo Neruda herausgegebene Zeitschrift »Caballo verde para la poesía«. Seine bedeutendste, von der Neuromantik geprägte Gedichtsammlung ist »Las islas invitadas« (1926).

Maxwell Anderson
US-amerikanischer Dramatiker (* 15. 12. 1888, Atlantic (US-Bundesstaat Pennsylvania), stirbt am 28. Februar in Stamford (US-Bundesstaat Connecticut).
Anderson wurde bekannt mit dem Antikriegsstück »Rivalen« (1924). In »Und wir haben nichts dagegen getan« (1928) und »Wintertag« (1935) setzte er sich mit dem Justizskandal um die US-Arbeiterführer Sacco und Vanzetti auseinander. Anderson verfaßte Komödien, Tragödien, Satiren, Musicals, Protestücke, historische Versdramen (»Elisabeth, die Königin«, 1930; »Johanna aus Lothringen«, 1947), hatte zunehmend Erfolg am Broadway und erhielt 1933 den Pulitzer-Preis für das Stück »Both Your Houses«, eine Satire auf die Korruption im US-Kongreß. Kurt Weill komponierte die Musik zu der Musikkomödie »Knickerbockers« (1938).

Solomon Bandaranaike
ceylonesischer Politiker (* 8. 1. 1899, Colombo), wird am 26. September in Colombo ermordet.
Bandaranaike, Mitbegründer der sozialistischen Freiheitspartei Sri Lanka Freedom Party, wurde 1956 Premierminister und leitete unter Berufung auf sozialistische Ideen und singhalesisch-buddhistische Werte einen tiefgreifenden Wandel in der ehemaligen britischen Kolonie ein, wobei er außenpolitisch einen neutralistischen Kurs steuerte. Die britischen Militärstützpunkte wurden aufgelöst, die Hafenanlagen und das Transportwesen verstaatlicht. Zur UdSSR und zur Volksrepublik China wurden diplomatische Beziehungen aufgenommen. – Nachfolgerin als Premierminister wird 1960 seine Frau Sirimawo Bandaranaike, die erste weibliche Premierministerin der Welt.

Otto Bartning

deutscher Architekt (* 12. 4. 1883, Karlsruhe), stirbt am 20. Februar in Darmstadt.
Bartning, von 1926 bis 1930 Direktor der Hochschule für Handwerk und Baukunst in Weimar und von 1955 bis 1959 städtebaulicher Berater in Berlin (West), versuchte eine richtungweisende Erneuerung des evangelischen Kirchenbaus durch Reformierung der Raumgliederung. Bekannt wurde er mit dem nicht ausgeführten romantisch-expressiven Entwurf einer Zentralkirche in Form eines 14strahligen Sterns (»Essener Sternkirche«, 1922). Zu weltweitem Ruhm gelangte er mit der in Stahl und farbigem Glas konstruierten Stahlkirche auf der Presse-Ausstellung »Pressa« in Köln (1928). Er errichtete u. a. die Auferstehungskirche in Essen (1930) und die Gustav-Adolf-Kirche in Berlin (1934) und baute nach dem Zweiten Weltkrieg 48 Notkirchen (»Zeltkirchen«), die aus vorgefertigten Teilen zusammengebaut wurden.

Sidney Bechet
US-amerikanischer Jazzmusiker (* 14. 5. 1897, New Orleans), stirbt am 14. Mai in Garches bei Paris.
Bechet zählt zu den bedeutendsten Vertretern des New-Orleans-Jazz. Der Klarinettist und Sopransaxophonist lebte ab 1951 in Frankreich, wo er dem Dixieland entscheidende Impulse gab. Stark ausgeprägtes Vibrato und voller Ton sind charakteristisch für Bechets Spielweise.

Eduard van Beinum
niederländischer Dirigent (* 3. 9. 1901, Arnheim), stirbt am 13. April in Amsterdam.
Van Beinum, Interpret vor allem der Wiener Klassik, Anton Bruckners, Claude Debussys und Maurice Ravels, leitete ab 1945 das Concertgebouw-Orchester in Amsterdam und war 1949/50 zugleich Chefdirigent des London Philharmonic Orchestra und von 1956 bis 1959 des Los Angeles Philharmonic Orchestra.

Renato Birolli
italienischer Maler (* 10. 12. 1906, Verona), stirbt am 3. Mai in Mailand.
Birolli, der 1938 die avantgardistische Künstlervereinigung Corrente mitbegründete, zählt zu den Hauptvertretern der italienischen Abstrakten, löste sich allerdings erst in den 50er Jahren weitgehend vom Gegenständlichen. 1947 zählte er zu den Mitgründern der Künstlervereinigung Nuova Secessione Italiana. Kräftige Farben bestimmen seine Gemälde, die oft mit Werken Jean Bazaines verglichen werden.

Ernest Bloch
schweizerisch-US-amerikanischer Komponist (* 24. 7. 1880, Genf), stirbt am 15. Juli in Portland (US-Bundesstaat Oregon).
Bloch, jüdischen Glaubens, übersiedelte nach dem Ersten Weltkrieg in die USA, wo er als Komponist, Dirigent und einflußreicher Lehrer wirkte und sich um eine »neujüdische Musikkultur« bemühte. Er komponierte bewußt aus dem Sinngehalt des Alten Testaments. Seine Hauptwerke sind neben der frühen Oper »Macbeth« (1910) u. a. das Orchesterwerk »Israel« für fünf Solostimmen und Orchester (1912–1916), die hebräische Rhapsodie »Schelomo« für Violoncello und Orchester (1917), die sinfonische Dichtung »Voice in the Wilderness« (1936), ein Violin- (1938) und ein Klavierkonzert (1948) und eine Sinfonie in Es-Dur (1955) sowie fünf Streichquartette (1916–1956).

Franz Blücher

deutscher FDP- bzw. FVP-Politiker (* 24. 3. 1896, Essen), stirbt am 26. März in Bad Godesberg (Bonn). Blücher war 1945 einer der Mitbegründer der FDP und leitete die Partei von 1949 bis 1954 als Bundesvorsitzender. Von 1949 bis 1957 war er als Vizekanzler von 1949 bis 1953 Bundesminister für Angelegenheiten des Marshallplans und von 1953 bis 1957 für wirtschaftliche Zusammenarbeit. 1956 schloß er sich der Freien Volkspartei (FVP) an. Ab 1958 vertrat er die Bundesrepublik bei der Hohen Behörde der Montanunion.

Hans Bredow
deutscher Rundfunkpionier (* 26. 11. 1879, Schlawe/Pommern), stirbt am 9. Januar in Wiesbaden.
Bredow gilt als der Vater des deutschen Rundfunks. Nach dem Ingenieurstudium arbeitete er bei der AEG und baute ab 1908 als technischer Direktor der Telefunken GmbH den deutschen Schiffs- und Überseefunkdienst auf. Als Ministerialdirektor im Reichspostministerium ab 1919 richtete er das Reichsfunknetz zur Entlastung der drahtgebundenen Telegrafie ein. Als Staatssekretär für Fernmeldewesen von 1921 bis 1926 hatte er weiter entscheidenden Anteil am technischen und organisatorischen Aufbau des deutschen Rundfunks. 1926 wurde er Rundfunk-Kommissar des Reichspostministers und Vorstandsvorsitzender der Reichsrundfunkgesellschaft. Nach der Machtübernahme der Nationalsozialisten trat er 1933 von seinem Amt zurück, als ihm »Verfehlungen im Amt« vorgeworfen wurden. Nach dem Zweiten Weltkrieg widmete er sich dem Wiederaufbau des Rundfunks, von 1949 bis 1951 war er Verwaltungsratsvorsitzender des Hessischen Rundfunks.

Arnolt Bronnen
eigentlich Arnold Bronner, österreichischer Schriftsteller (* 19. 8. 1895, Wien), stirbt am 12. Oktober in Berlin.
Bronnen begann zusammen mit Bertolt Brecht und Ferdinand Bruckner als Bühnenavantgardist in Berlin, wandelte sich Ende der 20er Jahre vom linksradikalen Expressionisten zum Parteigänger der extremen Rechten, erhielt 1940 wegen Opposition gegen die NS-Diktatur die Entlassung als Programmleiter beim Fernsehen, wurde nach 1945 Kommunist und lebte zuletzt als Theaterkritiker in Berlin (Ost). Zu seinen bekanntesten Werken zählen die Dramen »Vatermord« (1920) und »Anarchie in Sillian« (1924) sowie der Roman »Aisopos« (1956). 1954 veröffentlichte er die Autobiographie »arnolt bronnen gibt zu protokoll«.

Fritz Brun
schweizerischer Komponist und Dirigent (* 18. 8. 1878, Luzern), stirbt am 29. November in Großhöchstetten.
Brun leitete von 1909 bis 1943 die Konzerte der Bernischen Musikgesellschaft. Im Stil der Spätromantik komponierte er zehn Sinfonien, sinfonische Dichtungen, Konzert- und Chorwerke sowie Kammermusik.

Rudolf Caracciola

deutscher Automobilrennfahrer (* 30. 1. 1901, Remagen), stirbt am 28. September in Kassel. Caracciola gewann – meist auf Mercedes – von 1935 bis 1939 drei deutsche und sechs Europameisterschaften. 1937 stellte er im zehnten Großen Preis von Deutschland auf dem Nürburgring über 502 km den damals sensationellen Bahnrekord von durchschnittlich 133,2 km/h auf. Insgesamt errang er im In- und Ausland 115 Siege.

Raymond Thornton Chandler
US-amerikanischer Kriminalschriftsteller (* 23. 7. 1888, Chicago), stirbt am 26. März in La Jolla in Kalifornien.
Mit seinem ersten Roman, »Der tiefe Schlaf« (1939), errang Chandler nicht nur einen großen Erfolg, sondern revolutionierte gleichzeitig den Detektivroman. »Man muß nicht nur eine Leiche herbeischaffen«, erklärte der Autor, »sondern die Mordfälle wieder von solchen Leuten begehen lassen, die aus ganz bestimmten Motiven handeln.« Zentrale Gestalt in diesem und in weiteren Romanen wie »Das hohe Fenster« (1942) und »Die kleine Schwester« (1949) ist der Privatdetektiv Philip Marlowe, ein Einzelgänger zwischen Verbrechern und Polizei. In den ebenso erfolgreichen Filmen der sog. schwarzen Serie wurde Marlowe von Humphrey Bogart verkörpert.

Pietro Chiesa
schweizerischer Maler (* 29. 7. 1876, Sagno bei Mendrisio), stirbt am 17. März in Sorengo bei Lugano.
Chiesa schuf neben impressionistischen Landschaften, Porträts, Kinderbildnissen und Figurenbildern (»Dorffest«, 1903) auch Fresken. Bekannt geworden sind davon insbesondere seine Arbeiten in der Kirche in Riva San Vitale (1931–35) und dem Bahnhof Chiasso (1933). Seine Buchillustrationen schmücken u. a. Dante Alighieris »Göttliche Komödie«.

Cecil B. De Mille
US-amerikanischer Filmregisseur und Produzent (* 12. 8. 1881, Ashfield (US-Bundesstaat Massachusetts), stirbt am 21. Januar in Hollywood.
De Mille gründete 1913 mit Jesse Lasky, Samuel Goldfish (später: Goldwyn) und Arthur Freed die Jesse Lasky Feature Play Company, aus der 1927 die Produktionsgesellschaft Paramount hervorging. In aufwendigen Ausstattungsfilmen behandelte er mit spektakulären Effekten und Massenauftritten bevorzugt biblische und historische Themen: »Die Zehn Gebote« (1923, Neuverfilmung 1956), »Samson und Delilah« (1949), »Die größte Schau der Welt« (1951). De Mille zählt zu den Gründern der Filmstadt Hollywood.

Nekrolog 1959

Grantly Dick-Read
britischer Gynäkologe (*26. 1. 1890, Beccles/Suffolk), stirbt am 11. Juni in Wroxham (Norfolk).
Dick-Read entwickelte eine Methode der natürlichen, schmerzarmen Entbindung durch eine besondere körperlich-geistige Vorbereitung der schwangeren Frau (»Der Weg zur natürlichen Geburt«, 1944).

John Foster Dulles
US-amerikanischer Politiker (*25. 2. 1888, Washington), stirbt am 24. Mai in Washington.
Dulles, Mitglied der Republikanischen Partei, war 1918/19 Mitglied der US-Delegation bei den Friedensverhandlungen in Paris. Unter Dwight D. Eisenhower übernahm er 1953 das Außenministerium, das er bis kurz vor seinem Tod leitete. Ziel seiner Politik gegenüber der Sowjetunion war das »Zurückrollen« des Eisernen Vorhangs (Roll back) unter Drohung mit massiver Vergeltung (»massive retaliation«). Unter massiver Vergeltung verstand Dulles die Beantwortung eines feindlichen Angriffs mit einem vernichtenden atomaren Gegenschlag. Durch die Errichtung eines globalen Systems von Sicherheitspakten sollte die Ausweitung der kommunistischen Einflußsphäre verhindert werden (Gründung der SEATO 1954, des Bagdadpakts 1955; Aufnahme der Bundesrepublik Deutschland in die NATO 1955). Gegen Ende der 50er Jahre stieß Dulles mit seinem religiös motivierten Antikommunismus immer mehr auf Kritik.

Luc Durtain
eigentlich André Nepveu, französischer Schriftsteller (*10. 3. 1881, Paris), stirbt am 29. Januar in Paris.
Durtains Lyrik, Erzählungen, Romane, Essays und Reiseberichte sind durchdrungen vom Gedanken der Brüderlichkeit. Ins Deutsche übertragen wurde die Novellensammlung »Im vierzigsten Stock« (1928).

Sir Jacob Epstein
britischer Bildhauer russisch-polnischer Abstammung (*10. 11. 1880, New York), stirbt am 19. August in London.
Epstein, ausgehend von Auguste Rodin und Constantin Brancusi, schuf monumentale Bildplastiken, meist in Bronze, mit einer grob realistischen Formensprache. Nach dem Skandalerfolg seiner 18 für das Gebäude der British Medical Association in London geschaffenen Monumentalfiguren wurde er ein gesuchter Porträtist (Albert Einstein, George Bernard Shaw, Winston Churchill, Kaiser Haile Selassie I. u. a.). Neben Henry Moore zählt er zu den bedeutendsten britischen Bildhauern des 20. Jahrhunderts.

Errol Flynn

US-amerikanischer Filmschauspieler (*20. 6. 1909, Antrim/Nordirland), stirbt am 14. Oktober in Los Angeles-Hollywood.
Flynn errang weltweite Popularität mit der Rolle des Captain Blood in dem Hollywood-Film »Unter Piratenflagge« (1935). Seine größten Erfolge feierte er weiter als Liebhaber und Held in romantischen Mantel- und-Degen-Filmen: »Robin Hood, der König der Vagabunden« (1938), »Herr des Wilden Westens« (1939).

Grock

eigentl. Adrian Wettach, schweizerischer Musikclown (*10. 1. 1880, Reconvilier bei Biel), stirbt am 14. Juli in seinem Schloß bei Imperia an der italienischen Riviera.
Grock feierte vor dem Ersten Weltkrieg mit dem Italiener Antonet (Umberto Guillaume) einen triumphalen Erfolg mit seiner Spanientournee und war von da an bis zu seinem Auftritt in Hamburg 1954 und seinem letzten im italienischen Fernsehen 1956 Topstar auf allen Bühnen. Als Clown mit sicherem Gespür für die Wirkung vereinte er körperliche Gewandtheit und musikalisches Können mit allen Tugenden des Spaßmachers von Niveau. Er veröffentlichte u. a. »Nit m-ö-ö-ö-glich. Die Memoiren des Königs der Clowns« (1956).

George Grosz
deutscher Maler und Grafiker (*26. 7. 1893, Berlin), stirbt am 6. Juli in Berlin.
In Zeichnungen und Gemälden hielt Grosz in einem Stil harter Strichführung mit Schärfe und Überdeutlichkeit die Sinnlosigkeit des Ersten Weltkriegs und die gesellschaftlichen Zustände während der Weimarer Republik fest. Er war Mitbegründer der Dada-Bewegung in Berlin (1918) und trat im selben Jahr der KPD bei. Seine gesellschaftskritischen Werke faßte er als politische Waffe auf. Wie John Heartfield setzte er auch Collage und Fotomontage als Agitationsmittel ein. In den 20er Jahren wichen dadaistische und futuristische Übertreibungen einer sachlich-scharfen Darstellung im Sinn des sozialkritischen Verismus. 1932 nahm er eine Gastdozentur in New York an und übersiedelte im Januar 1933 ganz dorthin. In den USA erfolgte ein Wandel zu besinnlichen Tönen. Das NS-Regime erklärte ihn für »entartet«, bürgerte ihn 1938 aus und vernichtete viele seiner Arbeiten.
Zu seinen bekanntesten Gemälden zählen »Ecce homo« (1922), »Das Gesicht der herrschenden Klasse« (1921) und »Die Stützen der Gesellschaft« (1926).

Edward Frederick Lindley Wood Earl of Halifax
britischer konservativer Politiker (*16. 4. 1881, Powderham Castle/Devonshire), stirbt am 23. Dezember in Garrowby Hall in Yorkshire.
Halifax war von 1925 bis 1931 Vizekönig in Indien, übernahm 1935 das britische Kriegsministerium und war von 1935 bis 1938 Lordsiegelbewahrer unter Stanley Baldwin. Als Außenminister unter Arthur Neville Chamberlain setzte er von 1938 bis 1940 die Politik der Beschwichtigung (»Appeasement«) gegenüber dem nationalsozialistischen Deutschen Reich fort. Von 1940 bis 1946 war er Botschafter in Washington.

Joseph Matthias Hauer
österreichischer Komponist und Musiktheoretiker (*19. 3. 1883, Wiener Neustadt), stirbt am 22. September in Wien.
Neben Arnold Schönberg entwickelte Hauer ab 1919 ein eigenes Zwölftonsystem. Theoretische Grundlage (»Zwölftontechnik. Die Lehre von den Tropen«, 1926) bildete die Annahme, je weiter entfernt eine Musik von Dur-Dreiklang und Tonleiter sei, desto vergeistigter sei sie; nicht die einzelnen Töne seien wichtig, sondern die Wendungen nach Gruppen (»Tropen«). Hauer faßte 44 der von ihm errechneten 479 001 600 möglichen Wendungen in Zwölftongruppen (2 × 6) zusammen. Er komponierte u. a. die Oper »Salambo« (1929), das Singspiel »Die schwarze Spinne« (1932) und die Kantate »Der Menschen Weg« (1934) sowie Orchester- und Kammermusik und mehrere »Zwölftonspiele«.

Kurt Held
eigentl. Kurt Kläber, deutscher Schriftsteller (*4. 11. 1897, Jena), stirbt am 9. Dezember in Sorengo im schweizerischen Kanton Tessin.
Held hatte wie seine Frau, Lisa Tetzner, den größten Erfolg mit Jugendbüchern, mit »Die Rote Zora und ihre Bande« (1941) und der vierbändigen Waisenkinderromanfolge »Giuseppe und Maria« (1955/56). Kläber war KPD-Mitglied und aktiv in der Arbeiterbewegung tätig. 1933 emigrierte er in die Schweiz. Er gilt als Verteidiger der Welt der Kinder gegen die Welt schuldig gewordener Erwachsener.

Wolfram Hirth

deutscher Sportflieger und Flugzeugbauer (*28. 2. 1900, Stuttgart), kommt am 25. Juli bei Dettingen unter Teck bei einem Flugzeugabsturz ums Leben.
Hirth entdeckte 1930 den Thermikflug, einen Segelflug in vertikalen Luftströmungen über von der Sonne erwärmten Gebieten. 1934 errang er einen Weltrekord im Langstreckensegelflug. Sein »Handbuch des Segelfliegens« (1938) erreichte mehrere Auflagen.

Billie Holiday
eigentl. Eleonora Gough MacKay, genannt Lady Day, US-amerikanische Jazzsängerin (*7. 4. 1915, Baltimore), stirbt am 17. Juli in New York.
Billie Holiday zählt neben Ella Fitzgerald zu den ausdrucksstärksten Sängerinnen des Swing. Sie sang u. a. in den Orchestern von Count Basie und Artie Shaw.

Buddy Holly
eigentl. Charles Hardin Holly, US-amerikanischer Rock-'n'-Roll-Musiker (*7. 9. 1936 in Lubbock/Texas) kommt am 3. Februar bei einem Flugzeugabsturz bei Mason City (US-Bundesstaat Iowa) ums Leben.
Buddy Holly zählte neben Elvis Presley und Chuck Berry zu den erfolgreichsten Rock-Sängern der USA. Zu seinen bekanntesten Liedern gehören »Peggy Sue«, »Rave on« und »That'll be the day« (→ 3. 2./S. 36).

Laurence Housman
englischer Dichter (*18. 7. 1865, Bromsgrove/Worcestershire), stirbt am 20. Februar in Glastonbury in Somerset.
Housman, der Malerei in South Kensington studierte, arbeitete zunächst als Illustrator. Später illustrierte er viele seiner Märchen und Gedichte selbst. Der anonym erschienene Roman »An Englishwoman's Love Letters« (1900) wurde ein Skandalerfolg. In dem Theaterstück »Victoria Regina« (1934) dramatisiert er Anekdoten aus dem Leben von Königin Viktoria. Der satirische Roman »Trimblerigg« (1924) entlarvt Heuchelei und Korruption in der Politik.

Ernst Jäckh
deutscher Politikwissenschaftler (*22. 2. 1875, Urach), stirbt am 17. August in New York.
Jäckh, der dem Liberalen Friedrich Naumann nahestand, wurde nach mehreren Reisen Orient- und Balkansachverständiger im Auswärtigen Amt in Berlin und trat für die deutsch-türkische Freundschaft ein. 1918 gründete er die Deutsche Liga für Völkerbund und 1920 die Hochschule für Politik in Berlin, die er bis zu seiner Emigration 1933 leitete.

Hans Henny Jahnn
deutscher Schriftsteller, Essayist und Orgelbauer (*17. 12. 1894, Stellingen/Hamburg), stirbt am 29. November in Hamburg.
Jahnn, der über 100 Orgeln baute, emigrierte als Pazifist während des Ersten Weltkriegs nach Norwegen und gründete nach Kriegsende bei Hamburg die auf heidnisch-archaischen Prinzipien basierende Glaubensgemeinschaft Ugrino. Von 1933 bis 1950 lebte er erneut in der Emigration, meist auf Bornholm. Jahnn zählt zu den bedeutendsten und sprachgewaltigsten deutschsprachigen Schriftstellern des 20. Jahrhunderts. Wie auch seine anderen Werke kreist der Roman »Perrudja« (1929) um die Stellung des Menschen zwischen den dämonischen Triebkräften und der Erlösung aus dieser Triebgebundenheit. Mit an James Joyce erinnernden Stilmitteln versucht Jahnn hier, »Anschauung von einer neuen Art Mensch« zu geben, fern von jeder Konvention, fern aber auch von der Idylle. Perrudja lebt einsam mit seinen Tieren in der Bergwelt Norwegens und gewinnt das Sendungsbewußtsein für seinen Kampf für die Welt, die nicht von der Zivilisation bedroht wird. Weitere Romane sind die Trilogie »Fluß ohne Ufer« (1949–1961) und »Die Nacht aus Blei« (1956) sowie die Dramen »Pastor Ephraim Magnus« (uraufgeführt 1923), »Medea« (1926) und »Thomas Chatterton« (1955).

Rudolf Kassner
österreichischer Kulturphilosoph und Schriftsteller (*11. 9. 1873, Großpawlowitz/Südmähren), stirbt am 1. April in Siders im schweizerischen Kanton Wallis.
Hugo von Hofmannsthal bezeichnete Kassner als den »bedeutendsten Kulturschriftsteller der deutschen Literatur«. In innerlicher Distanz zu den politischen Zeitereignissen behandelte Kassner von einem konservativen Standpunkt aus in Essays, Dialogen, Anekdoten, Parabeln, Briefen und Aphorismen unterschiedliche Themen, von der Mystik bis zum

Nekrolog 1959

Autobiographischen. Zentrale Bedeutung innerhalb seines Werks kommt seiner »universalen Physiognomik« zu, mit Hilfe derer er das Leben in »Gesichten« erfassen und so eine Abwendung von den exakten Naturwissenschaften hin zum Reich der Bilder bewirken wollte (»Zahl und Gesicht«, 1919, »Die Grundlagen der Physiognomik«, 1922, »Das physiognomische Weltbild«, 1930).

Werner Krauss

deutscher Bühnen- und Filmschauspieler (*23. 6. 1884, Gestungshausen bei Coburg), stirbt am 20. Oktober in Wien.
Krauss kam 1913 zu Max Reinhardt ans Deutsche Theater in Berlin, wechselte 1925 ans Berliner Staatliche Schauspielhaus und war 1929 auch Mitglied des Wiener Burgtheaters. Zu seinen Glanzrollen im Film zählen der wahnsinnige Doktor in »Das Kabinett des Dr. Caligari« (1919), Jack the Ripper in »Das Wachsfigurenkabinett« (1924), der grobschlächtige Fleischer in »Die freudlose Gasse« (1925) und Scapinelli in »Der Student von Prag« (1926). Seine Judenkarikaturen in dem NS-Hetzfilm »Jud Süß« (1940) trugen ihm nach dem Zweiten Weltkrieg ein Berufsverbot ein. Seit 1954 war er Träger des Iffland-Rings (→ 24. 11./S. 88).

Alfred Kubin

österreichischer Zeichner und Schriftsteller (*10. 4. 1877, Leitmeritz), stirbt am 20. August auf seinem Landgut Zwickledt bei Wernstein am Inn.
Kubin, vielfach dem Surrealismus zugerechnet, erregte 1902 mit seiner ersten Ausstellung in Berlin Entsetzen und Ärgernis. Seine mit feiner Feder ausgeführten Zeichnungen zeigten grotesk-dämonische Ungeheuer, Schreckensgebilde aus ineinander verschlungenen Körperteilen, halb Tier, halb Mensch, und grauenvolle Todesszenen. Kubin, Sohn eines Vermessungsingenieurs und einer Pianistin, wurde seit dem frühen, qualvollen Tod seiner Mutter (1887) von phantastischen, ans Wahnsinn grenzenden Vorstellungen heimgesucht, die er in grafische Kunst umsetzte. Seine Ausbildung als Maler erhielt er in München, wo er Mitglied der Neuen Künstlervereinigung und des Blauen Reiters war. Die Bekanntschaft mit Wassily Kandinsky und Franz Marc und auch seine enge Freundschaft mit Paul Klee gab seinem künstlerischen Werk entscheidende Impulse. 1937 wurde er im nationalsozialistischen Deutschen Reich als entartet verfemt. Kubin hinterläßt Tausende von Zeichnungen und Lithographien als Einzelblätter, Mappenwerke oder Buchillustrationen. 1908 schrieb er den Roman »Die andere Seite«, den er mit 52 Zeichnungen selbst illustrierte.
Kubin wird mit den großen Phantasten Hieronymus Bosch, Jacques Callot, Francisco de Goya y Lucientes und Johann Heinrich Füßli verglichen. Sein Werk ist Ausdruck des Glaubens, daß der Mensch »aus der rätselhaften Verbindung zweier anonymer Wesenheiten besteht, dem Chaos und dem Selbst«.

Mario Lanza

eigentl. Alfredo Cocozza, US-amerikanischer Sänger (Tenor) italienischer Herkunft (*31. 1. 1921, Philadelphia), stirbt am 7. Oktober in Rom.
Lanza, der auch Schlager sang, wurde durch seinen Erfolg in dem Film »That Midnight Kiss« (1949) einer der größten Stars der US-amerikanischen Produktionsgesellschaft Metro-Goldwyn-Meyer. Mit Musikfilmen, Schallplatten und Konzerttourneen begeisterte er ein Millionenpublikum. Am berühmtesten wurde seine Titelrolle in dem Film »Der große Caruso« (1951).

George Catlett Marshall

US-amerikanischer General und Politiker, Friedensnobelpreisträger 1953 (*31. 12. 1880, Uniontown/Pasadena), stirbt am 16. Oktober in Washington.
Marshall war von 1939 bis 1945 Generalstabschef der US-Streitkräfte, von 1947 bis 1949 Außenminister und 1951/52 Verteidigungsminister. 1947 entwickelte er als Außenminister das später als Marshallplanhilfe bezeichnete Wirtschaftsaufbauprogramm für Europa nach dem Zweiten Weltkrieg. Das Programm sollte folgenden Zwecken dienen: Sicherstellung der Lebensmittelversorgung; Gewinnung leistungsfähiger Handelspartner; Vorbereitung der Einigung Europas; Verhinderung des weiteren Vordringens des Kommunismus in Europa. Die Marshallplanhilfe wurde 1948 vom US-Kongreß verabschiedet, am 15. Dezember 1949 trat die Bundesrepublik Deutschland dem Abkommen bei. Die Ostblockländer lehnten die Marshallplanhilfe ab. Sie umfaßte Lieferungen von Waren, Dienstleistungen, technischer Hilfe, Krediten u. a.

Bohuslav Martinů

tschechischer Komponist (*8. 12. 1890, Polička/Böhmen), stirbt am 28. August in Liestal bei Basel.
Angeregt durch Arthur Honegger, Darius Milhaud und Igor Strawinski, entwickelte Martinů einen unkonventionellen Stil, der vielfach dem Neoklassizismus zugerechnet wird. Darüber hinaus verarbeitete er Elemente der tschechischen Folklore und des Jazz. Er komponierte in allen Gattungen, u. a. die Orchesterwerke »Half-Time« (1924, Impressionen von einem Fußball-Länderspiel) und »La bagarre« (1927, nach Charles Lindberghs Landung in Paris), die surrealistische Traumoper »Julietta« (1938), ein Concerto grosso (1941), die »Trauermusik für Lidice« (1943), ferner die Opern »Griechische Passion« (1958) und »Mirandolina« (1959).

Werner Näf

schweizerischer Historiker (*7. 6. 1894, Sankt Gallen), stirbt am 19. März in Muri bei Bern.
Näf lehrte ab 1925 als Professor in Bern Geschichte des Humanismus und der Staatsideen. Sein Hauptwerk ist »Die Epochen der neueren Geschichte« (1945/46).

Paul Oestreich

deutscher Pädagoge (*30. 3. 1878, Kolberg), stirbt am 28. Februar in Berlin.
Oestreich gründete 1919 den Bund entschiedener Schulreformer und arbeitete überparteilich an der Kulturpolitik. Er forderte Erziehung zur »Ganzheit«, zur »solidarischen Totalität«, und lehnte einseitige Verstandes- und Gedächtnispflege (»Verkopfung«) ab. Zur idealen Erziehungsanstalt erklärte er eine Einheitsschule, die Lebens- und Produktionsschule zugleich ist. In seinen Werken »Die elastische Einheitsschule« (1921) und »Die Schule zur Volkskultur« (1923) stellt er den Entwurf einer künftigen Schule vor.

Josef Friedrich Perkonig

österreichischer Schriftsteller (*3. 8. 1890, Ferlach/Kärnten), stirbt am 8. Februar in Klagenfurt.
Perkonig gestaltete in wirklichkeitsnahen Novellen und Romanen teils humorvoll, teils anklagend Probleme seiner Kärntner Bergheimat. Darüber hinaus schrieb er Dramen, Essays, Hörspiele und Drehbücher. Bekannt wurden u. a. die erzählerischen Werke »Heimat in Not« (1921), »Dorf am Acker« (1926), »Mensch wie du und ich« (1932), »Nikolaus Tschinderle. Räuberhauptmann« (1936), »Lopud, Insel der Helden« (1938) und »Patrioten« (1950).

Gérard Philipe

französischer Bühnen- und Filmschauspieler (*4. 12. 1922, Cannes), stirbt am 25. November in Paris.
Philipe wurde bekannt in der Titelrolle von Albert Camus' Theaterstück »Caligula« (1945), verkörperte auf der Bühne jedoch auch klassische Rollen. Im Film brachte er neben außergewöhnlichem Talent eine Mischung aus Rauheit und Zartheit, Jungenhaftigkeit und Reife in seine Rollen ein: Als jugendlicher Liebhaber in »Teufel im Leib« (1947), in romantischen Hauptrollen, in Burlesken wie »Fanfan der Husar« (1951), als Don Juan in »Liebling der Frauen« (1954). Seine letzte Rolle war der Valmont in »Gefährliche Liebschaften« (1959).

Alfonso Reyes

mexikanischer Schriftsteller (*17. 5. 1889, Monterrey), stirbt am 27. Dezember in Mexiko.
Mit seinen Kritiken und stilistisch glänzenden Essays über die bedeutendsten klassischen und modernen Autoren Spaniens und Südamerikas übte Reyes großen Einfluß auf das mexikanische Geistesleben aus. 1944 wurde er Direktor des Colegio Nacional de México. Als Lyriker stand er unter dem Einfluß von Luis de Góngora y Argote und Stéphane Mallarmé.

Sir Owen Williams Richardson

britischer Physiker, Physiknobelpreisträger 1928 (*26. 4. 1879, Dewsbury/Yorkshire), stirbt am 15. Februar in Alton in Hampshire.
Richardson zählt zu den Pionieren auf dem Gebiet der Elektronik. Er erforschte die Elektronenemission heißer Metalloberflächen (Richardson- bzw. Edisonbzw. glühelektrischer Effekt), bestimmte experimentell und theoretisch die Geschwindigkeitsverteilung der Elektronen und die Abhängigkeit ihrer Anzahl von der Glühtemperatur. Hierfür erhielt er 1928 den Nobelpreis für Physik. Darüber hinaus erforschte er den äußeren Fotoeffekt und die Spektroskopie im UV-Bereich.

Sir Stanley Spencer

englischer Maler (*30. 6. 1891, Cookham/Berkshire), stirbt am 14. Dezember in Taplow/Buckingham.
Spencer gilt als einer der führenden Vertreter der englischen Malerei in der ersten Hälfte des 20. Jahrhunderts. Er erstrebte eine Verbindung von Realismus und Religiosität der Präraffaeliten und des italienischen Quattrocento. Seine Gemälde und Fresken mit religiösen Themen haben deutlichen Bezug zur Gegenwart.

Luigi Sturzo

italienischer Politiker (*26. 11. 1871, Caltagirone), stirbt am 8. August in Rom.
Sturzo, der ab 1894 Priester war, gründete 1919 die katholische Partei Partito Popolare Italiano (PPI), die sich bereits 1923 an der Frage des Bündnisses mit den Faschisten spaltete. Der Antifaschist Sturzo trat daraufhin als Generalsekretär zurück und lebte von 1924 bis 1946 im Exil. Nach dem Weltkrieg übte er bedeutenden Einfluß auf die Programmatik der Democrazia Cristiana, der Nachfolgeorganisation der 1926 verbotenen PPI, aus. 1952 wurde er zum Senator auf Lebenszeit ernannt.

Peter Suhrkamp

eigentl. Johann Heinrich Suhrkamp, deutscher Verleger (*28. 3. 1891, Kirchhatten bei Oldenburg), stirbt am 31. März in Frankfurt am Main.
Suhrkamp gab ab 1933 die im S. Fischer Verlag erscheinende Kulturzeitschrift »Die Neue Rundschau« heraus und übernahm 1936 die Leitung des Verlags, der 1942 in Suhrkamp Verlag vorm. S. Fischer umbenannt wurde. 1950 gründete er in Frankfurt am Main den Suhrkamp Verlag, in dem er führende moderne Autoren verlegte (Theodor W. Adorno, Bertolt Brecht, T. S. Eliot, Max Frisch, Hermann Hesse, Marcel Proust u. a.).

Ritchie Valens

eigentl. Richard Valenzuela, US-amerikanischer Rock-'n'-Roll-Sänger (*13. 5. 1941 in Pacoima/Kalifornien), kommt am 3. Februar bei einem Flugzeugabsturz bei Mason City (US-Bundesstaat Iowa) ums Leben.
Valens galt als Vertreter der ibero-amerikanischen Rockmusik und wurde mit »Donna«, »La Bamba« und »Come on let's go« berühmt (→ 3. 2./S. 36).

Boris Vian

französischer Schriftsteller (*10. 3. 1920, Ville-d'Avray), stirbt am 23. Juni in Paris.
Vian war nicht nur Romancier, Dramatiker, Chansonnier und Lyriker unter dem Einfluß von Surrealismus und Existentialismus, sondern auch Jazztrompeter, Musikkritiker und Filmschauspieler. Raymond Queneau veröffentlichte 1946 den Roman »Ich werde auf eure Gräber spuk-

ken«, das erste Prosawerk Vians, als angebliche Übersetzung des amerikanischen Schwarzen Romans unter dem Pseudonym Vernon Sullivan. Die Kritik erkannte in dem in Amerika spielenden Werk mit seinem schwarzen Humor tatsächlich originalen amerikanischen Stil. (Vian stirbt 1959 nach der Vorführung einer von ihm nicht autorisierten Verfilmung dieses Romans.) Zu den bekanntesten seiner sarkastisch-phantastischen und grotesken Romane zählen ferner »Die Gischt der Tage« (1947), »Herbst in Peking« (1947) und »Der Herzausreißer« (1953).

Heitor Villa-Labos

brasilianischer Komponist und Dirigent (* 5. 3. 1887, Rio de Janeiro), stirbt am 17. November in Rio de Janeiro.

Villa-Lobos gründete 1942 das brasilianische Nationalkonservatorium. In seinem umfangreichen Werk verbindet er Impressionismus und Neoklassizismus mit Elementen der heimatlichen Folklore. Er komponierte u. a. zwölf Sinfonien, sinfonische Dichtungen (»Der Ursprung des Amazonas«, 1950), mehrere folkloristische »Chôros«, »Bachianas brasileiras« (1930–1944), Bühnenwerke und Kammermusik.

Oskar Vogt

deutscher Neurologe (* 6. 4. 1870, Husum), stirbt am 31. Juli in Freiburg im Breisgau.

Vogt gründete 1937 das Institut für Hirnforschung und Allgemeine Biologie in Neustadt im Schwarzwald, das er in enger Zusammenarbeit mit seiner Frau Cécile leitete. Er arbeitete vor allem über die Hypnoseforschung, die Pathologie des Gehirns und die Zentren der Großhirnrinde.

Charles Thomson Rees Wilson

britischer Physiker, Physiknobelpreisträger 1927 (* 14. 2. 1869, Glencorse bei Edinburgh), stirbt am 15. November in Carlops bei Edinburgh.

Forschungen über die Nebelbildung durch Ionen führten Wilson zur Konstruktion der sog. Nebelkammer, mit der er 1911 erstmals Spuren von Alphateilchen sichtbar machte. Für diese bei der Untersuchung der Korpuskularstrahlung und kurzer Wellenstrahlung wichtigen Methode erhielt er 1927 (zusammen mit Arthur Holly Compton) den Nobelpreis für Physik.

Adolf Windaus

deutscher Chemiker, Chemienobelpreisträger 1928 (* 25. 12. 1876, Berlin), stirbt am 9. Juni in Göttingen.

Das Hauptforschungsgebiet von Windaus, der als Professor in Innsbruck und Göttingen lehrte, war die Untersuchung und Konstitutionsaufklärung des Cholesterins. Darüber hinaus arbeitete er über weitere Sterine, über Gallensäuren, Alkaloide und Vitamine.

Frank Lloyd Wright

US-amerikanischer Architekt (* 8. 6. 1869, Richland Center/Wisconsin), stirbt am 9. April in Phoenix (US-Bundesstaat Arizona).

Wright, Schüler von Louis Henry Sullivan, wurde bekannt mit flachen Präriehäusern und Stahlbetonbürobauten in kubischer Geschlossenheit (Chicago, Oak Park). Er vertrat die Idee der organischen Architektur mit Von-innen-nach-außen-Entwicklung des Bauwerks, fließenden Innenräumen und Einbeziehung der umgebenden Natur. Bedeutende Werke waren das Guggenheim-Museum in New York (1943 entworfen, gebaut 1956–1959) und der Price Tower in Bartesville (1955/56).

Personenregister

Das Personenregister enthält alle in diesem Buch genannten Personen (nicht berücksichtigt sind mythologische Gestalten und fiktive Persönlichkeiten sowie Eintragungen im Anhang mit Ausnahme des Nekrologs). Herrscher und Angehörige regierender Häuser mit selben Namen sind alphabetisch nach den Ländern ihrer Herkunft geordnet. Kursive Zahlen verweisen auf Abbildungen.

Aalto, Alvar 134
Adam, Peter 141
Adenauer, Konrad 8, *17, 28,* 42, 44, *49,* 58, *62,* 63, 78, *81, 82,* 94, 96, *98,* 99, *100,* 112, *114,* 128, *133,* 142, 144, 152, *153, 154,* 160, 162, 174, 176, 179, *180,* 181, 190, 192, 195, 196, 207, 228
Adschubij, Alexej I. 162
Aga Khan III. (→ Mohammed Shah, Aga Khan III.) 26, 36
Ahearne, John F. *57*
Ahrens, Hermann 174
Akihito, Tsugu No Mija 58, 59, *71*
Albers, Detlev 90
Albers, Josef 170
Albert, Prinz von Lüttich 58, 110, *121*
Albertz, Heinrich 10, 18, 110
Albiez, Robert 101
Alexandre, Pierre 10, 23
Allan, Robert *106*
Altig, Rudi 126, *141, 203*
Altig, Willi 141
Altmeier, Peter *64,* 78, 89
Altolaguirre, Manuel 228
Andersen, Lale 138
Anderson, Maxwell 228
Andree, Ingrid 56
Anglade, Henri 108, 112, 125
Anka, Paul 138
Anouilh, Christine *173*
Anouilh, Jean 159, 160, *173*
Anquetil, Jacques 109, 112, 125
Antes, Horst 170
Armstrong, Louis 26, 138
Arth, Jeanne 125
Bahamontes, Federico *108,* 112, *125*
Balke, Siegfried 42, 88, 144
Bandaranaike, Solomon 144, *151,* 228
Baranjai, Janosz 93
Bardot, Brigitte 8, *23,* 56, 160
Bargheer, Eduard 170
Bartelmeß, Erich 65
Bartning, Otto *228*
Bashorun, Alao 87
Basie, Count 76
Basler, Hannelore 23
Batista y Zaldívar, Fulgencio 8, 10, 12, 13, 128
Baudissin, Wolf Graf 192
Baudouin I., König von Belgien 58, *121,* 192
Bauer, Josef Maria 37
Bauer, Manfred 65
Baum, Vicki 144
Baumgartner, Joseph *132*
Bäumler, Hans-Jürgen 8, 24, 26, *41,* 203
Baur, Hans *72*

Bazaines, Jean 228
Beaumarchais, Pierre Augustin Caron de 92
Becher, Walter 196
Bechet, Sidney 228
Becker, Bessie 90
Becker, Heinrich 179
Becker, Max 78, *99,* 114
Beckett, Samuel 204
Behra, Jean 141
Beinum, Eduard van 228
Ben Bella, Mohammed Ahmed 8, 67, *182*
Ben Gurion, David 110, *116,* 160, 174, *183,* 192
Berg, Jörg Maria 176
Bergman, Ingmar 24
Bernstein, Leonard *54*
Berry, Chuck 36
Bertelmann, Fred 75
Bhaba, Baldev 192
Bidault, Georges 144, 192
Birolli, Renato 228
Blank, Theodor 42, 142, 154, 176
Blankenhorn, Herbert 60, 64
Bloch, Ernest 228
Blücher, Franz *228*
Blumenberg, Rita 41
Bode, Arnold 125, 142
Bogner, Willy 10, *23*
Böll, Heinrich *38,* 39
Bolz, Lothar *16,* 81
Bonaglia, Michele 189
Brabham, Jack 203
Brancusi, Constantin 229
Brando, Marlon 91, 102
Brandt, Willy 8, 10, *18, 21,* 24, *28,* 44, 48, 60, 76, *77,* 78, *82,* 94, 142, 144, 164, *178,* 206
Braque, Georges 172
Brauer, Erich (Arik) 170
Braun, Eva 102
Braun, Harald 188
Braun, Wernher von 142, *158,* 162, 168
Brauner, Artur 166
Brecht, Bertolt 204, 205, 228
Bredow, Hans 228
Brentano, Heinrich von 44, 67, *81, 98*
Bringolf, Walter *102*
Bronnen, Arnolt 228
Brooks, Tony 126, 141, 190, 203
Brosda, Günter 90
Bruce, David K. E. 174
Bruckner, Anton 228
Bruckner, Ferdinand 228
Brun, Fritz 228
Brundig, Ernst 142
Buber, Martin 173
Buchholz, Horst 56

Budde, Enno 18
Bueno, Maria Esther 125
Bunche, Ralph J. 86
Burckhardt, Carl J. 173
Burg, Lou van 72, 73, 96
Burgiba, Habib *103,* 174
Busch, Wilhelm 39
Butler, Reginald C. 125
Butler, Richard A. 78
Büttner, Wolfgang 37
Callas, Maria *55,* 126, 140, 174, *189*
Camus, Marcel 76, 92
Cantello, Albert 94
Caracciola, Rudolf *228*
Carpenter, Malcolm 70
Carper, Herbert 42
Castro, Fidel 8, *12,* 13, 26, 60, *66,* 78, 112, 117, 162
Castro, Raúl *12,* 30
Cattlett, Bud 74
Cézanne, Paul 188
Chabrol, Claude 106, 110
Chagall, Marc 44
Chamberlain, Arthur Neville 229
Chamberlain, Owen 203
Chandler, Raymond Thornton 228
Chiesa, Pietro 228
Chillida, Eduardo 125
Chou En-lai 10, 44, 46, 142
Chruschtschow, Nikita S. 17, 26, 28, 42, 44, *48,* 78, 87, 103, 110, 112, *117,* 126, 128, 133, 142, 144, *146, 148, 149,* 160, 162, 176, 190, 192, 206
Chruschtschow, Sergei *146*
Cimiotti, Emil 125
Clarke, Kenny 74
Claudel, Paul 60
Cliburn, Van 76
Coltelloni, Paul 10, 23
Connor, William 94
Cooper, Leroy *70*
Coty, René *14*
Couve de Murville, Maurice 14, 194
Coyne, André 202
Cranach, Lucas 190
Curtis, Tony 44, 56, *107,* 144
Cyrankiewicz, Jozef 133, 142
D'Amato, Cus 108
Dalai Lama 44, *46,* 58, 142
Dalida 176
Dandridge, Dorothy *106*
Danz, Max 159
Dates, Joyce P. *41*
Daume, Willi *159*
Davis jr., Sammy *106*
Dayan, Moshe *183,* 192
Dean, James 91, 140
Debré, Michel 8, 14, *15,* 44, *49,* 94, *116,* 160, 182, *194*
Debussy, Claude 228
Dehler, Thomas 82, 99
Deist, Heinrich 178
Delcroix, Konstantin *72*
Delgado, Humberto 8, *16*
Dellière, Joan 23
Delon, Alain 44, *53*
Demichow, Wladimir P. 8, 22

DeMille, Cecil B. 228
Deutsch, Ernst 204
Dia, Mamadou 29
Dibelius, Otto 60, 65, *136,* 174, *180*
Dick-Read, Grantly 229
Dietrich, Marlene 176, *188*
Dior, Christian 90
Diori, Hamani 29
Djilas, Milovan 39
Donati, Alfred 42
Dorticós Torrado, Osvaldo 112, 117
Douglas, Kirk *107*
Dowling, Walter C. 174, *180*
Drille, André 190
Dufhues, Josef-Hermann 64
Dulles, John Foster *17,* 24, *28,* 58, 60, 66, 78, 80, *86,* 229
Durant, Angéle 138
Durbridge, Francis 160
Durtain, Luc 229
Eban, Abba *183*
Echegoyen, Martin R. 42
Eckardt, Felix von *130,* 190, 196
Eden, Anthony 30
Eiermann, Egon 76, 89
Eikelmann, Siegfried 10, 23
Eisenhower, Dwight D. 8, 10, *15,* 16, 17, 24, *28,* 60, *66,* 78, *86, 105,* 117, 126, 128, 131, *133,* 142, *146, 148,* 162, 168, 180, 184, 190, 192, *195,* 206, 229
Elisabeth II., Königin von Großbritannien und Nordirland 96, *105*
Elisabeth, Königin von Belgien *121*
Emerson, Roy 125
Englisch, Lucie *73*
Enrico, Ezio d' 204
Enzensberger, Hans Magnus 38
Epstein, Sir Jacob 229
Erbse, Heimo 124
Erhard, Ludwig 10, *19,* 20, 26, 60, *64,* 84, *85,* 96, 98, 99, *100,* 118, *136,* 142, 144, 154
Erler, Fritz 33, 42, *48, 62*
Eschmann, Fritz 132
Eskens, Margot 75
Etzel, Franz 8, *64,* 98, 174
Eyck, Peter van 56
Fadil Kutschuk *47*
Fanfani, Amintore 10, 26, 30
Farah Diba 192, *200, 201*
Faruk, König von Ägypten 200
Fawzia, Prinzessin von Iran 200, *201*
Felmy, Hansjörg 44, 56, 160
Fierlinger, Zdeněk 190, 195
Figl, Leopold 60, *67,* 94
Fischer, O. W. 24, 44, *56,* 96, 106, 144, 166
Fitzgerald, Ella 76
Fleitz, Beverly 125
Fleming, Alexander 185
Flint, Lawrence 202
Fljorow, Georgi N. 44
Florey, Howard Walter 185
Flynn, Errol 229
Foot, Hugh *47*
Forßmann, Werner 50

232

Personenregister 1959

Franco Bahamonde, Francisco 10, 96
Frank, Anne 94, 128, 162
Frankenberg, Richard von 42
Frankenfeld, Peter 18, *73*
Fraser, Neale 125
Freed, Arthur 228
Freisehner, Karl *132*
Frey, Roger 60
Friedrich, Lothar 125
Frings, Josef Kardinal 181
Fröbe, Gert 24, 166
Froboess, Conny 60, *75, 138, 167*
Frohberg, Fred *139,* 180
Frohriep, Jürgen *107*
Frondizi, Arturo 96, *103,* 142
Fuchs, Klaus 96
Gabin, Jean 8, 23
Gaitskell, Hugh 110, 169
Gandhi, Indira *30*
Gandhi, Mohandas Karamchand (»Mahatma«) 30
Gates, Thomas S. 194
Gauguin, Paul 188
Gaul, Charly 94, *109*
Gaulle, Charles de 8, *14,* 28, 29, 42, 44, 49, 67, 94, 96, 103, 128, 142, 144, *150,* 160, 174, 176, *182,* 183, 190, 192, 194
Gault, James 24
Gavin, John *107*
Gehris, Alfred *72*
Geis, Jacob 188
Geislhöringer, August *132*
Germar, Manfred *141*
Gerstenmaier, Eugen 60, *64,* 96, 98, 100, 142, *152,* 164
Gewandt, Heinrich 165
Ghiorso, Albert 44
Gibson, Althea 125
Giefer, Alois 74
Gildo, Rex 75
Giller, Walter *107*
Gillespie, Dizzy 74
Giraudoux, Jean 92
Giscard d'Estaing, Valéry 14
Glenn, John *70*
Glocker, Konrad 70
Gobert, Boy *106*
Göbl, Margret 41
Godard, Jean-Luc 106
Goethe, Johann Wolfgang von 204
Gold, Käthe *205*
Goldfish, Samuel 228
Goldmann, Nahum *130*
Gomułka, Władysław 42
Gorky, Arshile 171
Goscinny, René 162, 167
Grabbe, Christian Dietrich *205*
Gradl, Johann Baptist 165
Graf, Robert 96
Granata, Rocco 138
Grant, Cary *107,* 192
Grass, Günter *38,* 204
Greco, Emilio 76
Greco, Enzo Musumeci 173
Greger, Max *139*

Greve, Karl-Heinz *196*
Grewe, Wilhelm *130*
Grissom, Virgil *70*
Griwas, Jeorjios 42, 47
Grock (eigtl. Adrian Wettach) *229*
Grolman, Helmuth von 26, *32*
Gromyko, Andrei A. 66, 76, 80, *81, 86,* 94, 102, *117*
Gronchi, Giovanni 26
Grosz, George 229
Grotewohl, Otto 8, 10, 16, 44, *49,* 60, 65, 162
Gründgens, Gustaf 60, 190, 205
Grzimek, Bernhard 8, 22, *73*
Grzimek, Michael 8, *22, 73*
Gschnitzer, Franz 192
Guardini, Romano 173
Guevara Serna, Ernesto »Che« *12*
Guggenheim, Solomon R. 172
Guillaumat, Pierre 110, 116
Gustav VI. Adolf, König von Schweden 190, 203
Gutermuth, Heinrich 20
Hacks, Peter 204
Hadj, Messali 67
Hagara, Willy *139*
Hagelstange, Rudolf 39
Haile Selassie I., Kaiser von Äthiopien 110, *117*
Haley, Bill 91
Halfmann, Wilhelm 42, *53*
Halifax, Edward Frederick Lindley Wood Earl of 229
Hallstein, Walter 64
Hamid, Abdel 162
Hammarskjöld, Dag 80, 110, *116,* 131
Hannibal 137
Hard, Darlene 125
Harriman, Averell 110
Harris, Joe *74*
Hase, Karl-Günther von 126, *130*
Hasse, O. E. 204
Hauer, Joseph Matthias 229
Haug, Toni 41
Hauptmann, Gerhart 204
Hausner, Rudolf 170
Hawkins, Coleman *74*
Hayward, Susan 58
Heartfield, John 229
Heine, Jutta *141*
Held, Kurt 229
Held, Martin 106, *107*
Hellwege, Heinrich 64, 165
Hemelrijk, Maurice van 142, 150
Henneberger, Barbi 23
Hepburn, Audrey 56, 174
Herberger, Sepp 109
Herold, Ted 138
Herrmann, Hans *141*
Herter, Christian A. 60, 66, 76, *81,* 110, 144, *146, 180,* 190
Herter, Mary *66*
Hesse, Hermann 173
Heuss, Theodor *15,* 24, 60, 62, 74, 94, 96, 98, 102, *114, 136,* 142, *152, 153, 158,* 160, *173,* 189

Heuss-Knapp, Elly 153
Heyrovský, Jaroslav 203
Hidekuti, Sandor 109
Hiob, Hanne *205*
Hirohito, Kaiser von Japan *71*
Hirsch, Rudi 108
Hirth, Wolfram 229
Hitchcock, Alfred 24, *40,* 106, 192
Hitler, Adolf 94, 102
Ho Chi Minh 131
Höcherl, Hermann 98
Hochwälder, Fritz 124
Hofer, Karl 125
Hofmann, Rolf 196
Hofmannsthal, Hugo von 124, 229
Holiday, Billie 229
Höllerer, Walter 38
Holles, Anthony *41*
Holly, Buddy 24, *36,* 229
Honegger, Arthur 230
Hoover, Herbert 66
Hope, Bob 149
Housman, Laurence 229
Hudson, Rock 56
Hüller, Oswald 94, 101
Humboldt, Alexander von 76
Humphrey, Hubert H. 24, *30,* 192, 228
Husain von Jordanien, König 76
Hutter, Wolfgang 170
Iffland, August Wilhelm 188
Interlenghi, Franco *23*
Inzeo, Piero d' 44
Ionesco, Eugène 204
Iversen, Olaf 71
Jäckh, Ernst 229
Jaenich, Hans 125
Jagielski, Mieczysław 169
Jahn, Gerhard 18
Jahnn, Hans Henny 229
Janke, Friedrich 142
Jaspers, Karl 173, 176
Jiménez, Muñez *13*
Joeres, Charlotte 92
Johannes XXIII., Papst 42, 44, *53,* 58, *68,* 96, 142, 155, 176
Johansson, Ingemar 96, *108, 109*
Johns, Jasper 170
Johnson, Rafer 93
Johnson, Uwe *38*
Jonquères, Pierre 93
Junkermann, Hans (»Hennes«) 96, *108,* 109
Jürgens, Curd *56*
Kádár, János 176
Kagel, Mauricio 54
Kaisen, Wilhelm *62,* 160, 164
Kaiser, Edgar *184*
Kalbfell, Hans 75
Kandinsky, Wassily 172, 230
Karajan, Herbert von 54, 112, *159*
Karamanlis, Konsdandinos 16
Karl V., römisch-deutscher Kaiser 29
Karl, Eva 201
Karlstadt, Liesl *72*

Kasim, Abd Al Karim 16, 24, 42, 44, *47,* 76, *86, 131,* 144, 151, 160
Kassner, Rudolf 229
Kaufmann, Carl 141, 144, *159,* 203
Kaufmann, Christine *138, 166*
Käutner, Helmut *56,* 106, 112
Kaye, Danny 24
Keller, Anton 158
Kent, Tommy 75
Kenyatta, Jomo *183*
Kilb, Hans 174, *179*
Kilius, Marika 8, 24, 26, *41,* 190, *203*
Kirchlechner, Dieter *204*
Kirkpatrick, Ivone 202
Kischi, Nobosuke 110
Kissinger, Henry A. 160, *169*
Klapheck, Konrad 170
Klebe, Giselher 94
Klee, Paul 172, 230
Kleridis, Johannis 195
Kliefoth, Ingo 141
Kline, Franz 170, 171
Klotz, Max *132*
Knappertsbusch, Hans 124
Knef, Hildegard 96, 140
Koch-Isenburg, Karl-Ludwig *145*
Koczian, Johanna von 24, 56, 204
Koenecke, Fritz 174
Köhler, Erich *152*
Kojima, Akiko 112
Koll, Ado 180
Kolumbus, Christoph 13
Konsalik, Heinz G. *39*
Kooning, Willem de *171*
Köpcke, Karl-Heinz 42, *53,* 72
Kopf, Hinrich Wilhelm *64,* 76, 174
Kornberg, Arthur 203
Koslow, Frol R. 96, 117
Krämer, Friedrich *52*
Kramm, Charlotte *72*
Kraus, Helmut 196
Kraus, Peter 56, 60, *75, 138, 167,* 176
Krauss, Werner *188,* 230
Kreisky, Bruno 110, 144
Kroll, Hans 8, 17, 66
Krone, Heinrich *62,* 98, 100
Krottendorff, Ida *92*
Krüger, Hans 60
Krüger, Hardy *106*
Krüger, Werner 98
Krüger, Willy *72*
Kruscharska, Sascha *107*
Kruse, Bernd 141
Kubin, Alfred *230*
Kubrick, Stanley 106
Kuby, Erich 26, 32
Kulenkampff, Hans-Joachim 35, *97,* 160, *165*
Kusnezwo, Wassili 78, 93
Küzük, Fazil 195
Lang, Michl *72*
Lanig, Hans-Peter 23, 41
Lanza, Mario 230
Lasky, Jesse 228
Lauer, Martin 110, *125, 141,* 190, *203*
Laver, Rod 125
Le Troquer, André 10

Personenregister 1959

Lee Kuan Yew *103*
Leinsdorf, Erich 124
Lemmer, Ernst 96, 162, 165, 176, 190, 192, 196, 206, 207
Lemmon, Jack *107*, 144
Lengg, Edi 24
Lenz, Siegfried 38
Leopold II., König von Belgien 150
Leopold III., König von Belgien *121*
Lessing, Gotthold Ephraim 204
Leuwerik, Ruth 44, *56*
Li Fu Chun 60
Liberace (eigentl. Wladziu Valentino Liberace) 94
Lichtenhahn, Fritz 204
Lilje, Hanns *136*
Lin Piao 142
Lindrath, Hermann 52, 174
Linge, Herbert 42
Lingen, Theo 35, *72*
Linkmann, Ludwig *92*
Linsenhoff, Lieselotte 57
Liu Shao-ch'i 60, 69
Lleo, Manuel Urrutía 8, 12, 30, 112, 117
Lloyd, Selwyn *81*
Löhde, Wolfgang 137
Lollobrigida, Gina 44, 56
London, George *124*
Looy, Rik van 109
Lothar, Ernst 124
Lübke, Heinrich 10, *21*, 76, *83*, 94, 99, 110, *114*, 142, 144, *152*, 154, 180
Lübke, Wilhelmine *114*
Luckardt, Wassili 134
Lücke, Paul 10, *20*
Luckhardt, Hans 134
Luft, Friedrich 56
Lumumba, Patrice 174
Lusignan, Guido von 47
Lüthje, Otto *73*
Lütke-Westhues, Alfons 44, 57
Mäckler, Hermann 74
MacLaine, Shirley *149*
Macleod, Iain Norman 183
Macmillan, Harold 26, *28*, 42, 49, 60, 78, 160, *169*, *180*, 192
Madschjali, Hazza 76
Maegerlein, Heinz *73*
Maekawa, Kunio 134
Maertens, Willy *73*
Mager, Reimer 136
Mahendra Bir Bikram Schah, König von Nepal 78, 87
Maier, Reinhold *82*, 98
Makarios III., Erzbischof 42, *47*, 190, 195
Maler, Reinhold 77
Mandel, Edgar 37
Mangelsdorff, Albert *74*
Mann, Erika 188
Mann, Thomas 160, 188
Manteuffel, Hasso von 128, 132
Mao Tse-tung 10, 16, 60, 69, 131, 142
Marc, Franz 172, 230
Margarethe, Prinzessin von Schweden *203*

Marini, Marino 125
Mark, Robert 125
Marshall, George C. 76, 82, 230
Martin, Dean *107*, 128
Martini, Louise *124*
Martinů, Bohuslav 230
Marwood, Ronald 76
Matačič, Lovro von 124
Mathieu, Georges 170
Matteotti, Matteo 24
Matz, Klaus Dieter 108
Maurier, Claire *107*
May, Billy 125
Mazzola, Rocco 58, *75*
Mba, Léon 29
McCloy, John J. 180
McDonald, David *184*
McElroy, Neil H. 190
McLaren, Bruce 203
Medaris, John B. 168
Meggl, Anne 23, 41
Meinrad, Josef 176, 188
Meir, Golda 144, *183*, 192
Meisel, Kurt 204
Mende, Erich *62*
Mendelssohn-Bartholdy, Felix 24
Mendès-France, Pierre 67
Meneghini, Giovanni 55, 174, *189*
Menge, Wolfgang *72*
Mensching, Werner 41
Menuhin, Yehudi *54*
Menzl, Walter Paul 26, *40*
Merten, Max 16
Meysel, Inge *72*
Michel, Franz *132*
Mikojan, Anastas I. 8, 10, 17, 103
Milhaud, Darius 230
Minetti, Bernhard 92
Miró Cordona, José 30
Mitterrand, François 160, 176, *183*
Modugno, Domenico 76
Mohammad Resa Pahlawi, Schah von Iran 192, *200*, *201*
Molterer, Anderl 10, 23
Monk, Thelonious 74
Monroe, Marilyn 106, 144
Montgomery, Bernard Law 44
Moore, Henry 125, 229
Moravia, Alberto 38, *39*, *124*
Morgan, Michèle 166
Moritz, Dorothea *72*
Moro, Aldo 44
Moss, Stirling 94, *109*, 203
Mufti Tana *47*
Müller, Heiner 204
Müller, Peter 174, *189*
Mussolini, Benito 160
Nabokov, Nicolai 176
Näf, Werner 230
Nagako, Kaiserin von Japan *71*
Nanak 151
Napoleon Bonaparte, Kaiser von Frankreich 14, 29
Napoleon III., Kaiser von Frankreich 14
Nasser, Gamal Abd el 16, 116

Nehru, Jawaharlal *16*, 30, 128, 190, 195
Nehru, Motilar 30
Nellen, Peter 190
Ney, Hubert 26
Niebelschütz, Wolfgang von 39
Nieland, Friedrich 18, 26
Niemitz, Gert *72*
Niemöller, Martin 10, 19, 78
Ningel, Franz 41
Nitribitt, Rosemarie 42
Niven, David 58
Nixon, Patricia *127*, 195
Nixon, Richard M. 60, *66*, 112, *117*, 126, *195*
Nodea, Olimpiu 108
Noel-Baker, Philip 190, 203
Novak, Kim *40*
Novotny, Antonín 176
O'Brien, Parry 126
Oberländer, Theodor *31*, 142
Obermüller, Beni 26, *41*
Oberste, Walter 173
Ochab, Edward 162, *169*
Ochoa, Severo 203
Oestergaard, Heinz 90
Oestreich, Paul 230
Offenbach, Joseph 24
Okada, Eiji *107*
Olden, John 159
Olivier, Laurence *107*
Ollenhauer, Erich 42, *48*, *62*, 98, 110, *153*, *178*, 207
Olmedo, Alejandro 110, 125
Onassis, Aristoteles *189*, 190
Oncken, Dirk *130*
Oppenheimer, Robert 88
Orff, Carl 190
Orgon, Nermin *167*
Osborne, John 159
Oudenwijer, Wauters van den 57
P'eng Te-huai 142
Pantschen Lama 46
Paola Ruffo di Calabria, Prinzessin von Belgien 58, *121*
Pappritz, Erica 123
Parker of Waddington, Baron Hubert 162
Parker, Charlie 74
Parth, Wolfgang von 39
Pasolini, Pier Paolo 38
Pasternak, Boris L. 38, 39
Patterson, Floyd 96, *108*
Paul, Robert 41
Paulus, Hermann 119
Pechel, Rudolf 49
Pensberger, Walter 125
Perkonig, Josef Friedrich 230
Perón, Juan Domingo 12, 96, 103
Perwuchin, Michail S. 10
Peters, Brock *106*
Petitpierre, Max 126
Petrowna, Nina *127*, *146*, *149*
Pettiford, Oscar 74
Petzold, Günther 205
Philipe, Gérard 230
Piaget, Gérald 144

Piatkowski, Edmund 94
Picasso, Pablo 172
Pilz, Alfred 138
Pindter, Walter 72
Piniers, Jacques 23
Plett, Heinrich *52*
Podola, Günther Fritz 174
Pollock, Jackson 125, 171
Popow, Oleg *139*, *141*
Powell, Bud *73*
Prasad Koirala, Bischweschwar 87
Presley, Elvis 36, 75, 91, 94, *166*, 180
Proske, Rüdiger 26, 32
Pulver, Liselotte 56, 160
Purrmann, Hans 125
Puscas, Ferenc 109
Quant, Mary 91
Quasimodo, Salvatore 38, *39*, 162, *203*
Queisser, Felicitas 90
Queneau, Raymond 38
Quinn, Freddy 60, *75*, 138, *139*, 176
Quirini, Helmut 64, 179
Raab, Julius 76, 94, 110, *116*
Rainier III., Fürst von Monaco 16
Ramcke, Bernhard 26, 32
Ramsey, Bill 138
Rapacki, Adam 30
Rauschenberg, Robert 170
Ravel, Maurice 228
Rawson, Mike 141
Reggiani, Serge 158
Rehwinkel, Edmund 10, 20
Reinert, Hans Egon 10, 26, *32*, 60
Reinhardt, Max 230
Rémy, Albert *107*
Reschke, Hans *141*
Resnais, Alain 92
Reuther, Walter P. 149
Reyes, Alfonso 230
Rezzori, Gregor von 44, 56
Richardson, Sir Owen Williams 230
Richter, Uli 90, 142
Richter, Willi 126, *154*
Ringelnatz, Joachim 39
Riva, Emanuelle *107*
Rivera, Diego 125
Robbe-Grillet, Alain 38
Rockefeller, Nelson A. 192, *195*
Röder, Franz-Josef 60, 162
Rodin, Auguste 229
Röhl, Klaus Rainer 101
Roland, Jürgen *72*
Ronnecker, Ernst *92*
Röscher, Ewald 41
Rose, Reginald 204
Rosenberg, Ludwig 154
Rostand, Edmond 159
Rothko, Mark 170, 171
Rubens, Peter Paul 26, 40
Rubinstein, Arthur *54*
Rüegg, Alfred *108*
Ruffo di Calabria, Paola 58, *121*
Rühmann, Heinz 56, *107*, 144, 166
Russel, Bertrand 10
Sabel, Anton 155
Sailer, Toni 23

Personenregister 1959

Saint Laurent, Yves 90, 200
Sakakura, Junzo 134
Salazar, António de Oliveira 16
Salvadori, Roy 96
Samoilowa, Tatjana 24
Sandvik, Astrid 23
Sarraute, Nathalie 38
Sartre, Jean-Paul 144, 158
Sawallisch, Wolfgang 124
Schäffer, Fritz 18
Schalla, Hans 92
Schanaz, Prinzessin von Iran *201*
Scharoun, Hans 134
Schell, Maria 56
Schellow, Erich 92
Schiffner, Sepp 24
Schiller, Friedrich 174, *189,* 204
Schmeling, Max 18, 189
Schmid, Carlo 24, 42, *48, 62,* 78, 92, *99,* 114
Schmidt, Helmut 18
Schmidt, Paul 141
Schmidt-Rottluff, Karl 125
Schmiedel, Fritz 96
Schneider, Reinhold 173
Schneider, Romy 44, *53,* 56
Schneiderhahn, Wolfgang 42
Schockemöhle, Alwin 110
Schoda, Mitschiko 58, *59, 71*
Scholochow, Michail A. 44
Scholz, Gustav (»Bubi«) 110, 174, *189,* 190
Schönberg, Arnold 160, 229
Schöppner, Erich 58, *75*
Schostakowitsch, Dmitri D. 174
Schreier, Erhard 102
Schridde, Hermann 44, 57
Schrijver, Auguste de 174
Schröder, Gerhard 155, 160, 162, 165, 192
Schubert, Wilhelm 24, *31*
Schuk, Lina *41*
Schuk, Stanislaw *41*
Schukeiri, Mohammed 131
Schult, Rolf *92*
Schulze-Varell, Heinz 90
Schuman, Robert 49, 94, 176
Schütte, Ernst 26
Schwagenscheidt, Walter 134
Schwarz, Werner 144, *154*
Schwarz-Bart, André 176, 189
Schweitzer, Albert 173
Seebohm, Hans-Christoph 10, 26, 42, 60, 70, *105,* 126, 162, 190

Seefried, Irmgard 42
Seger, Hans 90
Segni, Antonio *30*
Segrè, Emilio 203
Sellner, Gustav Rudolf 92
Senghor, Leopold 47
Shakespeare, William 204
Sheehan, Stephen B. 185
Shelby, Carrol 96
Shepard, Alan *70*
Shoemaker, Willie *93*
Siebert, Uschi *73, 97*
Sievers, Hartwig *73*
Signoret, Simone 92
Sillitoe, Alan 38
Simenon, Georges 23
Simmons, Jean *107*
Sinatra, Frank *149*
Singh, Tara 144, 151
Sinjen, Sabine 44, 56, *140*
Sittmann, Tassilo 134
Slayton, Donald *70*
Somoza Debayle, Luis Anastasio 87, 94
Sonderborg, K. R. H. 170
Soraya, Prinzessin von Iran 200, *201*
Sorge, Gustav 24, *31*
Spaak, Paul Henri *86*
Spencer, Stanley 230
Sperl, Sonja 10, 23, 41
Springer, Axel 18, 78
Stackfleth, Peter 57
Staebe, Gerd 90
Staelin, Rolf 174
Stalin, Josef W. 87, 192
Staudte, Wolfgang 106
Steel, Christopher 44
Stefano, Alfredo di 109
Stewart, James *40,* 144
Still, Clyfford 171
Stockhausen, Karlheinz *54*
Stoltenberg, Gerhard 144, *154*
Stoph, Willi 15, 162
Strack, Hans 64
Strähle, Ernst 42
Strauß, Franz Josef 10, 17, *19,* 24, 32, 33, *62,* 76, 78, 160, 162, 176, 192
Strawinski, Igor 230
Stroux, Karlheinz 92, 162, 204
Stücklen, Richard 8, 44, 78, 128, 190
Sturzo, Luigi 230
Suhrkamp, Peter *230*
Sukarno, Achmed 94, 110, 117
Surles, Pierre 23

Szecsenyi, Joszef 94
Tabor, Günter *204*
Tacke, Bernhard 154
Tange, Kenzo 134
Tati, Jacques 58, 96
Tau, Max 134, 173
Taylor, Cecil 74
Taylor, Elizabeth 162
Teller, Edward 78, *88*
Tetzner, Lisa 229
Thadden-Trieglaff, Reinold von 136
Therkatz, Rudolf *124*
Thiedemann, Fritz 44, 57, 93, 110, 144
Thiele, Rolf 42, 56
Thoma, Georg 24, 41
Thomas, André 23
Tietjen, Heinz 124
Tildy, Zoltán 58
Tiller, Nadja 56, *106,* 160
Timm, Günter 173
Tinguely, Jean 170
Tito, Josip Broz 42, 47, 192
Todd, Bobby *56*
Tomás, Américo Deus Rodrigues 16
Tomasi di Lampedusa, Giuseppe 39
Tombalbaye, N'Garta 96
Touré, Sékou 29, 176, *180*
Trintignant, Maurice 203
Truffaut, François 92, 106
Truman, Christine 125
Tschen Ji 16
Uderzo, Albert 162, 167
Ulbricht, Walter 10, 15, 58, 78, 160, 162, 164, 180, 189, 192
Umgelter, Fritz 37
Unger, Oswald M. 134
Unkelbach, Wilhelm 94
Uris, Leon 39
Ustinov, Peter *107*
Valens, Ritchie 230
Valera, Eamon de 96, *103*
Valotto, Mario *141*
Vargas, Getúlio 37
Vaughn, Billy 138
Velázquez, Diego de 13
Vian, Boris 230
Villa-Labos, Heitor 231
Visconti, Luchino 44, *56*
Vogel, Hans-Jochen 110
Vogt, Oskar 231
Vuarnet, Jean 23
Wagner, Barbara 41
Wagner, Elsa 56

Wagner, Wieland 112, 124
Wagner-Regeny, Rudolf 142
Wagnerberger, Fritz 23
Walser, Martin 38
Walter, Fritz 96, *109*
Wankel, Felix 176, *185*
Waser, Annemarie 23
Wayne, John *107,* 128
Webb, Chick 74
Weber, Maria *83*
Wegrostek, Oskar *124*
Wehner, Herbert 58, *62, 178*
Weidenmann, Alfred 188
Weill, Kurt 228
Weisgerber, Antje *205*
Welles, Orson 35
Wencher, Hans 10, *23*
Werner, Bud 23
Werner, Ilse 35
Westphal, Albert 75
Wicki, Bernhard 106
Wieczisk, Georg 159
Wieder, Hanne 24
Wiemann, Mathias *204*
Wilder, Thornton 173
Willführ, Lieselotte *72*
Wilson, Charles Thomson Rees 231
Windaus, Adolf 231
Winkler, Hans Günter 57, 76, 93, 128, 144
Wirth, Franz P. 106
Wisbar, Frank 106
Wittlinger, Karl 204
Wofford, Dawn 57
Wohlers, Hanswerner 110
Wolff, Christian *56*
Wols (eigentl. Wolfgang Schulze) 125
Woroschilow, Kliment J. 15
Wright, Frank Lloyd 135, 162, 172, *231*
Wuermeling, Franz-Josef 118
Wunderlich, Werner 90
Wylers, William 106
Youlou, Fulbert *29*
Zagari, Mario 24
Zamperlo, Rinaldo *173*
Ziegler, Adolf *204*
Ziegler, Karl 141
Ziemann, Sonja *107,* 166
Zimmermann, Friedrich 132
Zimmermann, Herbert *203*
Zinn, Georg August 10, *125*
Zuckmayer, Carl 39

Sachregister

Das Sachregister enthält Suchwörter zu den in den einzelnen Artikeln behandelten Ereignissen sowie Hinweise auf die im Anhang erfaßten Daten und Entwicklungen. Kalendariumseinträge sind nicht in das Register aufgenommen. Während politische Ereignisse im Ausland unter den betreffenden Ländernamen zu finden sind (Beispiel »Revolution« unter »Kuba«), wird das politische Geschehen in der Bundesrepublik Deutschland unter den entsprechenden Schlagwörtern erfaßt. Begriffe zu herausragenden Ereignissen des Jahres sind ebenso direkt zu finden (Beispiel: »Genfer Konferenz« eben dort). Ereignisse und Begriffe, die einem großen Themenbereich (außer Politik) zuzuordnen sind, sind unter einem Oberbegriff aufgelistet (Beispiel: »Luftfahrt« unter »Verkehr«).

Abhöraffäre 196
Abrüstung (→ Militär)
Afghanistan 215
Afrika
- Unabhängigkeitsbewegung 15, 29, 47, 57, 183
Ägypten (→ Vereinigte Arabische Republik; VAR)
Albanien 215
Algerien 215
- Algerienplan de Gaulles 150
- Anschläge 197
- Kriegsbilanz 182, 218
- Razzia gegen Terroristen 67
Antisemitismus 196
Arbeit und Soziales 118 (Übersicht)
- Arbeitslosigkeit 155
- Fünftagewoche 83
- Gleichstellung der Frauen 83
- Kindergeld 33
- Wohnungsnot 198
Architektur 134 (Übersicht)
- Gedächtniskirche Berlin 89
- Guggenheim-Museum 135
- Haus der Bibliothek 74
- Salzburger Dom
- Severinsbrücke 181
Argentinien 103, 215
Äthiopien 117, 215
Atom
- Atomforum gegründet 88
- EURATOM-Vertrag 29
- Kritik an Atomrüstung 18
- Proteste in Dortmund 33
- Verseuchung 68
- Versuchsreaktor 137
Australien 215
Auto 156 (Übersicht)
- DAF »600« 52
- VW überarbeitet 137
- Wankelmotor 185
Automobilsport (→ Sport)
Badische Volkspartei 101
Bayern
- Malzbier 169
- Spielbankenprozeß 132
Belgien 215
- Bergarbeiterstreik beendet 33
- Regierungskrise 150
Berlin
- Aktion »Macht das Tor auf!« 18
- »Chruschtschow-Ultimatum« 218
- Führerbunker abgerissen 102
- Neuer SPD/CDU-Senat 18
- Schloß Bellevue eingeweiht 102
Bhutan 215

Bildungswesen 21 (Übersicht)
- Analphabetismus 203
- Jurastudium 197
- Sexualkunde 167
- 10. Schuljahr 197
Birma 215
Bolivien 215
Boxen (→ Sport)
Brasilien 37, 215
Bremen 165
Bulgarien 215
Bundesgartenschau 70
Bundeshaushalt 100
Bundespräsident
- Adenauer verzichtet 98, 99, 100
- Amtsübergabe 152
- Kandidatur Adenauers 62, 63
- Wahl Lübkes 114
Bundesrepublik Deutschland 209 (Statistik), 214
Bundestag 115
CDU 154
Ceylon 151, 215
China 215
- Neuer Staatschef 69
- Produktionssteigerung 30
- Volkskummunen 131
Costa Rica 215
Dänemark 215
DDR 214
- Buchzensur 57
- Flaggenstreit 164
- Jugendproteste 180
- Kleidergrößen 137
- Kollektivierung 133
- Oppositionelle 65
- Schlager 138
- Weltreise Grotewohls 16
Deutsch-deutsche Beziehungen 64, 121, 164
Deutsch-französ. Beziehungen 49
Deutsch-sowjetische Beziehungen
- Sowjetischer Friedensvertragsentwurf 17
- SPD-Spitze in Moskau 48
- UdSSR-Protest gegen Atomrüstung 66
Deutsche Partei (DP) 165
Dominikanische Republik 215
Ecuador 215
Eiskunstlaufen (→ Sport)
El Salvador 215
Entnazifizierung 196
Eritrea 215
Essen und Trinken 158 (Übersicht)
- Alkoholkonsum 121
- Wein 181

FDP 82
Fernsehen 72 (Übersicht)
- Finanzausgleich ARD 89
- Gesetzentwurf für 2. Programm 155
- Panik durch Fernsehspiel 35
- Sendungen:
  »Der Raub der Sabinerinnen« 73
  »Die gute Sieben« 72
  »Ein Platz für Tiere« 73
  »Familie Schölermann« 72
  »Hätten Sie's gewußt?« 73
  »Heute abend: Peter Frankenfeld« 73
  »Im 6. Stock« 72
  »Jede Sekunde ein Schilling« 72, 73
  »Keine Sendung, keine Aufregung« 73
  »Komödienstadl« 72
  »Lassie« 72
  »Sieben auf einen Streich« 73
  »Soweit die Füße tragen« 37, 72
  »Stahlnetz« 72
  »Tagesschau 37, 72
  »Toi, toi, toi« 73
  »Vom Alex zur Gedächtniskirche« 73
  »Zum Blauen Bock« 73
- Streit wegen Kuhlenkampff-Quiz 165
Film 56, 92, 106 (Übersicht), 148
- Werke:
  »Außer Atem« 106
  »Ballade vom Soldaten« 222
  »Barfuß durch die Hölle« 222
  »Blick zurück im Zorn« 222
  »Der Rest ist Schweigen« 106, 221
  »Der unsichtbare Dritte« 107, 222
  »Die Brücke« 106, 221
  »Die Buddenbrooks« 106, 188
  »Die Dame mit dem Hündchen« 222
  »Die Erde bebt« 56
  »Die Enttäuschten« 222
  »Die Straßenjungen« 222
  »Freddy, die Gitarre und das Meer« 75
  »Hiroshima – mon amour« 107, 222
  »Hunde, wollt ihr ewig leben« 106
  »Liebesspiele« 222
  »Manche mögen's heiß« 106, 107, 222
  »Menschen im Hotel« 107
  »Mit den Waffen einer Frau« 23
  »Orfeu Negro« 106
  »Porgy and Bess« 106, 222
  »Rio Bravo« 107
  »Rosen für den Staatsanwalt« 106, 107, 221
  »Schrei, wenn du kannst« 106, 222
  »Sie küßten und sie schlugen ihn« 106, 107, 222
  »Spartacus« 107
  »Sterne« 107

»Vertigo – Aus dem Reich der Toten« 40, 222
Finnland 215
Flüchtlinge/Aussiedler 31, 115
Formosa (Taiwan) 215
Frankreich 215
- Atombombe 116, 184
- Attentat auf Mitterrand 183
- de Gaulle Präsident 14
- Französische Gemeinschaft 29
- Konflikt mit NATO 103, 194
- neuer Franc 120
Fußball (→ Sport)
Gabun 215
Genfer Konferenz 80, 81, 102, 130
Gesellschaft
- Aga Khan beigesetzt 36
- Callas geschieden 189
- Kronpinz Akihito heiratet 121
- Prinz Albert heiratet 121
- »Rosa Ballett« 22
- Schah heiratet 200
- Verlobung Schneider/Delon 53
Gesundheit/Medizin 50 (Übersicht)
- Alkoholismus 121
Gewerkschaften 154
Gewichtheben (→ Sport)
Ghana 215
Griechenland 16, 215
Großbritannien 215
- Adenauer in London 180
- Schwarzes Verteidigungskomitee 87
- Unterhauswahlen 169
Grundgesetz 82
Guatemala 215
Guinea 180, 215
Haiti 215
Hawaii 131
Honduras 215
Indien 215
- Indira Gandhi Parteivorsitzende 30
- Sikh-Staat 151
Indonesien 45, 215
Internationale Beziehungen (auch → Genfer Konferenz)
- »Disengagement« 30
- Nixon in Moskau 117
- Reisediplomatie 28
- SEATO-Tagung 66
Irak 215
- Bagdadpakt gekündigt 47, 218
- Blockfreiheit 86
- Todesurteile 151
Iran 215
- Schah heiratet 200
Irland 103, 215
Island 215
Israel 215
- Waffen an Bonn 116
- Wahlen 183
Italien 216
- Segni Ministerpräsident 30
- Südtirol 67, 116
Japan 71, 217
Jazz 74

Sachregister 1959

Jordanien 216
Jüdischer Weltkongreß 130
Jugend
- DDR-Jugendproteste 180
- Jeans 140
- Lebensgefühl 166, 167
- Rowdies vor Gericht 65
Jugoslawien 47, 216
Justiz 18, 19, 31, 32, 64, 101, 119, 121, 132
Kambodscha 216
Kanada 105, 216
Kino (→ Film)
Kirche/Religion
- Evangelische Kirche 53, 136
- Katholische Kirche 53, 68, 119, 155
- Streit SED-Dibelius 49, 65, 180
Kolumbien 216
Korea 216
Kuba 216
- Castro in den USA 66
- Castro Ministerpräsident 30
- Neuer Staatspräsident 117
- Revolution 12, 13
Kuwait 216
Kunst 170 (Übersicht)
- Auktionen 188
- documenta 125
- Guggenheim-Museum 172
- Pergamon-Altar 172
KZ-Aufseher verurteilt 31
Landwirtschaft
- Landwirtschaftsausstellung 83
- Rehwinkel Bauernpräsident 20
- Schwarz Landwirtschaftsminister 154
- Wein 181
Laos 131, 150, 216
Leichtathletik (→ Sport)
Leihwagenaffäre 179
Libanon 216
Liberia 216
Libyen 216
Liechtenstein 216
Literatur 38 (Übersicht)
- Friedenspreis 173
- Fontane-Preis 57
- Literaturpreis für Schwarz-Bart 189
- Moravia PEN-Präsident 124
- Nobelpreis 203
- Werke:
  »Asterix« 167, 219
  »Billard um halbzehn« 38, 219
  »Das geschenkte Gesicht« 39
  »Das Planetarium«
  »Der Arzt von Stalingrad« 39
  »Der Fremdkörper« 219
  »Der Leopard« 39
  »Der Regenkönig« 219
  »Der Stumme« 219
  »Die Blechtrommel« 38, 219
  »Die Einsamkeit des Langstreckenläufers« 38, 219
  »Die Entscheidung« 219
  »Die Fastnachtsbeichte« 39
  »Die Niederlage von Reichenfels« 38, 219
  »Doktor Schiwago« 39
  »Exodus« 39
  »Flucht und Verwandlung« 219
  »Kinder der Finsternis« 39
  »Malcolm« 219
  »Mutmaßungen über Jakob« 38, 219
  »Ohne Antwort« 219
  »Spielball der Götter« 219
  »Sprachgitter« 219
  »Strafbataillon 999« 39
  »The naked lunch« 219
  »Vita Violenta« 38, 219
  »Vorwärts Kameraden, wir müssen zurück« 39
  »Zazie in der Metro« 38
- Zensur in der DDR 57
Luftfahrt (→ Verkehr)
Luxemburg 216
Madagaskar 216
Maifeiern 82
Mali 15, 216
Malta 29, 216
Marokko 216
Mexiko 169, 216
Militär
- Bundeswehr:
  Grolman Wehrbeauftragter 32
  Jahrgang 1922 132
  Piloten in der ČSR 196
  »Starfighter« bestellt 32
- NATO-Jubiläum 67, 194
- Kissinger für Aufrüstung 169
Mode 90 (Übersicht)
Monaco 16, 216
Mongolische Volksrepublik 216
Musik (→ auch Unterhaltung) 54 (Übersicht)
- Bayreuther Festspiele 124
- Oper mit 15 Pferden 189
- Salzburger Festspiele 124
- Werke:
  »Ein Heldenleben« 54
  »Julius Caesar« 54
  »Kontakte« 54
  »Ödipus der Tyrann« 221
  »Transición« 54
Nationalsozialismus/Drittes Reich
- Antisemitismus 196
- Entnazifizierung 196
- Kongreß der Widerstandskämpfer 49
- KZ-Aufseher verurteilt 31
Nepal 87, 216
Neujahrsansprachen 15
Neuseeland 216
Nicaragua 87, 216
Niederlande 130, 216
Niedersachsen 64
Nobelpreis 203
Nordirland 216
Norwegen 216
Notstandsgesetze 165
Olympische Spiele (→ Sport)
Oman 216
Oper (→ Musik)
Österreich 210 (Statistik), 214
- Neues Kabinett Raab 116
- Weltjugendfestspiele 116
Pakistan 216
Panama 184, 216
Paraguay 216
Persien (→ Iran)
Peru 216
Pferdesport (→ Sport)
Philippinen 216
Polen 133, 169, 216
Portugal 16, 216
Presse
- Neue Heimat gegen »Spiegel« 52
- »Simplicissimus« beschlagnahmt 71
- »stern« beschlagnahmt 32
- »stern«: Toplitzsee-Schatz 137
Radsport (→ Sport)
Raumfahrt 168
- Affen im Weltraum 88
- »Lunik 1« 22
- US-Kandidaten für Weltraumflug 70
- W. v. Braun geehrt 158
Rheinland-Pfalz 64
Rumänien 216
Rundfunk
- Deutschlandfunk 181
- Finanzausgleich 89
- Rundfunkgesetz 155
Saarland 32, 115
Sansibar 216
Saudi-Arabien 216
Schiffahrt (→ auch Verkehr)
- »Bremen« 119
- »Gorch Fock« 137
- »Hovercraft« 120
Schlager (→ Unterhaltung)
Schweden 216
Schweiz 211 (Statistik), 214
- Frauenwahlrecht 29
- Sozialisten 102
Schwimmen (→ Sport)
Sensationsdarsteller 173
Siam 216
Simbabwe 216
Singapur 103, 216
Ski (→ Sport)
Sowjetunion (→ UdSSR)
Spanien 217
SPD (Sozialdemokratische Partei Deutschlands) 48, 101, 114, 178
Spielbankenprozeß 132
Sport
- Automobilsport 23, 109, 141, 203, 223
- Boxen 75, 108, 189, 223
- Eishockey 57
- Eiskunstlauf 41, 223
- Fußball 109, 203, 223
- Gewichtheben 224
- Handball 108
- Leichtathletik 93, 125, 141, 159, 173, 224
- Olympiateilnahme 159, 196
- Pferdesport 57, 93, 225
- Radsport 108, 125, 141, 225
- Rudern 141
- Schwimmen 225
- Ski 23, 41, 226
- Sportler des Jahres 203
- Tennis 125, 226
- Tischtennis 75
Sri Lanka (→ Ceylon)
Südafrikanische Union 87, 217
Sudan 217
Syrien (→ Vereinigte Arabische Republik; VAR)
Taiwan (→ Formosa)
Tennis (→ Sport)
Thailand 217
Theater 204 (Übersicht)
- Berliner Festwochen 159
- Iffland-Ring 188
- Ruhrfestspiele 92
- Salzburger Festspiele 124
- Werke:
  »Becket oder die Ehre Gottes« 173, 221
  »Dantons Tod« 204
  »Der Tanz des Sergeanten Musgrave« 221
  »Der Wald« 204
  »Die Eingeschlossenen« 221
  »Die heilige Johanna der Schlachthöfe« 205
  »Die Nashörner« 204, 221
  »Die Neger« 221
  »Die Reichsgründer oder Das Schmürz« 221
  »Die Sorge um die Macht« 204
  »Die Umsiedlerin oder Das Leben auf dem Lande« 204
  »Die Zoogeschichte« 221
  »Don Juan und Faust« 205
  »Faust« 204
  »General Quixotte oder der verliebte Reaktionär« 221
  »Helena bleibt in Troja« 205
  »Kennen Sie die Milchstraße?« 204
  »Konnex« 221
  »Noch 10 Minuten bis Buffalo« 204
Tibet 46, 217, 218
Tschechoslowakei 195, 217
Tunesien 103, 217
Türkei 217
UdSSR 217
- Besuch Nixons 117
- Chruschtschow in USA 146, 218
- XXI. Parteitag 17
- Friedensvertragsentwurf 17
- Mikojan in USA 17
- Parteigeschichte 87
- Siebenjahresplan 103
Umfragen
- Adenauer 154
- Kriegsschuld 132
- Probleme 165
Umwelt 154
Ungarn 217

Sachregister 1959

Unglücksfälle 22, 169, 196, 202
Unterhaltung (→ auch Musik) 138 (Übersicht)
- Goldener Löwe 75
- Marlene Dietrich in Paris 188
Urlaub und Freizeit 122 (Übersicht)
Uruguay 217
USA 217
- Alaska 49. Staat 16
- Chruschtschow-Besuch 146, 218
- Eisenhower auf Weltreise 195
- Hawaii 50. Staat 131
- Herter Außenminister 66
- Neuer Botschafter in Bonn 180
- Nixon in der UdSSR 117
- Rockefeller verzichtet auf Präsidentschaftskandidatur 195
- Stahlarbeiterstreik 184

Vatikanstadt 217
Vereinigte Arabische Republik (VAR) 131, 215, 217
Vereinte Nationen (UNO)
- Laos 150
- Sueskanal 116
Verkehr 104 (Übersicht)
- Autobahn in England 22, 185
- Elbstaustufe 70
- Erstes »Hovercraft« 120
- Neue »Bremen« 119
- Radarkontrollen 36
Vietnam 217
Weihnachten 206, 207
Werbung 34 (Übersicht)
Wetter
- Hitzewelle 121
- Hochwasser 136, 165

Wiedervereinigung Deutschlands
- Drei-Stufen-Plan der SPD 48
- NATO-Austritt 64
- US-Geheimplan 45
- Vertriebenentreffen 82
Widerstandskämpferkongreß 49
Wirtschaft 84 (Übersicht)
- CDU-Wirtschaftstag 64
- Devisenbestand 33
- Frankfurter Messe 52
- Kleinkredite 83
- Kohlepolitik 20, 155
- Rundfunkgeräte 20, 137
- Schallplatten billiger 21
- Schlußverkauf 20
- Telefonnetz 197
- Volksaktien 52
- Volkswagensparer 181

Wissenschaft und Technik 187 (Übersicht)
- Atomkraftwerk im Taschenformat 23
- Erfindermesse 89
- Erstes »Hovercraft« 120
- Höhenweltrekord 202
- Hundekopf transplantiert 22
- Kanaltunnel zwischen England und Frankreich 202
- Penicillin 185
- UdSSR-Forschung 88
Wohnen und Design 198 (Übersicht)
- »Lücke-Plan« 20
Zentralafrikanische Föderation 217
Zypern 47, 195, 218

Quellenverzeichnis 1959

Texte
© für den Beitrag aus
Frank Grube/Gerhard Richter, Das Wirtschaftswunder. Unser Weg in den Wohlstand: Hoffmann und Campe Verlag, Hamburg 1983

Bildquellenverzeichnis
Konrad Adenauer Stiftung, St. Augustin (3); Artothek/Jürgen Hinrichs, Planegg (1); Associated Press, Frankfurt (11); Bayer, Leverkusen (1); Bayreuther Festspiele, Bayreuth (1); Bettmann Archive, New York (2); BMW AG, München (2); Willy Bogner, München (1); Bundespostmuseum, Frankfurt (1); Alain Chevrier, Paris (1); Deutscher Gewerkschaftsbund, Düsseldorf (2); Deutsche Landwirtschaftsgesellschaft, Frankfurt (2); Deutsche Presse-Agentur, Frankfurt (25); Deutsch-Tunesische Gesellschaft, Bonn (1); Friedrich-Ebert-Stiftung/Archiv der sozialen Demokratie, Bonn (4); Ford Werke, Köln (1); Harenberg Kommunikation, Dortmund (376); Historia Photo, Hamburg (1); Imperial War Museum, London (1); Informationsstelle Südliches Afrika, Bonn (1); Keystone Pressedienst, Hamburg (94); Herbert Kolfhaus, München (1); Heinz G. Konsalik, Bad Honnef (3); Landeszeitung für die Lüneburger Heide/Makovec (1); Mannesmann Archiv, Düsseldorf (1); Horst Müller, Düsseldorf (7); Norddeutscher Rundfunk, Hamburg (1); Adam Opel AG, Rüsselsheim (1); Bildarchiv Paturi, Rodenbach (1); Brigitte Podzun (1); Polizeipräsidium Dortmund (1); Popperfoto, London (1); Presse- und Informationsamt der Bundesregierung/Bundesbildstelle, Bonn (6); Preussag AG, Hannover (2); Matthias Rogge, Lünen (1); Ruhrfestspiele Recklinghausen (4); Pressefoto Schirner, Meerbusch (1); Erhard Schreier, Berlin/Ost (1); Schwaneberger Verlag, München (20); Sipa Press, Paris (2); Sowjetunion Heute, Köln (1); Stadtarchiv Dortmund (1); Stiftung deutsche Kinemathek, Berlin (2); Süddeutscher Verlag/Bilderdienst, München (8); Klaus Meier-Ude, Frankfurt (1); US-Archives, Washington (3); U. S. Information Service, Bonn (4); Verkehrsmuseum, Nürnberg (1); Volkswagen AG, Wolfsburg (3); Volvo, Dietzenbach (1); Votava, Wien (1); Hans Wehner, Hagen (2); Westdeutscher Rundfunk, Köln (1); Günther Zoll, Dortmund (1)

© für Abbildungen:
Erhard Schreier: »Führerbunker«, VG Bild-Kunst, Bonn 1989
Arik Brauer: »Negersängerin«, Joram Harel, Wien 1989
Rudolf Hausner: »Adam gut getroffen«
Jean Tinguely: »Metamatic Nr. 7«, Sammlung Lauffs, Kaiser-Wilhelm-Museum, Krefeld 1989

© für Karten und Graphiken:
Harenberg Kommunikation, Dortmund (22)

Trotz größter Sorgfalt konnten die Urheber des Bildmaterials nicht in allen Fällen ermittelt werden.
Es wird gegebenenfalls um Mitteilung gebeten.